Zur Karriere von ‚Nähe und Distanz'

Reihe
Germanistische
Linguistik

―

Herausgegeben von
Mechthild Habermann und Heiko Hausendorf

Wissenschaftlicher Beirat
Karin Donhauser (Berlin), Stephan Elspaß (Salzburg),
Helmuth Feilke (Gießen), Jürg Fleischer (Marburg),
Stephan Habscheid (Siegen), Rüdiger Harnisch (Passau)

306

Zur Karriere von ‚Nähe und Distanz'

Rezeption und Diskussion
des Koch-Oesterreicher-Modells

Herausgegeben von
Helmuth Feilke und Mathilde Hennig

DE GRUYTER

Reihe Germanistische Linguistik
Begründet und fortgeführt von Helmut Henne, Horst Sitta und Herbert Ernst Wiegand

ISBN 978-3-11-061180-9
e-ISBN (PDF) 978-3-11-046406-1
e-ISBN (EPUB) 978-3-11-046231-9
ISSN 0344-6778

Library of Congress Cataloging-in-Publication Data
A CIP catalog record for this book has been applied for at the Library of Congress.

Bibliografische Information der Deutschen Nationalbibliothek
Die Deutsche Nationalbibliothek verzeichnet diese Publikation in der Deutschen Nationalbibliografie; detaillierte bibliografische Daten sind im Internet über http://dnb.dnb.de abrufbar.

© 2018 Walter de Gruyter GmbH, Berlin/Boston
Dieser Band ist text- und seitenidentisch mit der 2016 erschienenen gebundenen Ausgabe.
Druck: CPI books GmbH, Leck

♾ Gedruckt auf säurefreiem Papier
Printed in Germany

www.degruyter.com

Widmung

Der Sammelband steht im Zeichen des Andenkens an die Urheber des ‚Nähe-Distanz-Konzepts' Peter Koch und Wulf Oesterreicher. Beide waren an der Entstehung des Bandes beteiligt und sind leider im Laufe der Bearbeitung verstorben: Den Auftakt für die Arbeit am Sammelband bildete ein Kolloquium mit dem Titel „Zur Karriere von Nähe und Distanz", das am 25. Januar 2012 an der JLU Gießen durchgeführt wurde. An diesem Kolloquium war Peter Koch mit einem Vortrag zum Thema „Zu den Anfängen von ‚Nähe' und ‚Distanz'" beteiligt. Nach dem unerwarteten Tod seines Freundes und Kollegen im Frühjahr 2014 hat Wulf Oesterreicher für diesen Band die schwierige Aufgabe übernommen, auf der Basis der umfangreichen Tischvorlage zum Vortrag noch einmal einen Gemeinschaftsbeitrag zur Entstehung und Entwicklung des Modells zu erarbeiten. Nun ist Wulf Oesterreicher im Sommer 2015 gleichfalls überraschend gestorben, was wir als besonders tragisch empfinden. Der Band erhält somit den Charakter eines doppelten wissenschaftlichen Nachrufs. Wir meinen, dass die umfangreiche, teilweise auch sehr kritische Auseinandersetzung mit dem Modell in diesem Band eindrücklich dokumentiert, welch hohen Stellenwert das Modell – insbesondere in der germanistischen Linguistik – nach wie vor hat. Insofern kann der Band nun durchaus – obwohl das nicht intendiert war – als eine spezifische Form der Würdigung des Werks von Peter Koch und Wulf Oesterreicher verstanden werden. Wir widmen diesen Band ihrem Andenken.

Inhalt

Mathilde Hennig/Helmuth Feilke
Perspektiven auf ‚Nähe und Distanz' – Zur Einleitung —— 1

Wulf Oesterreicher/Peter Koch
30 Jahre ‚Sprache der Nähe – Sprache der Distanz'.
Zu Anfängen und Entwicklung von Konzepten im Feld
von Mündlichkeit und Schriftlichkeit —— 11

Zur wissenschaftstheoretischen und -historischen Verortung

Clemens Knobloch
‚Nähe und Distanz' – betrachtet aus fachlicher Nähe
und aus historiographischer Distanz —— 73

Utz Maas
Was wird bei der Modellierung mit Nähe und Distanz sichtbar
und was wird von ihr verstellt? —— 89

Helmuth Feilke
Nähe, Distanz und literale Kompetenz.
Versuch einer erklärenden Rezeptionsgeschichte —— 113

Wolfgang Imo
Das Nähe-Distanz-Modell in der Konversationsanalyse/Interaktionalen
Linguistik: Ein Versuch der Skizzierung einer ‚Nicht-Karriere' —— 155

Zur variationslinguistischen und historischen Dimension von ‚Nähe' und ‚Distanz'

Mathilde Hennig/Joachim Jacob
Nähe, Distanz und Literatur —— 187

Roland Kehrein/Hanna Fischer
Nähe, Distanz und Regionalsprache —— 213

Sonja Zeman
**Nähe, Distanz und (Historische) Pragmatik.
Oder: Wie „nah" ist ‚Nähesprache'? —— 259**

Doris Tophinke
Nähe, Distanz und Sprachgeschichte —— 299

Zur medialen Dimension von Nähe und Distanz

Jan Schneider
Nähe, Distanz und Medientheorie —— 333

Christa Dürscheid
Nähe, Distanz und neue Medien —— 357

Matthias Knopp
Zur empirischen Spezifizierung des Nähe-Distanz-Kontinuums —— 387

Mathilde Hennig/Helmuth Feilke
Perspektiven auf ‚Nähe und Distanz' – Zur Einleitung

Peter Koch und Wulf Oesterreicher haben ihr Modell der „Sprache der Nähe und Sprache der Distanz" erstmals 1985 in einem Aufsatz im Romanistischen Jahrbuch veröffentlicht. Seit dem sind nun dreißig Jahre vergangen. Der Vorschlag, das komplexe Beziehungsgefüge von Mündlichkeit und Schriftlichkeit mit der Gegenüberstellung einer medialen und einer konzeptionellen Dimension zu erfassen und die konzeptionelle Dimension mit den anschlussfähigen Metaphern ‚Nähe vs. Distanz' zu benennen, hat zu einer Erfolgsgeschichte geführt, die in der Sprachwissenschaft ihresgleichen sucht.

Wie oft in der Wissenschaftsgeschichte ist das, was Koch und Oesterreicher formulieren, einerseits lange vorbereitet, etwa in Karl Bühlers Unterscheidung von Sprechhandlung und Sprachwerk oder in den sehr viel unmittelbarer zugrundeliegenden Vorarbeiten Sölls. Andererseits ist der Erfolg der Konzeption neben den besonderen zeitgeschichtlichen Rahmenbedingungen auch einer begrifflichen und ebenso fachrhetorischen Profilierung geschuldet, die über die Vorgänger hinausweist.

Dabei bedeutet „Erfolg" in der Wissenschaft keineswegs automatisch schon Zustimmung im Sinne einer ausschließlich positiven Resonanz. Das ist nicht das Geschäft der Wissenschaft. Sehr viel mehr weist sich die Konzeption dadurch aus, dass sie sich – ebenso wie andere erfolgreiche Konzepte in der Sprachtheorie und offenbar besser als konkurrierende Konzeptionen – dafür eignet, zum Ausgangs- und Bezugspunkt eines kontroversen Forschungs- und Diskussionsprozesses zu werden und damit Perspektiven für eine Integration heterogener Diskursaspekte zu bieten.

Da das Nähe-Distanz-Modell von Koch/Oesterreicher die grundlegenden Bedingungen der Nähe-Distanz-Kommunikation in relativ allgemeiner Weise bestimmt, hat es sich als anschlussfähig für viele linguistische Disziplinen und deren Fragestellungen erwiesen: z.B. Sprachgeschichte, Variationslinguistik, Schriftlinguistik, Medienlinguistik, Sprachdidaktik. Zugleich weisen ‚Nähe' und ‚Distanz' über den engeren Fragenkreis einer Sprachwissenschaft hinaus und bieten Anschlusspunkte etwa für literaturwissenschaftliche, aber auch für kommunikationswissenschaftliche Forschungsinteressen. Aus der Perspektive der Anschlussfähigkeit können dabei gerade auch die Vagheit und Metaphorizität des Konzepts als eine Stärke gewertet werden: Clemens Knobloch weist auf die „Mem-Qualitäten" und „reproduktive Fitness" des Konzepts sowie auf die gerade durch die semantische Unterdeterminiertheit bedingte „interdiskursive Zirkulationsfähigkeit" hin. So kann der Ansatz auf vielfältige konkrete Gegenstände bezogen werden und diese Offenheit bietet Anlass für weiterführende Fragen und Modellierungen.

Aus dem gleichen Grund ist dem Modell andererseits auch vorgeworfen worden, dass es begrifflich zu ungenau sei und wichtige Aspekte der Nähe-Distanz-Kommunikation oder auch des Zusammenhangs von Sprache und Medialität nicht fassen könne. Jedes Modell, das etwas zeigen kann, und also in der Sache Neues bringt, blendet notwendig alternative Gesichtspunkte aus. „Highlighting and Hiding" haben Lakoff/Johnson diese epistemische Funktion in ihrer Metapherntheorie genannt, und dieses Bild zur Erkenntnisfunktion von Metaphern gilt auch für das hier zur Diskussion stehende Modell.

Die von Knobloch angesprochene „interdiskursive Zirkulationsfähigkeit" führt dazu, „dass die Urheber noch schneller die Kontrolle über ihr Werk verlieren, als dies ohnehin notwendigerweise der Fall ist." Denn ohnehin gilt ja: „Wenn ein Autor einen Text für druckfertig erklärt und in die fachliche Diskurswelt entlassen hat, dann kann im Grunde jeder Rezipient, jeder Initiator von Anschlusskommunikationen, damit machen, was er möchte. Man muss sich letztlich damit abfinden, was die anderen aus und mit den eigenen Theorien machen." Als logische Konsequenz ergibt sich daraus für die Rezeption insgesamt wie auch für den vorliegenden Band, dass es nicht nur ein „Arbeiten mit" dem Modell von Koch/Oesterreicher gibt, sondern auch ein „Arbeiten über" das Modell, das auch zu grundlegender Kritik führt. Diese Unterscheidung bestimmt die Gliederung dieser Einleitung.

Viele Arbeiten zum Koch-Oesterreicher-Modell in diesem Band wie in der aktuellen sprachwissenschaftlichen Forschungslandschaft insgesamt zeigen produktive Anwendungen und Weiterentwicklungen. Auch wenn sie sich durchaus diskursiv-kritisch zum Ausgangsmodell verhalten, es dominiert die Kontinuität der Konzeptnutzung in der empirischen Arbeit mit dem Modell. Auf diese Arbeiten soll zunächst eingegangen werden.

Den Typ der produktiv-kritischen Auseinandersetzung mit dem Modell repräsentiert im vorliegenden Band exemplarisch der Text von Sonja Zeman. Ihr geht es darum, die Basiskategorien ‚Nähesprache', ‚mediale' und ‚konzeptionelle Mündlichkeit' einer grundlegenden Analyse zu unterziehen und dabei eine Differenzierung zwischen ‚Nähesprache' und ‚konzeptioneller Mündlichkeit' vorzunehmen. Zu diesem Zweck geht sie die Liste der „Kommunikationsbedingungen" des Koch/Oesterreicher'schen Modells unter Gesichtspunkten wie „Überschneidungen von ‚Nähesprache' und ‚mediale Mündlichkeit'", Relationen der Kommunikationspartner untereinander und zu Inhalt, Kontext und

Referenzrahmen (= „Nähe-Relation") sowie Skopus des Nähebegriffs (räumlich, sozial, emotional, zeitlich; = „Nähe-Dimension") akribisch durch und schlussfolgert, dass das Verhältnis der einzelnen Kommunikationsbedingungen zum Faktor ‚Nähe' sich in mehrfacher Hinsicht als heterogen erweist. Zeman nimmt ausgehend davon an, dass ‚Nähesprache' weder mit ‚Mündlichkeit' noch mit ‚Nähe' gleichgesetzt werden kann, sondern vielmehr als grundlegende pragmatische Kategorie betrachtet werden müsse. Im Sinne einer solchen Diskussion und Anwendung grundlegender Konzepte des Modells lässt sich auch ein großer Teil der sprachdidaktischen Rezeption verstehen, die im Beitrag Helmuth Feilkes thematisiert wird. Dabei zeigt sich auch, dass es deutliche fachspezifische Gewichtungen in der Diskussion gibt, hier etwa – anders als bei Zeman – das ausgeprägte Interesse an den Zusammenhängen von Spracherwerb und konzeptioneller Schriftlichkeit.

Das Arbeiten mit dem Modell führt dann auch zu Weiterentwicklungen, die als ein konstruktives „Arbeiten mit und darüber hinaus" betrachtet werden können. Diverse Weiterentwicklungen hat das Modell in den letzten Jahren vor allem aufgrund der rasanten Entwicklung im Bereich der Neuen Medien und der sich daraus ergebenden Anforderungen an eine auch diese neuen Kommunikationsmöglichkeiten berücksichtigende Modellierung erfahren. Christa Dürscheid bietet in ihrem Beitrag einen Überblick über die Auseinandersetzung mit dem Modell von Koch/Oesterreicher in diesem Bereich sowie über die in diesem Kontext entstandenen Weiterentwicklungen. Dabei verweist sie u.a. auf ihren eigenen Vorschlag (2003), in dem sie auf der medialen Ebene zwischen synchroner und asynchroner Übermittlung unterscheidet. Dürscheid bezieht sich außerdem auf den ebenfalls im Kontext der Beschäftigung mit massenmedialer Kommunikation entstandenen Neuvorschlag von Landert/Jucker (2011), der eine der wenigen Beschäftigungen mit dem Modell in der Anglistik darstellt. Auch wenn der Beschäftigungsanlass die massenmediale Kommunikation ist, so geht der Vorschlag der systematischen Unterscheidung von „communicative situation (the scale of accessibility), the content (the scale of privacy) and the linguistic realization (the scale of linguistic immediacy)" (Landert/Jucker 2011: 1426) doch über diesen Kontext hinaus. Durch die Berücksichtigung der drei Skalen ergibt sich ein mehrdimensionales Modell, in dem die sprachliche Ebene mit den Skalen ‚privacy' und ‚accessibility' korreliert wird.

Den Weiterentwicklungen unter medienlinguistischer Perspektive stehen in der Diskussion und auch in diesem Band einige Beiträge zur Weiterentwicklung im Blick auf Sprachvariation und Sprachwandel zur Seite. Sowohl Mathilde Hennig und Joachim Jacob als auch Roland Kehrein und Hanna Fischer wenden die von Ágel/Hennig (2006) vorgeschlagene Methode zur Verortung von Textexemplaren auf dem Kontinuum zwischen Nähe und Distanz an. Der Ausgangspunkt der Weiterentwicklung des Modells durch Ágel/Hennig war die Kritik an der Tatsache, dass das Modell von Koch/Oesterreicher suggeriert, dass einzelne Textsorten auf dem Kontinuum verortet werden können, dass es aber keine Anhaltspunkte dafür bietet, wie eine präzise Verortung erfolgen könne. Ágel/Hennig schlagen deshalb einen Operationalisierungsansatz vor, der die Grundstruktur des Modells von Koch/Oesterreicher beibehält. Obwohl das Verfahren in den genannten beiden Texten auf sehr unterschiedliche Bereiche angewendet wird (literarische Texte und Regionalsprache), zeigt sich doch übergreifend, dass die der Methode von Ágel/Hennig folgenden Merkmalsanalysen zwar an sich erst einmal zu relativ statischen Ergebnissen führen („Nähewert"), dass es aber durch einen die Eigenschaften des untersuchten Bereichs berücksichtigenden Umgang mit den durch die Operationalisierung erhobenen Daten möglich ist, die Nähe-Distanz-Dimension mit dem jeweils anderen Gegenstandsbereich differenziert in Beziehung zu setzen. Sonja Zeman baut auf ihrem in Zeman (2013) für die Zwecke der Beschreibung historischer Mündlichkeit vorgeschlagenen „Drei-Dimensionen-Modell von ‚Mündlichkeit'" auf, das neben der Mündlichkeitsdimension ‚Medialität' die Dimensionen ‚Deiktizität' und ‚Oralität' aufweist und in Bezug auf das Zusammenspiel der drei Dimensionen von einer historisch-kulturellen Variabilität ausgeht. Zeman begreift nun ‚Nähesprache' als pragmatische Kategorie, die die Ebene der Nähekommunikation und die Ebene der Medialität umfasst. Beide weisen das Merkmal ‚Synchronizität' auf, die auf der Ebene der Medialität auf die medialen Bedingungen der Sprachproduktion und -rezeption zurückführbar ist und auf der Ebene der Nähekommunikation das räumliche, soziale und emotionale Verhältnis zwischen den Kommunikationspartnern bzw. dessen Konzeptionalisierung betrifft. Ausgehend davon betrachtet Zeman ‚Historische Mündlichkeit' als ein komplexes, die Ebenen Medialität, Nähe-Kommunikation und Oralität umfassendes Phänomen.

Die Diskussion des Koch-Oesterreicher-Modells hat auch im vorliegenden Band konzeptionell eigenständige Weiterentwicklungen motiviert. Roland Kehrein und Hanna Fischer gehen zunächst aus von Ergebnissen, die nach der Methode von Ágel/Hennig zur Erfassung der Nähesprachlichkeit und dem Marburger Verfahren zur Dialektalitätsmessung ermittelt worden sind. Ausgehend von ihren Befunden und der Annahme einer räumlich-geographischen, raumzeitlichen und einer sozialen Dimension von ‚Nähe – Distanz' schlagen Kehrein/Fischer ein mehrdimensionales Nähe-Distanz-Modell vor, das vor allem die interindividuell-soziale Dimension ‚Vertrautheit vs. Fremdheit' hervorhebt, da die Autoren davon ausgehen, dass die Varietäten- und Sprechlagenwahl als Ausdruck sozio-kultureller Identität verstanden werden kann.

Die bis hierher vorgestellten Arbeiten sind im Sinne konstruktiver Anwendungen und Erweiterungen des Nähe-Distanz-Modells zu verstehen. Produktiv ist das Modell im Fachdiskurs vor allem aber auch dadurch geworden, dass es Widerspruch provoziert.

Geht es bei Koch und Oesterreicher „nur" um gesprochene und geschriebene Sprache? Einerseits sicher ja – der Aufsatz von 1985 beginnt mit dieser Unterscheidung -, andererseits liegt genau dort aber lediglich der Ausgangspunkt für weitreichendere Fragen. In dem Maß, in dem das Modell als ein allgemeines sprach-, kommunikations- und medientheoretisches Modell, ja, auch als Modell sprachlicher Entwicklung und sprachlichen Wandels verstanden wird, spielen alternative Theorieentwürfe und auch fundamentale Kritik eine zunehmende Rolle in der Diskussion.

Bei den im engeren Sinne alternativen Entwürfen geht es nicht eigentlich um *Gegen*vorschläge, die sich erst aus der Diskussion des Modells entwickeln, sondern um eigenständige theoretische Positionen, die aber zum Teil auf die gleichen Probleme zugreifen. Neben dem im Sammelband nicht repräsentierten Begriff der „zerdehnten Sprechsituation" von Konrad Ehlich (1983) dürfte die Unterscheidung zwischen ‚orat/literat' durch Utz Maas der wichtigste alternative Entwurf sein, zumindest im Rahmen der Linguistik im deutschsprachigen Raum. Im vorliegenden Sammelband begründet Maas seine Kritik vor allem damit, dass es mit der Unterscheidung von ‚Nähe' und ‚Distanz' nicht möglich sei, die dynamischen Fragen des Sprachausbaus in den Griff zu bekommen. Sein alternativer Vorschlag einer Registerdifferenzierung erlaubt es laut Knobloch, sozial-kulturelle Dimensionen gesellschaftlicher Kommunikation und kognitiv-konzeptuelle Dimensionen getrennt in den Blick zu nehmen und ihre Wechselbeziehungen sichtbar zu machen. Es bleibt zu fragen, woran es liegt, dass die Nähe-Distanz-Konzeption, die auch vor dem Hintergrund der alternativen Entwürfe sehr kontrovers diskutiert wird, gleichwohl eine im Vergleich auch disziplinär breitere und nachhaltige Rezeption erfährt. Diesen Fragen der Theorienkonkurrenz geht Helmuth Feilke in seinem Beitrag nach. Für den außergewöhnlichen Erfolg der Konzeption spielt neben dem diskursgeschichtlich wissenschaftssoziologischen Kontext die Nachfragesituation der rezipierenden Fächer und insbesondere das spezifische Theoriedesign eine entscheidende Rolle. Der Beitrag zeigt an der Rezeption des Nähe-Distanz-Modells, dass wissenschaftstheoretisch kritische Merkmale wie Metaphorizität und konzeptuelle Ambivalenz sich sowohl im Fachdiskurs als auch in der Sache als produktive Faktoren erweisen können.

Eine wichtige Quelle der Kritik sind neben den direkten theoretischen Konkurrenzmodellen gerade auch solche Forschungsarbeiten, die zunächst auf das Modell zugreifen, in der Arbeit aber auf ungelöste theoretische Probleme stoßen. Die Ursachen dafür sind nicht schwer zu benennen. Das Modell kann aufgrund der Vielfältigkeit der integrierten Kommunikationsdimensionen diese nicht exhaustiv modellieren. Das gilt zunächst für jedes Modell. Wie auch andere inzwischen klassische Konzeptionen in der Sprachwissenschaft erweist sich das Koch-Oesterreicher-Modell daher als in systematischer Weise unterbestimmt. Die verschiedenen Weiterentwicklungen funktionieren deshalb nur begrenzt als Ergänzungen und Umbauten des Modells. Nahezu zwangsläufig kommt es – um im Bild zu bleiben – zu Erweiterungen und Interpretationen des Modells, die nicht mehr nur die Architektur betreffen, sondern die in die Statik des Modells selbst eingreifen. Der Anwendungsbedarf ist in diversen Fällen mit den Grundannahmen nicht mehr in Einklang zu bringen. Hierzu gehören im Fall des Koch-Oestrerreicher-Modells etwa alle Fragen zur konzeptionellen Qualität des Medialen, ob im Bereich der Orthographie bzw. Graphematik oder im Bereich der Ausdifferenzierung medialer „Kommunikationsformen". In beiden Fällen fällt es nicht nur schwer, zu entscheiden, welcher Achse des Modells einschlägige Fragestellungen zugeordnet werden sollen, es stellt sich die Frage, ob die die Achsen bestimmenden Unterscheidungen selbst tragfähig sind.

Hier sind vor allem diejenigen Beiträge zu nennen, die sich mit Aspekten der Medialität beschäftigen (Schneider, Dürscheid, Knoop, Tophinke). Während Zeman die Grundstruktur des Modells nicht zum Gegenstand ihrer Kritik macht, stellen diese Autoren die das Modell konstituierende Unterscheidung zwischen Medium und Konzeption in Frage. So vertritt bspw. Jan Schneider die Auffassung, dass einige der bei Koch/Oesterreicher der Ebene der Kommunikation zugeordneten Parameter aufs engste mit der Medialität zusammenhängen. Als zentraler Gegenstand der Kritik zieht sich wie ein roter Faden durch die genannten Beiträge die Frage, ob es tatsächlich sinnvoll sei, auf der Ebene des Mediums nur dichotomisch zwischen dem graphischen und phonischen Medium zu unterscheiden oder ob nicht auch die Gebärdensprache Berücksichtigung finden müsse sowie die Vielfalt der medial-technischen Übermittlung. Zu beachten ist aus unserer Sicht, dass diese Art der Kritik auf gegenüber 1985 geänderten wissenschaftshistorischen Voraussetzungen beruht: In phänomenologischer Hinsicht ist der Anlass für die Kritik die gegenüber 1985 stark diversifizierte Medienlandschaft. So stellt Christa Dürscheid treffend in ihrer Einleitung „Altes Modell und Neue Medien" gegenüber. Aus theoretischer Perspektive hingegen dürfte ein wesentlicher Grund für die am Medienbegriff des Modells angebrachte Kritik in der – sicherlich mit der phänomenologischen Entwicklung zusammenhängenden – verstärkten Zuwendung zu medientheoretischen Fragen der Linguistik in den letzten 15–20 Jahren bestehen. Aufschlussreich ist u.E., dass Christa Dürscheid am Ende ihres Beitrags ausdrücklich fordert, die medienlinguistische Auseinandersetzung mit dem Modell zu beenden. Insofern deckt die aus unserer Sicht den wissenschaftshistorischen Entstehenskontext nicht ausreichend berücksichtigende Kritik an der „Medienvergessenheit" des Modells möglicherweise gar nicht Probleme des Modells, sondern Probleme der Medienlinguistik auf. Jan Schneider weist ausdrücklich darauf hin, dass es sich bei dem Koch/Oesterreicher-Modell gerade nicht um ein medientheoretisches Modell handelt. Das also offenbar in der Medienlinguistik selbst anzusiedelnde Problem liegt laut Schneider darin, dass die Medienlinguistik noch keinen Medienbegriff entwickelt habe, der tatsächlich in der Lage sei, das sich medial immer stärker ausdifferenzierende Spektrum kommunikativer Praktiken zu erfassen. Aus der herausragenden Rolle, die die Kritik am Umgang mit der medialen Dimension im Modell von Koch/Oesterreicher in der aktuellen Diskussion und auch im vorliegenden Sammelband spielt, schließen wir, dass gerade auch die Kritik am Modell von Koch/Oesterreicher erheblich zur Schärfung medienlinguistischer Positionen beiträgt.

In den Beiträgen des Bandes wird aber nicht nur auf Koch/Oesterreichers Vorschlag der ‚Sprache der Nähe und Sprache der Distanz' zurückgegriffen, sondern es werden auch andere sich im weitesten Sinne mit dem Spannungsfeld von Mündlichkeit und Schriftlichkeit auseinandersetzende Ansätze aufgegriffen. So baut Matthias Knopp seine empirisch basierten Ausführungen zu drei Kommunikationsformen mit einem unterschiedlichen Grad an „Zerdehnung" (Face-to-face-Interaktion, Chatkommunikation sowie Forenkommunikation) auf Hoffmanns Schema für kommunikative Gattungen (2004) auf, das als eine Merkmalsmatrix auf die gewählten Kommunikationsformen angewendet wird. Damit vermeidet Knopp explizit einen Rückgriff auf das Modell von Koch/Oesterreicher. Bei Doris Tophinke ist die Überzeugung, dass es alternative Möglichkeiten der Auseinandersetzung mit Fragen von Mündlichkeit und Schriftlichkeit gibt, bereits im Titel „Sprachgeschichte jenseits von Nähe und Distanz" angelegt: Wie auch bereits Fiehler (2000) plädiert sie für eine Orientierung an einzelnen kommunikativen Praktiken und führt dies exemplarisch am kaufmännischen Rechnungsbuch im Hanseraum des 13. bis 16. Jahrhunderts aus. Den Vorteil dieser Perspektive sieht Tophinke darin, dass Medialität und sozialer Handlungsbezug unmittelbar Berücksichtigung finden, der Ansatz ist bei ihr also eng verbunden mit der oben ausgeführten Kritik an der mangelnden medialen Ausdifferenzierung des Modells. Im Beitrag von Wolfgang Imo geht es gerade um die Frage, warum das Modell von Koch/Oesterreicher in der germanistischen Gesprochene-Sprache-Forschung kaum Berücksichtigung findet, sodass hier aufgrund der Konzeption des Beitrags von Vornherein andere Ansätze im Mittelpunkt stehen. Imo konzentriert sich auf die Konversationsanalyse und die Interaktionale Linguistik und kommt zu dem Ergebnis, dass diese deshalb bislang gut ohne das Nähe-Distanz-Modell ausgekommen seien, weil einerseits Fragen der Medialität hier nicht immer im Vordergrund stehen und andererseits mit anderen Ansätzen gearbeitet wird. Imo geht dabei vor allem auf das Konzept der ‚kommunikativen Gattungen' (Günthner 1995) sowie das Dialogkonzept Bachtins (1979) ein.

Die Ausgangsmodellierung von Koch/Oesterreicher wird von allen Autoren als Einladung zur Diskussion elementarer Theoreme zum Beziehungsgefüge von Mündlichkeit und Schriftlichkeit verstanden. Die Diskussion vollzieht sich mit Bezug auf unterschiedliche Forschungsfragen und Forschungsfelder zum einen als Anwendung und Weiterentwicklung von Kerngedanken des Modells wie auch zum anderen als grundlegend kritische Erörterung und Infragestellung der methodologischen Prämissen. Wir haben die Beiträge in diesem Band nach den thematischen Schwerpunkten dieser Debatte geordnet. Der Band wird eröffnet mit einem Rückblick von Oesterreicher/Koch auf die Entstehung und Entwicklung des Nähe-Distanz-Konzepts, für den Wulf Oesterreicher Notizen von Peter Koch in einen eigenen Beitrag integriert hat. Die folgenden drei Teile des Bandes repräsentieren unterschiedliche Schwerpunkte der Debatte. Der erste Teil versammelt diejenigen Beiträge, bei denen Fragen der wissenschaftstheoretischen und -historischen Verortung des Nähe-Distanz-Modells im Mittelpunkt stehen (Knobloch, Maas, Feilke, Imo). Der zweite Teil widmet sich dann mit wechselnden disziplinären und methodologischen Perspektiven dem breiten Feld der variationslinguistischen und historischen Dimension von ‚Nähe' und ‚Distanz' (Hennig/Jacob, Kehrein/Fischer, Zeman, Tophinke). Die damit umrissenen Forschungsfelder beschreiben eines der Hauptanwendungsgebiete des Nähe-Distanz-Modells, das stets im Zusammenhang mit der Varietätenkette und der historischen Dimension von Variation zu sehen ist. Die Tatsache, dass in der jüngeren Gegenwart die Medialität des Sprachgebrauchs, ja überhaupt die Mediengebundenheit von Sprache zu einem zentralen Forschungsthema geworden ist, spiegelt sich in den Beiträgen zum dritten Teil des Bandes, die sich der medialen Dimension von Nähe und Distanz widmen (Schneider, Dürscheid, Knopp).

Die Ausführungen zu den verschiedenen Aspekten der Auseinandersetzung mit dem Modell sowie zu Vorschlägen zur Erweiterung dürften deutlich gemacht haben, dass es uns mit diesem Band nicht darum geht, die Gattung wissenschaftlicher Lobrede um ein weiteres Exemplar zu bereichern. Mit dem

Sammelband möchten wir vielmehr versuchen, der Karriere von ‚Nähe und Distanz' und deren allgemeinen diskursiven und methodologischen sowie den disziplinspezifischen Ursachen auf den Grund zu gehen. Damit sind zum einen grundlegende Fragen nach den wissenschaftstheoretischen und wissenschaftsrhetorischen Voraussetzungen für den (Miss-)Erfolg eines wissenschaftlichen Ansatzes verbunden, zum anderen sollen die Erfolgsbedingungen im vorliegenden Fall auch durch das Aufzeigen der breiten Anwendungsfelder des Nähe-Distanz-Konzepts rekonstruiert werden.

Die Ausrichtung auf die Frage nach dem Erfolgsmodell ‚Nähe und Distanz' führt zu einer gewissen Doppelbödigkeit der Konzeption des Sammelbandes: Im Mittelpunkt des Interesses steht hier nicht nur die Sache an sich, also das komplexe Spannungsgefüge von Mündlichkeit und Schriftlichkeit und die Möglichkeiten seiner Modellierung, sondern auch der wissenschaftstheoretische Blick auf die eigene Forschungsdisziplin. Gerade in Zeiten der rasant voranschreitenden Diversifikation linguistischer Disziplinen erscheint uns ein selbstreflexiver Blick auf die Konturierung eines überaus erfolgreichen Paradigmas im eigenen Forschungsfeld ein zumindest spannendes, vielleicht sogar auch sinnvolles Unterfangen. Für eine rein wissenschaftstheoretische bzw. -historische Betrachtung des Konzepts ‚Nähe und Distanz' ist die Diskussion derzeit aber noch zu stark im Gange. Aus diesem Grund kommt es in diesem Band an vielen Stellen zu fließenden Übergängen zwischen rezeptionsgeschichtlich-wissenschaftstheoretischem Blick auf das Modell und inhaltlicher Auseinandersetzung mit Teilaspekten des Ansatzes. Das nehmen wir gerne in Kauf. Auch halten wir die Redundanzen für fruchtbar, die bei einem solchen Unterfangen kaum vermeidbar sind: Alle Beiträge des Bandes beziehen sich in irgendeiner Weise auf das Modell von Peter Koch und Wulf Oesterreicher. Die Auseinandersetzung mit den jeweiligen Teilaspekten des Modells in den einzelnen Beiträgen setzt jeweils in einem gewissen Maße ein Referat der zu diskutierenden Teilaspekte voraus. Gewisse Wiederholungen sind in der Gesamtanlage des Bandes deshalb unvermeidbar; für die einzelnen Beiträge bedeutet das aber, dass sie jeweils für sich rezipierbar sind.

Ein herzlicher Dank sei an diejenigen gerichtet, die zum Entstehen des Sammelbandes beigetragen haben. Bei Susanne Witt bedanken wir uns für die umfangreichen Korrekturarbeiten am Sammelband und bei Attila Németh für die nicht weniger aufwändigen Formatierungsarbeiten. Unser Dank gilt darüber hinaus den Herausgebern der „Reihe Germanistische Linguistik" für die Aufnahme des Bandes sowie für die sorgfältige und anregende Durchsicht.

Gießen, im Mai 2015

Literatur

Ágel, Vilmos/Hennig, Mathilde (2006): Grammatik aus Nähe und Distanz: Theorie und Praxis am Beispiel von Nähetexten 1650–2000. Tübingen: Niemeyer.
Bachtin, Michail M. (1979): Die Ästhetik des Wortes. Frankfurt am Main: Suhrkamp.
Bühler, Karl (1934/1982): Sprachtheorie. Die Darstellungsfunktion der Sprache. München: Fischer.
Dürscheid, Christa (2003): Medienkommunikation im Kontinuum von Mündlichkeit und Schriftlichkeit. Theoretische und empirische Probleme. In: Zeitschrift für Angewandte Linguistik 38, 37–56.
Ehlich, Konrad (1983/2007): Text und sprachliches Handeln. Die Entstehung von Texten aus dem Bedürfnis nach Überlieferung. Aus: Ehlich, Konrad (2007): Sprache und sprachliches Handeln. Band 3: Diskurs – Narration – Text – Schrift. Berlin: De Gruyter. Retrieved 18 Feb. 2015, from http://www.degruyter.com/view/product/175600, 483–507.
Fiehler, Reinhard (2000): Über zwei Probleme bei der Untersuchung gesprochener Sprache. In: Sprache und Literatur 31, 23–42.
Günthner, Susanne (1995): Gattungen in der sozialen Praxis. In: Deutsche Sprache 3, 193–218.
Hoffmann, Ludger (2004): Chat und Thema. In: Osnabrücker Beiträge zur Sprachtheorie 68, 103–122.
Koch, Peter/Oesterreicher, Wulf (1985): Sprache der Nähe – Sprache der Distanz. Mündlichkeit und Schriftlichkeit im Spannungsfeld von Sprachtheorie und Sprachgeschichte. In: Romanistisches Jahrbuch 36, 15–43.
Lakoff, George/Johnson, Mark (1980): Metaphors we live by. Chicago: University of Chicago Press.
Landert, Daniela/Jucker, Andreas H. (2011): Private and public in mass media communication: From letters to the editor to online commentaries. In: Journal of Pragmatics 43, 1422–1434.
Söll, Ludwig (1974): Gesprochenes und geschriebenes Französisch. Berlin: Schmidt.
Zeman, Sonja (2013): Historische Mündlichkeit. Empirische Erörterung einer theoretischen Problemlage. In: Zeitschrift für Germanistische Linguistik 41/3, 377–412.

Wulf Oesterreicher/Peter Koch

30 Jahre ‚Sprache der Nähe – Sprache der Distanz'

Zu Anfängen und Entwicklung von Konzepten im Feld von Mündlichkeit und Schriftlichkeit

1 Einleitung

Peter Koch hat an der Justus-Liebig-Universität Gießen im Rahmen des Kolloquiums „Zur Karriere von Nähe und Distanz" am 25. Januar 2013 zum Thema der „Anfänge" dieser Konzepte einen Vortrag gehalten, der über die Anfänge weit hinausgriff. Ohne am genannten Kolloquium teilgenommen zu haben und ohne den Verlauf der Diskussionen zu kennen – was natürlich misslich ist –, habe ich der Bitte der Herausgeber zugestimmt, als guter Freund von Peter Koch und als an jenen „Anfängen" direkt Beteiligter, eine „Ausarbeitung" der Tischvorlage von Peter Koch vorzunehmen. Bei den „Anfängen" biete ich genauere ergänzende Bemerkungen und bei der Darstellung und Diskussion der Konzepte durchaus auch persönlich akzentuierte Beobachtungen und kritische Kommentare.

Ursprünglich hatte ich zugesagt, für den Band ebenfalls einen Artikel zu schreiben, allerdings zur Frage „Metaphorik und Metaphern in der Wissenschaftssprache", einem Thema, das mich schon seit längerer Zeit beschäftigt und für das ich nicht nur die Terminologien von zeitgenössischen Semantik- und Syntaxtheorien sowie von Forschungen zum Sprachwandel und zur Grammatikalisierung heranziehen wollte,[1] sondern auch die Begrifflichkeit unserer

---

Anmerkung der Hrsg.: Dieser Aufsatz geht auf eine Vortragsskizze Peter Kochs zurück, eine achtseitige Tischvorlage mit Stichworten, sieben Schaubildern und einer vierseitigen Bibliographie. Wulf Oesterreicher hat die Vorlage nach dem Tod Peter Kochs für diesen Band unter dem gemeinsamen Namen in ein eigenes Manuskript eingearbeitet. Leider hat auch Wulf Oesterreicher, der im Sommer 2015 verstorben ist, das Erscheinen dieser letzten gemeinschaftlichen Publikation nicht mehr erlebt.

1 Man kann etwa auf die Metaphern verweisen, die traditionell für Syntaktisches verwendet wurden: ‚Verb-Vorfeld', ‚Links- und Rechtsversetzung', ‚linker und rechter Satzrand'; man vergleiche auch ‚Tiefenstrukturen', ‚Inselkonstruktionen', ‚Grammatikalisierungspfade' oder die englischen Ausdrücke *movement*, *hedges*, *frames*, *mapping*. Einige dieser Termini sind schon

eigenen Varietätenlinguistik. Gerade die Begriffe ‚Nähe‘, ‚Distanz‘, ‚Varietätenraum‘, ‚Varietätenkette‘ usw. sind ja ebenfalls einschlägig; sie werden hier in dieser Perspektive wenigstens kurz angesprochen. Denn neben der ‚Erfolgsgeschichte‘ der Begriffe ‚Nähe und Distanz‘ kam es gelegentlich auch deshalb zu Missverständnissen, weil wir unsere Gedanken zur Modellierung von Mündlichkeit und Schriftlichkeit offensichtlich nicht immer ausreichend verdeutlichen konnten, vor allem den epistemologisch fundamentalen Unterschied zwischen a) ‚Sachproblemen‘, b) ‚Konzeptualisierungen‘ und c) ‚terminologischen Festlegungen‘, für die eben auch metaphorische Ausdrücke genutzt werden (müssen).[2] Es gilt immer in Erinnerung zu behalten, dass Modellierungen als Abstraktionen grundsätzlich nicht mit den Sprachvorkommen deckungsgleich und auch in ihren Bezeichnungen ‚offen‘ sind. Ohne dass diese Fragen ausführlich diskutiert werden können, wird die Darstellung zu allen diesen Punkten Hinweise geben.

2 Vor- und Frühgeschichte von ‚Nähe und Distanz‘

2.1 Ludwig Söll 1974 und unser ‚Grundtext‘ von 1985

Am Romanischen Seminar der Freiburger Albert-Ludwigs-Universität vertraten ab 1969 Hans-Martin Gauger (als Nachfolger von Helmut Lüdtke) sowie ab 1978 Wolfgang Raible (als Nachfolger von Peter Wunderli) die romanistische Sprachwissenschaft. Zusammen mit Brigitte Schlieben-Lange, die Gauger schon 1970 von Tübingen geholt hatte, war ich ab 1971 Assistent am Gauger-Lehrstuhl, und in einem ihrer Soziolinguistik-Seminare ‚entdeckte‘ Brigitte Schlieben-Lange Peter Koch und holte ihn als Studentische Hilfskraft an den Lehrstuhl.

Es war damals die Zeit, in der Ludwig Sölls Buch *Gesprochenes und geschriebenes Französisch* (1974) uns mit seiner Grundunterscheidung zwischen medialen

---

alt, andere stammen aus der Transformationellen Grammatik, der neueren Formallinguistik oder der sogenannten Kognitionslinguistik. Zur Metapher und zu Metapherntheorien allgemein vgl. Rolf (2005); in einem kleinen Anhang seines Buchs gibt Rolf, ausgehend von Hans Blumenberg, bedenkenswerte Hinweise auf die ‚Notwendigkeit‘, auch in der Wissenschaft Metaphern zu benutzen. Für Kenner nicht ganz überraschend wird die TG als Musterbeispiel für eine metapherntächtige Theoriebildung angeführt (Rolf 2005: 297–305); vgl. auch Oesterreicher (2007a) und (2013: 277–282).
2 Diese Grundunterscheidung erinnert natürlich an die aristotelische Wortdefinition und an die *grammatica speculativa* der mittelalterlichen Modisten, die bekanntlich systematisch *modi essendi*, *modi intelligendi* und *modi significandi* unterschieden.

und konzeptionellen Fakten in der Sprachbetrachtung und mit seinen feinen Analysen zum Französischen begeisterte; noch im Erscheinungsjahr des Buches schrieb ich eine Rezension, die 1975 in der Zeitschrift *Französisch heute* erschien. Sölls Buch war für Peter Koch und mich, neben unseren gemeinsamen semantisch-syntaktischen Verbvalenz-Interessen,[3] Anstoß zu einem neuen Forschungsfeld, das durch Peter Kochs Studien zur italienischen Sprechsprache und meine hispanistische Ausrichtung entscheidende Weiterungen erfuhr.[4] In einem Proseminar ‚Gesprochenes Französisch', das ich gemeinsam mit dem inzwischen zur examinierten Lehrstuhl-Hilfskraft avancierten Peter Koch abhielt, hatten wir ein Eingangs-Referat vorgesehen, das die theoretischen Grundlagen des Seminars erläutern sollte. Es fand sich aber – nach unserer programmatischen Einführung in der ersten Stunde – nicht ganz überraschend *kein* Referent. Auch um die Studierenden gleich auf die ‚richtige Schiene' zu setzen, beschlossen wir, dieses Referat selbst zu schreiben. Wir zogen uns gleich am Wochenende in den Schwarzwald zurück und verfassten in meiner Ferienwohnung in Falkau (Gemeinde Feldberg) bei badischem Wein, Bier, Grünkohl und Würsten einen ca. 20-seitigen Text, von dem wir der nicht ganz unbegründeten Meinung waren, dass dies – nicht allein für Studierende – eigentlich das Beste sei, was es damals *einführend* zum Thema ‚Mündlichkeit und Schriftlichkeit' zu lesen gab.

Wir arbeiteten den Text in der Folgezeit weiter aus, diskutierten ihn ausführlich in Seminaren sowie mit Freunden und Kollegen und schickten ihn dann an Wolf-Dieter Stempel (Ludwig-Maximilians-Universität München), einen der damaligen Herausgeber des *Romanistischen Jahrbuchs*. Dieser *foundational text* erschien 1985 unter dem Titel „Sprache der Nähe – Sprache der Distanz. Mündlichkeit und Schriftlichkeit im Spannungsfeld von Sprachtheorie und Sprachgeschichte" im *Jahrbuch* Band 36.[5] Der Aufsatz macht deutlich, dass es sich bei unseren Konzeptualisierungen des Sprachgeschehens um keine kleinräumigen Optionen handelt. Vielmehr ist die anthropologische und sprachtheoretisch-kommunikationstheoretische, also universalistische Fundierung des sprachlichen Gesamtgeschehens in der *Sprechtätigkeit* ebenso impliziert wie auch die Bedeutung der *aktuellen, individuellen Diskurs- und Textexemplare* mit ihren jeweiligen Kontexten, die letztlich als empirische Basis aller linguistischen Aussagen zu Sprachlichem gelten müssen. Diese Forschungsfelder rahmen sozusagen den für die

---

[3] Zur Valenz und zu Fragen der Verbalsyntax im Französischen vgl. Koch (1981) und Oesterreicher (1981a: 224–240).
[4] Vgl. dazu vor allem Koch (1985 und 1986).
[5] Inzwischen gibt es von diesem Text aktualisierte englische und portugiesische Übersetzungen; vgl. Koch/Oesterreicher (2012 und 2013).

Disziplin Linguistik, also auch die Varietätenlinguistik, zentralen Bereich der Betrachtung der vielfältigen, historisch gewordenen *Techniken des Sprechens*, also der einzelsprachlichen *Regeln* und *Normen*, die nun eben immer auch im Spannungsfeld von Mündlichkeit und Schriftlichkeit bzw. von Nähe und Distanz zu sehen sind.[6] Sie werden *intra*disziplinär in ganz unterschiedlichen Zugriffen von den verschiedenen Ausprägungen der synchronischen und diachronischen Linguistik, mithin auch von der Sprachgeschichte, behandelt.[7] Bekanntlich stehen diese Techniken des Sprechens ihrerseits in einem ganz spezifischen, ‚ausgezeichneten' Verhältnis zu den so genannten *Diskurstraditionen*,[8] die als historische Formen und Verdichtungen sprachlichen Handelns gewissermaßen den kommunikativen Haushalt von Sprach- und Kommunikationsgemeinschaften im Rahmen jeweiliger sozialer Semiotiken prägen.[9] Angemerkt sei schon hier, dass Diskurstraditionen aber als nicht mehr *nur-sprachliche* und *nur-einzelsprachliche* Größen zu betrachten sind, da sie die Grenzen der einzelnen Sprachgemeinschaften transzendieren.

2.2 Der Freiburger SFB 321 und ‚Gesprochene Sprache in der Romania' 1990

Es war nun eine glückliche Fügung, dass unsere Überlegungen schon im Vorfeld für den geplanten Freiburger Sonderforschungsbereich 321 „Übergänge und Spannungsfelder zwischen Mündlichkeit und Schriftlichkeit", der nach der DFG-Genehmigung dann von 1985 bis 1996 von Wolfgang Raible souverän geleitet wurde, nicht allein für die von Raible und Gauger betreuten romanistischen lin-

---

[6] Vgl. dazu auch unten 6.1. das Drei-Ebenen-Modell von Eugenio Coseriu. Es wird im Folgenden klar werden, warum wir den Ausdruck *Variations*linguistik nur in einem eingeschränkten Sinne benutzen.
[7] Vgl. dazu Oesterreicher (2009, 2010, 2014a und 2014b).
[8] Vgl. Schlieben-Lange (1983); Koch (1997a und 1997b); Oesterreicher (1997b). Es wird sich zeigen, warum wir die Begriff der ‚Gattung' als zu literarisch besetzt und den der ‚Textsorte' als zu ‚klassifikatorisch' ansehen.
[9] In diesem Sinne ist die ‚soziale Semiotik' als rahmender Oberbegriff für Sprachlich-Diskursives, Diskurstraditionen, Diskursdomänen und Handlungsfelder zu verstehen; vgl. Oesterreicher (2009, 2014a und 2014b); vgl. hierzu auch Feilke (2010: bes. 220). Der Begriff ‚soziale Semiotik' bezieht sich also, wie ersichtlich, auf etwas völlig anderes als bei Halliday (1978), wo Sprache *as Social Semiotic* bezeichnet wird.

guistischen Teilprojekte im SFB einen wichtigen Bezugspunkt abgeben konnten.[10] Durch den Kontakt mit Anglisten, Germanisten, Klassischen Philologen, mit Mediävisten, auch mit Orientalisten und Indologen, mit Historikern und Theologen und deren interessanten Teilprojekten reicherten sich unsere Ideen inhaltlich entscheidend an, was wiederum auf die Arbeit im gesamten SFB zurückwirkte. Besonders fruchtbar war damals der Kontakt mit Paul Goetsch und Ursula Schaefer von der Freiburger Anglistik. In diesem Sinne waren die Freiburger Jahre bereits eine wichtige Kontrollinstanz für die Leistungsfähigkeit des ‚berüchtigten' *Nähe-Distanz-Kontinuums* des *duo infernale*, wie Koch/Oesterreicher schon früh gelegentlich genannt wurden, denn auch im SFB gab es anfangs noch Einwände.

Der Erfolg unserer Ideen spornte uns naturgemäß zur Fortsetzung unserer Zusammenarbeit an. Wir arbeiteten im Romanischen Seminar, meist in langen Nachtsitzungen, intensiv an unserem Buchprojekt *Gesprochene Sprache in der Romania: Französisch, Italienisch und Spanisch*, das einen klaren romanistischen Zuschnitt bekam. Auf zwei *Atari*-Computern schrieben wir unseren Text. In denkwürdigen drei Arbeitstagen wurde dieser dann in Mainz, wo Peter Koch seit 1988 lehrte, von seinem Bruder Thomas Koch, der als Mitarbeiter an der TU Hamburg-Harburg hervorragende Kenntnisse in der Computerarbeit hatte, mit dem Programm *TeX* für den Druck eingerichtet. Mir schwindelt noch heute, wenn ich an die Doppelkreuze, Paragraphen- und Dollarzeichen usw. denke, die Thomas mit schlafwandlerischer Sicherheit für die *mise en pages* unseres Textes mit den zahlreichen Transkriptionen der Korpusausschnitte zur Anwendung brachte. Nach letzten Korrekturen erschien dann 1990 im Tübinger Verlag Max Niemeyer das Buch als Nummer 31 der Reihe *Romanistische Arbeitshefte*.[11]

Im Zusammenhang mit unserem gemeinsamen Denk- und Arbeitsstil[12] seien hier folgende Sätze aus meinem Nachruf auf Peter Koch in der *Zeitschrift für Romanische Philologie* wiederholt:

---

[10] Eine Gesamtdarstellung der Arbeit des Sonderforschungsbereichs gibt Raible in seinem Forschungsbericht aus dem Jahre 1998, wo auch die romanistischen Teilprojekte von Gauger und Raible genauer beschrieben werden.

[11] Inzwischen liegt von diesem Buch eine erweiterte und überarbeitete Übersetzung ins Spanische vor, die Frau Prof. Araceli López Serena (Universidad de Sevilla) angefertigt hat und die 2007 im Madrider Verlag Gredos erschienen ist; seit 2011 gibt es auch eine zweite, aktualisierte und erweiterte deutsche Auflage, die bei De Gruyter, noch Berlin und New York, publiziert wurde.

[12] Unser letzter für ein Linguistik-Handbuch gemeinsam geschriebener Text heißt „Mündlichkeit/Schriftlichkeit – Aspekte gesprochener und geschriebener Sprache" und wird hoffentlich bald erscheinen (Koch/Oesterreicher i.V.).

> Wir gehören wohl zu den seltenen Wissenschaftlern, die nicht nur elektronisch korrigierte Texte austauschen, sondern wirklich *gemeinsam* schreiben und formulieren können [...] dies geht natürlich nur bei einer wirklichen *linguistischen Seelenverwandtschaft*, die in unserem Falle im Temperament durchaus verschiedene, nämlich einen eher ‚norddeutsch-strengeren' und einen ‚süddeutsch-lockereren' Linguisten verband. (Oesterreicher 2015a: 1234)[13]

3 Mündlichkeit und Schriftlichkeit – Forschungsgeschichtliche Hinweise, sprachtheoretische und begrifflich-methodologische Klärungen

3.1 Forschungstraditionen zu „normfernen" Sprachvarietäten

Es darf im Folgenden nicht der Eindruck entstehen, dass unsere Ideen gewissermaßen *ex nihilo* entstanden wären und einfach einen Neuanfang markieren würden – ganz im Gegenteil! Unsere Kenntnis und die genaue Doxographie wissenschaftsgeschichtlicher Positionen führte uns nämlich zu zahlreichen Autoren, die in bestimmten Hinsichten schon wichtige Einsichten in die Problematik der Variabilität des Sprechens, die verschiedenen Sprachvarietäten und die einzelsprachliche Dynamik der Sprachveränderungen zeigten, die über traditionell dialektologische oder sprachstilistische Forschungen hinausgingen.[14] Schon hier sei angemerkt, dass fachgeschichtlich im Vordergrund unseres Interesses die romanischen Sprachen standen, die naturgemäß von Anfang an in ‚Schriftkulturen' lokalisiert waren.

Besonders beeindruckten uns die Arbeiten von Leo Spitzer (1921 und 1922) und die von Werner Beinhauer (1978) zu der italienischen und der spanischen Umgangssprache, wobei der Begriff aber schon viel früher beim Germanisten Hermann Wunderlich 1894 als „Umgangssprache" erscheint. Seine Gegenüberstellung von „Rede und Schrift" in Kapitel 1 seines Buchs möchte ich kurz zitie-

---

[13] Vgl. auch meinen Nachruf im *Romanistischen Jahrbuch* 64, 2014: XIV–XVI.
[14] Dass bei uns bezogen auf die Varietätenproblematik auch eine starke Humboldtsche Prägung vorliegt, ist selbstverständlich; vgl. auch Oesterreicher (1990). Zur Doxographie einschlägiger Arbeiten romanistischer Linguisten dieser Zeit vgl. vor allem meine Darstellungen von Charles Bally, Lucien Tesnière, Jean Dubois und Antonio Badia y Margarit in Gauger et al. (1981).

ren, weil sie zeigt, wie damals in schöner, präziser Wissenschaftsprosa schon wichtige Aspekte der Problematik angesprochen wurden:

> Seit es eine deutsche Schriftsprache giebt, hat es auch an Berührungen und Zusammenstössen mit der Umgangsprache nicht gefehlt. [...] Adelung führt Beispiele von Männern an, die sich schriftlich tadellos, mündlich dagegen unbeholfen ausdrücken, im Gegensatz dazu sehe man andere, deren mündlicher Ausdruck lichtvoll, rein und bündig sei, indes sie mit der Feder in der Hand sogleich dunkel und unverständlich werden. Die weittragenden Schlüsse, die sich schon diesen Beobachtungen abgewinnen lassen, zieht nun Adelung freilich nicht, für ihn bleibt vielmehr als Grundstock aller Unterschiede die Nachlässigkeit, die man der mündlichen Sprache eher nachsehe als dem schriftlichen Ausdruck. Diese Nachlässigkeit hat nach ihm nun folgende Ursachen: die kleine Spanne Zeit, die zur Überlegung verfügbar ist, den beschränkten Wirkungskreis, den man in Aussicht nimmt, und die kurze Dauer mit der sich die mündlichen Sprachmittel behaupten. Diese drei Faktoren [...] werden [...] auch uns in dieser Darstellung immer wieder in Anspruch nehmen, wenn auch freilich in verändertem Zusammenhang. (Wunderlich 1894: 1 und 3)

Auch bei Johann B. Hofmann fanden wir in seinem Buch *Lateinische Umgangssprache* (1951) interessante Beobachtungen, und in Frankreich ist besonders auf die materialreichen Arbeiten von Henri Bauche *Le langage populaire. Grammaire, syntaxe et dictionnaire du français tel qu'on le parle dans le peuple avec tous les termes d'argot usuel* (1946) und vor allem *La grammaire des fautes* von Henri Frei (1929) zu verweisen, in denen man das *parlé* – verstanden als ein *français avancé* – gelegentlich sogar mit dem Ort des Sprachwandels überhaupt identifizierte und durchaus kritisch-wertende Anmerkungen zu diesem gesprochenen Französisch machte.[15] Die Unterscheidung von *oral/parlé* und *écrit* wurde dann bei Charles Bally (1930 und 1965), bei Aurélien Sauvageot (1962) und sogar im Rahmen strukturalistischer Positionen, etwa bei Jean Dubois (1967), diskutiert – die anderen Schulen des Strukturalismus, die einen rigiden, unhistorischen Systembegriff favorisierten, verdrängten das Varietätenproblem und blendeten konzeptionelle Fakten zugunsten einer Verengung zum Medialen hin aus. Allerdings fehlten auch bei den eben genannten Arbeiten noch vertiefte Einsichten in die Fundierung und Unterscheidung der Grundbegriffe und in das Zusammenspiel der medialen und konzeptionellen sprachlichen Fakten.

---

[15] Vgl. Koch/Oesterreicher (1996: 64–66); auch Bally (1930). – Zum *français parlé* vgl. auch Blanche-Benveniste et al. (1990); Gadet (2003).

3.2 Mündlichkeit und Schriftlichkeit: Konzeption und Medium

Auch wenn etwa bei Otto Behaghel im Jahre 1899 (1899/1927: 17–25) – natürlich ohne die heutigen terminologischen Optionen – schon sehr klar die mediale Transposition und konzeptionelle Aspekte bei Äußerungstypen unterschieden werden, so handelte es sich doch um sporadische, nicht-systematisch entwickelte und forschungsbezogen kaum wirksame Positionen. In diesem Sinne ist auch noch die Äußerung von André Martinet zu beurteilen, in der punktuell mit sprachlich-grammatischen Formen ebenfalls Richtiges illustriert wird, aber der Tradition folgend ganz selbstverständlich die graphische Realisierung als ‚sekundär', gewissermaßen als Epiphänomen angesehen wird:[16]

> Die feierliche Rede, die Predigt, der Festvortrag, der rednerische Erguß in der politischen Versammlung in den Volksvertretungen, ist im großen und ganzen nichts anderes als ein Sprechen des geschriebenen Worts. (Behaghel 1899/1927: 27)

> [...] il ne faut pas oublier que l'opposition entre une langue littéraire traditionnelle et le parler quotidien ne se confond nullement avec celle, beaucoup plus tranchée, qui existe entre forme primaire parlé et forme secondaire graphique: la forme ‚parlée' *est-ce que* connaît une expression graphique aussi bien qu'orale, et le passé simple *ils dévorèrent* se prononce aussi bien qu'il s'écrit. (Martinet 1960: 160)

Einen wichtigen Schritt stellte die von Tullio de Mauro (1970a) und William L. Chafe (1982 und 1985) vorgenommene Korrelierung von *gesprochen/geschrieben* mit der Opposition *informell/formell* dar, die ebenfalls weiterführende Einsichten zum konzeptionellen sprachlichen Geschehen enthält, das unabhängig von den medialen Kriterien zu bestimmen ist. Auch die kritische Auseinandersetzung mit der nordamerikanischen Soziolinguistik brachte uns diesbezüglich weiter:[17]

---

16 Diese Tradition ist bekanntlich von Aristoteles bis Saussure bestimmend und auch noch heute weit verbreitet.

17 Die beiden Bücher von Brigitte Schlieben-Lange *Einführung in die Soziolinguistik* (1973) und *Einführung in die Pragmalinguistik* (1975) waren hier eine große Hilfe. Inzwischen ist, denke ich, jedermann klar, dass in den hitzigen Diskussionen über den schichtenspezifischen Sprachgebrauch, in denen seinerzeit die *Defizithypothese* (*restricted* vs. *elaborated code*) von Basil Bernstein und die *Differenzhypothese* von William Labov sich gegenüberstanden, im ersten Fall gerade universale konzeptionelle Kennzeichen des Nähesprechens vs. Distanzsprechens gemeint waren, während Labov auf eine diastratische Varietät innerhalb des Englischen zielte; vgl. Bernstein (1960/61) und Labov (1966 und 1970); auch Schlieben-Lange (1983: 87f.).

[...] tanto l'uso scritto quanto il parlato possono oscillare tra uso formale e uso informale della lingua: queste due nozioni, meno note e adoperate delle nozioni di ‚lingua scritta' e ‚lingua parlata', meritano forse una più attenta considerazione. (De Mauro 1970a: 176)

Gerade wenn die erwähnten Begriffe nicht strikt oppositiv gebraucht wurden, lag dann auch die Möglichkeit nahe, graduelle Realisierungen anzudenken, was in der treffenden Feststellung von Brigitte Schlieben-Lange im Plural ‚Traditionen' zum Ausdruck kommt; bezüglich der Mündlichkeit-Schriftlichkeits-Problematik deutet sie außerdem den Zusammenhang von *Medienwahl* und *Diskurstraditionen* an: „Weiterhin gibt es auch *Traditionen des Schreibens im Duktus der Mündlichkeit* und des *Sprechens im Duktus der Schriftlichkeit.*" (1983: 81)

Programmatisch bringt Giovanni Nencioni – von 1972 bis 2000 Präsident der *Accademia della Crusca* in Florenz – in seinem Artikel „Parlato–parlato, parlato–scritto, parlato–recitato" aus dem Jahre 1976 mediale und konzeptionelle Unterschiede, auch ohne ausdrückliche terminologische Fixierung, in der Zusammenrückung der adjektivischen Begriffe schon klar zum Ausdruck; dies ist auch in anderen romanischen Sprachen teilweise möglich (vgl. etwa span. *hablado escrito, escrito hablado* usw.). Diese Zusammenhänge sind für die romanistischen Forschungen zum sogenannten *Vulgärlatein*, das als ‚Sprechlatein' natürlich nur schriftlich überliefert ist, oder für das Verständnis der Devise ‚Schreibe, wie Du redest', die in der frühneuzeitlichen europäischen Sprachreflexion bis Lessing und noch weiter wirkte und der im Freiburger SFB ein romanistisches Teilprojekt gewidmet war, natürlich höchst bedeutsam.[18]

3.3 Das Söll'sche ‚Vierfelderschema' und das konzeptionelle Kontinuum

Dies alles sind Positionen, die die Söll'sche Konzeptualisierung (1985: 17–25) bestätigen, in der die Aspekte der *Konzeption* und des *Mediums* strikt geschieden werden; wie ersichtlich ist mit ‚Konzeption' das gemeint, was dann bei Schlieben-Lange als ‚Duktus' bezeichnet wurde und was – unabhängig von der medialen

---

[18] Zum sogenannten Vulgärlatein vgl. Coseriu (1978); Koch (1993); Oesterreicher (1996). – Zur Devise ‚Schreibe, wie Du redest!' vgl. vor allem Gauger (1986); Bader (1990 und 1994). Ich erinnere hier nur an den in Neapel lebenden Spanier Juan de Valdés, an den Franzosen Vaugelas, aber auch an Lessing, der 1734 in einem Brief seiner Schwester empfiehlt: „Schreibe, wie du redest, so schreibst du schön.", die bezüglich des Problems durchaus unterschiedliche Positionen vertreten; vgl. in diesem Kontext auch Goetsch (1985) und Culpeper/Kytö (2010) von anglistischer Seite; vgl. auch die Bemerkungen in 3.4. zu Klaus Hunnius (2012).

Realisierung – varietätenbezogene und diskurspragmatische Optionen im sprachlichen Ausdruck impliziert, einschließlich bestimmter rezipientenseitiger Erwartungen. Durch die Kreuzklassifikation der Kategorien kann eine erste Modellierung und ‚Füllung' des Söll'schen Vierfelderschemas gegeben werden:[19]

		KONZEPTION	
		gesprochen	geschrieben
MEDIUM	graphisch	dt. *das is ne wichtige Angelegenheit* fr. *faut pas le dire* e. *I've got a car*	dt. *das ist eine wichtige Angelegenheit* fr. *il ne faut pas le dire* e. *I have a car*
	phonisch	dt. [¹dasnə¹vɪçtjə ˡ²aŋgəˌleŋhaɪt] fr. [fopal¹diːʀ] e. [aɪvˌgɒtə¹kɑː]	dt. [¹das ²ɪst ²aɪnə ¹vɪçtɪgə ˡ²aŋgəˌleːgŋhaɪt] fr. [ilnəfopalə¹diːʀ] e. [aɪˌhævə¹kɑː]

Abb. 1: Medium und Konzeption (mit einem deutschen, französischen und englischen Beispiel).[20]

In diesem Vierfelderschema wird das *dichotomische Verhältnis* von ‚graphisch' und ‚phonisch' beim Medium von der durchgezogenen waagrechten Linie repräsentiert, die *kontinualen Verhältnisse bei der Konzeption* sind durch die ‚Durchlässigkeit' der gestrichelten Linie zwar angedeutet; sie kommen im folgenden Schema, in das auch Beispiele für verschiedene Kommunikationsformen eingetragen sind, deutlicher zum Ausdruck: (I) spontanes Gespräch unter Freunden, (II) familiäres, spontanes Telefongespräch, (III) Privatbrief unter Freunden, (IV) Vorstellungsgespräch, (V) Presse-Interview, (VI) Predigt, (VII) wissenschaftlicher Vortrag, (VIII) Leitartikel, (IX) Gesetzestext. Im Schaubild sind also a) die dichotomisch-medialen und b) kontinual-konzeptionellen Zusammenhänge sowie c) die durch die zwei Dreiecke symbolisierten Affinitäten der Kommunikationsformen in Bezug auf das Medium und das konzeptionelle Kontinuum zwischen kommunikativer Nähe und kommunikativer Distanz veranschaulicht:[21]

---

[19] Vgl. etwa Koch/Oesterreicher (1985, 1990 und 2011: 3f.).
[20] Der Status dieser Beispiele wird im Zusammenhang mit dem Konzept des Varietätenraums unten in 8.1. und 8.2. noch genauer besprochen.
[21] Schon hier sei darauf hingewiesen, dass diese Überlegungen schon viel genauer sind als etwa die vielzitierten Schematisierungen der ‚Textdimensionen' in Biber (1995), auf in 9.1. kurz eingegangen wird.

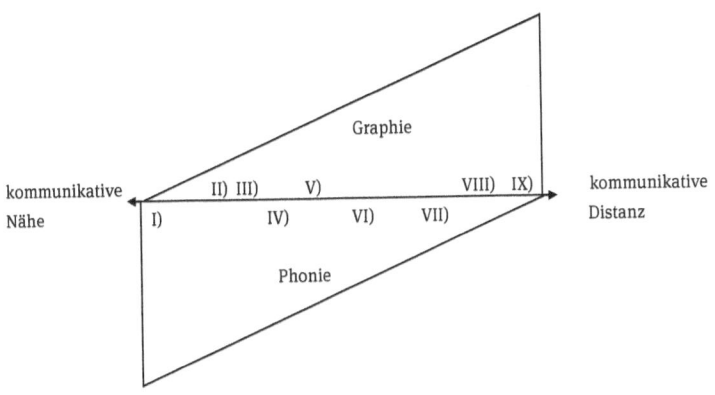

Abb. 2: Konzeptionelles Kontinuum, mediale Dichotomie und Positionierung unterschiedlicher Kommunikationsformen (I–IX).

Wichtig ist auch die Feststellung von John Lyons zur *medium-transferability* von Sprache, die nochmals die Unabhängigkeit von Konzeption und Medium deutlich macht: „[...] it is possible to read aloud what is written and, conversely, to write down what is spoken [...] we will say that language has the property of medium-transferability." (1981: 11).

Zu beachten ist aber, dass beim *Medien-Wechsel* nicht nur eine rein *mediale Transkodierung* im Sinne einer *Verschriftung* oder *Verlautlichung* vorgenommen wird, sondern dass sich in der Regel dabei auch Veränderungen im konzeptionellen Profil von Diskursen im Sinne einer *Verschriftlichung* und *Vermündlichung* einstellen (vgl. Oesterreicher 1993). Zu erinnern ist hier an die Universalie der *Exteriorität*, durch die das Medium – ob nun in schriftlosen oder schriftkulturellen Kontexten – selbstverständlich immer für die anthropologisch fundierte konzeptionell-kommunikative Variation zwischen Nähe und Distanz funktionalisiert wird (vgl. dazu genauer unten; vgl. Oesterreicher 2001). Diesen gerade auch synchronisch wichtigen Prozessen kommt in diachronischer Hinsicht bekanntlich größte Bedeutung zu, etwa bei den ersten romanischen Sprachdenkmälern (in Predigten, Eiden, der Paraliturgie und Katechese usw.), für die ‚Protokollieren', ‚Verlesen', ‚Vorlesen', ‚Vortragen', ‚Vorsingen' usw. konstitutiv sind.[22] Es versteht sich von selbst, dass die dabei entstehenden Veränderungen des sprachlichen Ausdrucks eben auch für Modifikationen im konzeptionellen

---

[22] Vgl. Lüdtke (1964); Wunderli (1965); Selig et al. (1993); Selig (2006); Koch/Oesterreicher (2007: 358–359); Koch (2010).

Profil der Äußerungen verantwortlich sind und die Lokalisierung der Kommunikationsformen auf dem Kontinuum zwischen Nähe und Distanz verändern.[23]

3.4 Ein „säkulares Junktim"?

Ohne dass ich eine neuere Einlassung von romanistischer Seite hier ausführlicher diskutieren kann, möchte ich den Beitrag von Klaus Hunnius „Zur Kontroverse um das *français parlé*. Ein Plädoyer gegen ein säkulares Junktim und für eine Rehabilitierung der Medialität" (2012) doch kurz ansprechen. Hunnius bezieht seit nunmehr fast fünfundzwanzig Jahren eigensinnig gegen Ludwig Sölls Trennung von Medium und Konzeption und die Nähe-Distanz-Unterscheidung Stellung.[24] Er versucht dabei vor allem immer wieder, das *parlé* mit diaphasischem *familier* zu identifizieren. Das von ihm negativ als „säkulares Junktim" betrachtete Problem einer ‚Mündlichkeit', die in einem „zweifachen Gegensatz" steht (Hunnius 2012: 35), ist nach unseren Ausführungen universalistisch anthropologisch-semiotisch zu fundieren *und* gleichzeitig als ein historisch im Einzelfall zu klärender Problemkomplex zu sehen – eine „Rehabilitierung der Medialität" braucht es dafür aber natürlich nicht; ihre Präsenz ist im Nähe-Distanz-Kontinuum immer und überall gegeben, in spezifischer Form sogar in ‚schriftlosen Gesellschaften'. Und dort, wo Hunnius, der sich vor allem für die ‚mediale Mündlichkeit' interessiert, überraschend verständnislos auf die Devise „Schreibe, wie du sprichst" eingeht – für ihn handelt es sich um eine „streng genommen unsinnige Anweisung" (2012: 36) –, zeigen sich fundamentale argumentative Limitierungen. Der ‚Nähesprache' wird insgesamt ein „Zwitterwesen" (ebd.) zugeschrieben. Nach unserer Auffassung sind die in Frage stehenden komplexen Sachzusammenhänge mit kategorialen Zugriffen auf unterschiedlichen Abstraktionsebenen ‚zusammenzudenken', ohne dass dabei deren Spezifik eingeebnet wird.

Es ist rasch einsichtig, dass für das bisher Gesagte *Kommunikationsbedingungen* formuliert werden müssen, die für die angeführten *Kommunikationsformen* und für die entsprechenden *Versprachlichungsstrategien* im kommunikativen Gesamtbereich bestimmend sind.

---

[23] So kann ein schriftsprachlich verfasster Brief durch ein ‚lockeres' Vorlesen im Familienkreis und/oder eine dialektale Aussprache verändert werden, und bei einem mündlichen Presse-Interview sind im Druck Formulierungen ‚geglättet' und Gesprächswörter, *hesitation phenomena* u.ä. in der Regel getilgt.
[24] Vgl. Hunnius (1988, auch 2008).

4 Das konzeptionelle Kontinuum: Dimensionen und Parameter

4.1 Forschungsansätze zu konzeptionellen Fakten

Vor allem germanistische Arbeiten nutzten im Rahmen der sogenannten *Textsorten*-Diskussion schon in den 70er-Jahren des letzten Jahrhunderts bestimmte konzeptionell basierte kommunikationstheoretische Kategorisierungen. Ich nenne vor allem den Aufsatz aus dem Jahre 1974[25] zu einem Sprachverhaltensmodell von Hugo Steger et al., die mit Kriterien wie Sprecherzahl, Öffentlichkeitsgrad, Zeitreferenz, Situationsverschränkung, relativer Rang der Kommunikanten, Grad der Vorbereitetheit, Zahl der Sprecherwechsel, Themafixierung und Modalität der Themenbehandlung arbeiten, sowie Brigitte Sandig (1975), die allerdings sechs strikte, intern weiter dichotomisch gegliederte Oppositionen ansetzt: mündlich vs. schriftlich, dialogisch vs. monologisch, asymmetrische vs. symmetrische Rollen, persönlich vs. unpersönlich, referentiell vs. appellativ/expressiv, deskriptiv vs. narrativ/expositorisch/argumentativ usw. Auch bei Helmut Henne und Helmut Rehbock, die den gesprächsanalytischen Gesichtspunkt besonders stark machten, finden sich wichtige Kriterien: Natürlichkeitsgrad/Spontaneität, Raum-Zeit-Verhältnis (nahe vs. fern), Öffentlichkeitsgrad, soziales Verhältnis und Konstellation der Gesprächspartner (dyadisch vs. Gruppe), Handlungsdimension (direktiv/narrativ/diskursiv), Bekanntheitsgrad der Gesprächspartner, Grad der Vorbereitetheit, Themafixiertheit und Verhältnis von Kommunikation und nichtsprachlichen Handlungen (vgl. Henne/Rehbock 2001: 32ff.). Zeitliche und räumliche sowie persönlich-soziale Verhältnisse wurden punktuell gelegentlich sogar schon mit den Ausdrücken *nahe* und *fern* bezeichnet. Die Einzelunterscheidung ‚ungeplant' vs. ‚geplant' machte bekanntlich auch Elinor Ochs (1979) fruchtbar. An dieser Stelle kann man übrigens deutlich machen, wie die weitergehenden Generalisierungen und analogisierenden Korrelationen zu analysieren und zu verstehen sind, die Talmy Givón (1979) an seine zentrale Begriffsopposition *pragmatic mode* vs. *syntactic mode* anschließt; diese fokussiert nämlich nicht nur sprachliche und kommunikationsstrukturelle Phänomene der gesprochenen und geschriebenen Sprache, sondern wurde von Givón bekanntlich auch für die Entstehung von Pidgins und Kreols sowie für phylo- und ontogenetische Fragen bei der Sprachentwicklung in Anschlag gebracht.[26]

---

25 Vgl. auch Steger (1983 und 1984).
26 Vgl. dazu auch Koch/Oesterreicher (1985).

4.2 Kommunikationsbedingungen, Versprachlichungsstrategien und Kommunikationsformen

Die von uns seit 1985 benutzte, ausdrücklich als *offen* qualifizierte Liste der von allgemeinsten Kommunikationsbedingungen abgeleiteten, zehn konzeptionell relevanten Dimensionen a)–a') bis j)–j') nimmt zwar Kriterien der eben angeführten Arbeiten auf, gibt ihnen jedoch eine neue, vollständigere und kohärentere Ordnung, für die vor allem auch der Status der Konzepte entscheidend ist (Koch/Oesterreicher 1985, 2011):[27]

① Privatheit	Öffentlichkeit ❶
② Vertrautheit der Kommunikationspartner	Fremdheit der Kommunikationspartner ❷
③ starke emotionale Beteiligung	geringe emotionale Beteiligung ❸
④ Situations- und Handlungseinbindung	Situations- und Handlungsentbindung ❹
⑤ referenzielle Nähe	referenzielle Distanz ❺
⑥ raum-zeitliche Nähe (*face-to-face*)	raum-zeitliche Distanz ❻
⑦ kommunikative Kooperation	keine kommunikative Kooperation ❼
⑧ Dialogizität	Monologizität ❽
⑨ Spontaneität	Reflektiertheit ❾
⑩ freie Themenentwicklung	Themenfixierung ❿
usw.	

Abb. 3: Kommunikationsbedingungen.

a) Grundsätzlich ist für alle Dimensionen ein *kontinuales Verständnis* mit den Ausprägungen der Parameterwerte definitorisch. Bei der Dimension ‚raum-zeitliche Nähe' (± *face-to-face*) liegt zwar eine Opposition vor – allerdings ist sofort hinzuzufügen, dass in den zwei so unterschiedlichen Sachbereichen jeweils wiederum intern Präzisierungen gegeben sind, die beispiels-

---

[27] Unsere bisherigen Ausführungen machen schon deutlich, dass die durchaus wichtigen, aber eben nur Teilaspekte mit relativer Reichweite repräsentierenden Begriffe der früheren Forschung – also etwa *geplant/ungeplant, formell/informell, involved/informational, pragmatic/syntactic mode* usw. – in dem neuen Gesamtzusammenhang genauer definiert, besser verstanden und untereinander klarer relationiert werden können.

weise durch die Kombination mit den ebenfalls graduellen Kriterien wie ‚Öffentlichkeit', ‚Kooperation' usw. bedingt sind.[28]

b) Das Kontinuum und die Extrempole des Kontinuums von ‚Nähe' und ‚Distanz' kommen durch die Kombination der Ausprägungen der Dimensionen a)–a') bis j)–j') zustande. Jedes kommunikative sprachliche Ereignis und auch seine generalisierende Zuordnung zu einer Diskurstradition ist mithin als eine *Synthetisierung von verschiedenen Parameterwerten* zu verstehen, die für *alle* Dimensionen jeweils zu prüfen und anzugeben sind. Es ist also sinnlos, einen isolierten Parameterwert wie ‚starke Emotionalität', ‚referenzielle Distanz der Redegegenstände', ‚Dialogizität' oder ‚Themenfixierung' als solchen schon als nähe- oder distanzsprachlich qualifizieren zu wollen.[29]

c) Hinzuweisen ist auch auf die Tatsache, dass die kommunikationstheoretisch definierten Dimensionen als allgemeine Konzeptualisierungen selbstverständlich *radikal historisiert* werden müssen. Bei Kategorisierungen wie ‚Privatheit', ‚Öffentlichkeit', ‚Vertrautheit', ‚Fremdheit', ‚Emotionalität' usw., die historisch ja höchst unterschiedliche Formen annehmen, ist dies unmittelbar evident.

d) Entscheidend ist insgesamt, dass es sich bei den angeführten Kommunikationsbedingungen gerade *noch nicht* um sprachliche Fakten handelt, sondern allein um Faktoren, die als Rahmenbedingungen die Formen der phonischen und graphischen *Versprachlichung* im konzeptionellen Kontinuum steuern und determinieren; auch diese *Verbalisierungsstrategien* sind fundamental konzeptionell bestimmt. Hier ist übrigens auch der Ort für die ‚Öffnung' der Betrachtung auf parasprachliche kommunikative Kontexte

---

[28] Für die hier notwendigen Differenzierungen sind auch die heute aktuellen Neuen Medien und multimodalen Kommunikationsformate aufschlussreich; man denke nur etwa an das *Instant-Messaging* mit der Telefonie-Software *Skype*; vgl. dazu genauer unten 9.2.

[29] Dass *einzelne* extreme Ausprägungen einer Dimension etwa im ‚Linksbereich' natürlich gerade noch nicht zu einem nähesprachlichen Diskurs führen, lässt sich etwa an dem Kriterium der ‚starken emotionalen Beteiligung' leicht zeigen: Die soziale Betroffenheit eines Journalisten und seine Wut auf korrupte Politiker in einem Bericht etwa über den Hunger und die medizinische Unterversorgung in Afrika, aber auch die extreme Emotionalität in einem biographisch verankerten Liebesroman werden durch die anderen Kommunikationsparameterwerte in ihrem sprachlichen Ausdruck gewissermaßen gefiltert. Analoges gilt für den distanzsprachlichen ‚Rechtsbereich', etwa im Falle unserer Wissenschaft, wo schon immer galt: *grammatici certant!* Interessant ist natürlich ein Gespräch von zwei sehr guten Freunden über die Probleme einer aktuellen Steuererklärung; das Gespräch ist u.U. strikt themenfixiert und damit eine nicht mehr prototypische nähesprachliche Unterhaltung; vgl. dazu unten auch 5.2.

(vgl. Bouvet 2004), besonders auf nichtsprachliche-semiotische Modalitäten der Kommunikation, die auch in den Neuen Medien und ihren multimodalen Formaten wichtig sind (vgl. Wenzel 1995; Oesterreicher 2009, 2014a und 2014b; vgl. unten Abschnitt 9.2).

Die Ergebnisse unserer Überlegungen lassen sich zu folgendem Gesamtschema zusammenführen, das wir – mit geringfügigen terminologischen Adaptationen – seit 1985 verwenden; es soll daher noch einmal abgedruckt werden (Abb. 4).

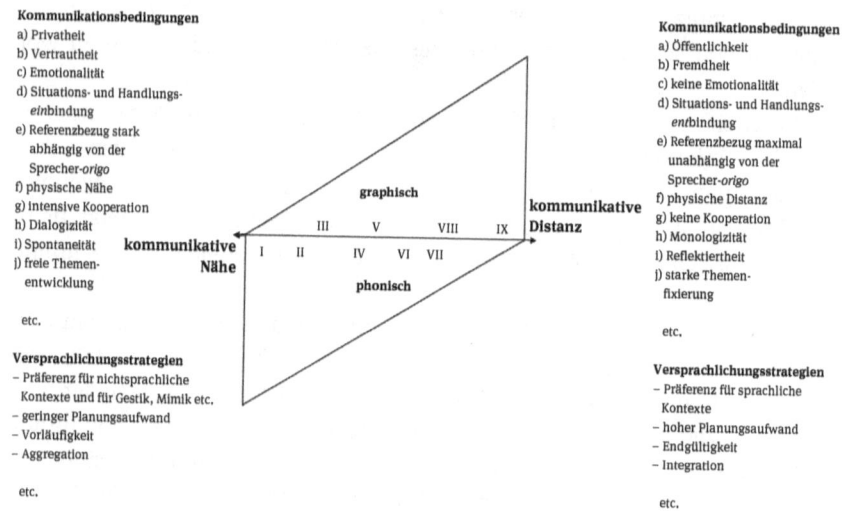

Abb. 4: Das Nähe-Distanz-Kontinuum: Kommunikationsbedingungen und Versprachlichungsstrategien, Kommunikationsformen und konzeptionell-mediale Affinitäten. Zusatz der Hrsg.: Zur Bedeutung der lateinischen Zahlen vgl. die Erläuterung zu Abb. 2. (Koch/Oesterreicher 2011: 13)

5 Mündlichkeit und Schriftlichkeit – Universale, diskurstraditionelle und einzelsprachliche Aspekte

5.1 Universale Merkmale des Gesprochenen

An dieser Stelle sind kurz die Phänomene anzusprechen, die deshalb als universale Merkmale von Nähe und Distanz gelten müssen, weil sie mehr oder weniger direkt aus den unterschiedlichen Ausprägungen der *Sprechtätigkeit*, also eines *Nähe-* oder *Distanz-Sprechens*, resultieren, die durch die beschriebenen Kommunikationsbedingungen motiviert sind, deren mediale Affinitäten ja deutlich wurden.

Schon bei Wilhelm Havers (1931) und Johann B. Hofmann (1951), dann bei Ludwig Söll (1985: 54–67), Rosanna Sornicola (1981) und Günter Holtus (1983) wurden Aspekte dessen angesprochen, was wir heute vervollständigt und systematisiert auf den verschiedenen Ebenen der sprachlichen Strukturierung in den Einzelsprachen Französisch, Italienisch und Spanisch als ‚universale Merkmale von Nähe und Distanz' veranschaulichen konnten, Merkmale also, die *jenseits der einzelsprachlichen Diasystematik*, als eine Dimension der Sprach*variation*, nicht der einzelsprachlichen Sprach*varietäten* funktionieren (vgl. Koch/Oesterreicher 1985; Koch 1985 und 1986). Hier seien vor allem die nähesprachlichen Fakten angeführt, die distanzsprachlichen Entsprechungen sind – auch für andere Sprachen – jeweils leicht mitzudenken und zu ergänzen (vgl. dazu bes. Koch/Oesterreicher 2011: Kap. 4.1–4.6, 41–134).

Bekanntlich lassen sich im Bereich der *textuell-pragmatischen Mikrostrukturen* die Gesprächswörter, die natürlich materiell ihre einzelsprachlichen Ausprägungen haben, also Gliederungs-, *turn-taking-* und Kontaktsignale, Überbrückungsphänomene und Korrektursignale, Interjektionen und Abtönungsverfahren, allein in dieser Perspektivierung richtig verstehen. – *Makrostrukturelle universale Merkmale* gibt es im textpragmatischen Bereich bei den unterschiedlichen Anforderungen und Formen der Textkohärenz, bei der Narration und der Redewiedergabe. – Im *Bereich der Syntax* sind Kongruenz- und Inkongruenzphänomene, Anakoluthe und ‚unvollständige' Sätze – gerade auch bei den sogenannten Ko-Konstruktionen[30] in lebendigen Gesprächen –, spezifische Ver-

---

[30] In der französischen Linguistik wird hierfür auch der Ausdruck *coénonciation* verwendet; vgl. Jeanneret (1999).

teilungen bei aggregativen und integrativen Strukturen, besonders bei Parataxe und Hypotaxe, sowie informationsstrukturelle Gestaltungen, besonders im Bereich der Thema-Rhema-Verteilung relevant.[31] – Im *semantischen Bereich* sind neben der Wort-Semantik mit der syntagmatischen Lexemvariation und den paradigmatischen Differenzierungen Präsentative, Deiktika und die Resultate von Expressivität und Affektivität zu beachten.[32] – Auch auf der *lautlichen Ebene* gibt es Phänomene, die universell motiviert sein können, etwa bei bestimmten Artikulationsanforderungen, bei der Sprechgeschwindigkeit oder Lautstärke.[33] – Die genannten Erscheinungen sind rein konzeptionell bestimmt und von den Verbalisierungsstrategien des Nähe- und Distanz-Sprechens abhängig, die ihrerseits insofern mit den Diskurstraditionen zu tun haben, als letztere ‚Rahmungen' vorgeben, die den Sprechern und Hörern mehr oder weniger *Freiräume* für die Realisierung der genannten Phänomene lassen (vgl. gesamthaft Koch/Oesterreicher 2011: Kap. 2, bes. 6–14).

Festzuhalten ist, dass diese Erscheinungen zwar immer einzelsprachlich realisiert werden, *in der Regel* gehorchen sie jedoch keinen einzelsprachlichen Normen und Regeln; in einzelnen Fällen – dies ist dann aber natürlich jeweils zu beachten – *können* sie aber durchaus zu einzelsprachlichen Regeln grammatikalisiert und formiert werden.[34]

---

31 Vgl. hierzu auch Raible (1992); vgl. Krötsch (1998) und Krötsch/Oesterreicher (2002); insgesamt steht hier natürlich auch Karl Bühlers *Sprachtheorie* im Hintergrund (1965).

32 Auch die sogenannten *passe-partout-* Wörter gehören in diesen Bereich, also etwa Substantive [+menschlich; -belebt und +zählbar; -belebt und -zählbar], Verben [+aktional]: dt. *Typ*; *Ding, Dings, Dingsda, Dingsbums*; *Zeug*; *machen, dingsen* usw.; engl. *guy, chap*; *thing, thingy, thingummy, thingummytight*; *stuff, business*; *do* usw.; frz. *type, mec*; *truc, machin, bidule*; *bazar, machin*; *faire* usw.; ital. *tizio*; *cosa, coso*; *roba*; *fare, cosare* usw.; span. *tío, fulano*; *cosa, chisme*; *chismes*; *hacer* usw.

33 Bestimmte *Allegro*-Formen können sekundär auch diskurstraditionell und varietätenbezogen formiert werden; so ist etwa die Form **allate* aus lat. *ambulate* – nicht unerwartbar – als ‚Kurzform' beim militärischen Drill in der römischen Armee entstanden und ist im Lateinischen als ‚sermo castrensis' klar diastratisch verankert; die Form wird später bekanntlich zur Grundform für romanische Verben wie frz. *aller*.

34 So ist etwa – im Unterschied zu anderen romanischen Sprachen – bei einem *fronting* des indirekten Objekts ohne besondere intonatorische Markierung im Spanischen und Rumänischen eine *reprise pronominale* obligatorisch, ohne dass damit jedoch ein segmentierter Satz entstünde, der zwar auch Klitika verwendet, aber durch ganz bestimmte intonatorische Kennzeichen definiert ist (Tonhöhenverlauf/evtl. Pausenstrukturen); man vergleiche span. *A mi hermano le doy todo* mit frz. *A mon frère, je lui donne tout*.

5.2 Konzeptionelle Profile von Diskurstraditionen

Die skizzierten Verhältnisse bei den Kommunikationsbedingungen und Verbalisierungsstrategien sind nun auch für das Verständnis der *Diskurstraditionen* entscheidend, die als Synthesen der angeführten Dimensionen mit deren jeweiligen Parameterwerten gerade nicht einfach klassifikatorisch gefasst werden können, sondern, *prototypisch* als konzeptionelle Profile verstanden, schon in der Synchronie grundsätzlich variabel-flexible Realisierungen erlauben und damit ein wirkliches Verständnis für die *Fortbildung von Diskurs- und Texttraditionen im Gebrauch* eröffnen. Dies ist übrigens einer der Gründe, weshalb wir den Begriff der *Diskurstradition* dem häufig zu ‚mechanistisch'-klassifikatorischen Begriff der *Textsorte* vorziehen.

Auch wenn diese Gesichtspunkte von Anfang an schon ausdrücklich impliziert waren, begannen wir später – erstmalig wohl in der spanischen Übersetzung unseres Buchs 2007 – von den *prototypisch zu verstehenden Diskurstraditionen* konzeptionelle Profile in Schaubildern zu erstellen, die die Spannung zwischen aktuellen Diskursen und Diskursmodellen zum Ausdruck bringen können.[35] Bei Hugo Steger et al. (1974) wird diesbezüglich, in einer etwas anders akzentuierten Sicht, übrigens ebenfalls schon ausdrücklich einerseits zwischen ‚Redekonstellation' und ‚Redekonstellationstyp' sowie andererseits zwischen ‚Textexemplar' und ‚Textsorte' unterschieden.

Für die angeführten Diskurstraditionen ‚familiäre Unterhaltung' (I) und den ‚Gesetzestext' (IX) besteht wohl Einmütigkeit, dass die Parameterwerte in allen Dimensionen in Abb. 4 ganz ‚links' bei a) bis j) beziehungsweise ganz ‚rechts' bei a') bis j') angesetzt werden müssen und dass damit die Extrembereiche der Nähe und der Distanz umrissen sind. Interessanter – und weniger eindeutig – sind aber natürlich die zahlreich existierenden Kommunikationsformen, deren Pragmatik durch Kombinationen unterschiedlicher dimensionenbezogener Parameterwerte bestimmt wird; man vergleiche dazu die Kommunikationsformen II bis VIII in Abb. 2. Im Folgenden gebe ich Modellierungen für die Diskurstraditionen ‚Privatbrief', ‚Vorstellungsgespräch' und ‚Predigt', die diese *prototypischen Synthesen von Parameterwerten* der verschiedenen Dimensionen der Kommunikationsbedingungen zu visualisieren vermögen:

---

35 Wie schon angemerkt ist ein familiäres Gespräch, etwa mit der Themenfixierung auf ‚Steuererklärungsprobleme', nicht mehr *prototypisch* zu nennen, da die Themenentwicklung nicht mehr richtig ‚frei' ist.

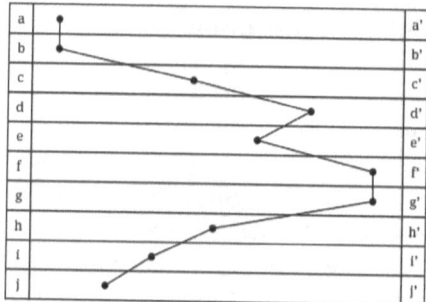

Abb. 5: Konzeptionelles Profil des Privatbriefs.

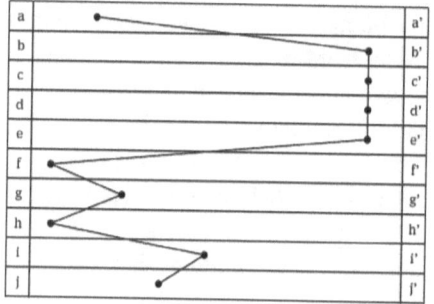

Abb. 6: Konzeptionelles Profil des Vorstellungsgesprächs.

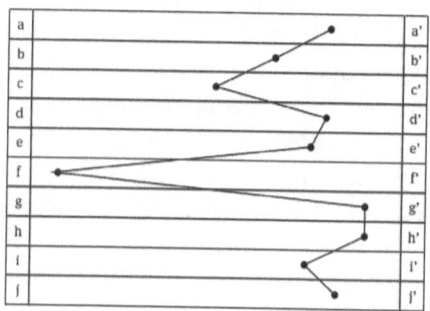

Abb. 7: Konzeptionelles Profil der Predigt.

Aus diesen Modellierungen geht schon hervor, dass es eigentlich kaum möglich ist, die Stellung einzelner Diskurstraditionen im Kontinuum *exakt quantifizieren* zu wollen.³⁶ Vor allem auch bei der Charakterisierung von einzelnen Diskursexemplaren sind *grundsätzlich historisch-hermeneutische Erwägungen unabdingbar, die sich vor allem auf Vorentscheide bei der Gewichtung verschiedener Dimensionen der Kommunikationsbedingungen und bei der Bewertung der festgestellten Parameterwerte sowie der Gewichtung der ausgewählten sprachlichen Phänomene beziehen.* Es handelt sich dabei immer um Optionen, die zu explizieren sind. Diese epistemologische *reservatio* ist unbedingt zu beachten, führt sie doch in den beschriebenen Bereichen zu einer wichtigen wissenschaftstheoretischen Kennzeichnung der Arbeit in unserer Disziplin Linguistik.³⁷

5.3 Diskurstradition ‚Bundespressekonferenz'

Am Artikel von Mathilde Hennig „Die Bundespressekonferenz zwischen Nähe und Distanz" (2014), in dem die Bundespressekonferenz vom 18. Februar 2011 analysiert wird, lässt sich zeigen, dass die *face-to-face*-Situation der kommunikativen Gattung ‚Bundespressekonferenz' erwartungsgemäß natürlich gerade nicht einer ‚wirklichen Nähekommunikation' entspricht; Hennig illustriert dies in einer Abbildung des konzeptionellen Reliefs der Pressekonferenz mit der Kennzeichnung der entsprechenden Kommunikationsbedingungen (Hennig 2014: 248) völlig überzeugend; sie kann dann, mit den Mitteln des Ágel-Hennig'schen Ansatzes die Positionierung dieser kommunikativen Gattung zwischen Nähe und Distanz präziser qualifizieren.³⁸ Gerade weil dabei im Vergleich zu anderen Bundespressekonferenzen interessante Unterschiede erscheinen, zeigt dies noch einmal, dass die jeweilige individuelle Synthetisierung der Parameterwerte der verschiedenen Dimensionen der Kommunikationsbedingungen auch schon hier differenziell zum Tragen kommt und zu berücksichtigen ist.

Noch eine Bemerkung zu einem Missverständnis, das sogar in einer Korpuslinguistik, die an sich diskurstraditionelle Kriterien berücksichtigt, grassiert: Der *Brief* oder die *E-Mail* – übrigens natürlich auch das *Telefonat* – sind keine

---

36 Das heißt, das Ziel einer *strengen* Texttypologie sollte aus diesem Grund gar nicht angestrebt werden. Man beachte aber die viel zu ungefähr abgestuften Positionierungen von ‚Genera' in der Biber'schen Textdimension ‚involved' vs. ‚informational' (1995). Auch scheinen mir die im ‚Register' *academic prose* angeblich sichtbaren signifikanten Unterschiede beim weiblichen und männlichen Erzählen als Variable diskurstraditionell diskutabel; zu diesem Typ der Diskursanalyse vgl. Biber et al. (2002): „Speaking and Writing in the University: A Multidimensional Comparison"; vgl. unten Abschnitt 9.1.
37 Vgl. dazu Oesterreicher (1979, 2009, 2011, 2014a und 2014b).
38 Vgl. Ágel/Hennig (2006, 2007, 2010: 3f.); Hennig (2006: 70–84 und 2014: 251–255).

konzeptionell festgelegten Diskurstraditionen; sie bilden vielmehr einen rein medial definierten Raum, in dem größte konzeptionelle Varianz in unterschiedlichen Text- und Diskurstraditionen möglich ist. Man vergleiche etwa das Spektrum zwischen den Diskurstraditionen des familiären Privatbriefs, etwa einem Brief an die Familie, an Freunde oder einen Liebesbrief, Geschäftsbriefe oder Bestellungen, Rechnungen oder Kaufangebote mit amtlichen Briefen etwa der Finanzverwaltung, usw. Für *E-Mails* gilt Entsprechendes, natürlich auch für *Telefonate*. Hier ist das Konzept der *Kommunikationsformen* sinnvoll, das oben schon verwendet wurde.[39]

6 Nähe/Distanz und die Bereiche des Sprachlichen

6.1 Das Drei-Ebenen-Modell: Sprachtheorie und Linguistik

Das Gesagte soll noch durch eine weitere an sich bekannte Konzeptualisierung präzisiert werden, die schon angedeutet wurde und die naturgemäß auch für das Nähe-Distanz-Kontinuum grundlegend ist. Für bestimmte Fragen zum einzelsprachlichen Varietätenraum sowie für die Diskursanalyse und die Korpuslinguistik ist sie von größter Bedeutung.

Nach Eugenio Coseriu kann man die menschliche Sprache bestimmen als eine *universelle menschliche Tätigkeit*, die *individuell* ausgeübt wird, dabei aber *historisch bestimmten Techniken* folgt (vgl. Coseriu 1980: 6f.). Diese sprachtheoretische Perspektivierung lässt sich, mit einer Coseriu präzisierenden Erweiterung, in folgendem Schema visualisieren, wobei die sukzessive Determination des Sprachlichen von den allgemeinsten Bestimmungen des Sprechens über die zweifach zu bestimmenden Determinanten der historischen Ebene bis hin zur Konkretion im individuellen, aktuellen, einmaligen Diskurs oder Text führt (Schlieben-Lange 1983; Koch 1988, 337–342 und 1997b; Oesterreicher 1988, 1997b, 2010 und 2014a; Wilhelm 2001; Koch/Oesterreicher 1990, 2007: 352–253 und 2011: 4–6):

---

[39] Vgl. Ziegler/Dürscheid (2002); Dürscheid (2006); auch Ermert (1979).

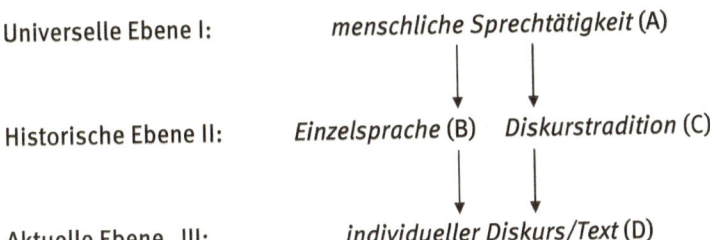

Abb. 8: Das Drei-Ebenen-Modell des Sprachlichen.

Es ist methodologisch wichtig, das Schema immer auch umgekehrt zu ‚lesen', denn die konkrete, sinnlich wahrnehmbare phonische oder graphische Äußerung, der *aktuelle* Diskurs oder Text, ist letztlich ja der einzige konkret beobachtbare Ausgangspunkt für alle Fragen auf der *historischen* Ebene der Sprachen und der Diskurstraditionen sowie für die Veranschaulichung bestimmter Aspekte der *universellen* Sprechtätigkeit; in diesem Sinne sind die in (D) auf der Ebene III gegebenen Daten grundsätzlich Basis unserer linguistischen Arbeit.

Auf der universalen Ebene I der *Sprechtätigkeit* (A) reagieren die Produzenten und Rezipienten von Sprechakten in ganz bestimmter Weise auf die Kommunikationsbedingungen der Nähe und der Distanz. Als Resultat des Spracherwerbs verfügen sie über durch universale kognitive, volitionale, motivationale, motorische und mediale Faktoren begründete Versprachlichungsstrategien,[40] die in den Bereichen der Referentialisierung und Prädikation, der raum-zeitlichen und personalen Orientierung, der Kontextualisierung, der Finalisierung usw. zur Anwendung kommen und sich dabei notwendig in einzelsprachlicher Gestalt manifestieren.

Auf der Ebene historisch-traditionaler Vorgaben II sind einmal die sogenannten *Diskurstraditionen* (C) zu betrachten, die als Diskurs- und Textmodelle historischer Kommunikationspraktiken mit bestimmter konzeptioneller Prägung fundamentale Bedeutung für den sprachlichen Ausdruck und für das Verständnis des Ausgedrückten haben; derartige Traditionen werden beim Spracherwerb ebenfalls erlernt, sind aber gerade *nicht*, jedenfalls nicht unbedingt, an die Grenzen von Sprachgemeinschaften gebunden (vgl. etwa Oesterreicher

---

[40] Zum Spracherwerb vgl. vor allem Tomasello (2003).

2014a: 201–209); Diskurstraditionen sind Diskursdomänen und Handlungsfeldern zugeordnet, die im Rahmen einer sozialen Semiotik funktionieren.[41]

Sodann kommen auf der historischen Ebene II vor allem die *Einzelsprachen und ihre Varietäten als historisch gewordene Techniken des Sprechens mit ihren Normen und Regeln* (B) ins Spiel, also etwa Deutsch, Swahili oder Jiddisch, Sardisch, Friesisch oder Sorbisch, Dialekte wie Niederbairisch, Andalusisch oder Venezianisch, *cockney*, französischer *argot*, Rotwelsch, aber auch das Honoratioren-Schwäbisch oder das Türkendeutsch[42] usw. In diesen Techniken gibt es jeweils phonetische, phonologische, morphologische, syntaktische und/oder lexikalische, auch textpragmatische Regularitäten, die für kommunikativ-konzeptionelle Zwecke eingesetzt werden können, was die Rezipienten entsprechend registrieren.

Alle diese synchronisch funktionierenden Techniken sind Resultate diachronischer Prozesse und unterliegen damit prinzipiell sprachlichem Wandel; in diesem Sinne sind sie als ‚historisch-kontingent' zu betrachten.

Auf der Ebene III sind beim *Diskurs* oder *Text* als je aktuellem, einmaligem Sprechakt (D), wie schon gesagt, jeweils universale, diskurstraditionelle und einzelsprachliche konzeptionelle Optionen synthetisiert; in seiner offenen Variabilität kann *der konkrete Diskurs* in der Linguistik aber immer nur als Material für Verallgemeinerungen auf den Ebenen I und II fungieren, also Daten für diese bieten, was nicht nur für die Korpuslinguistik, sondern auch für die Varietätenlinguistik eine große Herausforderung darstellt.

Naturgemäß kann der im Drei-Ebenen-Modell skizzierte *sprachtheoretische Gesamtzusammenhang* als solcher nicht Gegenstand der Linguistik sein. Diese in der Regel nicht beachtete Tatsache ist wissenschaftstheoretisch und wissenschaftssystematisch höchst bedeutsam: Sie gibt uns nämlich einen Hinweis darauf, dass das *paradigmatische Zentrum der Disziplin Linguistik*, also gewissermaßen ihr Herzstück, auf der historischen Ebene bei den *Techniken des Sprechens*, also den *Regeln* und *Normen* der Einzelsprachen und Varietäten liegt, die durch die pragmatischen Aspekte der Kommunikationsbedingungen jeweils mitbestimmt werden. Dieser Gegenstandsbereich bleibt als *Formalobjekt* anderen Disziplinen im Kern äußerlich; vor allem – und dies gilt es hervorzuheben – kann die Sprachwissenschaft bezüglich der Erkenntnis der historischen Techniken des Sprechens keine wirkliche ‚Hilfe' von anderen Disziplinen erwarten. Das heißt auch: In den im Schema angedeuteten wichtigen sprachbezogenen Be-

---

[41] Wir werden noch sehen, dass diese Präzisierungen für die Korpusarbeit im Kontext der Neuen Medien von größter Bedeutung sind.
[42] Vgl. etwa Şimşek (2012).

reichen (A), (C) und (D) ist die Linguistik bei ihren Forschungen grundsätzlich auf eine Kooperation mit anderen wissenschaftlichen Disziplinen und Fächern angewiesen, was für den Zentralbereich so eben nicht gilt.[43]

6.2 Lob der deutschen Wortbildung

Bezüglich des Drei-Ebenen-Modells hat die deutsche Sprache übrigens den großen Vorteil, dass man die begrifflich notwendigen Unterscheidungen und Zuordnungen terminologisch ohne Schwerfälligkeit und andere ‚Verrenkungen' leicht zum Ausdruck bringen kann. So kann man ohne weiteres sagen, dass die angesprochenen, universell motivierten sprachlichen Phänomene als Kennzeichen eines *Nähesprechens* oder *Distanzsprechens* zu betrachten sind. Entsprechend lassen sich die aktuellen, individuellen Diskurse und Texte als extreme oder gemäßigte *Nähe-* oder *Distanzdiskurse* oder *-texte* staffeln.[44] Auf der historischen Ebene können *nähe-* und *distanzsprachliche Erscheinungen* identifiziert werden, wobei notwendige Graduierungen sich wiederum leicht durch Zusätze wie ‚extrem', ‚klar', ‚tendenziell', ‚gemäßigt' nähesprachlich oder distanzsprachlich präzisieren und im einzelsprachlichen Varietätenraum genauer lokalisieren lassen. Analoges gilt für die *diskurstraditionellen* Charakterisierungen, die es erlauben, etwa ein Telefongespräch unter Freunden oder einen Privatbrief, bei allen Unterschieden in den konkreten Ausprägungen, als *Nähediskurstraditionen* einzuordnen. Ein Gesetzestext wäre demgegenüber als ein Extremfall einer *Distanzdiskurstradition* zu betrachten. Auch die anderen Kommunikationsformen lassen sich in ihrer konzeptionell-graduellen diskurstraditionellen Spezifik grundsätzlich relativ leicht qualifizieren. Alle diese Möglichkeiten der deutschen Wortbildung tragen nicht unbeträchtlich zur begrifflichen Klarheit bei. Übrigens ergibt sich sogar die Möglichkeit, einzelne sprachliche Erscheinungen als *diskurstraditionell* determiniert zu kennzeichnen und als *Diskursre-*

---

[43] Es geht also darum, die *disziplinäre Matrix* der Linguistik zu fokussieren, die *intra*disziplinär vielfältige Optionen ermöglicht. Damit werden aber ‚öffnende' Forschungsbereiche, die unter den Bezeichnungen ‚Interaktionale Linguistik', ‚Kognitionslinguistik', ‚Medienlinguistik', ‚Raumlinguistik', ‚Bildlinguistik', ‚multimodale Linguistik' usw. geführt werden und teilweise wichtige Arbeit leisten, *nicht* abgewertet; diese Forschungen müssen allerdings jeweils klarer als dies normalerweise geschieht als *inter*disziplinäre Veranstaltungen gekennzeichnet und in ihrer linguistischen Verankerung bestimmt werden. Vgl. dazu genauer Oesterreicher (2009, 2011, 2014a, 2014b und 2015b); vgl. auch Oesterreicher (1979); vgl. dazu auch unten Fn. 85 und besonders Abschnitt 9.2.
[44] Vgl. etwa Ágel/Hennig (2006 oder 2007).

geln zu begreifen. So sind etwa die auffälligen *et-et*-Reihen in der altspanischen Historiographie nicht etwa als Reflexe aggregativer Mündlichkeit oder gar als Fälle von Schreiberinkompetenz zu werten, sondern bilden eine gattungstraditionelle Diskursregel zur Textgliederung, sie sind also *diskurstraditionell* determiniert. Andererseits finden sich in Beispielen einer Form der sogenannten *formalisation discursive* diskurstraditionell und varietätenbezogen von Sprechern/Schreibern fälschlich als stilistisch hoch eingeschätzte Sprachformen; dies kann zu Formulierungen wie „Das Wetter ist schön und ich hoffe *dasselbige* auch von Euch" (Postkarte aus dem Italienurlaub) oder „Der Zweck der Fahrt war *dahingehend* [...]" (mündlicher Bericht eines Polizisten vor Gericht) führen, in denen durch den Einsatz der Wörter *dasselbige* und *dahingehend* gerade ein prestigebesetzter administrativer Sprachgebrauch ‚imitiert' werden soll.⁴⁵

Nach unseren Ausführungen ist nun auch ein schon angesprochener Aspekt endgültig evident: Man darf sich von den vorgeschlagenen Kategorisierungen nicht täuschen lassen, denn – wie wir gesehen haben und auch noch bei der Modellierung des Varietätenraums zeigen werden – bei diesen Konzeptualisierungen sind vorschnelle ‚begriffsrealistische' Interpretationen höchst gefährlich. Bei den linguistischen Konzeptualisierungen sind nämlich – wissenschaftstheoretisch gesprochen – vorgängig immer historisch-hermeneutische Zugriffe notwendig, die die Sprachwissenschaft/Linguistik als eine im Kern echte *Geisteswissenschaft* ausweisen, die teilweise sogar sehr gut mit *qualitativ arbeitenden Sozialwissenschaften* kooperieren kann, deren historisch-hermeneutische Fundierungsanteile ebenfalls häufig vergessen werden.⁴⁶

---

45 Brigitte Schlieben-Lange spricht bei diesem Typ einer *formalisation discursive* anschaulich von „bemühter Schriftlichkeit"; vgl. auch Schlieben-Lange (1998). In diesem Kontext sind auch die sogenannten Hyperkorrektionen zu erwähnen. Im „politisch korrekten" Sprachgebrauch wird in Bolivien, um das Wort *indio* zu vermeiden, teilweise *indígena campesino originario* verwendet; derartige Formulierungen werden häufig bewusst ironisch eingesetzt, wenn zum Beispiel eine Hebamme als *profesora del parto* (statt *comadrona*), ein Verkäufer als *técnico comercial* (statt *vendedor*), ein Gefängniswärter als *funcionario de prisiones* (statt *carcelero*) oder ein Gärtner als *especialista en manejo de tierras y plantas* (statt *jardinero*) bezeichnet wird.
46 Vgl. dazu Oesterreicher (1979, 2001, 2009, 2014a und 2014b).

7 Mündliche vs. schriftliche Kulturen

7.1 Drei Bedeutungen von ‚Mündlichkeit' und ‚Schriftlichkeit'

Wir haben schon darauf aufmerksam gemacht, dass das anthropologisch-kommunikationstheoretisch, also universalistisch begründete Nähe-Distanz-Kontinuum, das mit dem konzeptionell zu verstehenden Begriffspaar *Mündlichkeit und Schriftlichkeit* gefasst werden kann, bei den Sprachgemeinschaften, die *keine Schrift* kennen, in dieser Formulierung selbstverständlich misslich ist, weil die an sich klar definierte *Begrifflichkeit* ‚konzeptionell mündlich' und ‚konzeptionell schriftlich' in ihrer *terminologischen* Festlegung eben doch in die Irre führen *kann*. Vor allem der Ausdruck ‚konzeptionell schriftlich' ist für bestimmte ‚Wiedergebrauchsreden'[47] oder für die Diskursproduktion von Mythen und Legenden, Gedichten und Gesangstexten, Rätselgeschichten usw., etwa bei einem isoliert lebenden, schriftlosen Stamm in der brasilianischen *selva*, zwar durchaus möglich, aber zuerst einmal überraschend.[48] Auch für die faszinierenden kulturellen Leistungen der schriftlosen mittel- und südamerikanischen Hochkulturen vor 1492[49] oder für die indische Memorialkultur[50] ist dieses Argument, anders gewendet, ebenfalls zu berücksichtigen. Kulturanthropologie, Ethnologie und die Forschungen zur *oral poetry*, auch in der Klassischen Philologie und den verschiedenen Mediävistiken, haben uns diesbezüglich wichtige Einsichten vermittelt, die genauer dargestellt werden könnten.[51] Begrifflich ist ‚konzeptionell schriftlich' in *allen* diesen Zusammenhängen aber richtig; wer daran Anstoß nimmt, sollte einfach den Ausdruck ‚distanzsprachlich', der begrifflich dasselbe meint, verwenden.

Auch aus den angedeuteten Gründen haben wir im Kontinuum, erstens, den konzeptionellen Mündlichkeits-Pol als kommunikative *Nähe* und den Schriftlichkeitspol als kommunikative *Distanz* bezeichnet. Diese ursprünglich natürlich *metaphorische Wortwahl* wird durch die präzise definierten Parameter und Parameterwerte bei den jeweiligen Ausprägungen der Kommunikationsbedingungen begrifflich definiert, die als nichtsprachliche Kriterien den Verbalisie-

---

47 Diesen Begriff prägte Heinrich Lausberg; vgl. Lausberg (1979).
48 Vgl. dazu Koch/Oesterreicher (2007: 357).
49 Vgl. Beiträge in Oesterreicher/Schmidt-Riese (2010 und 2014).
50 Vgl. von Hinüber (1990).
51 Vgl. Goody/Watt (1968); Goody (1977); Ong (1982); Chafe (1982); Schlieben-Lange (1983); Koch (1997a); Oesterreicher (1997a und 2009); auch Schaefer (1992, 2012) und Beiträge in Schaefer/Spielmann (2001).

rungen, also den Äußerungen, den Diskurstraditionen und sprachlichen Varietäten ihr kommunikatives Profil auf dem *Nähe-Distanz-Kontinuum* geben; und diese Faktorisierungen machen aus den ursprünglichen Metaphern *Nähe* und *Distanz* nun eben eine *wissenschaftliche Begrifflichkeit*.[52]

Zweitens haben wir für die sprachlichen Formen der kommunikativen Distanz bei den ‚schriftlosen Völkern' neben der ‚Distanzsprachlichkeit' ausdrücklich den Begriff der *elaborierten Mündlichkeit* eingeführt, der die jeweiligen *Produktions-, Performanz-, Rezeptions-, Memorisierungs-* und *Tradierungs*leistungen zu charakterisieren erlaubt, die in diesen Gesellschaften im Distanzbereich ‚anfallen'. Ebenfalls ist klar, dass im distanzsprachlichen Bereich in den schriftlosen Gesellschaften auch Anforderungen an die medial-phonische Realisierung vorliegen, die in der Rezitation, dem Vortrag, dem Gesang usw. zum Ausdruck kommen und die medialen Verhältnisse damit ihrerseits konzeptionell determinierten Differenzierungen unterwerfen. Auch damit kann ein falscher Zungenschlag und die Gefahr einer ahistorischen Abwertung schriftloser Gesellschaften von vornherein gebannt werden.

Damit ist evident – und dies zeigt noch einmal, wie umfassend theoretisch unser ursprünglich forschungspraktischer Ausgangspunkt vom *français parlé* und *écrit* schon 1985 eingebettet war –, dass das Begriffspaar ‚Mündlichkeit und Schriftlichkeit' in unserer Sicht in drei klar zu unterscheidenden Sachbereichen angesiedelt werden muss, die keinesfalls vermischt werden dürfen, obschon es zwischen ihnen wichtige Berührungspunkte gibt:

(1) Einmal meint man mit den Begriffen *historisch-kulturelle* Gesamtgegebenheiten, die man, bei allen Unterschiedlichkeiten im Einzelfall und bei historischen Übergängen, als mündliche Kulturen und als Schriftkulturen zu bezeichnen pflegt; in diesem Bereich sind auch die vom Englischen beein-

---

[52] Vgl. dazu noch einmal kurz die Bemerkungen in der ‚Einleitung' 1. In diesem Sinne ist die gelegentlich vorgenommene kritische Kennzeichnung der Nähe-Distanz-Unterscheidung als ‚bloß metaphorisch' als aberrant zu betrachten. – Übrigens haben sich in den Forschungen, nicht allein zu den romanischen Sprachen, für *Nähe* und *Distanz* erfreulicherweise folgende Ausdrücke durchgesetzt: frz. *immédiat – distance*, span. *inmediatez – distancia*, port. *imediato/ imediatez – distancia*, ital. *immediatezza – distanza*, engl. *immediacy – distance*; auch die Unterscheidung zwischen *Kommunikationsraum* und *Varietätenraum* sowie der Begriff der *Varietätenkette* werden inzwischen auch im nichtdeutschsprachigen Ausland verwendet. Die anfangs durchaus anzutreffende Verwechslung von *konzeptuell* und *konzeptionell* hat sich inzwischen erledigt.

flussten Bildungen ‚Oralität' vs. ‚Literalität' (*orality* vs. *literacy*) sinnvoll.⁵³ – Sodann ist

(2) im Bereich des Sprachlichen, wie ausgeführt, der *mediale* Aspekt von Mündlichkeit und Schriftlichkeit, also die Opposition zwischen ‚Phonie' und ‚Graphie' zu berücksichtigen, wobei gerade auch Eigengesetzlichkeiten der Medialität im phonischen und im graphischen Medium, also auch der Schrift und der medialen Schriftlichkeit Beachtung finden müssen; dass – vermittelt über die Kommunikationsbedingungen – Medium und Konzeption in durchaus präzisen Affinitäten funktionieren, die im Einzelfall auch ‚kausale' Implikationen zeigen, ist in den Abb. 2 und 4 schon deutlich geworden.⁵⁴ Wie oben angedeutet, sind die medialen Verhältnisse etwa in der Aussprache, beim Verlesen, Vorlesen oder der Rezitation, aber auch in der Handschrift, der Kalligraphie oder sogar im Druck⁵⁵ usw. durchaus konzeptionell determiniert. – In ihrem Status davon strikt zu trennen sind

(3) die *konzeptionellen* Aspekte und ihre Fundierung, die verdeutlicht wurden und die für das *Nähe-Distanz-Kontinuum* im besprochenen Sinne, also auf der Ebene der Sprechtätigkeit, der historische Ebene der Sprachen und der Diskurstraditionen sowie auf der Ebene des aktuellen, individuellen Diskurses oder Texts, definitorisch sind.

Die angeführten drei Bedeutungsdomänen von ‚Mündlichkeit/Schriftlichkeit' lassen sich mithilfe der Abb. 9 veranschaulichen und können entsprechend auch terminologisch leicht unterschieden werden:

Abb. 9: Drei Bedeutungen von ‚Mündlichkeit' und ‚Schriftlichkeit'.

---

53 Vgl. besonders die in Fn. 52 zitierten Arbeiten; vgl. auch Schaefer (1992 und 2012); Schaefer/Spielmann (2001); Culpeper (2005) und Culpeper/Kytö (2010).
54 Schon seit der Prager Schule, die mit der Erforschung der sogenannten Funktionalstile und der ‚Theorie der Schriftsprache' durchaus auf konzeptionelle Zusammenhänge zielt, ist dieser Zusammenhang greifbar; vgl. auch Dürscheid (2006).
55 Römische Gesetze werden nicht in den ‚tironischen Noten' aufgeschrieben, sondern in Stein gemeißelt, und Stefan George druckt man nicht auf Zeitungspapier und in kleiner Normalschrift.

7.2 Nähe und Distanz, die Hegelsche ‚indische Nacht' und die Papua-Sprachen

Nach den bisherigen Ausführungen ist es ein überraschendes Zeichen von Begriffsstutzigkeit oder fehlender Lesebereitschaft, wenn Theodor Ickler (natürlich in alter Rechtschreibung) in „Mein Rechtschreibtagebuch" (online) am 10.07. 2014 – also drei Tage nach Peter Kochs Tod – vermerkt:

> Der Romanist Peter Koch ist verstorben, sein Kollege Wulf Oesterreicher hat ihm in der FAZ einen Nachruf gewidmet. Beide zusammen haben die Lehre von Schriftlichkeit und Mündlichkeit stark beeinflußt – leider, muß man sagen, denn die Unterscheidung von medialer und konzeptioneller Mündlichkeit und Schriftlichkeit war von Anfang an verfehlt und ist durch nachträgliche Verfeinerungen nur unverständlicher, aber nicht richtiger geworden. Sie beruht auf der eurozentrischen Voreingenommenheit für die Schrift und konnte nur von Menschen entwickelt und übernommen werden, die nicht in genuin mündlichen Kulturen Bescheid wissen. Durchgeformte, mündlich verfaßte und mündlich überlieferte Textmassen wie in der hier immer vorbildhaften indischen Kultur ‚konzeptionell schriftlich' zu nennen geht an der Sache so gründlich vorbei, daß nichts mehr zu retten ist. [...][56]

Bezüglich der indischen Kultur ist bekannt, dass im 7. Jahrhundert n. Chr. in der Tat in einer Inschrift erstmalig die *Devanagari*-Schrift erscheint, eine bedeutende schriftliche Text-Überlieferung folgt erst in späteren Jahrhunderten.[57] Die angesprochene „vorbildliche" indische Memorialkultur zeigt uns aber bei den Parameterwerten der Kommunikationsbedingungen, die wir oben besprochen haben, dass es sich bei der *Produktion*, der *Rezeption*, der *Memorisierung* und der *Tradierung* der genannten indischen „Textmassen" klar um eine *ganz extreme Form* von ‚Distanzsprachlichkeit'/‚konzeptioneller Schriftlichkeit'/‚elaborierter Mündlichkeit' handelt. Und diese Tatsache wird durch die pauschale Kennzeichnung der indischen Kultur als ‚mündlich' eben verunklärt und unzulässig eingeebnet. Und der Vorwurf „eurozentrischer Voreingenommenheit" ist

---

[56] Ich danke an dieser Stelle herzlich Johannes Kabatek, der am 11.7.2014 Ickler umgehend Folgendes geantwortet hat: „Ich finde den Kommentar zu Wulf Oesterreichers Nachruf auf Peter Koch vollkommen unangebracht. Erstes wird bei Koch/Oesterreicher bewusst von Nähe und Distanz gesprochen, zweitens hat die Differenzierung den Hintergrund für unzählige sehr gelungene Untersuchungen gebildet und drittens scheint es doch pietätlos, auf einen eben verstorbenen Kollegen einzudreschen."

[57] Die *Devanagari*-Schrift kann ihrerseits auf die ältere *Brahmi*-Schrift zurückgeführt werden, die schon im 3. Jahrhundert vor Christus belegt ist und die auch als Grundlage anderer indischer Schriften zu betrachten ist; vgl. dazu Falk (1993), Kap. 6: 106–167 „Die Brahmi", Kap. 9: 240–283 „Literarische Zeugnisse für die Schrift", Kap. 14: 321–327 „Die mündliche Tradition".

nach dem hier Gesagten ebenfalls aus der Luft gegriffen. Um im Ickler so überaus vertrauten Bereich der indisch-hinduistischen Verhältnisse zu bleiben, in dem ja die Kühe heilig sind – mich erinnert seine Weigerung, notwendige Unterscheidungen zu akzeptieren, an die Hegel'sche ‚indische' „Nacht [...], worin, wie man zu sagen pflegt, alle Kühe schwarz sind" (*Phänomenologie des Geistes. Vorrede*)...

Viel weniger dramatisch, aber doch erwähnenswert: Auch Utz Maas hätte in seinem an sich sehr interessanten Aufsatz „Der Ausbau des Deutschen zur Schriftsprache" die angesprochenen Unterscheidungen einsetzen können. Er beginnt nämlich (Maas 2014: 325) mit der erstaunlichen Behauptung, dass man mit der Bezeichnung ‚das Deutsche als Schriftsprache' dieses von Sprachen unterscheidet, „die nur gesprochen werden, wie z.B. die im Hochland von Papua-Neuguinea"! Er listet dann 25 *Facebook*-Einträge vom 23.11.2013 zur TV-Sendung *The Voice of Germany 2013* auf und merkt zu diesen bedeutsam an: „Offensichtlich handelt es sich um g e s c h r i e b e n e Sprache – und auch nicht um eine Papua-Sprache. Aber handelt es sich hier um die deutsche Schriftsprache? [...] Hier werden Formen des heutigen Deutsch v e r s c h r i f t e t – aber eine Verschriftung reicht offensichtlich für die Zuschreibung des Attributs S c h r i f t s p r a c h e nicht aus" (Maas 2014: 326f.). Zwar lässt sich bezüglich der *Facebook*-Nutzung durchaus von einer „Demotisierung der Schriftp r a x i s " sprechen, sie kann aber natürlich nicht mit einer „Demotisierung der Schriftk u l t u r " (Maas 2014: 362) identifiziert werden.[58] Dies ist nun einfach richtig, denn in unseren Schriftkulturen ist ‚Schriftsprache' synonym mit ‚Distanzsprache' oder ‚konzeptioneller Schriftlichkeit', und dass Schriftsprachlichkeit historisch extensive und intensive *Ausbau*prozesse voraussetzt, die für die jeweiligen Einzelsprachen genau nachzuzeichnen sind, ist bekannt.[59]

Der kurze begrifflich-terminologische Fehlgriff von Maas zu Beginn seines Artikels wäre vermeidbar gewesen, hätte er einfach auf die im Begriff ‚Schriftsprache' implizierten konzeptionellen Aspekte von Ausbau, Normierung und Standardisierung verwiesen.

---

[58] Den wichtigen und prägnanten Begriff *Demotisierung* verwendet Utz Maas seit 1985. Für entbehrlich halte ich demgegenüber seine aus den Jahren 2006 und 2010 stammenden Wortprägungen *Scribalität* und *orat (literat)*. Anmerkung der Hrsg.: Die zeitlichen Angaben des Verfassers sind u.E. nicht korrekt. Maas verwendet die Unterscheidung *orat* vs. *literat* bereits 1984. Vgl. die Diskussion bei Feilke i.d.B. S. 117f.

[59] Vgl. Kloss (1978); Koch/Oesterreicher (1994: 589–594; 2001: 600f.; 2008: 2585f.).

8 Sprachkonzeption und Sprachvariation – Zur Konstruktion von Varietäten

8.1 Vier Dimensionen des Varietätenraums und die Varietätenkette

Auch hier sind Erkenntnisse zur Bestimmung der Sprachvariation anzuführen, die schon früher in anderen Kontexten gewonnen wurden (vgl. Söll 1985: 34–43; Nabrings 1981; Coseriu 1988); vor allem M.A.K. Halliday spricht von der sprachlichen ‚Diatypik', wobei er *field* über das Thema definiert (also etwa den Aktivitätstyp ‚Fachsprache'), *tenor* und *mode* sind demgegenüber konzeptionell relevant als Bezugnahmen auf Status und Rollen der Gesprächspartner bzw. auf das Medium und die Rolle der Sprache in der Interaktion (vgl. Halliday 1978: 31–35, 61–64, 110f.). Auch zum Italienischen gibt es Vorarbeiten bei Mioni (1983) oder Berruto (1985).

Die bisher angeführten Sachprobleme und Argumente lassen sich nach unserer Meinung am besten mit dem Modell des *einzelsprachlichen Varietätenraums* und seiner Beziehung zum Nähe-Distanz-Kontinuum fassen, das 1988 in einem Artikel der Festschrift für Eugenio Coseriu publiziert worden ist (Oesterreicher 1988).

In diesem Modell werden *vier Varietätendimensionen* unterschieden und *fünf Klassen* von sprachlichen Phänomenen erfasst und qualifizierbar gemacht; ihr unterschiedlicher theoretischer Status ergibt sich aus der Applikation von zwei sich überkreuzenden Doppel-Kategorisierungen. Die Phänomene können damit in ihrem Status als *historisch-kontingent* und *universal* sowie als ± *diasystematisch markiert* gekennzeichnet werden, wobei die drei ‚klassischen' Varietätendimensionen eben als historisch-kontingent *und* diasystematisch markiert zu qualifizieren sind (vgl. Coseriu 1988(1980); Oesterreicher 1988: 376–378; Koch/Oesterreicher 1990: 13–15). Wichtig ist, dass sich so auch die Möglichkeit ergibt, von einer *gesprochen- vs. geschrieben-Unterscheidung in engerem Sinne* zu sprechen (Dimensionen 1a und 1b), unter Einbeziehung der drei diasystematischen Markierungsdimensionen (2, 3 und 4) kann dann aber der gesamte ‚Linksbereich' im Schema als ‚*gesprochen/nähesprachlich' im weiteren Sinne* und der gesamte ‚Rechtsbereich' im Schema als ‚*geschrieben/distanzsprachlich' im weiteren Sinne* bezeichnet werden; vgl. die systematische Applikation und Diskussion dieser Unterscheidungen in Kap. 5 in Koch/Oesterreicher (2011: 5.3 Französisch, 5.5 Italienisch und 5.7 Spanisch):

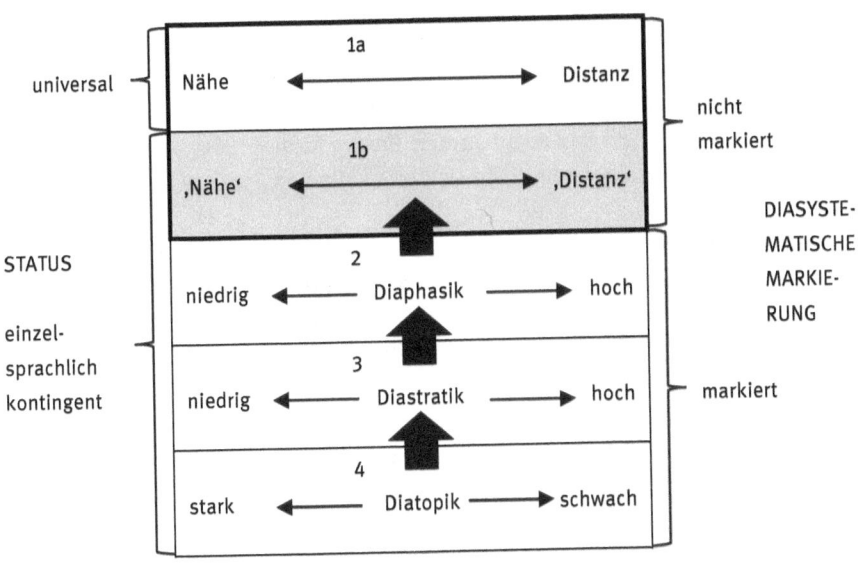

Abb. 10: Der einzelsprachliche Varietätenraum und das Nähe-Distanz-Kontinuum.

Das Schema nimmt also die in der ‚klassischen' Modellierung der Sprachvariation erscheinenden *drei* Dimensionen *Diatopik, Diastratik* und *Diaphasik* zwar auf (vgl. Coseriu 1988 (1980): 49–52; bes. auch Koch/Oesterreicher 2007: 354–356 und 360–367; 2011: 16–20), macht aber deutlich, dass das Nähe-Distanz-Kontinuum weder mit den diatopischen noch auch mit den diastratischen und diaphasischen Unterschieden identifiziert werden darf, also eine eigene *vierte Varietätendimension* darstellt. Die diasystematische Ausgestaltung der Einzelsprachen ist ständigem Wandel unterworfen, was sich nicht nur in der unterschiedlichen einzelsprachlichen ‚Auslastung' der Varietätendimensionen und deren Markierungsverschiebungen zeigt.[60] Der Wandel betrifft entsprechend

---

[60] Es ist nicht überflüssig hier zu erwähnen, dass die *drei* ‚klassischen' Varietätendimensionen – Unterschiede im Raum, in der sozialen Distribution des sprachlichen Wissens und Unterschiede der pragmatisch-situationellen Angemessenheit – selbst historisch zu sehen sind. Man kann sich nämlich durchaus Situationen vorstellen, in denen die linguistische Beschreibung etwa auf die Raumkomponente verzichten kann (Judenspanisch in Bukarest oder das Dalmatische kurz vor dem Sprachentod) oder etwa beschreibungstechnisch eine Dimension ‚öffnen' muss (vielleicht gibt es irgendwo eine Sprache, für die die Diastratik genderbezogen, berufsbezogen, generationell, status- und prestigebezogen usw. so komplex strukturiert ist, dass *eine* Dimension mit relativ einfach geschichteten Kategorisierungen die sprachlichen Realitäten verfälscht).

natürlich auch die sogenannte *präskriptive Norm*, die als Distanzsprache *par excellence* im oben erwähnten einzelsprachlichen ‚Rechtsbereich' anzusiedeln ist.[61] Man vergleiche dazu aber unterschiedlich ‚liberale' Standardnormen sowie die wichtigen Prozesse der sogenannten *Restandardisierung*, auch der *Destandardisierung* in Einzelsprachen, die als klare Fälle von Sprachwandel zu qualifizieren sind.[62]

Was aber – wie wir gesehen haben – in allen Sprachgemeinschaften zu jedem Zeitpunkt gegeben sein muss, ist das Kontinuum zwischen Nähe und Distanz. Es erscheint zwingend, in diesem Kontinuum das eigentliche Prinzip der Modellierung zu sehen, nach dem Varietätenräume überhaupt organisiert und strukturiert werden. Dabei gilt, dass *komplexe Varietätenräume* sich erst durch die Wahl und die Entwicklung einer Varietät zur distanzsprachlich-präskriptiven Norm (oder zu einem (Schrift-)Standard) konstituieren können, denn die diasystematischen Markierungen lassen sich immer erst in Relation zum Standard etablieren.

Die Prozesse der Standardisierung lassen sich leicht am historischen Verhältnis der niederdeutschen Idiome zur ‚neuen' niederländischen Standardsprache belegen oder aber am Beispiel der Konkurrenz der toskanisch basierten italienischen Literatursprache in bestimmten Diskursdomänen mit regionalen Ausbausprachen wie Venezianisch, Mailändisch, Genuesisch, Römisch, Neapolitanisch, Sizilianisch usw. zeigen, für die der Ausdruck ‚Dialekte' in diesem Zeitraum natürlich völlig unangebracht ist.[63]

Als konstituierend für den einzelsprachlichen Varietätenraum wird also das Kontinuum zwischen Nähe und Distanz in Form der universalen Merkmale konzeptioneller Mündlichkeit und Schriftlichkeit betrachtet (Dimensionen 1a und 1b); nach diesem richten sich die drei anderen Varietätendimensionen (2, 3 und

---

61 Vgl. Koch/Oesterreicher (2011: 18–20). Zur *Standardisierung* vgl. insgesamt Koch/Oesterreicher (1994: 589–600; 2001: 610–612; 2008: 2582–2589) und Koch (2010: 169–172). – Damit ist auch klar, warum wir den Begriff ‚Substandard' *nicht* verwenden. Ganz abgesehen davon, dass diaphasisch ‚sehr hoch' markierte Elemente – etwa dt. *dichterisch* oder frz. *littéraire* – natürlich Nicht-Standard, aber kein Sub-Standard sind, ist der Begriff deshalb abzuwehren, weil er alle (niedriger eingeschätzten) sprachlichen Phänomene undifferenziert in ‚*einen* Sack steckt', sich also von der aufwändigen Abgrenzungs- und Markierungsarbeit in den diatopischen, diastratischen und diaphasischen Dimensionen dispensiert, die varietätenlinguistisch im Bereich der einzelsprachlichen Diasystematik notwendig ist; vgl. dazu genauer unten 8.2.
62 Zur lexikalischen Restandardisierung im Französischen vgl. vor allem Koch (2003a und 2003b); vgl. allgemein auch Koch (2010).
63 Zu ‚Ausbau' und ‚Überdachung' vgl. Kloss (1978: 37–61); zum relationalen Begriff ‚Dialekt' vgl. Coseriu (1988(1980)).

4) aus. Dies bedeutet auch, dass zwischen den Positionen innerhalb der einzelnen Dimensionen zwar *Affinitäten*, nicht jedoch Identitäten bestehen; so bestehen Affinitäten zwischen kommunikativer Nähe und niedriger Diaphasik, niedriger Diastratik und starker Diatopik einerseits und zwischen kommunikativer Distanz und schwacher Diatopik, hoher Diastratik und Diaphasik andererseits. Diese *gerichteten Affinitäten*, die als *Varietätenkette* bezeichnet werden, sind im Schaubild durch die senkrechten Pfeile repräsentiert. Sie bringen auch zum Ausdruck, dass diatopisch stark markierte Elemente sekundär als diastratisch niedrig, auch als diaphasisch niedrig und schließlich sogar einfach als gesprochen funktionieren können; die *Distanznorm des Standards* ist naturgemäß diatopisch schwach oder gar nicht markiert und diastratisch und diaphasisch als hoch markiert zu betrachten. Mit der Varietätenkette ist übrigens die wichtige intern-*synchronische Dynamik* zwischen den Varietätendimensionen angesprochen. Die Varietätenkette darf aber gerade nicht direkt diachronisch interpretiert werden, obwohl sie gelegentlich auch Relevanz für Sprachwandelphänomene gewinnt.

An dieser Stelle sollte hervorgehoben werden, dass das Schema des einzelsprachlichen Varietätenraums aufgrund des anthropologischen Zuschnitts des Nähe-Distanz-Kontinuums durchaus auf Situationen der Mehrsprachigkeit geöffnet werden kann. Hier muss dann ausdrücklich die Beteiligung von mehr als einer Sprache angesetzt werden. Ein Beispiel hierfür ist das heutige Elsass, wo sich das *français parlé régional* als eine Varietät des Französischen und das ‚alemannische' Elsässisch, das natürlich *nicht* zum französischen Varietätenraum gezählt werden darf, den Nähebereich in einer durchaus prekären Weise teilen; den Distanzbereich deckt aber praktisch das *français écrit* ab. Es ist evident, dass in diesen Situationen eines ‚Bilingualismus' Funktionsverteilungen zum Tragen kommen, die nicht mehr dem Ferguson'schen ‚Diglossie'-Begriff (1959) subsumiert werden können, sondern die die Applikation des ‚offenen' ‚Diglossie'-Begriffs von Fishman (1967) erforderlich machen.[64]

8.2 DIA-Konfusionen: Sprachliche Daten und linguistische Fakten

In diesem Zusammenhang noch eine Bemerkung zu einer Konfusion, die sich aus einer unbedachten Verwendung der griechische Vorsilbe *dia-* speist. Teilweise wird nämlich in die Reihe der beschriebenen drei einzelsprachlich-*dia-*

---

64 Vgl. dazu auch die Fn. 71.

systematischen Varietätenunterschiede *diatopisch*, *diastratisch* und *diaphasisch*, die synchronisch im Varietätenraum einer Sprache funktionieren und die intern jeweils graduell zu verstehen sind, auch der Terminus *diamesisch*[65] aufgenommen, was natürlich der Definition der medialen Opposition widerspricht und bei der Einschätzung von ‚gesprochener' vs. ‚geschriebener' Sprache zu Schwierigkeiten führt. Noch anders fragwürdig ist es, sogenannte *diachronische* Unterschiede als eine eigene Varietätendimension betrachten zu wollen; die hier angeführten sprachlichen Phänomene, die für die Sprecher eindeutig eine zeitliche Indizierung tragen, sind in den Einzelsprachen in der Synchronie des Varietätenraums zahlreich gegeben; sie sind aber als ‚veraltete' oder ‚modisch-neue' Formen in die Diasystematik eingerückt und besitzen jeweils ganz unterschiedliche Markierungen: Sie können in die *Diatopik* ‚abgewandert' sein oder aber in den anderen Varietätendimensionen *diastratisch* oder *diaphasisch* als niedrig oder als hoch markiert erscheinen.[66]

Auf kritische Bemerkungen zu den Unterscheidungen in Abb. 10 kann ich nicht ausführlich eingehen; man vergleiche etwa Albrecht (1986); Hunnius (1988); Kiesler (1995); Kabatek (2000); Dufter/Stark (2002). Die Kritikpunkte sind aber, nach unserer Überzeugung, durch die Argumente in Söll (1985: 190–196); Oesterreicher (1988); Koch/Oesterreicher (1994: 598; 2001; 2008: 2586f.) und besonders in Koch (1999, auch 2010: 172) inzwischen ausgeräumt. Entscheidend ist dabei vor allem der Nachweis, dass die unterschiedlichen sprachlich-konzeptionellen Fakten der Ebenen 1a und 1b *nicht* in der einzelsprachlichen Diaphasik ‚aufgehen', dass also die von einigen Kritikern vorgeschlagene *Integration der ‚Konzeption' in die Diaphasik nicht möglich ist*. Und dies nicht nur, weil sprachliche Variation als ein Universale in der Sprechtätigkeit verankert ist, sondern eben auch, weil die Konzeption umfassend funktional definiert ist, während die Diaphasik – wie gleich gezeigt werden wird – zwar ebenfalls vom konzeptionellen Kontinuum abhängt, in ihrer internen ‚Mehrschrittigkeit' und Skalarität sowie durch die Tatsache der noch zu besprechenden ‚Skalenverschiebungen' einen völlig anderen Status besitzt.

In dem wichtigen Artikel „La variété des variétés: combien de dimensions pour la description?" reflektieren Elisabeth Stark und Andreas Dufter (2002) kritisch die Begriffe ‚Varietätenraum' und ‚Varietätendimensionen'. Es lässt sich

---

[65] Auch *diamedial*; besonders in Italien und von deutschen Italianisten wird/wurde *diamesisch* gerne verwendet; vgl. Berruto (1993); auch Müller-Lancé (2006).
[66] Nur kurz: *Aar*, *Nachen* (‚poetisch, gehoben'), *sintemalen* (‚scherzhaft, veraltet'), *weiland* (‚veraltet, altertümelnd') gegenüber *geil* und *cool* (‚umgangssprachlich, salopp') bzw. sogar *megacool* (‚sehr salopp, vor allem jugendsprachlich') usw.

jedoch rasch zeigen, dass die im Drei-Ebenen-Modell skizzierten Vorgaben eben auch beinhalten, dass die sprachlichen Phänomene auf den drei Ebenen eine gewisse Autonomie besitzen, dass die Ebenen also nicht einfach mit den linguistisch-disziplinären Generalisierungen und Abstraktionen auf der historischen Ebene der sprachlichen Techniken, Regeln und Normen identisch sind, auf die auch die Varietätenlinguistik[67] mit den Begriffen ‚Varietätenraum' und ‚Varietätendimension' notwendig zielt: *Sprecher haben immer die Möglichkeit, in ihren Diskursen und Texten von den Linguisten konstatierte Regularitäten zu überspielen und zu ignorieren.*[68] Stark und Dufter weisen dies selbst mit zahlreichen schlagenden Korpusbelegen nach, die die Feststellung von diatopischen, diastratischen und diaphasischen Unterschieden und Kennzeichnungen im Französischen problematisieren sollen. Vor allem werden die im Französischen relativ zahlreichen historisch-einzelsprachlich ‚disjunkten' Phänomene der Dimension 1b, also etwa bei der Negation, dem *passé simple*, der Inversionsfrage, bei *on* statt *nous* und *ça* statt *cela*, beim *accord* des *participe passé*, bei Allomorphien der Personalklitika ([i] für *il/ils* und *t'* statt *tu*) usw.[69] kritisch besprochen. Bekanntlich können diese zwar historisch-kontingenten, aber eben nicht diasystematisch markierten Phänomene, bei denen allein die Kennzeichnung ‚gesprochen' vs. ‚geschrieben' trägt und die als ‚hartes Faktum' das Französische vergleichsweise *stark* prägen, in dieser Sprache sogar als Belege für eine *diglossische Tendenz* angeführt werden.[70]

Derartige Erscheinungen, die in Abb. 1 auch mit deutschen, französischen und englischen Beispielen illustriert wurden, können vor allem deshalb nicht mehr in die Diasystematik, vor allem die Diaphasik ‚eingebaut' werden, weil sie als *disjunkte Phänomene* exklusiv allein dem Nähe- oder dem Distanzbereich der

---

67 Zur sogenannten *Variations*linguistik ist klarzustellen, dass diese sich im Sinne des Drei-Ebenen-Modells (6.) allein auf die Ebene III und die konkreten, aktuellen Sprachvorkommen im Einzeldiskurs und Einzeltext (D) bezieht; trotzdem ist diese Ebene, wie oben ausgeführt, für die Linguistik fundamental, da ja hier die empirische Fundamentierung für ihre Generalisierungen verortet ist.
68 Hier gilt, was Herbert Pilch mündlich öfter als „Von der Freiheit eines Sprechers" bezeichnete...
69 In Dufter/Stark (2002: 93–100) werden die ersten drei Phänomene aus der genannten Liste für das Französische genauer diskutiert. In Abb. 1 ist für die Sprachen Deutsch, Englisch und Französisch je ein Beispiel dieses Typs angeführt; vgl. dazu und zum Folgenden nochmals Kap. 5 in Koch/Oesterreicher (2011), wo diese Erscheinungen für die drei großen romanischen Sprachen ausführlich differenziell dargestellt sind.
70 Hier ist natürlich nur der ‚engere' *Diglossie*-Begriff von Charles Ferguson (1959) einschlägig, nicht der von Joshua Fishman (1967); vgl. nochmals das Ende von 8.1.

Ebene 1b zugeordnet werden können, also einfach binär als ‚gesprochen' oder ‚geschrieben' zu kennzeichnen sind:
- Diese Erscheinungen erlauben damit, erstens, keine Skalierung; diaphasische Markierungen zeigen nämlich typischerweise Mehrfach-Gradierungen, wie etwa für das Deutsche „dichterisch – gehoben – neutral – umgangssprachlich – salopp – derb – vulgär" (Duden 1996: 9) oder für das Französische „littéraire – cultivé – courant – familier – populaire – vulgaire" (Müller 1975: 184).[71]
- *Zweitens* sind hier – wie wir seit Ludwig Söll (1985: 190f.) wissen – die für diaphasische Markierungen obligatorischen Verschiebungen der mehrschrittigen *Skalen als ganzen* im mündlichen und schriftlichen Gebrauch *nicht* gültig. Man vergleiche dazu etwa die Verschiebung der diaphasischen Skala bei den deutschen Verben *kriegen, bekommen, erhalten* im Nähe- und im Distanzbereich. Und die Bedeutung ‚ekelhaft', ‚widerlich' kann im Französischen zum Beispiel mit den Adjektiven *dégueulasse* und *répugnant* zum Ausdruck gebracht werden – allerdings verliert *dégueulasse* im distanzsprachlichen Kontext seine Markierung *familier* und ‚rutscht' auf die Stufe *populaire* oder *vulgaire*; entsprechend ist ein distanzsprachlich als *courant* zu markierendes *répugnant*, im Nähebereich verwendet, durchaus als *cultivé* zu bewerten.[72]

---

[71] Es geht hier nicht um die Angemessenheit der vorgeschlagenen sieben oder sechs Markierungsstufen, sondern um die Tatsache, *dass* derartige Gradierungen existieren. Auch lässt sich trefflich darüber streiten, ob am familiären Frühstückstisch die Bitte „*Reichst* Du mir mal das Salz?" akzeptiert wird oder von den Familienmitgliedern schon als ‚affig' bewertet wird. Auch bei den französischen Bezeichnungen für das Auto kann man sich über die Zuordnungen unterhalten, denn *chiotte* ‚Klo, Scheißhaus' wird gelegentlich in seiner Verwendung für das Auto sogar noch als *familier* gekennzeichnet; was aber außer Frage steht, ist die skalierte Relation von *automobile – voiture – bagnole – chiotte*. An dieser Stelle müsste für das Französische eigentlich auch die varietätenlinguistisch diffizile Zuordnung des Argots zum diastratischgruppensprachlichen beziehungsweise zum allgemein-diaphasischen Bereich diskutiert werden: Bei der Bezeichnung für Geld wäre dies etwa am Unterschied zwischen *le grisby* und *le fric* zu zeigen; diese Unterscheidung wird leider häufig eingeebnet; vgl. Koch/Oesterreicher (2011: 162–164).

[72] Wie die Einschätzungen der *diasystematisch* gegebenen linguistischen Markierungen im *konkreten* Diskurs variieren, lässt sich leicht zeigen. André Martinet berichtet: Nach einem wissenschaftlichen Vortrag, in dem er sein Buch *Eléments de linguistique française* selbst als *mon bouquin* bezeichnet hatte, bat ihn ein Student „Est-ce que vous pouviez me dédicacer votre *bouquin* ?". Martinet reagierte auf diese Formulierung *légèrement froissé*, also ‚leicht gekränkt, beleidigt': Das heißt, der Buchautor selbst kann hier das als *familier* markierte Wort ver-

Leider wird häufig nicht beachtet, dass dies gleichzeitig bedeutet, dass eine diaphasische Markierung *nie* fest einer sprachlichen Einheit zugeordnet werden kann, also nicht an der sprachlichen Einheit ‚klebt', sondern dass sie eben von der Verwendung im Nähe- oder Distanzbereich abhängt.

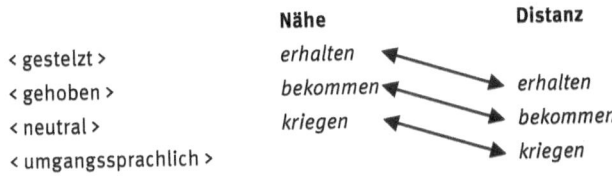

Abb. 11: Verschiebung diaphasischer Skalen zwischen Nähe und Distanz.

Die skizzierte Problematik zeigt sich deutlich vor allem in den Wörterbüchern, die ja normalerweise zur Verfertigung von Distanzdiskursen dienen; in Lexika wird dieses Problem in der Regel so ‚gelöst', dass bei diaphasisch markierten Lemmata einfach der ‚distanzsprachliche Bereich' als Bezugspunkt gewählt wird; der damit vorgenommene stillschweigende ‚Vorentscheid' wird in der Regel nicht expliziert.[73]

Um noch ein kleines Beispiel für die Variationsmöglichkeiten bezüglich der infrage stehenden Phänomene im Rahmen der Diskurstradition ‚wissenschaftlicher Vortrag' zu geben: Ich erinnere mich gerne an einen schriftlich gut vorbereiteten exzellenten Vortrag von Serge Gruzinski von der Pariser *École des Hautes Etudes en Sciences Sociales* (EHESS), für den eine spätere Auszählung der Verwendung der Negation *ne ... pas* und *pas* (im Vortrag!) einen bemerkenswerten Anteil von einfachem *pas* zeigte. Dieser Befund braucht aber natürlich nicht zu überraschen, da signifikante Verteilungen in dem Sinne vorlagen, dass der sehr gute Redner Gruzinski auf bestimmte grammatische Umgebungen reagierte und an bestimmten Stellen seines Vortrags sein Auditorium persönlicher ansprach als mit den distanziert-informationsschweren Satzkonstruktionen, mit

---

wenden, ein ‚Fremder' sollte dies gegenüber dem Autor aber unterlassen. – Ich erinnere mich auch an eine Fernsehdiskussion in Lima, in der äußerst kompetent und präzise kulturelle Probleme diskutiert wurden; einer der Gesprächspartner bezeichnete in einem bestimmten Diskussionskontext Mario Vargas Llosa als *hijo de puta* – diese *Diskursverwendung* ändert aber natürlich überhaupt nichts an der diesem Ausdruck zuzuordnenden sehr niedrigen diaphasischen Markierung (*vulgär*); der kommunikative Effekt dieser Verwendung beruht natürlich gerade auf dieser markierungsbezogenen Transgression.

73 Vgl. Koch/Oesterreicher (2007: 360–363).

den Formulierungen im *style nominal*, mit komplexer Hypotaxe usw. Das heißt, auch eine klar distanzsprachliche Diskurstradition wie ein akademischer Vortrag, in dem normalerweise eine der genannten ‚disjunkten' einzelsprachlichen Formen des Französischen in eindeutiger Verteilung erwartet werden darf, erlaubt durchaus eine Variabilität des Einsatzes von varietätenbezogen markierten Elementen. In der schriftlichen, publizierten Form des Vortrags in einer Zeitschrift würden diese Formen der Negation aber natürlich komplett eliminiert und durch *ne ... pas* ersetzt.

Es sei nochmals betont: Dass in *einzelnen* Diskursen und Texten (Ebene III, D, vgl. Abb. 8) gelegentlich die Markierungs-Verteilungen strittig sein können, muss und kann für diese Fälle diskutiert und genau beschrieben werden. Diese Tatsache aber zu einer generellen Kritik an einer linguistischen Modellierung von Varietäten zu nutzen, kommt einem *Erkenntnisverzicht* gleich. Das hier sichtbare Grundproblem ist eigentlich wissenschaftstheoretischer Natur und betrifft die Datengrundlage und die Arbeitsweise unserer Wissenschaft: Denn der Verzicht, unterschiedliche linguistische Konzeptualisierungen existierender Gebrauchsweisen zu akzeptieren, ebnet – im oben monierten Sinne – den Status-Unterschied zwischen sprachlichen Daten und linguistischen Fakten als Resultaten sprachwissenschaftlicher Arbeit und Modellierung unreflektiert ein, womit es zu einer inakzeptablen Verunklärung der Fakten auf der historischen Ebene der Techniken, Regeln und Normen der Einzelsprachen kommt, deren Status nie einfach mit Sprachvorkommen zu identifizieren ist.[74]

Das heißt, in bestimmten kommunikativen Konstellationen der *aktuellen Sprachverwendung* (Ebene III, D, vgl. Abb. 8) kann der Sprecher oder Schreiber – bewusst oder ungewollt – gerade auch mit ‚untypischem' sprachlichen Material interessante kommunikative Effekte erzielen.[75] Derartige Verwendungen und die jeweiligen Wirkungen können und müssen im Einzelfall genau analysiert werden. Entscheidend ist, dass damit jedoch die für die infrage stehende Erscheinung *grundsätzliche Varietätenzuordnung* zu den einzelsprachlich-kontingenten Dimensionen 1b, 2, 3 und 4 nicht tangiert, nicht aufgehoben wird (Ebene II, B, vgl. Abb. 8). Dies betrifft natürlich auch die in der Diaphasik funktionierenden Skalenverschiebungen.

---

[74] Vgl. dazu auch Oesterreicher (2010); auch Oesterreicher (2015b).
[75] Hier ist natürlich auch die Sprachverwendung in der Literatur anzuführen; vgl. nochmals die Anm. 19 und 73, auch Hennig/Jacob (i.d.Bd.).

9 Konzeption und Empirie

9.1 Zur Aussagekraft von Textbefunden

Das Gesagte ist besonders relevant für Peter Kochs mit ‚Konzeption und Empirie' überschriebenen Abschnitt in der Tischvorlage, in dem er neben den Verweisen auf die in unserem Buch Gesprochene *Sprache in der Romania: Französisch, Italienisch, Spanisch* von 1990 und 2011 sowie in Koch (2009) verwendeten Korpusdaten aus *C-ORAL-ROM* auch auf die Operationalisierung der universalen Nähe-Distanz-Merkmale durch Ágel/Hennig (2006; 2007; 2010: 3f.) und Hennig (2006: 70–84) einging. Vor allem stellte er Douglas Bibers bekannte Positionen (1988 und 1995) vor und diskutierte seine ‚Textdimension' *involved* vs. *informational*.[76] Die beim *involvement* als besonders interessant herausgestellten Verteilungen und Frequenzen – sie betreffen den Einsatz von Pronomina der 1. und 2. Person, von Demonstrativpronomina und Diskurspartikeln, die Anzahl von Nomina (Nominalstil) und die Verwendung attributiver Adjektive, die Wortlänge, die Verwendung von Verben im Präsens oder die von ‚subjektiven Verben' wie *assume, believe, know* usw. – können aber natürlich nicht überraschen. Diese signifikanten Frequenzen und unterschiedlichen Verteilungen, vor allem in der ‚conversation',[77] sind doch ganz evident von den nähe- oder distanzsprachlichen Verbalisierungsstrategien determiniert und resultieren mehr oder weniger direkt aus der Kombinatorik der oben diskutierten Kommunikationsbedingungen; ihre Betrachtung würde es auch erlauben, die Dimension *involved* vs. *informational*, die auf viel zu unterschiedliche Dinge zielt, genauer zu fassen.

Die große *Longman Grammar of Spoken and Written English* von Douglas Biber et al. (2007) – sie gilt als Nachfolgeprojekt der äußerst erfolgreichen Grammatik von Sir Randolph Quirk, Sydney Greenbaum, Geoffrey Leech und Jan Svartvik *A Comprehensive Grammar of English Language* (CGEL) aus dem Jahr 1985 (21. Aufl. 2007) – wurde wegen ihrer eindrucksvollen Korpusbasierung (*Longman Spoken and Written English-Corpus*) in den Rezensionen hochgelobt.[78] Wiederum ist nun aber enttäuschend, dass diese über 1200 Seiten umfassende Grammatik auf so fragwürdigen Vorgaben beruht, dass sie nur zu varietätenlinguistisch kaum belastbaren Ergebnissen führen konnte; man beachte die fol-

---

[76] Hier ist schon Chafe (1982 und 1985) zentral. Die Qualifikation ‚Textdimension' ist zu bestreiten, da es sich eigentlich um Kombinationen von Kommunikationsbedingungen handelt.
[77] Vgl. dazu Thornbury/Slade (2006).
[78] Vgl. etwa Broussard (2000).

genden doch erstaunlich ‚platten' und schiefen Feststellungen in der Einleitung:

> The Longman Grammar of Spoken and Written English (LGSWE) describes the actual use of grammatical features in different varieties of English: mainly conversation, fiction, newspaper language, and academic prose. Each of these varieties is termed a **register**, and each extended sample of language from a register constitutes a **text**. Many texts exist in the written medium [...]. Other texts have their origin in speech [...]. (Biber et al. 2007: 5; Hervorhebungen im Original)

Die Orientierung der Beschreibung an den grammatischen Kennzeichen der genannten vier, als *varieties* bezeichneten *registers* – ‚Konversation', ‚Fiktion', ‚Zeitungssprache', ‚akademisches Schreiben'[79] – ist absolut unterkomplex. Die nicht weiter qualifizierte Erwähnung des Mediums und die konzeptionell unsinnige Beschränkung auf die ‚aufgerafften' *registers* und deren *texts* macht bei den Auswertungen jegliche Trennschärfe und Signifikanz von vornherein zunichte. Entsprechend werden ‚Resultate' vermeldet, die doch sehr überraschen: Statt etwa genauer nach den spezifischen Formen der Subordination und ihrem Vorkommen auch in den durchaus verschiedenen Typen von ‚Konversation' zu fragen (vgl. dazu etwa Koch/Oesterreicher 2011: 99–105), wird bedeutsam festgestellt: „Speakers in conversation use a number of relatively complex and sophisticated grammatical constructions, contradicting the widely held belief that conversation is grammatically simple"; dies wird mit folgendem Korpusbeleg aus einer ‚Konversation' belegt: „Ther's so many things { that I want to learn <...>]conv." (Biber et al. 2007: 7)

Es ist wichtig, derartige kurzschlüssige methodische Optionen aus den Forschungsdesigns zu entfernen, will man der Korpusarbeit ein Minimum an Aussagekraft garantieren. Unverzichtbar sind dabei qualitative, reflektiert historisch-hermeneutische Zugriffe auf Varietätenkonzepte, Diskurstraditionen, Diskursdomänen und deren sozial-semiotische Verankerung. Bedauerlich ist übrigens auch, dass derartige Überlegungen gerade im Kontext der Euphorie um die sogenannten *digital humanities* in der Regel ignoriert werden (vgl. Koch/Oesterreicher 2011: 31–39; Oesterreicher 2013: 279–282).

---

[79] Vgl. auch Biber et al. (2002); zum ‚wissenschaftlichen Schreiben' vergleiche man jedoch die präzisen und weiterführenden Anmerkungen in Feilke (2010).

9.2 Neue Medien und Korpuslinguistik

Noch eine Bemerkung zu den neuesten, elektronisch gestützten Kommunikationsformen, da gelegentlich vermerkt wird, dass die Nähe-Distanz-Unterscheidung, so wie sie im Schema der Abb. 2 und 4 dargestellt ist, für die Behandlung dieser medialen Entwicklungen unbrauchbar sei; diese irrige Meinung ist zurückzuweisen:[80] Man muss nämlich strikt unterscheiden zwischen „,Medien' als physikalischen Manifestationen, die bestimmte sensorische Modalitäten ansprechen" (Phonie, Musik usw. = akustisch und Graphie, Mimik, Gestik = visuell) und „technischen' Speicher- und Übertragungsmedien, Telefon, Internet usw." (Koch/Oesterreicher 2007: 358f.). Selbst die neuesten elektronischen Entwicklungen bei der Speicherung, der Übertragung und insgesamt beim so genannten *Processing* bauen im sensorischen Bereich letztlich immer nur auf dem akustischen Prinzip der Phonie *oder* auf dem visuellen Prinzip der Graphie auf; damit können die neuen, auch multimodalen Kommunikationsformen und Diskurstraditionen mit den anthropologisch fundierten kommunikativen Kategorien selbstverständlich auch erfasst werden.[81] Auch mit *Apps*, die einem beim elektronischen Schreiben und beim ‚Texten' Formulierungshilfen anbieten, liegen keine grundsätzlich neuen Kommunikationsbedingungen vor.[82] Insgesamt sind aber wie bei der *E-Mail*, *SMS* usw. die unterschiedlichen medialen Gegebenheiten und ihre spezifischen Funktionalitäten und Möglichkeiten jeweils genau zu kennzeichnen. Übrigens ist gerade der *Chat* eines der schönsten Beispiele für die Möglichkeit einer im graphischen Medium vollzogenen *Annäherung an dialogische, spontane Nähesprachlichkeit* (vgl. Hennig 2001; Storrer 2001). Auch die beliebten Abkürzungen und *emoticons* (*hdl*, *cul8er*, ☺) sind konzeptionell im Blick auf die spontaneitätsfördernde Schreibgeschwindigkeit von Belang, dennoch besitzt das graphische Medium selbst in allen diesen Fällen eine nicht zu unterschätzende ‚bremsende' Wirkung bezüglich der Nähe-

---

[80] Vgl. auch Wolfgang Raible, in dessen „Medien-Kulturgeschichte" eine umfassende Perspektive auf die *Mediatisierung* entwickelt wird; vgl. bes. Raible (2006: 11–22).
[81] Von den menschlichen fünf ‚Sinnen'/*sensus* kommen *entwicklungsgeschichtlich* eben der *auditus* und der *visus*, sekundär auch der *tactus* (etwa in der Blindenschrift) in Frage; verständlicherweise sind der *gustus* und der *odoratus* ‚kommunikationstechnisch' kaum nutzbar zu machen.
[82] Anders zu kontextualisieren, aber trotzdem zu vergleichen ist etwa das Schreiben mit dem *Dudenwörterbuch* oder dem *Petit Robert* auf dem Schreibtisch, historisch einschlägig sind auch *Konversationsbüchlein* und *Briefsteller*.

sprachlichkeit.[83] Insgesamt gilt es klar zu sehen, dass eine pauschalisierende Phonie-Graphie-Distinktion einer präzisen Beschreibung der neuen Kommunikationsformen und deren medialen Ausfaltungen und Kombinationen im Wege steht, wenn sie die notwendigen pragmatisch-kommunikativen multimodalen Aspekte vernachlässigt.[84]

Vor allem ist jedoch die dezidierte Hinwendung zur Empirie in der sogenannten Korpuslinguistik anzusprechen, die durch die Möglichkeit, große Mengen elektronisch lesbarer Daten zu verarbeiten, in einem bislang nicht gekannten Ausmaß im Prinzip den oben angesprochenen Gesamtraum sprachlicher Kommunikationsformen erfassen kann (zur Korpuslinguistik allgemein vgl. Svartvik 1992; Stubbs 1996; McEnery/Wilson 2001; Pusch et al. 2002 und 2005; Lemnitzer/Zinsmeister 2006; gesamthaft Koch/Oesterreicher 2011: 31–39).

Nach den bekannten Korpora der ‚gesprochenen Sprache', in denen die ursprünglich phonischen Realisierungen graphisch notiert wurden, gibt es heute schon zahlreiche Korpora in *elektronisch-graphischer* und/oder *elektronisch-phonischer* Form (für die romanischen Sprachen vgl. Pusch 2002). Auch ursprünglich phonisch realisierte Diskurse weisen ein konzeptionell-variables Relief auf, das sich in spontaner Alltagskommunikation über Interviews, öffentliche Diskussionen bis zu klar distanzsprachlichen Vorlesungen manifestiert und interessante Forschungsanreize bietet. Damit lassen sich konzeptionelle Abstu-

---

83 Vgl. dazu besonders Ágel/Hennig (2007: 202, 206–214); auch Runkehl et al. (1998); Dürscheid (1999); Storrer (2001 und 2012); Ziegler/Dürscheid (2002); Schlobinski (2006); vgl. auch Koch/Oesterreicher (2011: 31–39). – Man muss übrigens die Frage stellen, ob etwa bei der E-Mail schon heute durch die extreme gesellschaftliche Verbreitung und die unterschiedlichen Nutzungstypen nicht schon genauer zu fassende Veränderungen bei der angesprochenen ‚Annäherung' an eine ‚spontane Nähesprachlichkeit' zu vermelden sind; in der BILD vom 21. März 2015 wurde unter dem *heading* ‚E-Mail-Boom' gemeldet, dass von 1994, wo es 1 Million E-Mail-Nutzungen gab, bis 2015 die Zahl, bedingt auch durch die starke mobile Nutzung, auf 537 Millionen gestiegen ist. [Anmerkung der Hrsg.: Der Belegkontext der Angabe ist schwierig zu rekonstruieren. Im Jahr 2015 wurden in Deutschland ca. 500 Milliarden Emails verschickt, Spam nicht eingerechnet (Statista. Zugriff am 07. Januar 2016. Verfügbar unter http://de.statista.com/statistik/daten/studie/392576/umfrage/anzahl-der-versendeten-e-mails-in-deutschland-pro-jahr/]

84 Es steht außer Zweifel, dass neue Kommunikationsformen auch multimodale Formate besitzen, in denen Lautsprache, Ton und Musik, Schrift und Bild, Layout, Körperlichkeit und Gestik und Mimik unterschiedlich kombiniert zum Einsatz kommen; vgl. etwa Bucher u.a. (2010); Diekmannshenke et al. (2011); Kress (2009); vgl. nochmals Fn. 29. Aus sprachtheoretischer Sicht ist jedoch anzumerken, dass diese sich extrem ausweitende Multimodalität der Kommunikation insgesamt aber eben doch sektoral bleibt und nicht mit der sozialen Semiotik, wie der Begriff oben bestimmt wurde, identifiziert werden darf; vgl. Oesterreicher (2014a und 2014b).

fungen anhand sprachlicher Okkurrenzen quantifizieren und besser operationalisieren (vgl. Hennig 2006: 215–289; Ágel/Hennig 2007).

Auch für die diachronische Forschung sind die konzeptionellen, sprachlich-diskurstraditionellen Abstufungen zwischen den Texten und in den Texten selbst von höchstem Interesse, wobei gerade auch tendenziell-nähesprachliche Texte systematisch aufgesucht werden müssen (Ernst 1980; D'Achille 1990; Holtus/Schweickardt 1991; Oesterreicher 1997: 200–206; Schmidt-Riese 1977; Koch 2003a: 107–110).

Wir haben oben schon angedeutet, dass varietätenlinguistische und diskurspragmatische Untersuchungen hier vor großen Herausforderungen stehen, denn die Aussagekraft der Quantifizierungen darf auf keinen Fall durch die Einebnung konzeptioneller Profile von Texten und Textsammlungen oder die Ausblendung diskurstraditioneller Besonderheiten gefährdet werden. Vor allem bei großen Datenmengen sind auf der Zeitschiene zu rasche Generalisierungen zu vermeiden, da sie zu unhaltbaren Homogenisierungen und Linearisierungen führen, also zu Fehlinterpretationen sprachhistorisch-kontingenter Prozesse. Es bedarf also in jedem Falle einer mit größter Sorgfalt durchzuführenden *qualitativen Interpretation* der Korpusdaten.[85] Für die Beschaffenheit elektronischer Textkorpora muss mithin unbedingt gelten. „[Data bases] have to be carefully designed as far as conceptional and medial parameters of the included text types are concerned." (Pusch et al. 2005: 3)

---

[85] Vgl. Koch/Oesterreicher (2011: 31–39); auch Octavio de Toledo y Huerta (2014), der in seinem Artikel „Espejismo de la frecuencia creciente" an einem Beispiel aus der spanischen Syntax (durch Artikel *el que, lo que* substantivierte verbale Satzglieder) die ‚optischen Täuschungen' nachweist, die durch die Vorannahme einer *increasing frequency* bei der Bestimmung von *Grammatikalisierungsprozessen* entstehen; hier liegt wiederum ein Beispiel für das vor, was ich ‚invertierte Teleologie' nenne (vgl. Oesterreicher 2007b). Auch wenn noch präzisere diskurstraditionelle Kennzeichnung die Korpusbefunde weiter schärfen könnten, zeigt die genaue chronologische Interpretation der Daten schon überdeutlich die Komplexität von Sprachwandelprozessen, die gerade nicht linear verlaufen, sondern häufig mäandrieren, stagnieren und durch zeitweilige Rücknahmen, sogar durch Abbrüche gekennzeichnet sind; derartige Prozesse sind historisch allein durch präzise diskurstraditionelle Analysen zu fassen.

10 Konzeption und Sprachgeschichte

10.1 Romanistische Perspektiven

Zum Abschluss meiner Darstellung möchte ich noch kurz auf die Sprachgeschichte eingehen, die ja im Titel unseres *foundational texts* ausdrücklich erwähnt ist und die auch im Koch'schen Vortrag angesprochen wurde. Es ist nicht zufällig, dass gerade auch in der sprachgeschichtlichen Perspektive die spezielle Leistungsfähigkeit der diskutierten Begriffe gezeigt werden konnte. Sie modifiziert auch das traditionelle Verständnis vom Begriff der *Sprachgeschichte* und von der *Sprachgeschichtsschreibung*.

Ganz knapp seien einige Themenbereiche aufgelistet, die für uns Romanisten mit den Perspektivierungen des Nähe-Distanz-Kontinuums schon einem genaueren, besseren Verständnis zugeführt werden konnten.

Ein erster Punkt ist oben schon erwähnt worden: Die Diskussion des sogenannten Vulgärlateins und der Entstehung der romanischen Idiome sowie die Analyse der ältesten Sprachdenkmäler im beschriebenen Kontext ist fundamental und konnte wichtige Erkenntnisse auch bezüglich der mittelalterlichen Mehrsprachigkeits- und Diglossie-Szenarien befördern (vgl. Lüdtke 1964; Wunderli 1965; Sabatini 1968; Coseriu 1978; Väänänen 1981; Schlieben-Lange 1983; Banniard 1992; Oesterreicher 1993 und 1996; Selig 1993 und 2006; Koch 1993; Tagliavini 1998: 160–167; Müller-Lancé 2006; vgl. gesamthaft Koch/Oesterreicher 2011: Kap. 5.1).

Vor allem die spätmittelalterlichen und frühneuzeitlichen, in der Romania räumlich und zeitlich sehr unterschiedlich verlaufenden *Koineisierungs-, Normierungs-* und *Standardisierungs*prozesse sowie die konzeptionellen Aspekte der dabei nicht allein für die entstehenden Nationalsprachen kennzeichnenden *Ausbau*prozesse konnten für die einzelnen romanischen Sprachen und ihre Varietäten fruchtbar gemacht werden; es versteht sich von selbst, dass dabei die Spezifik der einzelnen Sprachgebiete jeweils sorgfältig zu konzeptualisieren ist (vgl. zu Nordfrankreich jetzt Grübl 2014; zum Französischen des *siècle classique* Weinrich 1960; allgemein Settekorn 1988; zum Spanischen Cano 2000; zur italienischen *questione della lingua* Vitale 1978; vgl. für die romanischen Sprachen gesamthaft Koch/Oesterreicher 2011: Kap. 5.1, für die französischen, italienischen und spanischen Verhältnisse 5.2, 5.4 , 5.6; zum Englischen vgl. Schaefer 2006).

Für Spanien und Portugal ist die *Neue Welt* auch in sprachlicher Hinsicht eine Herausforderung, die in der Kolonisierung und Evangelisierung des Kontinents interessante sprach- und kommunikationspolitische Optionen impliziert, deren konzeptionelle Implikationen gerade auch durch den Sprachkontakt mit den *lenguas indígenas* zu wichtigen Forschungsthemen führen (vgl. etwa Beiträge in Cano 2000; Oesterreicher/Schmidt-Riese 2010 und 2014).

Vor allem sind die Fragen der *sprachlichen Zentralisierung* und der *Alphabetisierung* nach der *Französischen Revolution* (1789) naturgemäß ein gesamteuropäisches Thema, dessen konzeptionelle Aspekte in der Sprachpolitik und den nationalstaatlichen Bildungsanstrengungen zum Ausdruck kommen (vgl. Schlieben-1983 und 1996; Oesterreicher 1990; zur späten italienischen Einigung 1861 vgl. De Mauro 1970b; vgl. auch Berruto 1987; Holtus/Radtke 1986).

Ein weiteres aus varietätenlinguistischer Sicht faszinierendes Thema ist weiterhin die sogenannte *Plurizentrik*, die heute für das Spanische und Portugiesische unbestreitbar ist; es handelt sich dabei um deskriptiv gleichberechtigte Standardformen, die keineswegs immer als *nationale Standardvarietäten* zu betrachten sind (vgl. Clyne 1992; Oesterreicher 2000; Lebsanft et al. 2012).

Die Leistungsfähigkeit unserer Begrifflichkeiten wird übrigens auch bezüglich der Entstehung und Entwicklung romanischer Kreolsprachen[86] sowie der Betrachtung der neueren und neuesten kommunikativen Erfordernisse in den Ländern Amerikas oder Afrikas deutlich, wo traditionell normsetzende Instanzen wie Akademien, Schulen, Buchmarkt, Zeitungen usw. wenig effektiv sind und wo – nicht eigentlich überraschend – die neueren Medien Radio und Fernsehen in diesen sprachkulturellen Funktionsraum einrücken (vgl. etwa für Brasilien Arden (2015) zur Rolle von *TV Globo, Rio de Janeiro*). Besonders wichtig ist, dass die Varietätenlinguistik auch die neuen *migrationsbedingten Mehrsprachigkeitsformen*, die die traditionalen nationalsprachlichen Sprachgemeinschaften im Kern verändern, als kontaktlinguistische Herausforderungen begreift und ihr Instrumentarium im oben angedeuteten Sinne weiter schärft.[87]

Häufig wird vergessen, dass die Nähe-Distanz-Kategorisierungen auch für ‚weniger erfreuliche' Prozesse bedeutsam sind: Neben den Ausbau-Erfolgen gibt es – gewissermaßen spiegelbildlich – ja auch dramatische Ausbau-Verluste, die konzeptionell beschrieben werden müssen; diese Prozesse führen bekanntlich bis zum *Sprachentod*. Wir Romanisten haben in diesem Kontext das ‚sterbende' Frankoprovenzalische vor Augen, und der letzte Sprecher der zehnten romanischen Sprache, des Dalmatischen, Antonio Udina/Tuone Udaina, genannt Bur-

---

86 Vgl. dazu Ludwig (1996).
87 Vgl. auch Braunmüller (1999), dessen Begriffe der ‚rezeptiven Mehrsprachigkeit' und einer ‚Semikommunikation' hier weiterführend sind; vgl. auch oben 8.1. die Bemerkungen zum Elsass.

bur, ist 1898 auf der Adria-Insel Krk/Veglia gestorben; auch etwa das Judenspanisch auf dem Balkan kann in dieser Perspektive diskutiert werden.[88]

Ein eindrucksvolles Gesamtbild sprachhistorischer Prozesse – von der Entstehung und Entwicklung von Sprachen und Varietäten über entsprechende Kontaktszenarien bis zum Sprachentod – gibt Peter Koch in dem umfänglichen Artikel „Sprachgeschichte zwischen Nähe und Distanz: Latein – Französisch – Deutsch" (vgl. Koch 2010).

Theoretisch-methodologisch entscheidend ist bei den angesprochenen Prozessen das Verhältnis der Idiome und Sprachen zu ihren Varietäten und Kontaktsprachen, wodurch die Sprachgeschichte sich eben auch als *Varietätengeschichte* konstituiert. Dass dies gleichzeitig bedeutet, dass sie wesentlich als *Geschichte der Diskurstraditionen*[89] konzipiert werden muss, ist oben deutlich geworden. Man kann durchaus sagen, dass es sich bei dieser Einschätzung in der Romanistik inzwischen um ein ‚Paradigma' handelt, in dem die Nähe-Distanz-Unterscheidung eine zentrale Rolle spielt und zu einem echten Verständnis der *Historizität der menschlichen Sprache* beiträgt (vgl. Stimm 1980; Schlieben-Lange 1983; Koch 1988, 1997b und 2003; Oesterreicher 1997b, 2001, 2007b, 2014b; Jacob/Kabatek 2001; Aschenberg/Wilhelm 2003; Koch/Oesterreicher 2008).

10.2 Sprachgeschichte und Sprachgeschichtsschreibung

Mit dieser neuen Perspektivierung kann vor allem gezeigt werden, was *Sprachgeschichte* ist, und wie eine neu konzipierte *Sprachgeschichtsschreibung* die fatale Disjunktion und den Schematismus einer ‚internen' und ‚externen' Sprachgeschichte überwindet, deren sachbezogene und epistemologische Unterkomplexität sowohl auf der *Objektebene* als auch auf der *Analyse-* und *Darstellungsebene* schon kritisch dargestellt wurde (vgl. Oesterreicher 2007b). Als Resultat dieser Überlegungen, für die auch die Nähe-Distanz-Unterscheidung zentrale Bedeutung besitzt, schlage ich folgende Definitionen vor:

---

[88] Zum Judenspanischen in Rumänien vgl. etwa Sala (1970); zum Sprachentod vgl. auch Beiträge in Ammon et al. (2004-2006).
[89] Vgl. auch schon Steger (1984).

SPRACHGESCHICHTE
ist allein denkbar als ein soziokultureller, mehrdimensional eingebetteter *objektsprachlicher Prozess* mit seinen Etappen und Stadien – ein Prozess, in dem sprachliche Varietäten und Idiome als durch Regeln und Normen definierte *sprachliche Techniken*, die von Sprechern und Sprechergruppen in bestimmten Räumen und zu bestimmten Zwecken in Diskurstraditionen und den diesen entsprechenden Diskursdomänen und Handlungsfeldern verwendet werden, in eben diesen Verwendungen, also in ihrem Funktionieren selbst, historisch fortgebildet werden. Diese objektsprachlichen Prozesse, die notwendig Innovation und Wandel implizieren, werden immer von einem Sprachbewusstsein der Sprecher begleitet, das allerdings nur gelegentlich in die Klarheit historisch greifbarer Bewusstseinsformen tritt.

SPRACHGESCHICHTSSCHREIBUNG
als *wissenschaftliches Unternehmen* hat sich der eben skizzierten Gegenstandsbestimmung zu unterwerfen. Sprachgeschichtsschreibung ist in unserer Sicht daher letztlich allein sinnvoll und gerechtfertigt, wenn *diskurs- und textbasierte Analysen und die Beschreibung von Wandel und Entwicklung auf allen Ebenen der historischen Sprachtechniken jeweils kommunikationsgeschichtlich, diskurspragmatisch und varietätenlinguistisch verankert und zeitlich und raumbezogen spezifiziert werden*. Eben dadurch lässt sich die für die Sprachgeschichtsschreibung verhängnisvolle, dem Gegenstand ‚Sprache' letztlich unangemessene, reduktionistische Disjunktion von ‚externer' und ‚interner' Sprachgeschichte überwinden.

Nach unseren Ausführungen ist aber klar, dass mit diesen Definitionen der Sprachgeschichte und der Sprachgeschichtsschreibung nicht einer *postmodernen Pseudointerdisziplinarität* und *transdisziplinären Beliebigkeit* das Wort geredet wird, sondern diese Definitionen mit der Zentrierung auf die historisch gewordenen Techniken, Normen und Regeln des Sprechens gerade den vorgestellten *paradigmatischen Kern der Disziplin Linguistik* stärken.

11 Literaturverzeichnis

Ágel, Vilmos/Hennig, Mathilde (2007): Überlegungen zur Theorie und Praxis des Nähe- und Distanzsprechens. In: Ágel, Vilmos/Hennig, Mathilde (Hrsg.): Zugänge zur Grammatik der gesprochenen Sprache. Tübingen: Niemeyer (Germanistische Linguistik 269), 179–214.
Ágel, Vilmos/Hennig, Mathilde (Hrsg.) (2006): Grammatik aus Nähe und Distanz. Theorie und Praxis am Beispiel von Nähetexten 1650–2000. Tübingen: Niemeyer.
Ágel, Vilmos/Hennig, Mathilde (Hrsg.) (2010): Nähe und Distanz im Kontext variationslinguistischer Forschung. Berlin/New York: de Gruyter (Linguistik – Impulse und Tendenzen 35).
Albrecht, Jörn (1986): „Substandard" und „Subnorm". Die nicht-exemplarischen Ausprägungen der „Historischen Sprache" aus varietätenlinguistischer Sicht. In: Holtus, Günter/Radtke,

Edgar (Hrsg.): Sprachlicher Substandard. 3 Bände. Tübingen: Niemeyer (Konzepte der Sprach- und Literaturwissenschaft 36/I), 65–88.

Albrecht, Jörn/Lüdtke, Jens/Thun, Harald (Hrsg.) (1988): Energeia und Ergon. Sprachliche Variation, Sprachgeschichte, Sprachtypologie. Studia in honorem Eugenio Coseriu. 3 Bände. Tübingen: Narr (Tübinger Beiträge zur Linguistik 300).

Ammon, Ulrich et al. (Hrsg.) (2004–2006): Sociolinguistics/Soziolinguistik. An International Handbook of the Science of Language and Society/Ein internationales Handbuch zur Wissenschaft von Sprache und Gesellschaft. 3 Bände. 2., vollständig neu bearbeitete Auflage. Berlin/New York: de Gruyter (Handbücher zur Sprach- und Kommunikationswissenschaft, 3/1–3).

Arden, Matthias (2015): Inszenierte und elaborierte Mündlichkeit bei TV Globo. Zur soziostilistischen Modellierung morphosyntaktischer Variablen des brasilianischen Portugiesisch. Frankfurt am Main: Edition Peter Lang (Studia Romanica et Linguistica 41).

Aschenberg, Heidi/Wilhelm, Raimund (Hrsg.) (2003): Romanische Sprachgeschichte und Diskurstraditionen. Tübingen: Narr.

Bader, Eugen (1990): Celare artem: Kontext und Bedeutung der stilistischen Anweisung „Schreibe, wie du redest!" im 16./17. Jahrhundert (Italien, Spanien, Frankreich). In: Raible, Wolfgang (Hrsg.): Erscheinungsformen kultureller Prozesse. Tübingen: Narr (ScriptOralia 13), 197–217.

Bader, Eugen (1994): Rede-Rhetorik, Schreib-Rhetorik, Konversationsrhetorik. Eine historisch-systematische Analyse. Tübingen: Narr (ScriptOralia 69).

Bally, Charles (1930): La crise du français. Notre langue maternelle à l'école. Genf: Droz.

Bally, Charles (1965): Linguistique générale et linguistique française. 4. Auflage. Bern: Francke.

Banniard, Michel (1992): Viva voce: Communication écrite et orale du IVe au IXe siècle en Occident latin. Paris: Institut des Etudes Augustiniennes (Collection des Etudes augustiniennes. Série Moyen-âge et temps modernes 25).

Bauche, Henri (1946): Le langage populaire. Grammaire, syntaxe et dictionnaire du français tel qu'on le parle dans le peuple avec tous les termes d'argot usuel. 2. Auflage. Paris: Payot.

Behaghel, Otto (1899/1927): Geschriebenes Deutsch und gesprochenes Deutsch. Festvortrag, gehalten auf der Hauptversammlung des Deutschen Sprachvereins zu Zittau am 1. Oktober 1899. In: Behaghel, Otto (Hrsg.): Von deutscher Sprache. Aufsätze, Vorträge und Plaudereien. Lahr: Schauenburg, 11–34.

Beinhauer, Werner (1978): Spanische Umgangssprache. 3. Auflage. Bonn/Hannover: Dümmler.

Bernstein, Basil (1960/61): Social structure, language, and learning. In: Educational Research 3, 163–176.

Berruto, Gaetano (1987): Sociolinguistica dell'italiano contemporaneo. Rom: La Nuova Italia Scientifica (Studi Superiori Nuova Italia Scientifica 33, Lettere).

Berruto, Gaetano (1993): Le varietà del repertorio. In: Sobrero, Alberto A. (Hrsg.): Introduzione all'italiano contemporaneo. La variazione e gli usi. Rom/Bari: Laterza (Manuali Laterza 43), 3–36.

Biber, Douglas (1988): Variation Across Speech and Writing. Cambridge: Cambridge University Press.

Biber, Douglas (1995): Dimensions of Register Variation. A Cross-linguistic Comparison. Cambridge: Cambridge University Press.

Biber, Douglas et al. (2007): Longman Grammar of Spoken and Written English. 7. Auflage. Harlow: Longman.

Biber, Douglas et al. (2002): Speaking and Writing in the University: A Multidimensional Comparison. In: TESOL Quarterly 36/1, 9–48.
Blanche-Benveniste et al. (1990): Le francais parlé. Études grammaticales. Paris: CNRS Éditions.
Bouvet, Danielle (2004): Les indices posturo-mimo-gestuels de la parole et leur interaction avec l'intonation. In: Rabatel, Alain (Hrsg.): Interactions orales en contexte didactique. Lyon: Presses Universitaires de Lyon, 353–366.
Braunmüller, Kurt (1999): Die skandinavischen Sprachen im Überblick. 2. Auflage. Tübingen/Basel: Francke (UTB 1635).
Broussard, Kathleen M. (2000): Review: Douglas Biber, Stig Johansson, Geoffrey Leech, Susan Conrad and Edward Finegan, Longman Grammar of Spoken and Written English. In: TESOL Quarterly. A Journal for Teachers of English to Speakers of Other Languages and of Standard English as a Second Dialect 34/4, 787–788.
Bucher, Hans-Jürgen/Gloning, Thomas/Lehnen, Kathrin (Hrsg.) (2010): Neue Medien – neue Formate: Ausdifferenzierung und Konvergenz in der Medienkommunikation, Frankfurt am Main: Campus (Interaktiva. Schriftenreihe des Zentrums für Medien und Interaktivität (ZMI), Giessen 10), 9–38.
Bühler, Karl (1965): Sprachtheorie. Die Darstellungsfunktion der Sprache. 2., unveränderte Auflage. Stuttgart: Fischer.
Cano Aguilar, Rafael (2004): Historia de la lengua Española. Barcelona: Ariel.
Chafe, Wallace L. (1982): Integration and involvement in speaking, writing and literature. In: Tannen, Deborah (Hrsg.): Spoken and Written Language: Exploring Orality and Literacy. Norwood, NJ: Ablex (Advances in Discourse Processes 9), 35–53.
Chafe, Wallace L. (1985): Linguistic differences produced by speaking and writing. In: Olson, David R. et al. (Hrsg.): Literacy, Language and Learning. Cambridge: Cambridge University Press, 105–123.
Clyne, Michael (Hrsg.) (1992): Pluricentric languages. Differing Norms in Different Nations. Berlin/New York: de Gruyter (Contributions to the sociology of language 62).
C-ORAL-ROM = Cresti, Emanuela/Moneglia, Massimo (Hrsg.) (2005): C-ORAL-ROM. Integrated Reference Corpora for Spoken Romance Languages. Amsterdam/Philadelphia: Benjamins.
Coseriu, Eugenio (1978): Das sogenannte Vulgärlatein und die ersten Differenzierungen in der Romania. In: Kontzi, Reinhold (Hrsg.): Zur Entstehung der romanischen Sprachen. Darmstadt: Wissenschaftliche Buchgesellschaft (Wege der Forschung 162), 257–291.
Coseriu, Eugenio (1980): Textlinguistik. Eine Einführung. Herausgegeben und bearbeitet von Jörn Albrecht. Tübingen: Narr (Tübinger Beiträge zur Textlinguistik 109).
Coseriu, Eugenio (1988): „Historische Sprache" und „Dialekt" (1980). In: Albrecht, Jörn/Lüdtke, Jens/Thun, Harald (Hrsg.): Energeia und Ergon. Sprachliche Variation, Sprachgeschichte, Sprachtypologie. Studia in honorem Eugenio Coseriu, 3 Bände. Tübingen: Narr (Tübinger Beiträge zur Linguistik 300.1), 54–61.
Culpeper, Jonathan (2005): History of English. 2. Auflage. London: Routledge.
Culpeper, Jonathan/Kytö, Merja (2010): Speech in Writing: Explorations in Early Modern English Dialogues. Cambridge: Cambridge University Press.
D'Achille, Paolo (1990): Sintassi del parlato e tradizione scritta della lingua italiana. Analisi di testi dalle origini al secolo XVIII. Rom: Bonacci (I volgari d'Italia 4).
De Mauro, Tullio (1970a): Tra Thamus e Theuth. Note sulla norma parlata e scritta, formale e informale nella produzione e realizzazione dei segni linguistici. In: Bollettino del Centro di Studi Filologici e Linguistici Siciliani 11, 167–179.

De Mauro, Tullio (1970b): Storia linguistica dell'Italia unita. Rom/Bari: Laterza.
Diekmannshenke, Hajo/Klemm, Michael/Stöckl, Hartmut (Hrsg.) (2011): Bildlinguistik: Theorien – Methoden – Fallbeispiele. Berlin: Schmidt.
Dubois, Jean (1967): Grammaire structurale du français. Le verbe. Paris: Larousse.
Duden (1996): Duden. Deutsches Universalwörterbuch. 3., neu bearbeitete und erweiterte Auflage. Mannheim et al.: Dudenverlag.
Dürscheid, Christa (1999): Zwischen Mündlichkeit und Schriftlichkeit: die Kommunikation im Internet. In: Papiere zur Linguistik 60, 17–30.
Dürscheid, Christa (2005): Medien, Kommunikationsformen, kommunikative Gattungen. In: Linguistik online 22/1, 1–16.
Dürscheid, Christa (2006): Einführung in die Schriftlinguistik. Ergänzt um ein Kapitel zur Typographie v. Jürgen Spitzmüller. 3. überarbeitete und ergänzte Auflage, Göttingen: Vandenhoeck & Ruprecht (Studienbücher zur Linguistik 8).
Dürscheid, Christa/Wagner, Franc/Brommer, Sarah (2010): Wie Jugendliche schreiben. Schreibkompetenz und neue Medien. Berlin/New York: de Gruyter.
Dufter, Andreas/Stark, Elisabeth (2002): La variété des variétés: combien de dimensions pour la description?. In: Romanistisches Jahrbuch 53, 81–108.
Ermert, Karl (1979): Briefsorten. Untersuchungen zu Theorie und Empirie der Textklassifikation. Tübingen: Niemeyer (Germanistische Linguistik 20).
Ernst, Gerhard (1980): Prolegomena zu einer Geschichte des gesprochenen Französisch. In: Stimm, Helmut (Hrsg.): Zur Geschichte des gesprochenen Französisch und zur Sprachlenkung im Gegenwartsfranzösischen. Wiesbaden: Steiner (Zeitschrift für französische Sprache und Literatur, Beiheft N.F., 6), 1–14.
Ernst, Gerhard et al. (Hrsg.) (2003/2006/2008): Romanische Sprachgeschichte/Histoire linguistique de la Romania. Ein internationales Handbuch zur Geschichte der romanischen Sprachen/Manuel international d'histoire linguistique de la Romania. 3 Teilbände.
Berlin/New York: de Gruyter.
Falk, Harry (1993): Schrift im alten Indien. Ein Forschungsbericht mit Anmerkungen. Tübingen: Narr (ScriptOralia 56).
Feilke, Helmuth (2010): Schriftliches Argumentieren zwischen Nähe und Distanz – am Beispiel wissenschaftlichen Schreibens. In: Ágel, Vilmos/Hennig, Mathilde (Hrsg.) (2010): Nähe und Distanz im Kontext variationslinguistischer Forschung. Berlin/New York: de Gruyter (Linguistik – Impulse und Tendenzen 35), 209–231.
Ferguson, Charles (1959): Diglossia. In: Word 15, 325–340.
Fishman, Josua A. (1967): Bilingualism with and without diglossia; diglossia with or without bilingualism. In: Journal of Social Issues 23, 29–38.
Frank, Barbara/Haye, Thomas/Tophinke, Doris (Hrsg.) (1997): Gattungen mittelalterlicher Schriftlichkeit. Tübingen: Narr (ScriptOralia 99).
Frei, Henri (1929): La grammaire des fautes. Paris et al.: Greuthner.
Gadet, Françoise (2003): La variation sociale en français. Paris: Ophrys.
Gauger, Hans-Martin (1986): „Schreibe, wie du redest!" Zu einer stilistischen Norm. In: Sprachnormen in der Diskussion. Beiträge vorgelegt von Sprachfreunden. Berlin/New York: de Gruyter, 21–40.
Gauger, Hans-Martin/Oesterreicher, Wulf/Windisch, Rudolf (1981): Einführung in die romanische Sprachwissenschaft. Darmstadt: Wissenschaftliche Buchgesellschaft (Die Romanistik).

Givón, Talmy (1979): On Understanding Grammar. New York et al.: Academic Press.
Goetsch, Paul (1985): Fingierte Mündlichkeit in der Erzählkunst entwickelter Schriftkulturen. In: Poetica 17, 202–218.
Goody, Jack (1977): The Domestication of the Savage Mind. Cambridge: Cambridge University Press.
Goody, Jack/Watt, Ian (1968): The consequences of literacy. In: Goody, Jack/Watt, Ian (Hrsg.): Literacy in Traditional Societies. Cambridge: Cambridge University Press, 27–68.
Grübl, Klaus (2014): Varietätenkontakt und Standardisierung im mittelalterlichen Französisch. Theorie, Forschungsgeschichte und Untersuchung eines Urkundenkorpus aus Beauvais (1241–1455). Tübingen: Narr (Romanica Monacensia 83).
Günther, Hartmut/Ludwig, Otto (Hrsg.) (1994): Schrift und Schriftlichkeit. Ein interdisziplinäres Handbuch internationaler Forschung. An Interdisciplinary Handbook of International Research. 2 Halbbände. Berlin/New York: de Gruyter.
Halliday, M.A.K. (1978): Language as Social Semiotic. The Social Interpretation of Language and Meaning. Baltimore: University Park Press.
Haspelmath, Martin et al. (Hrsg.) (2001): Language Typology and Language Universals. An International Handbook. 2 Bände. Berlin/New York: de Gruyter.
Havers, Wilhelm (1931): Handbuch der erklärenden Syntax. Ein Versuch zur Erforschung der Bedingungen und Triebkräfte in Syntax und Stilistik. Heidelberg: Winter.
Henne, Helmut/Rehbock, Helmut (2001): Einführung in die Gesprächsanalyse. 4., durchgesehene und bibliografisch ergänzte Auflage. Berlin/New York: de Gruyter (de Gruyter Studienbuch).
Hennig, Mathilde (2001): Das Phänomen des Chat. In: Jahrbuch der Ungarischen Germanistik 1999, 215–239.
Hennig, Mathilde (2006): Grammatik der gesprochenen Sprache in Theorie und Praxis. Kassel: Kassel University Press.
Hennig, Mathilde (2010): Mündliche Fachkommunikation zwischen Nähe und Distanz. In: Ágel, Vilmos/Hennig, Mathilde (Hrsg.): Nähe und Distanz im Kontext variationslinguistischer Forschung. Berlin/New York: de Gruyter (Linguistik – Impulse und Tendenzen 35), 295–324.
Hennig, Mathilde (2014): Die Bundepressekonferenz zwischen Nähe und Distanz. In: Staffeldt, Sven/Hagemann, Jörg (Hrsg.): Pragmatiktheorien. Analysen im Vergleich. Tübingen: Stauffenburg, 247–279.
Hennig, Mathilde/Jacob, Joachim (i.d.Bd.): „Nähe, Distanz und Literatur".
Hinüber, Oskar von (1990): Der Beginn der Schrift und frühe Schriftlichkeit in Indien. Stuttgart: Steiner (Abhandlungen der Geistes- und Sozialwissenschaftlichen Klasse/Akademie der Wissenschaften und der Literatur, Jahrgang 1989, Nr. 11).
Hofmann, Johann Baptist (1951): Lateinische Umgangssprache. 3. Auflage. Heidelberg: Winter (Indogermanische Bibliothek I 17).
Holtus, Günter (1983): „Codice parlato" und „codice scritto" im Italienischen. In: Holtus, Günter/Radtke, Edgar (Hrsg.): Varietätenlinguistik des Italienischen. Tübingen: Narr (Tübinger Beiträge zur Linguistik 202), 154–169.
Holtus, Günter/Radtke, Edgar (Hrsg.) (1983): Varietätenlinguistik des Italienischen. Tübingen: Narr (Tübinger Beiträge zur Linguistik 202).
Holtus, Günter/Radtke, Edgar (Hrsg.) (1986): Gesprochenes Italienisch in Geschichte und Gegenwart. Tübingen: Narr (Tübinger Beiträge zur Linguistik 259).

Holtus, Günter/Schweickardt, Wolfgang (1991): Zum Stand der Erforschung der historischen Dimension gesprochener Sprache. In: Zeitschrift für romanische Philologie 107, 547–574.
Hunnius, Klaus (1988): Français parlé – ein problematisches Konzept. In: Zeitschrift für Romanische Philologie 104, 336–346.
Hunnius, Klaus (2008): Geschichte der gesprochenen Sprache in der Romania: Französisch. In: Ernst, Gerhard et al. (Hrsg.): Romanische Sprachgeschichte/Histoire linguistique de la Romania. Ein internationales Handbuch zur Geschichte der romanischen Sprachen/Manuel international d'histoire linguistique de la Romania. Berlin/New York: de Gruyter, 3. Teilband, 2424–2433.
Hunnius, Klaus (2012): Zur Kontroverse um das *français parlé*. Ein Plädoyer gegen ein säkulares Junktim und für eine Rehabilitierung der Medialität. In: Romanistisches Jahrbuch 63, 33–50.
Ickler, Theodor (2014): Mein Rechtschreibtagebuch (online). Beitrag vom 10.07.2014; zwischenzeitlich gelöscht. URL: http://www.sprachforschung.org/ickler/ (20.07.2014).
Jacob, Daniel/Kabatek, Johannes (Hrsg.) (2001): Lengua medieval y tradiciones discursivas en la Península Ibérica. Descripción gramatical – pragmática histórica – metodología. Frankfurt am Main/Madrid: Vervuert (Lingüística Iberoamericana 12).
Jeannneret, Thérèse (1999): La coénonciation en français. Approches discursive, conversationnelle et syntaxique. Bern et al.: Lang.
Kabatek, Johannes (2000): L'oral et l'écrit – quelques aspects théoriques d'un ‚nouveau' paradigme dans le canon de la linguistique romane. In: Dahmen, Wolfgang et al. (Hrsg.): Kanonbildung in der Romanistik und in den Nachbardisziplinen. Romanistisches Kolloquium XIV. Tübingen: Narr, 305–320.
Kiesler, Reinhard (1995): Français parlé = französische Umgangssprache? In: Zeitschrift für romanische Philologie 111, 375–406.
Kloss, Heinz (1978): Die Entstehung neuer germanischer Kultursprachen seit 1800. 2., erweiterte Auflage. Düsseldorf: Schwann (Sprache der Gegenwart 37).
Koch, Peter (1981): Verb – Valenz – Verfügung: zur Satzsemantik und Valenz französischer Verben am Beispiel der Verfügungs-Verben. Heidelberg: Winter.
Koch, Peter (1985): Gesprochenes Italienisch und sprechsprachliche Universalien. In: Holtus, Günter/Radtke, Edgar (Hrsg.): Gesprochenes Italienisch in Geschichte und Gegenwart (Tübinger Beiträge zur Linguistik 252), 42–73.
Koch, Peter (1986): Sprechsprache im Französischen und kommunikative Nähe. In: Zeitschrift für französische Sprache und Literatur 96, 113–154.
Koch, Peter (1988): Norm und Sprache. In: Albrecht, Jörn/Lüdtke, Jens/Thun, Harald (Hrsg.) (1988): Energeia und Ergon. Sprachliche Variation, Sprachgeschichte, Sprachtypologie. Studia in honorem Eugenio Coseriu. 3 Bände. Tübingen: Narr (Tübinger Beiträge zur Linguistik 300.2), 327–354.
Koch, Peter (1993): Pour une typologie conceptionnelle et médiale des plus anciens documents/monuments des langues romanes. In: Selig, Maria/Frank, Barbara/Hartmann, Jörg (Hrsg.): Le passage à l'écrit des langues romanes. Tübingen: Narr (ScriptOralia 46), 39–81.
Koch, Peter (1997a): Orality in literate cultures. In: Pontecorvo, Clotilde (Hrsg.): Writing Development. An Interdisciplinary View. Amsterdam/Philadelphia: Benjamins (Studies in Written Language and Literacy 6), 149–171.

Koch, Peter (1997b): Diskurstraditionen: zu ihrem sprachtheoretischen Status und ihrer Dynamik. In: Frank, Barbara/Haye, Thomas/Tophinke, Doris (Hrsg.): Gattungen mittelalterlicher Schriftlichkeit. Tübingen: Narr (ScriptOralia 99), 43–79.

Koch, Peter (1999): „Gesprochen/geschrieben" – eine eigene Varietätendimension? In: Greiner, Norbert/Kornelius, Joachim/Rovere, Giovanni (Hrsg.): Texte und Kontext in Sprachen und Kulturen. Festschrift für Jörn Albrecht. Trier: WVT, 141–168.

Koch, Peter (2003a): Romanische Sprachgeschichte und Varietätenlinguistik. In: Ernst, Gerhard et al. (Hrsg.): Romanische Sprachgeschichte/Histoire linguistique de la Romania. Ein internationales Handbuch zur Geschichte der romanischen Sprachen/Manuel international d'histoire linguistique de la Romania. Berlin/New York: de Gruyter, 1. Teilband, 102–124.

Koch, Peter (2003b): Lexikalische Restandardisierung im Französischen. In: Rostocker Beiträge zur Sprachwissenschaft 13, 207–235.

Koch, Peter (2009): I generi del/nel parlato. In: Amenta, Luisa/Paternostro, Giuseppe (Hrsg.): I parlanti e le loro storie. Competenze linguistiche, strategie comunicative, livelli di analisi. Palermo: Centro di studi filologici e linguistici siciliani, 21–38.

Koch, Peter (2010): Sprachgeschichte zwischen Nähe und Distanz: Latein – Französisch – Deutsch. In: Ágel, Vilmos/Hennig, Mathilde (Hrsg.): Nähe und Distanz im Kontext variationslinguistischer Forschung. Berlin/New York: de Gruyter (Linguistik – Impulse und Tendenzen 35), 155–206.

Koch, Peter/Oesterreicher, Wulf (1985): Sprache der Nähe – Sprache der Distanz. Mündlichkeit und Schriftlichkeit im Spannungsfeld von Sprachtheorie und Sprachgeschichte. In: Romanistisches Jahrbuch 36, 15–43.

Koch, Peter/Oesterreicher, Wulf (1990): Gesprochene Sprache in der Romania: Französisch, Italienisch, Spanisch. Tübingen: Niemeyer (Romanistische Arbeitshefte 31).

Koch, Peter/Oesterreicher, Wulf (1994): Schriftlichkeit und Sprache. In: Günther, Hartmut/Ludwig, Otto (Hrsg.): Schrift und Schriftlichkeit. Ein interdisziplinäres Handbuch internationaler Forschung. An Interdisciplinary Handbook of International Research. 1. Halbband. Berlin/New York: de Gruyter, 587–604.

Koch, Peter/Oesterreicher, Wulf (1996): Sprachwandel und expressive Mündlichkeit. In: Zeitschrift für Literaturwissenschaft und Linguistik 102, 64–96.

Koch, Peter/Oesterreicher, Wulf (2001): Langage parlé et langage écrit. In: Holtus, Günter/Metzeltin, Michael/Schmitt, Christian (Hrsg.): Lexikon der Romanistischen Linguistik. Tübingen: Niemeyer, Band 1/2, 584–627.

Koch, Peter/Oesterreicher, Wulf (2007a): Schriftlichkeit und kommunikative Distanz. In: Zeitschrift für germanistische Linguistik 35, 346–375.

Koch, Peter/Oesterreicher, Wulf (2007b): Lengua hablada en la Romania: Español, francés, italiano. Madrid: Gredos (Biblioteca Románica Hispánica, II, 448).

Koch, Peter/Oesterreicher, Wulf (2008): Comparaison historique de l'architecture des langues romanes. In: Ernst, Gerhard et al. (Hrsg.): Romanische Sprachgeschichte/Histoire linguistique de la Romania. Ein internationales Handbuch zur Geschichte der romanischen Sprachen/Manuel international d'histoire linguistique de la Romania. Berlin/New York: de Gruyter, 3. Teilband, 2575–2610.

Koch, Peter/Oesterreicher, Wulf (2011): Gesprochene Sprache in der Romania: Französisch, Italienisch, Spanisch. 2., aktualisierte und erweiterte Auflage. Berlin/Boston: de Gruyter (Romanistische Arbeitshefte 31).

Koch, Peter/Oesterreicher, Wulf (2012): Language of Immediacy – Language of Distance: Orality and Literacy from the Perspective of Language Theory and Linguistic History. In: Lange, Claudia/Weber, Beatrix/Wolf, Göran (Hrsg.): Communicative Spaces. Variation, Contact, and Change. Papers in honour of Ursula Schaefer. Frankfurt am Main: Lang, 441–473 [Übersetzung von Koch/Oesterreicher 1985].

Koch, Peter/Oesterreicher, Wulf (2013): Linguagem da imediatez – linguagem da distância: Oralidade e escrituralidade entre a teoria da linguagem e a história da língua. In: Linha D'Água 26/1 Saõ Paulo: Universidade de Saõ Paulo, 153–174 [Übersetzung von Koch/Oesterreicher 1985].

Koch, Peter/Oesterreicher, Wulf (i.V.): Mündlichkeit/Schriftlichkeit – Aspekte gesprochener und geschriebener Sprache. In: Klabunde, Ralf/Mihatsch, Wiltrud/Dipper, Stephanie (Hrsg.): Linguistik – eine Einführung (nicht nur) für Germanisten, Romanisten und Anglisten. Heidelberg: Springer.

Kress, Gunther (2009): Multimodality. A Social Semiotic Approach to Contemporary Communication. London: Routlegde.

Krötsch, Monique (1998): Problèmes de mise en chaîne en français parlé. ‚Ruptures' syntaxiques ou indices de gestion réussie?. In: Romanistisches Jahrbuch 49, 30–40.

Krötsch, Monique/Oesterreicher, Wulf (2002): Dynamique des configurations actancielles. Modifications des constructions verbales en français non standard. In: Syntaxe et sémantique 4. Caen: Presses Université de Caen, 109–137.

Labov, William (1966): The Social Stratification of English in New York City. Washington, DC: Center for Applied Linguistics (Urban Language Series, 1).

Labov, William (1970): The study of language in its social context. In: Studium generale 23, 30–87.

Lausberg, Heinrich (1979): Elemente der literarischen Rhetorik. Eine Einführung für Studierende der klassischen, romanischen, englischen und deutschen Philologie. 6. Auflage. München: Hueber.

Lebsanft, Franz/Mihatsch, Wiltrud/Polzin-Haumann (Hrsg.) (2012): El español, ¿desde las variedades a la lengua pluricéntrica?. Madrid/Frankfurt am Main: Iberoamericana/Vervuert.

Lemnitzer, Lothar/Zinsmeister, Heike (2006): Korpuslinguistik. Eine Einführung. Tübingen: Narr.

Lüdtke, Helmut (1964): Zur Entstehung romanischer Schriftsprachen. In: Vox Romanica 23, 3–21.

Ludwig, Ralph (1996): Kreolsprachen zwischen Mündlichkeit und Schriftlichkeit: zur Syntax und Pragmatik atlantischer Kreolsprachen auf französischer Basis. Tübingen: Narr (ScriptOralia 86).

Lyons, John (1981): Language and Linguistics. An Introduction. Cambridge: Cambridge University Press.

Maas, Utz (1985): Lesen – Schreiben – Schrift. Die Demotisierung eines professionellen Arkanums in der Frühen Neuzeit. In: Zeitschrift für Literaturwissenschaft und Linguistik 59, 55–81.

Maas, Utz (2006): Der Übergang von Oralität zu Skribalität in soziolinguistischer Perspektive. In: Ammon, Ulrich et al. (Hrsg.): Sociolinguistics/Soziolinguistik. An International Handbook of the Science of Language and Society/Ein internationales Handbuch zur Wissenschaft von Sprache und Gesellschaft. 3 Bände. 2., vollständig neu bearbeitete Auflage.

Berlin/New York: de Gruyter (Handbücher zur Sprach- und Kommunikationswissenschaft, 3/3), 2147–2170.

Maas, Utz (Hrsg.) (2010): Literat und orat. Grundbegriffe der Analyse geschriebener und gesprochener Sprache. In: Orat und literat. Grazer Linguistische Studien 73, 22–150.

Maas, Utz (2014): Der Ausbau des Deutschen zur Schriftsprache. In: Euphorion 108/3, 325–363.

Martinet, André (1960): Eléments de linguistique générale. Paris: Armand Colin.

McEnery, Tony/Wilson, Andrew (2001): Corpus Linguistics. Edinburg: Edinburgh University Press.

Müller, Bodo (1975): Das Französische der Gegenwart. Varietäten, Strukturen, Tendenzen. Heidelberg: Winter.

Müller-Lancé, Johannes (2006): Latein für Romanisten. Ein Lehr- und Arbeitsbuch. Tübingen: Narr.

Nabrings, Kirsten (1981): Sprachliche Varietäten. Tübingen: Narr (Tübinger Beiträge zur Linguistik 147).

Nencioni, Giovanni (1976): Parlato–parlato, parlato–scritto, parlato–recitato. In: Strumenti Critici 10, 1–56.

Ochs, Elinor (1979): Planned and unplanned discourse. In: Givón, Talmy (Hrsg.): Syntax and Semantics, Band 12: Discourse and Syntax. New York et al.: Academic Press, 51–80.

Octavio de Toledo y Huerta, Álvaro S. (2014): Espejismo de la frecuencia creciente: gramaticalización y difusión del artículo ante oraciones sustantivas. In: RILCE. Revista de filología hispánica 30/3, 916–958.

Oesterreicher, Wulf (1979): Sprachtheorie und Theorie der Sprachwissenschaft. Heidelberg: Winter.

Oesterreicher, Wulf (1981a): Grammatische Strukturen; Strukturalismus, Dependenz-/Valenztheorie: Lucien Tesnière, Éléments de syntaxe structurale (1959). In: Gauger, Hans-Martin/Oesterreicher, Wulf/Windisch, Rudolf: Einführung in die romanische Sprachwissenschaft. Darmstadt: Wissenschaftliche Buchgesellschaft (Die Romanistik), 224–240.

Oesterreicher, Wulf (1981b): Sprachcharakteristik; Strukturalismus, Genfer Schule: Charles Bally, Linguistique génerale et linguistique française (1932). In: Gauger, Hans-Martin/Oesterreicher, Wulf/Windisch, Rudolf: Einführung in die romanische Sprachwissenschaft. Darmstadt: Wissenschaftliche Buchgesellschaft (Die Romanistik), 158–185.

Oesterreicher, Wulf (1988): Sprechtätigkeit, Einzelsprache, Diskurs und vier Dimensionen der Sprachvarietät. In: Albrecht, Jörn/Lüdtke, Jens/Thun, Harald (Hrsg.): Energeia und Ergon. Sprachliche Variation, Sprachgeschichte, Sprachtypologie. Studia in honorem Eugenio Coseriu. 3 Bände. Tübingen: Narr (Tübinger Beiträge zur Linguistik 300/II), 355–386.

Oesterreicher, Wulf (1990): „Die Sprache der Freiheit" – Varietätenlinguistische Präzisierungen zur Historiographie von Sprachpolitik und Sprachauffassung der Französischen Revolution. In: Hüllen, Werner (Hrsg.): Understanding the Historiography of Linguistics. Problems and Projects. Münster: Nodus, 117–136.

Oesterreicher, Wulf (1993): „Verschriftung" und „Verschriftlichung" im Kontext medialer und konzeptioneller Schriftlichkeit. In: Schaefer, Ursula (Hrsg.): Schriftlichkeit im frühen Mittelalter. Tübingen: Narr (ScriptOralia 53), 267–292.

Oesterreicher, Wulf (1996): Gemeinromanische Tendenzen V: Morphosyntax/Gemeinromanische Tendenzen VI: Syntax. In: Holtus, Günter/Metzeltin, Michael/Schmitt, Christian

(Hrsg.): Lexikon der romanistischen Linguistik, Bd. II/1. Tübingen: Niemeyer, 273–309 und 309–355.

Oesterreicher, Wulf (1997a): Types of orality in Text. In: Bakker, Egbert/Kahane, Ahuria (Hrsg.): Written Voices, Spoken Signs. Tradition, Performance, and the Epic Text. Cambridge, Mass.: Harvard University Press, 190–214.

Oesterreicher, Wulf (1997b): Zur Fundierung von Diskurstraditionen. In: Frank, Barbara/Haye, Thomas/Tophinke, Doris (Hrsg.): Gattungen mittelalterlicher Schriftlichkeit. Tübingen: Narr (ScriptOralia 99), 19–41.

Oesterreicher, Wulf (2000): Plurizentrische Sprachkultur – der Varietätenraum des Spanischen. In: Romanistisches Jahrbuch 51, 281–311.

Oesterreicher, Wulf (2001): Sprachwandel, Varietätenwandel, Sprachgeschichte. Zu einem verdrängten Theoriezusammenhang. In: Schaefer, Ursula/Spielmann, Edda (Hrsg.): Varieties and Consequences of Orality and Literacy – Formen und Folgen von Mündlichkeit und Schriftlichkeit: Festschrift für Franz H. Bäuml zu seinem 75. Geburtstag. Tübingen: Narr, 217–248.

Oesterreicher, Wulf (2007a): Raumkonzepte in der Sprachwissenschaft: Abstraktionen – Metonymien – Metaphern. In: Romanistisches Jahrbuch 58, 51–91.

Oesterreicher, Wulf (2007b): Mit Clio im Gespräch. Zu Anfang, Entwicklung und Stand der romanistischen Sprachgeschichtsschreibung. In: Hafner, Jochen/Oesterreicher, Wulf (Hrsg.): Mit Clio im Gespräch. Romanische Sprachgeschichten und Sprachgeschichtsschreibung. Tübingen: Narr, 1–35.

Oesterreicher, Wulf (2009): Der Weinberg des Textes: Die Philologien und das Projekt „Textwissenschaft" im Horizont einer sozialen Semiotik. In: Germanisch-Romanische Monatsschrift 59/1, 81–118.

Oesterreicher, Wulf (2010): Sprachliche Daten und linguistische Fakten – Variation und Varietäten. Bemerkungen zu Status und Konstruktion von Varietäten, Varietätenräumen und Varietätendimensionen. In: Ágel, Vilmos/Hennig, Mathilde (Hrsg.): Nähe und Distanz im Kontext variationslinguistischer Forschung. Berlin/New York: de Gruyter (Linguistik – Impulse und Tendenzen 35), 23–62.

Oesterreicher, Wulf (2011): Linguistik und Interdisziplinarität – Kultur und Sprache bei den Pirahã in der selva amazônica. In: Romanistisches Jahrbuch 61, 67–101.

Oesterreicher, Wulf (2013): Rezension zu: Eckard Kohl (2005): Metapherntheorien. Typologie – Darstellung – Bibliographie. Berlin/New York: de Gruyter, Ralph Müller (2012): Die Metapher. Kognition, Korpusstilistik und Kreativität. Paderborn: Mentis. In: Arbitrium 31, 1–7.

Oesterreicher, Wulf (2014a): Referenz, Diskurstraditionen und Handlungsfelder im Rahmen einer sozialen Semiotik: Die Linguistik und ihre Nachbarn. In: Fludernik, Monika/Jacob, Daniel (Hrsg.): Linguistics and Literary Studies. Interfaces, Encounters, Transfers. Berlin/Boston: de Gruyter, 199–234.

Oesterreicher, Wulf (2014b): Sprachwissenschaft und Philologie im Horizont der Geschichtlichkeit von Sprache und Text. In: Oesterreicher, Wulf/Selig, Maria (Hrsg.): Geschichtlichkeit von Sprache und Text. Philologien – Disziplingenese – Historiographie. München: Fink, 289–330.

Oesterreicher, Wulf (2015a): Nachruf. Peter Koch (1. März 1951 – 7. Juli 2014). In: Zeitschrift für romanische Philologie 130, 1232–1235.

Oesterreicher, Wulf (2015b): Zum Status der romanistischen Linguistik – Gegen ihre ‚Verächter'. In: Bernsen, Michael/Eggert, Elmar/Schrott, Angela (Hrsg.) (2015): Historische

Sprachwissenschaft als philologische Kulturwissenschaft in der Romanistik. Festschrift für Franz Lebsanft zum 60. Geburtstag. Bonn: Bonn University Press, 9–22.

Oesterreicher, Wulf/Schmidt-Riese, Roland (Hrsg.) (2010): Esplendores y miserias de la evangelización de América. Antecedentes europeos y alteridad indígena. Berlin/New York: de Gruyter (Pluralisierung & Autorität 22).

Oesterreicher, Wulf/Schmidt-Riese, Roland (Hrsg.) (2014): Conquista y Conversión. Universos semióticos, textualidad y legitimación de saberes en la América colonial. Berlin/Boston: de Gruyter (Pluralisierung & Autorität 37).

Oesterreicher, Wulf/Selig, Maria (Hrsg.) (2014): Geschichtlichkeit von Sprache und Text. Philologien – Disziplingenese – Historiographie. München: Fink.

Ong, Walter J. (1982): Orality and Literacy. The Technologizing of the Word. London/New York: Methuen.

Pusch, Claus D. (2002): A survey of spoken language corpora in Romance. In: Pusch, Claus D./Raible, Wolfgang (Hrsg.) (2002): Romanistische Korpuslinguistik/Romance Corpus Linguistics. Korpora und gesprochene Sprache/Corpora and Spoken Language. Tübingen: Narr (ScriptOralia 126), 245–264.

Pusch, Claus D./Raible, Wolfgang (Hrsg.) (2002): Romanistische Korpuslinguistik/Romance Corpus Linguistics. Korpora und gesprochene Sprache/Corpora and Spoken Language. Tübingen: Narr (ScriptOralia 126).

Pusch, Claus D./Kabatek, Johannes/Raible, Wolfgang (Hrsg.) (2005): Romanistische Korpuslinguistik II/Romance Corpus Linguistics II. Korpora und diachrone Sprachwissenschaft/Corpora and Diachronic Linguistics. Tübingen: Narr (ScriptOralia 130).

Quirk, Randolph et al. (Hrsg.) (2007): A comprehensive grammar of the English language. 21. Auflage. Harlow: Longman.

Raible, Wolfgang (1992): Junktion. Eine Dimension der Sprache und ihre Realisierungsformen zwischen Aggregation und Integration. Heidelberg: Winter.

Raible, Wolfgang (1998): Medienwechsel. Erträge aus zwölf Jahren Forschung zum Thema „Mündlichkeit und Schriftlichkeit". Tübingen: Narr (ScriptOralia 113).

Raible, Wolfgang (2006): Medien-Kulturgeschichte. Mediatisierung als Grundlage unserer kulturellen Entwicklung. Heidelberg: Winter (Schriften der Philosophisch-historischen Klasse der Heidelberger Akademie der Wissenschaften 36).

Rolf, Eckhard (2005): Metapherntheorien. Typologie – Darstellung – Bibliographie. Berlin/New York: de Gruyter.

Runkehl, Jens/Schlobinski, Peter/Siever, Torsten (1998): Sprache und Kommunikation im Internet – Überblick und Analysen. Opladen/Wiesbaden: Westdeutscher Verlag.

Sandig, Barbara (1975): Zur Differenzierung gebrauchssprachlicher Textsorten. In: Gülich, Elisabeth/Raible, Wolfgang (Hrsg.): Textsorten. Differenzierungskriterien aus linguistischer Sicht. 2. Auflage. Wiesbaden: Athenaion (Athenaion Skripten Linguistik 5), 113–121.

Sabatini, Francesco (1968): Dalla „scripta latina rustica" alle „scriptae" romanze. In: Studi medievali, Serie 3/9, 320–358.

Sala, Marius (1970): Estudios sobre el judeoespañol de Bucarest. México: Universidad Nacional Autónoma de México.

Sauvageot, Aurélien (1962): Français écrit, français parlé. Paris: Larousse.

Schaefer, Ursula (1992): Vokalität: altenglische Dichtung zwischen Mündlichkeit und Schriftlichkeit. Tübingen: Narr (ScriptOralia 39).

Schaefer, Ursula (2012): Interdisciplinarity and Historiography: Spoken and written English – orality and literacy. In: Bergs, Alex/Brinton, Laurel (Hrsg.): Historical Linguistics of English. Berlin/Boston: de Gruyter (Handbücher zur Sprach- und Kommunikationswissenschaft 34.1), 1274–1288.

Schaefer, Ursula (Hrsg.) (1993): Schriftlichkeit im frühen Mittelalter. Tübingen: Narr (ScriptOralia 53)

Schaefer, Ursula (Hrsg.) (2006): The Beginnings of Standardization. Language and Culture in Fourteenth-Century England. Frankfurt am Main: Lang.

Schaefer, Ursula/Spielmann, Edda (Hrsg.) (2001): Varieties and Consequences of Orality and Literacy – Formen und Folgen von Mündlichkeit und Schriftlichkeit: Festschrift für Franz H. Bäuml zu seinem 75. Geburtstag. Tübingen: Narr.

Schlieben-Lange, Brigitte (1973): Soziolinguistik. Stuttgart et al.: Kohlhammer (Urban-Taschenbücher 176).

Schlieben-Lange, Brigitte (1975): Einführung in die Pragmatik. Stuttgart et al.: Kohlhammer (Urban-Taschenbücher 198).

Schlieben-Lange, Brigitte (1983): Traditionen des Sprechens. Elemente einer pragmatischen Sprachgeschichtsschreibung. Stuttgart: Kohlhammer.

Schlieben-Lange, Brigitte (1996): Idéologie, révolution et uniformité de la langue. Sprimont: Mardaga (Philosophie et langage).

Schlieben-Lange, Brigitte (1998): Les hypercorrectismes de la scripturalité. In: Cahiers de Linguistique française 20, 255–273.

Schlobinski, Peter (Hrsg.) (2006): Von *hdl* bis *cul8er*. Sprache und Kommunikation in den neuen Medien. Mannheim et al.: Dudenverlag (Thema Deutsch 7).

Schmidt-Riese, Roland (1997): Schreibkompetenz, Diskurstradition und Varietätenwahl in der frühen Kolonialhistoriographie Hispanoamerikas. In: Zeitschrift für Literaturwissenschaft und Linguistik 108, 45–86.

Selig, Maria (2006): Die Anfänge der Überlieferung der romanischen Sprachen: Quellentypen und Verschriftungsprinzipien/Les premiers documents en langues romanes: types de sources et principes d'écriture. In: Ernst, Gerhard et al. (Hrsg.): Romanische Sprachgeschichte/Histoire linguistique de la Romania. Ein internationales Handbuch zur Geschichte der romanischen Sprachen/Manuel international d'histoire linguistique de la Romania. Berlin/New York: de Gruyter, 2. Teilband, 1924–1944.

Selig, Maria/Frank, Barbara/Hartmann, Jörg (Hrsg.) (1993): Le passage à l'écrit des langues romanes. Tübingen: Narr (ScriptOralia 46).

Settekorn, Wolfgang (1988): Sprachnorm und Sprachnormierung in Frankreich. Einführung in die begrifflichen, historischen und materiellen Grundlagen. Tübingen: Niemeyer (Romanistische Arbeitshefte 30).

Şimşek, Yazgül (2012): Sequenzielle und prosodische Aspekte der Organisation der Sprecher-Hörer-Interaktion im Türkendeutschen. Münster/New York: Waxmann.

Söll, Ludwig (1985): Gesprochenes und geschriebenes Französisch. 3., überarbeitete Auflage. Berlin: Schmidt (Grundlagen der Romanistik 6).

Sornicola, Rosanna (1981): Sul parlato. Bologna: Il Mulino.

Spitzer, Leo (1921): Italienische Kriegsgefangenenbriefe. Materialien zu einer Charakteristik der volkstümlichen italienischen Korrespondenz. Bonn: Hanstein.

Spitzer, Leo (1922): Italienische Umgangssprache. Bonn/Leipzig: Schröder.

Steger, Hugo (1983): Über Textsorten und andere Textklassen. In: Textsorten und literarische Gattungen. Dokumentation des deutschen Germanistentags, Hamburg 1.–4. April 1979. Berlin: Schmidt, 25–67.

Steger, Hugo (1984): Sprachgeschichte als Geschichte von Textsorten/Texttypen und ihrer kommunikativen Bezugsbereiche. In: Besch, Werner/Reichmann, Oskar/Sonderegger, Stefan (Hrsg.): Sprachgeschichte. Ein Handbuch zur Geschichte der deutschen Sprache und ihrer Erforschung, Band 1. Berlin/New York: de Gruyter (Handbücher zur Sprach- und Kommunikationswissenschaft 2.1), 186–204.

Steger, Hugo et al. (1974): Redekonstellation, Redekonstellationstyp, Textexemplar, Textsorte im Rahmen eines Sprachverhaltensmodells. Begründung einer Forschungshypothese. In: Moser, Hugo (Hrsg.): Gesprochene Sprache. Jahrbuch 1972 des Instituts für deutsche Sprache. Düsseldorf: Schwann, 39–97.

Stempel, Wolf-Dieter (2005): „Natürliches Schreiben" – Randbemerkungen zu einer stilkritischen Konjunktur im 16. Jahrhundert. In: Jacob, Daniel/Krefeld, Thomas/Oesterreicher, Wulf (Hrsg): Sprache, Bewußtsein, Stil. Theoretische und historische Perspektiven. Tübingen: Narr, 135–154.

Stimm, Helmut (Hrsg.) (1980): Zur Geschichte des gesprochenen Französisch und zur Sprachlenkung im Gegenwartsfranzösischen. Wiesbaden: Steiner (Zeitschrift für französische Sprache und Literatur, Beiheft N.F. 6).

Storrer, Angela (2001): Getippte Gespräche oder dialogische Texte? Zur kommunikationstheoretischen Einordnung der Chat-Kommunikation. In: Lehr, Andrea et al. (Hrsg.): Sprache im Alltag. Beiträge zu neuen Perspektiven der Linguistik. Herbert Ernst Wiegand zum 65. Geburtstag gewidmet. Berlin/New York: de Gruyter, 439–466.

Storrer, Angelika (2012): Neue Text- und Schreibformen im Internet: Das Beispiel Wikipedia. In: Feilke, Helmuth/Köster, Juliane/Steinmeth, Michael (Hrsg.): Textkompetenzen für den Sekundarunterricht II. Freiburg im Breisgau: Fillibach, 277–304.

Storrer, Angelika (2013): Sprachstil und Sprachvariation in sozialen Netzwerken. In: Frank-Job, Barbara/Mehler, Alexander/Sutter, Tilmann (Hrsg.): Die Dynamik sozialer und sprachlicher Netzwerke. Konzepte, Methoden und empirische Untersuchungen an Beispielen des WWW. Wiesbaden: VS.

Stubbs, Michael (1996): Text and Corpus Analysis. Computer-assisted Studies of Language and Culture. Oxford: Blackwell (Language in Society 23).

Svartvik, Jan (Hrsg.) (1992): Directions in Corpus Linguistics. Proceedings of Nobel Symposium 82, Stockholm, 4–8 August 1991. Berlin/New York: de Gruyter (Trends in Linguistics, Studies and Monographs 65).

Tagliavini, Carlo (1998): Einführung in die romanische Philologie. 2. Auflage. Tübingen/Basel: Francke.

Tomasello, Michael (2003): Constructing a language: a usage-based theory of language acquisition. Cambridge, Mass./London: Harvard University Press.

Thornbury, Scott/Slade, Diana (2006): Conversation: from Description to Pedagogy. Cambridge: Cambridge University Press (Cambridge Language Teaching Library).

Vitale, Maurizio (1978): La Questione della lingua. 2. Auflage. Palermo: Palumbo.

Väänänen, Veikko (1981): Introduction au latin vulgaire. 3. Auflage. Paris: Klincksieck.

Weigand, Edda (1993): Mündlich und schriftlich – ein Verwirrspiel. In: Löffler, Heinrich (Hrsg.): Dialoganalyse IV, Teil 1. Tübingen: Niemeyer (Beiträge zur Dialogforschung 5), 137–150.

Weinrich, Harald (1960): Vaugelas und die Lehre vom guten Sprachgebrauch. In: Zeitschrift für romanische Philologie 76, 1–33.

Wenzel, Horst (1995): Hören und Sehen, Schrift und Bild. Kultur und Gedächtnis im Mittelalter. München: C.H. Beck.

Wilhelm, Raimund (2001): Diskurstraditionen. In: Haspelmath, Martin et al. (Hrsg.): Language Typology and Language Universals. An International Handbook. 2 Bände. Berlin/New York: de Gruyter, I, 467–477.

Winter-Froemel, Esme (2013/14): What does it mean to explain language change? Usage-based perspectives on causal and intentional approaches to linguistic diachrony, or: On S-curves, invisible hands, and speaker creativity. In: Energeia V, 123–142. [http://www.romling.uni-tuebingen.de/energeia/zeitschrift/2013/Winter-Froemel-explain-language-change.html].

Wunderli, Peter (1965): Die ältesten romanischen Texte unter dem Gesichtswinkel von Protokoll und Vorlesen. In: Vox Romanica 24, 44–64.

Wunderlich, Hermann (1894): Unsere Umgangssprache in der Eigenart ihrer Satzfügung. Weimar/Berlin: Felber.

Ziegler, Arne/Dürscheid, Christa (Hrsg.) (2002): Kommunikationsform E-Mail. Tübingen: Stauffenburg (Textsorten 7).

Clemens Knobloch
Nähe und Distanz – betrachtet aus fachlicher Nähe und aus historiographischer Distanz

Prolog: inszenierte Nähe

Der Soziobiologe und Ameisenforscher Edward O. Wilson beginnt sein aufrüttelndes Buch über die Gefahren des Artensterbens mit einem fingierten Brief an den US-amerikanischen Philosophen, den frühen Propheten eines ökologischen und einfachen Lebens, den Autor des *Walden* (und, nicht zuletzt: den aufrührerischen Verteidiger des zivilen Ungehorsams) Henry David Thoreau:

> Lieber Henry, ich darf Sie doch mit Ihrem Vornamen anreden? Ihre Worte laden zu Vertrautheit ein und ergeben anderweitig wenig Sinn. Wie sonst ließe sich Ihre beharrliche Verwendung des ersten Personalpronomens deuten? Als *ich* die folgenden Seiten schrieb, so sagen Sie, hier sind *meine* tiefsten Gedanken. Kein Bericht in der dritten Person könnte je eine solche Nähe erreichen. (Wilson 2002: 9)

Texttechnisch verwischt dieser Einstieg sowohl die Grenzen zwischen dem Autor Wilson und dem US-amerikanischen Ökophilosophen Thoreau als auch zwischen diesen beiden und dem geneigten Leser des Buches. Hätte der Autor sein Buch damit begonnen, in der dritten Person über Thoreau zu sprechen, wären solche Effekte unerreichbar geblieben. Bereits die volle Ausnutzung des Dreiersystems von Sprechrollenzeigern fingiert Nähe zwischen den an der Kommunikation Beteiligten, und die (durch Anführungszeichen nicht eindeutig aufgeklärte) Bezugsstelle von *ich* und *mein* in der Zitierung des *Walden* suggeriert dem Leser, dass Thoreaus „tiefste Gedanken" auch die von Edward Wilson sind – und die des geneigten Lesers sein sollten.

Zweifellos handelt es sich hier um einen kalkulierten rhetorischen Effekt, der uns aber vor Augen führt, wie leicht Nähe/Distanz als eindimensionale Kodierung (oder eben Inszenierung) der sozialen Beziehungsdimension zwischen Produzent und Rezipient von Kommunikationen verstanden werden können. Kurz: Es geht um die Wechselbeziehungen zwischen Nähe/Distanz als hoch indexikalischen Kategorien des Alltagsdiskurses und Nähe/Distanz als terminologischen Instrumenten der Sprach-, Kommunikations- und Medientheorie.

1 Historiographische und fachliche Perspektive

„The best way to understand science is to follow idea flow", schreibt der Evolutionsbiologe und Wissenschaftshistoriker David Hull (Hull 1989: 250) und fährt fort: „The incorporation of one's own ideas into the body of general accepted scientific knowledge" (Hull 1989: 251) sei das problemlos generalisierbare Ziel und Motiv aller wissenschaftlich tätigen Individuen. Von beiden Prämissen kann man, wenn ich recht sehe, einigermaßen unkontrovers ausgehen. Jeder Forscher wünscht, dass sein Beitrag zu der Disziplin, in der er arbeitet, in den Kanon des allgemein Akzeptierten aufgenommen werden möge. Wer fachlich publiziert, *muss* eben das wünschen. Und ob eine solche Kanonisierung des eigenen Beitrags stattfindet oder nicht, das hängt freilich gerade nicht allein ab von den kognitiven, epistemischen oder sonstigen Qualitäten des individuellen Forschers, sondern vielmehr von den zeit- und konstellationsbedingten Regeln der Proliferation und Zirkulation von Ideen im Fach- und im Interdiskurs. Man könnte auch sagen: von den *Mem*-Qualitäten oder von der „reproduktiven Fitness" der Ideen und Formulierungen in esoterischer und exoterischer Kommunikation. Fachliche Publizistik ist, so gesehen, ein Scharnier- oder Schnittstellenphänomen. Beteiligt sind die kognitiv-epistemischen Problemlagen der Fachdisziplin, aber auch das, was der Wissenschaftssoziologe Ludwik Fleck als *Denkstil* und *Denkkollektiv* der jeweiligen Epoche bezeichnet hat. Erfolgreich zirkulieren kann nur, was als denkstilkonform von den jeweils relevanten Kollektiven rezipiert wird.

Das ist die Ausgangslage. Sie garantiert dafür, dass die Urheber fach- und interdiskursiv erfolgreicher Denkmodelle niemals wirklich glücklich werden mit ihrem Erfolg, weil der einerseits natürlich erwünscht ist, aber immer doch auch den Umstand einschließt, dass fachdiskursive Zirkulationsfähigkeit etwas beinhaltet, was die Initiatoren und Urheber von Ideen einfach nicht mögen können: Wenn ein Autor einen Text für druckfertig erklärt und in die fachliche Diskurswelt entlassen hat, dann kann im Grunde jeder Rezipient, jeder Initiator von Anschlusskommunikationen damit machen, was er möchte. Darum verbringen die Urheber fachlich erfolgreicher Leitideen fortan einen nicht unerheblichen Prozentsatz ihrer Zeit damit, erfolglos richtigzustellen, was andere mit diesen Leitideen gemacht haben. Man muss sich letztlich damit abfinden, was die anderen aus und mit den eigenen Theorien machen. Ob man es mag oder nicht. Jeder Wissenschaftshistoriker weiß, dass die (mehr oder weniger) organisierte Rezeption fachlicher Theorien und Ideen ein reges Eigenleben entwickelt, gegen das man oftmals den „wirklichen" oder „eigentlichen" Urheber absetzen und in Schutz nehmen muss. Denken Sie an die Schlachten, die um den wirklichen oder authentischen de Saussure geschlagen worden sind – und die kein Jota an der wirklichen Rezeption des unwirklichen de Saussure verändert haben. Wirkungsgeschichtlich ist der unwirkliche der wirkliche de Saussure.

Aus dieser Konstellation folgt, dass man sich jedem fachlichen, jedem spezialdiskursiven Denkmodell von zwei Seiten nähern kann: von der „esoterischen" Seite der disziplinären Problemlösungskapazität und der heuristischen Fruchtbarkeit des Modells – und von der „exoterischen" Seite der fach- und interdiskursiven Zirkulationsbedingungen für kurrente Leitgedanken.

Beides will ich, gerafft und stichwortartig, mit dem Koch/Oesterreicher-Modell von Nähe und Distanz versuchen. Ich beginne mit:

2 Zur interdiskursiven Fitness von Nähe und Distanz

In der Regel werden terminologiepolitische Fragen in der Sprachwissenschaft (und nicht nur dort) unterschätzt. Ob ein Modell, eine Theorie in der externen Kommunikation und für Novizen attraktiv kommunizierbar und propagierbar ist, das hängt nicht zum wenigsten auch von der interdiskursiven Attraktivität ihrer Leitbegriffe ab. Zumindest am Rande möchte ich erwähnen, dass, wer die Stichwortkombination *Nähe/Distanz* bei Google eingibt, zuerst eine Fülle von Verweisen auf die Beziehungspsychologie des Liebeslebens erhält. Wenn die Leitbegriffe erfolgreich den Anschein erwecken, sie transportierten eine denkstilgemäße Forderung der Zeit in ihrem jeweiligen Fach, dann hilft das ungemein. *Generativ, Kompetenz, minimalistisch, Optimalität* – all das ist terminologiepolitisch jeweils hoch anschlussfähig gewesen und hat die formale Linguistik semantisch mit mächtigen Zeitströmungen synchronisiert. Spröde Szientisten zeichnen sich auch in unserem Fach dadurch aus, dass sie demonstrativ auf solche berechenbaren konnotativen Effekte, auf interdiskursive „Zirkulationsbeschleuniger", verzichten. Ich zitiere in diesem Zusammenhang gerne einen Brief, den der große Semiotiker Charles Sanders Peirce an William James geschrieben hat. In dem heißt es:

> It is an indispensable requisite of science that it should have a recognized technical vocabulary, composed of words so unattractive that loose thinkers are not tempted to use them; [...] I wish you to reflect seriously upon the moral aspect of terminology. (Zitiert nach Burke 1984: 10)

Niemand kann Peirce vorwerfen, er habe sich nicht an seine eigenen moralischen Maximen gehalten, was die Terminologie betrifft. Mit *Firstness, Secondness, Thirdness* hat er für die eigenen Grundbegriffe terminologische Entscheidungen getroffen, die zwar ebenfalls konnotativ nicht völlig leer sind (das „erste" scheint wichtiger als das „zweite" etc.), die aber doch Arbitrarität zumindest anstreben und sich jeder suggestiven Steuerung des Rezipienten durch die konnotativen Aufladungen der Ausdrücke ziemlich spröde verweigern. Alle konnotativen Effekte sind jedenfalls geplant und potentiell kontrollierbar. Konnotationsarm in diesem Sine war z.B. auch in der Linguistik ein Modell wie die X-bar-Syntax. Allerdings sollte man bei solchen Überlegungen nicht vergessen, dass auch eine vermeintlich „konnotationsarme" Terminologie durchaus etwas vielfach Erwünschtes konnotiert: nüchterne Szientifizität.

Es ist nur zu offenkundig, dass „Nähe" und „Distanz" als terminologische Ausdrücke über die jedenfalls bei Peirce unerwünschten konnotativen Lenk- und Steuerpotentiale in hohem Maße verfügen. „Nähe" konnotiert positiv, ruft Werte wie Gemeinschaft, Familie, Freundschaft, Interaktion auf, „Distanz" konnotiert negativ, ruft Werte wie Fremdheit, Bürokratie, Behörde etc. auf. Es ist ganz leicht, den Nähepol der sprachlichen Kommunikation mit „Natur" zu assoziieren und den Distanzpol mit „Künstlichkeit", Kultur oder gar Entfremdung. Und niemand wird wohl behaupten wollen, dass diese konnotativen Suggestionen für die Erkenntnis uneingeschränkt hilfreich seien. Warum sollte Schriftlichkeit weniger natürlich sein als Mündlichkeit? Denn die evaluative Polarisierung durch die Wahl der elementaren Bezeichnungen suggeriert jedenfalls, Schrift/Distanzsprache sei weniger „natürlich" als Interaktion/Nähesprache. Und damit wären wir schon nicht mehr im Feld der nüchternen Analyse von Differenzen, sondern in der (latent) kulturkritischen *Bewertung* von Varietäten oder Registern des Sprechens.

Es kommt hinzu, dass sich die Opposition von „Nähe" und „Distanz" dazu anbietet, sachlich heterogene Variablen und Parameter so zu bündeln, dass zwar der evaluative Rahmen der Opposition erhalten bleibt, aber die jeweils aktuell thematisierte Variable nicht hinreichend deutlich wird. Fehrmann/Linz (2009) weisen darauf hin, dass „Nähe" räumlich, sozial, psychologisch, emotional verstanden werden kann. Weitere involvierte Dimensionen sind: orientational, sympraktisch, referentiell, *common ground* (als geteilter sensorischer und/oder mentaler Orientierungsraum; vgl. Knobloch 2010). Die analogisch-metaphorische Ausweitung der Opposition auf andere Felder wird durchaus nicht nur in der Rezeption, sondern auch von den Autoren selbst betrieben (vgl. Koch/Oesterreicher 1994: 588f.). Ebenfalls einschlägig ist das Problem, dass von „Nähe" und „Distanz" die Rede ist:

[a] mit Bezug auf traditionelle Varietäten (Dialekt als Nähevarietät etc.),
[b] mit Bezug auf Texte,[1] Textsorten, kommunikative Genres,
[c] mit Bezug auf sprachliche Techniken und Verfahren und schließlich auch
[d] mit Bezug auf *mediale* Realisierungen.

Dass die Opposition Nähe/Distanz *quer* liege zur tradierten Varietätenarchitektonik (diatopisch, diastratisch, diaphasisch), bekräftig zwar bereits der Gründungstext von Koch/Oesterreicher (1985), aber wie schwer man sich den konnotativen Suggestionen von Nähe/Distanz entziehen kann, belegt z.B. die Frage, wie Kommunikationen mit der fachlichen oder weltanschaulichen Eigengruppe einzusortieren sind, mit der man ungewöhnlich viel *common ground* teilt, obwohl die dominierenden Verfahren in hohem Maße konzeptuell schriftlich (und damit am Distanzpol des Kontinuums anzusiedeln) wären.

Für den Rezeptionserfolg entscheidend ist m.E. die Kopplung einer absoluten und binären Opposition (medial mündlich vs. medial schriftlich) mit einer gradierbaren und skalierten Opposition (konzeptuell mündlich vs. konzeptuell schriftlich). Beide werden *grosso modo* als parallel oder analog zum Nähe- bzw. Distanzpol wahrgenommen, und beide suggerieren, dass man gegebene Kommunikationen medial binär und konzeptionell skalar im Modell lokalisieren, relativ eindeutig verorten kann.

Es wäre jetzt ein Leichtes, die beiden substantivierten Adjektive „Nähe" und „Distanz"[2] als grammatisch (qua Adjektive, die zur fallweisen Präzisierung auf eine substantivische Bezugsdimension angewiesen sind) hoch polyseme und vage Ausdrücke zu outen, oder auch ganz allgemein darauf zu verweisen, dass semantische Unterbestimmtheit die interdiskursive Zirkulationsfähigkeit von Ausdrücken erhöht, während der Fachdiskurs eine terminologisch präzise Definition verlangt. Aber damit würde ich mich bloß auf einen ebenfalls (fachlich wie interdiskursiv) höchst zirkulationsfähigen, aber in der Sache falschen Gemeinplatz zurückziehen. Die Dinge sind ein wenig komplizierter. Fachkommunikation und Alltagskommunikation sind sich darin sehr ähnlich, dass es in beiden Modi sprachliche Verfahren gibt, die (um ein Bild von Helmuth Feilke zu verwenden) *einkochenden* oder *reduzierenden* Charakter haben, sie suggerieren *common ground* und Bereits-verständigt-Sein, indem sie auf ausgiebigere For-

---

[1] Und das, wiewohl Koch/Oesterreicher immer wieder darauf hinweisen, dass Texte bezüglich der Opposition von Nähe und Distanz hybride und gemischt sein können.
[2] Morphologisch mag „Distanz" ein Deverbativum oder meinethalben im Deutschen sogar ein primäres Substantiv sein, semantisch bleibt es, wie „Entfernung" etc., ein substantiviertes Adjektiv.

men der Kommunikation verweisen. Sie „funktionieren" aber auch nur in dem Maße, wie ein solches Bereits-verständigt-Sein erfolgreich unterstellt und in Anspruch genommen werden kann. Im politischen Interdiskurs bündelt ein Ausdruck wie „Globalisierung" Narrative, Erfahrungen, Wissensbestände etc. und er bietet einesteils die Möglichkeit, in das Feld größerer Ausgiebigkeit einzutreten, anderenteils suggeriert er aber, dass man in der Hauptsache bereits verständigt ist, sich auf geteiltem Grund befindet.

Was Terminologie für die Fachkommunikation leistet, unterscheidet sich nicht grundlegend von diesem Prozess des sprachlichen *Einkochens*, idealiter sind die solchermaßen eingekochten Bestände tatsächlich definitorisch und eindeutig, aber selbstverständlich führen sie immer konnotative Überschüsse mit sich. Und insofern ist die (linguistische) Fachkommunikation von der alltäglichen Interaktion nicht so verschieden, wie sie es gerne glauben (und glauben machen) möchte. Anders und etwas plastischer gesagt: Ich kann einen ungemein „ausgebauten", konzeptuell schriftlichen linguistischen Fachtext auch in einer mir ansonsten nicht vertrauten Fremdsprache gut verarbeiten, weil ich in Bezug auf die terminologisch und problemgeschichtlich eingekochten Bestände in einem „Nähe"-Verhältnis zu solchen Texten stehe. Für einen fachlichen Novizen, der womöglich die betreffende Fremdsprache sehr viel besser beherrschen könnte, wären aber die terminologisch „eingekochten" Unterstellungen des Bereits-verständigt-Seins nicht bündig zu machen. Ein solcher Rezipient bliebe angewiesen auf ein Mehr an sprachlichen Verfahren zur Erzeugung von *common ground*, weil ihm nicht mit Verfahren gedient ist, die als bereits bestehend unterstellten *common ground* lediglich anspielen und voraussetzen.

So gesehen wäre es womöglich aufschlussreicher, die fachlichen Leitdifferenzen in der Ebene der *sprachlich-kommunikativen Verfahren* zu verankern. Aber das führt bereits mitten in das nächste Kapitel:

3 Fachliche Perspektiven

In der Liste der qua Nähe-Distanz-Opposition gebündelten Parameter finden wir, ausweislich des Originaltextes von Koch/Oesterreicher (1985), die folgenden Elemente:

[a] **gesprochen/Nähe:** Dialog, freier Wechsel von Sprecher- und Hörerrolle, Vertrautheit, Face-to-Face-Konstellation, freie Themenentwicklung, keine Öffentlichkeit, Spontaneität, starke Beteiligung, Situationsverschränkung;

[b] **geschrieben/Distanz**: Monolog, Fremdheit der Teilnehmer, kein Sprecherwechsel, raum-zeitliche Trennung von Produktion und Rezeption (Ehlichs „zerdehnte" Kommunikation), feste Themen, völlige Öffentlichkeit, Reflektiertheit, geringe Beteiligung, Situationsentbindung.

Gerade die Heterogenität dieser Liste bezeugt, dass es hier um ein Anliegen geht, das viele (ansonsten weit voneinander entfernte) Strömungen der modernen Linguistik eint: der Versuch, zu einer *prozessrealistischeren* Modellierung der Sprech- und Verstehensvorgänge zu gelangen, als dies mit den tradierten Mitteln der strukturalistischen Systemlinguistik möglich ist, die allein auf (womöglich varietätenübergreifende) Invarianten bei den Techniken des Sprechens setzt. Die Gegenüberstellung bekräftig, dass wir es nicht nur medial, sondern eben auch psychologisch und konstellativ mit sehr unterschiedlichen Verhältnissen zu tun haben. Eingefangen ist bei Koch/Österreicher durchaus auch, was viele Kritiker des Modells vermissen: dass nämlich am Nähepol der Opposition die System- (sprich: Symbolfeld-)eigenschaften der Sprache weniger genutzt werden und dass es in vielen Weltgegenden bzw. Kommunikationsgemeinschaften eine Tendenz gibt, die Nähe-Distanz-Opposition auch als Diglossie, als echte Zweisprachigkeit zu realisieren. Der Wissenschaftshistoriker erkennt hierin ebenso die Spuren der völkischen deutschen Soziolinguistik („Abstand" und „Ausbau" bei Heinz Kloss) wie auch die Spuren der kommunikationspsychologischen Traditionen (von Karl Bühler bis Talmy Givon).

In der (auch sprachpolitisch angetriebenen) „volkhaften" deutschen Sprachwissenschaft nach dem Ersten Weltkrieg gab es eine lebhafte Kontroverse darüber, welche Varietäten höhere völkische Bindungskräfte für ihre Sprecher entwickeln: die warmen und heimeligen Mundarten oder die ausgebauten Hoch-, Schrift- und Kultursprachen. In der sogenannten „Sprachinselforschung" (einem wichtigen Teil des Feldes „Grenz- und Auslandsdeutschtum") hat man z.B. früh registriert, dass dialektal homogene Sprachinseln einerseits höher integriert sind als dialektal heterogene (die dann intern eine Ausgleichsvarietät ausbilden), andererseits aber ihre Angehörigen relativ oft als Ausbauvarietät dann eine entwickelte Umgebungssprache lernen, wenn sie über eine hinreichend attraktive soziale Reichweite verfügt. Offenbar geht es bei Nähe/Distanz auch um ein Mischungsverhältnis zwischen den sozialen Bindekräften einer Varietät und ihren darstellungstechnischen sowie „kognitiven" Möglichkeiten. Überhaupt dürfte ein wesentliches Verdienst des Modellgedankens darin bestehen, dass Koch/Oesterreicher die fachliche Aufmerksamkeit in einer eher „systemseligen" Epoche wieder auf die *Heterogenität* der Ressourcen gelenkt haben, die, varietätenspezifisch verteilt, für die sprachliche Sinnproduktion genutzt werden können. Insofern sehe ich „Wahlverwandtschaften" mit Coserius *Linguistik des Sinnes* (1980), mit dem frühen textlinguistischen Bemühen, das Verhältnis verschiedener Sprechweisen und Textarten zu ihren außersprachlichen Bezugssystemen zu systematisieren. Coseriu (1988: 158ff.) spricht auch von *Textkompetenz* und von *expressivem Wissen* und unterstreicht den Umstand, dass es dabei um das Verhältnis zwischen (einzelsprachlichen) Bedeutungen und (textuellen) Sinnressourcen geht.

Schwierig bleibt jedoch (neben dem multipel suggestiven Konnotationsraum von Nähe/Distanz) der Status des Medialen in der Engführung der kommunikationspsychologischen Differenzen (Fehrmann/Linz 2009). Diese Autorinnen unterstreichen mit Recht, dass das Modell von der Korrelation zwischen „Kommunikationsbedingungen" und „Versprachlichungsstrategien" handelt (Fehrmann/Linz 2009: 124). Die prototypische Face-to-Face-Konstellation der (empraktischen?) Mündlichkeit wird gewissermaßen medial naturalisiert, sie scheint jedweder Medialität als „Natur" vorauszugehen, liefert aber lediglich das Setting, in dem elementare Strukturen der Symbolkommunikation phylogenetisch wie ontogenetisch evolvieren (bzw. angeeignet werden müssen). Maas (2010: 38f.) moniert darum am Nähe-Distanz-Modell den Umstand, dass es *eigentlich* sprachsoziologisch und sprachbiographisch aufeinander aufbauende Registerbegriffe seien, die da in den Rang einer tendenziell zirkulären feldkonstitutiven Opposition gesetzt würden. In der Tat bewegt sich der kindliche Spracherwerb vom intimen Näheregister über das informell-öffentliche zum formellen Register hin. Die Registerarchitekturen (so Maas 2010: 39) seien zwar empirisch lose gekoppelt an Formen der medialen Realisierung, aber im Prinzip von ihrer medialen Artikulation unabhängig. Ein sprachbiographisches „Nacheinander" gilt freilich für alle Varietäten, die (im günstigsten Falle) für den sozialisierten Sprecher dann das „Nebeneinander" seines Optionsraumes bilden. Das ist lediglich eine Frage der Optik. Und mit dem Bild konzentrischer Kreise der kommunikativen Reichweite dürften die Modelle von Maas und Koch/Oesterreicher beide vereinbar sein.

Nicht nur terminologiepolitisch kritisiert Maas (2011: 108f.) darüber hinaus, dass die Opposition zwischen medial und konzeptuell schriftlich bzw. mündlich insofern von Zirkularität bedroht sei, als der Ausdruck „konzeptionell/medial X" nur dann Sinn ergebe, wenn es eine unabhängige Definition von X gibt. Beobachtungen über die Schwierigkeiten, die Studierende mit dieser Opposition oft haben, scheinen das zu bestätigen. Ich denke vor allem an die Probleme bei der Einordnung von Gesprächstransskripten, die als Re-Repräsentationen *und* als schriftliche Bearbeitungen des interaktionalen „Textes" verstanden werden müssen, aber auch an hoch elaborierte fingierte Mündlichkeit, etwa in Theaterdialogen. Maas' eigene Terminologie (*literat* vs. *orat*, vertikaler vs. horizontaler *Sprachausbau*) erlaubt es demgegenüber, sozial-kulturelle Dimensionen gesellschaftlicher Kommunikation und kognitiv-konzeptuelle Dimensionen getrennt in den Blick zu nehmen *und* ihre Wechselbeziehungen sichtbar zu machen.

Maas (2010) empfiehlt demzufolge die systematische *Entmischung* dessen, was in der Nähe-Distanz-Architektur gerade gebündelt und verkoppelt wird:
[a] die mediale Dimension (mündlich/schriftlich);
[b] die funktionale Dimension (kommunikativ/darstellend-repräsentational);
[c] die strukturelle Dimension (+/- satzförmig integriert, +/- symbolfelddominiert).

Auch wenn er selbst mit dem Begriffspaar *orat/literat* ebenfalls eine höher aggregierte Opposition vorschlägt, will er die mediale Dimension aus dieser ganz heraushalten. Die (gewöhnlich der Schriftlichkeit vorbehaltene) Konstruktion fiktiver Sachverhalte findet sich nicht nur bereits im mündlichen Erzählen, sondern schon im kollektiven Symbol- und Fiktionsspiel des Vorschulkindes. Und selbst literarische Traditionen können, wiewohl naturgemäß schriftlich (*horribile dictu*), nach ihrem Duktus und Modus orat sein. Maas (2010: 53) erinnert auch daran, dass in manchen fernöstlichen Sprachkulturen gerade die literarische Sprache minimalistisch, verknappt und hochgradig elliptisch ist, während die Mündlichkeit als redundant gilt. Die Opposition *orat/literat* lässt das Mediale außen vor, sie ist stärker an den Versprachlichungsstrategien und an den verwendeten sprachlichen Mitteln und Ressourcen orientiert. Am oraten Pol dominieren empraktische, synattentionale und kommunikative Mittel bzw. Verfahren, am literaten Pol haben wir es dagegen mit dezentrierten, an generalisierte andere[3] gerichteten, darstellenden, maximal symbolfeldbasierten Mitteln und Verfahren zu tun. Im oraten Modus spielt die vollständige Ausnutzung des Symbolfeldes keine zentrale Rolle, die Kalibrierung der eingesetzten Mittel erfolgt vielmehr im Blick auf die konkrete Interaktion. Maas (2010) beruft sich hier auf Wallace Chafe's „chunking"-Prozeduren, die im (vermeintlich) grammatischen Feld lediglich ganz allgemeine Beziehbarkeiten in Anspruch nehmen, und nennt Gebilde wie:

<Mein Vater // der hat jetzt ein Auto // das hat ein Navi> (Maas 2010: 112)

---

3 Im Sinne von George Herbert Mead.

Im Unterschied zu solchermaßen prosodisch abgegrenzten und jeweils aus einem themen-kontinuierenden *reference tracker* bzw. *linker* und einer rhematischen Prädikation darüber bestehenden „chunks" beruht der Strukturaufbau bei genuin literaten Kommunikationen auf der Ausnutzung des Symbolfeldes (im Sinne von Bühler 1934). Verbunden sind die beiden Modi quasi-evolutionär durch die „Umnutzung" (Maas 2010: 128) der situativ (d.h. im Zeig- und Koaktionsfeld) gebundenen Ressourcen zur Organisation von Symbolfeldbeziehungen in Satz und Wortgruppe.

Auf Einzelheiten dieser „Umnutzung" sprachlicher Ressourcen im Symbolfeld kann ich hier nicht eingehen (vgl. hierzu Bühler 1934, die Arbeiten von Konrad Ehlich und anderen Funktionspragmatikern zur Feldarchitektur natürlicher Sprachen, Knobloch 2010). Die Form- und Komplettierungszwänge der Grammatik ermöglichen es den Sprechern, den geteilten Orientierungsraum über das Gegebene hinaus zu erweitern. Sobald das Sprechen aufhört, zur Gänze im geteilten Aufmerksamkeitsraum gebunden zu sein, wird der verfügbare *common ground* selbst ein lokal adressierter Ausschnitt sedimentierter sprachlicher Praxis und wird sprachlich organisiert. Im Ansatz paradox ist die grammatisch induzierte Erweiterung des geteilten Orientierungsraumes eben durch ihre Code-Reflexivität. In dem Maße, wie der „grammatisch" erzielte Geländegewinn tatsächlich Gemeinbesitz der Sprecher wird, werden die darstellungstechnischen Mittel, auf denen er beruht, funktional entlastet und damit redundant. Die Evolution der Symbolfeld-Ressourcen beruht sehr weitgehend auf der Code-Reflexivität des Sprechens. Illustrieren kann man diesen Umstand dadurch, dass mit dem Ausbau des Symbolfeldes allmählich eine neue Bedeutungsebene für die Sprecher verfügbar wird, die Schriftmenschen gerne für primär halten und oft als „wörtliche" Bedeutung apostrophieren. Ich ziehe es vor, diese Ebene als „noetisch" zu bezeichnen (im Sinne von Koschmieder 1965: 70ff.). Sie ist eine Projektion der darstellungstechnischen Ressourcen des einzelsprachlichen Symbolfeldes in die propositionalen (kognitiven) Repräsentationen der Sprachbenutzer. Ihre Herausbildung wird zweifelsfrei durch schriftliche Aufzeichnung, Dekontextualisierung etc. gefördert, durch alles, was die Sphäre des „Gemeinten" als allein sprachlich projiziert erscheinen lässt. Aber sobald sie sich herausgebildet hat, funktioniert sie unabhängig von der Opposition schriftlich/mündlich, und – das ist hier wichtig – sie blendet die Ressourcen der übrigen „Umfelder" des Sprechens nicht aus, sondern lässt sie im Lichte der sprachtechnisch induzierten Parameter partiell/selektiv sichtbar werden. Um ein Beispiel aus Koschmieder (1965: 83) zu variieren: <Georg soll kommen> erlaubt eine Reihe noetischer Projektionen: Aufforderung/deontisch ebenso wie Bericht/epistemisch-evidenziell, <kommen> kann origozentrisch (= zum Sprecher) oder allgemein (= auf ein kotextuelles Zentrum hin) projiziert werden etc. *Welche* Lesart der Sprachbenutzer jeweils aktiviert, hängt aber von der lokalen Relevanz der „Umfelder" in der laufenden Kommunikation ab. So paradox das auch klingt: Der grammatische Ausbau der Ressourcen zwingt den Sprachbenutzer zur lokalen Improvisation von Beziehbarkeiten!

Dass „Wort" und „Satz" als historische und gebietskonstitutive Fachbegriffe (zwischen alltäglichem Vorverständnis und fachlicher Terminologie vermittelnd) im Kern auf die Kategorien des Symbolfeldes gemünzt sind (Maas 2010: 133), ist sicher richtig. Es ist aber zugleich eine Feststellung, die auch einen Mangel dieser Traditionsbegrifflichkeit umreißt. Den Umstand nämlich, dass die *oraten* Eigenschaften von Sprachsymbolen und Konstruktionen, die eben nicht auf das Symbolfeld verweisen, in aller Regel unter den Tisch fallen, wenn vom „Wort" oder vom „Satz" die Rede ist. Wichtig für den Fortgang meiner Argumentation ist weiterhin, dass ich (mit Maas 2010: 46) davon ausgehe, dass die konnotativen Dimensionen des Sprechens die denotativ-darstellenden Dimensionen dominieren – und zwar, weil Individuen die sprachlichen Techniken immer nur als „Sprechen der anderen" aneignen können.[4] Anders gesagt: Das Sprechen verbindet uns enger mit den „anderen" als mit den „Dingen".

Nun können auch grammatische Schemata und Feldzeichen den verfügbaren mentalen Orientierungsraum von Sprecher und Hörer nicht *ex nihilo* erweitern. Sie können lediglich bereits etablierte und latent verfügbare Ressourcen so strukturieren, dass sie im lokalen Zusammenhang aktualisiert werden können. Eine linguistisch wichtige Aufgabe ist demnach die Suche nach den vor- oder protosymbolischen Eigenschaften von Sprachzeichen, die für das Symbolfeld „umgenutzt" werden. Eine solche *Überschreitung* sympraktischer und synattentionaler Bezüge „geht" prinzipiell in zwei „Richtungen":

[a] über das „Umlegen" oder „Transponieren" situationaler, pragmatischer und konnotativer Verweisungspotentiale in die Beziehungen und Beziehbarkeiten *zwischen* den Sprachsymbolen; dabei wird aus situativer und pragmatischer Relationalität von Ausdrücken syntaktische Relationalität (somit eine zentrale darstellungstechnische Ressource des Symbolfelds); in der diachronen Sprachwissenschaft werden solche Prozesse durchweg unter dem Etikett der *Grammatikalisierung* verhandelt.

[b] über „konnotative" (Maas 1985) Kumulation von Verwendungsgeschichten und Verwendungsumgebungen von Ausdrücken, über die (oben bereits erwähnte) Fähigkeit von Ausdrücken, die eigene Verwendungsgeschichte in

---

4 Unter den Formeln, mit denen die traditionelle Sprachwissenschaft diesen Umstand zu fassen suchte, ist auch der nicht hintergehbare *usus tyrannis*.

sozialer Praxis gewissermaßen *einzukochen* und solchermaßen verkürzt präsent zu halten. Über solche Kumulationsprozesse entwickeln Sprachsymbole ein Verwendungen und Situationen übergreifendes Eigengewicht, einen „Eigensinn", der kontextfreie Definitionen ermutigt und ermöglicht. Die Systemarchitektonik würde es nahelegen, hier analog von *Lexikalisierung* zu sprechen. Das jedoch wäre terminologiepolitisch eine schlechte Entscheidung (auf das „Warum" komme ich gleich zurück).

Beide Mechanismen wirken zusammen bei der „Emanzipation" von Darstellung, Symbolfeld und (tendenziell) generalisierter Adressierung gegenüber den kognitiv „egozentrischen", prozessual interaktiven, *common ground* zugleich unterstellenden und strukturierenden Modi der oraten Kommunikation. Mithilfe dieser „neuen" und literaten Techniken kann *common ground* systematisch erweitert, ausgebaut werden. Und zwar stets abgestützt auf den kumulierten Ressourcen von *common ground*, der als bereits etabliert unterstellt werden kann. Das Medium Schrift wird dabei (zumindest partiell) neutralisiert. Es ist „Aufzeichnungssystem", externer Speicher für kognitive Operationen. Ob diese durch (spätere, zeitversetzte) Rezipienten adäquat reaktualisiert werden können, ist eine Frage, die weit über das Mediale hinausführt, auch wenn das Medium selbst natürlich seine Nutzer daraufhin sozialisiert, dass sie mit „generalisierten anderen" rechnen und auf Darstellung setzen etc.

Thesen wie etwa die von Eckart Scheerer (1993) vertretene, wonach genuine Symbolmanipulation ohne externe kulturelle Aufzeichnungssysteme vom Typus Schrift gar nicht entstehen könne und wonach primäre Oralität subsymbolisch und konnektionistisch funktioniere, d.h. ohne eigentliche Befestigung von echten systemischen Lexembedeutungen, wären dann neu zu prüfen. Eigenschaften primärer Oralität wie <nicht propositional>, <formulaisch>, <bündig im geteilten Orientierungsraum> werden von vielen Autoren für die primäre Mündlichkeit in Anspruch genommen. Aber ob sich echte Propositionalität[5] ohne extern aufgezeichnete Symbole entwickeln kann, bleibt strittig. Die Opposition zwischen einer holistisch-externen, in lokalen Beziehbarkeiten der verwendeten Ausdrücke aufgehenden Semantik sprachlicher Ausdrücke und einer systemisch intern-propositionalen lässt sich jedenfalls nur schwer im Nähe-Distanz-Modell abbilden, weil beide Modi völlig unterschiedlich funktionierende kogni-

---

5 Scheerer (1993: 218) definiert: „Language is propositional when the meaning of complex representations is decomposable into the context-free meanings of its constituents." Das ist einerseits das Fregeprinzip, andererseits aber auch eine Umschreibung der Symbolfelddominanz.

tive Systeme voraussetzen. Diese Aus- und Umbauprozesse als „Lexikalisierung" zusammenzufassen, wäre eine terminologiepolitisch kurzsichtige Entscheidung, weil sie unterschlägt, dass dabei das kumulierte semantische und konnotative Streupotential keinesfalls verschwindet, sondern ebenfalls fallweise im Symbolfeld „gebändigt" werden muss. „Lexikalität" suggeriert, dass Wörter mit festen Werten (einem oder mehreren) in ein syntaktisch gesteuertes Kalkül eingehen. Man muss wohl nicht an konnotativ hoch aggregierte politische Wertbegriffe erinnern, um zu realisieren, dass wirklich feste, übereinstimmende Symbolwerte allein in der Ebene der „Techniken des Sprechens" (Coseriu) angenommen werden können und nicht in der Ebene der dargestellten Inhalte.

4 Fazit

Ich fasse zusammen: Interdiskursive Anschlussstellen verbessern die Verbreitung und Zirkulationsgeschwindigkeit eines fachdiskursiven Modells. Die Verständlichkeitssuggestion von Nähe/Distanz gestaltet den Zugang für Novizen (aber auch für Wissenschaftsjournalisten etc.) niederschwellig. Die solchermaßen erhöhte Zirkulationsfähigkeit des Modells führt aber auch dazu, dass die Urheber noch schneller die Kontrolle über ihr Werk verlieren, als dies ohnehin notwendigerweise der Fall ist. Schwerwiegende fachinterne Probleme werfen solche semantischen Scharnierbegriffe zwischen Fach- und Interdiskurs dann auf, wenn sie in den Fachdiskurs evaluative und konnotative Zwänge aus dem Interdiskurs verbindlich einführen, die dort als heuristische Hemmungen für neue Erkenntnisse wirken. Ein spektakulärer Fall in der jüngeren Sprachwissenschaftsgeschichte ist das von Basil Bernstein in die Soziolinguistik eingeführte Begriffspaar „elaborierter/restringierter Code". Obwohl heute (über 50 Jahre später) die Mehrzahl der Soziolinguisten der Ansicht sein dürfte, dass die Opposition einen wichtigen und folgenreichen Tatbestand erfasst, hat sich der konnotative bzw. evaluative Gehalt der Gegenüberstellung als stärker erwiesen. „Elaboriert" ist zweifelsfrei gut, „restringiert" zweifelsfrei schlecht. Und so war kaum zu verhindern, dass die qua „restriktiv" suggerierte Herabwürdigung sympraktischer, auf Verständigtsein und Nähegemeinschaft abgestellter „Unterschichtvarietäten" eben deren unvoreingenommene *Analyse* blockieren musste. In genau dieser (im Kern interdiskursiven) Konstellation reüssiert die soziolinguistische Differenzhypothese von William Labov.

Weite Strecken der Sprachwissenschaftsgeschichte im 19. Jahrhundert waren geprägt von den wechselnden antonymischen Merkmalen zu „organisch/Organismus", von der romantischen Sprachauffassung über Karl Ferdinand Beckers *Organism der Sprache* bis hin zu August Schleichers Darwinadaption. Auch über die Terminologiepolitik wird gesellschaftliches Wissen zirkuliert, ausgetauscht und begrenzt. Ich nenne ein weiteres, eher extremes, aber eben darum lehrreiches Beispiel aus einem Fach mit starker interdiskursiver Rückkopplung: Seit Richard Dawkins Buch mit dem suggestiven Titel *The Selfish Gene* (1976) tobt im populären Evolutionismus eine aufgeregte Debatte darüber, ob die Evolution die Spezies Mensch (und alle anderen Spezies und alle Individuen auch) als „egoistisch" hervorgebracht hat. An der Opposition zwischen „Egoismus" und „Altruismus" ist aber einzig und allein klar, dass „Egoismus" als moralisch schlecht, „Altruismus" als moralisch gut gilt. Das heißt: Der fachliche Streit erzwingt bei seinen Teilnehmern eine sachlich völlig ungerechtfertigte moralische (oder moraloide) Entscheidung, die jedweden Erkenntnisfortschritt in der Sache eher hemmt. Das ist zugegebenermaßen ein extremer Fall. Jedenfalls entscheiden die Naht- und Scharnierstellen fachlicher Terminologie zum Interdiskurs, was fachlich aufgeblendet und leicht zu sehen ist und was eher aus dem Fokus herausrückt. Sie wirken wie ein Filter, der konforme Phänomene durchlässt und sichtbar macht, andere dagegen nicht. Ungünstig sind axiomatische Ausdrücke in einer Disziplin dann, wenn sie zu vorschneller Enttautologisierung einladen und suggerieren, man habe schon verstanden, was sie meinen, wenn man ihren interdiskursiven Sinn kennt (hierzu genauer Knobloch 1999). Davon scheint mir das Paar *Nähe/Distanz* durchaus ein wenig betroffen zu sein.

5 Literatur

Bühler, Karl (1934): Sprachtheorie. Die Darstellungsfunktion der Sprache. Jena: Fischer.
Burke, Kenneth (1984): Attitudes toward History. 3. Auflage. Berkeley/Los Angeles: University of California Press.
Coseriu, Eugenio (1980): Textlinguistik. Eine Einführung. Herausgegeben und bearbeitet von Jörn Albrecht. Tübingen: Narr (Tübinger Beiträge zur Textlinguistik 109).
Coseriu, Eugenio (1988): Sprachkompetenz. Grundzüge der Theorie des Sprechens. Bearbeitet und herausgegeben von Heinrich Weber. Tübingen: Francke (Uni-Taschenbücher 1481).
Fehrmann, Gisela/Linz, Erika (2009): Eine Medientheorie ohne Medien? Zur Unterscheidung von konzeptioneller und medialer Mündlichkeit und Schriftlichkeit. In: Birk, Elisabeth/Schneider, Jan Georg (Hrsg.): Philosophie der Schrift. Tübingen: Niemeyer, 123–143.
Hull, David (1989): The Metaphysics of Evolution. Stony Brook NY: State University of New York Press.
Knobloch, Clemens (1999): Inwiefern wissenschaftliche Gegenstände sprachlich konstituiert sind (und inwiefern nicht). In: Wiegand, Herbert Ernst (Hrsg.): Sprache und Sprachen in den Wissenschaften. Geschichte und Gegenwart. Berlin/New York: de Gruyter, 221–246.

Knobloch, Clemens (2010): Grammatik und Common Ground. In: Ágel, Vilmos/Hennig, Mathilde (Hrsg.): Nähe und Distanz im Kontext variationslinguistischer Forschung. Berlin/New York: de Gruyter, 327–344.

Koch, Peter/Oesterreicher, Wulf (1985): Sprache der Nähe – Sprache der Distanz. Mündlichkeit und Schriftlichkeit im Spannungsfeld von Sprachtheorie und Sprachgeschichte. In: Romanistisches Jahrbuch 36, 15–43.

Koch, Peter/Oesterreicher, Wulf (1994): Schriftlichkeit und Sprache. In: Günther, Hartmut/Ludwig, Otto (Hrsg.): Schrift und Schriftlichkeit. Ein interdisziplinäres Handbuch internationaler Forschung. An Interdisciplinary Handbook of International Research. 1. Halbband. Berlin/New York: de Gruyter, 587–604.

Koschmieder, Erwin (1965): Die noetischen Grundlagen der Syntax. In: Koschmieder, Erwin: Beiträge zur allgemeinen Syntax. Heidelberg: Winter (Bibliothek der allgemeinen Sprachwissenschaft, Reihe 2: Einzeluntersuchungen und Darstellungen zur allgemeinen Sprachwissenschaft), 70–89.

Maas, Utz (1985): Konnotation. In: Januschek, Franz (Hrsg.): Politische Sprachwissenschaft. Zur Analyse von Sprache als kultureller Praxis. Opladen: Westdeutscher Verlag, 71–96.

Maas, Utz (Hrsg.) (2010): Orat und Literat. Grundbegriffe der Analyse geschriebener und gesprochener Sprache. Graz: Institut für Sprachwissenschaft der Universität Graz (Grazer Linguistische Studien 73).

Maas, Utz (2011): Linguistische Schattenspiele: sprachwissenschaftliche Arbeiten zur Schriftkultur. In: Osnabrücker Beiträge zur Sprachtheorie 78, 97–112.

Scheerer, Eckart (1996): Orality, Literacy, and Cognitive Modelling (*Berichte aus dem Institut für Kognitionsforschung der Universität Oldenburg*, Nr. 11 vom 20.3.1993). Nachgedruckt in: Velichkovsky, Boris M./Rumbaugh, Duane M. (Hrsg.): Communicating Meaning. The Evolution and Development of Language. Mahwah, NJ: Erlbaum, 211–256.

Wilson, Edward O. (2002): Die Zukunft des Lebens. Berlin: Siedler.

Utz Maas
Was wird bei der Modellierung mit *Nähe* und *Distanz* sichtbar und was wird von ihr verstellt?

1 Fachgeschichtliches

Der Aufsatz von Koch/Oesterreicher (1985) markiert eine Etappe in der jüngeren Fachgeschichte, wie die Wirkung weit über das engere (romanistische) Fach hinaus zeigt.[1] Wie immer bei fachgeschichtlichen Zäsuren ist die Einschätzung eine Frage der Fenstergröße: Neuland wird bei der Forschung in Hinblick auf die Vorgänger-Etappe erschlossen, in diesem Fall in Hinblick auf die lange Zeit strikt deskriptiv ausgerichtete Arbeit an homogenisierten Korpora. Blickt man weiter zurück, wird in die Forschung so wieder hineingeholt, was in früheren Zeiten zum Selbstverständnis des Fachs gehörte, wie die älteren Handbücher zeigen.

Das gilt so für die philologische Tradition, wie sie bei Boeckh 1886 kanonisiert ist. Im Horizont der Stilanalysen war die Differenzierung kommunikativ bestimmter situierter Praktiken (mit dialektal geprägten Formen) gegenüber schriftsprachlich dezentrierten Praktiken in mehr oder weniger standardisierten Formen selbstverständlich. Solange das humanistische Gymnasium die Voraussetzung für ein sprachwissenschaftliches Studium war, war es auch selbstverständlich, die so mehr oder weniger funktional definierbaren Varietäten von den (literarischen) Inszenierungen zu unterscheiden, die sie als Stilrequisiten nutzten. Die entsprechenden Stereotypen gehörten z.B. zum Pensum des Griechischunterrichts auf dem Gymnasium.

Es ist nicht zufällig, dass der Neuanstoß aus der Romanistik kommt, wo die Unterscheidung der *langue pour l'œil* und der *langue pour l'oreille* fester Bestandteil der Grammatographie war und ist.[2] Die übliche Fixierung auf systematische bzw. programmatische Aussagen lässt leicht übersehen, dass die Unterscheidung zwischen schriftsprachlichen und sprechsprachlichen Strukturen im

---

[1] Für kritische Hinweise, die eine Manuskriptfassung haben verbessern geholfen, danke ich den beiden Herausgebern und M. Hummel (Graz).
[2] Von wo er auch in der älteren theoretisch ausgerichteten Reflexion einen Referenzpunkt bildete, etwa bei Ch. Bally (1932).

Studienbetrieb der sprachlichen Fächer seit dem Ende des 19. Jhd. selbstverständlich war.[3] In dieser Traditionslinie ist das deskriptive Raster für die Beschreibung sprachlicher Varietäten inzwischen recht systematisch differenziert worden, z.B. in dem Studienbuch Koch/Oesterreicher (2011). Koch/Oesterreicher bleiben aber nicht bei dem deskriptiven Instrumentarium stehen, sondern versuchen, es für einen erklärenden Zugang zum beobachtbaren Sprachverhalten nutzbar zu machen. Das ist der Sinn ihrer Modellierung mit *Nähe* vs. *Distanz*, um die es im Folgenden gehen soll.

Nun beschränkten sich auch die traditionellen Vorgaben für den Umgang mit sprachlicher Variation nicht auf eine Beschreibung. Die traditionelle Begrifflichkeit in diesem Feld erklärt sich letztlich durch die pädagogische Finalisierung der Sprachreflexion: Ziel war dort (und sollte auch heute noch sein!) die Aneignung der Schriftsprache. Die gesprochene Sprache bildet dafür so etwas wie ein quasi natürliches Fundament, in dem das sprachliche Wissen und Können der Lernenden verankert ist. Der Gegensatz von mündlicher und schriftlicher Sprache bildet daher traditionell einen Ausgangspunkt, der mit einem analytischen Raster aufzufächern ist. Ziel der traditionellen sprachlichen Ausbildung war es, die mündliche Praxis kulturell auszubauen (wofür die antike Rhetorik steht): Die entsprechenden Reflexionsbegriffe wurden aus dem grammatischen Sprachunterricht bezogen und sind insofern auch nicht medial auf Schriftlichkeit beschränkt. Sie lassen sich daher auch nicht der Differenz von ‚mündlich vs. schriftlich' zuordnen. Ein Versuch, diesem Problem beizukommen, war Sölls (1974) Verdoppelung dieser Differenz um eine weitere mit dem Vorsatz „konzeptuell", woran Koch/Oesterreicher terminologisch anschließen.

In der älteren philologischen Tradition wird diese formbezogene Analyse durch eine überlagert, die ein Fenster auf die sozial bestimmte Sprachpraxis aufmacht, die mit diesen Formen artikuliert wird. Schriftkultur zeigt sich als Resultat einer Bildungsanstrengung; sie ist also nichts, das sich spontan durch „Reifung" und Partizipation an kommunikativen Interaktionen einstellt. Daraus wurde und wird eine soziale Wertung: wer über die schriftkulturellen Strukturen nicht verfügt (bis vor nicht langer Zeit also die große Bevölkerungsmehrheit,

---

[3] Bei den in der ersten Hälfte des 20. Jhd. seriell vergebenen Abschlussarbeiten, die einen Ausgangspunkt bei der Heimatmundart des/der Absolventen hatten, führte die Abbildung der ausgewerteten schriftlichen Überlieferung auf die (oft auch phonetisch genau registrierten) mundartlichen Formen immer schon dazu, von einer relativen Autonomie der Schriftsprache gegenüber der kommunikativ praktizierten gesprochenen Sprache auszugehen, wobei ein weites Stilkonzept in der Regel den analytischen Rahmen abgab. In der Germanistik bis heute mustergültig dokumentiert z.B. bei Kaufmann (1890).

die nicht die Schule besucht hatte: die „Ungebildeten"), gehörte zum *Volk*, mit der früher üblichen Bezeichnung: zum „Pöbel".[4] Dieser Wertungsdiskurs zieht sich durch die Sprachpflege, die in der bürgerlichen Gesellschaft einen institutionellen Status hat, weil sie für deren meritokratische Inszenierung funktional ist, über die die Selbsteingliederung der Menschen in ihre gesellschaftliche Position läuft (in Abschnitt 7 komme ich darauf zurück).

Koch/Oesterreicher versuchen, diese sozial-stigmatisierende Entgleisung der Analyse zu vermeiden, indem sie mit dem weniger belasteten Begriffspaar *Nähe* und *Distanz* operieren, das sich auf eine gewisse Anschaulichkeit stützen kann. Damit reklamieren sie eine „anthropologische" Konstante (z.B. Koch/Oesterreicher 2007: 250), was ihrer Modellierung einen entsprechenden Status in der internationalen Diskussion gegeben hat. Sie ist allerdings erkauft mit einer Amalgamierung der deskriptiven Begrifflichkeit mit anders gebauten Konzepten der Reflexion auf die sprachliche Praxis.[5] Die daraus resultierenden Unklarheiten sollen mit den folgenden Anmerkungen deutlich werden, die aber die großen Gemeinsamkeiten im Ansatz nicht verdecken sollen, die auch durch Hinweise auf andere parallele Unternehmungen unterstrichen werden.[6]

---

4 Überflüssig, das im Detail zu belegen: in der klassischen Philologie hatte das „Vulgärlatein" diese Ambivalenz, im Französischen das *français populaire*, das mit dem *français parlé* gleichgesetzt wurde (wird?), in der jüngeren germanistischen Diskussion gab es die lange Zeit hindurch die Seminare dominierende Diskussion um den „restringierten Code" (die ihrerseits aus England herübergeschwappt war) u.a. mehr.
5 Das vermittelt ihrer Begrifflichkeit einen gewissen Kuschel-Appeal, im Kontrast zu einer Konzeptualisierung, die auf gesellschaftliche Widersprüche abhebt. Es ist Teil der Erfolgsgeschichte, dass sie ihre Modellierung auch explizit als anthropologisch-universale Reformulierung „schichtenspezifischer" Konzeptionen präsentieren (z.B. Koch/Oesterreicher 2007: 360).
6 Da solche Argumentationen immer auch auf dem Jahrmarkt der wissenschaftlichen Eitelkeit spielen, sei eine Anmerkung in eigener Sache erlaubt. Die Rechtfertigung für eine Modellierung mit einer anderen Begrifflichkeit (*orat/literat*) liegt in einer anderen Perspektivierung der Sachverhalte als der von *Nähe/Distanz*, mit der sie von Koch/Österreicher in den Blick genommen werden. Fachgeschichtlich liefen beide Unternehmungen parallel – und nicht konkurrierend, wie es hier erscheinen mag. Dazu einige Hinweise zum Koordinatensystem, aus dem die Modellierung mit *orat/literat* stammt. Ausgangspunkt war für mich, dass ich in den 1970er Jahren an der Universität Osnabrück in der damals dort praktizierten einphasigen Lehrerausbildung tätig war. Das verlangte u.a. einen konzeptuellen Rahmen, mit dem die praktischen Fragen des Schriftsprachunterrichts vor allem auch in Grund- und Hauptschulen anzugehen waren. Dabei durfte nicht allzu viel theoretischer Ballast mitgeschleppt werden, damit das von den Studierenden nutzbar war. Dazu habe ich eine Reihe von Skripten erstellt, die mit dem Konzept *orat/literat* operierten. Auf dieser Basis sind dazu dann eine Vielzahl von Abschlussarbeiten entstanden, in denen diese Begrifflichkeit empirisch „operationalisiert" wurde, auf denen die weitere Ausarbeitung aufbaut, s. auch Maas (2010). Vor allem ging es dabei darum,

2 Mediale (*mündlich/schriftlich*) vs. strukturelle Unterscheidungen (*orat/literat*)

In den 30 Jahren seit Koch/Oesterreicher (1985) ist die Forschung in diesem Feld erheblich weitergekommen. Dazu haben vor allem auch die Möglichkeiten beigetragen, jetzt mit größeren Korpora sowohl geschriebener wie gesprochener Sprache zu arbeiten. Wichtige Anstöße kamen von Biber (1988), der auf der formal-deskriptiven Ebene mit einem sehr differenzierten Raster operierte und computergestützt eine Faktorenanalyse durchführte: einerseits mit einer Auffächerung der „Textsorten" (wobei die Differenz von schriftlichen und mündlichen Texten ein Merkmal war), andererseits mit einer großen Schar von strukturellen Variablen, für die Kookkurrenzen registriert werden, die strukturelle *Dimensionen* definieren. Ein solches diagnostisches Merkmalsbündel setzt sich z.B. aus den Variablen {deiktische Pronomina 1./2. Ps; direkte Frage; Nominalisierungen; Passiv} zusammen, die mit binären Werten (±) belegt werden können. Eine Spezifizierung {deiktische Pronomina 1./2.Ps: + ; direkte Frage: + ; Nominalisierungen: - ; Passiv: -} charakterisiert so Äußerungen nahe an dem oraten Pol. Auf diese Weise extrapolierte Biber sieben *strukturelle Faktoren* (s. die Synopse 1988: 102f.), für die er eine diskursive (sprachpraktische) Interpretation liefert:

---

das für den geforderten schriftkulturellen Ausbau genutzte sprachliche Wissen, gerade auch bei Schülern aus einem sog. „bildungsfernen" Elternhaus, zu evaluieren, valorisieren und dann eben auch didaktisch nutzbar zu machen. Ein besonderer Schwerpunkt war das Feld von Schülern mit Migrationshintergrund (damals sprach man noch von „Ausländerkindern"), s. etwa Maas (1986). Der weitere Ausbau dieser Konzeptualisierung hatte auch eine Verankerung in Studiengangsfragen, allerdings ausgerichtet auf den MA-Studiengang der Allgemeinen Sprachwissenschaft, in dem daraus ein Schwerpunkt im sprachtypologischen „Modul" wurde. Da in diesem Studiengang in Osnabrück eine große Zahl von Studierenden aus Osteuropa, Afrika und Ostasien studierten, bot ihnen das die Möglichkeit, diese Modellierung für kontrastierende Arbeiten zum Deutschen im Vergleich zu ihren eigenen Sprache zu nutzen, was es erlaubte, weitere Dimensionen in die Modellierung einzubeziehen, s. wieder Maas (2010) für einige Hinweise. Es versteht sich von selbst, dass die parallel laufenden Arbeiten von Koch/Oesterreicher einbezogen wurden; aber die Übernahme der Begrifflichkeit (bei ansonsten vielen gemeinsamen Prämissen) stand in Hinblick auf die andere Akzentuierung der Unternehmungen nicht zur Debatte.

- Verdichtung der Information,[7]
- (narrative) Darstellung,
- situations(un)abhängige Interpretierbarkeit,
- Beeinflussung des Adressaten,
- abstrakte Kategorisierung der Information,
- on-line Produktion der Äußerung,
- Konnotation spezifischer Diskurse („akademisch").

Dabei korreliert keines dieser strukturellen Bündel mit der medialen Differenzierung ‚mündlich vs. schriftlich', die sich vielmehr als orthogonal zur Faktorenzerlegung (sowohl bei Gattungen wie strukturellen Faktoren) erweist.[8] Das stimmt weitgehend überein mit der deskriptiven Basis bei Koch/Oesterreicher, aber ohne die plakative Ausrichtung auf die zwei Pole *Nähe* und *Distanz*.

Allerdings gibt es auch bei Biber „prototypische" mediale Realisierungen bei den Gattungen, die nicht mit theoretischen Fundierungen zu verwechseln sind. Die jetzt modische Argumentation mit Prototypen birgt das Risiko, theoretisch ungeklärte Prämissen des Alltagshandelns mitzuschleppen, die mit der Sozialisation in spezifische kulturelle Formen zur „zweiten Natur" geworden sind.[9] Daher empfiehlt sich ein systematisches Misstrauen gegenüber Konzepten, die unmittelbar aus der Anschauung entwickelt werden können. Gerade im schriftkulturellen Diskurs zeigt sich denn auch bei den plausibel unterstellten Indikatoren in einem größeren Horizont ihre kulturelle Gebundenheit.

Ein instruktives Gegenbeispiel zu den gewohnten schriftkulturellen Korrelationen, gegen die auch Koch/Oesterreicher argumentieren, hat Besnier (1995) dokumentiert, der die sprachlichen Verhältnisse auf einem Atoll im Pazifik beschrieben hat, dessen Bewohner die mit der Missionierung importierte Schriftlichkeit gerade für die Artikulation von *Nähe* nutzen (im extensiven Briefeschreiben), um Ausdrucksformen für Emotionen zu schaffen, die im münd-

---

7 Auf diese Schlüsselkategorie einer literaten Artikulation komme ich in Abschnitt 6 zurück.
8 Für einen kompakten Überblick über die inzwischen vorliegenden Untersuchungen unter diesen Prämissen, s. Biber (2014).
9 Die Argumentation mit „Prototypen" geht auf die Psychologie als neue Leitwissenschaft zurück. Dort (wie bei den trendsetzenden Arbeiten von Eleanor Rosh) steht sie für ein experimentelles Design, bei dem *Prototypen* heuristische Funktionen bei der Suche nach Lösungen haben. Das ist aber etwas ganz anderes als die Entwicklung von analytischen Kategorien. Der gerne ins Feld geführte Verweis auf den Philosophen Wittgenstein macht die Sache nicht besser: Dieser zeigte mit seiner Sprachspiel-Argumentation Grenzen im Sprachgebrauch auf, die bei der systematischen Reflexion nicht ignoriert werden dürfen – begründete damit aber keine analytischen Kategorien.

lichen Verkehr dort durch ein rigides System von Tabuisierungen zensiert sind.[10]

Nicht anders ist es bei den formalen Indikatoren, wie sich zeigt, wenn man spontansprachliche Texte in verschiedenen Sprachen von ihren Sprechern schriftlich so edieren lässt, dass sie *gelesen* werden können.[11] Bei Sprechern/Schreibern aus den ostasiatischen Schriftkulturen führt das u.U. zu geradezu spiegelverkehrten Strukturierungen zu der gewohnten Korrelation von („konzeptuell") schriftlich und expliziter Artikulation. In der chinesischen Schriftkultur gilt Explizitheit als eine Form, die dem Leser intellektuelle Arbeit erspart – was ggf. als unhöflich gedeutet wird. Entsprechend wird dort in der schulischen Spracherziehung geübt, die Redundanz im Ausdruck zu minimieren.[12] Chinesische Schüler lernen so, eine textuelle Integration durch (implizite) Verklammerung zu erreichen, was aus deutscher (schriftsprachlicher) Sicht zu elliptischen Strukturen führt. Recht umfangreiche Texte können hier aus Folgen von Konstruktionen bestehen, die in unserem schulisch gewohnten Sinne keine vollständigen Sätze sind. Spontane mündliche Texte werden dagegen auch im Chinesischen so artikuliert, dass sie die *on-line*-Verarbeitung des Hörers möglichst erleichtern. Aber einem Leser einen derartigen, in der Explizitheit redundanten Text anzubieten, verstößt dort gegen das Gebot der Höflichkeit, ihn für einen intelligenten Leser zu halten, der redundante Informationen erschließen kann – im Gegensatz zu ungebildeten („bäuerlichen") Lesern, die auf ein Maximum an expliziten Hinweisen angewiesen sind. Entsprechend zeigen sich die Editionen chinesischer Schreiber.[13]

Mit einer hinreichend weit getriebenen Abstraktion kann man selbstverständlich hier ein universales Moment schriftkultureller Praxis sehen, das in den verschiedenen Kulturen nur konventionell unterschiedlich ausgestaltet wird: Die Kalibrierung der schriftlichen Praxis auf den intendierten Leser ebenso wie die sozialen Bewertungssysteme gehören immer dazu. Notwendig sind hier typologisch kontrollierte empirische Untersuchungen – solange diese nicht

---

10 S. z.B. Maas (2006) für einen (allerdings nicht mehr ganz frischen) Überblick über die schriftkulturellen Konstellationen.
11 Das war an der Universität Osnabrück Gegenstand einer ganzen Reihe von Abschlussarbeiten von Studierenden aus unterschiedlichen Regionen (Kulturen) der Welt (s. oben Fn. 2). Sie haben die Editionsprozesse untersucht, die Schreiber aus ihren Kulturen spontanen Äußerungen (Berichten über Erlebtes u. dgl.) unterzogen, wenn sie sie schriftlich (also fürs Lesen) redigierten, s. dazu Maas (2010).
12 Auch bei uns „populär" durch japanische Haikus.
13 S. z.B. Hong (2010) – eine Kurzfassung ihrer Osnabrücker MA-Arbeit; der gemeinsamen Arbeit mit Yingming Hong verdanken sich die hier angedeuteten Überlegungen.

systematisch vorliegen, laufen vorschnell postulierte „anthropologische Universalien" Gefahr, den Blick auf die empirischen Sachverhalte eher zu versperren als zu fördern. Auf einer heuristischen Ebene gehören solche Gesichtspunkte selbstverständlich zum notwendigen Begriffsapparat.

In dieser Hinsicht hat Biber Pionierarbeit geleistet, der seine Korpus-Untersuchungen auch für typologisch sehr verschiedene Sprachen weitergeführt hat (darunter insbesondere Somali und Koreanisch), s. Biber (1995, 2014). Dabei erweist sich auch die Funktion des Mediums Schrift als eine reichlich unbestimmte Variable, sodass auch eine darauf kalibrierte Terminologie wie ‚konzeptuell schriftlich/mündlich' äußerst problematisch ist, die eine „konzeptuelle" Klärung unterstellt, die gerade nicht an den medialen Attributen ‚schriftlich/mündlich' festzumachen ist. Das war ja auch für Koch/Oesterreicher explizit der Grund, ihre Modellierung mit *Nähe* und *Distanz* vorzuschlagen (vgl. 1985: 29).

Um nicht in die angesprochenen kulturellen Sackgassen zu rennen, ist es schon aus begriffshygienischen Gesichtspunkten sinnvoll, bei der Argumentation in einem so von Traditionen überfrachteten Feld explizit definierte Kunsttermini einzuführen, um die Suggestion begrifflich „falscher Freunde" zu vermeiden. Das steht hinter dem Vorschlag, für die strukturelle Ebene mit den Termini *literat vs. orat* zu operieren, in Abgrenzung zu den für den medialen Unterschied üblichen ‚schriftlich vs. mündlich'.

3 Grundbegriffe der *Register*differenzierung

Die Verklammerung formaler und kultureller Faktoren verlangt eine funktionale Modellierung, für die sich theoretische Vorgaben schon bei Bühler (1934) finden. Um die Heterogenität in der beobachtbaren Sprachpraxis aufzunehmen, kann an das schon in der antiken Rhetorik genutzte Modell der *Register*differenzierung angeschlossen werden, das formal identifizierbare Strukturen mit Domänen der Sprachpraxis korrelierte. Dabei wurden (werden) drei Grundregister unterschieden:

Tab. 1: Register und Domänen der Sprachpraxis

Registervariation	
Register	**Domäne**
formell	institutionell reguliert, Schriftsprache
informell/„öffentlich"	„Markt", Arbeitsplatz ...
intim	Familie, enge Freunde ...

Die Register sind gerade auch in ihrem traditionellen Verständnis so etwas wie ein Prisma, in dem sich das sprachliche Wissen (oder Können) bricht. Die stärkste Barriere liegt bei dem formellen Register, demgegenüber die beiden anderen im Folgenden auch als informelle zusammengefasst werden. Versteht man, wie es sprachwissenschaftlich üblich ist, Sprache als das Gesamtinventar aller in einer Sprachgemeinschaft nutzbaren strukturellen Ressourcen, so differenzieren die Register zwischen unterschiedlichen Teilinventaren, die davon genutzt werden. Dem entsprechen unterschiedliche Anforderungen an die damit zu bewerkstelligende Praxis, grob sortiert in einem Feld mit zwei Polen:
– einerseits den situativ gebundenen kommunikativen Praktiken,
– andererseits der (maximal) kontextfreien Darstellung von Sachverhalten.

Die Abbildung der sprachlichen Strukturen auf die Anforderungen in den verschiedenen Registern geht über eine Beschreibung hinaus. Damit kommt insbesondere in den Blick, dass der Zugang zu den geforderten sprachlichen Ressourcen gesellschaftlich nicht für alle sichergestellt ist.

Die Entsprechungen, aber auch die Unterschiede zu der Modellierung von Koch/Oesterreicher liegen auf der Hand. Nur auf den ersten Blick scheint das *intime* Register das gleiche zu besagen wie *Nähe*. Aber die Registermodellierung hypostasiert keine eindimensionale Polarität wie bei *Nähe* vs. *Distanz*, bei der die untersuchten Texte auf einer Skala einsortiert werden können. Vielmehr wird mit der Registerdifferenzierung ein mehrdimensionaler begrifflicher Raum aufgespannt, der eine dynamische Modellierung möglich macht. Um das zu verdeutlichen, möchte ich die entsprechende Konzeption etwas systematischer entwickeln.

4 Spracherwerb als Ausbau

Als übergreifendes Konzept kann der *Sprachausbau* dienen, der gerade auch in der älteren, philologisch bestimmten Tradition als argumentative Leitfigur diente. Es ist schon recht merkwürdig, wie dieses Konzept, das die außerwissenschaftliche Sprachreflexion nach wie vor bestimmt (wenn z.B. im Feuilleton vom Deutschen als einer „ausgebauten Sprache" die Rede ist, oft auch im Kontext, dass dieser Ausbau jetzt „bedroht" sei u.dgl.), in der engeren disziplinären Diskussion seit 50 Jahren verschwunden ist. Dadurch, dass *Sprachausbau* nur noch als Feuilletonkategorie vorkommt, versäumt es das Fach, dieses Konzept analytisch abzuklären.[14]

Der Sinn eines Ansatzes mit diesem Grundkonzept wird deutlich, wenn die dynamische Dimension in der Perspektive der sprachlichen Ontogenese in den Blick kommt. In der Ontogenese macht sich die Register-Differenzierung im **Ausbau** der **Sprachfähigkeit** in der Auseinandersetzung mit den sprachbiografisch sich ändernden Anforderungen der Umwelt geltend: Diese Anforderungen ändern sich mit dem sich weitenden Horizont der Domänen der Sprachpraxis.

Ein eigener Faktor der Sprachpraxis ist die Schriftlichkeit. Diese ist traditionell im formellen Register verankert, expandiert in der Gegenwart aber in das informelle Register. Das wird in Abschnitt 7 aufgenommen. **Ausbau** ist eine funktionale Kategorie und insofern orthogonal zur Registerdifferenzierung: Er findet in allen Registern statt, auch im intimen, versteht sich.

Beim Spracherwerb werden vom Kind fremde Strukturen angeeignet: Ein Kind wird in dem Maße sprachlich autonom, wie es diese Strukturen selbst produzieren kann. Das Streben nach Autonomie ist der Motor der Entwicklung, auch in der Sprachentwicklung: Das Kind will mit seinen Äußerungen auch deren Interpretation kontrollieren, nachdem seine ersten Äußerungen nur in der Koproduktion mit Größeren sprachlich sind. In den frühen Phasen der Sprachentwicklung ist das Kind nicht Herr seiner Sprache, sondern das sind die anderen: Die sprachlichen Versuche des Kindes werden erst im Verständnis der Älteren, ggf. auch in deren ergänzenden Wiederholung, zu sprachlichen – also in dem, was man *sozialisatorische Interaktion* nennt.

Das kritische Moment beim Sprachausbau ist die Kontrolle der sprachlichen Form. Diese verlangt eine Reflexion, die über den Vergleich von Verschiedenem darin das Gemeinsame identifiziert. Kinder eignen sich die Sprache von Personen an und müssen erst entdecken, dass die gleiche Formen in verschiedenen Kontexten (gegenüber verschiedenen Personen) brauchbar sind, wie auch dass in einem bestimmten Kontext (bei der gleichen Person) verschiedene Formen

---

14 Als Relikt findet es sich noch in umfassend intendierten sprachhistorischen Abrissen und in einer Bedeutungsverengung in der Sprachsoziologie (als deutscher Fachterminus im Übrigen gerade auch in der englischsprachigen), so auch bei Koch/Oesterreicher (2007: 365).

äquivalent sein können. Im informellen Register beruht darauf die Identifizierung von Formelementen, die die Zugehörigkeit zu einem WIR symbolisieren.

Geht man aus einer biographischen Perspektive an Sprache heran, so kommt diese als gesprochene in der Interaktion des Kleinkinds mit seinen Eltern und Geschwistern in die Welt. Dieses lernt deren Sprache: Insofern ist die *Familiensprache* die biographisch erste Form von Sprache.

- Das ist der primäre Ort des **intimen Registers.** Hier ist Sprache definiert durch die der anderen. Das (Klein-)Kind wird in eine Familie hineingeboren: Es erfährt Sprache als die seiner ersten Bezugspersonen, die es versucht, sich anzueignen. Sprachliche Formen konnotieren hier erfahrene Praktiken: die Personen, die diese Formen benutzt haben, die Situationen, in denen das geschehen ist. Hier bilden auch mehrsprachige Konstellationen keine Schranke; als solche sind sie nur extern beobachtbar – für die Kinder, die in ihnen aufwachsen, sind sie konnotativ gebunden. Diese müssen ggf. erst sehr viel später lernen, dass die entsprechenden Formunterschiede verschiedene *Sprachen* zeigen.[15]
- Im **informellen öffentlichen Register** kehrt sich die soziale Wertigkeit der Sprache um: Sprache ist hier nicht (mehr) die der andern, die es zu replizieren gilt, sondern eine Ressource, um Beziehungen zu anderen aufzubauen. In dem Maße, wie das Kind die von ihm genutzten sprachlichen Formen kontrolliert, kann es mit ihnen selbst soziale Kontakte herstellen. Im informellen Register werden die Ressourcen aufgebaut, mit denen soziale Situationen gestaltet werden. Eine solche Ressource ist ggf. die Mehrsprachigkeit, die auch in Praktiken wie dem Codeswitchen ausagiert werden kann – aber eben als eine soziale Ressource, die an ein WIR gebunden ist, das von diesen Praktiken konnotiert wird.
- Das **formelle Register** ist in einem ganz anderen, in gewisser Weise asozialen Koordinatensystem definiert: durch die Überschreitung des situativ („kommunikativ", interaktionell) beschränkten Horizonts. Das formelle Register stellt nicht auf Personen als Gegenüber ab, sondern auf einen **generalisierten Anderen**; wo die gesellschaftlichen Verhältnisse entsprechend sind, ist sein Ort institutionell verfasst. In ihm sind die Äußerungen tendenziell allein aufgrund des formal Artikulierten interpretierbar und keine abhängige Variable von situativen Faktoren wie in den informellen Registern.
- Das ist empirisch allerdings eine kontrafaktische Bestimmung, da jede Äußerung (auch ein philosophischer Traktat) in einer bestimmten sozialen

---

15 Für die reiche Forschung in diesem Feld, s. z.B. Matras (2009).

Konstellation mit spezifischen „kulturellen" Implikationen erfolgt. Aber die Dezentrierung gegenüber den konkreten situativen Konstellationen ist konstitutiv für das formelle Register (und jede Art institutioneller Kommunikation). Ihren deutlichsten Ausdruck findet sie in der schriftlichen Ausarbeitung, die die materiellen Voraussetzungen für eine Bearbeitung der sprachlichen Form bietet bzw. maximiert – um diese geht es hier, nicht um die rein mediale Verschriftung.[16]

Abgebildet auf das Schema der Registervariation zeigt sich beim formellen Register eine Schwelle, die nicht gewissermaßen kumulativ mit dem Ausbau der informellen Ressourcen überwunden wird. Der Ausbau der Formen des intimen Registers zu denen des informellen öffentlichen verläuft spontan, funktional gesteuert im Sinne einer Optimierung der Verständigung/Interaktion. Anders ist es beim formellen Register, das durch eine institutionelle Domäne definiert ist, bei dem die Ressourcen so zu differenzieren sind, dass sie eine kontextfreie Interpretation möglich machen sollen. Damit sind auch soziale Horizonte der Registervariation vorgezeichnet: Das formelle Register ist – anders als das informelle – nicht jedermanns Sache.

5 Orate Strukturen und Enunziative

Die strukturellen Ressourcen werden in der Sprachpraxis genutzt. In dem Maße, wie diese komplexer wird, also differenziertere Ansprüche stellt, müssen auch die Ressourcen ausgebaut werden. Das geht nicht in der medialen Dimension mit dem Unterschied von mündlicher gegenüber schriftlicher Praxis auf, wie Koch/Oesterreicher sehr deutlich machen. Aber ihre eindimensionale Modellierung von *Nähe/Distanz* riskiert, den Blick auf die Spannung in den sprachlichen Verhältnissen zu versperren.

Die Interpretation jeder Äußerung braucht einen archimedischen Punkt, an dem sie verankert werden kann. Bühler (1934) nannte ihn die *Origo* der Äußerung. Diese trägt auch die Interpretation literater Texte im formellen Register, z.B. auch bei einer philosophischen Abhandlung. Das ist zu trennen von der Struktur der Äußerung (ihrer Formatierung), die dadurch bestimmt ist, wie sie auf die Origo ausgerichtet ist. Diese Ausrichtung erfolgt in einem strukturalen

---

16 Das ist ja auch die Grundprämisse bei Koch/Oesterreicher.

Feld, in dem *orate* gegenüber *literaten* Strukturen als Pole definiert werden können. Dieser Gegensatz lässt sich schematisch fassen:

Tab. 2: Orate vs. literate Strukturen

	Nutzung der formalen Ressourcen	Orientierung auf die Gesprächssituation
orat	minimal	zentriert
literat	maximal	dezentriert

Orat stehen die grammatischen Ressourcen zur Disposition: sie werden dem kommunikativen Aushandeln nur in dem Maße zugeschaltet, wie das funktional ist.

In unserer schriftkulturell bestimmten Gesellschaft sind die Pole *orat/literat* nur idealtypisch anzusetzen – die beobachtbaren Praktiken sind in dieser Hinsicht fast immer hybrid, was auch der Grund für das differenzierte Raster von Koch/Oesterreicher ist. Insofern ist es auch für die theoretische Arbeit hilfreich, wenn man deskriptive Forschung in sozialen Verhältnissen betreibt, die nicht schriftkulturell geprägt sind, wie es für meine eigenen Forschungen in Marokko gilt, vor allem auch in Gemeinschaften mit nicht alphabetisierten Menschen, für die der Umgang mit Schrift die Angelegenheit von einigen Spezialisten ist. Aufnahmen von spontanen Gesprächen zeigen hier denn auch überwiegend orate Strukturen.[17] Dabei machen jedem Feldforscher die eigenen Anstrengungen, mehr oder weniger erfolgreich an den kommunikativen Praktiken zu partizipieren, erfahrbar, wieviel „Spracharbeit" in diesen Strukturen steckt: Auch orate Strukturen sind das Ergebnis von Sprachausbau und alles andere als „natürlich".

Das mit dem Schema oben angedeutete Kontinuum mit den Polen *orat/literat* schließt nicht aus, dass es für die Extreme spezialisierte Formen gibt. Auf dem oraten Pol sind das Ausdrücke, die die Interpretation des Gesagten an die

---

[17] Es ist hier nicht der Platz, Beispiele anzuführen, weil die Analyse der ins Werk gesetzten formalen Ressourcen einen erheblichen Aufwand erfordert, da ihnen mit den schulgrammatischen Kategorien (die auch im Arabischen auf die Schriftsprache kalibriert sind) nicht beizukommen ist. Beispiele von spontanen Gesprächen finden sich in dem Textband „Marokkanisch arabische Texte" (Maas/Assini 2013).

Äußerungssituation binden: *Enunziative*.[18] Auf der Folie der normativen Schulgrammatik sind diese denn auch negativ definiert, weil sie kein Bestandteil des propositionalen Inhalts sind; formaler betrachtet haben sie eine kommentierende Funktion, indem sie Momente die Gesprächssituation quasi indexikalisch repräsentieren. Im Übrigen scheint es auch so zu sein, dass es so gut wie keine designierten lexikalischen Enunziative gibt: diese sind in allen mir vertrauten Sprachen immer gewissermaßen umfunktionierte formale Elemente einer auch literat genutzten Sorte (Subjunktionen, Präpositionen, Präsentative u.a.).[19]

Im Deutschen ist z.B. *halt* ein solches Enunziativ wie in (a), das in einer literaten Artikulation weggelassen werden kann, ohne dass sich die propositionale Bedeutung (erst recht nicht der Wahrheitswert) ändert, wie in (b):

(a) *Ich hab mir die Wohnung halt gekauft*
(b) *Ich hab mir die Wohnung gekauft*

Um wahr zu sein, muss der Sprecher bei beiden Äußerungen die Wohnung gekauft haben, die insofern (kontextfrei) semantisch betrachtet äquivalent sind. Aber ein Sprecher wird den Sachverhalt (b) nicht in der Form (a) ausdrücken, wenn er fortfährt und beschreibt, wie wohl er sich in der Wohnung fühlt, wie sehr er sich auf sie gefreut hat u. dgl. (u.U. aber, wenn er über Probleme bei einem geplanten Umzug berichtet, vor dem er die Wohnung wieder verkaufen muss). Das markiert die Bindung an die Gesprächssituation.

Dabei sind Enunziative soziale Akte, nicht nur im Sinne Bühlers Ausdruck („Kundgabe") von Einstellungen, Stimmungen u.ä. auf Seiten des Sprechers: Sie artikulieren unterstellte Erwartungen, geteilte Voraussetzungen u. dgl., auf die sie den Gegenüber zu eichen versuchen. Mit dieser Bindung an die jeweilige Gesprächskonstellation stehen sie auf dem Gegenpol zur literaten Dezentrierung der sprachlichen Artikulation.

---

18 Der zumindest im Französischen übliche Terminus ist gebildet zu lat. *enuntiare* „(etwas) in Worten ausdrücken". Im Deutschen werden solche Elemente meist als *Modalwörter* diskutiert (auch *Abtönungspartikel* u.a.), für eine systematischere Diskussion s. Fernandez (1994). Bei Koch/Oesterreicher (2011) werden sie unter „Gesprächswörter" abgehandelt. Zu den marokkanischen Enunziativen s. Maas (2012).
19 Die Analyse solcher Elemente gehörte zum Kanon des älteren, philologisch ausgerichteten Sprachunterrichts schon auf dem Gymnasium. Enunziative charakterisieren schließlich die orat inszenierte Philosophie Platons (etwa im Gegensatz zu der expositorischen von Aristoteles); entsprechend systematisch sind die traditionellen Handbücher auf diesem Gebiet, s. z.B. Denniston (1934).

Dass Enunziative nur Sinn in einer spezifischen Gesprächssituation machen, in Hinblick auf ein konkretes Gegenüber und nicht für einen generalisierten Anderen, gehört auch zum Wissen der Sprecher, die mit ihnen umzugehen gelernt haben: Sie wissen, dass diese Elemente nicht in einen Kontext transferiert werden können, der keine interaktive Situation mehr impliziert. Gibt man Texte, die auf diese Weise interaktiv artikuliert sind, Gewährsleuten, die schreiben und lesen können (im Sinne des oben skizzierten experimentellen Designs einer Editionsaufgabe), so werden die Enunziative von ihnen zumeist wegediert.[20]

Dem entspricht auch die normative Schreiberziehung, die Enunziative als überflüssige „Füllwörter" behandelt, die in den schulisch erwarteten literaten Texten keinen Platz haben. Das heißt nicht, dass sie nicht geschrieben werden können; im Deutschen haben sie sogar eine orthographische Form, die in den Rechtschreibwörterbüchern nachzuschlagen ist (ausgehend von ihrer Herkunft aus umfunktionierten „regulären" Wortformen, s.o.). Enunziative zu verschriften impliziert zwangsläufig, von den damit verbundenen prosodischen Konturen zu abstrahieren, was nicht nur in Sprachen wie dem marokkanischen Arabischen zu einer Unterdifferenzierung führt, da diese ein reiches (prosodisch differenziertes) Spektrum zeigen. Trotz dieser (relativen) medialen Koppelung wird auch so wieder deutlich, dass die strukturelle Differenz von *oraten vs. literaten* Strukturen strikt von der medialen Artikulation ‚mündlich vs. schriftlich' zu trennen ist. In dieser Hinsicht ist es aufschlussreich, dass die Korpusanalysen die extensive Nutzung enunziativer Elemente im jüngeren akademischen Diskurs (mündlich wie schriftlich) zeigen.[21]

---

20 Das entspricht der leidvollen Erfahrung aller Feldforscher, die ihre Feldassistenten dazu anleiten, Rohverschriftungen von Tonbandaufnahmen zu machen – bei aufgenommenen spontanen Gesprächen in „exotischen" Sprachen eine geradezu unverzichtbare Hilfestellung, um überhaupt erst einmal sicherzustellen, dass man versteht, worum es bei den Äußerungen geht. Die mühevolle Praxis des Verschriftens impliziert für diese zwangsläufig eine dezentrierte Perspektive, die mit enunziativen Markierungen unverträglich ist. Wie grundlegend das so ins Werk gesetzte kategoriale Wissen ist, zeigt sich auch in unserer Kultur, wenn man mit jüngeren Kindern arbeitet. In den o.g. Osnabrücker Examensarbeiten haben Studierende Vorschulkinder gebeten, ihnen eine zuvor spontan erzählte Geschichte noch einmal zu diktieren, damit sie diese aufschreiben und so auch anderen Kindern vorlesen können. Für viele Kinder war damit das unmittelbare Gegenüber (die aufschreibende Studentin) nicht mehr der Adressat, sondern nur noch Medium – der Adressat war dagegen anonym. Auch beim Diktieren ließen viele daher die enunziativen Markierungen ihrer Erzählungen weg: diese waren zuvor ja an diese Studentin adressiert (und auch, wie bei kleineren Kindern meist nötig, mit dieser interaktiv koproduziert worden), s. Maas (2010) für Hinweise.
21 S. etwa Biber (2006).

Das ist nur ein Indiz für die oben angesprochene Hybridisierung der sprachlichen Artikulation in unserer Gesellschaft, die auch die schulische Spracherziehung prägt. Im traditionellen Bildungsverständnis wird in der Schule der Unterricht der Schriftsprache auf ein literarisches Modell ausgerichtet. Aber im Kielwasser des modernen literarischen Naturalismus ist die literarisch vorgeführte Sprache nicht mehr notwendig strukturell auch ausgebaut, sondern werden extensiv orate Strukturelemente verschriftlicht – moderne Literatur distanziert sich auf diese Weise geradezu vom literarischen Kitsch, der das Bildungsdeutsch des 19. Jhd. fortschreibt.[22]

Die daraus resultierende empirische Gemengelage lässt alle Versuche ins Leere laufen, ihr mit diagnostischen Checklisten beizukommen, wie es Versuche zu einer „Grammatik der gesprochenen Sprache" unternehmen. Entsprechend versucht auch die Koch/Oesterreicher'sche Modellierung mit *Nähe* und *Distanz* eine solche deskriptive Engführung zu vermeiden. Allerdings verwischt ihre Konzeptualisierung die nötige Trennung struktureller Analysen (für die hier die Begrifflichkeit *orat/literat* steht) von dem gesellschaftlichen Spannungsfeld des Sprachausbaus.

6 Grammati(kali)sierungen

Das formelle Register ist dezentriert und erfordert es daher, die Faktoren der Interpretation explizit zu machen. Das leistet die literate Artikulation der Äußerungen, für die der kulturelle Horizont die Defaults definiert (s. Abschnitt 2). Das ist zu trennen von den grammatischen Strukturen, die nicht in gleicher Weise zur Disposition stehen. Auf diese ist traditionell die Sprachreflexion ausgerichtet, insbesondere so durch die pädagogische Finalisierung auf die Aneignung der Schrift.

Das traditionelle Grundkonzept der Grammatik ist der Satz, und das formale Raster der Satzkonstruktionen bildete nicht zuletzt das Gerüst für die Kernübung in der traditionellen Rhetorik, die *Inventio*, deren kanonische *W*-Fragen die enge Koppelung an die Grammatik deutlich machen.

Bei einer typologisch orientierten Forschung werden die Schranken der tradierten Modellierung schnell deutlich. In unserer aus der Antike stammenden Schulgrammatik wird die Grundbestimmung der satzmodalen Finitheit im Tem-

---

22 Ein literarischer Repräsentant des strukturell ausgebauten Bildungsdeutsch ist Karl May – nicht aber z.B. Franz Xaver Kroetz. Daher ist auch *literarisch* strikt von *literat* zu unterscheiden.

pus gesehen, also der Verankerung der Interpretation einer Äußerung in der Sprechsituation (der Sprechzeit). Das ist in dem angedeuteten systematischen Sinne eine enunziative Kategorie, die auch nicht in allen Sprachen so genutzt wird (z.B. nicht in Sprachen mit einem Aspektsystem). Ostasiatische Sprachen grammatisieren zumeist keine Tempusspezifizierungen, sondern meist andere enunziative Markierungen, die manchmal auch die einzigen formalen Invarianten sind, an denen das Vorliegen eines abgeschlossenen Satzes festzumachen ist. Ein notorisches Beispiel dafür sind die Honorativmarkierungen des Koreanischen, die nur Sinn machen, wenn die soziale Konstellation mit dem (den) Adressaten geklärt ist. Konfrontiert man koreanische Sprecher mit der oben angesprochenen experimentellen Editionsaufgabe, lassen sie diese Markierungen daher oft weg – im Sinne der nationalen Schulgrammatik finden sich dann aber keine Sätze mehr.[23] Ähnlich ist es mit den grammatikalisierten „mediativen" Satzabschlusselementen im Mongolischen, die es zwar erlauben, auch komplexe Satzkonstruktionen zu stapeln, aber eben an eine enunziative Interpretation gebunden sind. Auch mongolische Probanden ließen solche Elemente beim Verschriften oft weg.[24]

Allerdings ist das Verhältnis von grammatischen zu literaten Strukturen alles andere als einfach zu bestimmen. Es ist offensichtlich, dass das Vorliegen einer grammatisch abgeschlossenen Satzkonstruktion kein ausreichendes Indiz für eine literate Struktur ist, wie gerade satzförmige „phatische" Äußerungen zeigen (*Wie geht's?*). Literate Strukturen sind funktional, nicht (nur) formal definiert: als Ressourcen zur Bewältigung einer kognitiv zu definierenden Aufgabe: formal ausgebaute Strukturen sind dazu notwendig, aber nicht hinreichend – zum Leidwesen aller, die nach einem einfach anwendbaren klassifikatorischen Raster suchen.

Das Verfügen über komplexe grammatische Muster charakterisiert auch die Sprachpraxis jenseits einer formalen Sprachschulung wie bei meinen Gewährsleuten in Marokko. Ein erheblicher Teil der Aufnahmen von spontanen Gesprächen nutzt nicht nur fertiges sprachliches Material, das gewissermaßen von der Stange genommen wird, sondern da, wo nicht der „kommunikative Stress" dominiert, wo sich beim geselligen Zusammensein die Freude an formaler Aus-

---

[23] Das gilt so auch für Zeitungstexte: Während der Kommentarteil und auch narrative Passagen noch an den „hochgeschätzten" Leser adressiert werden können, macht das wenig Sinn im Wirtschaftsteil, bei Börsenberichten u.dgl. You Sik Moon hat das in seiner Osnabrücker MA-Arbeit aus dem Jahr 2007 untersucht, s. Maas (2010) für Hinweise.
[24] So in der Osnabrücker MA-Arbeit von Purevjargal Nyamaa aus dem Jahr 2009, s. Maas (2010) für Hinweise.

gestaltung der Äußerungen geltend macht, sind oft lange narrative Passagen auch grammatisch durchformuliert – aber mit fließenden Übergängen zum Rezitieren, Singen von Liedern u.dgl., also ohne die Herausforderung, damit Neues artikulieren zu müssen (s. Beispiele in Maas/Assini 2013). Auch die souveräne Beherrschung grammatischer Ressourcen ist nicht mit literater Sprachpraxis gleichzusetzen.

Wie oben in der Schematisierung von Abschnitt 5 angedeutet, zielt *literat* auf die maximale Nutzung der formalen Ressourcen einer Sprache in einem kognitiv zu definierenden Feld. Dazu gehört es insbesondere, die sprachliche Artikulation zu *verdichten* (s. die strukturellen Indikatoren in Abschnitt 2):[25] Durch die Verdichtung propositionaler Strukturen, also ihre Bündelung zu komplexen Sätzen mit Mitteln der Hypotaxe und vor allem auch der Nominalisierung (dem Ausbau von nominalen Gruppen durch sekundäre Prädikationen) u.dgl., wird die kognitive Bearbeitung von Sachverhalten unterstützt.[26] In dieser Hinsicht sind die Sprachen sehr unterschiedlich gebaut – in mehr oder weniger durchsichtiger Korrelation zu ihrer auch schriftkulturellen Nutzung. Hier steht die Forschung noch weitgehend am Anfang.[27]

7 Sprachausbau – gesellschaftlich

Es ist nötig, klar abzugrenzen, was auf Seite der formalen Ressourcen der Sprachpraxis gegeben ist (letztlich welche kognitiven Kategorien grammatisiert sind) und welche sprachliche Praxis damit artikuliert wird. Damit kommt ein

---

[25] Die Kategorie der Verdichtung ist insbesondere von Wallace Chafe und seinen MitarbeiterInnen entwickelt worden, s. Chafe (1994).
[26] In dieser Hinsicht leistet die sprachliche Verdichtung das, was Psychologen inzwischen nicht nur im Englischen *chunking* nennen. Nimmt man diese Dimension nicht in die Analyse hinein, wird das Bild von Corpusauszählungen diffus, bei dem in diesem Sinne verdichtete Strukturen nicht mehr von pseudo-ausgebauten stereotypen Formeln unterscheidbar sind (etwa sekundäre Prädikationen durch Attribute von Ergebnissen der schulischen Einübung „schmückender Beiwörter").
[27] Bei seinem Versuch, die bisherigen Corpusanalysen auf einen typologischen Nenner zu bringen, operiert Biber (2014) mit einem polarisierten Feld struktureller Optionen, das die orate Artikulation auf eine Ausgliederung komplexer Äußerungen (Texte) mit einer Abfolge relativ einfacher propositionaler Strukturen ausrichtet, die einen verbalen Kopf haben (ggf. auch hypotaktisch verknüpft), während die literate Artikulation solche Strukturen mit nominalen Gruppen („phrases") verdichtet.

anderer Ausbauhorizont in den Blick als der oben betrachtete: die gesellschaftliche sprachliche Infrastruktur.

Orate Strukturen sind im informellen Register nötig und werden daher ggf. differenziert ausgebaut. In den informellen kommunikativen Interaktionen kompetent mitzuspielen, verlangt überall (auch in unserer literaten Gesellschaft) einen aufwendigen und langwierigen Lernprozess.[28] In weltweit den meisten Fällen wird das formale Register in einer anderen Sprache als der (denen) des informellen Registers artikuliert. Dann ist auch die in der Schule gelernte Schriftsprache eine ganz andere. In dieser Konstellation wird der Ausbau der spontanen Familiensprache meist abgeblockt, bleibt diese auf das informelle Register beschränkt.

Diese Konstellation ist inzwischen sehr gut z.B. für die Kreolsprachen dokumentiert; dort werden ggf. auch die Ansätze zum Sprachausbau, die durch eine revolutionäre Emphase gepuscht waren, zumeist wieder rückgebaut bzw. sie bleiben nur noch in einem folkloristischen Reservat bewahrt.[29] Aber auch bei den europäischen Sprachen war die Ausgangskonstellation nicht anders. Der Sprachausbau als Erschließen der literaten Strukturen für die Erstsprache war auch hier durch die Zweisprachigkeit blockiert: dies war für das Deutsche bis ins 18. dem Latein vorbehalten.

Die Probleme des Sprachausbaus bzw. grundsätzlich der Schriftkultur lassen sich nicht in dem Feld von *Nähe* und *Distanz* fassen (jedenfalls nicht, wenn man dieses in seinem anschaulichen Sinn nimmt): Dabei geht es um die Anforderungen an die Sprachpraxis und den entsprechenden Ausbau der Ressourcen. Dieser geschah beim Deutschen (wie in allen westeuropäischen Sprachen) auf dem langen Umweg über Kalkierungen der lateinischen Ressourcen, schließlich ihre Aneignung auf dem Weg von Strukturkopien, die das Deutsche strukturell ausbauten, statt ihm Fremdes aufzupfropfen.[30] In dem Maße, wie

---

28 Das wird in der einschlägigen Forschung zu oft übersehen, die nur zu gerne Orates (Mündliches) für Natur halten will. Wo dazu Forschungen vorliegen, werden immer auch die damit verbundenen sozialen Anforderungen deutlich. In mehrsprachigen Gesellschaften gehört z.B. ein virtuoses Spielen mit den mehrsprachigen Ressourcen (das *Codeswitchen*) zur kompetenten oraten Praxis. Entsprechende Untersuchungen zum Spracherwerb dort, wie sie z.B. zu hispanophonen Gemeinschaften in Nordamerika vorliegen, zeigen, dass Kinder sich dort erst relativ spät ans Codeswitchen machen – weil das Risiko sich dabei zu blamieren für sie zu groß ist (während sie gleichzeitig in der monolingualen Praxis über die Ressourcen schon verfügen).
29 S. jetzt die Dokumentation in Michaelis et al. (2013).
30 Argumentativ differenzierter ist das in Maas (2008) entwickelt, s. jetzt auch Maas (2014). Koch (2010) hat eine über weite Strecken analoge Modellierung im Vergleich der historischen Abläufe im Lateinischen, Französischen und Deutschen vorgelegt, die er explizit auch als

dieser Ausbau in der Schriftsprache erfolgte, wurde damit auch ein Modell für die mündliche (ausgebaute) Praxis verfügbar.

Seit dem 18. Jhd. ist das auch Gegenstand einer Sprachreflexion, die durchaus im Alltag der Menschen verankert ist: mit der Spannung von „Reden nach der Schrift" als einer entfremdeten Praxis und der dagegen gesetzten Maxime: „Schreib, wie du sprichst", die selbstverständlich auf eine ausgebaute mündliche Praxis gemünzt war.

8 Normen

Mit der Sprachreflexion ist eine andere Dimension der sprachlichen Verhältnisse und damit auch der sprachlichen Artikulation aufgerufen: die schriftkulturelle *Imago*.[31] Anders als in traditionellen Gesellschaften mit einer für schriftliche Praktiken ausgebildeten Schicht von Spezialisten, wie es auch im europäischen Mittelalter mit seinen durch den Lateinunterricht formierten *litterati* der Fall war, ist die Schule in der Moderne zu einem Instrument der Sozialdisziplinierung geworden: als Agentur einer meritokratischen Gesellschaftsverfassung mit der Selbstintegration der Mehrheit der Menschen in ihren nicht privilegierten Status.

Diese Funktion bestimmt den effektiven Lehrplan der *Volks*schule. Die damit verbundene „Volksalphabetisierung" ist auf einen normativen Schriftbegriff ausgerichtet, der funktional nicht transparent ist.[32] Dessen Bewertungen funken

---

Sprachausbau fasst (ggf. mit der komplementären Dynamik des Sprachrückbaus). Das fordert ihm ab, die von ihm dazu benutzten Konzepte von *Nähe* und *Distanz* entsprechend zu dehnen. Es ist hier nicht der Platz, darauf ausführlicher einzugehen; das soll an anderer Stelle geschehen.

31 Terminus aus der Psychoanalyse: internalisierte Zensurinstanz. Für die gesellschaftliche Analyse, insbesondere auch von historischen Entwicklungen, hat Benedict Anderson (1983) das Konzept produktiv gemacht.

32 Obwohl die Differenzierung ein Topos in der sprachwissenschaftlichen Diskussion ist, durchziehen die Unklarheiten die einschlägigen Arbeiten. Normative Strukturen gehören zur Imago; damit sind sie gewissermaßen immun gegen den Wandel von praktischen, funktional ausgerichteten Strukturen. Normen sind u.U. auch resistent gegenüber Eingriffen bei der Kodifizierung: auch wenn die Duden-Grammatik inzwischen „Verlaufsformen" (*ich bin am arbeiten*) zulässt, werden sie von den Sprechern (und ggf. Schreibern), die sie selbstverständlich benutzen, nach wie vor als falsch kategorisiert – weil eben der „gesprochenen Sprache" zugeordnet, s. Davies/Langer (2006). Im Übrigen zeigt die Orthografiekodifizierung, die in dem Marker *am* eine Fusion aus Präposition und Artikel sehen will (vergleichbar mit dem *am* in *der Apfel hängt*

immer in die formale Analyse hinein – nicht nur in die editorische Praxis von schulisch Ausgebildeten, die sie bei Tests wie den oben erwähnten ins Werk setzen. Das macht es auch so schwer, die analytischen Unterscheidungen auf diagnostische Checklisten zu reduzieren – und macht umgekehrt die Arbeit mit Gewährsleuten in solchen kulturellen Kontexten so aufschlussreich, in denen die Schule und die Schriftkultur nicht selbstverständlich sind. Der Umweg über die Analyse „exotischer" Verhältnisse erweist sich hier als ungemein produktiv (und sollte daher zur professionellen sprachwissenschaftlichen Ausbildung gehören).

Tatsächlich sind die medialen Verhältnisse in unserer Gesellschaft seit einer Generation erheblich ins Rutschen gekommen, sodass die Anschauung hier erst recht keine Abduktion einer Modellierung erlaubt; vielmehr verlangt sie ein differenziertes Modell. In dieser Hinsicht bringt die Amalgamierung unterschiedlicher Konzeptualisierungen in dem Modell von *Nähe/Distanz* die Gefahr mit sich, die Verhältnisse zu verunklaren.

Anders als noch vor 50 Jahren sind schriftliche Praktiken inzwischen im informellen Register selbstverständlich. Ohne komplexe symbolische Kodierungen handhaben zu können, lässt sich der Alltag nicht mehr bewältigen: vom Lösen des Fahrscheins am Automaten bis zum Bankkonto, von den Notizen auf Einkaufszetteln bis zu SMS und *Facebook*. Schriftliche Praktiken fallen lange nicht mehr mit literatem Ausbau zusammen. Hier ist analytische Klarheit schon lange nötig, die aber nicht im Feld von *Nähe* und *Distanz* zu gewinnen ist. Die entscheidende Frage ist, ob ggf. mit der Verschriftung ein struktureller Ausbau impliziert ist oder nicht.

Das ist weder bei Listen der Fall, die ihre Interpretation implizit an Verwendungskontexte binden, noch bei der Verschriftung (*orater*) kommunikativer Äußerungen wie bei dem, was einen erheblichen Teil der praktizierten Neuen Medien ausmacht. Die jüngere Generation, die mit dem Umgang und der Nutzung der Neuen Medien aufwächst, erreicht hier eine durchaus virtuose Kompetenz – u.U. aber, ohne dass damit die Schwelle des literaten Ausbaus überwunden wird.[33] Dieser stellt strukturelle Anforderungen, die nicht mit medialen

---

am Baum, nicht aber dem *am* in *er läuft am schnellsten*), wie wenig transparent diese Dinge auch in der Kodifizierung der Standardsprache sind – für die bei der verbalen Form *am arbeiten* die Großschreibung verlangt wird.

[33] Das führt auf anderem Terrain das Problem der in Abschnitt 6 angesprochenen Differenzierung zwischen der Nutzung formaler Ressourcen und literatem Ausbau fort. Eine instruktive Parallele ist das Codeswitchen als virtuoser Umgang mit der Mehrsprachigkeit bei mehrsprachigem Aufwachsen, das eben auch kein Ausweis für das Überwinden der literaten Schwelle

Formen zusammenfallen (selbstverständlich kann man auch in *Facebook* literat ausgebaute Mitteilungen finden). Zum kompetenten Umgang mit diesen gehört auch, dass sich die Akteure ebenfalls über die Registerschwellen im Klaren sind: Nur eingefleischte Germanisten kann es erstaunen, dass diese in ihren Schulaufsätzen nicht die sprachlichen Formen benutzen, mit denen sie in ihren kommunikativen Schriftpraktiken spielen (Smileys, Inflexive [*seufz!, schluchz!*] u.dgl.).[34]

9 Ausblick

Die modische Fixierung auf Erscheinungen der Neuen Medien lenkt ab von den Bildungsbarrieren, die vorrangig in einer Schule, die ihrem gesellschaftlichen Auftrag gerecht werden will, zu bearbeiten sind. Diese werden ohnehin mit der „politisch korrekten" Ablehnung der Rede vom schichtspezifischen Sprachverhalten nur zu gerne ausgeblendet. Demgegenüber soll die Modellierung des Sprachausbaus es erlauben, die gesellschaftliche Dimension der Sprachpraxis in die Analyse hineinzunehmen. Dazu müssen die beschreibbaren Strukturen als Ressourcen bestimmt werden, die im Sinne der Registerdifferenzierung eine erfolgreiche Praxis erlauben oder nicht – was nicht nur, aber insbesondere im pädagogischen Horizont eine grundlegende Anforderung an die Sprachanalyse ist. Die vorausgehenden Anmerkungen sollten deutlich machen, dass es schwierig ist, die dynamischen Fragen des Sprachausbaus mit dem Konzept von *Nähe/Distanz* in den Griff zu bekommen. Das impliziert keine Kritik an den mit dieser Konzeptualisierung angegangenen deskriptiven Arbeiten, motiviert aber den Versuch einer alternativen Modellierung, für die die Begrifflichkeit von *literat/orat* steht.[35]

---

ist, wie das häufige Scheitern solcher Virtuosen in der Schule (also an literaten Anforderungen) nur zu deutlich zeigt.
34 Wenn das jetzt auch in einem großen Forschungsprojekt festgestellt worden ist, wird man das kaum als überraschenden Erkenntnisgewinn verbuchen (s. Dürscheid u.a. 2010).
35 Inzwischen gibt es empirische Arbeiten, die diese Prämissen aufnehmen. Dazu gehört z.B. das Potsdamer Forschungsprojekt zum mündlichen und schriftlichen Sprachgebrauch bei Schülern mit einem türkischen Migrationshintergrund, das insbesondere den Transfer literater Strukturen von der dominanten Erstsprache Deutsch auf die weitere Erstsprache Türkisch und auch auf die Fremdsprache Englisch zeigt, s. Schroeder (2014). Siekmeyer (2013) hat bei Schülern in unterschiedlichen Schulformen und mit unterschiedlichem Familienhintergrund die verfügbaren Ressourcen für den literaten Ausbau untersucht, kontrolliert am Ausbau von nominalen Gruppen (also der oben angesprochenen *Verdichtung*), der auch eine zentrale Vari-

10 Literatur

Anderson, Benedict (1983): Imagined communities. London: Verso.
Bally, Charles (1932, Neubearbeitung 1965): Linguistique générale et linguistique française. Bern: Francke.
Besnier, Niko (1995): Literacy, emotion, and authority. Reading and writing on a Polynesian atoll. Cambridge: Cambridge University Press.
Biber, Douglas (1988): Variation across speech and writing. Cambridge: Cambridge University Press.
Biber, Douglas (1995): Dimensions of register variation. Cambridge: Cambridge University Press.
Biber, Douglas (2006): University language. A corpus-based study of spoken and written registers. Amsterdam: Benjamins.
Biber, Douglas (2014): Using multi-dimensional analysis to explore cross-linguistic universals of register variation. In: Languages in Contrast 14, 7–34.
Boeckh, August (1886): Enzyklopädie und Methodologie der philologischen Wissenschaften. 2. Auflage. Leipzig: Teubner.
Bühler, Karl (1934): Sprachtheorie. Die Darstellungsfunktion der Sprache. Jena: Fischer.
Chafe, Wallace (1994): Discourse, consciousness, and time. The flow and displacement of conscious experience in speaking and writing. Chicago: Chicago University Press.
Davies, Winifred V./Langer, Nils (2006): The Making of Bad Language. Lay Linguistic Stigmatisations in German. Frankfurt am Main: Lang.
Denniston, John D. (1934): The Greek particles. Oxford: Clarendon Press.
Dürscheid, Christa/Wagner, Franc/Brommer, Sarah (2010): Wie Jugendliche schreiben. Schreibkompetenz und neue Medien. Berlin/New York: de Gruyter.
Fernandez, Jocelyne M. M. (1994): Les particules énonciatives dans la construction du discours. Paris: Presses Universitaires de France.
Hong, Yingming (2010): Literate und orate Strukturen im Mandarin Chinesischen. Eine corpusbasierte Untersuchung zum Bau komplexer Sätze. In: Grazer linguistische Studien 73, 183–199.
Kauffmann, Friedrich (1890): Geschichte der schwäbischen Mundart im Mittelalter und der Neuzeit. Mit Textproben und einer Geschichte der Schriftsprache in Schwaben. Straßburg: Trübner.

---

able in den Potsdamer Untersuchungen ist. Eines ihrer Kriterien ist dabei die kontextangemessene Nutzung formaler Strukturen, die sie als kompetenten Umgang mit der Registerdifferenzierung interpretiert. Solche Analysen können helfen, Dysfunktionen des Bildungssystems zu diagnostizieren. Bei Siekmeyer (2013) zeigte sich z.B., dass der Zugang zu solchen formalen Ressourcen nicht mit der schulischen Einstufung korrespondierte: nicht nur finden sich „literat" schwache Schüler auf dem Gymnasium, sondern auch „literat" starke auf Haupt- und Realschulen. Wenn die Schule so das Leistungsvermögen der Schüler nicht adäquat valorisiert, dann verweist das nicht zuletzt auf Defizite in der Lehrerausbildung. Eine angemessene Modellierung der Sprachprobleme gehört dazu.

Koch, Peter (2010): Sprachgeschichte zwischen Nähe und Distanz: Latein – Französisch – Deutsch. In: Ágel, Vilmos/Hennig, Mathilde (Hrsg.): Nähe und Distanz im Kontext variationslinguistischer Forschung. Berlin/New York: de Gruyter, 155–206.

Koch, Peter/Oesterreicher, Wulf (1985): Sprache der Nähe – Sprache der Distanz. Mündlichkeit und Schriftlichkeit im Spannungsfeld von Sprachtheorie und Sprachgeschichte. In: Romanistisches Jahrbuch 36, 15–43.

Koch, Peter/Oesterreicher, Wulf (2007): Schriftlichkeit und kommunikative Distanz. In: Zeitschrift für germanistische Linguistik 35, 346–375.

Koch, Peter/Oesterreicher, Wulf (2011): Gesprochene Sprache in der Romania: Französisch, Italienisch, Spanisch. 2., aktualisierte und erweiterte Auflage. Tübingen: Niemeyer.

Maas, Utz (1986): Zur Aneignung der deutschen Schriftsprache durch ausländische Schüler. In: Deutsch lernen 11, 23–31.

Maas, Utz (2006): Der Übergang von Oralität zu Skribalität in soziolinguistischer Perspektive. In: Ammon, Ulrich et al. (Hrsg.): Soziolinguistik. Ein internationales Handbuch, Band 3/3. Berlin/New York: de Gruyter, 2147–2170.

Maas, Utz, (2008): Können Sprachen einfach sein? In: Grazer Linguistische Studien 69, 1–44.

Maas, Utz (Hrsg.) (2010): Orat und Literat. Grundbegriffe der Analyse geschriebener und gesprochener Sprache. Graz: Institut für Sprachwissenschaft der Universität Graz (Grazer Linguistische Studien 73).

Maas, Utz (2012): Enunciatives in Moroccan Arabic. In: STUF – Language Typology and Universals 65, 398–411.

Maas, Utz (2014): Der Ausbau des Deutschen zur Schriftsprache. In: Euphorion 108, Heft 3, 325–363.

Maas, Utz/Assini, Abderrahmane (2013): Marokkanisch arabische Texte. München: Lincom.

Matras, Yaron (2009): Language contact. Cambridge: Cambridge University Press.

Michaelis, Susanne et al. (Hrsg.) (2013): Atlas of Pidgin and Creole Language Structures (APiCS). Oxford: Oxford University Press.

Schroeder, Christoph (2014): Türkische Texte deutsch-türkisch bilingualer Schülerinnen und Schüler in Deutschland. In: Zeitschrift für Literaturwissenschaft und Linguistik 43, Heft 174, 24–43.

Rosch, Eleanor (1975): Cognitive reference points. In: Cognitive Psychology 7, 532–547.

Siekmeyer, Anne (2013): Sprachlicher Ausbau in gesprochenen und geschriebenen Texten, Diss. phil. Saarbrücken 2013, http://scidok.sulb.uni-saarland.de/volltexte/2013/5586/pdf/Diss_Siekmeyer_Phil.pdf.

Söll, Ludwig (1974): Gesprochenes und geschriebenes Französisch. Berlin: Schmidt.

Helmuth Feilke

Nähe, Distanz und literale Kompetenz – Versuch einer erklärenden Rezeptionsgeschichte

1 Rezeptionsgeschichtliche Perspektiven

Das Nähe-Distanz-Modell von Koch und Oesterreicher gehört zu den in hohem Maß kontrovers diskutierten und eben deshalb auch stark rezipierten Leitmodellen in der jüngeren Geschichte der Sprachwissenschaft in Deutschland. Dabei sind Aufmerksamkeit und Interesse der Rezeption disziplinär durchaus ungleich verteilt und zeigen einige interessante Auffälligkeiten. So stammt das Konzept aus der romanistischen Linguistik, aber es ist nicht übertrieben zu sagen, dass das Modell die breiteste Wirkung – und damit eben auch den breitesten Widerspruch – in der Rezeption durch die germanistische Linguistik erfahren hat. Auch die BeiträgerInnen dieses Bandes entstammen in der ganz überwiegenden Zahl der Germanistik. Demgegenüber hat das Modell z.B. in der Anglistik kaum Wirkung entfaltet. Eine andere Auffälligkeit sei ebenfalls zur Einleitung erwähnt: Obwohl die Autoren selbst das Nähe-Distanz-Modell eher in Fußnotendiskursen auf Fragen des Spracherwerbs und des Sprachunterrichts beziehen, ist in der damit befassten Fachdisziplin – auch hier wiederum vor allem in der germanistischen Sprachdidaktik – eine breite und intensive Rezeption zu verzeichnen. Das scheint nicht am Gegenstand – Ontogenese und Unterricht – an sich zu liegen, denn auch hier gilt im Fachvergleich: In der anglistischen Applied Linguistics und Educational Linguistics spielt das Konzept bis heute so gut wie keine Rolle. Auffälligkeiten dieser Art sind Hinweise auf die Eigendynamik der jeweiligen Fachdiskurse. Was ein wissenschaftliches Modell fachlich bedeuten kann, ja sogar, was es darstellt und worauf es im Verständnis der Rezipienten in der Hauptsache referiert, steht nicht einfach objektiv fest. Es hängt ab von der jeweiligen disziplinären Verfassung der Fachdiskurse und den jeweils im Vordergrund stehenden Forschungsinteressen. Welches sind also die Bedingungen für die Durchsetzung eines solchen Konzepts im Fachdiskurs?

Der folgende Beitrag stellt diese Frage in einer allgemeinen Perspektive und vertieft sie exemplarisch am Beispiel von Forschungen zum Schriftlichkeitserwerb, denn hier hat das Modell von Koch und Oesterreicher eine breite und anhaltende Rezeption erfahren. Die Darstellung dazu erfolgt in drei Schritten.

Zunächst gehe ich – ausgehend von der Frage nach den theorieimmanenten Erfolgsbedingungen – auf einige eher allgemeine Merkmale des Modells ein, die m.E. den Erfolg des Modells im Vergleich mit den konkurrierenden Konzepten von Konrad Ehlich und Utz Maas gefördert haben. Das ist die wissenschaftstheoretische und methodologische Perspektive. Im zweiten Schritt geht es dann um im engeren Sinn fachbezogene Argumente zur Erklärung des Erfolgs und im dritten Schritt geht es um die spezifischen Erfolgsbedingungen in den Forschungen zum Literalitätserwerb. Es wird deutlich, dass für eine Erklärung der Rezeption drei Faktoren zu berücksichtigen sind: die spezifische Nachfrage nach theoretischen Konzepten in den rezipierenden Disziplinen, der Theorienwettbewerb bzw. das Feld alternativer Theorieangebote sowie insbesondere das spezifische Theoriedesign.

1.1 Wiederkehr des Gleichen?

Die Karriere des Nähe-Distanz-Konzepts ist bemerkenswert aus mehreren Gründen. Einer der Gründe liegt in der Frage: Was eigentlich war neu und innovativ in dem 1985 vorgelegten Aufsatz? Oder rhetorisch gefragt: Waren nicht die Kernideen zur Sprache der Nähe und Distanz im Wesentlichen bekannt und den Fachkundigen vertraut? Das betrifft nicht nur die unmittelbaren (Söll 1974) oder mittelbaren Vorläufer der Forschung zu geschriebener und gesprochener Sprache (Behaghel 1899). Es betrifft auch die sprachphilosophischen und -theoretischen Klassiker. Aus Elias Canettis Roman „Die Blendung" stammt der bekannte Satz „Aristoteles hat alles gewusst" (Canetti 1993: 418), den Canetti seinem Bibliothekar Kien in den Mund legt. In der Tat lassen sich die Kernideen des Modells bis in die antike Philosophie zurückverfolgen. Zwei Beispiele dazu:

Grundlegend für das Modell Koch/Oesterreichers ist bekanntlich die Unterscheidung von Medialität und Konzeptionalität sprachlicher Äußerungen. Diese Unterscheidung hat Maas (1985, 1986b) z.B. schon in der Schriftdefinition des Aristoteles ausgemacht. Maas stellt die Aristoteles zugeschriebene dependenztheoretische Schriftauffassung in Frage, nach der die Schrift ein Zeichen für das Gesprochene sei. Dagegen übersetzt Maas Aristoteles mit: „[...] das Geschriebene ist ein Zeichen dessen, was *im Gesprochenen enthalten* ist." (Maas 1985: 6, Herv. HF) Das „Gesprochene" referiert in dieser Bestimmung auf den medialen Aspekt; die von Maas neu übersetzte Formulierung „im Gesprochenen enthalten" aber referiert auf den konzeptionellen Aspekt. Die Schrift als Zeichen referiert auf konzeptuelle sprachliche Unterscheidungen der Grammatik und der Textorganisation, strukturiert sie auf eigene Weise und baut sie konzeptionell – zunehmend unabhängig von der gesprochenen Sprache – aus.

Zum zweiten Beispiel: Drei Jahre nach dem Erscheinen des Nähe-Distanz-Aufsatzes im Romanistischen Jahrbuch, nämlich 1988, hat Wolfgang Raible ebendort eine kleine Anmerkung zu Karl Bühler veröffentlicht, in der er feststellt, die Unterscheidung von Sprache der Nähe und Sprache der Distanz finde sich ganz klar gedacht schon in Bühlers Sprachtheorie und seiner Unterscheidung von Sprechhandlung und Sprachwerk. Raible schreibt: „Das Kontinuum zwischen konzeptioneller Mündlichkeit und konzeptioneller Schriftlichkeit ist nämlich nichts anderes als Bühlers Ausdeutung der Humboldtschen Opposition zwischen energeia und ergon." (1988: 20). Zwar zitierten Koch und Oesterreicher Bühler, die beiden Autoren

> [...] sehen jedoch nicht, daß es eigentlich Karl Bühler selbst war, der, Humboldt interpretierend, das Kontinuum zwischen konzeptioneller Mündlichkeit und konzeptioneller Schriftlichkeit, zwischen Sprechhandlung und Sprachwerk, oder, auf der formalisierteren Ebene, zwischen Sprechakt und Sprachgebilde, vorgedacht hat. (Raible 1988: 20)

Damit, so Raible, wolle er nicht die Überlegungen seiner Kollegen schmälern, sondern das unterstreiche nur, dass sie „auf einer guten Basis ruhen" (1988: 21). Die Pointe: Karl Bühlers Unterscheidung in seiner Sprachtheorie (1934) wiederum ruhte ebenfalls auf einer guten Basis. Er beruft sich explizit seinerseits auf Aristoteles und dessen Unterscheidung von *praxis* und *poiesis*, der Bühler seine Begriffe *Sprechhandlung* und *Sprachwerk* zuordnet. Wörtlich heißt es bei Bühler:

> Zu einer begrifflich scharfen Abhebung der Sprechhandlung vom Sprachwerk liefert Aristoteles die Kategorien. [...] Es gibt für uns alle Situationen, in denen das Problem des Augenblicks, die Aufgabe aus der Lebenslage redend gelöst wird: Sprechhandlung. Und es gibt andere Gelegenheiten, wo wir schaffend an der adäquaten sprachlichen Fassung eines gegebenen Stoffes arbeiten und ein Sprachwerk hervorbringen. (Bühler 1934/1982: 52/53).

Die Sprechhandlung ist konzeptionell mündlich auf Situationen der Nähe bezogen, das Sprachwerk konzeptionell schriftlich auf distanzierte Produktion und Rezeption. Ist damit nun Canettis Diktum bestätigt? Hat das Modell der Sprache der Nähe und Distanz zur „guten Basis" bei Aristoteles und Bühler nichts wesentlich Neues hinzugefügt? Wenn dies so wäre, gäbe es keinen fachlichen Grund für den außerordentlichen Erfolg des Konzepts. Ist die breite Rezeption einer bloßen fachrhetorischen Mode aufgesessen? Das scheint mir – vor aller Wertung im Detail – unwahrscheinlich.

Wenn das Bild des Soziologen Robert K. Merton (1983) von der Wissenschaft als Arbeit auf den Schultern von Riesen stimmt, dann stimmt auch, dass diejenigen, die dann auf diesen Schultern – z.B. Aristoteles' und Bühlers – stehen, stets mehr und anderes sehen können, als die großen Vorläufer selbst sehen konnten. In diesem Sinn ist vor allem zu fragen: Wie sind die Nachfolger auf die Schultern gekommen und was war das Rüstzeug für den Erfolg? Was haben sie gesehen? Und schließlich auch: Was konnten sie (noch) nicht sehen?

Bemerkenswert ist die Karriere des Nähe-Distanz-Modells zum einen also deshalb, weil es Aufmerksamkeit auf sich gezogen hat, obwohl die Kernideen scheinbar schon vorgedacht waren. Bemerkenswert ist die Karriere zum anderen aber auch, weil nahezu zeitgleich sprachwissenschaftlich konkurrierende Konzepte entwickelt und publiziert wurden, gegenüber denen es sich durchgesetzt hat.

1.2 „Nähe & Distanz" im Wettbewerb der Konzeptionen

Als Konkurrenzmodelle sind vor allem zwei alternative Konzeptionen zu nennen, die bis heute im Verhältnis zur Nähe-Distanz-Konzeption, aber auch im Verhältnis untereinander jeweils exklusive Rezeptionstraditionen begründen. Es handelt sich zum einen um Konrad Ehlichs Konzeption der ‚zerdehnten Sprechsituation' und zum anderen um Utz Maas' Unterscheidung ‚orat' vs. ‚literat'. Beide sind früher publiziert als das Modell von Koch und Oesterreicher.

Ehlich veranschaulicht in seiner vielzitierten Publikation von 1983 den konzeptionellen Aspekt der Distanzkommunikation mit der Metapher von der „zerdehnten Sprechsituation" im Text (Ehlich 1983/2007: 493). Anders als bei Koch/Oesterreicher und auch bei Söll (1974) ist dabei für Ehlich das Verhältnis von gesprochener und geschriebener Sprache *nicht* der Ausgangspunkt der Diskussion. Für Ehlich geht es um die Frage nach einer möglichen Definition von „Text", und hier steht der *Überlieferungsaspekt* im Vordergrund: „Als Kriterium für die Kategorie ‚Text' sehe ich also die *Überlieferungsqualität* einer sprachlichen Handlung an." (ebd.) Die Überlieferung erfordert eine „sprechhandlungsaufbewahrende Überbrückung" (ebd.) der raumzeitlichen Äußerungsbezüge. Der „Bote", den Ehlich als Beispiel heranzieht, übermittelt die Nachricht des Senders zwar mündlich, aber er muss sie gleichwohl sprachlich konzeptionell entsprechend der zerdehnten Kommunikationssituation, z.B. zeit-, raum- und personaldeiktisch *transformieren*, eben so, *als ob* der ursprüngliche Verfasser die Nachricht *geschrieben* hätte. In diesem Sinn ist der Text, den der Bote übermittelt, konzeptionell schriftlich. Gleichwohl ist festzuhalten, dass es Ehlich mit der Botenmetapher gelingt, den Textbegriff unabhängig vom Medium zu definieren. Oesterreicher (2008) hat der Ehlich'schen Konzeption vorgehalten, mit der Botenmetapher konzeptionelle Verständigungsvoraussetzungen auszublenden, die nicht unmittelbar auf die raumzeitliche Zerdehnung rückführbar sind und damit einem konzeptionell stark reduzierten Textbegriff das Wort zu reden: Dass der Bote verstanden wird, ist danach nicht in erster Linie bedingt durch die die Nachricht sprachlich transformierenden Verdauerungstechniken, sondern

> [...] durch ein historisch geprägtes, kulturelles Wissen der Kommunikanten von Diskurstraditionen und Kommunikationstypen mit deren nichtsprachlich-semiotisch relevanten, metonymisch funktionierenden Kennzeichen [...] (Oesterreicher 2008: 10).

Ehlich betont nach Oesterreicher zwar die Rolle der Überlieferung, biete aber mit seinem Textbegriff keinen Zugriff auf den für die Überlieferungsqualität entscheidenden Faktor der *Diskurstraditionen* und der durch die „historische Ebene diskurstraditioneller Wissensformen" gegebenen „diskursiven Klammerung" (2008: 15) verschiedener Situationen. Überdies unterstütze Ehlichs Entwurf – auch wenn dies nicht explizit intendiert sei – eine „fragwürdige schriftkulturelle Zentrierung" (2008: 17) und ein über seinen Textbegriff entsprechend einseitig angelegtes Fortschrittsdenken. Der suggestiven Kraft genau dieser Idee allerdings verdankt sich nach meiner Überzeugung gerade auch der Erfolg der Metapher von der Distanzsprache, die Koch/Oesterreicher weit offensiver, als dies Ehlich bei seinem Textbegriff unternimmt, teleologisch mit expliziten Wertungen besetzen (vgl. weiter unten Kap.2.2 und Kap.3.4).

Die zweite Alternative stammt von Utz Maas aus dem Jahr 1984. In einer Rezension zu Gunter Kress' (1982) Buch „Learning to write" schreibt Maas:

> Der Erwerb der kognitiven Instrumente der Schriftsprache macht diese auch für die gesprochene Sprache verfügbar [...]. Es empfiehlt sich daher, auch terminologisch die beiden Dimensionen der kognitiv-strukturellen Ausdrucksform und des sprachlichen Mediums auseinanderzuhalten – im folgenden verwende ich gegenüber den rein deskriptiven Prädikaten: *mündlicher* vs. *schriftlicher* Text die analytischen Prädikate *orate* vs. *litterate* [sic!] Ausdrucksform. (Maas 1984: 140)

Im gleichen Kontext erläutert Maas, dass die damit gefasste Differenz „als idealtypische Unterscheidung verstanden werden muß, die ein begriffliches *Kontinuum* für die empirische Analyse aufspannt" (ebd., Herv. HF). Die doppelte Unterscheidung von mündlich/schriftlich einerseits und von orat/literat andererseits zeigt genau wie das Nähe-Distanz-Konzept ein Jahr später eine Kreuzklassifikation der medialen und konzeptionellen Aspekte. Dabei verweist mündlich/schriftlich auf den medialen Aspekt und orat/literat im Unterschied dazu auf den konzeptionellen Aspekt und damit verbundene sprachstrukturelle und kognitive Unterschiede.

> Ein schriftlicher Text, der maximal auf die Schwierigkeiten des Lesers orientiert ist, hat eine litterate [sic!] Struktur – im Gegensatz zu einer oraten, die durch die Interaktionsmöglichkeiten in der Gesprächssituation bestimmt ist. (Maas 1989: 339)

Maas' Unterscheidung hat ausweislich der Publikationen (1984, 1985, 1986a) ihr Motiv zunächst in sprachdidaktischen Fragestellungen.

> Was in der Schreibdidaktik fehlt und worauf das im vorausgehenden Abschnitt explizierte Modell zielt, sind die konzeptionellen Voraussetzungen für eine Didaktik, die die Schüler bei der notwendigen *intellektuellen* Bearbeitung ihrer Schwierigkeiten unterstützt. (Maas 1985: 14)

Aus dieser praktisch interessierten Erkenntnisperspektive resultiert auch bei Maas schon die medientheoretisch ohne Frage problematische, aber didaktisch geradezu unverzichtbare Annahme einer wechselseitigen Transponier*barkeit* mündlicher und schriftlicher Äußerungen (vgl. Maas 1985: 8f.), wie sie dann auch bei Koch/Oesterreicher (1985: 18, et passim) zu finden ist (vgl. hierzu ausführlich Kap. 3.5.).

Das Beispiel Maas' zeigt, dass die Kernideen des 1985er Aufsatzes von Koch und Oesterreicher in der Luft lagen, und dass dabei vor allem auch die kognitiven Implikationen eine wichtige Triebfeder der Diskussion waren. Maas wirft der auf Ehlich rückführbaren Idee einer „Verdauerung des Fixierten" vor, den Konservierungsaspekt zu sehr zu betonen, anstatt die „[...] symbolische Erweiterung des kognitiv zu Bewältigenden [...]", den Ausbau genuin literater Strukturen zu würdigen (Maas 2006: 2153f.). Demgegenüber stehen die Ausbauperspektive und die konzeptionelle Autonomie distanzsprachlicher Formen für Koch und Oesterreicher außer Frage. Auch hier zeigt sich die Verwandtschaft mit Maas' Überlegungen. Noch bis etwa ins Jahr 2000 beurteilt Maas selbst seine Unterscheidung als weitgehend analog zu Koch/Oesterreichers Differenzierung: „Statt orat/literat findet sich verbreitet auch die Redeweise von konzeptionell mündlich/schriftlich" (Maas 2000: 12). In späteren Publikationen kritisiert er stärker die begrifflich nicht kontrollierten Implikationen der Nähe-Distanz-Metaphorik (z.B. Maas 2004: 635, 2006: 2155, 2010: 43). Auch Dürscheid sieht in ihrer Einführung in die Schriftlinguistik die Unterscheidung als weitgehend analog zu der Terminologie Koch/Oesterreichers, stellt aber lapidar fest, Maas' Unterscheidung habe sich „nicht durchgesetzt" (Dürscheid 2012: 43). Das ist wiederum z.B. im Blick auf die Fachdidaktik durchaus bemerkenswert, denn Maas hat seine Begrifflichkeit, wie bereits gezeigt, an einem germanistisch durchaus prominenten Ort – z.B. 1985 in der Zeitschrift Diskussion Deutsch – expliziert, und zwar – ganz anders als die Nähe-Distanz-Konzeption – auch in didaktisch einschlägigem thematischen Kontext. Aber die Publikation hatte keine Breitenwirkung, auch nicht in der Didaktik, auf die Utz Maas mit seinem Vorschlag zuallererst zielte.

Deshalb möchte ich im Folgenden noch einmal genauer nachfragen. Warum hat sich das Modell der Sprache der Nähe und Distanz offenbar sowohl gegenüber der Ehlich'schen Konzeption als auch gegenüber Maas' frühem Entwurf durchsetzen können?

2 Das Profil des Erfolgs

Zur Beantwortung der Frage nach den Ursachen des Erfolgs möchte ich eine Reihe von Erklärungen vorschlagen, die in diesem und dem folgenden Kapitel im Sinne zunehmender Fachspezifik geordnet sind.

2.1 Die diskursgeschichtliche Situation

Die erste These dazu ist eher wissenschaftshistorisch und -soziologisch. Die 1980er Jahre sind insgesamt gekennzeichnet von einer starken Orientierung der linguistischen Fachdiskussionen an der Mündlichkeits- und Schriftlichkeitsthematik, die fachübergreifend die Diskussion, insbesondere auch in der Germanistik, bestimmte. Seit Mitte der 1960er Jahre hat mit der Freiburger Forschungsstelle des IDS die Aufmerksamkeit zunächst auf der gesprochenen Sprache gelegen, was in der Gegenbewegung zu einer verstärkten Aufmerksamkeit für die Schriftlichkeit führte. Hierzu zählten in Deutschland etwa die Aktivitäten und Publikationen der Studiengruppe Geschriebene Sprache der Werner-Reimers-Stiftung seit 1981; zusätzlich wurde der Diskurs belebt durch das sprachpolitische Unternehmen der Rechtschreibreform, die der kontroversen Diskussion um Schrift und Sprache bis weit in die 1990er Jahre eine breite Öffentlichkeit sicherte. Die Ereignisse waren seit etwa 1980 flankiert von einem Boom internationaler Forschungsliteratur zu literacy und literalen Kompetenzen mit über die Linguistik hinausreichenden kulturwissenschaftlichen, psychologischen und pädagogischen Implikationen (Frederiksen/Dominik, Tannen, Ochs, Olson, Ong, Scribner/Cole u.a.). In diese virile Situation passte die Publikation von Koch und Oesterreicher sehr gut hinein. Ein nicht zu vernachlässigender Faktor dabei: Die Nähe-Distanz-Publikation entstammt dem Diskussionszusammenhang des Freiburger Sonderforschungsbereichs 321 „Übergänge und Spannungsfelder zwischen Mündlichkeit und Schriftlichkeit" (seit 1985) und steht hier als konzeptioneller Beitrag zeitlich ganz am Anfang von dessen

Entwicklung. Der SFB mit seinen vielfältigen Projekten und publizistischen Aktivitäten sichert das Publikum und eine nachhaltige überfachliche Aufmerksamkeit.

Die zweite These zu den Ursachen des Erfolgs ist eher methodologisch. Sie betrifft die Konstruktion des Nähe-Distanz-Modells. Diese zeigt m.E. einige Eigenschaften, die als Erfolgsfaktoren gewertet werden können. Dabei spielen sowohl wissenschaftsrhetorische als auch problembezogene Aspekte eine Rolle. Es geht dabei zum einen um die Metaphorik von ‚Nähe und Distanz', zum anderen darum, dass an die Stelle von Antinomien ein Kontinuum gesetzt wird, das Anschlussmöglichkeiten für disziplinär vielfältige Interpretationen bietet. Die Wegmarken für diese Rezeptionspfade werden im Ausgangstext von den Autoren, wenn auch vielleicht nicht planvoll, so doch mit erheblichem Erfolg für die Diskussion angelegt.

2.2 Die Erfolgsmetapher „Nähe & Distanz"

Zunächst der fachrhetorische Aspekt: Ein besonderer Erfolgsfaktor ist die Metaphorik des Modells (vgl. hierzu auch Zeman i.d.B.; Oesterreicher/Koch i.d.Bd.), also die Rede von Nähe- und Distanzkommunikation, einer Nähe- und Distanzsprache usw. Die Nähe-Distanz-Metapher wird erst im dritten und umfangreichsten Kapitel des Aufsatzes von 1985 entwickelt. Zuvor wird im zweiten Kapitel im Anschluss an Söll – und auch Otto Behaghel – die Unterscheidung des medialen vom konzeptionellen Aspekt gesprochener und geschriebener Sprache formuliert. Aber nicht mit dieser bereits bekannten Trennung, sondern erst mit deren Integration in ein Modell der Nähe-und Distanzkommunikation kommt der eigentlich neue Impuls.

Die Metaphorik bricht zum einen mit der fachlichen Spezialisierung der bis dahin vorwiegend grammatischen Diskussion zum Thema: Es geht nun um Anthropologie, Psychologie und Kommunikation (vgl. Koch/Oesterreicher 1985: 20ff.). Stichworte sind: Emotion und Kognition des Subjekts, spontanes und geplantes Handeln, analoge und digitale Kommunikation. Die Metapher ist beziehbar auf ein multiples Spektrum unversöhnter Gegensätze, nicht nur in der Sprachwissenschaft, sondern darüber hinaus auch der Literatur- und Kulturwissenschaft, der Medien- und Sozialwissenschaft und auch der Philosophie.

Das zeigt etwa die folgende Einordnung des Distanzkonzepts im Aufsatz von 1985 beispielhaft: Es geht den Autoren hier nicht nur um geschriebene und gesprochene Sprache, nicht nur um Schreiben und Lesen, sondern um nichts Geringeres als den zivilisatorischen Wert der Fähigkeit, Distanz erzeugen zu können.

Offensichtlich führen *mediale* Umwälzungen in der Kommunikation auf einer globalen, gesellschaftlichen Ebene zu einschneidenden Veränderungen; diese sind deshalb gravierend, weil es dabei eigentlich *um mehr geht als nur um die Verteilung technischer Kodierungsfertigkeiten ('Lesen', 'Schreiben')*. Wie sich aus unseren Überlegungen ergibt, ist nämlich auch hier der *konzeptionelle* Aspekt entscheidend: für die Sprachteilnehmer geht es um nichts Geringeres als um den zivilisatorisch fundamentalen, gerade auch gesellschafts-politisch relevanten Wert der Fähigkeit, maximaler kommunikativer Distanz genügen zu können. (Koch/Oesterreicher 1985: 32, Herv. H.F.)

Die herausgehobene Bedeutung der Nähe-Distanz-Metapher zeigt sich vor allem in der Rezeption. Es gibt bekanntlich für die europäischen Geisteswissenschaften keinen etablierten Zitationsindex (Fischer/Behrens/Minks/Rösler 2010). Man kann aber zumindest einen Eindruck von den Verhältnissen gewinnen, wenn man die im Internet aufgeführten Zitationen und Erwähnungen auswertet, wie es *google scholar* möglich macht. Dafür habe ich vergleichend nach den Leitkonzepten Koch/Oesterreichers, Ehlichs und Maas' gesucht.

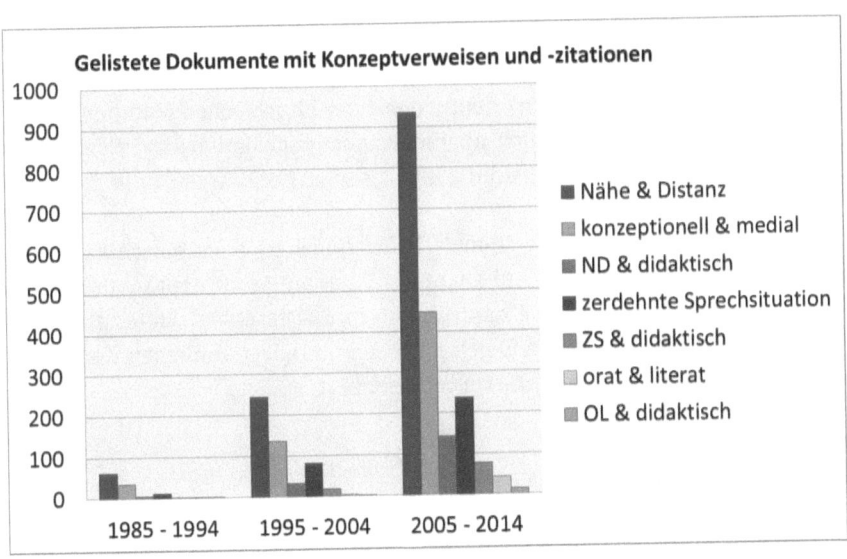

Abb. 1: Rezeption im Vergleich: Koch/Oesterreicher, Ehlich, Maas (Daten nach Google Scholar 10.12.2014)

Der Suche wurden jeweils getrennt die Stichworte *Nähe/Distanz, konzeptionelle Schriftlichkeit, zerdehnte Sprechsituation* und *orat/literat* zugrunde gelegt und dabei die jeweiligen Autorennamen als zusätzliche Distraktoren genutzt (vgl.

Abb. 1). Die Überprüfung der Ergebnislisten ergibt, dass die Suche zuverlässig für die Rezeption einschlägige Treffer ausweist.[1] Außerdem habe ich zusätzlich den Bezug auf didaktische Themen als unterscheidendes Merkmal genutzt (Distraktoren: „didaktisch"+„unterricht"). Es ergeben sich die in Abbildung 1 dargestellten Verhältnisse der quantitativen Rezeption, freilich begrenzt auf den Suchraum der über das Internet auswertbaren Dokumente. Der Verlauf der Legende von oben nach unten entspricht der Abfolge der Balkendiagramme in jeder Phase von links nach rechts.

Ausgewertet wurde ein Zeitraum von 30 Jahren in drei Zeitabschnitten á zehn Jahren. Die Darstellung zeigt erstens eine deutliche Konjunktur der hier erfassten Rezeption in den Zeitabschnitten von 1985 bis 2014. Weit vor allen anderen Konzepten rangiert dabei *Nähe & Distanz*, und zwar – was nicht nebensächlich ist – in der Großzahl der Fälle ohne expliziten Bezug auf die speziellere Diskussion zu den medialen und konzeptionellen Aspekten von Mündlichkeit und Schriftlichkeit. Konkret am Beispiel des Zeitraums 2005–2014: Über 900 Texte mit Bezügen auf das Nähe-Distanz-Modell nehmen keine weitere modellbezogene begriffliche Spezifizierung vor. Knapp 450 Texte beziehen außerdem die *medial/konzeptionell*-Unterscheidung mit ein. Es folgt mit knapp über 200 Bezugsdokumenten Ehlichs „zerdehnte Sprechsituation". Auch in didaktischen Kontexten führt Nähe & Distanz deutlich vor der Ehlich'schen Metapher. Demgegenüber noch einmal deutlich abgeschwächt repräsentiert sind Bezüge auf Utz Maas' *orat/literat*-Unterscheidung, auf die auch didaktisch nur in Einzelfällen zurückgegriffen wird.

Die Ergebnisse können wie gesagt – in Ermangelung eines einschlägigen Zitationsindexes – allenfalls ein Anhaltspunkt für quantitative Aspekte der Rezeption sein. Aber hier zeigen sie dann doch ein überraschend klares Bild. Das Nähe-Distanz-Modell ist im Vergleich mit den zumindest ähnlichen Konzepten von Ehlich und Maas deutlich stärker repräsentiert.

2.3 Die Dichotomie als Kontinuum

Abgesehen von der vielfältigen auch überfachlichen semantischen Anschließbarkeit der Nähe-Distanz-Metapher gibt es m.E. einen zweiten Punkt, der das

---

[1] Damit zeigt die Grafik in Abb. 1 nicht einfach die Entwicklung der Rezeption. Sie zeigt die quantitative Entwicklung der im Internet verfügbaren Dokumente aus den jeweiligen Zeiträumen mit Bezugnahmen auf die jeweiligen Autoren, was allerdings ein Anhaltspunkt für Aussagen zur Rezeption sein kann.

Konzept von der Tradition z.B. Karl Bühlers ebenso wie von den aktuell konkurrierenden Konzepten unterscheidet: Die Raummetaphorik konstruiert nicht nur den begrifflichen Gegensatz von Nähe und Distanz. Sie lenkt die Aufmerksamkeit im Unterschied zu allen anderen Modellen explizit auf den *konzeptionellen Raum zwischen den Polen.*

Vierfelder-Schemata haben in der Wissenschaft eine lange Tradition. Mit Unterscheidungen wie *heiß* und *kalt* vs. *naß* und *trocken* hat z.b. die Medizin über Jahrhunderte Krankheiten klassifiziert. Sie dienen aber vor allem dazu, Abgrenzungen vorzunehmen. Auch Bühler hatte Aristoteles zum Vorbild genommen, für die „begrifflich scharfe Abhebung der Sprachhandlung vom Sprachwerk" (Bühler 1934/1982: 52/53, Herv. H.F.). An dieser Stelle irrt m.E. Raible mit seiner einleitend zitierten Einschätzung, Bühler habe das Kontinuum vorgedacht. Freilich *denkt* Bühler das Kontinuum, aber als Aristoteliker interessieren ihn in erster Linie die kategorialen Unterschiede, wie er sie u.a. in seinem Vierfelderschema modelliert hat. Genau dort liegt seine Botschaft an das Publikum:

> Man muss die Dinge nach den höchsten Ordnungsgesichtspunkten von Praxis und Poiesis einmal soweit aufgespalten haben, um *danach* das faktische Ineinander der Leitfäden im Falle des hochgeübten kultivierten Sprechens nicht zu leugnen, sondern als ein eigenes Problem und Thema allererst richtig zu sehen. (Bühler 1934/1982: 54, Herv. H.F.)

Bühler geht es prioritär um das begriffliche Aufspalten der Dinge und um die Kategorienbildung. Genau das ist aber gerade nicht die Intention des Nähe-Distanz-Modells: Die von Ludwig Söll adaptierte Idee, *eine Antinomie* (mündlich/schriftlich) *und ein Kontinuum* zu kombinieren, macht die Nähe-Distanz-Metapher zu einem theoretischen Katalysator: Es wird – anders als in Vierfelder-Schemata sonst – nicht nur kategorial abgegrenzt, sondern der Blick wird systematisch auf Verwandtschaften und Familienähnlichkeiten gerichtet. Entsprechend schreiben Ágel/Hennig:

> Der Erfolg des Modells lässt sich darauf zurückführen, dass die Autoren Sölls Unterscheidung von zwei definitorischen Ebenen aufgreifen [...] und das Spannungsfeld auf konzeptioneller Ebene als Kontinuum zwischen den Polen ‚Sprache der Nähe' und ‚Sprache der Distanz' modellieren. (Ágel/Hennig 2006: 12)

Epistemisch werden auf diese Weise Zusammenhänge deutlich, rhetorisch werden Gegensätze versöhnt. Es ist, um de Saussure zu zitieren, der Gesichtspunkt, der den Gegenstand schafft, und hier haben Koch/Oesterreicher, die ohne Zweifel ganz grundlegend auf Bühler aufbauen und dies auch explizieren, ein anderes Interesse und einen anderen Gesichtspunkt gewählt als Bühler. Ich sehe in diesem Umstand den wesentlichen und originären ideengeschichtlichen Impetus des Modells und auch einen der Hauptgründe für den Erfolg des Modells in der germanistischen Sprachwissenschaft und Sprachdidaktik.

2.4 Das Kontinuum als Koordinaten- & Entwicklungsraum

Das Kontinuum wird von den Autoren unter einer *räumlichen* und unter einer *zeitlichen* Perspektive diachron und bezogen auf Entwicklungsprozesse interpretiert. Den Aspekt des Koordinatenraums werde ich im Folgenden diskutieren, den Aspekt des Kontinuums als Entwicklungsraum hier nur knapp behandeln und dann in Kapitel 3.3 unter didaktischer Perspektive vertiefen.

Das *Kontinuum als Koordinatenraum*: Wo bisher im Diskurs eine Antinomie beherrschend war (mündlich vs. schriftlich) werden nun Zusammenhänge und Ähnlichkeiten sichtbar. Koch und Oesterreicher beschreiben das Kontinuum als ein „keinesfalls lineares Kontinuum" (1985: 21). Es sei vielmehr „ein mehrdimensionaler Raum zwischen zwei Polen", „ein Raum, in dem nähe- und distanzsprachliche Komponenten sich mischen und bestimmte Äußerungsformen konstituieren" (1985: 21). Gesprochene und geschriebene Sprache existierten nicht nebeneinander, so hat Günther (1997: 68) seine Interpretation des Modells formuliert, sondern „durcheinander": Aber dieses Durcheinander ist kein Chaos; es wird durch den Bezug auf Nähe- und Distanzparameter *unterschiedlicher Art* verständlich. Auch mündlich kann es Bühlers Sprachwerk geben, auch schriftlich das situations- und zeitgebundene indexikalische Zeichen.

Das Vierfelderschema bei Koch/Oesterreicher mit den Dimensionen phonisch/graphisch und medial/konzeptionell ist deshalb methodologisch *keine Kreuzklassifikation* im klassischen Sinn, die eben immer mindestens vier begrifflich *disjunkte* Felder enthält. Es ist ein vielschichtiger und im Modell selbst begrifflich noch kaum ausgeloteter *Koordinatenraum*, in dem vieles, was bisher als widersprüchlich erschien, besser verortet und erklärt werden kann. Dabei ist die begriffliche Unterbestimmtheit des Koordinatenraums zwischen Nähe und Distanz – Maas nennt sie „mystifizierend" (Maas 2010: 43) – einerseits ein kritikwürdiger Punkt des Modells, andererseits aber auch „heuristisch sehr produktiv" (Maas 2004: 635) und ein Katalysator der Diskussion. Das unterscheidet das Modell m.E. nicht nur von der Tradition, sondern es sichert ihm auch – verglichen mit den zeitgleich konkurrierenden Modellen – eine bessere Anschließbarkeit und eine höhere Aufmerksamkeit beim Publikum. Man könnte sagen: Dadurch, dass Koch und Oesterreicher die intendierte Mehrdimensionalität des

Kontinuums *systematisch* unaufgeklärt lassen[2] und dem Diskurs überantworten, schaffen sie den Humus, auf dem Rezeption und Auseinandersetzung hervorragend gedeihen.

Das *Kontinuum als Entwicklungsraum:* Die Raummetapher des Kontinuums zwischen Nähe und Distanz stiftet noch eine zweite Perspektive. Das Raumkontinuum kann als ein Zeit- und Entwicklungskontinuum interpretiert werden, und auch das haben die Autoren genau so beabsichtigt. Die Nähekommunikation ist die Basis und der Anfang. Das vierte Kapitel des Aufsatzes von 1985 heißt deshalb: „Der Primat der gesprochenen Sprache". Von dort aus geht es über verschiedene Wege und Etappen zu verschiedenen Formen der Distanzkommunikation: stammesgeschichtlich (phylogenetisch), historisch (soziogenetisch) und auch ontogenetisch. Obwohl vielfach nur in ausführlichen Fußnoten untergebracht,[3] zeigen die Verweise auf Sprachgeschichte, Pidginisierung und auch auf Arbeiten zum Spracherwerb (Koch/Oesterreicher 1985: 26), dass den Autoren die Interpretation des Kontinuums als *gerichtetes Entwicklungskontinuum* ein zentrales Anliegen ist. Ich werde darauf im dritten Kapitel des Beitrags detailliert eingehen.

2.5 Die theoretische Rehabilitierung der Kategorie „Text"

Dieses Kapitel abschließend wird im Folgenden noch ein Gesichtspunkt behandelt, der m.E. nicht nur für die Rezeption in der Sprachdidaktik, sondern gleichermaßen für die Stellung des Modells in der Textlinguistik und Pragmatik und ihre Entwicklung seit den 1980 Jahren bedeutsam ist. Der Impetus des Modells, seine Popularität in weiten Bereichen und sein objektiver Status als Klassiker verdankt sich nicht etwaigen medientheoretischen Innovationen (vgl. z.B. die Beiträge von Dürscheid und Schneider i.d.Bd.), ebensowenig einer neuen Sicht auf Sprechen und Schreiben als Prozesse (vgl. Knopp i.d.Bd.) und auch nicht einer neuen Sicht auf den Diskurs und die Interaktion (vgl. den Beitrag

---

[2] Oesterreicher beansprucht in seinem Beitrag (i.d.Bd.) über das Konzept der Kommunikationsbedingungen die Voraussetzungen für ein rationales Verständnis der Metaphorik von Nähe und Distanz geschaffen zu haben. Allerdings haben die Autoren es sich nie zur Aufgabe gemacht, die begrifflich unaufgelöste Heterogenität in diesem Bereich (vgl. z.B. Häcki-Buhofer 2000, Hennig 2001, Ågel/Hennig 2006, Dürscheid 2006, Günther 2010, Dürscheid 2012: 50ff.) selbst zu bearbeiten. Stattdessen haben sie das gleiche Schema über 30 Jahre vielfach reproduziert und dadurch die Diskussion in Gang gehalten.
[3] Z.B. Fußnote 27 (1985: 25) mit Verweisen auf de Laguna (1927), Bühler (1934), Hörmann (1976), Bates (1976); (vgl. Nachweise ebd.).

von Imo i.d.Bd.). Ágel/Hennig (2006) richten auch im Untertitel ihres sprachhistorischen Forschungsbandes den Fokus vor allem auf *Nähetexte* und sehen die Potentiale des Nähe-Distanz-Modells vor allem in seiner Eignung „für die prototypische Erfassung der Nähekommunikation" (2006: 13). Dabei kommt dann zwangsläufig auch die Frage nach Formen der Distanzkommunikation in den Blick. Gleichwohl möchte ich eine komplementäre These vorschlagen.

Der Erfolg der Nähe-Distanz-Konzeption in der Linguistik verdankt sich m.E. in erster Linie einer im Zeitkontext der Fachdiskussion neuen Sicht auf den Text und die Form geschriebener Sprache in toto, die vor allem in der Germanistik auf fruchtbaren Boden gefallen ist. Fachgeschichtlich wenden sich Koch und Oesterreicher mit ihrem Aufsatz 1985 implizit gegen die zu Beginn der 1970er Jahre durch die Sprechakttheorie inspirierte, mit universalpragmatischem Anspruch auftretende und vor allem an der Situationalität des jeweiligen Sprechens orientierte textlinguistische Pragmatik. Diese Denkrichtung dominierte in Absetzung von der Textgrammatik traditioneller Prägung in den 1970er und frühen 1980er Jahren die Diskussion. Das Ziel dieses universalpragmatisch inspirierten Textbegriffs der sogenannten „pragmatischen Wende" (vgl. zur Geschichte Feilke 2000) war es, die Texttheorie als eine universale pragmatische Grundlagenwissenschaft zu etablieren (vgl. z.B. Schmidt 1973, v. Dijk 1980). Gegenüber diesem Zugang, für den jedwedes kommunikative Signal zum Text wird – Oesterreicher bezeichnet ihn 2008 rückblickend als „größenwahnsinnigen Gestus" (2008: 3) – rehabilitieren Koch/Oesterreicher mit ihrem Aufsatz den durch Merkmale der Distanzkommunikation gekennzeichneten *Text*, der eben typischerweise ein Schrifttext ist. Nicht das von vielfältigen situativen Bedingungen abhängige Sprechhandeln, sondern die situationsentbundene, dominant und genuin *sprachlich* konstituierte Textualität verdient danach besondere Aufmerksamkeit. Dabei geht es aber nicht mehr – wie vor der pragmatischen Wende – um die in Lettern gemeißelten Sprachdenkmäler der Philologie, sondern um das Kontinuum der pragmatisch motivierten *konzeptionellen* Formen des Gebrauchs. Die Monumente der Philologie werden nicht zertrümmert, wie dies die textpragmatische Wende der 1970er Jahre mit der Handlungsorientierung vorführte, sondern sie werden i.S. eines Textgrammatik und Textpragmatik integrierenden Textbegriffs, wie ihn dann explizit Brinker vorgeschlagen hat, *durchsichtig* im Blick auf die die Textualität konzeptionell konstituierenden pragmatischen Parameter. Nicht nur, aber nicht zuletzt auch durch diese Hinwendung zum Prototyp des konzeptionell schriftlichen Textes wurde das Modell sehr attraktiv für Fragen der Sprachdidaktik.

3 Zur Karriere von Nähe und Distanz in der Sprachdidaktik

In diesem letzten Kapitel gehe ich ein auf die Rezeption des Nähe-Distanz-Modells in den Sprachdidaktiken. Anders als etwa in der Medienlinguistik, wo der Ansatz zwar stark rezipiert, dabei aber sehr kontrovers diskutiert worden ist, und anders als im Bereich der Gesprächsforschung, wo er kaum eine Rolle spielt (vgl. Imo i.d.Bd.), ist er in der germanistischen Sprachdidaktik breit und mit fast durchgängig positiver Resonanz aufgegriffen worden. Dabei ist noch einmal zu unterscheiden zwischen Arbeiten mit weitgehend impliziter Referenz, in denen etwa nur die Nähe-Distanz-Unterscheidung oder die Termini ‚konzeptionelle Mündlichkeit' vs. ‚konzeptionelle Schriftlichkeit' erwähnt werden, und solchen, in denen der Ansatz eigens thematisiert oder als eine der theoretischen Grundlagen für empirische Untersuchungen genutzt wird.[4]

Was sind die Ursachen für die breite Anwendung, wo liegen Perspektiven und wo liegen Grenzen des Modells für sprachdidaktische Fragen? Das Kapitel fragt im folgenden Teil (3.1.) zunächst vergleichend nach der Rezeption in der Fremdsprachendidaktik, in der Zweitspracherwerbsdidaktik und in der sogenannten „muttersprachlichen" L1-Didaktik. Anschließend werden in einer systematischen Perspektive die verschiedenen, spezifisch sprachdidaktischen Aspekte der Rezeption und die entsprechenden Erfolgsbedingungen unter Rückgriff auf einschlägige Anwendungsbeispiele erörtert (3.2–3.5).

Es kann aufschlussreich sein, danach zu fragen, warum ein Geschehen, das andernorts große Resonanz auslöst, in bestimmten Bereichen gerade ohne jeden Widerhall bleibt. Genau eine solche Asymmetrie zeigt sich auch in der Rezeption der Sprachdidaktik, wenn man Fremdsprachendidaktik, L2- und L1-Didaktiken vergleichend heranzieht.

---

4 Für die letztgenannte Kategorie relevant sind ohne jeden Anspruch auf Vollständigkeit und grob zeitlich geordnet etwa: Günther (1993, 1997, 2010); Sieber (1998: 181ff.), Schmidlin (1999: 27ff.); Merz-Grötsch (2000: 35ff.), Fix (2000: 33ff., 2006: 64ff.), Siebert-Ott (2001: 102ff.); Hug (2001: 19ff.), Feilke (2001, 2003, 2010, 2011); Kilian (2006), Augst et al. (2007: 19ff.)., Pohl (2005; 2007: 74ff.); Steinhoff (2007: 44ff.); Abraham (2008: 13ff.)., Steinig et al. (2009: 24ff.), Haueis (2009), Huneke (2010); Dürscheid u.a. (2010: 39ff.), Pohl & Steinhoff (2010: 5ff.), Wrobel (2010: 27ff.), Hinney (2011); Bredel/Fuhrhop/Noack 2011: 3ff.), Merklinger (2011: 23ff.), Dehn/Merklinger/Schüler (2011: 42ff.), Steinig/Huneke (2011: 120ff.); Gantefort (2013), Langlotz (2014: 11ff.), Petersen (2014: 26ff.). In dieser Rezeption gibt es vielfach auch einschlägige kritische Bezugnahmen auf das Modell (Haueis 2009, Dürscheid et al. 2010, Feilke 2010, Günther 2010, Wrobel 2010, Merklinger 2011, Dehn/Merklinger/Schüler 2011).

3.1 Unterschiede der Resonanz – Fremdspracherwerb, L2-Erwerb und L1-Erwerb

Beim Vergleich der Rezeption des Nähe-Distanz-Modells in den verschiedenen Fachdidaktiken der Philologien fällt auf, dass die Konzeption in der deutschen Forschungslandschaft weder in der romanistischen noch in der anglistischen Fachdidaktik eine Rolle gespielt hat. Ein Grund dürfte darin liegen, dass es in der Romanistik und Anglistik um *Fremdsprachendidaktiken* geht. Offenbar liegen hier im Vergleich etwa zu den Anforderungen einer L1-Didaktik andere Bedingungen vor:

In muttersprachlichen oder L1-Didaktiken steht unter variationslinguistischem Aspekt die innere Mehrsprachigkeit von Sprachgemeinschaften und die Aneignung der distanzsprachlichen Varietät als präskriptive Norm ganz im Vordergrund des Interesses (vgl. Ossner 2008: 90f.). Das Varietätenargument gilt gerade auch dort, wo wie etwa in der Deutschschweiz eine mediale Diglossiesituation (Schmidlin 1999) vorliegt, in der der Standard der gesprochenen und der geschriebenen Sprache auseinanderfallen. Im Zentrum des Interesses steht in den L1-Didaktiken die Frage, wie auf der Grundlage vernakulärer Varietäten der gesprochenen Sprache der Standard der in der Schule gebrauchten Schriftsprache und des bildungssprachlichen Registers erworben werden kann.[5] Dies ist aktuell unter dem Schlagwort „Bildungssprache" ein Hauptthema, besonders in der Pädagogik, aber auch in der germanistischen Sprachdidaktik. In der Fremdsprachendidaktik ist das eine deutlich weniger relevante Fragestellung, da hier die standardsprachliche Varietät als ersterworbene Varietät der Fremdsprache im Vordergrund steht.

Demgegenüber stark verändert ist die Situation dann wieder im Bereich des Zweitspracherwerbs, weil hier – anders als im Fremdsprachenerwerb – den

---

5 „Schooled language" ist auch in der anglistischen Applied Linguistics ein breit diskutiertes Thema (z.B. Schleppegrell 2004/2010). Eine wichtige Frage ist aber, auf welche linguistischen Konzepte sich eine Sprachdidaktik für ihre Arbeit stützen kann. Die schwache Rezeption von Koch/Oesterreicher in diesem eigentlich thematisch einschlägigen Forschungskontext der Applied Linguistics kann fachhistorisch in Zusammenhang gebracht werden mit der Tatsache, dass im englischen Sprachraum mit der Theorietradition Hallidays bereits seit langem etablierte und ausgebaute sprachtheoretische Konzepte zur Verfügung stehen, die Zusammenhänge von Sprache, Spracherwerb und Lernen auch in verschiedenen schulischen Kontextbezügen ausführlich thematisieren (vgl. Halliday u.a. 1964, Halliday 1973, 1978, 1993). Sie werden anglistisch didaktisch breit rezipiert. Einen Bedarf für ein Modell wie das der Nähe- und Distanzsprache gibt es in der Anglistik möglicherweise auch deshalb nicht.

vernakulären Varietäten der primären Spracherfahrungsumgebung in der Zweitsprache – etwa einem bestimmten Dialektraum oder einer diastratisch niedrigen Varietät – ebenso wie den genuin lernersprachlichen Varietäten im L2-Erwerb ein eigenständiges Gewicht zukommt. Während nach der prominenten Zweitspracherwerbshypothese von Cummins die sogenannten „Basic interpersonal communicative skills" (BICS) im vernakulären Umfeld der L2-Lerner weitgehend unproblematisch erworben werden, ist der Erwerb der distanzsprachlichen Varietät einer „Cognitive academic language proficiency" (CALP) sehr viel kritischer. Die Unterscheidung von Cummins wird in der Diskussion der Zweitspracherwerbsforschung weitgehend übereinstimmend als analog zur Unterscheidung von konzeptioneller Nähe und konzeptioneller Distanz bei Koch und Oesterreicher gewertet (vgl. z.B. Kniffka/Siebert-Ott 2007: 21/22). Deshalb wird auf das Konzept in Forschungen zu Mehrsprachigkeit und Zweitspracherwerb ebenso wie in Arbeiten zur Didaktik des Zweitspracherwerbs sehr viel stärker zurückgegriffen (z.B. Siebert-Ott 2001: 102ff., Ott 2003, Kniffka/Siebert-Ott 2007: 18ff., Haberzettl 2009, Gantefort 2013: 68ff., Petersen 2014: 26ff.).

Ein zweites, schon zum Kern der Fragestellung dieses Kapitels hinführendes Argument kommt hinzu: Anders als in den Fremdsprachdidaktiken, für die gerade im Kontext kommunikativer Ansätze das standardsprachliche *Sprechenkönnen* im Vordergrund steht, sind die L1-Didaktiken stets Didaktiken der Rezeption und Produktion von geschriebenen *Texten* sowie eines Sprechens, das dominant an der Zielperspektive konzeptioneller Schriftlichkeit orientiert ist. Das gilt gerade auch für die Deutschdidaktik. Für diese, mit dem Stichwort „Textkompetenz" umschreibbaren Anforderungen wird das Modell von Koch und Oesterreicher mit seinen theoretischen Strukturierungshilfen besonders intensiv rezipiert, gerade auch, um dann seinerseits wieder zum Anlass für begrifflich weiterführende Diskussionen zu werden (Portmann-Tselikas/Schmölzer-Eibinger 2008, Feilke 2010).

Ossner (2008: 42ff.) legt seiner Einführung in die Sprachdidaktik das Gesamtschema der vier Quadranten nach Koch/Oesterreicher zugunde, um hier die Kompetenzbereiche des Deutschunterrichts im Bereich Sprechen, Schreiben und Lesen zuzuordnen. Dabei ist für ihn – und das kann man für weite Teile der Deutschdidaktik feststellen – auch schon in früheren Publikationen „konzeptuale Schriftlichkeit [...] die große Integrationsklammer der Schule, auf alle Fälle aber des Deutschunterrichts" (Ossner 2001: 13).

Das Nähe-Distanz-Modell ist also in der Fremdsprachdidaktik so gut wie nicht, in der Zweitspracherwerbsforschung schon sehr viel stärker und in der L1-Didaktik mit Abstand am stärksten rezipiert worden. Es ist programmatisch aufschlussreich, genauer auf die Gründe für starke Rezeption in der L1-Didaktik, namentlich der germanistischen Sprachdidaktik, einzugehen. In der Erörterung dieser Gesichtspunkte wird zugleich auch die notwendige Kritik an der Konzeption aus sprachdidaktischer Perspektive transparent, die deutliche Parallelen zur Kritik angrenzender Disziplinen zeigt.

3.2 Attraktive Ambivalenzen

Klassische theoretische Konzepte in der Sprachwissenschaft sind häufig in sich ambivalent und können so für konträre Sichtweisen gleichermaßen Argumente liefern. Humboldt und de Saussure bieten dafür reichhaltiges Anschauungsmaterial. Auch das hier diskutierte Modell zeichnet sich gleich in mehrfacher Hinsicht durch eine solche innere Ambivalenz aus. Das macht das Konzept einerseits angreifbar, dadurch sind die Positionen aber andererseits vielfach anschließbar und intensivieren die theoretische Auseinandersetzung. Dabei zeigt die Rezeption des Nähe-Distanz-Modells durch die Sprachdidaktik eine Rezeptionsrichtung, die auf den ersten Blick in vielen Punkten geradezu konträr zu den Intentionen der Autoren angelegt zu sein scheint. Andererseits wird die Ambivalenz der Konzeption von der Sprachdidaktik für den eigenen Bedarf genutzt und dafür setzt sich die didaktische Rezeption auch über theoretische Begrenzungen des Modells hinweg. Die grundlegenden Ambivalenzen des Konzepts lassen sich schlagwortartig in drei miteinander eng verbundenen Punkten formulieren, auf die im Folgenden näher eingegangen wird:
– Zeitlose anthropologische Universalität vs. Entwicklungsbezogenheit;
– Wertneutralität vs. Normativität des Modells;
– Medienneutralität vs. Schriftlichkeitsbezug des Modells.

Für die sprachdidaktische Rezeption besonders relevant ist dabei jeweils die rechte Seite der angeführten Alternativen. Diese Ambivalenzen sind zu einem erheblichen Teil dem Rückgriff der Autoren auf das Drei-Ebenen-Modell Coserius geschuldet (vgl. z.B. Koch/Oesterreicher 2011: 5), in dem die auf Generalisierbarkeit abstellenden, gewissermaßen systemisch-universalen Parameter des Sprachgebrauchs fast zwangsläufig in ein Spannungsverhältnis mit der stets zeit-, wert- und mediengebundenen historischen und ontogenetischen Ausgestaltung von Nähe- und Distanzsprache treten. Auffällig ist, dass die Autoren selbst sich wiederholt bemühen, ihrem Modell explizit Nichtteleologizität bzw. Zeitneutralität, Wertneutralität und Medienneutralität zu bescheinigen – vielleicht auch, weil sie vermuten, dass ihnen ihre Leser in dieser Argumentation nicht ohne Weiteres folgen und vielleicht auch, weil sie wissen, dass sie selbst dazu ambivalente Gesichtspunkte formulieren.

Genau an den oben benannten Bruchstellen liegen die virulenten Diskussionspunkte: So meinen die Autoren, ihr Modell *zeitneutral* ohne jegliche teleologische Implikation formulieren zu können, modellieren aber de facto historisch wie ontogenetisch hochgradig gerichtete Entwicklungsprozesse; sie meinen aus anthropologischer Perspektive das Verhältnis von Nähe- und Distanzsprachlichkeit *wertneutral* formulieren zu können, de facto geht es aber in der Modellbildung historisch wie im Erwerb um die Prävalenz und Durchsetzung distanzsprachlicher Varietäten und Kompetenzen, und schließlich meinen sie, *medienneutral* von Nähe- und Distanzsprache sprechen zu können, sprechen aber de facto – und keinesfalls zufällig – von gesprochener und geschriebener Sprache. Was die Autoren *de facto* tun, entspricht genau dem sprachdidaktischen Rezeptionsbedarf. Ich gehe im Folgenden jeweils vertieft auf die Ambivalenzen ein und diskutiere in dem Zusammenhang jeweils Beispiele für die sprachdidaktische Rezeption und Diskussion des Modells.

3.3 Anthropologische Universalität vs. Entwicklungsbezogenheit

Koch und Oesterreicher spannen mit Hilfe des nur schwach systematisierten mehrdimensionalen Konzepts der ‚Kommunikationsbedingungen' (vgl. zur Kritik Ágel/Hennig 2006, Zeman i.d.Bd.) einen Koordinatenraum unterschiedlicher Funktions- und Situationstypen für den Sprachgebrauch auf (vgl. auch Kap.2). Dieser Koordinatenraum ist nach der Idee durch universal-anthropologische Parameter der Ausbildung von Nähe und Distanzsprache motiviert. In dieser Sicht ist etwa Distanzsprachlichkeit durch objektive Kommunikationsbedingungen konstituiert, die sich auch in entsprechenden Versprachlichungsstrategien und in der Konsequenz in einem vergleichbaren Duktus der Distanzsprache niederschlagen. In der anthropologischen Perspektive wird das Kontinuum als zeitlich ungerichteter Koordinatenraum konzipiert (vgl. Koch/Oesterreicher 1985: 18). Auch graphisch wird das Kontinuum von den Autoren durch einen gleichermaßen nach links wie nach rechts weisenden Doppelpfeil markiert. Es gibt in dieser Sicht keine Evolution, keinen Grund für die Rekonstruktion möglicher Entwicklungsmotive und erst recht kein normatives Telos für die Ausrichtung des Kontinuums.

Im Blick darauf ist die Ambivalenz von Anfang an in das Modell eingebaut: Kapitel 4 des Aufsatzes von 1985 ist überschrieben mit „Der Primat der gesprochenen Sprache" (Koch/Oesterreicher 1985: 25) und bereits auf der Folgeseite findet der Leser auch graphisch einen gerichteten Pfeil, der darauf verweist, dass sich historisch wie im Erwerb aus zunächst situationsgebundenen Formen gesprochener Sprache sukzessive stärker situationsentbundene Formen mündlichen Sprachgebrauchs entwickeln, die die Grundlage für die Ausdifferenzierung geschriebener Sprache und konzeptioneller Literalität bilden:

> Auf diesem Hintergrund läßt sich die gesprochene und die geschriebene Sprache sogar leicht in eine phylo- bzw. ontogenetische Gesamtperspektive integrieren. Die gesprochene Sprache [...] steht dem pragmatischen Modus nahe. Andererseits zeigt sie klare Ansätze zur Situationsentbindung und zur ‚Syntaktisierung'. Diese Ansätze werden nun in der geschriebenen Sprache [...] so in Richtung auf den syntaktischen Modus (mit reicher und kompakter Versprachlichung) weitergetrieben, daß im Rahmen der Möglichkeiten des Sprachsystems maximale Situationsentbindung, Monologizität, geringere Affektivität, etc. erreicht werden. (Koch/Oesterreicher 1985: 26)

Abnehmende Affektivität und Spontaneität, zunehmende Reflexivität und Planung, zunehmende Syntaktisierung, zunehmende Situationsentbindung und Vertextung, um nur einige Stichworte zu nennen, bilden für die Sprachdidaktik ein Entwicklungsmodell für konzeptionell literale Sprachkompetenz. Es ist in idealer Weise auf die theoretischen Bedürfnisse einer L1-Sprachdidaktik beziehbar, zu deren ersten Aufgaben es zählt, die mit diesen Entwicklungen verbundenen Herausforderungen im Erwerb didaktisch zu bearbeiten. Das Theorieangebot trifft Mitte der 1980er Jahre auf eine konzeptionell ausgehungerte und bis dato von der Linguistik alleingelassene L1-Sprachdidaktik: Linguistische Spracherwerbsmodelle interessieren sich fast ausschließlich für den frühen Spracherwerb. Die Normativität im Aufbau konzeptioneller Schriftlichkeit diskreditiert für viele Spracherwerbsforscher den späteren schulischen Spracherwerb als Forschungsgegenstand. Attraktiv ist das Modell nicht zuletzt auch deshalb, weil es eine genuin linguistische und damit aus dem eigenen Fach kommende Alternative zu in der Didaktik der 1980er Jahre ebenfalls stark rezipierten entwicklungspsychologischen Entwicklungsmodellen in der Tradition Piagets bietet.

Der Modus der Nähesprachlichkeit und der Modus der Distanzsprachlichkeit sind danach in einem Entwicklungskontinuum verbunden. Entsprechend explizit formulieren die Autoren: „Zwischen beiden kommunikativen Modi besteht eine gerichtete Beziehung." (Koch/Oesterreicher 1985: 25) Die entwicklungsbezogene Gerichtetheit des Modells wird in der Rezeption zur theoretischen Grundlage zahlreicher weiterführender Begriffsbildungen, Einzeluntersuchungen und Diskussionen, die hier nur kursorisch angesprochen werden können: Die vielfach kritisierte Trennung von Medialität und Konzeptionalität im Modell (vgl. hierzu vor allem Kap. 3.5) lenkt unter der Entwicklungsperspektive die Aufmerksamkeit der Forschung auf die Tatsache, dass medialer und konzeptioneller Schriftspracherwerb auch entkoppelt voneinander stattfinden können. In einer Schriftkultur sind heranwachsende Kinder häufig bereits in ihrer Spracherfahrung mit Kontexten des Schriftgebrauchs, mit schriftgebundenen Textsorten und mit Beispielen für den „Duktus" distanzsprachlicher Schriftlichkeit konfrontiert, bevor sie selbst lesen und schreiben können.

> Der Erwerb der Formen konzeptioneller Literalität, also der Strukturen schriftlicher Sprache, setzt danach bereits ein vor dem Schriftspracherwerb [...]. Der Schriftspracherwerb soll hier definiert werden als die Aneignung der Formen der schriftlichen Sprache (Formaspekt, konzeptionell literat) und der Formen der Schriftsprache (Normaspekt) im Medium geschriebener Sprache (medialer Aspekt). (Feilke 2001b: 112)

Ich habe hier entsprechend unter Rückgriff auf Koch/Oesterreichers Begriffe unterschieden zwischen dem sogenannten „protoliteralen Schriftspracherwerb" (Feilke 2003: 179), der noch ohne eigenes Schreiben und Lesen auskommt, und dem Schriftspracherwerb im engeren Sinn, der definitorisch an den eigenen handelnden Umgang mit dem Medium gekoppelt wird. In diesem Sinn untersucht etwa Merklinger (2011) in explizitem Anschluss an Koch/Oesterreicher „Frühe Zugänge zur Schriftlichkeit", so der Titel ihrer Dissertation. Sie erforscht, wie Kinder, die noch nicht schreiben können, beim Diktieren von Texten gleichwohl schon „eine Haltung des Schreibens" (2011: 28) einnehmen können und ihre Äußerungen konzeptionell schriftlich editieren. Der Ausgangspunkt dafür sind vielfach Muster der „Literarität" in der ästhetischen Spracherfahrung. Die Dissertation von Schmidlin (1999) ist in gleicher Weise durch die Unterscheidung von konzeptionellem und medialem Schriftspracherwerb motiviert. Sie untersucht vergleichend mündliche und schriftliche Erzählungen von Deutschschweizer und bundesdeutschen Kindern. Die mediale Diglossiesituation in der Deutschschweiz führt zu einer Spracherwerbssituation, in der die Kinder das Schweizerdeutsch als Standardsprache der Mündlichkeit erwerben, gleichzeitig aber – und in starkem Kontrast dazu – bereits rezeptiv mit dem konzeptionell literalen Schriftdeutsch konfrontiert sind. Es zeigt sich, dass Schweizerdeutsche Kinder im Blick auf bestimmte Parameter konzeptioneller Literalität, etwa das Aufgeben der verbreiteten sogenannten „*und-dann*-Reihung" beim Erzählen, der bundesdeutschen Vergleichsgruppe deutlich voraus sind. Dies kann als Hinweis auf das Gewicht konzeptionell literaler Sprachbewusstheit im Erwerb der geschriebenen Sprache gewertet werden. Schweizerdeutsche Kinder kommen – im Unterschied zu bundesdeutschen – kaum auf die Idee, so schreiben zu können, wie sie sprechen. Dass Schweizerdeutsche Jugendliche dann wiederum so schreiben *können*, hängt schon mit der Fähigkeit zur konzeptionell schriftlichen Evokation von Mündlichkeit im schriftlichen Medium zusammen (vgl. Dürscheid/Wagner/Brommer 2010 und unten Kap. 3.4.).

Mit der Entwicklung zu konzeptioneller Literalität werden bei Koch/Oesterreicher auch Konzepte der Grammatikalisierung und Syntaktisierung verbunden, die in der Forschung zum Erwerb von Schreibkompetenzen mit direktem Bezug auf das Modell theoretisch aufgegriffen und begrifflich wie empirisch spezifiziert werden (z.B. Hug 1999, Feilke 2001, Augst u.a. 2007, Langlotz 2014, Petersen 2014). Hug (2001: 89f.) belegt in einer empirischen Untersuchung zum Erwerb zeitsprachlicher Mittel in Schülererzählungen z.B. die Rolle des Präteritum als Indikator konzeptionell literalen Erzählens, das entgegen der Dominanz des Perfekts in Alltagserzählungen das schriftliche Erzählen bestimmt. Feilke (2001) zeigt entgegen Annahmen Koch/Oesterreichers zur Rolle expliziter Konnexion für konzeptionelle Schriftlichkeit, dass diese sich primär in den Mitteln der Adressatenorientierung zeigt, was bei einer pragmatisch kohärenten Darstellung gerade auch in einem Rückbau expliziter Konnexion resultieren kann. Augst u.a. (2007) belegen die Ausdifferenzierung textsortenübergreifender Aufbauschemata konzeptioneller Textualität im Grundschulalter, wobei die beobachtbaren Grammatikalisierungsprozesse nicht autonom grammatisch, sondern ebenfalls als Folge textkonzeptioneller Entwicklungen verstanden werden (Augst u.a. 2007: 290, 352f.), eine wichtige Einsicht, auf die noch zurückzukommen sein wird.

Einschlägig für konzeptionell-literale Grammatikalisierung sind auch die Arbeiten von Langlotz (2014) zum mittleren Schulalter und Petersen (2014) für Oberstufe und Studium. Langlotz analysiert die Entwicklung syntaktischer Integration (Junktion) in schriftlichen Erzählungen und Argumentationen (nach Ágel/Diegelmann 2010) als Zeichen konzeptioneller Schriftlichkeit. Die Ergebnisse belegen für beide Textsorten eine zunehmende Berücksichtigung der Rezipientenperspektive und einen höheren Grad von Distanzsprachlichkeit im Ausdruck von Junktion mit zunehmenden Alter (vgl. ebd. 174ff.). Petersen (2014) konzentriert sich in einem Vergleich von OberstufenschülerInnen und Studierenden mit Deutsch als L1 und als L2 auf Parameter syntaktischer Komplexität, insbesondere auch in der NP, deren Komplexität grammatisch als starker Indikator konzeptioneller Literalität gilt. Nach ihren Ergebnissen verfügen die beiden untersuchten Gruppen „über dasselbe sprachliche Kontextualisierungspotential zur Herstellung konzeptionell schriftlicher Texte" (Petersen 2014: 248). Petersen selbst gibt zu bedenken, dass es sich bei ihrer Untersuchungsgruppe um eine „positiv selektierte Gruppe handelt, die verschiedene kritische Übergänge im Bildungssystem erfolgreich bewältigt hat" (ebd.: 250).

Nach der Untersuchung von Siebert-Ott (2001) zur frühen Mehrsprachigkeit ist das Verfügen über Muster konzeptioneller Literalität im kulturellen Spracherfahrungsumfeld des frühen Spracherwerbs die entscheidende Voraussetzung für den Aufbau einer CALP-Kompetenz i.S. von Cummins, also für einen schulisch erfolgreichen Schriftspracherwerb, und zwar für L1-Lerner wie für L2-Lerner gleichermaßen (vgl. 2001: 85, 102ff.).

Unter dem Konzept konzeptioneller Literalität muss, wenn es pragmatisch qualifiziert gebraucht wird, auch die Fähigkeit zu einem domänentypisch kontextualisierenden schriftlichen Sprachgebrauch gefasst werden. Die Arbeiten von Pohl (2007) und Steinhoff (2007) zum Erwerb wissenschaftlicher Schreibfähigkeiten belegen übereinstimmend, dass auch der Aufbau domänentypischer konzeptioneller Literalität eigenständig überindividuelle Entwicklungsprofile, z.B. der *Deagentivierung der Verfasserreferenz* und der *Epistemifizierung von Zitatkonstruktionen* zeigt, die beide als ontogenetischer Ausbau konzeptioneller Literalität gewertet werden können. Damit ist auch deutlich: Bestimmend für die Aneignung sind nicht einfach universal-anthropologische Parameter von Nähe und Distanz. Vielmehr sind die je kultur-, domänen- und textsortenspezifischen grammatischen und textlichen Erwartungsmuster konzeptioneller Literalität im Handlungsfeld sowie die Aufmerksamkeit für die entsprechenden Textroutinen und -prozeduren in der Aneignung eine entscheidende Größe des Erwerbs.

Von dieser Einsicht aus kritisieren z.B. Haueis (2009) und Feilke (2010) in unterschiedlicher Ausrichtung die *Eindimensionalität* der Entwicklungsidee bei Koch/Oesterreicher, die Entwicklung primär als Transformation konzeptioneller Mündlichkeit in konzeptionelle Schriftlichkeit und zudem eindimensional als Ausbau von Distanzsprachlichkeit versteht. Beide Punkte seien kurz kommentiert:

Es ist einerseits durchaus elementar, den Schriftspracherwerb als Transformation konzeptionell nähesprachlich motivierter Sprachfähigkeiten zu sehen; in diesem Sinn schreibt etwa Günther: „Die mündlichen Fähigkeiten, die die Kinder mitbringen, müssen (konzeptionell) schriftlich überformt werden." (Günther 2010: 134) Andererseits schreibt er im gleichen Kontext aber auch, konzeptionelle Schriftlichkeit betreffe insbesondere „sprachliche Formen, die eigentlich nur im schriftlichen Medium ihre Heimat haben" (ebd.). Hier gibt es ein logisches Problem im Entwicklungsmodell (vgl. auch Wrobel 2010). Die komplexe NP zum Beispiel oder die Fußnote in einem wissenschaftlichen Text oder der innere Monolog in einem Roman sind nicht einfach als Transformation konzeptioneller Mündlichkeit erklärbar. Sie haben ihre Entstehungsmotive in spezifischen Bedingungen und Möglichkeiten der Schriftlichkeit. Das hat didaktisch erhebliche Konsequenzen. Es geht dann nicht mehr alleine um Kontinuierung und sukzessive Transformation konzeptionell mündlicher Spracherfahrung, sondern insbesondere um Kontrasterfahrung in genuin literal bestimmten Handlungskontexten. Es gibt eine verbreitet populäre didaktische Rezeption des Kontinuums i.S. einer kontinuierlichen Entwicklung von konzeptioneller Mündlichkeit zu konzeptioneller Schriftlichkeit, die aber in der Sache leider oft fehlgeht. Ein Studierender z.B., der noch nicht weiß, wie er Zitate sinnvoll in einen zu schreibenden wissenschaftlichen Text integrieren soll und der in seiner ersten wissenschaftlichen Hausarbeit – für den Experten sinnlos – Zitat an Zitat reiht, der hat das konzeptionelle Profil des wissenschaftlichen Zitierens ohne Frage noch nicht ganz verstanden. Aber er befindet sich deshalb nicht dichter am Pol konzeptioneller Mündlichkeit. Vielmehr weiß er schlicht noch nicht, wie wissenschaftliches Zitieren funktioniert. Auch mündlich wird zitiert: „reported speech" ist eine gesprächsanalytische Kategorie und Kinder sind bereits sehr früh in der Lage, zu berichten und entsprechend gesprochensprachlich zu markieren, was andere gesagt haben. Das funktioniert aber anders und dient auch anderen Zwecken. Eine Analogie, die auf Hartmut Günther zurückgeht, ist hier hilfreich: „Es gibt auch eine Priorität des Laufens gegenüber dem Autofahren, aber das ist kein Grund, Fahren generell als eine aus dem Laufen abgeleitete Tätigkeit zu betrachten." (Günther 1995: 16) Gehen ist keine Vorstufe etwa des Fahrradfahrens, deren Transformation zum gewünschten Ziel führt. Um aus der Analogie einen Aphorismus zu machen: Durch schnelleres Gehen ist noch niemand zum Fahrradfahrer geworden. Die Idee des Kontinuums von konzeptioneller Mündlichkeit zu konzeptioneller Schriftlichkeit ist an dieser Stelle zu einfach und in der Konsequenz falsch (vgl. auch Feilke 2007: 34), ein didaktischer Kassenschlager mit Pferdefuß.

Auch hier liegt die Ursache wieder im anthropologisch-universalen Modell, in dessen Kontext ein solches Kontinuum zunächst hochplausibel scheint. Da aber jede Entwicklung in der Zeit unweigerlich kulturell-historisch situiert ist, führt das Modell zu Widersprüchen, gerade auch bei der Modellierung der Aneignung literaler Kompetenz. Hier geht es konzeptionell nicht einfach um Distanzsprechen, sondern um die Aneignung literaler Praktiken und der spezifischen zeichenhaft konstituierten Werkzeuge einer Schriftkultur (vgl. Feilke 2015). Haueis zufolge

> geraten auf einer eindimensionalen Skala, die vom Pol der konzeptionellen Mündlichkeit zum Gegenpol der konzeptionellen Schriftlichkeit führt, gerade die kulturellen Kontexte, die den Zugang zu schriftgestützter Textualität erleichtern, erschweren oder gänzlich verhindern können, leichter aus dem Blickfeld. (Haueis 2009: 18)

Das zeigt auch der zweite kritische Punkt, der die Annahme betrifft, die Entwicklung zu konzeptioneller Schriftlichkeit sei ausschließlich als Ausbau distanzsprachlicher Mittel zu analysieren. Das ist ein eindimensionales Konzept der Aneignung, bei dem Givons (1979) Idee der sukzessiven Syntaktisierung eines pragmatic mode Pate gestanden hat. Tatsächlich ist syntaktischer Ausbau ein wesentliches Element konzeptioneller Literalität, aber eben nur *ein* Element. Der Aufbau literaler Kompetenz ist ganz wesentlich „Textualisierung", das heißt, es geht um die Aneignung kommunikativer Praktiken der Schriftlichkeit und der durch sie konstituierten Gattungen und Textsorten: Wer ein Drama schreibt, der fällt dafür nicht zurück in konzeptionelle Mündlichkeit und wer eine Kurzgeschichte „in medias res" beginnen lässt, der hat nicht die Exposition vergessen. Auch der Duktus konzeptioneller Schriftlichkeit kann bestimmt sein durch Formen genuin literaler Nähesprachlichkeit (vgl. Feilke 2010). Anders und grundsätzlich formuliert: Die Entwicklung zu konzeptioneller Literalität besteht nicht in erster Linie in der Ausbildung eines „syntactic mode" der Distanzsprachlichkeit, sie besteht vorrangig in der Ausbildung eines genuin literalen, vielfältig differenzierten „pragmatic mode" der Schriftlichkeit. Zu diesem gehört die Aneignung von Praktiken, grammatischen Formen und Textsorten maximaler Distanzsprachlichkeit ebenso wie der grammatischen und textlichen Formen pragmatisch kohärenter literaler Nähesprachlichkeit.

3.4 Wertneutralität vs. Normativität

Ein mit der zuletzt erörterten Frage bereits angesprochener Punkt ist die implizite Normativität des Nähe-Distanz-Modells. Obwohl das Modell mit seinen komplementären Dimensionen sehr symmetrisch daherkommt und gleichermaßen Mündlichkeit und Schriftlichkeit repräsentiert, ist es de facto ein Wertemodell. Es geht um mehr als die bloße Differenz *phonisch* vs. *graphisch* und um mehr als Sprechen und Hören, Schreiben und Lesen. Koch/Oesterreicher selbst sprechen von der „phylo- und ontogenetischen Gesamtperspektive" (1985: 26), die das Modell biete, sie sprechen vom „zivilisatorisch fundamentalen [...] Wert der Fähigkeit, maximaler kommunikativer Distanz genügen zu können" (1985: 32). Für diesen Anspruch gibt es didaktisch starke Resonanz. Der früheste programmatische Text zur Rezeption des Modells in der germanistischen Sprachdidaktik, ein in einem einschlägigen Sammelband publizierter Aufsatz von Günther (1993), ist – bei der explizit wertenden Vorlage kaum verwunderlich – überschrieben mit „Erziehung zur Schriftlichkeit." Ist dies nun ein Missverständnis der Konzeption? Ich denke nicht.

Auch hier lohnt es sich, die im Modell selbst angelegte Ambivalenz herauszuarbeiten: Die Autoren reklamieren zunächst für ihr Kontinuum eine unbedingte wertbezogene Neutralität. Nähesprachlichkeit und ihre Formen sind pragmatisch ohne Frage in gleicher Weise motiviert wie das Spektrum der Distanzsprachlichkeit. Entsprechend beanspruchen die Autoren für sich:

> Das Nähe-Distanz-Kontinuum [...] wird von den funktionalen Erfordernissen unterschiedlicher Kommunikationssituationen bestimmt, ohne daß für den Linguisten eine wertende Komponente in den Blick gerät. (Koch/Oesterreicher 2007: 361)

In diesem Sinn scheint den Verfassern eine an Schriftlichkeit gebundene Wertung der Fähigkeit zu kognitiven und kommunikativen Distanzierungsleistungen fernzuliegen. Andererseits verbinden sich mit der bereits dargestellten Entwicklungsrichtung stark wertbehaftete Motive, die vielleicht „den Linguisten" nicht interessieren mögen, die aber faktisch für alle Fragen eines kulturell und institutionell kontextualisierten Spracherwerbs und einer darauf bezogenen Sprachdidaktik von herausragender Bedeutung sind. Da Koch und Oesterreicher keineswegs weltfremd sind, wird dann – auch bei ihnen und entgegen der zunächst reklamierten Neutralität – die normative Seite zu einem zentralen Element ihrer Argumentation: Das belegt auch die Wortwahl der Autoren. Unter Bezug auf Givón schreiben sie: „Das Voranschreiten vom Nähe- zum Distanz-Pol kann in wesentlichen Punkten sogar als Interpretationsmaßstab für den phylo- und ontogenetischen Auf- und Ausbau menschlicher Sprachfähigkeit dienen." (Koch/Oesterreicher 1994: 588). Die Entwicklung zur Distanz ist ein „Voranschreiten". Die didaktische Rezeption spiegelt diese Ausrichtung des Modells, das unmittelbar die Sachfragen anspricht, die das Alltagsgeschäft einer auf das Schulalter bezogenen Sprachdidaktik bestimmen. In der Rezeption der Sprachdidaktik zeigt sich deshalb gewissermaßen ein komplementäres Bild zur allgemeinen Rezeption des Modells. Während dort in der Breite die Nähe-Distanz-Metaphorik – häufig eben ohne einen Bezug auf die weiterführenden Konzepte – aufgegriffen wird, gibt es in der Sprachdidaktik ein fast ausschließliches Interesse an der Zieldimension konzeptioneller Schriftlichkeit:

> Das Konzept bildet innerhalb der Fachdidaktik *Deutsch* bis auf den heutigen Tag ein wichtiges heuristisches Werkzeug zur Bestimmung didaktischer Zielkompetenzen. Entsprechend oft und wiederkehrend wird *konzeptionelle Schriftlichkeit* [...] als übergeordnetes Globalziel sprachlicher Erwerbs- und Lernprozesse angegeben. (Pohl/Steinhoff 2010: 7f.)

Nicht weniger gilt dies für alle mit der Sprachvariation zusammenhängenden normativen Fragen. Auch das Varietätenmodell (z.B. Koch/Oesterreicher 1994: 595) legt eine gerichtete Entwicklung von diatopischen über diastratische zu diaphasischen Varietäten zugrunde und zielt schließlich auf den Ausbau einer diasystematisch unmarkierten distanzsprachlichen Varietät. Dass diese Phasen keineswegs eine notwendig eintretende Entwicklung beschreiben, versteht sich von selbst; nichtsdestoweniger ist das Modell getragen von einem Telos der Entwicklung, einem Denken von einem angenommenen Ziel der Entwicklung her: „Komplexe Varietätenräume konstituieren sich erst durch die Wahl und Entwicklung einer Distanzvarietät (‚präskriptive Norm', Schriftstandard)." (Koch/Oesterreicher 2007: 354). Was den Varietätenraum einer historischen Einzelsprache ausmacht, kann nur von der Spitze der Entwicklung her, von ihrer distanzsprachlich ausgebauten Varietät her bestimmt werden. Damit wird der stark werthaltige und normative Bezug der Entwicklung expliziert. Das Varietätenmodell und das Kontinuum von Nähe und Distanz sind hier unmittelbar aufeinander bezogen. Hierzu ein längeres Zitat aus dem Lehrwerk von 1990/ 2011 zu den Sprachen der Romania:

> Eine ausgezeichnete Interpretationsbasis für diesen Prozess der präskriptiven Normierung bietet nun gerade das Nähe/Distanz-Kontinuum. Aus den universalen Kommunikationsbedingungen der Distanz ergeben sich nämlich nicht nur bestimmte einzelsprachübergreifende Versprachlichungsstrategien (Distanzsprechen), sondern auch bestimmte Anforderungen auf einzelsprachlicher Ebene (Distanzsprache), und zwar gerade hinsichtlich der verwendbaren Varietäten. So erfordert die Kommunikation über sehr große Zeiträume hinweg (zeitliche Distanz) eine erhebliche Stabilität der sprachlichen Regeln; ein sehr großer Kommunikationsradius (räumliche Distanz) und eine breite Öffentlichkeit machen die Setzung einer diatopisch ‚neutralen' Sprachvarietät wünschenswert; physische (räumliche und zeitliche) Distanz und Fremdheit der Kommunikationspartner verlagern die Möglichkeiten der Selbstdarstellung des Produzenten ganz ins Sprachliche, so dass sich die Verwendung diastratisch und diaphasisch höher bewerteter Varietäten anbietet. Diesen Anforderungen entsprechen nun genau die Merkmale der präskriptiven Norm, die somit in gewissem Sinne Distanzsprache *par excellence* ist. (Koch/Oesterreicher 2011: 18–19)

Der im schulischen Bereich im Anschluss an die Rezeption Bernsteins in den 1970er bis in die 1980er Jahre heftig geführte Streit um die sogenannte Defizithypothese einerseits und die Differenzhypothese andererseits wird durch das Nähe-Distanz-Kontinuum einer gewissermaßen salomonischen Lösung zuführbar. Sie genügt zugleich den Präskriptivitätsansprüchen der Schule. Die Sprachfähigkeiten von Kindern mit einem – bezogen auf die Distanzvarietät – dialektal und soziolektal markierten Spracherfahrungshintergrund werden – zumindest dem Anspruch nach – als nähesprachliche Varianten einerseits im Modell aufgehoben. Andererseits ist klar ausgewiesen, auf welches Ziel hin für alle Lerner die Entwicklung führen soll. Dabei ist die Frage, wie ein stärker situationsgebundener Sprachgebrauch einerseits und Erwartungen an ein distanzsprachlich ausgebautes Schreiben sich zu einander verhalten, interessanterweise weitgehend unabhängig vom Bildungsniveau. Sie kann für Hauptschüler wie für Gymnasiasten gleichermaßen gestellt werden.

In diesem Sinn didaktisch einschlägige Arbeiten haben Sieber (1998) und Dürscheid/Wagner/Brommer (2010) vorgelegt. Sieber hat Maturaaufsätze von 1881–1991 analysiert; er konstatiert eine historische Veränderung kommunikativer Grundmuster der Schriftlichkeit (1998: 150), die sich auch im Sprachgebrauch von Schülern niederschlägt. Die beobachtbaren Veränderungen (1998: 139ff.) fasst er begrifflich unter dem sogenannten „Parlando"-Stil (1998: 50f.): weniger generelle Geltung von Korrektheits- und Angemessenheitsnormen, produzentenseitig größere Subjektivität und angestrebte Authentizität, direkte Leseransprache, rezeptionsseitig größere Implizitheit; die Schreiber verlassen sich auf eine „wohlwollende, am Verständnis orientierte Rezeption" (1998: 52). Für die Erklärung greift Sieber auf Koch und Oesterreicher zurück: „Im Parlando zeigt sich das zunehmende Gewicht, das ‚konzeptioneller Mündlichkeit' in neuerer Zeit auch in geschriebenen Texten zukommt." (1998: 190) Die Ursache sieht er in geänderten normativen Zielkonzepten auch der Schule für den schriftlichen Sprachgebrauch: „Aus den Parlando-Mustern lässt sich auf gewandelte schulische Anforderungen an das Schreiben schliessen, in denen Mehrperspektivität, Vielfalt und Direktheit einen hohen Stellenwert genießen." (1998: 264)

In der Fragestellung vergleichbar, aber synchron angelegt ist die Studie von Dürscheid/Wagner/Brommer (2010), in der allerdings nur eine kritisch – indirekte Bezugnahme auf das Nähe-Distanz-Modell stattfindet (2010: 39ff.), u.a., weil es keinen Zugriff auf die Analyse von *Kommunikationsformen* i.S. der Medienlinguistik, z.B. Email oder Chat, bietet. Im Projekt Dürscheids geht es um die Frage, wie sich der informelle schriftliche Sprachgebrauch in der Internetkommunikation von Schülern und im schulischen Kontext zueinander verhalten und ob der Sprachgebrauch in den Kommunikationsformen des Internet auch den schulischen Sprachgebrauch verändert. Hier kommen die Autoren zu dem Ergebnis, dass die Schüler in der Lage sind, die Domänen deutlich zu trennen. Zwar unterscheidet sich der Sprachgebrauch in Internet und Freizeitkontexten deutlich vom schulischen Gebrauch, aber es sind „für keine Schulform statistisch relevante Kontaktphänomene zwischen den verschiedenen Formen des Schreibens" nachweisbar (Dürscheid/Wagner/Brommer 2010: 263). Auch wenn sich die Untersuchung dezidiert nicht auf Koch/Oesterreicher stützt, ist bemerkenswert, dass in der Diskussion über die Einordnung der Befunde und die dafür notwendige Begrifflichkeit immer wieder explizit auf das Modell Bezug genommen wird. Exemplarisch zeigt dies ein Aufsatz von Dürscheid (2011), in dem sie sich kritisch mit Kilians (2006) Adaption des Sieber'schen „Parlando"-Konzepts für die Analyse von Chat-Kommunikation zwischen Schülern auseinandersetzt. Kilian hatte dafür explizit auf Koch/Oesterreicher Bezug genommen: „Die Schreiberinnen und Schreiber konzipieren ihre Texte so, als befänden sie sich in einer nähesprachlichen Face-to-Face-Gesprächssituation, als stünden sie einander gegenüber." (Kilian 2006: 75) Dürscheid wendet sich gegen die Gleichsetzung von Mündlichkeit und Parlando, die sie sowohl bei Sieber als auch bei Kilian vermutet: Während Mündlichkeit durch objektive Bedingungen mündlicher Verständigung (medial z.B. Lautlichkeit, Synchronizität etc.) bestimmt ist, werden im Parlando und in einer Kommunikationsform wie dem Chat allenfalls Charakteristika mündlicher Verständigung *evoziert*. Das ist aber, so Dürscheid unter normativen Gesichtspunkten ein zentraler Unterschied:

> Die sprachlichen Mittel mögen solche Kommunikationsbedingungen [der Mündlichkeit, HF] evozieren, sie resultieren aber nicht daraus. Hinzu kommt, dass ein Schultext in einer anderen Erwartungshaltung rezipiert wird, als dies bei einem Text der Fall ist, der tatsächlich in einem dialogischen Kontext steht. In einer Maturarbeit kann die konzeptionelle Mündlichkeit meines Erachtens nur toleriert werden, wenn sie als *gut eingesetztes Stilmittel* erkannt wird. (Dürscheid 2011: 182, Herv. H.F.).

Hier möchte ich in Fortsetzung meiner Argumentation am Schluss des letzten Kapitels ergänzen: Wer mündliche Kommunikation mit den Mitteln geschriebener Sprache so zu evozieren vermag, dass tatsächlich der Eindruck unmittelbaren mündlichen Austausches entsteht,[6] der nutzt dafür nicht Mittel konzeptioneller Mündlichkeit, wie Dürscheid im Zitat noch andeutet, sondern – grundbegrifflich m.E. zwingend – konzeptionell-schriftliche Mittel der Evokation von Mündlichkeit (vgl. dazu auch Hennig/Jacob i.d.Bd.). Das ist normativ ein wichtiger Unterschied, weil damit Kriterien des Gelingens der Evokation für die Bewertung einer Leistung (es geht bei Sieber immerhin um Maturarbeiten) mit ins Spiel kommen. Es geht hier um ein Ausbauelement konzeptionell-schriftlicher Kompetenz, das auch schulisch durch entsprechend differenzierte didaktische Gattungskonzepte darstellbar und lehrbar ist (z.B. Tagebucheintrag vs. Essay vs. Erörterung vs. Facharbeit). Die Diskussion zeigt, dass das Reden über Nähe-

---

6 Man denke an die Debatten zur Poetik des naturalistischen Dramas: Wie lässt ein Autor die Figuren schriftlich möglichst natürlich *sprechen*? Er wird sein Wissen über konzeptionelle Mündlichkeit nutzen, aber er muss dabei *als Autor* konzeptionell vor allem sowohl den Theaterbesucher als auch den Dramenleser mit bedenken. Das heißt, der Autor muss für die Konzeption der Äußerung primär Bedingungen der Schriftlichkeit reflektieren. Aufgefangen wird die Problematik durch die Etablierung entsprechender Textsortenkonventionen.

und Distanzsprache unausweichliche normative Implikationen hat und dass genau dies didaktisch von höchstem Interesse ist. Das Modell Koch/Oesterreichers wird nicht zuletzt deshalb so stark rezipiert, weil es dem Anspruch nach – vielleicht erstmals – eine Möglichkeit bereitstellt, über zentrale didaktische Normen im Spannungsfeld von Mündlichkeit und Schriftlichkeit strukturiert und kontrovers *argumentieren* zu können.

3.5 Medienneutralität vs. Schriftlichkeitsbezug des Modells

Der sicherlich in der bisherigen Diskussion des Nähe-Distanz-Modells am intensivsten diskutierte Punkt ist das Insistieren der Autoren auf der Medienneutralität des Modells. Das liegt einerseits daran, dass hier sprachtheoretisch grundlegende Fragen berührt sind. Etwa: Kann es überhaupt eine von der Sprachmedialität gänzlich unabhängige Bestimmung sprachlicher Formen und ihrer konzeptionellen Qualität geben? (vgl. z.B. Schneider 2006 u. i.d.Bd.) Spezifischer modellbezogen ist dann die Frage: Was verstehen Koch/Oesterreicher in ihrem Modell unter dem medialen Aspekt und wie verhält sich dies zur Konzeptualität sprachlicher Zeichen? (z.B. Fehrmann/Linz 2009) Auf beide Fragen soll hier mit Bezug auf das sprachdidaktische Interesse daran kurz eingegangen werden.

Zunächst kann man Medienneutralität auch so verstehen, dass den Autoren ausweislich des Modells Fragen der Mündlichkeit und Fragen der Schriftlichkeit gleich nah oder fern liegen. Hier ist in der Darstellung bereits deutlich geworden, dass der konzeptionellen Schriftlichkeit diachron, ontogenetisch wie variationslinguistisch ein herausgehobener Status im Modell zukommt. Klar formuliert dies auch Haueis:

> Zugeschnitten ist die polare Gegenüberstellung von konzeptioneller Mündlichkeit und Schriftlichkeit auf die Verhältnisse in einer Kultur, in der Textualität eng an Schriftnutzung gebunden ist, sodass hier literater Sprachgebrauch nicht anders zu charakterisieren ist als durch entsprechend ausgeprägte Merkmale. (Haueis 2009: 17)

Bei Koch/Oesterreicher bleibt die typische Distanzkommunikation schriftlich und die Schriftlichkeit typischerweise kommunikativ, kognitiv und sprachlich auf Distanzierung bezogen: Obwohl es ein empirisch vielfältig differenziertes Bild des Schriftgebrauchs gibt, so kritisiert etwa Häcki-Buhofer, „[hält] die Typisierung der geschriebenen Sprache [...] fest an der geschriebenen Sprache der Distanz" (Häcki-Buhofer 2000: 259). Faktisch verbindet sich heute und in den aktuellen Arbeitsfeldern der Sprachdidaktik die mit dem Distanzierungspol verbundene Wertschätzung nahezu exklusiv mit Formen schriftlichen Sprachgebrauchs. Das ist nicht verwunderlich, denn hier geht es, wie oben schon bei Maas (1985: 34) zitiert, um die „[...] konzeptionellen Voraussetzungen für eine Didaktik, die die Schüler bei der notwendigen *intellektuellen* Bearbeitung ihrer Schwierigkeiten unterstützt". Dies sind nicht Schwierigkeiten im Bereich der Nähekommunikation, sondern im Feld der schriftlichen Distanzkommunikation. Entsprechend schreibt Steinig

> [...] dass die zentrale Aufgabe von Schule und Deutschunterricht darin besteht, allen Kindern – in Ergänzung und Erweiterung zur Sprache ihrer familialen Herkunft und Peer Group – die konzeptionell schriftliche Sprache der Öffentlichkeit zu vermitteln [...]. (Steinig 2010: 90)

Es geht um die Fähigkeit zur distanzsprachlichen Interaktion, Beherrschung von Verfahren der Vertextung und eines entsprechend ausgebauten sprachlichen Repertoires, Fähigkeit zur Antizipation der Adressaten – respektive Autorenperspektive, Beherrschung von Textsortenkonventionen und die Fähigkeit zu einer kohärenten Integration von Textelementen (vgl. Huneke 2010: 24/25). Kennzeichnend für die Didaktik ist dabei, dass *ausgehend von konzeptioneller Schriftlichkeit* auch bestimmt wird, was mündlichen Sprachgebrauch ausmacht. Die klare Ausrichtung der Didaktik in diesem Sinn spiegelt der Artikel „Gesprächsfähigkeit – Erzählen, Argumentieren, Erklären" von Kotthoff im „Taschenbuch des Deutschunterrichts":

> Der Deutschunterricht muss Kontexte herstellen, in denen distanzsprachliche, also konzeptionell schriftliche Formen praktiziert und Differenzen zu nähesprachlichen, also konzeptionell mündlichen, reflektiert werden können. (Kotthoff 2010: 179)

Dass der Schriftlichkeitsaspekt des Modells in der didaktischen Rezeption des Modells eindeutig im Vordergrund steht, ist damit hinreichend dokumentiert. Aber das ist unter dem Stichwort „Medienneutralität" nicht der einzige relevante Punkt des Modells.

Auf besonders großen Widerstand – auch in einige Beiträgen dieses Bandes – stößt die von Koch/Oesterreicher unter Bezug auf ein Zitat von John Lyons (1981) durchgängig wiederholte Behauptung einer „media transferability". Dabei geht es um die Annahme, die Sprachform sei wesentlich medienunabhängig und sprachliche Äußerungen seien deshalb im Prinzip beliebig vom phonischen ins graphische Medium und umgekehrt transferierbar. Das ist in gewisser Weise die Grundlage für die gesamte Anlage des Modells, und deshalb trifft die Kritik an der Medienneutralität einen Kernpunkt.

Hier ist aus didaktischer Perspektive gegen die Aufregungen der medientheoretisch m.E. durchaus berechtigten Kritik an der apodiktischen Behauptung einer uneingeschränkten „media transferability" das Gewicht des empirischen Faktums und der praktischen Bedeutung ständiger Transponierungen zu betonen. Aufschreiben zu können, was man sagen kann, und aussprechen zu können, was man lesen kann, ist ein Ziel des Schriftspracherwerbs. Insofern ist – ganz praktisch betrachtet – media transferability eine notwendige Bedingung für Schreiben und Lesen schlechthin.[7] Die Sprachteilhaber müssen fraglos mediale Transferierbarkeit unterstellen, obwohl sie ständig die Erfahrung machen, dass es dabei Schwierigkeiten gibt, und dass „Verschriftung" (medialer Aspekt) und „Verschriftlichung" (konzeptioneller Aspekt) (vgl. Koch/Oesterreicher 1994/2011: 587) gerade nicht dasselbe sind. Didaktisch kann der Deutschunterricht deshalb in vielerlei Hinsicht geradezu als eine institutionalisierte Transponierungswerkstatt verstanden werden: Texte werden gelesen und es wird darüber gesprochen; Themen werden in Gesprächen erarbeitet, und ob sie tatsächlich erarbeitet sind, wird an der Fähigkeit zur schriftlichen Bearbeitung überprüft. Ambitionierte schriftdidaktische Konzepte wie reziprokes Lesen oder Formen kollaborativen Schreibens setzen geradezu auf die Lerneffekte unterrichtlichen Transponierens.

Die Annahme der Transponier*barkeit* unterstellt m.E. keine problemlose Transferierbarkeit oder gar Formgleichheit, wie sie etwa rein strukturimmanente und generative Ansätze annehmen müssen.[8] Koch und Oesterreicher weisen mit ihrer These auf die kaum bestreitbare Tatsache hin, dass Gesprochenes in Geschriebenes übersetz*bar* ist und dass umgekehrt das Geschriebene auf dem Fundament des Gesprochenen aufsetzt. Deshalb ist die Einsicht in die *analytische* Trenn*barkeit* von Konzeption und Medium elementar. Die Unterscheidung als *kategorial* notwendig einzuschätzen, bedeutet aber m.E. auch bei Koch/Oesterreicher nicht, dass Medialität und Konzeptionalität als *kausal* voneinander unabhängige Größen aufgefasst würden. Die Frage, ob und wie durch die jeweilige Sprachmedialität im Sinne eines evolutionären Möglichkeitsraums

---

7 Das wird nicht dadurch eingeschränkt, dass im Spracherwerb Gehörloser die Schrift auch als primäres, von der Lautsprache unabhängiges Symbolsystem erworben werden kann.
8 Nach meiner Einschätzung sprechen Koch und Oesterreicher zwar einerseits im Anschluss an Lyons (1981) explizit von einer „media transferability", aber faktisch folgen sie Lyons Sprachbegriff nicht. Während Lyons in seiner Semantik (1977: 68) seinen Begriff des Mediums ausdrücklich auf Hjemlslevs „Substanz"-Begriff zurückführt, setzen sich Koch und Oesterreicher explizit von allen Varianten eines „strukturalistischen und transformationalistischen Immanentismus" (1994/2011: 25) ab, dezidiert auch vom sogenannten Kopenhagener Strukturalismus Hjelmslevs. So mag man den Autoren vielleicht eine gewisse Sorglosigkeit im Umgang mit ihrer Quelle vorhalten, kann ihnen aber sicher keinen immanentistischen Sprachbegriff unterstellen.

Handlungs- und Kognitionsoptionen überhaupt erst geschaffen und ausgeprägt werden können, wird durch die Unterscheidung nicht überflüssig, sondern überhaupt erst sinnvoll bearbeitbar. Eine veränderte *mediale* Qualität schafft erst den Raum für veränderte Praktiken der Sprachproduktion. In diesem Sinn schreiben Koch/Oesterreicher etwa:

> Gerade auf der Ebene des Textes treten [...] die *medialen* Aspekte der Kommunikation deutlich hervor. [...] eine Textproduktion und -rezeption, die sich ausschließlich im graphischen Medium vollzieht, [ermöglicht] eine wesentlich komplexere und langfristigere Planung und Lektüre mit vielfältigen, sich wiederholenden Korrektur- und Kontrollvorgängen, die den Zugriff auf externe Wissensspeicher erlauben („Sekundärliteratur', Kommentare, Enzyklopädien, Lexika; Grammatiken). (Koch/Oesterreicher 1994/2011: 590, Herv. H.F.)

Eine solche Argumentation spricht gerade gegen Beliebigkeit im Verhältnis von Medium und Konzeption. Das Zitat sagt nichts anderes, als dass Textualität i.S. konzeptioneller Schriftlichkeit durch das graphische Medium mit bedingt und ermöglicht ist (vgl. in diesem Sinn auch Oesterreicher/Koch i.d.Bd.).

Allerdings haben sich die Autoren durch ihre oft apodiktische Trennung von Medialität und Konzeption, die auch als Behauptung einer definitiven kausalen Unabhängigkeit der Konzeption vom Medium missverstanden werden kann, in der Linguistik und Sprachdidaktik vielfacher Kritik ausgesetzt: Ganz anders als im letzten Zitat oben setzen sich Koch und Oesterreicher etwa in ihrem ZGL-Aufsatz von 2007 explizit ab von „ältere(n) noch medial kontaminierte(n) Sichtweisen auf ‚Mündlichkeit' und ‚Schriftlichkeit'" (Koch/Oesterreicher 2007: 350). Die Inkonsistenz liegt hier auf der Hand: Wenn es um Relikte einer medialen *Kontamination* geht, warum sprechen die Autoren dann konstant von Mündlichkeit und von Schriftlichkeit, von gesprochener und geschriebener Sprache, wo doch die Konzeption unabhängig von Laut und Schrift, von Sprechen und Schreiben sein soll? Das ist ohne Zweifel ein zumindest terminologischer Widerspruch, der auch einen erklärten Verfechter der Konzeption wie Hartmut Günther „doch einigermaßen verblüfft" (Günther 2010: 127). Ein einfacher Grund könnte darin liegen, dass die Autoren nicht mehr zeigen können, wovon sie sprechen, wenn sie auf eine Terminologie verzichten, die den faktischen prototypischen Zusammenhang von Medium und Konzeption nicht mehr im Namen trägt.

Ich habe bis hierher für eine didaktisch konstruktive Interpretation der Trennung von Medium und Konzeption und der Idee der Transferierbarkeit bei Koch und Oesterreicher plädiert. Das ist wie gesagt auch dadurch gestützt, dass die Autoren selbst wiederholt Effekte des Mediums für die Konzeption thematisieren. Es bleibt abschließend ein didaktisch m.E. elementarer Punkt des Verhältnisses von Medium und Konzeption kritisch anzusprechen, im Blick auf den die Autoren sich bisher nach meinem Eindruck eher gleichgültig verhalten. In diesem Punkt hat sich die Didaktik über die Begrenzungen des Modells schlicht hinweggesetzt und es eigenständig interpretiert. Es geht um das Schrift- und Orthographieverständnis. In der Erläuterung ihres Ebenenmodells zur historischen Ebene der Einzelsprachen schreiben Koch und Oesterreicher 1994 unter anderem:

> Charakteristisch für die Einzelsprachen und ihre Entwicklung sind auch bestimmte Optionen im Bereich des graphischen Mediums: Schriftsysteme, Phonie-Graphie-Korrespondenzen, Verschriftungsprobleme, Orthographie und Normierung. Auf diese wichtigen medialen Aspekte der Schriftlichkeit ist hier jedoch nicht einzugehen. (Koch/Oesterreicher 1994: 589)

Es kann deutlicher nicht gesagt werden: Schriftsysteme und Orthographien sind nach Auffassung der Autoren rein mediale Aspekte, auf die bei der Erörterung der konzeptionellen Fragen nicht weiter einzugehen ist. Im Unterschied dazu betrifft der konzeptionelle Aspekt

> [...] genau das, was (...) mit „Duktus" evoziert wurde: hier geht es also – unabhängig von der medialen Realisierung – um varietätenbezogene und diskurspragmatisch relevante Optionen im sprachlichen Ausdruck (einschließlich der entsprechenden rezipientenseitigen Erwartungen). (Koch/Oesterreicher 2007: 348)

Konzeptionell relevant ist danach lediglich der diskurspragmatische Duktus. Man kann sicher sagen, dass sich hinter dieser strikten Trennung eine schriftlinguistisch traditionelle Sichtweise verbirgt, die dem Stand der Diskussion zu dieser Frage kaum gerecht wird. Bereits 1981 formuliert Florian Coulmas in seinem Buch „Über Schrift": „Schrift ist Sprachanalyse" (Coulmas 1981: 25) und präzisiert seine These dann: „Jede Schrift abstrahiert von den Distinktionen der Rede und fügt andererseits dem sprachlichen Ausdruck Distinktionen hinzu, die in jener keine Korrelate haben." (1981: 40) Die hier angesprochenen Distinktionen sind nicht rein medialer, sie sind konzeptueller und grammatischer Art. Die geschriebene Sprache in ihrer Gesamtheit – also inklusive des Schriftsystems und der Orthographie – ist darauf bezogen, durch ihre Formate diejenigen Kontextualisierungsleistungen konzeptionell zu stützen, die für eine schriftliche Distanzkommunikation gebraucht werden. Die Graphie als solche ist wie der Laut als Trägersubstanz zunächst bloß als physikalisches Medium bestimmt. Aber so, wie auch das Phonem eine konzeptionelle Größe ist, ist auch das Graphem und sind Graphematik und Orthographie nicht rein medial, sondern gleichermaßen *konzeptionell* bestimmt, nicht weniger als der grammatische und stilistische Duktus geschriebener Sprache oder die Textorganisation. Auch ein Wort wird nicht einfach bloß *verschriftet*, sondern es wird phonemisch, morphologisch und syntaktisch, also im weiteren Sinne *grammatisch konzeptionell verschriftlicht*. Günther (vgl. 1993: 89) stellt zur Illustration des Nähe-Distanz-Modells die konzeptionell mündliche Schreibung <geh mer!> der konzeptionell schriftlichen <Gehen wir!> gegenüber. Schon die morphologische Explizitschreibung und die Großschreibung bei <Gehen> zeigt den Ausbau der sprachlich *konzeptionellen* Struktur: Der Äußerungsanfang wird ebenso sichtbar wie der morphologische und silbische Wortaufbau. Im Blick auf die Orthographie drücken sich Koch/Oesterreicher eigentümlich gewunden aus, wenn sie auf schrifttheoretische Entwicklungen in den 1990er Jahren Bezug nehmen: „So entdeckte man etwa *in medialer Hinsicht* den Eigenwert der Orthographie im Rahmen eines durch Schriftgebrauch geprägten Bewusstseins." (1994/2011: 28, Herv. HF) Tatsächlich geht es freilich nicht um den medialen, sondern um den *konzeptionellen* Eigenwert der Orthographie, der in den 1990er Jahren zum Thema in der Linguistik und Sprachdidaktik wurde.

Während also Koch/Oesterreicher der Schrift, dem Schriftsystem und der Orthographie keinerlei konzeptionellen Status zubilligen und sie vollständig der Medialität zuschlagen, ist das Modell für die Sprachdidaktik gerade dadurch attraktiv und in einem grundlegenden Sinn innovativ, dass es die Möglichkeit bietet, die traditionelle Sicht auf die Graphie als bloßen Ausdruck zu überwinden und das intelligible Fundament der Schrift einer didaktischen Behandlung zugänglich zu machen. Entsprechend schreibt Hinney:

> Ein entscheidender Impuls für eine Neuorientierung in der Rechtschreibdidaktik ist deswegen die Unterscheidung von Lesen und Schreiben als mediale und konzeptionelle Schriftlichkeit. Denn Schrift ist nie nur eine mediale Übersetzung des Gesprochenen in Schriftzeichen, nicht bloß eine Technik, sondern immer Ausdruck des Gedachten. (Hinney 2011: 199/200)

Hier ist das Modell mit seinen Implikationen offenbar schon weiter, als es ihm seine Autoren zugestehen. Die sprachdidaktische Rezeption entwickelt daraus Perspektiven für einen die Konzeptionalität der Orthographie, der Grammatik und des Texteschreibens integrierenden „konstruktiven Schreibunterricht" (Günther 1993: 91). Die Einsicht, dass konzeptionell relevant nicht nur die *Textsorten* im Spannungsfeld von Mündlichkeit und Schriftlichkeit sind, sondern die Formen des Gebrauchs geschriebener Sprache *insgesamt*, ist eine Folge der Rezeption des Modells und kann in seiner Wirkungsgeschichte auf der Habenseite verbucht werden. Auch in dieser Hinsicht war das Modell sprachdidaktisch richtungsweisend, selbst wenn ihm seine Erfinder in dieser Richtung noch nicht wirklich gefolgt sind.

4 Schlusskommentar

Der Aufsatz Kochs und Oesterreichers zur Sprache der Nähe und Distanz aus dem Jahr 1985 ist aus meiner Sicht ein herausragendes Beispiel praktisch relevanter Theoriebildung in der jüngeren Geschichte Linguistik. Ich habe im vorliegenden Beitrag versucht, den Erfolgsbedingungen einer seit 30 Jahren anhaltenden, ungebrochen intensiven und kontroversen Rezeption nachzugehen. Zu diesen Erfolgsbedingungen gehört der Mut zu einer interdisziplinär attraktiven Leitmetaphorik ebenso wie eine Theoriebildung, die Aspekte des sprachlichen Handelns, grammatischer Strukturgenese, der Variation und des Wandels ebenso wie der Aneignung und des Erwerbs von Sprache integriert.

Anders als man wissenschaftlich vielleicht geneigt ist zu denken, scheint der Erfolg pragmatisch weniger durch interne Schlüssigkeit der Theorie und eine darauf basierende Überzeugungskraft alleine als vielmehr durch den ausgelösten Diskussionsbedarf und die Diskussionswürdigkeit des Ansatzes im Ganzen bestimmt zu sein. Dazu zählt dann durchaus auch eine innere Widersprüchlichkeit oder zumindest eine theoretische Ambivalenz vieler Teilkonzepte, die in der Diskussion Widerspruch auslösen kann. Diesen Zusammenhängen ist der vorliegende Beitrag vor allem am Beispiel der Rezeption des Nähe-Distanz-Modells in der Sprachdidaktik nachgegangen. Hier zeigt sich auch, dass es in der Rezeption eines Fachbeitrags keinesfalls so aus dem wissenschaftlichen Wald herausschallen muss, wie man hineingerufen hat. Die Sprachdidaktik hat das Nähe-Distanz-Modell nicht einfach adaptiert, sondern es aktiv rezipiert und auf die eigenen Bedarfe bezogen. Das Modell wird didaktisch dezidiert als ein normatives Entwicklungsmodell für die Aneignung konzeptioneller Schriftlichkeit und bezogen auf die Gesamtheit der hiervon betroffenen Strukturebenen geschriebener Sprache rezipiert.

5 Literatur

Abraham, Ulf (2008): Sprechen als reflexive Praxis. Freiburg i.Br.: Fillibach.
Ágel, Vilmos/Diegelmann, Carmen (2010): Theorie und Praxis der expliziten Junktion.
    In: Ágel, Vilmos/Hennig, Mathilde (Hrsg.): Nähe und Distanz im Kontext variationslinguistischer Forschung. Berlin: de Gruyter, 347–396.

Ágel, Vilmos/Hennig, Mathilde (2006): Grammatik aus Nähe und Distanz: Theorie und Praxis am Beispiel von Nähetexten 1650–2000. Tübingen: Niemeyer.

Ágel, Vilmos/Hennig, Mathilde (2007): Überlegungen zur Theorie und Praxis des Nähe- und Distanzsprechens. In: Ágel, Vilmos/Hennig, Mathilde (Hrsg.) Zugänge zur Grammatik der gesprochenen Sprache. Tübingen: Niemeyer, 179–214.

Augst, Gerhard et al. (2007): Text-Sorten-Kompetenz. Eine echte Longitudinalstudie zur Entwicklung der Textkompetenz im Grundschulalter. Textsorten: Erzählung, Bericht, Beschreibung, Instruktion und Argumentation. Frankfurt a.M. et al.: Lang.

Behaghel, Otto (1899/1927): Geschriebenes Deutsch und gesprochenes Deutsch. Festvortrag, gehalten auf der Hauptversammlung des Deutschen Sprachvereins zu Zittau am 1. Oktober 1899. In: Behaghel, Otto (Hrsg.): Von deutscher Sprache. Aufsätze, Vorträge und Plaudereien. Lahr: Schauenburg, 11–34.

Behrens, Julia et al. (2010): Die internationale Positionierung der Geisteswissenschaften in Deutschland. Eine empirische Untersuchung. HIS-Projektbericht. Hannover. http://www.bmbf.de/pubRD/internationale_positionierung_geisteswissenschaften.pdf (Stand 15.1.2015)

Bredel, Ursula/Fuhrhop, Nana/Noack, Christina (2011): Wie Kinder lesen und schreiben lernen. Tübingen: Francke.

Bühler, Karl (1934/1982): Sprachtheorie. Die Darstellungsfunktion der Sprache. München: Fischer.

Canetti, Elias (1993): Die Blendung. München: Fischer.

Coulmas, Florian (1981): Über Schrift. Frankfurt a.M.: Suhrkamp.

Dehn, Mechthild/Merklinger, Daniela/Schüler, Lis (2011): Texte und Kontexte. Schreiben als kulturelle Tätigkeit in der Grundschule. Seelze: Klett/Kallmeyer.

Dürscheid, Christa (2006): Äußerungsformen im Kontinuum von Mündlichkeit und Schriftlichkeit. Sprachwissenschaftliche und sprachdidaktische Aspekte. In: Neuland, Eva (Hrsg.): Variation im heutigen Deutsch: Perspektiven für den Sprachunterricht. Frankfurt a.M. et al.: Lang (Sprache – Kommunikation – Kultur 4), 375–388.

Dürscheid, Christa (2012): Einführung in die Schriftlinguistik. 4. Auflage. Göttingen: Vandenhoeck & Ruprecht.

Dürscheid, Christa (2003): Medienkommunikation im Kontinuum von Mündlichkeit und Schriftlichkeit. Theoretische und empirische Probleme. In: Zeitschrift für Angewandte Linguistik 38, 37–56.

Dürscheid, Christa/Wagner, Franc/Brommer, Sarah (2010): Wie Jugendliche schreiben. Schreibkompetenz und neue Medien. Mit einem Beitrag von Saskia Waibel. Berlin/New York: de Gruyter.

Dürscheid, Christa (2011): Parlando, Mündlichkeit und neue Medien. Anmerkungen aus linguistischer Sicht. In: Schweizerische Zeitschrift für Bildungswissenschaften 33/2, 175–190.

Ehlich, Konrad (1983/2007): Text und sprachliches Handeln. Die Entstehung von Texten aus dem Bedürfnis nach Überlieferung. aus: Ehlich, Konrad (2007): Sprache und sprachliches Handeln. Band 3: Diskurs – Narration – Text – Schrift. Berlin: De Gruyter. Retrieved 18 Feb. 2015, from http://www.degruyter.com/view/product/175600, 483–507.

Fehrmann, Gisela/Linz, Erika (2009): Eine Medientheorie ohne Medien? Zur Unterscheidung von konzeptioneller und medialer Mündlichkeit und Schriftlichkeit. In: Birk, Elisabeth/Schneider, Jan Georg (Hrsg.): Philosophie der Schrift. Tübingen: Niemeyer, 123–143.

Feilke, Helmuth (2000): Die pragmatische Wende in der Textlinguistik. In: Brinker, Klaus et al. (Hrsg.): Text- und Gesprächslinguistik. Linguistics of Text and Conversation 1. (Reihe HSK) Berlin/New York: de Gruyter, 64–82.

Feilke, Helmuth (2001): Grammatikalisierung und Textualisierung – „Konjunktionen" im Schriftspracherwerb. In: Feilke, Helmuth/Kappest, Klaus-Peter/Knobloch, Clemens (Hrsg.): Grammatikalisierung, Spracherwerb und Schriftlichkeit. Tübingen: Niemeyer, 107–127.

Feilke, Helmuth (2003): Entwicklung schriftlich-konzeptualer Fähigkeiten. In: Bredel, Ursula et al. (Hrsg.): Didaktik der deutschen Sprache. Ein Handbuch. Paderborn: Schönigh, 178–192.

Feilke, Helmuth (2007): Textwelten der Literalität. In: Schmölzer-Eibinger, Sabine/Weidacher, Georg (Hrsg.): Textkompetenz. Eine Schlüsselkompetenz und ihre Vermittlung. Tübingen: Narr, 25–37.

Feilke, Helmuth (2010): Schriftliches Argumentieren zwischen Nähe und Distanz am Beispiel wissenschaftlichen Schreibens. In: Ágel, Vilmos/Hennig, Mathilde (Hrsg.): Nähe und Distanz im Kontext variationslinguistischer Forschung. Berlin/New York: de Gruyter, 209–231.

Feilke Helmuth (2011) Der Erwerb der das/dass-Schreibung. In: Bredel, Ursula/Reißig, Thilo (Hrsg.): Weiterführender Orthographieerwerb. Baltmannsweiler: Schneider-Verl. Hohengehren, 340–354.

Feilke, Helmuth (2012): Was sind Textroutinen? Zur Theorie und Methodik des Forschungsfeldes. In: Feilke, Helmuth/Lehnen, Katrin (Hrsg.): Schreib- und Textroutinen. Theorie, Erwerb und didaktisch-mediale Modellierung. Frankfurt a.M. et al.: Lang, 1–31.

Feilke, Helmuth (2016): Literale Praktiken und literale Kompetenz. In: Deppermann, Arnulf/Feilke, Helmuth/Linke, Angelika (Hrsg.): Sprachliche und kommunikative Praktiken. Jahrbuch des Instituts für deutsche Sprache 2015. Berlin/Boston: de Gruyter, 253–277.

Fix, Martin (2000): Textrevision in der Schule. Baltmannsweiler: Schneider-Verlag Hohengehren.

Fix, Martin (2006): Texte schreiben. Schreibprozesse im Deutschunterricht. Paderborn et al.: Schöningh.

Gantefort, Christoph (2013): Schriftliches Erzählen mehrsprachiger Kinder - Entwicklung und sprachenübergreifende Fähigkeiten. Münster: Waxmann.

Givón, Talmy (1979): On Understanding Grammar. New York et al.: Acad. Press.

Günther, Hartmut (1993): Erziehung zur Schriftlichkeit. In: Eisenberg, Peter/Klotz, Peter (Hrsg.): Sprache gebrauchen – Sprachwissen erwerben. Stuttgart: Klett, 85–96.

Günther, Hartmut (1995): Die Schrift als Modell der Lautsprache. In: Osnabrücker Beiträge zur Sprachtheorie 51, 15–32.

Günther, Hartmut (1997): Mündlichkeit und Schriftlichkeit. In: Balhorn, Heiko/Niemann, Heide (Hrsg.): Sprachen werden Schrift. Mündlichkeit – Schriftlichkeit – Mehrsprachigkeit. Lengwill am Bodensee: Libelle, 64–73.

Günther, Hartmut (2010): Konzeptionelle Schriftlichkeit – eine Verteidigung. In: Günther, Hartmut: Beiträge zur Didaktik der Schriftlichkeit. Kölner Beiträge zur Sprachdidaktik (KöBeS) 6. Duisburg: Gilles & Francke, 125–136.

Haberzettl, Stefanie (2009): Förderziel: komplexe Grammatik. In: Zeitschrift für Literaturwissenschaft & Linguistik 153, Sonderheft „Worauf kann sich der Sprachunterricht stützen?", 80–95.

Häcki Buhofer, Annelies (2000): Mediale Voraussetzungen: Bedingungen von Schriftlichkeit allgemein. In: Antos, Gerd et al. (Hrsg.): Text- und Gesprächslinguistik: ein internationales Handbuch zeitgenössischer Forschung. 1. Halbband. (Reihe HSK) Berlin/New York: de Gruyter, 251–261.

Halliday, M.A.K./McIntosh, A. & Strevens, P. (1964): The Linguistic Sciences and Language Teaching. London: Longman.

Halliday, M.A.K. (1973): Explorations in the Functions of Language. London: Arnold.

Halliday, M.A.K. (1978): Language as social semiotic. The social interpretation of language and meaning. London: Arnold.

Halliday, M.A.K. (1993): Towards a Language-based Theory of Learning. In: Linguistics and Education 5 (2), 93–116.

Haueis, Eduard (2009): Textualität im Fokus einer kulturwissenschaftlich informierten Didaktik. LAUD Paper 737. Universität Duisburg.

Hennig, Mathilde (2001): Das Phänomen des Chats. In: Jahrbuch der ungarischen Germanistik, 215–239.

Hinney, Gabriele (2011): Was ist Rechtschreibkompetenz? In: Bredel, Ursula/Reißig, Thilo (Hrsg.): Weiterführender Orthographieerwerb. Deutschunterricht in Theorie und Praxis (DTP), Bd. 5. Baltmannsweiler: Schneider Hohengehren, 191–225.

Hug, Michael (2001): Aspekte zeitsprachlicher Entwicklung in Schülertexten. Eine Untersuchung im 3., 5. und 7. Schuljahr. Frankfurt a.M. et al.: Lang.

Huneke, Hans-Werner (2010): Schriftlichkeit. In: Huneke, Hans-Werner (Hrsg.): Sprach- und Mediendidaktik. (Taschenbuch des Deutschunterrichts 1). Baltmannsweiler: Schneider, 19–32.

Kilian, Jörg (2006): Standardnorm versus Parlando in Schüler/innen-Chats. In: Der Deutschunterricht 5, 74–83.

Kniffka, Gabriele/Siebert-Ott, Gesa (2007): Deutsch als Zweitsprache: Lehren und lernen. Paderborn: Schöningh.

Koch, Peter/Oesterreicher, Wulf (1985): Sprache der Nähe – Sprache der Distanz. Mündlichkeit und Schriftlichkeit im Spannungsfeld von Sprachtheorie und Sprachgeschichte. In: Romanistisches Jahrbuch 36, 15–43.

Koch, Peter/Oesterreicher, Wulf (1994): Schriftlichkeit und Sprache. In: Günther, Hartmut/Ludwig, Otto (Hrsg.): Schrift und Schriftlichkeit. Ein interdisziplinäres Handbuch internationaler Forschung. 1. Halbband. (Reihe HSK) Berlin/New York: de Gruyter, 587–604.

Koch, Peter/Oesterreicher, Wulf (2007): Schriftlichkeit und kommunikative Distanz. In: Zeitschrift für germanistische Linguistik 35, 346–375.

Koch, Peter/Oesterreicher, Wulf (1994/2011): Gesprochene Sprache in der Romania: Französisch, Italienisch, Spanisch. 2., aktualisierte und erweiterte Auflage. Berlin/New York: de Gruyter.

Kotthoff, Helga (2010): Gesprächsfähigkeit: Erzählen, Argumentieren, Erklären. In: Huneke, Hans-Werner (Hrsg.): Sprach und Mediendidaktik. (Taschenbuch des Deutschunterrichts 1). Baltmannsweiler: Schneider-Verl. Hohengehren, 177–201.

Langlotz, Miriam (2014): Junktion und Schreibentwicklung. Eine empirische Untersuchung narrativer und argumentativer Schülertexte. Berlin/Boston: de Gruyter.

Lyons, John (1977): Semantics 1. Cambridge: University Press.

Lyons, John (1981): Language and Linguistics. An Introduction. Cambridge: University Press.

Maas, Utz (1984): Rezension von: Kress, Günther (1982): Learning to write. London et al.: Routledge & Kegan Paul. In: Zeitschrift für Sprachwissenschaft 3/1, 139–144.

Maas, Utz (1985): Schrift – Schreiben – Rechtschreiben. In: Diskussion Deutsch 16/81, 4–25.
Maas, Utz (1986a): Zur Aneignung der deutschen Schriftsprache bei ausländischen Schülern. In: Narrative Kompetenz. Vervielfältigtes Ms., Druck: Universität Osnabrück, April 1986, 50–65.
Maas, Utz (1986b): „Die Schrift ist ein Zeichen für das, was in dem Gesprochenen ist" – Zur Frühgeschichte der sprachwissenschaftlichen Schriftauffassung. In: Kodikas/Code 9, 247–292.
Maas, Utz (1989): Orthographische Alterität. Über literarische Mundartgraphien. In: Heimann, Sabine et al. (Hrsg.): Soziokulturelle Kontexte der Sprach- und Literaturentwicklung. Festschrift für Rudolf Große zum 65. Geburtstag. Stuttgart: Heinz, 339–359.
Maas, Utz (2000): Orthographie. Materialien zu einem erklärenden Handbuch zur Rechtschreibung des Deutschen. Ms. Osnabrück, Buchhandlung zur Heide.
Maas, Utz (2004): Geschriebene Sprache. In: Ammon, Ulrich/Dittmar, Norbert/Mattheier, Klaus J./Trudgill, Peter (Hrsg.): Sociolinguistics. (Reihe HSK) Berlin/New York: de Gruyter, 633–645.
Maas, Utz (2006): Der Übergang von Oralität zu Skribalität in soziolinguistischer Perspektive. In: Ammon, Ulrich/Dittmar, Norbert/Mattheier, Klaus J./Trudgill, Peter (Hrsg.): Sociolinguistics. Berlin/New York: de Gruyter, 2147–2170.
Maas, Utz (2010): Literat und orat. Grundbegriffe der Analyse geschriebener und gesprochener Sprache. In: Grazer Linguistische Studien 73, 21–150.
Merklinger, Daniela (2011): Frühe Zugänge zu Schriftlichkeit. Eine explorative Studie zum Diktieren. Freiburg i.Br.:im Breisgau: Fillibach
Merton, Robert King (1983): Auf den Schultern von Riesen: Ein Leitfaden durch das Labyrinth der Gelehrsamkeit. 3. Auflage. Frankfurt a.M.: Suhrkamp.
Merz-Grötsch, Jasmin (2000): Schreibforschung und Schreibdidaktik. Bd. Schreiben als System. Freiburg i.Br.: Fillibach.
Müller, Karin (1990): Schreibe, wie du sprichst! Eine Maxime im Spannungsfeld von Mündlichkeit und Schriftlichkeit. Eine historische und systematische Untersuchung. Frankfurt a.M. et al.: Lang.
Oesterreicher, Wulf (2008): Revisited: Die ‚zerdehnte Sprechsituation'. In: Beiträge zur Geschichte der deutschen Sprache und Literatur (PBB) 1 (130), 1–21.
Ossner, Jakob (2001): Erziehung zur Schriftlichkeit. http://www.fachverband-deutsch.de/project/docs/cms/downloads/Vortrag-ProfDrOssner-24022001.doc (Stand: 12.12.2014).
Ossner, Jakob (2008): Sprachdidaktik Deutsch: Eine Einführung. 2.Auflg. Paderborn: Schöningh.
Ott, Margarete (2003): Entwicklung schriftlich-konzeptioneller Fähigkeiten im mehrsprachigen Kontext. In: Bredel, Ursula et al. (Hrsg.): Didaktik der deutschen Sprache. Ein Handbuch. Bd. 1, Paderborn: Schöningh, 193–207.
Petersen, Inger (2014): Schreibfähigkeit und Mehrsprachigkeit. Berlin/Boston: de Gruyter.
Pohl, Thorsten (2005): Die wörtlichen Rede als präferierte Realisierungsform der Figurenrede im frühen schriftlichen erzählen. In: Feilke, Helmuth/Schmidlin, Regula (Hrsg.): Literale Textentwicklung. Frankfurt a.M. et al.: Lang, 93–112.
Pohl, Thorsten (2007): Studien zur Ontogenese des wissenschaftlichen Schreibens. Tübingen: Niemeyer.

Pohl, Thorsten/Steinhoff, Torsten (2010): Textformen als Lernformen. In: Pohl, Thorsten/Steinhoff, Torsten (Hrsg.): Textformen als Lernformen. Duisburg: Gilles & Francke, 5–26.
Portmann-Tselikas, Paul R./Schmölzer-Eibinger, Sabine (2008): Textkompetenz. In: Fremdsprache Deutsch 39, 5–16.
Raible, Wolfgang (1988): Konzeptionelle Schriftlichkeit, Sprachwerk und Sprachgebilde. Zur Aktualität Karl Bühlers. In: Romanistisches Jahrbuch 39, 16–21.
Schleppegrell, Mary. J. (2004/2010): The Language of Schooling. A Functional Linguistics Perspective. New York: Erlbaum.
Schmidlin, Regula (1999): Wie Deutschschweizer Kinder schreiben und erzählen lernen. Textstruktur und Lexik von Kindertexten aus der Deutschschweiz und aus Deutschland. Tübingen/Basel: Francke.
Schmidt, Siegfried J. (1973): Texttheorie. Probleme einer Linguistik der sprachlichen Kommunikation. München: Fink.
Schneider, Jan Georg (2006): Gibt es nichtmediale Kommunikation? In: Zeitschrift für Angewandte Linguistik 44, 71–90.
Schneuwly, Bernard (1995): Textarten – Lerngegenstände des Deutschunterrichts. In: Ossner, Jakob (Hrsg.): Schriftaneignung und Schreiben. In: OBST (Osnabrücker Beiträge zur Sprachtheorie 51), 116–132.
Sieber, Peter (1998): Parlando in Texten. Zur Veränderung kommunikativer Grundmuster in der Schriftlichkeit. Tübingen: Niemeyer.
Siebert-Ott, Gesa (2001): Frühe Mehrsprachigkeit. Tübingen: Niemeyer.
Söll, Ludwig (1974): Gesprochenes und geschriebenes Französisch. Berlin: Schmidt.
Steinhoff, Torsten (2007): Wissenschaftliche Textkompetenz. Sprachgebrauch und in wissenschaftlichen Texten von Studenten und Experten. Tübingen: Niemeyer.
Steinig, Wolfgang/Betzel, Dirk/Geider, Franz Josef/Herbold, Andreas (2009): Schreiben von Kindern im diachronen Vergleich. Texte von Viertklässlern aus den Jahren 1972 und 2002. Münster: Waxmann.
Steinig, Wolfgang (2010): Soziale Milieus und Deutschunterricht. In: Huneke, Hans-Werner (Hrsg.): Sprach und Mediendidaktik. (Taschenbuch des Deutschunterrichts 1). Baltmannsweiler: Schneider-Verl. Hohengehren, 88–104.
Steinig, Wolfgang/Huneke, Hans-Werner (2011): Sprachdidaktik Deutsch. Eine Einführung. Grundlagen der Germanistik Bd. 38, 4., neubearb. u. erw. Aufl. Berlin: Schmidt.
van Dijk, Teun A. (1980): Textwissenschaft. Eine interdisziplinäre Einführung. München: dtv.
Wrobel, Arne (2010): Rafael ohne Hände? Mediale Bedingungen des Schreibens und Schreibenlernens. In: Pohl, Thorsten/Steinhoff, Torsten (Hrsg.): Textformen als Lernformen. Duisburg: Gilles & Francke, 27–46.

Wolfgang Imo
Das Nähe-Distanz-Modell in der Konversationsanalyse/Interaktionalen Linguistik

Ein Versuch der Skizzierung einer ‚Nicht-Karriere'

1 Einleitung: Von der Schwierigkeit, Gründe für eine ‚Nicht-Karriere' zu finden

Der vorliegende Beitrag ist insofern ungewöhnlich, als hier im Kontrast zu den meisten anderen Beiträgen in diesem Band nicht die *Karriere* des Modells von Koch/Oesterreicher (1985, 1994) nachgezeichnet wird, sondern ganz im Gegenteil versucht werden soll zu eruieren, weshalb innerhalb der Konversationsanalyse (bzw. Gesprächsanalyse)[1] sowie der Interaktionalen Linguistik eher von einer *Nicht-Karriere* des Konzeptes der Sprache der Nähe und Distanz oder der konzeptionellen Mündlichkeit und Schriftlichkeit zu sprechen ist. Es war der Wunsch der HerausgeberInnen, dass den in dem Sammelband vereinigten Beschreibungen der erfolgreichen Anwendung des Modells von Koch/Oesterreicher in unterschiedlichen Untersuchungsbereichen ein Klärungsversuch gegenübergestellt werden soll, in dem Hypothesen diskutiert werden, weshalb in der Konversationsanalyse/Interaktionalen Linguistik das Modell eher nicht verwendet wird, ob es dort eventuell nicht benötigt wird und schließlich, ob es möglicherweise Gründe dafür geben könnte, in Zukunft damit zu arbeiten.

Der Beitrag steht somit vor der nicht ganz einfachen Aufgabe, Gründe dafür zu finden, warum sich ein Konzept *nicht* durchsetzt. Dies ist weitaus schwieriger, als Gründe dafür zu finden, *warum* sich ein Konzept durchsetzt: In letzterem Fall liegen mehr oder weniger zahlreiche Arbeiten vor, in denen empirische Analysen vorgelegt oder theoretische Erweiterungen bestehender Konzepte

---
1 Die Abgrenzung zwischen Gesprächs- und Konversationsanalyse ist nicht immer trennscharf, zuweilen werden die beiden Begriffe austauschbar verwendet, auch wenn es sich eigentlich um in einigen Aspekten unterschiedliche Ansätze handelt (vgl. Imo 2013: 71–76). Da diese Unterschiede im Rahmen des vorliegenden Beitrags nicht relevant sind, werde ich durchgängig den Begriff „Konversationsanalyse" für beide Ansätze verwenden.

vorgenommen wurden. Es ist dort also möglich, auf konkrete Gründe zu verweisen, die dafür sprechen, ein Konzept in einer gegebenen Forschungsrichtung anzuwenden. So zeigt beispielsweise Beißwenger (2010) für den Bereich der computervermittelten Kommunikation (vgl. auch die Arbeiten von Beißwenger 2002; Dürscheid 2003, 2005; Schlobinski/Watanabe 2003 oder Storrer 2001, um nur einige wenige exemplarisch zu nennen), dass das Modell von Koch/Oesterreicher es ermöglicht, die „grundsätzliche Frage" beantworten zu helfen, die darin besteht, herauszufinden „wie fundamental die Eigenschaften des Mediums die Bedingungen des Austauschs determinieren".[2] Dabei zeigt sich, dass trotz des konzeptionell mündlichen Duktus der Chatkommunikation die Chat-Kommunikate „gegenüber mündlich realisierten Diskursen eine andere sensorische Qualität" haben, die sich auch auf ihre sprachliche Gestaltung auswirkt (Beißwenger 2010: 249).

Auch für die Analyse früherer Sprachstufen konnte gezeigt werden, dass das Nähe-Distanz-Modell methodische Probleme lösen kann, die bei der Erstellung beispielsweise von Sprachstufengrammatiken entstehen, die nicht nur prototypisch geschriebene Sprache berücksichtigen wollen, sondern anstreben, so weit wie möglich auch auf mögliche Strukturen gesprochener Sprache beispielsweise des Frühneuhochdeutschen einzugehen (z.B. Graser 2011; Lötscher 2010).

Die Möglichkeit, auf solche erfolgreichen Forschungsergebnisse zu verweisen, fehlt natürlich, wenn ein Konzept *nicht* verwendet wird. Es bleibt die undankbare Aufgabe, darüber zu spekulieren, warum das so ist. Dabei kommt eine Reihe von Gründen in Frage, die vermutlich alle in geringerem oder höherem Maße zutreffen.

So könnte es zum Beispiel sein, dass in der Konversationsanalyse/Interaktionalen Linguistik ähnlich gelagerte Konzepte aus anderen, forschungshistorisch eng verwandten Forschungstraditionen – z.B. die Interaktionsforschung von Gumperz (1982, 2002) und Goffman (1967, 1981, 1974, 1986), das Dialogkonzept von Bachtin (1979, 1981) bzw. Vološinov (1929/75) oder, u.a. darauf aufbauend, Linells (1998, 2005, 2009) Konzept des „dialogism" (vgl. auch Linell/Markova 1993) sowie die Theorie der Kommunikativen Gattungen (Günthner 1995; Günthner/Knoblauch 1994, 1995, 1997; Luckmann 1986, 1988, 1992) – vorliegen, mit dem Ergebnis, dass schlicht kein Bedarf für das Nähe-Distanz-Modell besteht.

---

2 Kritisch hierzu allerdings Dürscheid/Brommer (2009, i.d.B., i.V.) sowie Schneider (in diesem Band).

Zu fragen wäre dann allerdings, weshalb gerade die Konversationsanalyse und, in ihrer Folge, die Interaktionale Linguistik einen so prominenten Stellenwert im Bereich der Gesprochene-Sprache-Forschung in Deutschland eingenommen haben. Zu Beginn der Gesprochene-Sprache-Forschung existierten ja unterschiedliche Herangehensweisen und auch „Methodenmixe" die Analyse gesprochener Sprache betreffend (z.B. Jäger 1976; Leska 1965; Rath 1973, 1975, 1979; Schank/Schoenthal 1976). Besonders einflussreich war in diesem Zusammenhang unter anderem das Freiburger Redekonstellationsmodell (vgl. Jäger 1976), dessen klassifikatorischer Aufbau in Gesprächsgattungen, Raum-Zeit-Verhältnis, Konstellation der Gesprächspartner, Öffentlichkeitsgrad, Handlungsdimensionen, Bekanntheitsgrad der Gesprächspartner etc. so enge Bezüge zum Nähe-Distanz-Modell von Koch/Oesterreicher (1985, 1994) aufweist, dass eine „Karriere" dieses Modells in der Gesprochene-Sprache-Forschung eigentlich hätte erwartet werden können. Stattdessen war aber zu beobachten, dass die oben genannten Arbeiten zur gesprochenen Sprache von der sich parallel entwickelnden Gesprächsanalyse kaum zur Kenntnis genommen wurden. Eine seltene Ausnahme bildet die Bezugnahme auf das Redekonstellationsmodell in der Einführung in die Gesprächsanalyse von Henne/Rehbock (2001: 26f.), während in Einführungen in die Konversationsanalyse beispielsweise von Bergmann (1988), Deppermann (2001) oder Gülich/Mondada (2008) ebenso wie in einer Sammlung von Aufsätzen von ForscherInnen aus dem Bereich der „Sprachlichen Interaktion" (Auer 1999) der Ansatz keine Erwähnung findet.

Dies führt zu einem möglichen zweiten Grund, warum das Koch/Oesterreicher-Modell im Kontext der Erforschung gesprochener Sprache kaum verwendet wird: Durch eine Schulenbildung um den Kern der anglo-amerikanischen Konversationsanalyse wurde das Modell unbewusst oder auch in bewusster Abgrenzung von den VertreterInnen der Konversationsanalyse/Interaktionalen Linguistik nicht berücksichtigt. Eine solche Hypothese der bewussten oder unbewussten Schulenbildung in Abgrenzung zu dem Freiburger Redekonstellationsmodell (und in der Folge dann auch dem Nähe-Distanz-Modell) kann allerdings im Rahmen dieser Arbeit nicht getestet werden, da dafür soziologische Verfahren und Konzepte (Interviews mit den HauptvertreterInnen der Konversationsanalyse und Interaktionalen Linguistik in Deutschland; Modelle der Schulenbildung) statt linguistischer notwendig wären. Zudem soll es hier auch nicht darum gehen, wissenschaftshistorische und -soziologische Fragen zu klären, sondern auf die Frage zu fokussieren, ob (und welchen) Mehrwert das Modell von Koch/Oesterreicher für die Konversationsanalyse/Interaktionale Linguistik haben kann.

Ein dritter Grund für die Nichtbeachtung des Modells könnte darin bestehen, dass zwar prinzipiell durchaus der Bedarf an dem (oder einem ähnlich gelagerten) Modell von Koch/Oesterreicher besteht, dass aber gewisse Aspekte dieses Modells die Anwendung in der Konversationsanalyse/Interaktionalen Linguistik erschweren oder gar unmöglich machen. Für diese Sichtweise spricht, dass auch beispielsweise in dem methodisch und konzeptuell offenen Konzept einer Gesprochene-Sprache-Forschung, wie es von Fiehler et al. (2004) vorgelegt wurde, das Redekonstellationsmodell und das Modell von Koch/Oesterreicher aus einer Reihe von Gründen (ausführlich dazu später) abgelehnt wird (Fiehler et al. 2004: 51f.).

Da der zweite Grund, wie bereits erwähnt, nur über Interviews der VertreterInnen der Konversationsanalyse und Interaktionalen Linguistik bestätigt oder widerlegt werden kann und zudem, wenn er zuträfe, dies dann kein wissenschaftliches Argument im engeren Sinne wäre, sondern eines der Bildung wissenschaftlicher Schulen, werde ich ihn hier ignorieren und im Folgenden nur die erste und die dritte Hypothese anhand folgender Fragen überprüfen:

1. Braucht die Konversationsanalyse/die Interaktionale Linguistik überhaupt das Nähe-Distanz-Modell? Gibt es alternative, etablierte Konzepte in der Konversationsanalyse/Interaktionalen Linguistik, die das Modell von Koch/Oesterreicher überflüssig machen? Wenn ja, um welche handelt es sich?
2. Sprechen bestimmte Argumente gegen die Anwendung des Konzepts von Koch/Oesterreicher in der Konversationsanalyse/Interaktionalen Linguistik? Wenn ja, welche sind dies? Kann man die Probleme beheben, und wenn ja, was würde die Konversationsanalyse/Interaktionale Linguistik gewinnen, wenn sie auf das Modell rekurrieren würde?

2 Weshalb existiert in der Konversationsanalyse bzw. Interaktionalen Linguistik (bislang) kein Bedarf an einem Konzept wie dem von Koch/Oesterreicher?

Zunächst muss in diesem Zusammenhang gesagt werden, dass – zumindest am Anfang – die ethnomethodologische Konversationsanalyse (Sacks 1995; Sacks/Schegloff/Jefferson 1973, 1974, 1977; Schegloff 1968, 1979, 1986) einfach aus dem Grund kein Konzept zur Erfassung der Unterschiede von mündlicher und schriftlicher Kommunikation benötigte, weil sie sich ausschließlich auf Interaktionen beschränkte, die entweder multimodal abliefen (z.B. in klassischen Face-to-Face-Situationen) oder – gerade zu Beginn der Forschung und durchaus auch auf pragmatischen Erwägungen begründet – auf Telefongespräche. Schriftliche Kommunikation tauchte in diesen Konstellationen nicht auf, und an ein interaktionales Kommunizieren der Art, wie es nach der Erfindung des Internet – bzw. eigentlich in großem Maßstab erst nach der des *World Wide Web* – in Kommunikationsformen wie dem Chat oder dem Instant Messaging, aber auch durch die elektronische Kurznachrichtenkommunikation entstand, war in den sechziger und siebziger Jahren noch nicht zu denken.

Diese Fixierung auf mündliche Interaktionen findet ihren Niederschlag bereits im Namen der Forschungstradition der *(ethnomethodologischen) Konversationsanalyse*, bzw. im Original der *(ethnomethodological) conversation analysis*: Der Begriff „Konversation" (bzw. „Gespräch" in der im deutschsprachigen Raum entstandenen Richtung der Gesprächsanalyse) verweist darauf, dass informelle mündliche Interaktion im Zentrum des Interesses steht. Gut sichtbar wird dies an einer Einordnung des Konzepts der „conversation" in den Kontext verwandter Konzepte bei Sacks/Schegloff/Jefferson (1974: 729). Im Rahmen ihrer Analyse des Sprecherwechselsystems diskutieren die AutorInnen kritisch, ob denn das Sprecherwechselsystem nur auf „conversations" zutreffe und plädieren dann dafür, dass ihre Ergebnisse nicht „unique to conversation" seien, sondern dass das Sprecherwechselsystem „massively present for ceremonies, debates, meetings, press conferences, seminars, therapy sessions, interviews, trials etc." sei (ebd.). Wie man sehen kann, handelt es sich ausschließlich um mündliche Formen der Interaktion, und auch wenn es sich bei der Unterscheidung zwischen einem Gespräch, einem Seminar oder einer Therapiesitzung um Veränderungen nach den Parametern des Nähe-Distanz-Sprechens handelt, ist eine Problematisierung von Mündlichkeit und Schriftlichkeit nicht notwendig, da medial schriftliche Daten überhaupt keine Rolle spielen. Es reicht daher aus, auf etablierte Konzepte wie den Formalitätsgrad zu rekurrieren oder gar lediglich auf rein konversationsanalytische Parameter, wie Sacks/Schegloff/Jefferson (1974: 729) es suggerieren, wenn sie die Unterscheidungen zwischen den oben genannten kommunikativen Settings primär an „turn-taking parameters" und eher unspezifischen Parametern der „organization" festmachen: „All these differ from conversation (and from each other) on a range of other turn-taking parameters, and in the organization by which they achieve the set of parameter values whose presence they organize." (ebd.)

Diese Sichtweise hängt eng mit der theoriekritischen Einstellung der Konversationsanalyse zusammen. Das Ziel besteht darin, die Daten in den Mittelpunkt zu stellen und sie mit einem „rekonstruktiven Erkenntnisinteresse" zu analysieren, das darin besteht, „solche Prinzipien der Organisation und der Sinnbildung in Gesprächen zu entdecken, denen die Interaktionsteilnehmer im Vollzug von Gesprächen folgen" (Deppermann 2001: 19). Je mehr Vorannahmen getroffen und vorgefertigte Konzepte oder gar Theorien mit in die Analyse eingebracht werden, desto geringer ist die Chance, tatsächlich diese Prinzipien entdecken zu können:

> Es empfiehlt sich daher, die ersten Forschungsfragen offen, vage und schlicht zu formulieren; d.h.: sie nicht auf voraussetzungsvollen Theorien aufzubauen, möglichst wenige Vorannahmen in sie einfließen zu lassen und vor allem sich der Vorannahmen, die zugrundeliegen, soweit als möglich bewusst zu sein und sie flüssig und kritisierbar zu halten. (Deppermann 2001: 20)

Eine solche a priori gesetzte Beschränkung ist aus der Perspektive von linguistischen Ansätzen, die sich mit medial gesprochen- *und* geschriebensprachlichen Zeugnissen befassen, deutlich schwerer nachvollziehbar. Dadurch, dass aber in der Konversationsanalyse und, meist eher unkritisch übernommen, auch in der Interaktionalen Linguistik die medial mündliche Interaktion im Mittelpunkt steht, stellt die Beschränkung für diese Ansätze de facto kein Problem dar. Die für die Konversationsanalyse sowie die Interaktionale Linguistik methodisch und theoretisch relevante Grenze verläuft bis heute eher nicht zwischen schriftlichen und mündlichen Äußerungen, sondern zwischen etwas, das – oft wenig reflektiert – als „ordinary conversation" (Heritage 2001: 914) oder als „talk produced in everyday situations of human interaction" (Hutchby/Wooffitt 1998: 13) bezeichnet wird, und dem Gegenstück, den „interactions in which talk is organizationally involved" (Heritage 2001: 915) bzw. Situationen, die direkt als „beyond ordinary conversational interaction" bezeichnet werden und beispielsweise „interaction in the law courts or news interviews" umfassen (Heritage 2001: 916). Dazu kommt in der Konversationsanalyse die Tatsache, dass es sich um eine primär soziologische Forschungsrichtung handelt, die „only marginally interested in language as such" ist und ihr eigentliches Forschungsobjekt in der sehr weit gefassten „interactional organization of social activities" sieht (Hutchby/Wooffitt 1998: 4; vgl. auch Psathas 1995: 2), wobei jedoch auch hier die schriftlich organisierte interaktionale Organisation sozialer Aktivitäten schlichtweg ignoriert wird. Der noch junge Forschungsansatz der Interaktionalen Linguistik (Couper-Kuhlen/Selting 2000, 2001a, 2001b; Barth-Weingarten 2008; Imo 2014) übernimmt diese Festlegung auf mündliche Interaktionen. Zwar versteht sich die Interaktionale Linguistik „klar als ein linguistischer Forschungsansatz" (Couper-Kuhlen/Selting 2001a: 260) und nicht als eine eher soziologisch ausgerichtete Theorie. Dennoch stellen die Begründerinnen weiterhin Alltagsgespräche in den Mittelpunkt und perpetuieren so die Trennungslinie zwischen Alltagsgesprächen und Gesprächen im institutionellen Kontext: „Als primären Verwendungskontext von Sprache sieht [die Interaktionale Linguistik W.I.] in erster Linie Alltagsgespräche, in zweiter Linie institutionelle Gespräche an." (Couper-Kuhlen/Selting 2001a: 261) Inwieweit es gerechtfertigt ist, institutionellen Gesprächen den Alltagscharakter abzusprechen, soll hier nicht weiter diskutiert werden. Der Titel eines von Birkner/Meer (2011) herausgegebenen Sammelbandes zur Kommunikation im „institutionalisierten Alltag" deutet aber darauf hin, dass eine Trennung in Alltagsgespräche und institutionelle Gespräche eigentlich konzeptionell problematisch ist. Die Fokussierung auf eine Unterscheidung in informelle, nicht-geplante, nicht in einem institutionalisierten Setting stattfindende mündliche Gespräche im Kontrast zu Gesprächen in einem institutionalisierten Setting führt jedenfalls in der Interaktionalen Linguistik dazu, dass die Tatsache übersehen wird, dass mittlerweile in großem Maße auch schriftlich vermittelte, informelle, nicht-geplante und nicht-institutionalisierte Kommunikation stattfindet, die ebenfalls der „interactional organization of social activities" (Hutchby/Wooffitt 1998: 4) dient. Es wäre also zu überlegen, ob eine derart enge Fokussierung auf medial mündliche „Alltagsgespräche", wie sie von Couper-Kuhlen/Selting vorgeschlagen wird, überhaupt sinnvoll ist.

Ein Zwischenfazit, das die ‚Nicht-Karriere' des Nähe-Distanz-Modells erklärt, besteht also darin, dass für die Ansätze der Konversationsanalyse bzw. Interaktionalen Linguistik so lange kein Bedarf dafür besteht, wie erst gar keine Analysen von schriftlicher Interaktion durchgeführt werden:

> Ein Grund dafür, warum die schriftliche Kommunikation in der Interaktionalen Linguistik bislang nicht berücksichtigt wurde, ist zweifellos der folgende: Ihr Erkenntnisinteresse sei, so schreibt Günthner (2000: 2), herauszuarbeiten, welche Verfahren von ‚Interagierenden eingesetzt werden, um den Sinngehalt einer Äußerung erkennbar zu machen bzw. zu erkennen.' Vergleichbares ist in der herkömmlichen Brief-, Postkarten- und Zettelkommunikation natürlich nicht möglich. Hier gibt es keine direkte Interaktion, in der der ‚Sinngehalt einer Äußerung' ausgehandelt werden könnte. (Dürscheid/Brommer 2009: 16)

Erst langsam setzt ein Interesse der Interaktionalen Linguistik auch an schriftlicher interaktionaler Kommunikation ein:

> Neu ermöglichen nun aber das Online-Schreiben und das Schreiben am Handy auch in der Schriftlichkeit ein unmittelbares, interaktives Handeln. Das freilich ist nur dann der Fall, wenn [...] die Beiträge quasi-synchron aufeinander folgen. Zwar treten in diesen Dialogen nicht alle für die Bedeutungskonstitution relevanten Ausdrucksmittel auf, doch es gibt alternative Ausdrucksformen, die wiederum nur in schriftlichen Interaktionen vorkommen. Wenn auch diese in der Interaktionalen Linguistik erfasst würden, dann wäre

das nicht nur eine erhebliche Erweiterung ihres Untersuchungsgegenstandes, sondern auch ihres Forschungshorizonts. (Dürscheid/Brommer 2009: 16f.)

Es ist natürlich zu fragen, ob nicht auch dann ein Modell wie das von Koch/ Oesterreicher nützlich ist, wenn man sich *nur* mit gesprochener Sprache befasst und nicht mit gesprochener *und* schriftlich realisierter Sprache. Es könnte bei der Begründung helfen, warum ausgerechnet „Alltagssprache" (Couper-Kuhlen/Selting 2001a: 261) im Kern der Untersuchungen stehen soll und was man überhaupt unter diesem Begriff verstehen soll. Der Vorteil des Koch/Oesterreicher-Modells ist dabei, dass so eine Ordnung von Kommunikaten anhand einer Prototypikalitätsskala ermöglicht wird. Dabei könnte man beispielsweise den Untersuchungsgegenstand beim Prototyp der konzeptionellen Mündlichkeit lokalisieren und mithilfe der von Koch/Oesterreicher gegebenen Nähekriterien diesen relativ genau bestimmen. Die Tatsache ist allerdings, dass trotz der impliziten Prototypikalitätsannahme in der Interaktionalen Linguistik an genau einer solchen Setzung kein Interesse besteht. Auf den Punkt gebracht wurde die Skepsis gegenüber dem Koch/Oesterreicher-Modell von Fiehler et al. (2004: 51f.; ausführlich weiter unten), die dafür plädieren, gesprochene Sprache nur medial zu definieren und die Kommunikate jeweils nach ihren Zwecken, syntaktischen und sequentiellen Strukturen, Aktivitäten etc. zu analysieren, nicht aber auf einer Skala zwischen konzeptioneller Mündlichkeit und Schriftlichkeit einzuordnen. Diese Ansicht wird in der Konversationsanalyse/Interaktionalen Linguistik geteilt: Ein Bedarf an einer Einordnung wird (bislang) nicht gesehen, solange man gesprochene Sprache untersucht. Konzepte wie die der Sequenzstruktur oder der kommunikativen Gattungen werden (zu Recht oder zu Unrecht) als ausreichend betrachtet. Das liegt natürlich daran, dass die einschlägigen Parameter aus dem Nähe-Distanz-Modell in der Version der Gattungsanalyse, wie sie von Günthner/Knoblauch (1994, 1995, 1996, 1997) und Günthner (1995) unter linguistischen Gesichtspunkten entwickelt wurde, bereits enthalten sind: Sie reichen beispielsweise von syntaktischen, lexikalischen, prosodischen etc. Phänomenen aus dem Bereich der Binnenebene über sequenzielle und interaktionsorientierte Phänomene wie die Themenentwicklung oder der Teilnehmerstatus aus der situativen Realisierungsebene bis zu außenstrukturellen Faktoren wie Rollen, institutionelle Einbettung, technische oder situative Rahmenbedingungen etc. Zudem ist mit dem Konzept eines „Haushalts" kommunikativer Gattungen auch ein Instrumentarium zur Korrelierung von Gattungen gegeben, sodass die Skala aus dem Koch/Oesterreicher-Modell keinen Mehrwert liefert.

Es ist also in der Tat so, dass das Interesse an dem Koch/Oesterreicher-Modell erst durch die (langsame) Zuwendung zu medial schriftlichen Daten zunimmt. Im Folgenden soll nun gezeigt werden, wie im Rahmen der Konversationsanalyse bzw. Interaktionalen Linguistik schriftliche dialogische Kommunikation untersucht werden kann und welche Konzepte dabei zur Anwendung kommen.

3 Welche alternativen Konzepte stehen der Konversationsanalyse/Interaktionalen Linguistik zur Verfügung, um mit dem Spannungsfeld aus konzeptioneller Mündlichkeit bzw. Schriftlichkeit umzugehen?

Erst in den letzten Jahren hat sich das Interesse der Konversationsanalyse bzw. Interaktionalen Linguistik auch auf schriftliche interaktionale Kommunikation ausgeweitet. Dabei muss allerdings gesagt werden, dass ein prominenter Vertreter der Konversationsanalyse im deutschsprachigen Raum, Jörg Bergmann, schon länger auf das Erfordernis einer Ausweitung des methodischen und theoretischen Inventars der Konversationsanalyse hingewiesen hat. Bergmann betont, dass die Konversationsanalyse sich eher als Ansatz verstehen solle, „der sich der Untersuchung von sozialer Interaktion als einem fortwährenden Prozess der Hervorbringung und Absicherung sinnhafter sozialer Ordnung widmet und der dabei einer strikt empirischen Orientierung folgt" (Bergmann 2001: 919). Dabei können sowohl sprachliche als auch nicht-sprachliche Interaktionen untersucht werden. Eine Fokussierung auf wie auch immer definierte Alltagsinteraktion findet bei Bergmann nicht statt, er betont lediglich, dass die Interaktionen „in ‚natürlichen' Situationen" stattfinden müssen, „die nicht vom Untersucher festgelegt, kontrolliert oder manipuliert wurden." Die Trennlinie wird hier also nicht zwischen „Alltagsgesprächen" und „institutionalisierten Gesprächen" (ebd.) gezogen, sondern zwischen Interaktionen, die auch ohne Beisein oder gar Initiierung der Forschenden stattgefunden hätten und solchen, die zum Zweck der Forschung initiiert wurden.

Eine solcherart weit gefasste Konversationsanalyse kann ganz selbstverständlich auch natürliche Interaktionen in geschriebener Sprache analysieren, denn auch dort findet das statt, was im Interesse dieses Ansatzes steht, nämlich die Bestimmung der „konstitutiven Prinzipien und Mechanismen [...], die im situativen Vollzug und Nacheinander des Handelns die sinnhafte Strukturierung und Ordnung eines ablaufenden Geschehens und der Aktivitäten, die dieses Geschehen ausmachen, erzeugen" (Bergmann 2001: 919). Diese Offenheit darf nach Bergmann nicht durch eine einseitige Beschränkung auf mündliche Gespräche eingeengt werden, da sonst die Gefahr drohe, dass die Konversationsanalyse, „die doch das lebendige soziale Geschehen des Alltags zu ihrem Untersuchungsgegenstand machen möchte, zur Transkriptanalyse denaturiert" (Bergmann 2001: 925).

Trotz dieses Plädoyers für mehr Offenheit gegenüber den möglichen Untersuchungsgegenständen gibt es bislang noch nicht viele konversationsanalytische oder interaktional-linguistische Untersuchungen beispielsweise zu computervermittelter Kommunikation wie dem Chat, der elektronischen Kurznachrichtenkommunikation oder anderen stark interaktionsbasierten, aber medial schriftlichen Kommunikationsformen. Die Frage ist nun, wie in den bislang vorliegenden Arbeiten mit der Tatsache umgegangen wird, dass es sich um medial schriftliche, aber interaktionale Kommunikation handelt. Mit anderen Worten: Mit welchen Konzepten können diese Daten untersucht werden? Die Antwort darauf ist, dass es natürlich problemlos möglich ist, ohne Bezugnahme auf das Modell von Koch und Oesterreicher zu arbeiten. Dafür gibt es zwei Gründe: Zum einen ist es für manche Phänomene gar nicht zwingend notwendig, eine Einordnung in konzeptionelle oder mediale Mündlichkeit bzw. Schriftlichkeit zu reflektieren, und zum anderen existieren auch in der Konversationsanalyse bzw. Interaktionalen Linguistik bereits eigene Ansätze, die Ähnliches leisten wie das Nähe-Distanz-Modell.

Anhand zweier Analysen von SMS-Dialogen, die mit den Ansätzen der Konversationsanalyse und der Interaktionalen Linguistik von Susanne Günthner (Günthner 2011, 2012; Günthner/Kriese 2012) durchgeführt wurden, soll nun gezeigt werden, wie es möglich ist, ohne Bezugnahme auf das Nähe-Distanz-Modell mit schriftlichen interaktionalen Daten zu arbeiten.

Die erste Strategie, die sich in den Arbeiten von Günthner bzw. Günthner/Kriese findet, besteht darin, von vornherein mit Konzepten zu arbeiten, die entweder ohnehin medialitätsungebunden sind (wie z.B. Goffmans 1977/1989 Konzept der rituellen Klammern der Eröffnung und Beendigungen von Dialogen, das auf schriftliche wie auch auf mündliche Dialoge angewandt werden kann), oder bei denen ein formales Muster im Vordergrund steht (wie bei Nachbarschaftspaaren) oder eine Funktion (wie beim *recipient design*), die beide ebenfalls als medialitätsungebunden aufgefasst werden können.

So schreiben Günthner/Kriese (2012: 45) beispielsweise Folgendes zum Thema der Eröffnungen und Beendigungen von SMS-Dialogen:

> Sowohl die chinesischen als auch deutschen SMS-Beiträge weisen oftmals eine ‚rituelle Rahmung' (Goffman 1977/89) auf, d.h. sie bestehen aus einem markierten Einstieg (in

Form einer Begrüßungseinheit), einem markierten Ende (in Form einer Verabschiedungseinheit) und einem dazwischenliegenden ‚Kern der Botschaft' (Knoblauch 1995: 190).

Die Arbeiten von Goffman (1977/89) und Knoblauch (1995), auf die hier Bezug genommen wird, zeichnen sich dadurch aus, dass sie aus der Soziologie stammen und zudem keine tiefgreifende Reflektion der medialen Parameter vornehmen und auch nicht vornehmen müssen: Knoblauchs Analyse der Kommunikationskultur oder Goffmans Analyse von rituellen Rahmungen können erfolgen, ohne dass die Medialität eine Rolle spielen muss. So genügt es beispielsweise, zu inventarisieren, welche sprachlichen Optionen für die Dialogeröffnung und -beendigung genutzt werden, d.h. also welche Grußfloskeln von wem verwendet werden oder ob überhaupt eine Einstiegsfloskel verwendet wird, wie und ob das Dialogende markiert wird und welche Funktionen die unterschiedlichen Gruß- und Verabschiedungsfloskeln haben. Genauso gehen Günthner (2011: 10–15) und Günthner/Kriese (2012: 45–52) vor: Sie zeigen, mit welchen rituellen Klammern in den SMS-Dialogen zu rechnen ist und welche Funktionen sie haben.

Gleiches gilt auch für Nachbarschaftspaare (*adjacency pairs*): Diese sind bereits in ihrer ursprünglichen Beschreibung bei Sacks/Schegloff (1973) und Schegloff (2007) so abstrakt gehalten (ein erster Paarteil setzt einen zweiten konditionell relevant), dass sie medialitätsunabhängig beschrieben werden können:

> Zahlreiche SMS-Dialoge in unseren Korpora enthalten ‚adjacency pairs' [...], wobei das Versenden des ersten Paarteils (beispielsweise einer Frage, einer Einladung, eines Grußes, eines Vorschlags, eines Angebots etc.) eine Reaktion in Form eines zweiten Paarteils (einer Antwort, einer Akzeptierung/Ablehnung der Einladung, Gegengruß, Akzeptieren/ Ablehnen des Vorschlags bzw. Angebots etc.) von Seiten des Adressaten erwartbar macht [...]. (Günthner/Kriese 2012: 56)

Auch hier wird in detaillierten Analysen gezeigt (Günthner 2011: 24–28; Günthner/Kriese 2012: 56–60), welche Arten von Nachbarschaftspaaren in der SMS-Kommunikation vorkommen und welche Funktionen sie haben. Eine zusätzliche Einordnung oder Erweiterung mit dem Nähe-Distanz-Modell ist zumindest dann nicht notwendig, wenn es um die Rekonstruktion der kommunikativen Strukturen in der SMS-Kommunikation geht. Interessanter könnte das Modell allerdings dagegen dann werden, wenn es um die Analyse von Normfragen bzw. konkret Normkonflikten geht, die aus dem Spannungsfeld von informeller und formeller Schriftlichkeit entstehen.

Auch für den dritten Punkt, die Analyse des Rezipientenzuschnitts von Äußerungen (*recipient design*), reicht es aus, mit bereits in der Konversationsanalyse etablierten Konzepten zu arbeiten, wenn es um die Rekonstruktion der Praktiken geht. Anders als bei den Nachbarschaftspaaren, die ein deutlich formal (sequentiell) strukturiertes Muster darstellen, handelt es sich beim *recipient design* um einen funktionalen Aspekt:

> Ein weiteres Merkmal der dialogischen Ausrichtung der SMS-Kommunikation kommt in der Orientierung der Beiträge am jeweiligen SMS-Partner zum Tragen: ProduzentInnen von SMS-Mitteilungen sind (wie SprecherInnen in Alltagsgesprächen) bemüht, ihre Äußerungen auf ihre jeweiligen KommunikationspartnerInnen zuzuschneiden. Diese Ausrichtung der Mitteilung an den jeweiligen RezipientInnen [...] wird u.a. daran erkenntlich, dass die SMS-Beiträge – trotz der zeitlichen und räumlichen Abwesenheit des Kommunikationspartners – entsprechende Annahmen über das Wissen der KommunikationspartnerInnen wie auch Aspekte der sozialen Beziehung, die sich u.a. in der Anredeweise, dem Stil und Formalitätsgrad manifestieren, indizieren. (Günthner/Kriese 2012: 62)

Auch SMS-Kommunikation lässt sich mit dem ursprünglich auf der Basis gesprochensprachlich dialogischer Kommunikation entwickelten Beschreibungsinventar problemlos beschreiben (zu den Grenzen der Interaktionalen Linguistik siehe allerdings Dürscheid i.V.).

Während die erste Strategie also einfach darin besteht, bereits existierende, meist für die Beschreibung gesprochener Sprache entwickelte Konzepte auf schriftliche Interaktion anzuwenden, besteht die zweite Strategie darin, in den Fällen, in denen eine Reflexion der bei Koch/Oesterreicher mit dem Konzept der konzeptionellen bzw. medialen Mündlichkeit bzw. Schriftlichkeit erfassten Parameter notwendig ist, auf Ansätze zurückzugreifen, die das gleiche leisten, die aber forschungsgeschichtlich eng mit dem Theoriespektrum der Konversationsanalyse und Interaktionalen Linguistik verwoben sind. Darunter fällt unter anderem der Ansatz der kommunikativen Gattungen (Günthner 1995; Günthner/Knoblauch 1994, 1995, 1997; Luckmann 1986, 1988, 1992) mit dem darin enthaltenen Konzept der „kommunikativen Projekte" (Linell 2012), mit dem sich die Besonderheiten der SMS-Kommunikation fassen lassen:

> Mit der Entwicklung dieser Kommunikationsform haben sich zugleich neue sprachliche Konventionen und kommunikative Praktiken ausgebildet, die ‚die kommunikative Erreichbarkeit in bislang ungeahntem Maß' steigern und räumlich Abwesende zu – virtuell – Anwesenden machen. (Günthner/Kriese 2012: 43)

Um mit dem besonderen Fall eines Dialogs über die Schrift und bei räumlicher Abwesenheit sowie zeitlicher Versetzung konzeptuell umgehen zu können, wurde bereits bei Schütz/Luckmann (1984: 123) der Begriff des „mittelbaren sozialen Handelns" eingeführt. Im Falle eines „mittelbaren sozialen Handelns" wird nicht in der Gleichzeitigkeit der Bewusstseinsströme, in der fließenden Synchronisation der Erfahrung beider Handelnder [gehandelt], sondern in der Aufeinanderfolge von Erfahrungen: zuerst des einen, dann des anderen, dann wieder des ersten usw. Das Bewusstsein des Anderen ist nicht in seinen lebendigen Erscheinungsformen fassbar, sondern nur über die ‚erstarrten' Ergebnisse seines Wirkens, seiner Arbeit. [...] Auch in diesen mittelbaren Kommunikationsprozessen zeichnet sich ein geordneter Ablauf der Dialogzüge ab. (Günthner/Kriese 2012: 52)

Diese Beschreibung leistet das gleiche wie beispielsweise die Liste mit Näheparametern bei Koch/Oesterreicher (1985: 23): Aus dieser Liste könnte man beispielsweise für die SMS-Kommunikation die Parameter „Dialog", „Vertrautheit der Partner", „Spontaneität", „freie Themenentwicklung" etc. als grundlegend bestimmen, während die Parameter der „Face-to Face-Interaktion" und in Teilen auch „Situationsverschränkung" nicht gegeben sind.

Neben den Konzepten, die aus der Theorie der kommunikativen Gattungen und aus den Arbeiten von Luckmann gewonnen werden können, ist ein weiterer häufig zitierter Ansatz der der Kultursemiotiker Bachtin und Vološinov, die forschungsgeschichtlich eng mit der Entwicklung der Konversationsanalyse und der Interaktionalen Linguistik verknüpft sind. So beruft sich Günthner (2011) in ihrer Argumentation, warum sie die SMS-Nachrichten aus einer dialogischen Perspektive und mit gesprächs- und interaktionslinguistischen Mitteln untersucht, auf Vološinov (1929/75: 157f.):

Der Dialog im engeren Sinne dieses Wortes ist natürlich nur eine Form der sprachlichen Interaktion, wenn auch die wichtigste. Doch man kann den Begriff des Dialogs auch weiter fassen und darunter nicht nur die hörbar artikulierte sprachliche Kommunikation zweier Menschen von Angesicht zu Angesicht verstehen, sondern jegliche Art sprachlicher Kommunikation. (Günthner 2011: 7)

Dieses weite Dialogkonzept wird auch von Bachtin (1979, 1981) vertreten und ermöglicht es, SMS-Kommunikation als Dialog zu erfassen und zu analysieren. Zum einen sind SMS-Mitteilungen insofern dialogisch in Bachtins Sinne, als sie „intertextuell auf frühere Realisierungsformen dieser Kommunikation verweisen und zugleich als Muster für folgende Aktualisierungen fungieren" (Günthner 2011: 9), und zum anderen ist jede SMS-Mitteilung nur in Relation „zu vorher empfangenen und gesendeten Mitteilungen" zu verstehen. Das führt schließlich dazu, dass die SMS-SchreiberInnen „in einen interaktionalen Raum ein[treten], in dem jede situierte Mitteilung in einem Dialog mit früheren kommunikativen Handlungen und kulturellen Wissensbeständen steht und zugleich Erwartungen an zukünftige kommunikative Handlungen aufbaut" (Günthner 2011: 31).

Die Arbeiten von Günthner (2011) und Günthner/Kriese (2012) zeigen somit, dass eine dialogisch orientierte Analyse von schriftlicher Kommunikation auch mit alternativen Konzepten zu dem von Koch/Oesterreicher möglich ist. Dabei werden die sprachlichen Oberflächenrealisierungen der dialogischen Anforderungen allerdings dann jeweils situativ in ihrer Funktion und Wirkung beschrieben und nicht von vornherein als Teil eines Parametersets (beispielsweise im Sinne der Rollenparameter wie bei Ágel/Hennig 2006: 17–24 oder Hennig 2006: 80–81) aufgefasst. Ob das ein Vorteil oder ein Nachteil ist, hängt davon ab, wie kritisch man dem Potential von voll ausgebauten Modellen, eine Statik zu suggerieren, gegenübersteht (mehr dazu im übernächsten Abschnitt zur kritischen Einordnung des Nähe-Distanz-Modells).

Trotz der Tatsache, dass man auch ohne das Modell von Koch/Oesterreicher auskommen kann, ist eine Bezugnahme darauf m.E. dann sinnvoll, wenn es darum geht, eine stärker abstrahierende Einordnung von Kommunikaten zu reflektieren, d.h. zu fragen, welche grundlegenden kommunikativen Konstellationen vorliegen und möglicherweise die Art und Weise des Kommunizierens beeinflussen. Dies ist vor allem dann wichtig, wenn bestimmte Methoden und theoretische Konzepte gerechtfertigt werden sollen, die für die Analyse genutzt werden. Die Konversationsanalyse und Interaktionale Linguistik stehen dabei tatsächlich durchaus in einem gewissen Rechtfertigungsdruck weil sie, wie oben dargestellt, mit einer gewissen „Medialitätsvergessenheit" (Schneider 2004: 1), d.h. einer starken bis ausschließlichen Fokussierung auf medial und konzeptionell gesprochene Sprache entwickelt wurden. Die Anwendung dieser Ansätze auf interaktionale geschriebene Sprache kann und sollte daher entsprechend begründet werden.[3] Auf einige Arbeiten, in denen mithilfe des Modells von Koch/Oesterreicher eine solche Begründung durchgeführt wird, wird im nächsten Abschnitt eingegangen.

---

3 Beispielsweise indem, wie Schneider (2008: 7) es fordert, „die Medialität von Sprachzeichen in verschiedenen Perspektiven (wieder) sichtbar" gemacht wird (vgl. auch Schneider i.d.B.).

4 Die Konversationsanalyse/Interaktionale Linguistik und das Nähe-Distanz-Modell: Einige exemplarische Arbeiten am Beispiel der Chat-Kommunikation

Die Untersuchung von Schönfeldt (2002) zur Gesprächsorganisation in der Chat-Kommunikation ist ein gutes Beispiel für eine Reflexion der Konzepte mithilfe des Nähe-Distanz-Modells.[4] Schönfeldt plädiert dafür, die Gesprächsanalyse als methodischen und theoretischen Rahmen für die Chat-Analyse zu verwenden. Um zu begründen, warum ein für medial gesprochene Sprache entwickelter Ansatz tatsächlich auch für diesen Zweck geeignet ist, nimmt sie zunächst eine „kommunikationstheoretische Einordnung der Chat-Kommunikation auf dem Kontinuum zwischen den beiden Polen von konzeptioneller Mündlichkeit bzw. Schriftlichkeit" (Schönfeldt 2002: 26–29) vor. In einem Abschnitt über „Chat als Form des Gesprächs" werden dann Gemeinsamkeiten und Unterschiede von Chat und Face-to-Face-Gespräch dargestellt, und auf dieser Basis wird für die Möglichkeit plädiert, die Gesprächsanalyse auch für die Analyse schriftlicher Kommunikation zu verwenden.

Besonders ausführlich und kritisch reflektiert Beißwenger (2007) in seiner Untersuchung der Chat-Kommunikation die kommunikativen Rahmenbedingungen. Er kommt dabei zu dem Ergebnis, dass eine einfache Übertragung von bereits etablierten Konzepten der Analyse von interaktionaler gesprochener Sprache auf die Analyse der Chat-Kommunikation nicht ohne weiteres möglich ist, was mit der Grundkonstellation von Chat zwischen medialer Schriftlichkeit und konzeptioneller Mündlichkeit zu tun hat: „Die Chat-Teilnehmer produzieren *Texte*, kognizieren diese aber aufgrund der synchronen Präsenz der Partner und des damit verbundenen schnellen dialogischen Austauschs als *Diskursbeiträge*." (Beißwenger 2007: 118) Aus dieser Spannung entstehen nach Beißwengers Sicht neue Kommunikationsstrategien. So sei es beispielsweise nicht hilfreich, das Turn-Taking-System als Analyseeinheit zu verwenden. Dieses mache sich zwar durchaus bemerkbar, allerdings „lediglich als ‚psychological unit'", die „als Konzept im Kopf der Beteiligten vorhanden ist, für die Strukturierung

---

[4] Auf die Arbeiten von Herring (z.B. 2004, 2007, 2010, 2011) und ihr Konzept der „computermediated discourse analysis (CMDA)" werde ich hier nicht eingehen, da ich mich auf den deutschsprachigen Raum und die dort verwendeten Ansätze der Konversationsanalyse und Interaktionalen Linguistik beschränke.

des Kommunikationsaufkommens aber nicht genutzt werden kann" (Beißwenger 2007: 263). Stattdessen entstehen im Chat ganz neue Strategien, wie beispielsweise das „Splitting", das nicht mit dem Turn-Taking-System erfasst werden kann:

> Auch Splitting-Strategien dürfen nicht als eine Form der Wiedereinführung des Turnkonzepts beziehungsweise der Durchsetzung des Rederechts als eines exklusiven Äußerungsprivilegs aufgefasst werden, sondern stellen Versuche dar, ein funktionales Pendant zum Rederecht und zur legitimierten exklusiven Beitragsproduktion punktuell einzuwerben. (Beißwenger 2007: 264)

Eine Reflektion der Produktions- und Rezeptionsbedingungen (vor allem auch der durch die Technik gesetzten Grenzen und Möglichkeiten der Sprachproduktion und -rezeption) kann also dazu führen, neue Analysekonzepte zu entwickeln.

Kritisch dazu stehen allerdings die Analysen, die ich in Imo (2013: 277–281) vorgeschlagen habe. Dort wird dafür argumentiert, dass die „Splitting"-Strategien sich weniger stark von auch in gesprochener Alltagssprache zu beobachtender Einheitenbildung zum Beispiel mit Hilfe von durch Syntax und Prosodie unterschiedlich gesetzten Einheitengrenzen unterscheiden. Dennoch plädiere ich auch in Imo (2013: 94–99) für eine an Koch/Oesterreicher angelehnte Reflektion der Analysemittel, um vorschnelle und möglicherweise unpassende Übertragungen zu vermeiden. Nur so lässt sich schließlich theoretisch und empirisch fundiert zeigen, ob die Gemeinsamkeiten oder die Unterschiede zwischen schriftlicher und mündlicher interaktionaler Kommunikation größer sind (vgl. Imo 2013: 281).

Es lässt sich festhalten, dass, sobald man im Kontext der Erforschung der Kommunikation in den Neuen Medien arbeitet, sich eine Bezugnahme auf das Koch/Oesterreicher-Modell durchaus anbietet, denn es liefert Erklärungsansätze dafür, warum beispielsweise in der Chatkommunikation eine Nähekommunikation stattfindet, obwohl gerade dort einige zentrale Bedingungen der Nähekommunikation fehlen. Allerdings kommt das Modell jenseits der Bereitstellung der ‚griffigen' Konzepte konzeptioneller Mündlichkeit und Schriftlichkeit auch in der Medienlinguistik schnell an die Grenzen und es ist fraglich, ob es letztendlich wirklich von großem Nutzen für die Analyse ist (vgl. zu kritischen Diskussionen Dürscheid i.d.B. sowie Dürscheid i.V.). Der vorliegende Abschnitt musste relativ kurz ausfallen, was daran liegt, dass es (noch) nicht viele Untersuchungen aus den Bereichen der Konversationsanalyse oder Interaktionalen Linguistik gibt, die zugleich mit dem Ansatz von Koch/Oesterreicher arbeiten.

Ob sich das ändern kann, wird der folgende Abschnitt zu Kritikpunkten am Nähe-Distanz-Modell zeigen.

5 Welche Kritik kann an dem Nähe-Distanz-Modell vorgebracht werden?

Sehr ausführlich diskutieren Dürscheid/Brommer (2009) Schwächen des Modells von Koch/Oesterreicher. Sie äußern ihre Kritik dabei aus der doppelten Perspektive der Analyse der Kommunikation in den Neuen Medien und der Interaktionalen Linguistik. Im Folgenden werde ich mich vor allem an den von Dürscheid/Brommer vorgebrachten Kritikpunkten orientieren, erweitert um einen fünften Kritikpunkt aus der Sicht der Gesprochene-Sprache-Forschung (Fiehler et al. 2004).

Dürscheid/Brommer (2009) suchen nach einem geeigneten Beschreibungsinventarium für die Analyse von „getippte[n] Dialogen in den Neuen Medien" (Dürscheid/Brommer 2009: 2), und der offensichtliche Kandidat dafür scheint zunächst „das Mündlichkeits-/Schriftlichkeitsmodell von Koch/Oesterreicher (1994)" zu sein, das den Vorteil habe, dass es „eine präzise Terminologie" und einen „konzeptionellen Rahmen" biete, „in dem SMS-, Chattexte und E-Mails zueinander und zu herkömmlichen Texten in Beziehung gesetzt werden können" (Dürscheid/Brommer 2009: 14). Dieses Modell wird in der Folge dann aber trotz der Tatsache, dass es im Kontext der Analyse des Schreibens in den Neuen Medien der prominenteste Ansatz ist, aufgrund von vier Problemen als ungeeignet zurückgewiesen:

1. Der erste Kritikpunkt ist meines Erachtens wenig überzeugend. Dürscheid/Brommer nehmen dabei Bezug auf eine programmatische Arbeit von Androutsopoulos (2007: 79), der für den Ansatz von Koch/Oesterreicher anmerkt, dass es eine der „Paradoxien der deutschsprachigen linguistischen Internetforschung" sei, dass diese ein Modell verwende, das „noch vor dem Siegeszug der Neuen Medien konzipiert wurde und diese nicht einmal am Rande berücksichtigt." Dürscheid/Brommer unterstützen diese Aussage, obwohl Dürscheid (2003) selbst in einem früheren Aufsatz die Einführung einer dritten Unterscheidungsebene neben der medialen und der konzeptionellen Mündlichkeit/Schriftlichkeit vorgeschlagen hatte, nämlich die zwischen synchroner, quasi-synchroner und asynchroner Kommunikation, mit der das Modell von Koch/Oesterreicher für die Analyse der Kommunikation in den Neuen Medien optimiert werden sollte.

Das Modell von Koch/Oesterreicher aufgrund der Tatsache zu kritisieren, dass es die zu dem Zeitpunkt gerade aufkommende computervermittelte Kommunikation ignoriert, verkennt allerdings die Tatsache, dass das Modell nicht zur Analyse von bestimmten Varietäten, Textsorten, kommunikativen Gattungen o.ä. entwickelt wurde, sondern als ein allgemeines und abstraktes Modell, mit dem sprachlich-kommunikative Konstellationen erfasst werden sollen. Dass nicht alle dieser Konstellationen explizit behandelt werden, ist weder notwendig noch stellt dies ein Problem für die Anwendung des Modells dar: Auch ohne die Einführung einer weiteren Unterscheidungsebene in synchrone, asynchrone und quasi-synchrone Kommunikation können mit dem Modell die für die entsprechenden Kommunikationsformen typischen Nähe-Distanz-Parameter erfasst werden; und falls es tatsächlich für notwendig erachtet wird, kann es zudem problemlos um die zusätzlichen Faktoren erweitert werden.

Zu dem ersten Kritikpunkt kann also gesagt werden, dass die Tatsache, dass das Modell von Koch/Oesterreicher vor dem Massendurchbruch der Neuen Medien in den neunziger Jahren entwickelt wurde, kein stichhaltiges Argument gegen dessen Verwendung darstellt.

2. Im zweiten Kritikpunkt geht es darum, dass der Medienbegriff von Koch/Oesterreicher problematisch sei, denn in der Medienlinguistik werde „unter ‚medial' etwas anderes verstanden" als bei Koch/Oesterreicher (vgl. ausführlich hierzu auch Dürscheid i.d.B.). Während letztere den Begriff der Medialität als lediglich zweigeteilte Grundunterscheidung zwischen der Realisierung von Sprache mit Schall (mediale Mündlichkeit) oder mit Schrift (mediale Schriftlichkeit) verwenden und ihn so sehr stark einengen, wird in der Medienlinguistik *medial* „primär im Sinne von ‚mittels eines technischen Hilfsmittels'" benutzt (Dürscheid/Brommer 2009: 14). Die Kritik stimmt insofern, als die sehr grobe Unterscheidung von Schall gegenüber Schrift bei Koch/Oesterreicher blind machen kann für zusätzliche mediale Konstellationen, so zum Beispiel die Übermittlung von Schall bei einem traditionellen Telefonat, bei einem Handytelefonat oder bei einem Videotelefonat. In allen diesen Fällen können zusätzliche Medien und Technologien (z.B. die Bandbreite und Signalstärke) eine durchaus relevante Rolle für den Ablauf der Kommunikation spielen, die sich auch auf sprachlicher Ebene (z.B. lauteres und telegrammartiges Sprechen am Mobiltelefon, wenn ein Verbindungsabbruch zum Beispiel während einer Zugfahrt zu erwarten ist). Noch deutlicher wird die Reduktion im Bereich der medialen Schriftlichkeit, die von klassischem Papier und Stift über Buchdruck, Inschriften, Graffiti bis zu Textverarbeitungsprogrammen, gemeinsamem Schreiben in

Wikis, Twitter, SMS, E-Mail etc. eine derart breite Palette an Realisierungsmöglichkeiten bereitstellt, dass zu fragen ist, ob die Basisunterscheidung in „Schall" und „Schrift" ausreicht. Bevor nicht für alle diese unterschiedlichen medialen Realisierungsformen von Schall oder Schrift Untersuchungen vorliegen, die zeigen, ob und in welchem Umfang Veränderungen im Medium Auswirkungen auf die sprachliche Realisierung der Kommunikate hat, so könnte man argumentieren, ist es zu vorschnell, nur eine Zweiteilung in mediale Mündlichkeit und Schriftlichkeit zu wählen. Diese Frage ist bislang aber nicht geklärt; es kann sich ebenfalls herausstellen, dass diese Zweiteilung tatsächlich ausreicht.

3. Als Drittes wird kritisiert, dass das Modell von Koch/Oesterreicher „kein Instrumentarium bereitstellt, mit dem kommunikative Aktivitäten sequenziell untersucht werden könnten" (Dürscheid/Brommer 2009: 15). Dieser Kritikpunkt ist sicherlich einer der stärksten, da gerade die Ansätze der Konversationsanalyse und Interaktionalen Linguistik die Sequenzanalyse in den Mittelpunkt ihres methodischen und theoretischen Vorgehens stellen und ihr einen hohen Status hinsichtlich des Erkenntnisgewinns bei Analysen zuschreiben (vgl. Deppermann 2014; Gülich/Mondada 2008; Schegloff 1990, 2007). Das Resultat sei nach Dürscheid/Brommer (2009: 15), dass man mit Koch/Oesterreicher zwar „die Einordnung von Äußerungsformen im Mündlichkeits-/Schriftlichkeitskontinuum" vornehmen und „die sprachlichen Merkmale dieser Äußerungsformen" bestimmen könne, dass sich aber „kommunikativ-situative Aspekte" damit nicht analysieren ließen. Aus diesem Grund wird dem Modell von Koch/Oesterreicher gegenüber dem der Interaktionalen Linguistik eine Absage erteilt, in dem die Sequenzanalyse im Mittelpunkt stehe: „Will man der Dynamik getippter Dialoge gerecht werden, dann genügt es nicht, Äußerungsformen dieser Art im Rahmen des Modells von Koch/Oesterreicher (1994) zu betrachten. Ein Forschungsansatz, der sich als geeigneter erweist, ist die Interaktionale Linguistik." (Dürscheid/Brommer 2009: 17)

4. Der vierte, mit 3. eng verwandte, aber noch darüber hinausgehende Kritikpunkt ist der Vorwurf, dass das Modell von Koch/Oesterreicher zu statisch und lediglich am finalen Sprachprodukt und nicht an Prozessen der Hervorbringung der Kommunikate interessiert sei. Dürscheid/Brommer (2009: 15) gehen dabei so weit, dass sie dieses Manko als einen Grund dafür ansehen, „warum das Modell in der englischsprachigen Literatur kaum rezipiert wird". Dort sei vielmehr der Ansatz der „Computer-Mediated Discourse Analysis" viel verbreiteter, wie er von Herring (2004, 2007, 2010, 2011) entwickelt wurde, und der einen theoretischen Rahmen darstelle, der dem der In-

teraktionalen Linguistik sehr nahe komme. Ob das tatsächlich so ist, kann m.E. allerdings bezweifelt werden. Herring stützt sich stark auf klassische pragmatische Ansätze wie die Sprechakttheorie, die ebenfalls nicht gerade als idealer Ansatz für die Analyse interaktionaler Sprache einzuordnen ist (vgl. z.B. exemplarisch die Analyse von Dresner/Herring 2012). Es ist gerade darum auch zu fragen, ob der Ansatz von Koch/Oesterreicher nicht auch aus anderen Gründen (Schulenbildung; Vorhandensein von genügend auf Englisch publizierten ähnlichen Ansätzen; Tatsache, dass es kaum englischsprachige Publikationen gibt, die auf Koch/Oesterreicher rekurrieren und daher die Rezeption im englischsprachigen Raum nicht ermöglichten etc.) keine Karriere im englischsprachigen Forschungsraum gemacht hat.

5. Ein fünfter Kritikpunkt kommt aus einer anderen Richtung, nämlich aus der Gesprochene-Sprache-Forschung um Fiehler. In ihrer Monographie zu den „Eigenschaften gesprochener Sprache" gehen Fiehler/Barden/Elstermann/Kraft (2004: 51–52) und Fiehler (2000) explizit auf das Freiburger Redekonstellationsmodell und das mit ihm durchaus verwandte Modell von Koch/Oesterreicher ein und lehnen beide Modelle deswegen ab, weil sie zu sehr einem Prototypikalitätsgedanken verpflichtet seien: „Sowohl das Freiburger Projekt ‚Grundstrukturen der deutschen Sprache' wie auch Koch und Oesterreicher […] sind – auf unterschiedliche Weise – der prototypisch-graduierenden Sichtweise verpflichtet." (Fiehler et al. 2004: 51) Das führe dazu, dass „bestimmte medial mündliche Formen der Verständigung ausgegrenzt" würden und „damit so etwas wie prototypische Mündlichkeit inthronisiert" würde. Die Intention hinter einer solchen Prototypikalitätsauffassung bestehe darin, dass auf diese Weise ein maximaler Kontrast zwischen Mündlichkeit und Schriftlichkeit erzeugt werde, der für Klassifikationen und Analysen genutzt werden solle. Dabei bleibe aber unberücksichtigt, dass damit „ein partikuläres Bild von Mündlichkeit erzeugt" werde, das der Sprachrealität nicht entspreche. Fiehler et al. (2004: 52) ziehen daraus den Schluss, dass mit dem Redekonstellationsmodell bzw. dem Modell von Koch/Oesterreicher nicht gearbeitet werden sollte, sondern alleine die mediale Definition für gesprochene Sprache herangezogen werden kann:

Um solche Begrenzungen und Gewichtungen durch eine prototypische Struktur zu vermeiden, gehen wir von einer rein medial bestimmten Auffassung von Mündlichkeit aus. Alle Formen der Verständigung, bei denen gesprochene Sprache eine Rolle spielt, müssen ausnahmslos und gleichwertig berücksichtigt werden, wenn die Grenzen des Gegenstands ‚Mündlichkeit' bestimmt werden. (Fiehler et al. 2004: 52)

Die Gefahr einer durch die Prototypikalisierung verzerrenden Sichtweise auf mündliche und schriftliche Sprache ist sicher gegeben. Ebenso ist das Argument nachvollziehbar, dass bei dem Ziel, „die Grenzen des Gegenstands ‚Mündlichkeit'" zu bestimmen, möglichst weit gefasste, inklusive Kriterien von Vorteil sind. Auf eine detailliertere, die Konzeptualität der Sprache berücksichtigende Unterteilung vollständig zu verzichten, könnte allerdings dazu führen, dass ‚das Kind mit dem Bade' ausgeschüttet würde und statt einer zu engen Sicht auf gesprochene Sprache eine zu weite und konzeptionell unbrauchbare Sicht eingehandelt wird. Dennoch ist der Prototypikalitäts-Vorwurf ernst zu nehmen (vgl. allerdings Hennig 2014 zu einem Ansatz, der trotz der Verwendung des Nähe-Distanz-Konzeptes dieses Problem vermeidet).

Was kann nun als Fazit bezüglich der Kritik am Modell von Koch/Oesterreicher gesagt werden? Die ersten beiden Kritikpunkte ließen sich sicherlich leicht beheben, indem man das Modell weiterentwickelt und feinere Unterscheidungen einführt, vor allem in Bezug auf eine differenziertere Klassifikation der medialen Realisierungsweisen. Deutlich schwieriger wird es mit den beiden anderen Punkten, die von Dürscheid/Brommer genannt wurden: Eine Sequenzanalyse ist eindeutig in dem Modell nicht angelegt, hier ist in jedem Fall ein anderer Ansatz (Konversationsanalyse, Interaktionale Linguistik) notwendig. Damit hängt auch der vierte Kritikpunkt zusammen, die konstatierte Statik des Modells. Auch hier sind Konzepte aus der Interaktionalen Linguistik beispielsweise zur Einheitenbildung (Auer 2010), zum inkrementellen Aufbau von Äußerungen (Auer 2000, 2006, 2007), zur Verschränkung von Äußerungen und Kontextinformationen beispielsweise über Gattungen (Günthner 2000; Günthner/Knoblauch 1994, 1995, 1996, 1997) oder zur situierten Entstehung von Bedeutung und Struktur (Auer 2003; Deppermann 2007; Deppermann/Schmidt 2001; Deppermann/Schmitt 2008) notwendig. Etwas anders steht es m.E. mit der Kritik an der Prototypikalitätsannahme des Koch/Oesterreicher-Modells. Gerade die Konversationsanalyse und die Interaktionale Linguistik gehen sehr stark prototypikalisierend vor (vgl. die oben erwähnte Fokussierung der Interaktionalen Linguistik auf „Alltagsgespräche" bei Couper-Kuhlen/Selting 2001a: 261) und orientieren sich so implizit eigentlich an dem Nähe-Pol des Koch/Oesterreicher-Konzepts. Der Grund ist, dass die Strukturen von konzeptionell interaktionaler gesprochener Nähesprache in der Tat sich hinsichtlich der Syntax und Sequenzstruktur deutlich von konzeptionell monologischer gesprochener Distanzsprache unterscheiden. Insofern sollte in Bezug auf den Prototypikalitätsvorwurf gesagt werden, dass er nur dann wirklich berechtigt ist, wenn die Gefahren einer einseitigen Konzeptualisierung von Mündlichkeit nicht reflektiert werden.

Angesichts der Tatsache, dass das Modell von Koch/Oesterreicher Konzepte wie die Sequenzanalyse oder Ansätze einer prozessorientierten Syntax aus alternativen Ansätzen ‚zukaufen' muss, damit es für die Durchführung von Analysen der Kommunikation in den Neuen Medien tauglich gemacht werden kann, könnte man fragen, ob nicht besser die Interaktionale Linguistik entsprechend um die Aspekte ‚ausgebaut' werden sollte, die ihr noch fehlen, um computervermittelte dialogische Kommunikation vollständig erfassen zu können. Angesichts der Tatsache, dass – wie oben erwähnt – bereits eine Reihe von Arbeiten vorliegen, die sich theoretisch grundlegend und umfassend mit Aspekten der Dialogizität und Monologizität befassen und dabei wissenschaftsgeschichtlich untrennbar mit der Entstehung der Konversationsanalyse und der Interaktionalen Linguistik verbunden sind, könnte die Antwort tatsächlich lauten: Die Interaktionale Linguistik ist durchaus bereits dafür gerüstet, auch schriftliche interaktionale Kommunikation mit ihren eigenen Bordmitteln zu analysieren. Doch was heißt das für das Nähe-Distanz-Modell?

6 Ausblick: Eine zweite Chance für das Nähe-Distanz-Modell?

Das Fazit am Ende von Abschnitt 5 fiel eher negativ aus: Es ist nicht so, dass die Interaktionale Linguistik unbedingt das Modell von Koch/Oesterreicher benötigt, um für die Analyse von schriftlicher interaktionaler Kommunikation gerüstet zu sein, geschweige denn für die Analyse von mündlicher interaktionaler Kommunikation, für deren Analyse die Interaktionale Linguistik alle notwendigen ‚Bordmittel' bereits besitzt.[5] Die Frage ist nun, ob es nicht dennoch möglicherweise andere Anwendungsbereiche gibt, bei denen das Modell von Vorteil sein kann. Es bietet sich daher an, zunächst einen Bereich vorzustellen, bei dem erfolgreich und gewinnbringend mit dem Konzept von Koch/Oesterreicher gearbeitet wird. Dieser Bereich betrifft m.E. die Variationslinguistik (Hennig/Jacob und Kehrein/Fischer i.d.B.) und in besonderem Maße die Erforschung früherer Sprachstufen des Deutschen (Zeman und Tophinke i.d.B.).

---

5 Das heißt nicht, dass man interaktionale Kommunikation nicht auch anders analysieren könnte. Hennig (2006) legt eine Untersuchung der Grammatik der gesprochenen Sprache vor, in der das Modell von Koch/Oesterreicher eine zentrale Rolle spielt.

In einem Sammelband zum Thema „Nähe und Distanz im Kontext variationslinguistischer Forschung", der von Ágel und Hennig im Jahr 2010 herausgegeben wurde, werden unterschiedliche Bereiche der Variationslinguistik vorgestellt, die von einer Untersuchung aus dem Blickwinkel des Nähe-Distanz-Modells profitieren würden. Dabei werden neben dem bereits oben ausführlich diskutierten Bereich der Kommunikation in den Neuen Medien (Ágel/Hennig 2010: 12) folgende weitere Themenbereiche benannt:

1. Die Erforschung von *Textsorten*: Hier kann beispielsweise erforscht werden, wie Textsortenmerkmale und Nähe- bzw. Distanzmerkmale zusammenhängen, ob beide miteinander verbunden sind oder ob es sich um parallele und unabhängige Klassifikationsmuster handelt (vgl. Ágel/Hennig 2010: 11). Dabei wird allerdings von Ágel/Hennig kritisch gefragt: „Hebt eine Textsortenunterscheidung die Unterscheidung von Nähe und Distanz auf?" (Ágel/Hennig 2010: 11) Diese Frage betrifft im Kern ebenfalls wieder die in einem der vorherigen Abschnitte dargestellte Kritik von Fiehler et al. (2004) an der Prototypikalitätsannahme des Koch/Oesterreicher-Modells: Ähnlich wie die Autoren dafür plädieren, gesprochene Sprache rein medial zu definieren und dann jeweils für die unterschiedlichen Konstellationen des Sprechens (Predigt, Vortrag, Reklamationsgespräch, Small Talk etc.) Beschreibungen zu liefern, könnte auch hier gefragt werden, ob man nicht ebenfalls lediglich ‚Texte' untersuchen sollte (in einer weiten Textsortenauffassung, die auch gesprochensprachliche ‚Texte' zulässt, bräuchte man nicht einmal mehr eine mediale Unterscheidung) und die Textsortenzuordnung und -beschreibung[6] ausreichend ist. In diesem Fall würde für die Arbeit mit Textsorten das gleiche gelten wie für die Erforschung von computervermittelter Kommunikation und gesprochener Sprache: Man *kann* das Koch/Oesterreicher-Modell verwenden, kommt allerdings aber auch ohne es gut aus. Zu fragen ist aber, ob nicht doch eine zusätzliche Einordnung der Texte (und Textsorten) nach Nähe-Distanz-Kriterien einen weiteren Erkenntnisgewinn bringt, indem z.B. Cluster von eng verwandten Textsorten auf diese Weise sichtbar gemacht werden können (wie man gewinnbringend das Nähe-Distanz-Modell für die Analyse von gesprochener Sprache einsetzen kann, zeigt beispielsweise Hennig 2014).

Ähnliches gilt auch für die Bereiche der *Fachsprachen*, der *Stile* und möglicherweise auch der *Soziolekte*, die als weitere mögliche Untersuchungsgegenstände aus dem Bereich der Variationslinguistik genannt werden (vgl.

---

6 Wobei allerdings der Textsortenbegriff (immer noch) so umstritten ist, dass man sich auf das Instrument der Textsortenklassifizierung ebenfalls nicht sicher stützen kann.

zur Berücksichtigung von Registern Maas i.d.B.). Auch hier stellt sich immer wieder die Frage, ob das Nähe-Distanz-Modell wirklich hilfreich ist, d.h. ob es im positiven Sinn als notwendiges zusätzliches Raster ‚neben' den zu erklärenden Parametern steht oder ob dieses Raster für die Analyse unnötig ist oder sie sogar behindert. Auch bei der Erforschung von Dialekten herrscht eine gewisse Ambivalenz. Auf der einen Seite ist die Frage „Wie kann man regionalsprachliche Merkmale insbesondere von Nähemerkmalen unterscheiden?" (Ágel/Hennig 2010: 10) in der Tat eine zentrale Frage, wenn man vor dem Problem steht, Konzepte wie *Dialekt, Regionalsprache, Umgangssprache, Standardsprache* etc. definieren zu wollen. Zugleich bringt das Nähe-Distanz-Modell aber auch neue Probleme mit sich. So muss beispielsweise geklärt werden, ob „das Konzept der Distanz auf Regionalsprachen überhaupt anwendbar" (Ágel/Hennig 2010: 10) ist, eine Frage, die nur schwer zu beantworten ist. Für alle genannten Bereiche (*Neue Medien, Stile, Textsorten, Fachsprachen, Soziolekte* und *Dialekte*; vgl. Fischer 2011 und Kappel 2007) scheint also zu gelten, dass es unklar ist, ob das Koch/Oesterreicher-Modell Teilaspekte erhellen kann (und in welchem Umfang), oder ob nicht genauso viele neue Probleme aufgeworfen werden, wenn man es benutzt. Hier ist die variationslinguistische Forschung aufgefordert, in weiteren Untersuchungen zu zeigen, wie viele Ansätze und Modelle notwendig sind, um beispielsweise Konstellationen sich überlagernder Varietäten bzw. kommunikativer Konstellationen (z.B. informelle Geschäfts-E-Mails) zu erfassen.

2. Das stärkste Argument für die Anwendung des Nähe-Distanz-Modells in einem der variationslinguistischen Teilbereiche besteht m.E. im Bereich der *Historiolekte*. Das liegt daran, dass im überwiegenden Bereich der Historiolinguistik *ausschließlich* mit schriftlichen Sprachzeugnissen gearbeitet werden muss, Aspekte der Mündlichkeit also lediglich rekonstruiert werden können, während in den anderen oben genannten Bereichen fast immer mündliche *und* schriftliche Zeugnisse für die Analyse vorliegen oder zumindest potentiell erhoben werden können. Das führt zu Fragestellungen, bei denen in der Tat das Nähe-Distanz-Modell einen Beitrag leisten kann, wie z.B.:

- Sind die Ausprägungen der Dimensionen von Nähe und Distanz historisch stabil oder bedeuten Nähe/Distanz etwa im Althochdeutschen etwas ganz anderes als im Frühneuhochdeutschen? (Ágel/Hennig 2010: 13; vgl. auch Zeman 2013, i.d.B.)
- Sind bestimmte Formulierungsweisen oder Konstruktionen in historischen Texten nur aufgrund ihrer Formeigenschaften, aufgrund univer-

saler formaler Kriterien, operational als Nähe- bzw. Distanzsignale identifizierbar? (Lötscher 2010: 113f.)
- Was sind „typische Merkmale des Transformationsprozesses von Mündlichkeit zu Schriftlichkeit" (Macha 2010: 139) beispielsweise in Hexenverhörprotokollen, d.h. inwieweit kann man solche Protokolle für eine Rekonstruktion von historischer Mündlichkeit nutzen und was muss beachtet werden, um Fehleinschätzungen zu vermeiden?
- Angesichts der Tatsache, dass die „externe Sprachgeschichte [...] als derjenige Bereich menschlicher Sprache [gilt], in dem die völlige Kontingenz und Idiosynkrasie herrscht", sodass „die einzelnen Gesellschaften und historischen Epochen untereinander völlig inkommensurabel zu sein" scheinen, stellt sich die Frage, ob eventuell das Nähe-Distanz-Modell „einen Maßstab bietet, um das scheinbar Unvergleichbare vergleichbar zu machen" (Koch 2010: 156).
- Bei welchen grammatischen Phänomenen handelt es sich um „Kandidaten für historisch diskontinuierliche nähesprachliche Merkmale" (Hennig 2009: 9)? Wie kann man also die in der Gesprochene-Sprache-Forschung und auch durchaus der Interaktionalen Linguistik weit verbreitete These von Sandig (1973) zur historischen Kontinuität gesprochensprachlicher Muster beleben?

Am ausführlichsten zeigen Ágel und Hennig – u.a. im Kontext des Pilotprojekts „Explizite und elliptische Junktion in der Syntax des Neuhochdeutschen", das als Vorstufe zur Entwicklung einer Sprachstufengrammatik des Neuhochdeutschen geplant war –, welche Vorteile das Nähe-Distanz-Modell bei der Erforschung früherer Sprachstufen des Deutschen haben kann. Das Ziel einer solchen neu zu schreibenden Sprachstufengrammatik soll darin bestehen, dass nicht mehr die Fiktion einer einheitlichen Grammatik für eine bestimmte Sprachstufe aufrechterhalten werden soll, sondern dass die vorhandenen Sprachzeugnisse der Epoche detailliert daraufhin eingeordnet werden sollen, wie stark ihre konzeptionelle Mündlichkeit bzw. Schriftlichkeit ausgeprägt ist. Auf diese Weise soll ein realistischeres Bild des tatsächlichen Sprachzustandes erzielt werden. Exemplarisch illustriert Hennig (2009) dieses Vorgehen. Einen zentralen Aspekt bildet dabei das Ziel, „Merkmale in historischen Texten als nähesprachliche Merkmale" ausweisen zu können und eine „Unterscheidung von universalen (= historisch kontinuierlichen) und historischen (= historisch diskontinuierlichen) Nähemerkmalen" treffen zu können (Hennig 2009: 24). Wenn die Quellentexte erst einmal nach nähesprachlichen Merkmalen klassifiziert sind, lassen sich damit nicht nur fundierte Aussagen über den Gebrauch bestimmter grammatischer Strukturen in bestimmten Kommunikationskonstellationen treffen, sondern auch Thesen überprüfen wie die, „dass die einschlägige historische Bedingung, die zum Abbau der historischen Nähemerkmale führt, die Verschriftlichung ist" (Hennig 2009: 37; vgl. auch Zeman 2013).

Mit anderen Worten: Das Nähe-Distanz-Modell zeigt dann seine Stärke, wenn man ein Korpus erstellt, das somit um zahlreiche zusätzliche Informationen zu diesem Text erweitert wird. Die detailreiche Aufstellung von Nähe- bzw. Distanzmerkmalen, wie sie bei Ágel/Hennig (2006: 17–24; vgl. auch Hennig 2006: 80–84) erfolgt (u.a. „Rollenparameter", „Zeitparameter", „Situationsparameter", „Parameter des Codes" und „Parameter des Mediums"), liefert dabei ein Annotations- und Klassifikationsset, mit dem die Anreicherung von Korpora ermöglicht werden könnte (vgl. auch Maas i.d.B. zur Berücksichtigung von Registern).

An genau dieser Stelle setzt nun eine gewisse Chance für das Nähe-Distanz-Modell an, in Zukunft möglicherweise auch in der Interaktionalen Linguistik Beachtung zu finden: Eine wichtige Zukunftsaufgabe besteht im Aufbau von umfangreichen, möglichst breit nach unterschiedlichen kommunikativen Konstellationen (d.h. nach Konstellationen der Kommunikation in Nähe- bzw. Distanzsituationen) gefächerten mündlichen und schriftlichen Korpora. Bislang ist die Interaktionale Linguistik qualitativ ausgerichtet und operiert auf sehr kleinen Korpora, wenn nicht gar auf Einzelfallanalysen. Es ist jedoch abzusehen, dass ein möglicher Weg in der Zukunft darin besteht, die auf der Basis von Einzelfalluntersuchungen gewonnenen Erkenntnisse schrittweise auch mithilfe großer Korpora quantitativ zu überprüfen. Damit dies möglich ist, wird ein möglichst detailliertes und umfassendes Set an Zusatzinformationen nötig sein, das die Auswahl von Teilkorpora ebenso ermöglicht wie die Bildung von Hypothesen in den Fällen, bei denen unterschiedliche Teilkorpora unterschiedliche grammatische Phänomene enthalten. Vor allem dann, wenn man nicht nur gesprochensprachliche Daten verwendet, sondern auch interaktionale schriftliche Daten hinzuzieht, ist eine Einordnung nach dem Nähe-Distanz-Modell und eine entsprechende Annotation der Daten hilfreich, um Verzerrungen oder Fehlschlüsse bei den Analysen zu vermeiden. Dem vorsichtigen Optimismus zum Ende des Beitrags zum Trotz muss allerdings darauf hingewiesen werden, dass der Aufbau solcher Korpora erst am Anfang steht und sich noch über Jahre, wenn nicht Jahrzehnte hinziehen wird. Was das für das Nähe-Distanz-Modell bedeuten wird, wird die Zukunft zeigen müssen.

7 Literatur

Ágel, Vilmos (2012): Junktionsprofile aus Nähe und Distanz. Ein Beitrag zur Vertikalisierung der neuhochdeutschen Grammatik. In: Bär, Jochen A./Müller, Marcus (Hrsg.): Geschichte der Sprache – Sprache der Geschichte. Probleme und Perspektiven der historischen Sprachwissenschaft des Deutschen. Berlin: Akademie Verlag, 181–206.

Ágel, Vilmos/Hennig, Mathilde (2006): Theorie des Nähe- und Distanzsprechens. In: Ágel, Vilmos/Hennig, Mathilde (Hrsg.): Grammatik aus Nähe und Distanz. Theorie und Praxis am Beispiel von Nähetexten 1650-2000. Tübingen: Niemeyer, 3–31.

Ágel, Vilmos/Hennig, Mathilde (Hrsg.) (2010): Nähe und Distanz im Kontext variationslinguistischer Forschung. Berlin/New York: de Gruyter.

Ágel, Vilmos/Hennig, Mathilde (Hrsg.) (2010): Einleitung. In: Nähe und Distanz im Kontext variationslinguistischer Forschung. Berlin/New York: de Gruyter, 1–22.

Androutsopoulos, Jannis (2007): Neue Medien. Neue Schriftlichkeit? In: Mitteilungen des Germanistenverbandes 54, 72–97.

Auer, Peter (1999): Sprachliche Interaktion. Eine Einführung anhand von 22 Klassikern. Tübingen: Niemeyer (Konzepte der Sprach- und Literaturwissenschaft 60).

Auer, Peter (2000): *On line*-Syntax – oder: was es bedeuten könnte, die Zeitlichkeit der mündlichen Sprache ernst zu nehmen. In: Sprache und Literatur 85, 43–56.

Auer, Peter (2003): Realistische Sprachwissenschaft. In: Linke, Angelika et al. (Hrsg.): Sprache und mehr. Ansichten einer Linguistik der sprachlichen Praxis. Tübingen: Niemeyer, 177–188.

Auer, Peter (2006): Increments and more. Anmerkungen zur augenblicklichen Diskussion über die Erweiterbarkeit von Turnkonstruktionseinheiten. In: Deppermann, Arnulf/Fiehler, Reinhard/Spranz-Fogasy, Thomas (Hrsg.): Grammatik und Interaktion. Radolfzell: Verlag für Gesprächsforschung, 279–294.

Auer, Peter (2007): Why are increments such elusive objects? An afterthought. In: Pragmatics 17, 647–658.

Auer, Peter (2010): Zum Segmentierungsproblem in der Gesprochenen Sprache. In: InLiSt 49, 1–19.

Bachtin, Michail M. (1979): Die Ästhetik des Wortes. Frankfurt am Main: Suhrkamp.

Bakhtin [Bachtin], Mikhail M. (1981): The Dialogic Imagination. Austin: University of Texas Press.

Barth-Weingarten, Dagmar (2008): Interactional Linguistics. In: Antos, Gerd/Ventola, Eija/Weber, Tilo (Hrsg.): Handbook of Applied Linguistics (Bd. 2). Berlin/New York: de Gruyter, 77–106.

Beißwenger, Michael (2002): Getippte „Gespräche" und ihre trägermediale Bedingtheit. Zum Einfluß technischer und prozeduraler Faktoren auf die kommunikative Grundhaltung beim Chatten. In: Schröder, Ingo W./Voell, Stéphane (Hrsg.): Moderne Oralität. Marburg: Curupira, 265–299.

Beißwenger, Michael (2007): Sprachhandlungskoordination in der Chat-Kommunikation. Berlin/New York: de Gruyter.

Beißwenger, Michael (2010): Chattern unter die Finger geschaut: Formulieren und Revidieren bei der schriftlichen Verbalisierung in synchroner internetbasierter Kommunikation. In: Ágel, Vilmos/Hennig, Mathilde (Hrsg.): Nähe und Distanz im Kontext variationslinguistischer Forschung. Berlin/New York: de Gruyter, 247–294.

Bergmann, Jörg (1988): Ethnomethodologie und Konversationsanalyse. Skript. Hagen: Fernuniversität Hagen.
Bergmann, Jörg (2001): Das Konzept der Konversationsanalyse. In: Brinker, Klaus et al. (Hrsg.): Text- und Gesprächslinguistik: ein internationales Handbuch zeitgenössischer Forschung, 2. Halbband. Berlin/New York: de Gruyter, 919–927.
Birkner, Karin/Meer, Dorothee (Hrsg.) (2011): Institutionalisierter Alltag: Mündlichkeit und Schriftlichkeit in unterschiedlichen Praxisfeldern. Radolfzell: Verlag für Gesprächsforschung.
Couper-Kuhlen, Elizabeth/Selting, Margret (2000): Argumente für die Entwicklung einer „interaktionalen Linguistik". In: Gesprächsforschung – Online-Zeitschrift zur verbalen Interaktion 1, 76–95.
Couper-Kuhlen, Elizabeth/Selting, Margret (2001a): Forschungsprogramm „Interaktionale Linguistik". In: Linguistische Berichte 187, 257–287.
Couper-Kuhlen, Elizabeth/Selting, Margret (2001b): Studies in Interactional Linguistics. Amsterdam: Benjamins.
Deppermann, Arnulf (2001): Gespräche analysieren. 2. Auflage. Opladen: Leske & Budrich (Qualitative Sozialforschung 3).
Deppermann, Arnulf (2007): Grammatik und Semantik aus gesprächsanalytischer Sicht. Berlin/New York: de Gruyter.
Deppermann, Arnulf (2014): Konversationsanalyse. Interaktionale Linguistik. In: Staffeldt, Sven/Hagemann, Jörg (Hrsg.): Pragmatiktheorien: Vergleichende Analysen. Tübingen: Stauffenburg, 19–48.
Deppermann, Arnulf/Schmidt, Axel (2001): „Dissen": Eine interaktive Praktik zur Verhandlung von Charakter und Status in Peer-Groups männlicher Jugendlicher. In: Osnabrücker Beiträge zur Sprachtheorie 62, 79–98.
Deppermann, Arnulf/Schmitt, Reinhard (2008): Verstehensdokumentationen: Zur Phänomenologie von Verstehen in der Interaktion. In: Deutsche Sprache 36, 220–245.
Dürscheid, Christa (2003): Medienkommunikation im Kontinuum von Mündlichkeit und Schriftlichkeit. Theoretische und empirische Probleme. In: Zeitschrift für Angewandte Linguistik 38, 37–56.
Dürscheid, Christa (2005): Medien, Kommunikationsformen, kommunikative Gattungen. In: Linguistik online 22, 3–16.
Dürscheid, Christa (i.V.): Neue Dialoge – alte Konzepte? Die schriftliche Kommunikation via Smartphone. In: ZGL (Themenheft *Dialogizität*).
Dürscheid, Christa/Brommer, Sarah (2009): Getippte Dialoge in Neuen Medien. Sprachkritische Aspekte und linguistische Analysen. In: Linguistik Online 37, 1–20.
Dresner, Eli/Herring, Susan C. (2012): Emotions and Illocutionary Force. In: Riesenfeld, Dana/Scarafile, Giovanni (Hrsg.): Philosophical dialogue: Writings in honor of Marcelo Dascal. London: College Publication, 59–70.
Fiehler, Reinhard (2000): Über zwei Probleme bei der Untersuchung gesprochener Sprache. In: Sprache und Literatur 31, 23–42.
Fiehler, Reinhard et al. (2004): Eigenschaften gesprochener Sprache. Theoretische und empirische Untersuchungen zur Spezifik mündlicher Kommunikation. Tübingen: Narr.
Fischer, Hanna (2011): Dialektalität und Nähesprachlichkeit. In: Ganswindt, Brigitte/Purschke, Christoph (Hrsg.): Perspektiven der Variationslinguistik. Beiträge aus dem Forum Sprachvariation. Hildesheim: Olms, 212–249.

Goffman, Erving (1967): Interaction ritual: essays in face-to-face behavior. New York: Anchor House.
Goffman, Erving (1981): Forms of Talk. Philadelphia: University of Pennsylvania Press (University of Pennsylvania publications in conduct and communication).
Goffman, Erving (1974): Das Individuum im öffentlichen Austausch. Frankfurt am Main: Suhrkamp.
Goffman, Erving (1977/1989): Rahmenanalyse des Gesprächs. Frankfurt am Main: Suhrkamp.
Goffman, Erving (1986): Interaktionsrituale. Über das Verhalten in direkter Kommunikation. Frankfurt am Main: Suhrkamp (Suhrkamp-Taschenbuch Wissenschaft 594).
Graser, Helmut (2011): Quellen vom unteren Rand der Schriftlichkeit – die Stimme der einfachen Leute in der Stadt der Frühen Neuzeit? In: Elspaß, Stephan/Negele, Michela (Hrsg.): Sprachvariation und Sprachwandel in der Stadt in der Frühen Neuzeit. Heidelberg, 15–48.
Gülich, Elisabeth/Mondada, Lorenza (2008): Konversationsanalyse: Eine Einführung an Beispielen aus französischer Kommunikation. Tübingen: Niemeyer.
Günthner, Susanne (1995): Gattungen in der sozialen Praxis. In: Deutsche Sprache 3, 193–218.
Günthner, Susanne (2000): Vorwurfsaktivitäten in der Alltagsinteraktion. Tübingen: Niemeyer.
Günthner, Susanne (2011): Zur Dialogizität von SMS-Nachrichten – eine interaktionale Perspektive auf die SMS-Kommunikation. In: Networx 60, 1–40. URL: http://www.mediensprache.net/networx/networx-60.pdf (14.5.2013).
Günthner, Susanne (2012): „Lupf meinen Slumpf" – die interaktive Organisation von SMS-Dialogen. In: Meier, Christian/Ayaß, Ruth (Hrsg.): Sozialität in Slow Motion. Theoretische und empirische Perspektiven. Wiesbaden: Springer, 353–374.
Günthner, Susanne/Kriese, Saskia (2012): Dialogizität in der chinesischen und deutschen SMS-Kommunikation – eine kontrastive Studie. In: Linguistik online 57, 43–70.
Günthner, Susanne/Knoblauch, Hubert (1994): „Forms are the food of faith". Gattungen als Muster kommunikativen Handelns. In: Kölner Zeitschrift für Soziologie und Sozialpsychologie 4, 693–723.
Günthner, Susanne/Knoblauch, Hubert (1995): Culturally patterned speaking practices – the analysis of communicative genres. In: Pragmatics 5, 1–32.
Günthner, Susanne/Knoblauch, Hubert (1996): Die Analyse kommunikativer Gattungen in Alltagsinteraktionen. In: Michaelis, Susanne/Tophinke, Doris (Hrsg.): Texte-Konstitution, Verarbeitung, Typik. München: Lincom, 35–57.
Günthner, Susanne/Knoblauch, Hubert (1997): Gattungsanalyse. In: Hitzler, Ronald/Honer, Anne (Hrsg.): Qualitative Methoden und Forschungsrichtungen in den Sozialwissenschaften. Opladen: Leska & Budrich, 281–308.
Gumperz, John J. (1982): Discourse Strategies. Cambridge: Cambridge University Press.
Gumperz, John J. (2002): Sharing common ground. In: Keim, Inken/Schütte, Wilfried (Hrsg.): Soziale Welten und kommunikative Stile. Tübingen: Narr, 47–56.
Henne, Helmut/Rehbock, Helmut (2001): Einführung in die Gesprächsanalyse. 4., durchgesehene und bibliographisch ergänzte Auflage. Berlin/New York: de Gruyter (de Gruyter Studienbuch).
Hennig, Mathilde (2006): Grammatik der gesprochenen Sprache in Theorie und Praxis. Kassel: Kassel University Press.
Hennig, Mathilde (2009): Nähe und Distanzierung: Verschriftlichung und Reorganisation des Nähebereichs im Neuhochdeutschen. Kassel: Kassel University Press.

Hennig, Mathilde (2014): Die Bundespressekonferenz zwischen Nähe und Distanz. In: Staffeldt, Sven/Hagemann, Jörg (Hrsg.): Pragmatiktheorien: Analysen im Vergleich. Tübingen: Stauffenburg, 247–280.

Heritage, John (2001): Ethno-sciences and their significance for conversation linguistics. In: Brinker, Klaus et al. (Hrsg.): Text- und Gesprächslinguistik: ein internationales Handbuch zeitgenössischer Forschung, 2. Halbband. Berlin/New York: de Gruyter, 908–918.

Herring, Susan C. (2004): Computer-mediated discourse analysis: An approach to researching online behavior. In: Barab, Sasha A./Kling, Rob/Gray, James H. (Hrsg.): Designing for Virtual Communities in the Service of Learning. New York: Cambridge University Press, 338–376.

Herring, Susan C. (2007): A faceted classification scheme for computer-mediated discourse. Language@Internet 4. URL: http://www.languageatinternet.org/articles/2007/761 (14.5.2013).

Herring, Susan C. (Hrsg.) (2010): Computer-mediated conversation I. Sonderausgabe von Language@Internet 7. URL: http://www.languageatinternet.org/articles/2010 (14.5.2013).

Herring, Susan C. (Hrsg.) (2011): Computer-mediated conversation II. Sonderausgabe von Language@Internet, 8. URL: http://www.languageatinternet.org/articles/2011 (14.5.2013).

Hutchby, Ian/Wooffitt, Robin (1998): Conversation Analysis. Cambridge: Polity Press.

Imo, Wolfgang (2013): Sprache in Interaktion: Analysemethoden und Untersuchungsfelder. Berlin/New York: de Gruyter.

Imo, Wolfgang (2014): Interaktionale Linguistik. In: Staffeldt, Sven/Hagemann, Jörg (Hrsg.): Pragmatiktheorien: Vergleichende Analysen. Tübingen: Stauffenburg, 49–82.

Jäger, Karl-Heinz (1976): Untersuchungen zur Klassifikation gesprochener deutscher Standardsprache. Redekonstellationstypen und argumentative Dialogsorten. München: Hueber.

Kappel, Péter (2007): Überlegungen zur diatopischen Variation in der gesprochenen Sprache. In: Ágel, Vilmos/Hennig, Mathilde (Hrsg.): Zugänge zur Grammatik der gesprochenen Sprache. Tübingen: Niemeyer, 215–244.

Knoblauch, Hubert (1995): Kommunikationskultur: Die kommunikative Konstruktion kultureller Kontexte. Berlin/New York: de Gruyter.

Koch, Peter (2010): Sprachgeschichte zwischen Nähe und Distanz: Latein – Französisch – Deutsch. In: Ágel, Vilmos/Hennig, Mathilde (Hrsg.): Nähe und Distanz im Kontext variationslinguistischer Forschung. Berlin/New York: de Gruyter, 155–206.

Koch, Peter/Oesterreicher, Wulf (1985): Sprache der Nähe – Sprache der Distanz. In: Romanistisches Jahrbuch 36, 15–43.

Koch, Peter/Oesterreicher, Wulf (1994): Schriftlichkeit und Sprache. In: Günther, Hartmut/Ludwig, Otto (Hrsg.): Schrift und Schriftlichkeit. Ein interdisziplinäres Handbuch internationaler Forschung. Berlin/New York: de Gruyter, 587–604.

Leska, Christel (1965): Vergleichende Untersuchungen zur Syntax gesprochener und geschriebener deutscher Gegenwartssprache. In: Beiträge zur Geschichte der deutschen Sprache und Literatur 87, 427–464.

Linell, Per (1998): Approaching Dialogue. Talk, Interaction and Contexts in dialogical Perspectives. Amsterdam: Benjamins (Impact 3).

Linell, Per (2005): The Written Language Bias. London: Routledge.

Linell, Per (2009): Rethinking Language, Mind, and World Dialogically. Interactional and contextual Theories of human Sense-Making. Charlotte, NC: IAP (Advances in cultural psychology).

Linell, Per (2012) Zum Begriff des kommunikativen Projekts. In: Ayaß, Ruth/Meyer, Christian (Hrsg.): Sozialität in Slow Motion. Theoretische und empirische Perspektiven. Wiesbaden: Springer VS, 71–79.

Linell, Per/Marková, Ivana (1993): Acts in Discourse: From Monological Speech Acts to Dialogical Inter-Acts. In: Journal for the Theory of Social Behaviour 23, 173–195.

Lötscher, Andreas (2010): Auf der Suche nach syntaktischen „Nähe-Distanz"-Signalen in frühneuhochdeutschen Texten. In: Ágel, Vilmos/Hennig, Mathilde (Hrsg.): Nähe und Distanz im Kontext variationslinguistischer Forschung. Berlin/New York: de Gruyter, 111–134.

Luckmann, Thomas (1986): Grundformen der gesellschaftlichen Vermittlung des Wissens: Kommunikative Gattungen. In: Kölner Zeitschrift für Soziologie und Sozialpsychologie 27, 191–211.

Luckmann, Thomas (1988): Kommunikative Gattungen im kommunikativen „Haushalt" einer Gesellschaft. In: Smolka-Koerdt, Gisela/Spangenberg, Peter M./Tillmann-Bartylla, Dagmar (Hrsg.): Der Ursprung von Literatur. München: Fink, 179–288.

Luckmann, Thomas (1992): On the communicative adjustment of perspectives, dialogue and communicative genres. In: Wold, Astri Heen (Hrsg.): The dialogical alternative. Oslo: Scandinavian University Press, 219–234.

Macha, Jürgen (2010): Grade und Formen der Distanzsprachlichkeit in Hexereiverhörprotokollen des frühen 17. Jahrhunderts. In: Ágel, Vilmos/Hennig, Mathilde (Hrsg.): Nähe und Distanz im Kontext variationslinguistischer Forschung. Berlin/New York: de Gruyter, 135–154.

Psathas, George (1995): Conversation Analysis: The Study of Talk-in-Interaction. Thousand Oaks: Sage.

Rath, Rainer (1973): Zur linguistischen Beschreibung kommunikativer Einheiten in gesprochener Sprache. In: Linguistik und Didaktik 22, 103–118.

Rath, Rainer (1975): Korrektur und Anakoluth im gesprochenen Deutsch. In: Linguistische Berichte 37, 1–12.

Rath, Rainer (1979): Kommunikationspraxis. Göttingen: Vandenhoeck & Ruprecht.

Sacks, Harvey (1995): Lectures on conversation. Oxford: Blackwell.

Sacks, Harvey/Schegloff, Emanuel A. (1973): Opening up Closings. In: Semiotica 8, 289–327.

Sacks, Harvey/Schegloff, Emanuel A./Jefferson, Gail (1974): A Simplest Systematics for the Organization of Turn-Taking in Conversation. In: Language 50, 696–735.

Sacks, Harvey/Schegloff, Emanuel A./Jefferson, Gail (1977): The Preference for Self-Correction in the Organization of Repair in Conversation. In: Language 53, 361–382.

Sandig, Barbara (1973): Zur historischen Kontinuität normativ diskriminierter syntaktischer Muster in spontaner Sprechsprache. In: Deutsche Sprache 3, 37–56.

Schank, Gerd/Schoenthal, Gisela (1976): Gesprochene Sprache. Eine Einführung in Forschungsansätze und Analysemethoden. Tübingen: Niemeyer.

Schegloff, Emanuel A. (1968): Sequencing in conversational openings. In: American Anthropologist 70, 1075–1095.

Schegloff, Emanuel A. (1979): The relevance of repair to syntax-for-conversation. In: Givon, Talmy (Hrsg.): Syntax and Semantics. New York: Academic Press, 261–286.

Schegloff, Emanuel A. (1986): The Routine as Achievement. In: Human Studies 9, 111–152.

Schegloff, Emanuel A. (1990): On the organization of sequences as a source of „coherence" in talk-in-interactions. In: Dorval, Bruce (Hrsg.): Conversational organization and its development. Norwood, N.J., Ablex: 51–77.

Schegloff, Emanuel A. (2007): Sequence Organization in Interaction. A Primer in Conversation Analysis I. Cambridge: Cambridge University Press.

Schlobinski, Peter/Watanabe, Manabu (2003): SMS-Kommunikation – Deutsch/Japanisch kontrastiv. Eine explorative Studie. In: Networx 31, 1–43.

Schneider, Jan Georg (2004): Die Unhintergehbarkeit der „normalen" Sprache. Ein Beitrag zum Medienbegriff. In: TRANS (Internet-Zeitschrift für Kulturwissenschaften) 14, o.S. URL: http://www.inst.at/trans/15Nr/06_2/schneider15.htm (13.5.2013).

Schneider, Jan Georg (2008): Spielräume der Medialität. Berlin/New York: de Gruyter.

Schönfeldt, Juliane (2002): Die Gesprächsorganisation in der Chat-Kommunikation. In: Beißwenger, Michael (Hrsg.): Chat-Kommunikation. Stuttgart: ibidem, 25–53.

Schütz, Alfred/Luckmann, Thomas (1984): Strukturen der Lebenswelt. Band 2. Frankfurt am Main: Suhrkamp.

Storrer, Angelika (2001): Getippte Gespräche oder dialogische Texte? Zur kommunikationstheoretischen Einordnung der Chat-Kommunikation. In: Lehr, Andrea et al. (Hrsg.): Sprache im Alltag. Beiträge zu neuen Perspektiven in der Linguistik. Berlin/New York: de Gruyter, 439–465.

Vološinov, Valentin (1929/75): Marxismus und Sprachphilosophie. Frankfurt am Main: Ullstein.

Zeman, Sonja (2013): Historische Mündlichkeit. Empirische Erörterung einer theoretischen Problemlage. In: ZGL 41, 377–412.

Mathilde Hennig/Joachim Jacob
Nähe, Distanz und Literatur

1 Einleitung

Zur Erfolgsgeschichte des Nähe-Distanz-Modells von Peter Koch und Wulf Oesterreicher (1985) gehört u.a., dass das Modell seit seinem Entstehen mehrfach als Instrumentarium für die Analyse von literarisierter Mündlichkeit herangezogen wurde (vgl. bspw. Goetsch 1985, Blank 1991, Affolter 2011). Offenbar bietet auch in diesem Anwendungsfeld die Mehrdimensionalität des Modells eine willkommene Alternative zu eindimensionalen Mündlichkeit-Schriftlichkeit-Unterscheidungen. Dabei stehen gerade Versuche der Beschreibung literarisierter Mündlichkeit mit Hilfe des Nähe-Distanz-Modells vor dem Dilemma, dass mit dem Modell Mündlichkeitsphänomene aus den Kommunikationsbedingungen der Mündlichkeit erklärt werden, die bei literarisierter Mündlichkeit so nicht vorliegen. Dennoch bietet das Modell u.E. einen geeigneten Rahmen, um gerade das Spannungsfeld zwischen den Kommunikationsbedingungen von Mündlichkeit und Schriftlichkeit, in dem sich eine schriftlich evozierte Mündlichkeit bewegt, in den Blick zu nehmen. So meinen wir, dass eine Analyse von Mündlichkeitsphänomenen (die im Nähe-Distanz-Modell Phänomene konzeptioneller Mündlichkeit im eben beschriebenen Sinne sind) durchaus dazu geeignet ist, gerade das kreative Potential der Inszenierung von Mündlichkeit im literarischen Kontext auszuloten.

Im vorliegenden Beitrag möchten wir also sowohl das Potential der Anwendung des Modells auf literarische Texte als auch die Grenzen einer solchen Übertragung eines linguistischen Modells auf die literarische Welt thematisieren. So meinen wir, dass einerseits ein linguistisches Modell zwar eine hervorragende Grundlage für die Analyse der sprachlichen Gestaltung literarischer Texte bieten und davor bewahren kann, zu schnell und zu undifferenziert ‚Mündlichkeit' zu konstatieren, wo vielleicht nur in direkter Rede oder mit Dialektmerkmalen formuliert wird. Andererseits aber ist zu beachten, dass eine unreflektierte Übertragung der alltagssprachlichen Verhältnisse auf die literarische Welt den fundamentalen Unterschieden zwischen ‚pragmatischer' und ‚entpragmatisierter' Rede (Iser 1994: 100) nicht gerecht werden kann. Es soll also nicht darum gehen, literarischen Texten (quasi missionarisch) eine linguistische Analyse überzustülpen, sondern vielmehr darum, zu zeigen, dass nur eine genuin interdisziplinäre Herangehensweise dem literarästhetischen Potential der Verwendung bestimmter sprachlicher Mittel in literarischen Texten gerecht werden kann. So meinen wir zwar, dass eine detaillierte Analyse linguistischer Mündlichkeitsmittel (wie sie hier nach Ágel/Hennig 2006b vorgenommen wird) durchaus ein genaueres Bild der Mündlichkeitsinszenierung bieten kann. Die reine Zuweisung eines „Nähewerts" im Sinne von Ágel/Hennig (2006b) erweist sich aber in der Betrachtung literarischer Texte als zu formalistisch. Deshalb greifen wir hier einerseits den Vorschlag Affolters (2011) auf, dem konzeptionellen Kontinuum ein rezeptionelles Kontinuum gegenüberzustellen, andererseits bemühen wir uns durch ergänzende literarästhetische Betrachtungen von Mündlichkeit indizierenden sprachlichen Mitteln um eine der Spezifik der Literatur gerecht werdende Interpretation der linguistischen Befunde. Zugrunde gelegt werden hierfür Textausschnitte aus Arno Holz/Johannes Schlafs „Die Familie Selicke" und Thomas Bernhards „Der deutsche Mittagstisch", wobei die beiden Dramentexte unter Absehung ihrer möglichen Aufführung ausschließlich als schriftsprachliche Äußerungen analysiert werden.

Mit dem Versuch einer linguistisch-literaturwissenschaftlichen Annäherung an das weite Feld der Mündlichkeit in literarischen Texten möchten wir schließlich einen Beitrag zur im Themenheft „Turn, Turn, Turn?" der „Zeitschrift für Literaturwissenschaft und Linguistik" (2013) von Jörg Meibauer geforderten „Germanistik der Schnittstellen" leisten.

2 Mündlichkeit in literarischen Texten aus linguistischer Perspektive

Seitdem die gesprochene Sprache im Zuge der pragmatischen Wende in den 1960er Jahren zu einem zentralen Gegenstand der Linguistik avanciert ist, hat es auch immer wieder Hinwendungen zur Frage der Mündlichkeit in literarischen Texten aus linguistischer Perspektive gegeben. Im Bereich der germanistischen Linguistik hat dabei sicherlich die Studie von Anne Betten zum Sprachrealismus im deutschen Drama einen herausragenden Stellenwert. Auch wenn Betten den Schwerpunkt auf das Drama der siebziger Jahre legt, führt sie doch auch Beispiele sprechsprachlicher Elemente im deutschen Drama des 18.–20. Jahrhunderts an und bietet somit einen breiten Überblick über die verschiedenen Facetten der Stilisierung und intendierter Realitätsnähe von Mündlichkeit bei individuellen Autoren sowie in verschiedenen Epochen. Während die Art der Stilisierung äußerst facettenreich ist, lassen sich die verschiedenen Darstellungsformen funktional auf den gemeinsamen Nenner der Erfassung und Transparenz von Wirklichkeit bringen (vgl. Betten 1985: 397). Betten arbeitet außerdem als Gemeinsamkeit der verschiedenen Stilisierungsformen heraus, dass die Autoren aus dem „Wildwuchs natürlicher Sprechsprache" nur die Einheiten auswählen, „die sich klar voneinander abgrenzen; diese werden auf eine Standardform zurechtgestutzt, die das wesentliche (distinktive) Stilmerkmal besonders hervortreten läßt" (1985: 394). Betten spricht sich ausdrücklich für die Hinwendung zu sprachwissenschaftlichen Methoden bei der Analyse der literarischen Mündlichkeit aus, da diese allein „die verschiedenen Arten und Grade der Stilisierung und der ihnen zugrundeliegenden Wirklichkeitsmuster auf allen sprachlichen und kommunikativen Ebenen detailliert und überprüfbar nachweisen können" (1985: 396).

Betten selbst nimmt diesen Nachweis vor, indem sie den Facettenreichtum sprechsprachlicher Elemente im Drama durch detaillierte Analysen der jeweiligen Mechanismen der Herstellung von sprechsprachlicher Wirklichkeit aufzeigt. So verweist sie bspw. in Bezug auf Lessings Dramensprache auf syntaktische Formen der Wiederholung, Konstruktionsübernahmen und Wiederaufnahmen (1985: 152ff.). Der Dramensprache des Naturalismus bescheinigt Betten eine nie zuvor dagewesene Dichte der Verwendung von Gliederungspartikeln, die diese einerseits besonders wirklichkeitsgetreu, andererseits aber auch stilisiert erscheinen lassen (1985: 165f.). Für Thomas Bernhard schließlich ist das Prinzip der Wiederholung das dominierende syntaktische Stilmittel (1985: 377ff.).

Während die Beschäftigung mit literarischer Mündlichkeit bei Betten eine genuin interdisziplinäre Fragestellung ist („Was ist und wie beschreibt man Sprachrealismus im dramatischen Dialog?" 1985: 43), betrachtet bspw. Helmut Henne die Beschäftigung mit Dramen des 18. Jahrhunderts als eine Möglichkeit der sprachhistorischen Rekonstruktion von gesprochener Sprache, mit der dem Problem begegnet werden könne, dass „Sprache für das 18. Jahrhundert im Medium des tönenden Lautes nicht überliefert ist" (1980: 90). Für Henne sind Dialoge in Dramen des Sturm und Drang „Musterfälle gesprochener Sprache" (1980: 91). Dabei legt er den Schwerpunkt allerdings nicht wie Betten auf sprechsprachliche Phänomene auf der Mikroebene, sondern er interessiert sich für die „mittlere Ebene" der Gesprächshandlungen, die er mit der gesprächsanalytischen Kategorie des Gesprächsakts beschreibt. Wenn man Bettens Einschätzung bezüglich des literarästhetischen Stilisierungsaspekts der literarischen Mündlichkeit ernst nimmt, stellt sich allerdings grundsätzlich die Frage, ob historische Dramen tatsächlich eine geeignete Quelle für die Rekonstruktion historischer Mündlichkeit sind. Neuere Arbeiten, die sich zu historischer Mündlichkeit hinwenden, bemühen sich jedenfalls eher um die Rekonstruktion historischer Mündlichkeit durch eine Berücksichtigung von Alltagskommunikation

(Elspaß 2005, Ágel/Hennig 2006, Hennig 2009; dazu auch Zeman 2013 sowie i.d.B.).

Einen besonders interessanten Ausflug in die Welt literarischer Mündlichkeit bietet auch die Studie von Johannes Schwitalla und Liisa Tiittula (2009) zur Übersetzung von literarischer Mündlichkeit in deutschen und finnischen Romanen. Hier kommt der sprachtypologische Aspekt mit ins Spiel: Gesprochensprachliche Phänomene lassen sich häufig nicht 1:1 übersetzen, weil Ausgangs- und Zielsprache über unterschiedliche typologische Voraussetzungen verfügen, die sich wiederum auf die Möglichkeiten der Imitation von Mündlichkeit auswirken: So ist bspw. die Verbzweitstellung nach *weil* als gesprochensprachliches Merkmal im Deutschen eine Folge der deutschen Klammerstruktur. Folglich kann es in Sprachen ohne Klammerstruktur dieses Mittel zur Nachahmung von Mündlichkeit nicht geben. Übersetzer müssen deshalb auf andere Mittel zurückgreifen, wenn sie den Mündlichkeitsduktus übertragen wollen. Wie Betten in Bezug auf Dramen, so kommen auch Schwitalla/Tiittula bei der Analyse von Romanen zu dem Ergebnis, dass die Auswahl der gesprochensprachlichen Mittel zur Entwicklung des ideolektalen Stils der Autoren beiträgt: „Jeder Autor wählt […] auf seine Weise seine mündlichen Mittel." (2009: 240) Besonders beliebte Mittel sind dabei etwa Satzrandstrukturen, Wortverkürzungen, Gesprächspartikeln, Abbrüche und Wiederholungen. Dabei sind die Übersetzungen insgesamt standardsprachlicher als ihre Vorlagen:

> In den meisten deutschen Übersetzungen ließ sich eine deutliche Verschiebung in die standardsprachliche Richtung beobachten. Dazu trugen nicht nur standardsprachliche Varianten und Formulierungen bei, sondern auch geschriebensprachliche Formen, die in der gesprochenen Sprache untypisch sind. […] Das Einebnen von sozialer, dialektaler und sonstiger Variation bedeutet, dass Differenzen zwischen den Romanfiguren nicht oder kaum wiedergegeben werden. Die Tendenz der Standardisierung betraf nicht nur Dialekte, die in eine andere Sprache bekanntlich schwer übertragbar sind, sondern auch Soziolekte. (Schwitalla/Tiittula 2009: 243)

Die bisher vorgestellten Arbeiten setzen sich mit Fragen der Mündlichkeit auf der Phänomenebene auseinander, d.h., sie beschreiben, wie Mündlichkeit in literarischen Werken erzeugt bzw. imaginiert wird. Angeregt durch das Nähe-Distanz-Modell von Peter Koch und Wulf Oesterreicher gibt es aber auch Ansätze, die die Analysen zu gesprochensprachlichen Merkmalen in literarischen Texten in Überlegungen zur Verortung der Texte im Spannungsgefüge zwischen Mündlichkeit und Schriftlichkeit einbetten. So sind noch vor der Publikation des ersten Aufsatzes von Koch/Oesterreicher zu Nähe-Distanz sich auf das Manuskript des Aufsatzes stützende erste Überlegungen zur Fruchtbarkeit dieses Modells für die Analyse literarischer Texte von Paul Goetsch erschienen (1985).

In seinem Aufsatz zur Mündlichkeit in der Erzählkunst entwickelter Schriftkulturen leitet Goetsch aus dem Nähe-Distanz-Modell ab, dass es „analog zur Bandbreite tatsächlicher Mündlichkeit verschiedene Arten fingierter Mündlichkeit gibt" (1985: 208). Er weist auch darauf hin, dass mit Hilfe dieses Modells das Verhältnis zwischen tatsächlicher und fingierter Mündlichkeit genauer beschrieben werden könne als bisher (ebd.).

Andreas Blank beschäftigt sich wenige Jahre später aus linguistischer Perspektive mit der „Literarisierung von Mündlichkeit" in den Romanen von Louis-Ferdinand Céline und Raymond Queneau. Zu Recht weist er darauf hin, dass totale Nähesprache in der Literatur unmöglich ist, weil eine vollständige Umsetzung konzeptioneller Mündlichkeit in die Graphie zu unverständlichen Texten führen würde (1991: 27). Es geht also keineswegs um die „Rückkehr zu primärer oder elaborierter Mündlichkeit [...]. Vielmehr ahmt der Schriftsteller unter den Kommunikationsbedingungen der Distanzsprache die Versprachlichungsstrategien der Nähesprache nach." (ebd.) Anschaulich beschreibt er die weit über den Versuch der wirklichkeitsgetreuen Abbildung von Mündlichkeit hinausgehende theoretische Konstruktion eines francais parlé bei Queneau: „[S]eine fingierte Mündlichkeit ist unter linguistischen Aspekten konstruiert [...]. Besonders spektakulär sind jene Fälle, wo er in einem schriftsprachlichen, graphisch korrekten Abschnitt eine graphisch deformierte, sprechsprachliche ‚Bombe' platzen läßt." (307) Seine Beobachtungen decken sich also im Grunde genommen mit denen Bettens zu distinktiven Stilmerkmalen: Es geht nicht um eine detailgetreue Abbildung von Mündlichkeit, sondern gerade die gezielte Verwendung isolierter nähesprachlicher Elemente kann zu besonderen stilistischen Effekten führen.

Die Ergebnisse der Anwendung des Koch/Oesterreicher'schen Modells auf literarische Texte fasst Blank folgendermaßen zusammen:

> Unsere Studie hat gezeigt, daß sich die sprachtheoretischen Unterscheidungen Ludwig Sölls, Peter Kochs und Wulf Oesterreichers auch auf Literatur anwenden lassen, wenn man sich im Klaren darüber ist, daß die beiden Autoren, deren Werke wir untersucht haben, bewußt-unbewußt eine bestimmte Auswahl der Versprachlichungsstrategien universeller Mündlichkeit [...] fingierten und sie mit einzelsprachlichen und diasystematisch markierten Elementen kombinierten und durchsetzten. Das Ergebnis dieses Schaffensaktes ist nicht die graphische Realisierung von Nähesprache, sondern ein individueller literarischer Stil. (Blank 1991: 318)

Schließlich liegt mit der 2011 erschienenen Dissertation von Michael Affolter zu „Mündlichkeit im literarischen Dialog epischer Texte" eine Arbeit vor, die versucht, eine Synopse verschiedener Mündlichkeitsbegriffe zu erarbeiten und mit dem textinternen Vergleich zwischen distanzsprachlicher Erzählerrede und nähesprachlicher Figurenrede neue Akzente zu setzen. Affolters kritische Prüfung von Mündlichkeitsbegriffen ist geprägt von der Hochkonjunktur, die Mündlichkeitskonzepte seit Ong (1982), vor allem aber in den letzten 10–15 Jahren aufgrund der breiten Auseinandersetzung mit Kommunikationsformen des Internets erfahren haben. Die Mündlichkeitskonzepte gehen dabei weit über die von Ong in die Diskussion eingebrachte Unterscheidung zwischen primärer und sekundärer Mündlichkeit hinaus. Sie reicht von ‚Semi-Oralität' (Schlieben-Lange 1983) und ‚Halbmündlichkeit' (von Polenz 2000) über ‚simulierte Mündlichkeit' (Vellusig 1991), ‚mimetische Mündlichkeit' (Osthus 2003), ‚kalkulierte Mündlichkeit' (König 2002), ‚stilisierte Mündlichkeit' (Bleckwenn 1992) und ‚literalisierte Mündlichkeit' (Thun 2005) bis hin zu ‚literate Mündlichkeit' (Stetter 1997), ‚strukturelle Mündlichkeit' (Assmann 2008), ‚simulierte Mündlichkeit' (Krämer 1999) und ‚fiktive Mündlichkeit' (Tristram 1996).[1] Es kann hier nicht darum gehen, die einzelnen Konzepte vorzustellen und aufeinander zu beziehen, dazu verweisen wir auf Affolter. Die Auflistung sollte lediglich illustrieren, dass es offenbar eine große Bandbreite an Mündlichkeitsformen gibt und dass das Bedürfnis in der Linguistik groß ist, diese Bandbreite durch adäquate Mündlichkeitskonzepte zu erfassen.

Vor diesem Hintergrund ist es nicht verwunderlich, dass Koch/Oesterreichers Begriff der konzeptionellen Mündlichkeit allein noch nicht ausreicht, um das Spektrum einzufangen. Aufgreifen wollen wir hier den Vorschlag Affolters, der konzeptionellen Mündlichkeit eine ‚rezipierte Mündlichkeit' gegenüberzustellen:

> Wenn es einerseits eine konzeptionelle Mündlichkeit bzw. eine konzeptionelle Schriftlichkeit gibt, dann sollte es andererseits entsprechend – aber unabhängig davon – eine „rezipierte Schriftlichkeit" bzw. eine „rezipierte Mündlichkeit" geben. Das würde bedeuten: Konzeptionelle Schriftlichkeit kann unter sprachlichen [sic!] Umständen als rezipierte Mündlichkeit wahrgenommen werden [...] Das konzeptionelle Kontinuum muss mit dem Rezeptionskontinuum konfrontiert werden. (Affolter 2011: 39f.)

Affolter integriert diese Überlegungen wie folgt in das Nähe-Distanz-Modell (2011: 42):

---

[1] Nach Affolter (2011), die Liste ist keineswegs vollständig. Zu weiteren Mündlichkeitskonzepten siehe ebd. 49–78.

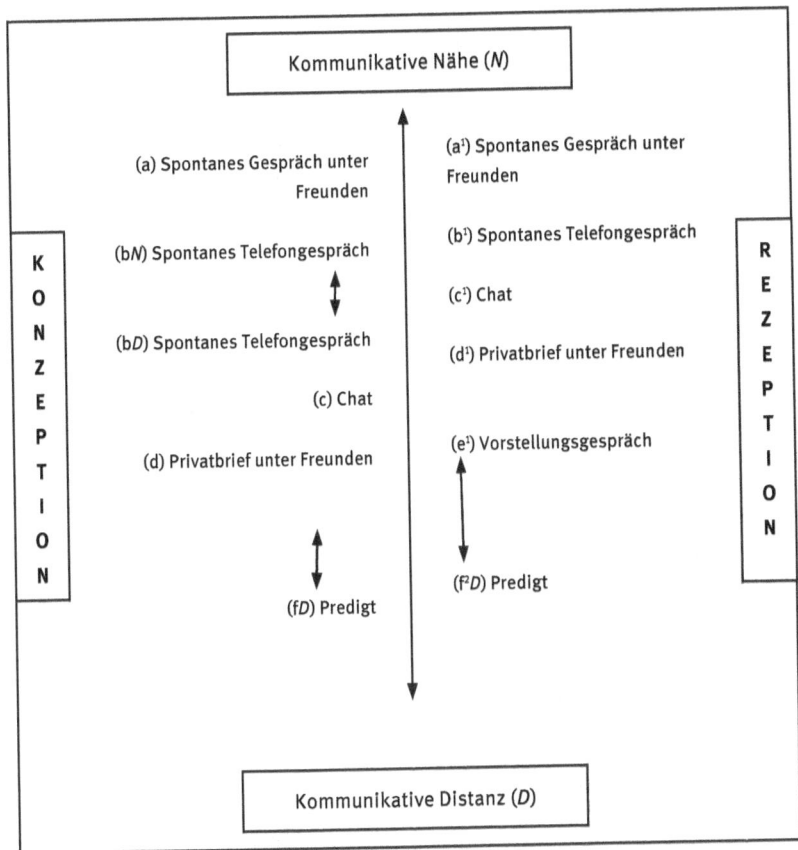

Abb. 1: Konzeptionelle vs. rezipierte Mündlichkeit (Affolter 2011: 42).

Die unterschiedlichen Positionierungen von einzelnen Kommunikationsereignissen im Konzeptions- bzw. Rezeptionskontinuum sollen auf mögliche Diskrepanzen zwischen vom Produzenten intendierter und vom Rezipienten wahrgenommener Nähesprachlichkeit hindeuten: So kann bspw. ein privater Brief vom Rezipienten als nähesprachlicher empfunden werden, als er vom Verfasser angelegt war; umgekehrt kann eine Predigt als weniger nähesprachlich aufgefasst werden als intendiert.

Die Überlegung, der konzeptionellen Seite eine rezeptionsorientierte gegenüberzustellen, dürfte dann für die Analyse literarischer Texte wichtig sein, wenn man auch rezeptionsästhetische literaturwissenschaftliche Ansätze in die Modellierung literarischer Mündlichkeit einbeziehen möchte.

3 Mündlichkeit in literarischen Texten aus literaturwissenschaftlicher Perspektive

Im Unterschied zur Linguistik hat sich die literaturwissenschaftliche Erzähltheorie „bis vor kurzem kaum mit dem mündlichen Erzählen befasst", konstatiert Monika Fludernik noch in jüngster Zeit (Fludernik 2011: 34). Dass in ihrem Forschungsüberblick wohl Paul Goetschs Arbeiten und sein Begriff der ‚fingierten Mündlichkeit', nicht aber Koch/Oesterreichers Nähe-Distanz-Modell selbst Erwähnung findet, ist ein Indiz dafür, dass dieses bislang mehr in der literaturwissenschaftlich bzw. literarisch interessierten Linguistik, wie eben dargestellt, als in der Literaturwissenschaft wahrgenommen worden ist. Es ist aber auch ein Hinweis darauf, dass Koch/Oesterreichers alltagspragmatisch naheliegende und einleuchtende Assoziation von Mündlichkeit und ‚Nähe'-Kommunikation unter den Bedingungen literarischer Kommunikation sich möglicherweise komplizierter darstellt. So listet Fludernik neben verschiedenen Mündlichkeitsformen vor allem auch verschiedene Darstellungs*funktionen* fingierter Mündlichkeit im literarischen Text auf: das Anzeigen von „Naivität, Dummheit, Ungebildetheit, Exotik oder Gefährlichkeit", aber auch „rustikaler Ursprünglichkeit" sowie allgemein die Suggestion der „Authentizität der Darstellung" (2011: 33) – ein Bedeutungsspektrum, das mit den Funktionen alltagspragmatischer ‚Nähe'-Kommunikation nur teilweise korreliert.

Wie nun bereits mehrfach angesprochen, ist es Paul Goetsch gewesen, der Koch/Oesterreichers Nähe-Distanz-Modell auf die spätestens seit den Theoretikern des russischen Formalismus virulente Frage nach der Inszenierung von Mündlichkeit im literarischen Text (vgl. etwa den von Boris Eichenbaum 1918 eingeführten Begriff des ‚skaz', Eichenbaum 1969) übertragen hat. Mit dem Hinweis auf Koch/Oesterreichers Unterscheidung zwischen medialer Realisierung und sprachlicher Konzeption argumentierte Goetsch dafür, nicht auf die „Unterscheidung zwischen Mündlichkeit und Schriftlichkeit schlechthin" zu fokussieren, sondern vielmehr „die Unterscheidung der Strategien, die mit der mündlichen und schriftlichen Tradition assoziiert werden", zu beachten (Goetsch 1985: 207). In diesem Sinn weist Goetsch der ‚fingierten Mündlichkeit' im literarischen Text neben dem Realitätseffekt durch (noch genauer zu erforschende) Mimesis an die Sprechsprache weitere Funktionen wie Beglaubigung und Problematisierung zu:

> Zu diesen Aufgaben gehören die Beglaubigung auch phantastischer Ereignisse, die Problematisierung von Schriftlichkeit und die Kritik an Schreibstilen, die kulturkritisch interessante Bewertung des Verhältnisses von Mündlichkeit und Schriftlichkeit in verschiede-

nen Zeiten, ferner das Infragestellen der Verständigungsmöglichkeiten auch in erfundenen Gesprächssituationen. (Goetsch 1985: 217)

Die „wichtigste allgemeine Aufgabe fingierter Mündlichkeit" ist jedoch nach Goetsch „die Herstellung der Illusion einer Sprache der Nähe" (ebd.), die ‚Fesselung' des Lesers durch den Text, seine illusionäre Integration in die erzählte Welt, wie Goetsch Koch/Oesterreichers Terminus der Nähe-Sprachlichkeit übersetzt.

Systematisch vergleichbar, was die Analyse der ‚Strategien' fingierter Mündlichkeit betrifft, aber mit einer anderen Funktionsbestimmung hat in jüngerer Zeit Christine Lubkoll die Novelle als „Simulation einer interaktiven Situation" (Lubkoll 2008: 391) gedeutet. Sie bezeichnet die Novelle kulturhistorisch als Übergangsform von mündlicher zu schriftlicher Erzählkultur. Ihre zentrale These lautet, „dass die Novelle mithilfe ihrer gattungskonstitutiven ‚Inszenierung von Mündlichkeit' nicht zuletzt auch einen Widerhaken setzt gegen den Verlust alltäglicher Erzählkompetenz. Die Novelle hält das mündliche Erzählen wach, sie tradiert es im Medium der Literatur, sie transformiert es aber auch und verleiht ihm neue Funktionen." (388)

In Bezug auf den allgemeinen Stellenwert der Mündlichkeit in literarischen Texten kommt Lubkoll zu ähnlichen Ergebnissen wie Blank:

> Hervorzuheben ist, dass es sich in literarischen, schriftlich vermittelten Texten nicht um ‚primäre Mündlichkeit' im genuinen Sinne handelt, wie sie etwa für vorschriftliche Literaturformen vermutet wird (Zumthor 1994) oder wie sie von Seiten der pragmalinguistischen Gesprächsanalyse an Fallbeispielen alltäglicher Kommunikation herausgearbeitet wurde. Es geht vielmehr um einen intertextuellen Rekurs auf mündliche Kulturpraktiken (im Sinne von Hausendorfs ‚Textualitätsquellen'), die in Form von ‚sekundärer' (Zumthor 1994) oder auch ‚fingierter Mündlichkeit' (Goetsch 1985) in literarischen Erzählungen eigens inszeniert werden. Entscheidend ist hierbei weniger die realitätsgetreue Wiedergabe von Merkmalen gesprochener Sprache (unvollständige Sätze, Sprünge, begleitende Partikel etc.), als vielmehr die Simulation einer interaktiven Situation. (Lubkoll 2008: 391)

4 Konzeptionelle vs. rezipierte Mündlichkeit: Beispielanalysen

4.1 Anliegen und Methode

Die folgenden exemplarischen Textanalysen sollen zunächst die in den Kapiteln 2 und 3 vorgestellten theoretischen Überlegungen zur literarisierten bzw. stilisierten Mündlichkeit (wir bevorzugen diese, die Fiktionsproblematik vermeidenden, Begriffe) veranschaulichen. Darüber hinaus verfolgen wir mit den Textanalysen das Ziel, das Verhältnis zwischen natürlicher und literarisierter Mündlichkeit durch die Anwendung des Nähe-Distanz-Analyseverfahrens von Ágel/Hennig (2006) etwas genauer zu beleuchten.

Die auf dem Modell von Koch/Oesterreicher (1985) aufbauende Weiterentwicklung des Modells von Ágel/Hennig (2006a) ist aus der Auseinandersetzung mit dem Koch/Oesterreicher'schen Modell heraus entstanden.[2] Das zentrale Anliegen dieser Weiterentwicklung besteht darin, auf der Basis grammatischer nähesprachlicher Merkmale eine Operationalisierbarkeit der bei Koch/Oesterreicher bereits angelegten Grundidee der Verortung von Textsorten bzw. Textexemplaren zwischen den Polen Nähe und Distanz zu erreichen.[3]

Da ‚Nähe' und ‚Distanz' zweifelsohne sehr schillernde Metaphern sind, unter denen man sich gerade in Bezug auf die Beschreibung von Kommunikationsereignissen möglicherweise sehr verschiedene Dinge vorstellen kann, haben Ágel/Hennig ihren Überlegungen zur Modellierung von Nähe und Distanz das folgende Grundverständnis von ‚Nähe-Distanz' vorausgeschickt: „offene vs. geschlossene Produktion und Rezeption". Das Kriterium dafür ist die Raumzeit von Produktion und Rezeption: Wenn ein imaginärer Beobachter der Kommunikation feststellen kann, dass P-Raumzeit und R-Raumzeit übereinstimmen, handelt es sich um offene Produktion und Rezeption, wenn dies nicht der Fall ist, um geschlossene. Dieses Grundverständnis wird im Modell als ‚Universales Axiom' bezeichnet. Dabei handelt es sich sozusagen um die idealisierten Ausgangskonstellationen für Nähe- und Distanzkommunikation. Das bedeutet nicht, dass es nicht auch Mischformen geben kann (wie bspw. in Telefongesprächen, bei denen Zeitgleichheit, aber keine Raumgleichheit gegeben ist), und auch nicht, dass von diesen Ausgangsbedingungen nicht auf unterschiedliche

---

[2] Zur Kritik siehe Ágel/Hennig (2006a: 13f.) sowie Hennig (2014: 249f.).
[3] Die kurze Einführung in das Modell auf den folgenden Seiten ist identisch mit der Darstellung in Hennig (2014).

Art und Weise Gebrauch gemacht werden kann. Gerade darum wird es im Kapitel 4.3 gehen. Vielmehr bietet die Festlegung auf das Universale Axiom die Möglichkeit, die prinzipiellen Voraussetzungen für Nähe- und Distanzkommunikation zu benennen und zum Ausgangspunkt der Modellierung der Pole der Nähe-Distanz-Skala zu machen.

Ausgehend von dem Universalen Axiom (Ebene I) werden die Pole der Nähe-Distanz-Skala mit Hilfe der folgenden vier Parameter modelliert:

II. UNIKOM = Universale Parameter der Kommunikation
III. UNIDIS = Universale Parameter der Diskursgestaltung
IV. UNIVER = Universale Diskursverfahren
V. UNIMERK = Universale Diskursmerkmale

Mit den Ebenen II und III werden die pragmatischen Bedingungen für die Nähe-Distanz-Kommunikation zusammengefasst. Um das an einem Beispiel zu verdeutlichen: Die Offenheit von Produktion und Rezeption führt in der Nähekommunikation dazu, dass die Rollen von Produzent und Rezipient nicht festgelegt sind, sie können prinzipiell – auch wenn das manche Gattungskonventionen (Predigt, Vorlesung) nicht zulassen – jederzeit wechseln. Ein universaler Parameter der Nähekommunikation lautet deshalb ‚Rollendynamik'. Daraus folgt als universaler Parameter der Diskursgestaltung die ‚Interaktivität': Die an der Kommunikationssituation Beteiligten organisieren ihren Diskurs gemeinsam. Diese Möglichkeiten schlagen sich nun auf der Ebene der sprachlichen Merkmale (Ebene IV und V) nieder: Die Interaktivität erlaubt u.a. das universale Diskursverfahren ‚P-mit-R-Sequenzierung' (= gemeinsame Realisierung sprachlicher Strukturen), das u.a. zu Diskursmerkmalen wie den Adjazenzellipsen (*Wohin gehst du? Zur Sparkasse.*) führt. Zusammenhänge dieser Art werden im Modell in Bezug auf fünf Parameter angenommen:

1. Rollenparameter
2. Zeitparameter
3. Situationsparameter
4. Parameter des Codes
5. Parameter des Mediums

Beim Zeitparameter geht es um die Zeitgebundenheit nähesprachlicher Kommunikation (Zeitgleichheit von Planung und Äußerung); beim Situationsparameter um die Situationsverschränkung nähesprachlicher Kommunikation, beim Parameter des Codes um die Verschränkung von verbaler und nonverbaler Kommunikation in Nähekommunikation und beim Parameter des Mediums um den Einfluss des jeweiligen Mediums („graphisch' vs. „phonisch') auf die Realisierung bestimmter Diskursmerkmale in Nähe- bzw. Distanzkommunikation.

Die folgende Übersicht fasst die Korrelation der fünf Parameter (= horizontale Ebene) und der Hierarchieebenen II–V (= vertikale Ebene) zusammen. Aus Gründen der Überschaubarkeit wurden dabei jedem Parameter auf den Ebenen IV und V nur jeweils zwei Diskursverfahren und Diskursmerkmale zugeordnet. Das Gesamtmodell ist in Ágel/Hennig (2006a: 387ff.) sowie Hennig (2006: 80ff.) entwickelt. In Ágel/Hennig (2006a: 387ff.) werden darüber hinaus die im Modell erfassten Diskursmerkmale in einem Modellglossar beschrieben.

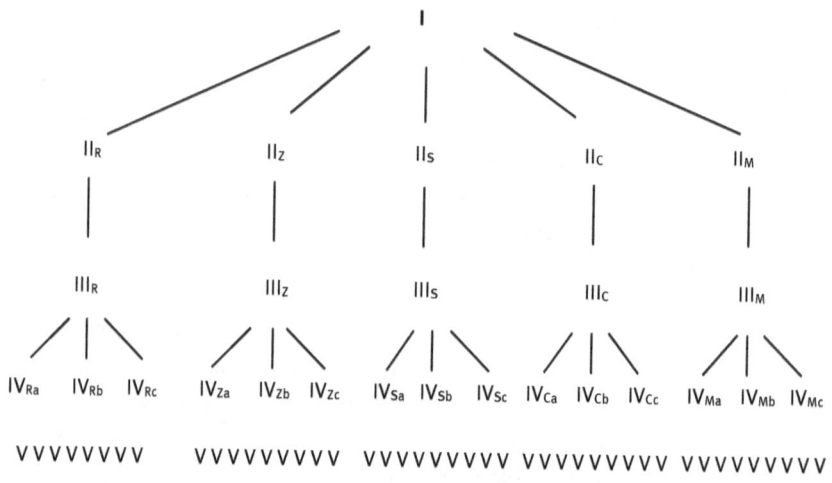

Abb. 2: Grundstruktur des Ágel/Hennig'schen Nähe-Distanz-Modells.

Die Modellierung erlaubt es, einzelne Diskursmerkmale wie bpsw. Adjazenzellipsen, Reparaturphänomene und Gliederungssignale systematisch über die Hierarchieebenen auf das Universale Axiom zurückzuführen. Die Merkmale ergeben sich somit nicht einfach nur aus ihrer empirischen Nachweisbarkeit in nähesprachlichen Transkripten, sondern sie können durch die Herleitung aus dem Universalen Axiom auch begründet werden.

Für die systematische Rückführung der Diskursmerkmale auf das Universale Axiom ist die komplexe Modellierung mit den fünf Ebenen notwendig. Bei der Anwendung des Ansatzes auf die Textanalyse dagegen kommt es in erster Linie auf die Identifizierung von Diskursmerkmalen (Ebene V) an.

Zur Verortung von Textexemplaren auf der Nähe-Distanz-Skala wurde von einem prototypischen Nähetext als Vergleichsbasis ausgegangen (= tertium comparationis). Es handelt sich dabei um ein Transkript eines Radio-phone-ins mit Domian. Der Prototext enthält 1127 Nähemerkmale auf 1784 Wortformen. Zu diesen Werten können die Analysewerte jedes beliebigen Textexemplars in Beziehung gesetzt werden. Die Analyse der durch das Modell als nähesprachlich nachgewiesenen Merkmale haben Ágel/Hennig (2006b) als „Mikroanalyse" bezeichnet. Sie wird ergänzt durch eine „Makroanalyse", bei der es um die Analyse von textprofilgebenden grammatischen Mustern geht, die die Merkmale auf Mikroebene überlagern.[4]

Eine Anwendung der Methode von Ágel/Hennig (2006b) findet sich bereits in George/Henkel (2014). George/Henkel untersuchen diverse Textausschnitte aus Daniel Kehlmanns „Die Vermessung der Welt" und Alexa Hennig von Langes „Relax". Mit ihren Analysen wollen sie zeigen, dass dualistische Figurenkonstellationen ihren Niederschlag in der sprachlichen Gestaltung finden. Sie stellen somit die linguistische Nähe-Distanz-Analyse in den Dienst einer literaturwissenschaftlichen Fragestellung und bieten mit ihren detaillierten Textanalysen eine solide Grundlage für weiterführende literarästhetische Überlegungen.

Im Sinne des in Kapitel 2 vorgestellten Vorschlags von Affolter (2011) zur Unterscheidung von konzeptioneller und rezipierter Mündlichkeit soll bei der folgenden Textanalyse auch der Versuch unternommen werden, diese beiden Perspektiven zu kontrastieren. Dabei kann allerdings die Rekonstruktion der Rezeptionsebene nicht auf ein elaboriertes Modell inklusive Operationalisierungsansatz zurückgreifen. Die Betrachtung der Rezeptionsebene erfolgt deshalb eher exkursartig durch ein kleines Rezeptionsexperiment, bei dem Studenten darum gebeten wurden, den beiden Textausschnitten einen „Mündlichkeitswert" von 0–100 zuzuweisen und Phänomene zu benennen, die den Eindruck von Mündlichkeit gefördert bzw. geschmälert haben.

4.2 Auswahl der Beispieltexte

Ausgewählt wurden zwei Beispiele literarisierter Mündlichkeit, deren Epochenkontext im einen Fall und Individualstil im anderen schon in der vorliegenden Forschung als exemplarisch für stilisierte Mündlichkeit gelten: Arno Holz' und Johannes Schlafs der literarischen Epoche des Naturalismus zuzurechnendes

---

4 Da wir hier aus Gründen der Überschaubarkeit nur die Ergebnisse der Mikroanalyse diskutieren, verzichten wir auf eine nähere Erläuterung des Verfahrens der Makroanalyse und verweisen diesbezüglich auf Ágel/Hennig (2006b: 61ff.).

Drama „Die Familie Selicke" (1890) und das ‚Dramolett' „Der deutsche Mittagstisch" (1978) des österreichischen Autors Thomas Bernhard.

Holz/Schlafs Drama „Die Familie Selicke" stellt „den Versuch eines konsequent naturalistischen Theaters dar" (Meid 1998: 475), dem es demgemäß auch um eine „besondere Natürlichkeit der Dialoge" (Betten 1985: 164) zu tun ist. So ist die naturalistische Behandlung der Sprache ein zentrales intendiertes Mittel der Darstellung. Die „Sprache des [alten] Theaters", so Arno Holz in seinem programmatischen Manifest „Evolution des Dramas", sei „nicht die Sprache des Lebens" gewesen und „[g]enau von diesem entgegengesetzten Standpunkt aber gehen bei uns heute die Jungen aus: die Sprache des Theaters ist die Sprache des Lebens. *Nur* des Lebens!" (Holz 1987b: 295; Hervorhebung im Original) Holz prophezeit ein Drama, „das das Leben in einer Unmittelbarkeit geben wird, in einer Treffsicherheit, von der wir heute vielleicht noch nicht einmal eine entfernte Vorstellung besitzen" (Holz 1987b: 296). Die akademische, von uns bereits referierte einhellige Einsicht der Literaturwissenschaft, dass die Sprechsprache ästhetisch nicht mimetisch imitierbar ist, entspricht also *nicht* der – zumindest artikulierten – Auffassung des Autors. Freilich lässt Holz' berühmte programmatische Formel: „Kunst = Natur – x" (Holz 1987a: 148) erkennen, dass ihm eine Stilisierungsnotwendigkeit durchaus bewusst war, mit Affolter ließe sich hier aber auch die Differenz zwischen konzipierter (‚Natur – x') und rezipierter Mündlichkeit (‚Sprache des Lebens') ins Spiel bringen.

Eine ‚Verlebendigung' der Darstellung ist auch die wesentliche Funktion, die Betten Holz/Schlafs Annäherung der Bühnen- an die Sprechsprache zuweist: „[A]us Tradiertem und der gesprochenen Sprache neu Abgelauschtem wird hier ein Stil geschaffen, der gegen Stagnation und Tristesse der vorgeführten Verhältnisse den Dauerton von Klage, Aufschrei und Appell setzt." (1985: 168) Sie folgert – wie Goetsch – eine besonders wirkungsstarke ‚Nähe' (Goetsch) des Dargestellten zum Rezipienten durch die stilisierte Mündlichkeit: So „bleibt diese Stimmung nicht als Betrachtungsgegenstand auf die Bühne gebannt, sondern scheint die Rampe überspringen und den Zuschauer unmittelbar aufrütteln zu wollen." (Betten 1985: 168)

Im Falle Thomas Bernhards ist, folgt man der literaturwissenschaftlichen Forschung, „die Simulation einer Form von Mündlichkeit" (Löser 1999: 162) ein, ja vielleicht das zentrale Stilmerkmal des Autors:

> In der Sekundärliteratur ist die formale Nähe vieler seiner Prosatexte zu dem von Ong formulierten Stilideal des Oralen wohl schon unzählige Male assoziativ und ohne weiteren interpretatorischen Aufwand an die Texte herangetragen worden, indem man Bernhards Sätze umstandslos als gesprochene las. (ebd.)

Nicht das Letztere jedoch ist für Löser problematisch, sondern der zu geringe ‚interpretatorische Aufwand', den man mit diesem Befund bislang getrieben habe; so liege „das Problem [...] nicht im Befund der Simulation von Oralität, sondern in der Bewertung des Sachverhaltes." (ebd.) Löser setzt jedoch offenkundig nicht nur Medium und Konzeption in eins, wenn er ‚gesprochene' Sprache schon für eine Simulation von Mündlichkeit hält. Sondern auch sein für die Prosatexte Bernhards angeführter Beleg für ‚Mündlichkeit', dass deren „[o]ftmals [...] verschachtelte Sätze elementare Standards der Schriftsprache wie Ökonomie oder grammatische und semantische Wohlgeformtheit" verletzten und damit Indizien für Mündlichkeit seien (164), ist in mehrerer Hinsicht diskussionsbedürftig und deutet vielmehr auf konzeptuelle Schriftlichkeit hin.

Anne Betten dagegen hat, fundierter und differenzierter, in einer knappen Analyse der Bernhard'schen Dialogtechnik in seinen Dramen auf die Komplexität der anstehenden Frage hingewiesen:

> Die Frage, ob Bernhards in der deutschen Dramaturgie einmalige Konzentration auf die auch für die Alltagssprache so charakteristischen Mittel der Redundanz Zeichen einer besonderen Nähe zu dieser Alltagssprache oder aber einer weiter als bei allen anderen Autoren getriebenen Stilisierung ist, kann nicht losgelöst von anderen Charakteristika der Bernhardschen Dialogsyntax beantwortet werden. (Betten 1985: 380)

Zugleich macht Betten aber auch auf eine mögliche Ambivalenz in der Zuschreibung von ‚alltagssprachlicher' Mündlichkeit oder forciert ‚stilisierender' Künstlichkeit einzelner Sprachformen aufmerksam:

> Das Prinzip der isolierenden Herausstellung eines Satzgliedes, das rein formal ebenso als elliptische Setzung oder Anakoluth mit (oder nach) Neuansatz beschrieben werden kann, entspricht dem Mündlichen und den „Spiralformen" des Denkens; in der strengen Parallelität des Aufbaus ist es aber zugleich stilisiert, erinnert an Setzformen der Musik. (Betten 1985: 386f.)

Vor diesem Hintergrund scheint es sinnvoll und geboten, über die skizzierten Ansätze hinaus die Realisation literarisierter Mündlichkeit bzw. Nähesprachlichkeit im literarischen Text einer genaueren Analyse zu unterziehen.

4.3 Analyseergebnisse

In den Texten wurden gemäß dem in 4.1 erläuterten Verfahren die Nähemerkmale bestimmt. Das Dramolett von Thomas Bernhard hat insgesamt nur einen Umfang von 277 Wortformen, es wurde deshalb vollständig analysiert. Aus dem Drama von Holz/Schlaf wurde willkürlich ein ebenfalls 277 Wortformen umfassender Abschnitt aus dem Zweiten Aufzug ausgewählt (Holz/Schlaf 2005: 49f.) Der Text von Bernhard enthielt insgesamt 73 Nähemerkmale, der Text von Holz/Schlaf 142. Das Verhältnis von Wortformen und Nähemerkmalen in diesen beiden Texten wurde anschließend mit dem Verhältnis von Wortformen und Nähemerkmalen im tertium comparationis in Beziehung gesetzt. Dem Text von Bernhard konnte mit 41,7 % somit ein deutlich geringerer „Nähewert" zugewiesen werden als dem Text von Holz/Schlaf, der einen Wert von 81,7 % aufweist.

Ein solches nur die Anzahl aller Nähemerkmale berücksichtigendes Ergebnis kann aber noch keine Auskunft über das Verhältnis von alltagssprachlicher und stilisierter Mündlichkeit in literarischen Texten geben. Deshalb soll im Folgenden ein genauerer Blick auf die Verteilung der Merkmale auf einzelne Typen von Merkmalen gerichtet werden:

Tab. 1: Näheanalyse von Holz/Schlaf „Selicke" und Bernhard „Mittagstisch".

	tertium comp.		Holz/Schlaf		Bernhard	
1a	22	1,77 %	22	15,5 %	9	12,33 %
1b	138	12,33 %	11	7,75 %	10	13,7 %
1c	82	6,92 %	3	2,11 %	.	
1d	20	1,51 %	.		.	
1e	42	3,78 %	6	4,22 %	2	2,74 %
1f	6	0,62 %	.		.	
Gesamt Rolle	**310**	**26,86 %**	**42**	**29,58 %**	**21**	**28,77 %**
2a	14	1,24 %	4	2,82 %	4	5,48 %
2b	44	3,9 %	.		.	
2c	51	4,5 %	.		.	
2d	18	1,6 %	1	0,7 %	1	1,37 %
2e	59	5,24 %	.		.	
Gesamt Zeit	**186**	**16,75 %**	**5**	**3,52 %**	**5**	**6,85 %**
3a	304	27,24 %	58	40,85 %	39	53,42 %
3b	28	7,28 %	.		.	
3c	3	0,27 %	3	2,11 %	1	1,37 %
Gesamt Situation	**385**	**34,78 %**	**61**	**42,96 %**	**40**	**54,8 %**
4a	0		2	1,41 %	.	
4b	2	0,18 %	19	13,38 %	6	8,22 %
Gesamt Code	**2**	**0,18 %**	**21**	**14,79 %**	**6**	**8,22 %**

Tab. 1: Fortsetzung

	tertium comp.		Holz/Schlaf		Bernhard	
5a	109	9,67 %	1	0,7 %	-	
5b	135	11,98 %	12	8,45 %	1	1,37 %
Gesamt Medium	244	21,65 %	13	9,10 %	1	1,37 %
Gesamt	1127	100 %	142	100 %	73	100 %
Nähesprachlichkeit		100%		81,7 %		41,7%

Die Tabelle beinhaltet neben dem bereits vorgestellten Gesamtwert auch die Werte für die fünf Parameter sowie die Verfahren innerhalb dieser Parameter.[5] Im Sinne der bereits in Kapitel 2 insbesondere mit Rückgriff auf Betten (1985) und Blank (1991) vorgestellten Überlegungen zur Stilisierung literarischer Mündlichkeit bieten diese Ergebnisse nun die Möglichkeit, der Frage nachzugehen, welche Arten von Merkmalen hier besonders zum Eindruck von Mündlichkeit beitragen, welche hingegen nicht genutzt werden. Auf der Ebene der Parameter haben beide Texte einen höheren Wert als das t.c. in Bezug auf den Parameter der Situation und den Parameter des Codes. Beim Parameter der Situation kommt dieses Ergebnis durch eine expansive Nutzung der Merkmale des Verfahrens 3a „direkte grammatische Verfahren" zustande. Das bedeutet, dass die Autoren beider Texte besonders häufig die Möglichkeit nutzen, durch deiktische Verfahren (insbesondere Personen- und Temporaldeixis) die Vorstellung von einer engen Bindung an die Situation zu erzeugen.

Das deutlich höhere Ergebnis beim Parameter des Codes ist zunächst einmal damit zu erklären, dass dieser Parameter beim t.c. deshalb unterrepräsentiert ist, weil es sich um ein Telefongespräch handelt, bei dem mit diesem Parameter erfasste Aspekte der Ganzkörperkommunikation (wie bspw. holistische Gefühlsäußerungen, 4b) nicht zum Zuge kommen konnten (vgl. Holečková 2012).[6] In den hier betrachteten literarischen Texten hingegen, inbesondere bei Holz/Schlaf, sorgen u.a. zahlreiche Interjektionen wie *ach* und *hui* für den

---

5 Diese sind hier einfach mit 1a,b,c etc. gekennzeichnet. Bspw. ist 1a „Kontakt von Produzent und Rezipient" und 1b „gemeinsame Sequenzierung von Produzent und Rezipient". Zu einer detailgenauen Darstellung des Modells sowie zu einer Erläuterung der einzelnen Merkmale siehe Ágel/Hennig (2006c).
6 Dass dennoch auf dieses Transkript zurückgegriffen wurde, hatte mit den generellen Schwierigkeiten der Beschaffung von geeignetem Transkriptmaterial zu tun. Das Transkript wurde freundlicherweise von Susanne Günthner für die Analyse zur Verfügung gestellt.

Eindruck von Ganzkörperkommunikation, aber auch Reduplikationen wie bspw. *mein liebes Mäuschen! Mein armes, liebes Mäuschen!*: Man mag sich – die Angesprochene liegt im Sterben – weit aufgerissene Augen und einen vom Entsetzen gezeichneten Gesichtsausdruck vorstellen, der die sprachliche Äußerung begleitet.

Auf der Ebene einzelner Verfahren tritt schließlich noch das Verfahren 1a (Kontakt von Produzent und Rezipient) als in beiden literarischen Texten häufiger als im t.c. genutztes Verfahren hervor. Das liegt an der hohen Frequenz von Imperativen und Anredenominativen wie *Toni* und *Mamach'n* in „Die Familie Selicke" oder *Mein lieber Mann* und *Mutter* in „Der deutsche Mittagstisch".

Dagegen werden in beiden Texten die im Rahmen des Parameters der Zeit und des Parameters des Mediums bestehenden Möglichkeiten, natürliche Mündlichkeit nachzuahmen, sehr wenig genutzt. Im t.c. bilden diese Parameter mit 16,75 % bzw. 21,65 % dagegen einen erheblichen Anteil an allen Nähemerkmalen. Mit dem Parameter der Zeit werden bspw. verschiedene Anakoluthformen und Satzrandstrukturen erfasst, mit dem Parameter des Mediums vor allem phonische Werte wie *haste* und *nich*. Insbesondere diese beiden in den Textbeispielen ‚vernachlässigten' Parameter verdeutlichen sehr schön den tatsächlichen, durch literatursprachliche Konventionen bzw. individuelle stilistische Entscheidungen der Autoren bedingten Stilisierungsvorgang, welcher der Annäherung an die Alltagssprache hier eine deutliche Grenze setzt (ein Theaterstück wie Thomas Braschs „Mercedes" [1983], das den Parameter des Mediums dagegen extensiv nutzt, zeigt, dass selbstverständlich auch diese Grenze variabel ist).

Schließlich können wir der Gesamtauswertung noch entnehmen, dass innerhalb der Parameter einzelne Verfahren überhaupt nicht genutzt wurden, für die das eben Ausgeführte in gleicher Weise gelten mag. Das sind bspw. im Zeitparameter die Verfahren 2b (aggregative Strukturierung mit Beeinflussung der Projektionsstruktur; erfasst werden hier vor allem verschiedene Formen von Anakoluthen) und 2c (Online-Reparaturen). Von den insgesamt 18 types an Verfahren wurden bei Holz/Schlaf nur 12 (= 66,7 %) und bei Bernhard nur 9 (= 50 %) angewendet. Wenn man nun im Sinne einer type-token-ratio noch diese Prozentwerte mit den in Tabelle 1 als Gesamtwerte ermittelten verrechnet, ergibt sich für Holz/Schlaf eine Nähesprachlichkeit von 66,7 % und für Bernhard von 20,9 %.

Den Ergebnissen zur Nähesprachlichkeit der beiden Texte auf der Basis der Analyse ihrer nähesprachlichen Merkmale seien nun die Ergebnisse des kleinen Rezeptionsexperiments gegenübergestellt. Daran haben 118 Germanistikstudenten teilgenommen, die zu diesem Zeitpunkt in ihrem Studium noch nicht mit dem Thema Mündlichkeit-Schriftlichkeit in Berührung gekommen waren. Den Teilnehmern wurde beide Texte nacheinander vorgelegt. Sie wurden zunächst darum gebeten, den Texten jeweils spontan einen Mündlichkeitswert zuzuweisen („Wie mündlich finden Sie diesen Text?"). Danach sollten ohne Vorgabe selbständig sprachliche Mittel benannt werden, die für diesen Eindruck ursächlich waren („Was hat zum Eindruck von Mündlichkeit beigetragen?") bzw. ihm entgegenwirkten („Was hat den Eindruck von Mündlichkeit geschmälert?").

Die folgende Tabelle bietet zunächst eine Übersicht über die Mündlichkeitswerte, die die Probanden den beiden Texten aufgrund des ersten Eindrucks zugewiesen haben:

Tab. 2: Rezipierte Mündlichkeitswerte.[7]

	Holz/Schlaf		Bernhard	
	Anzahl	Prozent	Anzahl	Prozent
0–30 %	4	3,39	32	27,12
31–60 %	23	19,5	41	34,75
61–90 %	74	62,72	42	35,59
91–100 %	17	14,41	3	2,54
Durchschnitt		76 %		54 % (66 %)

Die Werte liegen durchaus ziemlich nahe an der auf der Basis der Analyse der nähesprachlichen Merkmale ermittelten Nähesprachlichkeit (Mikroanalyse – tokens). Dabei ist allerdings die Bandbreite relativ groß. Insbesondere bei Bernhard sind die Einschätzungen relativ gleichmäßig auf 0–90 % verteilt. Hier deutet der Rezeptionstest auf einen elementaren Unterschied in der konzeptionellen Gestaltung der Mündlichkeitsinszenierung hin: Bei Bernhard gibt es keine klare Evokation von Mündlichkeit, sodass für den Rezipienten die Möglichkeit besteht, den Text relativ beliebig auf der Skala zu verorten. Holz/Schlaf hingegen haben ihren Text mit der Fülle an Mündlichkeitsmerkmalen klar als einen Mündlichkeit inszenierenden Text ausgewiesen. Die Ergebnisse des Rezeptions-

---

7 Den Teilnehmern wurden Prozentwerte in Zehnerschritten angeboten. Im Sinne der besseren Überschaubarkeit wurden die Prozentwerte in Tabelle 2 in vier Kategorien zusammengefasst. Da nicht auszuschließen war, dass sich der starke Mündlichkeitseindruck bei Holz/Schlaf negativ auf die Mündlichkeitsbewertung von Bernhard ausgewirkt hat, wurde einer kleinen Kontrollgruppe von 16 Probanden nur der Text von Bernhard vorgelegt. Tatsächlich erhielt der Text unter diesen Bedingungen einen höheren Wert (66 %).

tests sind also mit den Ergebnissen der Analyse der Nähemerkmale kompatibel. Dennoch sind es nicht zwingend die in die Näheanalyse eingegangenen Merkmale, die zu dem Rezeptionsergebnis geführt haben. Vielmehr knüpft diese Einschätzung offenbar an einem anderen Spektrum an Merkmalen an, die als Mündlichkeitssignale interpretiert werden:

Tab. 3: „Was hat zum Eindruck von Mündlichkeit beigetragen?"[8]

	Holz/Schlaf	Bernhard
Interpunktion (Gedankenstriche etc.; Verdopplung von Satzzeichen)	39	
Phonologische Wörter (geschrieben wie gesprochen) (auch „unkorrekt")	35	4
Regieanweisungen	18	29
Direkte/wörtliche Rede	18	7
Interjektionen	18	
Umgangssprache	17	4
Sprechpausen	13	
Kurze/abgehackte Sätze	12	8
Namen als Regieanweisungen	7	10
Unvollständige/unkorrekte Sätze	10	6
Fehlende Interpunktion		7

Außer den Merkmalen ‚phonologische Wörter' und ‚Interjektionen' decken sich die von den Teilnehmern der Befragung als Mündlichkeitsmerkmale benannten Phänomene nicht mit den Nähemerkmalen des Ágel/Hennig'schen Nähe-Distanz-Modells. Das dürfte einerseits daran liegen, dass das Modell von Ágel/Hennig auf die Ebene grammatischer Merkmale beschränkt ist. Andererseits ist es aber auch darauf zurückzuführen, dass die Befragten eher allgemeine Eindrücke benannt haben (direkte Rede, Umgangssprache) sowie Phänomene, die eher kompensatorisch wirken und funktional den Kommunikationsbedingungen der Schriftlichkeit geschuldet sind. Interpunktion und Regieanweisungen sind keine Merkmale von Mündlichkeit. Regieanweisungen bewirken vielmehr den *Eindruck* eines mündlichkeitsnahen Gesprächs, indem sie gerade diejenigen Informationen liefern, die benötigt werden, um einen Situationsbezug zu

---

8 Die Zahlen geben die Anzahl der Nennungen des Merkmals wieder.

konstruieren, der im nichtnatürlichen Gespräch eben nicht ohnehin gegeben ist. Mit Hilfe der Interpunktion werden die fehlenden suprasegmentalen Möglichkeiten kompensiert. Dass die Graphie hier nicht orthographisch, sondern gewissermaßen ikonisch gebraucht wird, bedeutet innerhalb konzeptioneller Schriftlichkeit einen maximalen Kontrast und wird damit als expressiver, uneigentlicher und nichtschriftlicher Gebrauch markiert. Vielleicht ist es weniger die Nachahmungsqualität als dieser Umstand, der Mündlichkeit evoziert.

Da es sich bei Regieanweisungen und Interpunktionszeichen eigentlich um medial graphische Mittel handelt, ist es nicht verwunderlich, dass einige Teilnehmer bezüglich dieser Phänomene auch gerade umgekehrt angegeben haben, dass sie den Eindruck von Mündlichkeit schmälern:

Tab. 4: „Was hat den Eindruck von Mündlichkeit geschmälert?"

	Holz/Schlaf	Bernhard
Regieanweisungen	31	14
Satzzeichen	27	
Lyrische Form		23
Fehlende Interpunktion		20
Erzählerkommentare (bspw. „nicht Urenkel")		18
Vollständige/lange Sätze	13	3
Fehlende Kennzeichnung von Pausen und wörtlicher Rede		11
Konzeptionell schriftliche Lexik	10	2
Zeilenumbrüche/Absätze		10
Unrealistisch/gestelzt/künstlich		9
Korrekte Schreibweise (graphische Wörter)	7	8

Lässt sich auf diese Weise unter Zugrundelegung eines entsprechenden Modells nachvollziehbar überprüfen, inwieweit auch literarische Texte sprechsprachliche Mündlichkeit realisieren – mithin der Rede von ‚stilisierter' oder etwa auch ‚fingierter' Mündlichkeit ein realitätsnäheres Fundament geben bzw. im Einzelfall auch zurückweisen –, fängt für eine literaturwissenschaftliche Analyse die Arbeit damit erst an. Der Ausdruck ‚stilisierte' Mündlichkeit weist nämlich nicht nur auf das Problem hin, dass Texte nicht exakt gesprochene Sprache artikulieren können, sondern auch darauf, dass Mündlichkeit als Stilmerkmal *interpre-*

tationsbedürftig in dem Sinne ist, wie ein Stil eben auch eine bestimmte Haltung, Bedeutungen und Deutungsmuster vermittelt.

In dem betrachteten Textauszug aus Holz/Schlafs „Die Familie Selicke", um dafür an dieser Stelle nur noch ein Beispiel zu geben, ließ sich unter Berücksichtigung alltagssprachlicher Konventionen linguistisch aus dem Einsatz von Interjektionen (*ach, hui*) und Reduplikationen (*mein liebes Mäuschen! Mein armes, liebes Mäuschen!*) auf eine ‚Ganzkörperkommunikation' schließen. Weiter wäre nun jedoch nach Sinn und Funktion einer solchen Sprechweise im Ganzen des literarischen Textes und seiner Rezeption zu fragen, die man literaturwissenschaftlich, rhetorischer Tradition folgend, zunächst einmal nicht als Mündlichkeitssignal, sondern als ein Mittel zur emotionalen Intensivierung der Darstellung betrachten könnte (vgl. Jacob 2015: 67).

Grundsätzlich ließe sich zunächst bemerken, dass das Erwecken eines Eindrucks von ‚Ganzkörperkommunikation' für einen für die *Aufführung* konzipierten Text wie den vorliegenden überflüssig ist bzw. nur marginale Bedeutung haben kann, wird dieser auf der Bühne doch bereits durch einen leibhaftigen Schauspieler verkörpert. Die Bedeutung der – linguistisch validierten – Adaption eines ‚typischen' sprechsprachlichen Merkmals für das Stück müsste demnach auch in der Evokation von Mündlichkeit überhaupt liegen. Deren Motiv könnte man, auf Holz selbst zurückgehend (s.o.), im Erzeugen von Lebendigkeit und Lebensnähe suchen, vielleicht aber auch darin, eine sprachliche Unauffälligkeit zu erreichen, die dem Eindruck, einem künstlichen Bühnengeschehen beizuwohnen, soweit wie möglich entgegenzuwirken versucht. Im Kontext des Kunstsystems um 1900 musste eine solche sprachliche Annäherung der Sprechweisen jedoch gerade im Gegenteil für maximale Aufmerksamkeit sorgen. D.h. die sprechsprachlichen Mittel der Ganzkörperkommunikation (und andere) übernehmen, indem sie die zeitgenössische Konvention hoher Bühnensprache, wie sie zuvor für eine Familientragödie wie „Die Familie Selicke" angemessen gewesen wäre, drastisch verletzen, zweifellos auch eine skandalisierende Funktion.

Im engeren Textzusammenhang ist zu beobachten, dass die Mittel stilisierter Mündlichkeit mehrdeutig einsetzbar sind (wie man es als Grundcharakteristikum von ‚Literatur' annehmen kann, mehrdeutig ohne beliebig zu sein). Vater Selickes Reduplikation: „[...] mein liebes Mäuschen! [...] Mein armes, liebes Mäuschen!" (Holz/Schlaf 2005: 49), wäre nach Paul Goetsch das Paradebeispiel für ein nähesprachliches Mittel, mit dem der rührende Vater dem Leser (oder Theaterbesucher) näherrücken soll – gerade so, wie der Vater mit seinen Worten seiner im Sterben liegenden kleinen Tochter Linchen näherrücken will. Doch diese Deutung ist stark zu relativieren, insofern Selicke in der Regieanweisung zu seinem Auftritt (Holz/Schlaf 2005: 44) – und noch einmal unmittelbar bevor diese Worte fallen – von seiner älteren Tochter Toni unmissverständlich als „betrunken" bezeichnet wird (48). Die Reduplikation rückt damit in ein anderes Licht. Sie kann nicht nur als ein Mündlichkeitssignal, als ein Mittel der Emotionalisierung oder der Fesselung des Zuschauers wahrgenommen und gedeutet werden, sondern auch als ein Ausdruck mangelnder Sprachbeherrschung eines schamlosen, weinerlichen („*Seine Worte gehen in Weinen über*", 49) Alkoholikers, der in abstoßender heuchlerischer Weise seine familiären Pflichten verletzt. Eine sorgfältige Deutung der Figur wird diese Momente abzuwägen bzw. als Ambivalenz ihres Charakters zu notieren haben.

Unsere Überlegungen sollten zeigen, dass das Nähe-Distanz-Modell und der auf ihn zurückgehende Begriff konzeptioneller Mündlichkeit einen sehr geeigneten Ausgangspunkt darstellen, den Realisierungsgrad von Mündlichkeit auch in literarischen Texten nachzuweisen. Dabei ermöglicht der Rückgriff auf ein umfassendes Repertoire linguistisch formulierter Mündlichkeitsmittel, wie es Ágel/Hennig vorgeschlagen haben, nicht nur eine Möglichkeit 1. der *Objektivierung* der Beschreibung von Mündlichkeit, sondern auch 2. des fundierten *Vergleichs* verschiedener Realisierungen stilisierter Mündlichkeit in unterschiedlichen literarischen Texten sowie 3., nicht weniger interessant, schließlich auch der Beschreibung des *Verzichts* auf bestimmte, alltagssprachlich übliche Mittel mündlicher Kommunikation im literarischen Text. Gleichwohl zeigte sich auch, dass die Analyse von Mündlichkeitsmerkmalen in literarischen Texten keine rein formale Angelegenheit ist bzw. sein sollte, sondern dass vielmehr das Potential linguistisch fundierter Beobachtungen zu Umfang und Art der Stilisierung von Mündlichkeit vor allem dann sinnvoll genutzt werden kann, wenn diese systematisch literarästhetisch kontextualisiert werden.

Das kleine Experiment zur empirischen Wahrnehmung von Mündlichkeit in zwei literarischen Texten und seine Auswertung konnten schließlich zumindest andeuten, dass man die „Perspektive der Rezeption" (Affolter 2011: 40) im Nähe-Distanz-Modell über die Theorie hinaus auch empirisch validieren und weiterer Forschung öffnen kann.

5 Literatur

5.1 Primärliteratur

Bernhard, Thomas (1988): Der deutsche Mittagstisch. In: Bernhard, Thomas: Der deutsche Mittagstisch. Dramolette. Frankfurt a.M.: Suhrkamp, 107–114.
Holz, Arno/Schlaf, Johannes (2005): Die Familie Selicke. Drama in drei Aufzügen. Mit einem Nachwort vom Fritz Martini. Stuttgart: Reclam.
Holz, Arno (1987a): Die Kunst. Ihr Wesen und ihre Gesetze (1891) [Auszug]. In: Brauneck, Manfred/Müller, Christine (Hrsg.): Naturalismus. Manifeste und Dokumente zur deutschen Literatur 1880–1900. Stuttgart: Metzler, 140–151.
Holz, Arno (1987b): Evolution des Dramas (1925) [Auszug]. In: Brauneck, Manfred/Müller, Christine (Hrsg.): Naturalismus. Manifeste und Dokumente zur deutschen Literatur 1880–1900. Stuttgart: Metzler, 295–298.

5.2 Sekundärliteratur

Affolter, Michael (2011): Mündlichkeit im literarischen Dialog epischer Texte. Einführung des Konzepts der Mündlichkeitsintensität im Dienste der kontrastiven Linguistik und der literarischen Analyse. Stuttgart: ibidem.
Ágel, Vilmos/Hennig, Mathilde (2006a): Theorie des Nähe- und Distanzsprechens. In: Ágel, Vilmos/Hennig, Mathilde (Hrsg.): Grammatik aus Nähe und Distanz. Theorie und Praxis am Beispiel von Nähetexten 1650–2000. Tübingen: Niemeyer, 3–31.
Ágel, Vilmos/Hennig, Mathilde (2006b): Praxis des Nähe- und Distanzsprechens. In: Ágel, Vilmos/Hennig, Mathilde (Hrsg.): Grammatik aus Nähe und Distanz. Theorie und Praxis am Beispiel von Nähetexten 1650–2000. Tübingen: Niemeyer, 33–74.
Ágel, Vilmos/Hennig, Mathilde (2006c): Gesamtübersicht über das Modell des Nähe- und Distanzsprechens und Modellglossar. In: Ágel, Vilmos/Hennig, Mathilde (Hrsg.): Grammatik aus Nähe und Distanz. Theorie und Praxis am Beispiel von Nähetexten 1650–2000. Tübingen: Niemeyer, 397–396.
Betten, Anne (1985): Sprachrealismus im deutschen Drama der siebziger Jahre. Heidelberg: Winter (Monographien zur Sprachwissenschaft 14).
Blank, Andreas (1991): Literarisierung von Mündlichkeit. Louis-Ferdinand Céline und Raymond Queneau. Tübingen: Narr (Script Oralia 33).
Bleckwenn, Helga (1992): „Der Stil soll leben". Nietzsches Lehre vom Stil – aus didaktischer Sicht interpretiert. In: Erzgräber, Willi/Gauger, Hans-Martin (Hrsg.): Stilfragen. Tübingen (Script Oralia 38), 42–58.
Eichenbaum, Boris (1918/1969): Die Illusion des skaz. In: Striedter, Jurij (Hrsg.): Russischer Formalismus. Texte zur allgemeinen Literaturtheorie und zur Theorie der Prosa. München: Fink, 162–167.
Elspaß, Stephan (2005): Sprachgeschichte von unten. Untersuchungen zum Alltagsdeutschen im 19. Jahrhundert. Tübingen: Niemeyer (Reihe Germanistische Linguistik 263).
Fludernik, Monika (2011): Mündliches und schriftliches Erzählen. In: Martínez, Matías (Hrsg.): Handbuch Erzählliteratur. Theorie, Analyse, Geschichte. Stuttgart und Weimar: Metzler, 29–36.

George, Kristin/Henkel, Monika (2014): Grammatik & Literatur. Eine vergleichende grammatische Analyse literarischer Dualität in Daniel Kehlmanns *Die Vermessung der Welt* und Alexa Hennig von Langes *Relax*. Kassel: University Press [unter Mitarbeit von Anne Katrin Carstens].

Goetsch, Paul (1985): Fingierte Mündlichkeit in der Erzählkunst entwickelter Schriftkulturen. In: Poetica 17, 202–218.

Henne, Helmut (1980): Probleme einer historischen Gesprächsanalyse. Zur Rekonstruktion gesprochener Sprache im 18. Jahrhundert. In: Sitta, Horst (Hrsg.): Ansätze zu einer pragmatischen Sprachgeschichte. Zürcher Kolloquium 1978. Tübingen: Niemeyer (Reihe Germanistische Linguistik 21), 89–102.

Hennig, Mathilde (2009): Nähe und Distanzierung. Verschriftlichung und Reorganisation des Nähebereichs im Neuhochdeutschen. Kassel: University Press.

Hennig, Mathilde (2014): Die Bundespressekonferenz zwischen Nähe und Distanz. In: Staffeldt, Sven/Hagemann, Jörg (Hrsg.): Pragmatiktheorien. Analysen im Vergleich. Tübingen: Stauffenburg (Stauffenburg Einführungen), 247–279.

Holečková, Soňa (2012): Merkmale des Nähe- und Distanzsprechens in Power-Point-Präsentationen. Masterarbeit JLU Gießen.

Iser, Wolfgang (1994): Der Akt des Lesens. Theorie ästhetischer Wirkung. Vierte Auflage. München: Fink.

Jacob, Joachim (2015): „Triumf! Triumf! Triumf! Triumf!". Magie und Rationalität des wiederholten Worts. In: Csúri, Károly/Jacob, Joachim (Hrsg.): Prinzip Wiederholung. Zur Ästhetik von System- und Sinnbildung in Literatur, Kunst und Kultur aus interdisziplinärer Sicht. Bielefeld: Aisthesis, 61–78.

Koch, Peter/Oesterreicher, Wulf (1985): Sprache der Nähe – Sprache der Distanz. Mündlichkeit und Schriftlichkeit im Spannungsfeld von Sprachtheorie und Sprachgeschichte. In: Romanistisches Jahrbuch 36, 15–43.

Löser, Philipp (1999): Mediensimulation als Schreibstrategie. Film, Mündlichkeit und Hypertext in postmoderner Literatur. Film, Mündlichkeit und Hypertext in postmoderner Literatur. Göttingen: Vandenhoeck und Ruprecht (Palaestra 308).

Lubkoll, Christine (2008): Fingierte Mündlichkeit – inszenierte Interaktion. In: Zeitschrift für germanistische Linguistik 36, 381–402.

Meibauer, Jörg (2013): Für eine Germanistik der Schnittstellen. In: Zeitschrift für Literaturwissenschaft und Linguistik 43, 34–37.

Meid, Volker (1998): Metzler Literatur Chronik. Werke deutschsprachiger Autoren. Zweite, erweiterte Auflage. Stuttgart und Weimar: Metzler.

Ong, Walter (1982): Orality and literacy. Padstow: T.J. Press.

Schwitalla, Johannes/Tiittula, Liisa (2009): Mündlichkeit in literarischen Erzählungen. Sprach- und Dialoggestaltung in modernen deutschen und finnischen Romanen und deren Übersetzungen. Tübingen: Stauffenburg (Stauffenburg Linguistik 48).

Zeman, Sonja (2013): Historische Mündlichkeit. Empirische Erörterung einer theoretischen Problemlage. In: Zeitschrift für Germanistische Linguistik 41/3, 377–412.

Zeman, Sonja (i.d.B.): Nähe, Distanz und (historische) Pragmatik. Oder: Wie „nah" ist ‚Nähesprache'?

Zumthor, Paul (1994): Die Stimme und die Poesie in der mittelalterlichen Gesellschaft. München: Fink (Forschungen zur Geschichte der älteren deutschen Literatur 18).

Roland Kehrein/Hanna Fischer
Nähe, Distanz und Regionalsprache[1]

1 Einleitung

Sprachliche Variation kann in vielerlei Weise auftreten: Bi- und Multilingualismus gehören ebenso zu diesem Themenbereich wie auch die Varietäten einer Einzelsprache oder besser eines Gesamtsprachsystems, z.B. das Gesamtsprachsystem Deutsch. Mit Coseriu wird die interne Struktur einer historischen Einzelsprache, eines solchen Gesamtsprachsystems also, häufig als ihre Architektur bezeichnet und in Form eines Diasystems beschrieben. In diesem unterscheidet Coseriu die Dimensionen *diatopisch* (Dialekte): „Unterschiede [...] im geographischen Raum" (Coseriu 1992: 280), *diastratisch* (Niveaus): „Unterschiede [...] zwischen den soziokulturellen Schichten der Sprachgemeinschaft" (Coseriu 1992: 280) und *diaphasisch* (Sprachstile): „Unterschiede [...] zwischen den verschiedenen Arten der Ausdrucksweise [...]. Auch diejenigen sprachlichen Unterschiede, die – in ein und derselben soziokulturellen Schicht – für bestimmte ‚biologische' Gruppen (Männer, Frauen, Kinder, Jugendliche) und Berufssparten charakteristisch sind, dürfen dabei als ‚diaphasisch' angesehen werden" (Coseriu 1992: 280).

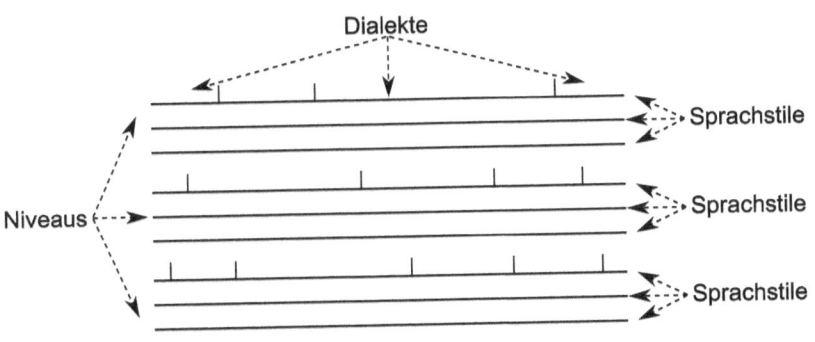

Abb. 1: Struktur des Diasystems historischer Einzelsprachen. (Coseriu 1992: 283)

---

1 Wir bedanken uns herzlich bei den Herausgebern des Bandes für wichtige Hinweise!

Neben diesen Dimensionen des Diasystems wird, auch im vorliegenden Band, eine weitere Variationsdimension diskutiert: Nach der Durchsetzung der Erkenntnis, dass sich gesprochene und geschriebene Sprache teils erheblich unterscheiden, und mit der Etablierung einer „Gesprochene-Sprache-Forschung" argumentiert Söll im Jahre 1974 ausführlich dafür, gesprochene und geschriebene Sprache nicht nur hinsichtlich ihrer Realisierungsform, sondern auch hinsichtlich ihrer unterschiedlichen Konzeption zu differenzieren. Sein Vorschlag sieht vor, auf der Ebene des Mediums binär von phonischem und graphischem Kode zu sprechen. Auf der Ebene der Konzeption setzt er dagegen einen kontinuierlichen Bereich zwischen *code parlé* und *code écrit* an (vgl. Söll 1974: 11–14).

Peter Koch und Wulf Oesterreicher kommt vor allem das Verdienst zu, Sölls ausführliche Auseinandersetzung mit dem Gegenstandsbereich in ein Modell gegossen und die Pole des konzeptionellen Kontinuums mit den Termini *Nähe* und *Distanz* besetzt zu haben (vgl. Koch/Oesterreicher 1985). Dieses Kontinuum wird insofern als weitere Dimension sprachlicher Variation behandelt, als unterschiedliche Grade der Nähe (und Distanz) mit bestimmten außersprachlichen Gegebenheiten einhergehen und in unterschiedlichen sprachlichen Ausdrucksformen resultieren. Auch wenn die Unabhängigkeit dieser Variationsdimension hervorgehoben wird, liegt eine überzeugende Abgrenzung von anderen Variationsdimensionen, z.B. denen des Diasystems, die in ganz ähnlichen, teilweise denselben Zusammenhängen stehen, bislang nicht vor.

In einer Umdeutung von Coserius diatopischer Variationsdimension setzen Koch/Oesterreicher eine Skala der diatopischen Markiertheit (diatopisch stark – diatopisch schwach) an. Diese Art der Markiertheit wird in der Regionalsprachenforschung (als Teil der Variationslinguistik) als „Dialektalität", also auf der vertikalen Variationsdimension zwischen Standardsprache und Dialekten behandelt und von der horizontalen Dimension (der „Regionalität", die Coserius diatopischer Dimension entspricht) unterschieden. Nach Koch/Oesterreicher werde die Dialektalität (= starke oder schwache diatopische Markiertheit) über eine Varietätenkette bis zur Nähe/Distanz-Dimension vererbt. Daher bestünden „Affinitäten" zwischen starker diatopischer Markiertheit und Nähe einerseits und zwischen schwacher diatopischer Markiertheit und Distanz andererseits (vgl. Koch/Oesterreicher 2007: 356f. sowie die folgende Abb. 2).

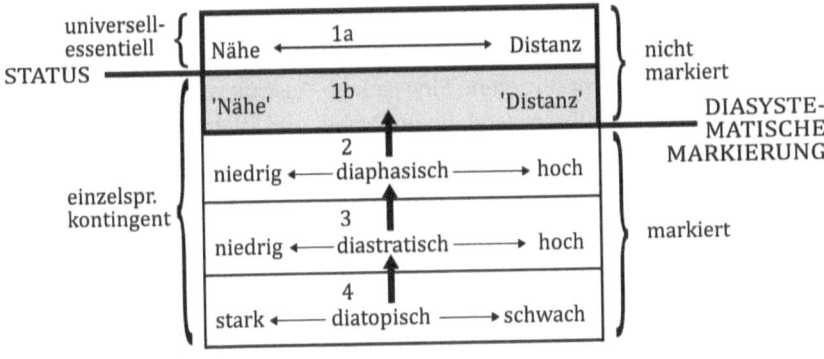

Abb. 2: Varietätenkette aus Diasystem und Nähe/Distanzsprachlichkeit. (Koch/Oesterreicher 1994: 595, vgl. auch Oesterreicher/Koch i.d.B.: 43)

Bei Koch/Oesterreicher erfolgt allerdings weder eine Operationalisierung der Nähe/Distanz-Dimension noch der diasystematischen Dimensionen. Dies mag mit ein Grund dafür sein, dass hinsichtlich des Verhältnisses der verschiedenen Variationsdimensionen ein empirisches Defizit besteht. Zu Recht weist daher Péter Kappel (2007) auf das Problem hin, dass „in der Gesprochene-Sprache-Forschung [...] die gesprochene Sprache i.d.R. ausschließlich mit der gesprochenen deutschen Standardsprache gleichgesetzt [wird]" (Kappel 2007: 216). Wenn es richtig sein sollte, dass in der Varietätenkette „diatopisch stark markierte" Sprache eine starke Affinität zur Nähekommunikation hat, während „diatopisch schwach markierte" Sprache, also gesprochene Standardsprache (?), eine starke Affinität zur Distanzkommunikation hat, führt die Konzentration auf die gesprochene Standardsprache dazu, dass „die typischen Bereiche der konzeptionellen Mündlichkeit" (Kappel 2007: 220) aus den Betrachtungen ausgeschlossen bleiben.

Mittlerweile liegen erprobte Methoden vor, mit denen einerseits die Dialektalität als auch andererseits der Grad der Nähesprachlichkeit von Texten/Gesprächsbeiträgen ermittelt werden kann, sodass die beiden Variationsdimensionen miteinander verglichen werden können. Wir werden im vorliegenden Beitrag daher Studien, die solche Vergleiche angestellt haben, mit den Ergebnissen eigener Analysen vergleichen und die Resultate im Hinblick auf mögliche Zusammenhänge von *Dialektalität*[2] und *Nähe/Distanz* interpretieren.

---

[2] Wie in Kapitel 2 ausführlicher dargestellt wird, sind für das Gesamtsprachsystem Deutsch aus sprachhistorischen Gründen die Regionalität und die Dialektalität als wichtigste diasyste-

Es wird daraus die Notwendigkeit abgeleitet, die Koch/Oesterreicher'schen Begriffe *Nähe* und *Distanz* theoretisch zu differenzieren und den sprachlichen Variationsraum zu restrukturieren. Eine solche Restrukturierung wurde von Ágel/Hennig (2006) mit ihrem Modell zum Nähe- und Distanzsprechen bereits begonnen. Dieser Prozess wird hier fortgesetzt und mündet in einem Modell, in dem die relevanten Variationsdimensionen integriert und systematisch aufeinander bezogen werden.

2 Genese der deutschen Regionalsprachen[3]

Die Vorläufer unserer heutigen Dialekte wurden – soweit heute bekannt – erstmals in Hugo von Trimbergs „Der Renner" (um 1300) als „manigerleie sprâche" benannt, hinsichtlich derer sich „lant von lande [unterscheidet]" (Ehrismann 1970: 220). Sie bildeten für den Großteil der Bevölkerung die einzig verfügbare sprachliche Varietät und sie wurden in der Regel ausschließlich gesprochen, d.h. im phonischen Kode verwendet. Wir dürfen für diese Zeit überwiegend von primär oralen Sprachgemeinschaften ausgehen. Eine Schrift – v.a. Latein und in geringerem Umfang auch Schreibdialekte – war dagegen ausschließlich einem kleinen Teil der Bevölkerung zugänglich. Hinsichtlich der Dialekte zeigt eine Untersuchung anhand von Aufnahmen aus dem *Mittelrheinischen Sprachatlas* (1994–2002), dass noch in der zweiten Hälfte des 20. Jahrhunderts bei einer Entfernung von 50 km die Verstehbarkeit eines Basisdialekts extrem gering war, und zwar sogar innerhalb desselben Dialektverbands, dem Rheinfränkischen (vgl. Schmitt 1992). Eine Verständigung im Dialekt über geographische Distanzen hinweg ist also sehr schwierig – und das galt sicher auch für die Zeit vor und um 1300 (vgl. dazu auch Wiesinger 2000: 1934f. mit Verweis auf Luthers „Tischreden").

Ab etwa der Mitte des 14. Jahrhunderts begann ein Prozess, in dem sich eine Schreibsprache entwickelte, welche die vorhandenen, regional unterschiedli-

---

matische Variationsdimensionen anzusetzen, während diastratische und diaphasische Variation weitgehend in der vertikalen Dimension (= Dialektalität) aufgehen.

[3] Zu den folgenden Ausführungen vgl. auch Mattheier 2000; Wiesinger 2000; Besch 2003; Koch 2010; Schmidt 2010; Schmidt/Herrgen 2011. Über die hier berücksichtigten Ansätze hinaus gibt es weitere, die in Details abweichende historische Verläufe nachzeichnen, die aber den grundsätzlichen Entwicklungsprozess des Gesamtsprachsystems Deutsch als „Vertikalisierung" bestätigen. Auf eine Auseinandersetzung mit den strittigen Punkten kann daher in dem vorliegenden Beitrag verzichtet werden.

chen Varietäten als Einheitsvarietät überdachen würde. Das Ergebnis dieses Prozesses kennen wir heute noch als neuhochdeutsche Schriftsprache. Ab dem 16. Jahrhundert (bis in das späte 18. Jahrhundert hinein) verbreitete sich diese Einheitssprache im gesamten Sprachgebiet, sogar im niederdeutschen Raum, sodass für diese Phase der Geschichte des Gesamtsprachsystems Deutsch von so etwas wie einer medialen Diglossie aus den überwiegend gesprochenen Dialekten und der geschriebenen neuhochdeutschen Schriftsprache ausgegangen werden kann.[4] Die Alphabetisierung der „einfachen" Bevölkerung erfolgte „flächendeckend" spätestens mit der schrittweisen Einführung der allgemeinen Schulpflicht ab 1800.[5] Dass es sich bei der sogenannten medialen Diglossie nicht um einen stabilen Zustand handelte, belegen Zeugnisse, die seit der Mitte des 18. Jahrhunderts berichten, dass die Schriftsprache vor allem aus Prestigegründen zunehmend auch in der mündlichen Kommunikation verwendet wurde.[6] Diese mündliche Umsetzung der Schrift erfolgte auf Basis des jeweiligen dialektalen Phonemsystems und war daher v.a. im hochdeutschen Raum entsprechend regionalsprachlich geprägt. Schmidt (2010) bezeichnet diese Sprechweise als „landschaftliches Hochdeutsch". Aus den jeweiligen Varianten des „landschaftlichen Hochdeutsch" haben sich vollwertige mündliche Varietäten, die Regiolekte, entwickelt. Diese haben allerdings mittlerweile bereits wieder an Prestige verloren, weil daneben eine normierte Aussprache der Standardsprache existiert, die seit etwa den 1930er Jahren über den Rundfunk verbreitet wird und auf diesem Wege allen Sprechern zugänglich ist. Somit handelt es sich beim heutigen Gesamtsprachsystem Deutsch um eine „Dreivarietätensprache" aus Dialekten, Regiolekten und der Standardvarietät.

Vor allem in der ersten Zeit nach der Verbreitung der Schriftsprache wurde das „landschaftliche Hochdeutsch" aus Prestigegründen verwendet, z.B. um soziale Unterschiede, die sich auch in Unterschieden im Bildungsgrad zeigten,

---

[4] Zur Entwicklung des Gesamtsprachsystems Deutsch von einer „Außendiglossie" (= Dialekte + Latein) zu einer „Binnendiglossie" (= Dialekte + neuhochdeutsche Standardsprache) vgl. auch Bellmann (1983: 105–109).

[5] Ein solcher „Erstkontakt" mit der Standardsprache als Schriftsprache in der Grundschule wird auch heute noch von Vertretern der älteren Generation (> 65 Jahre) berichtet (vgl. Kehrein 2012).

[6] Eines der bekanntesten Zitate stammt von Michael Richey aus der Einleitung seines „Idioticon Hamburgense": „Unsere Mund=Art geräth ja von Tage zu Tage in Abnahme, indem das Hoch=Teutsche schon längst nicht allein in öffentlichen Handlungen und Schriften, sondern auch im gemeinen Umgange Besitz genommen, daß auch der Bauer selbst mit einem halb=Hoch=Teutschen Worte sich schon vornehmer düncket" (Richey 1755: xliii–xliv). Diese Beobachtung war einer der Auslöser für Richeys Arbeit an seinem Idioticon.

sprachlich auszugleichen, wie das Zitat von Michael Richey zeigt (s.o., Fußnote 6). Die (ungerechtfertigte) Abwertung des Dialektalen hat sich in Teilen der Gesellschaft bis in das 20. Jahrhundert hinein gehalten und wurde unter anderem im Kontext der Sprachbarrieren-Diskussion und der Differenzierung von elaboriertem und restringiertem Kode behandelt.[7] Solche Ansichten dürfen allerdings „bereits [als] soziolinguistische Geschichte" (Löffler 2010: 154) bezeichnet werden, sodass wir für die deutsche Sprachgemeinschaft insgesamt nicht von schichtenspezifischen Varietäten (Coserius diastratische Dimension) ausgehen können.[8] Das bedeutet nicht, dass soziokulturelle Aspekte keinen Einfluss auf die Sprachvariation haben. Diese Einflüsse lassen sich für das Deutsche aber weniger auf die soziokulturelle Schicht als vielmehr auf soziokulturelle Gruppen zurückführen. Dabei spielt insbesondere die Frage eine Rolle, welchen soziokulturellen Gruppen die Teilnehmer einer Kommunikationssituation angehören. Sprachliche Variation findet im Deutschen also überwiegend auf der vertikalen Dimension zwischen Dialekt und Standardsprache statt und kann als situativ bedingte Varietäten- und Sprechlagenwahl beschrieben werden.

Sprachsystemisch bilden Dialekte und Regiolekte zusammen die modernen Regionalsprachen des Deutschen, die vertikal gegen die Standardsprache und horizontal gegen andere Regionalsprachen abgegrenzt werden können:

> „Eine Regionalsprache ist ein [...] vernetztes Gesamt an Varietäten und Sprechlagen, das horizontal durch die Strukturgrenzen der Dialektverbände/-regionen und vertikal durch die Differenz zu den nationalen Oralisierungsnormen der Standardvarietät begrenzt ist." (Schmidt/Herrgen 2011: 66)

Die Varietäten des Deutschen sind folgendermaßen definiert:

> „Individuell-kognitiv sind *Varietäten* [...] durch je eigenständige prosodisch-phonologische und morpho-syntaktische Strukturen bestimmte und mit Situationstypen assoziierte Ausschnitte des sprachlichen Wissens.
>
> Sprachsozial [sind sie definiert] als partiell systemisch differente Ausschnitte des komplexen Gesamtsystems Einzelsprache, auf deren Grundlage Sprechergruppen in bestimmten Situationen interagieren." (Schmidt/Herrgen 2011: 51; Hervorhebung im Original)

---

7 Ein 1962 geborener REDE-Informant aus dem Nordniederdeutschen Alt Duvenstedt berichtet, dass er zu Beginn seiner Ausbildung bei der Bereitschaftspolizei im Jahr 1978 mit den Worten „Wir sind hier nicht auf dem Bauernhof" aufgefordert wurde, den Gruß „Moin" nicht zu verwenden.

8 Vgl. dazu bereits Mattheier (1980) sowie ausführlich Löffler (2010).

Bei den in der Regionalsprachendefinition genannten Sprechlagen handelt es sich innerhalb von Varietäten um „Verdichtungsbereiche variativer Sprachverwendung [...], für die sich – empirisch signifikant – differente sprachliche Gruppenkonventionen nachweisen lassen" (Schmidt/Herrgen 2011: 52).

Sowohl die Varietäten- als auch die Sprechlagendefinition enthält mit dem sprachsozialen Aspekt bzw. dem Verweis auf Gruppenkonventionen eine klare Anbindung an die außersprachliche Situation, die den wichtigsten Faktor für sprachliche Variation bildet. Dieser Bezug spielt nicht nur eine Rolle, wenn es um die (möglichen) Zusammenhänge zwischen den Regionalsprachen und „Nähe vs. Distanz" geht (s. unten, Kapitel 5), sondern auch, wenn es darum geht, wie die modernen Regionalsprachen empirisch untersucht werden können.

3 Empirische Untersuchung der modernen Regionalsprachen des Deutschen

Wie bereits ausgeführt wurde, gab es vom Beginn der Verbreitung der neuhochdeutschen Schriftsprache an Variation im phonischen Kode zwischen den damals existierenden Dialekten und der Aussprache der Schriftsprache. Dafür waren, wie das Zitat von Richey (vgl. Fn. 6) belegt, beispielsweise Prestigegründe verantwortlich. Daneben war die gesprochene Schriftsprache in Form des „landschaftlichen Hochdeutsch" vor allem aber auch geeignet, die mit der räumlich-geographischen Entfernung zunehmenden sprachlichen Unterschiede zu überwinden. Da bei Koch/Oesterreicher zwar ein Zusammenhang von Nähe/Distanz und diatopisch starker bzw. schwacher Markiertheit (= Dialektalität) angenommen wird, aber keine Operationalisierung solcher Markiertheit erfolgt, werden wir im Folgenden ausführen, wie die Variation der Dialektalität, also die Varietäten- und Sprechlagenwahl in der Vertikale, in der Regionalsprachenforschung empirisch untersucht wird.

3.1 Aktuelle Projekte der Regionalsprachenforschung

Mit Fritz Enderlins Ortsgrammatik zum Ort Kesswil im Oberthurgau, besonders aber mit dem darin enthaltenen „Beiträge zur Frage des Sprachlebens", wurde vor ziemlich genau 100 Jahren die erste systematische Beschreibung sprachlicher Variation in der Alltagskommunikation vorgelegt. Die wichtigste Erkenntnis daraus lautet: Sprecher verändern ihre Sprechweise in Abhängigkeit von der

Situation und in Abhängigkeit vom jeweiligen Gesprächspartner – als elementarem Bestandteil dieser Situation –, was dessen Zugehörigkeit zu sozialen Gruppen einschließt, sowie der Annahmen über dessen Sprachwissen. Im Verlauf der letzten 100 Jahre hat sich in der Variationslinguistik ein Methodenkanon zur systematischen Erhebung des Sprachverhaltens in verschiedenen, kontrollierbaren und damit wiederholbaren Situationen sowie zur Analyse dieses Sprachverhaltens herausgebildet (vgl. dazu ausführlich Schmidt/Herrgen 2011: 289–392; Kehrein 2012: 39–71). In der jüngeren Vergangenheit wurden für Teile des deutschsprachigen Raums drei große Projekte durchgeführt, die sich unter anderem mit der Sprachvariation auf der vertikalen Dimension beschäftigen: das IDS-Projekt „Variation des gesprochenen Deutsch – Standardsprache und gesprochene Gebrauchsstandards" (Datenerhebung zum Korpus „Deutsch heute" 2006–2009),[9] das DFG-Verbundprojekt „Sprachvariation in Norddeutschland (SiN)" (2008–2012)[10] und das Akademie-Langzeitprojekt „Regionalsprache.de (REDE)",[11] das von 2008 bis 2026 am Forschungszentrum Deutscher Sprachatlas durchgeführt wird. In allen drei Projekten wurden ausgewählte Sprecher jeweils in mindestens zwei Typen alltagssprachlicher Kommunikationssituationen aufgezeichnet. Im SiN- und im REDE-Projekt werden diese Aufnahmen um Erhebungssituationen ergänzt, mit denen die jeweilige individuelle Kompetenz der Sprecher im Dialekt und im Standarddeutschen erfasst wird. Damit werden die beiden Grenzen des „individuellen Möglichkeitsraums" der Sprecher ermittelt, innerhalb dessen sich ihre Alltagskommunikation abspielt.[12] Bei den Typen alltagssprachlicher Kommunikation handelt es sich um solche, deren außersprachliche Variablen erstens nachweislichen Einfluss auf die Sprachverwendung haben und die zweitens kontrollierbar sind, und zwar:

---

[9] Dieses Projekt beschäftigt sich vorwiegend mit dem standardnahen Pol der Regiolekte im gesamten zusammenhängenden deutschen Sprachgebiet (vgl. Brinckmann et al. 2008 oder Kleiner 2015).
[10] In diesem Projekt wurden für den gesamten niederdeutschen Sprachraum Daten erhoben und an den verschiedenen Projektstandorten unter je spezifischen Fragestellungen ausgewertet (vgl. zusammenfassend zum SiN-Projekt Elmentaler et al. 2006 und 2015).
[11] Das REDE-Projekt wird von der Akademie der Wissenschaften und der Literatur Mainz gefördert und beschäftigt sich umfassend mit den Regionalsprachen in Deutschland, wobei vorhandene Daten und neu erhobene Daten auf einer Online-Forschungsplattform aufeinander beziehbar gemacht werden (vgl. Schmidt/Herrgen 2011; Kehrein 2012; Ganswindt, Kehrein/Lameli 2015).
[12] Der Begriff des Möglichkeitsraums stammt von Macha (1991).

- Gespräch mit Freunden (in REDE und Deutsch heute) oder Familienmitgliedern (in REDE und SiN), also mit Gesprächspartnern, die selbst gewählt wurden, die aus der Region stammen und mit denen die Informanten sich regelmäßig im Alltag unterhalten. Die Gespräche sind völlig ungesteuert und haben keine Höchstdauer. Darüber hinaus finden sie in einer vertrauten Umgebung statt: Der Explorator ist abwesend und die Aufnahmeeinrichtung wird so weit wie möglich in den Hintergrund gerückt.[13]
- In allen drei genannten Projekten: ein leitfadengesteuertes Interview mit einem Explorator, der den Informanten unbekannt ist und der als wissenschaftlicher Beschäftigter einer Universität eine soziale Rolle mit relativ hohem Prestige innehat und zudem möglichst interferenzfreies Standarddeutsch spricht. Das Gespräch wird anhand eines Skripts geführt und ist somit auf die vom Interviewer vorgegebenen Themen fixiert, es werden Notizen gemacht und die Aufnahmeeinrichtung ist gut sichtbar auf dem Tisch platziert, um die Situation so offiziell und formal wie möglich zu gestalten.[14]

Durch diese Gestaltung der Situationen soll ein Sprachverhalten der Informanten hervorgerufen werden, das sich jeweils eher am Dialekt bzw. eher an der Standardsprache ausrichtet, und diese Form der Sprachvariation (= Varietäten- und Sprechlagenwahl) kann in der Regel auch beobachtet werden (vgl. Näheres dazu weiter unten). Gleichzeitig handelt es sich bei „Gespräch unter Freunden" und „Interview" um zwei Diskurstraditionen, für die Koch/Oesterreicher eine je unterschiedliche Ausrichtung im konzeptionellen Kontinuum zwischen Nähe und Distanz angeben (vgl. dazu unten sowie Koch/Oesterreicher 1985, 1990, 1994, 2007). Das Freundesgespräch ist demnach nähesprachlicher als das Interview.

Die Methoden, mit denen die Sprachdaten in den Projekten REDE und SiN zur Herleitung des vertikalen regionalsprachlichen Spektrums analysiert werden, sind die sogenannte Dialektalitätsmessung (= die Ermittlung des phonetischen Abstands einer Sprachprobe von der Standardaussprache) und die Variablenanalyse, bei der die Verteilung konkurrierender Varianten aus den Bereichen der Phonologie und Morphologie in den verschiedenen Gesprächsaufnah-

---

13 Beispielsweise werden im REDE-Projekt sog. Krawattenmikrofone verwendet, die das Sprachsignal über einen Sender per Funk an das Aufnahmegerät im Nebenraum übertragen.
14 Die Interviews sind mit Gesprächssituationen im Alltag vergleichbar, in denen Sprecher mit (aus ihrer Sicht) sozial höherstehenden Personen kommunizieren und durch die Situation die Gesprächsanteile asymmetrisch verteilt sind. Ältere Informanten geben dafür beispielsweise den Besuch beim Arzt in der nächstgelegenen Stadt oder Behördengänge an.

men quantifiziert wird.[15] Die Ergebnisse der beiden Verfahren weisen einen extrem hohen Grad an Übereinstimmung auf und sie erlauben es, ergänzt durch Clusteranalysen, Varietäten und Sprechlagen im vertikalen Spektrum abzugrenzen. Bei der Darstellung der Ergebnisse werden wir jeweils auf die im Rahmen des REDE-Projekts bereits ermittelten Varietäten und Sprechlagen verweisen und nicht auf einzelne Resultate der Analysen.

3.2 Regionalsprachliche Variation in der Alltagskommunikation

Erstes und grundlegendstes Ergebnis der vergleichenden Untersuchung der regionalsprachlichen Spektren in verschiedenen Regionen Deutschlands ist, dass sich die „Ausdehnung" und die Strukturen dieser Spektren sowie ihre relative Lage zum konstanten Vergleichspunkt *Standardsprache* unterscheiden (vgl. die Überblicksdarstellung in Abb. 3). Diese regionalen (= diatopischen) Unterschiede können auf die historische Entwicklung des Gesamtsprachsystems Deutsch zurückgeführt werden, da bestimmte Dialekte eine größere Nähe zur Einheitssprache aufweisen als andere (vgl. zu diesen Zusammenhängen v.a. Besch 2003). Alfred Lameli hat in seiner 2013 erschienenen Auswertung der Wenkerbogen für alle Landkreise der Bundesrepublik Deutschland zeigen können, dass die ostmitteldeutschen Dialekte eine besonders große Nähe zur neuhochdeutschen Schriftsprache haben, während beispielsweise die niederdeutschen oder auch verschiedene alemannische Dialekte eine große Distanz zur Schriftsprache aufweisen (vgl. Lameli 2013: 231–235). Das bedeutet für die im vorliegenden Beitrag behandelten Aspekte, dass Sprechweisen im Alltag in verschiedenen Regionen eine sehr unterschiedliche maximale Dialektalität bzw. – in der Terminologie von Koch/Oesterreicher – eine unterschiedlich starke maximale diatopische Markierung aufweisen können. Da diese Zusammenhänge aber historisch „gewachsen" sind, kann dies keinerlei Relevanz für die konzeptionelle Ebene haben: Beispielsweise erreichen Sprecher aus dem ostfränkischen Dialektverband, wenn sie ihren tiefsten Basisdialekt sprechen (= stärkste diatopische Markierung), eine geringere Dialektalität als Basisdialekt-Sprecher

---

15 Die beiden genannten Methoden wurden zuletzt in Kehrein (2012) komprimiert vorgestellt (vgl. auch Herrgen/Schmidt 1989; Herrgen et al. 2001; Lameli 2004). Eine Übersicht über die im Projekt SiN verwendeten Erhebungs- und Analysemethoden bietet beispielsweise Elmentaler et al. (2006 und 2015).

aus dem Mittelbairischen oder dem Nordniederdeutschen – unabhängig davon, wie stark konzeptionell mündlich oder schriftlich ihre Sprachverwendung ist.

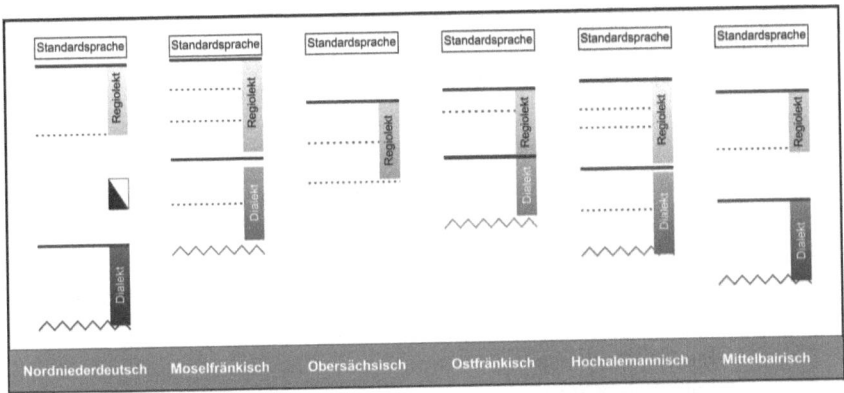

Abb. 3: Die linguistische Struktur regionalsprachlicher Spektren in sechs verschiedenen Dialektverbänden des Deutschen (vgl. Kehrein 2012).

Hinsichtlich der individuellen System- und Registerkompetenz,[16] auf der die Varietäten- und Sprechlagenwahl in Kommunikationssituationen basiert und deren Summe ja letztlich die Struktur eines regionalsprachlichen Spektrums ausmacht, lässt sich festhalten, dass diese von den folgenden Faktoren abhängig ist (vgl. dazu ausführlich Kehrein 2012):

– von der Region, in der ein Sprecher aufgewachsen ist: Bei diesem Faktor geht es zunächst darum, ob es in der Region überhaupt noch eine Varietät *Dialekt* gibt und in welchem Verhältnis dieser Dialekt zur Schriftsprache steht. Dieses Verhältnis beeinflusst wiederum systematisch, wie stark sich Dialektsprecher der Aussprache der Standardsprache annähern können (vgl. Kehrein 2015).

– von der Varietät, in welcher der Sprecher primärsozialisiert wurde: Dialektsprecher haben für die weitere Ausbildung ihrer individuellen System- und Registerkompetenz andere Voraussetzungen als Sprecher, die im Regiolekt oder in der Standardsprache primärsozialisiert werden.

---

16 Als System- und Registerkompetenz wird „die individuelle Verfügung über Varietäten und Sprechlagen" bezeichnet. Dabei bezieht sich die Systemkompetenz vorrangig auf „das Inventar der sprachlichen Elemente und Regeln" und „die Registerkompetenz auf die Regeln der situationsadäquaten Verwendung" (Schmidt/Herrgen 2011: 38).

- von der Standardsprachkompetenz: Dieser Aspekt schließt sowohl die Ausprägung der Schriftsprachkompetenz als auch die individuell bestmögliche Aussprache der Schriftsprache ein, denn diese Faktoren beeinflussen, wie viele regionalsprachlich bedingte Merkmale in Texten/Gesprächsbeiträgen vorkommen.

  Diese drei Faktoren beeinflussen die Systemkompetenz von Sprechern, also ihren individuellen variativen Möglichkeitsraum. Überall dort, wo Sprecher keine Kompetenz ausgebildet haben, stoßen sie an kognitive Grenzen: Varietätengrenzen. Versuche, eine Zielvarietät zu erreichen, die nicht zur individuellen Systemkompetenz gehört, führen in der Regel zur Bildung falscher Formen, sogenannten Hyperformen. Solche Hyperformen können sowohl als dialektale als auch als standardorientierte Hyperformen auftreten, die dann entsprechend als Hyperdialektalismus bzw. Hyperkorrekturen bezeichnet werden.

- von den beruflichen und privaten Kommunikationsanforderungen des Alltags: Dieser Faktor beeinflusst im Wesentlichen die Registerkompetenz von Sprechern, denn beispielsweise Dialektsprecher, die in ihrem Alltag nur mit anderen Dialektsprechern ihres Ortes zu tun haben, müssen kein regionalsprachliches Register ausbilden. Darüber hinaus kann auch eine ablehnende Einstellung zu standardorientierten Sprechweisen den Ausbau eines solchen Registers verhindern.

Alle diese Faktoren tragen dazu bei, dass sich vergleichbare Sprecher einer Region in vergleichbaren Situationen auch sprachlich vergleichbar verhalten. Bezogen auf die im REDE-Projekt erhobenen alltagssprachlichen Kommunikationssituationen *Freundesgespräch* und *Interview* bedeutet das, dass die Sprecher in der Regel im Freundesgespräch eine dialektalere Sprechlage wählen, während sie sich im Interview (mitunter deutlich) stärker an der Standardsprache orientieren. Verantwortlich für die Varietäten- und Sprechlagenwahl in konkreten Situationen ist u.a. die Vermutung oder das Wissen eines Sprechers über die System- und Registerkompetenz der/des Kommunikationspartner/s. Wichtigste Voraussetzung für eine sprachliche Anpassung an die Kompetenz des Gegenübers ist natürlich die Absicht, die gegenseitige Verständigung möglichst leicht zu machen. Um dies zu erreichen, werden Gesprächsbeiträge nicht nur auf das angenommene (Kontext-)Wissen des Gegenübers abgestimmt, sondern auch auf dessen unterstellte (regional-)sprachliche Kompetenz (vgl. das Kooperationsprinzip nach Grice 1975).

Grundsätzlich besteht aber auch die Möglichkeit, von diesem Sprachverhalten abzuweichen. So zeigt sich beispielsweise in der Region um Waldshut-

Tiengen (Hochalemannisch), dass eine ältere Sprecherin, die ihr gesamtes Leben in der Landwirtschaft tätig war und nur einmal in einen fünf Kilometer entfernten Ort umgezogen ist, im Interview nicht in den standardnäheren Regiolekt wechselt. Obwohl sie eine standardorientierte Sprechlage – den mittleren Regiolekt – beherrscht, wenn sie einen Text laut vorliest, verwendet sie diese Sprechlage im Alltag praktisch nicht, da sie sich unwohl dabei fühlt. Sie bleibt im Dialekt und gibt dazu an: „Da verbiege ich mich nicht. Da müssen sie [= Gesprächspartner allgemein] halt nachfragen, wenn sie etwas nicht [verstehen]". In der mittelbairischen Region um Trostberg wechselt im Interview sogar überhaupt nur ein Sprecher der jüngeren Generation (~ 20 Jahre) in den Regiolekt, obwohl sich auch hier die individuellen Möglichkeitsräume aller sechs Informanten dieser Region gleichen. Das bedeutet, dass zu den Faktoren, welche die Ausprägung der individuellen System- und Registerkompetenz beeinflussen, noch ein weiterer Faktor hinzutritt, der über die Sprachverwendung in konkreten Situationen entscheidet: die individuelle Einstellung der Sprecher zur Situation, aber auch zu den zur Verfügung stehenden Varietäten und Sprechlagen und ihrer Angemessenheit.[17] Einstellungsbezogene Aspekte können individuell oder für ganze soziale Gruppen gültig sein.

In Kapitel 4.2 des vorliegenden Beitrags werden wir anhand von Beispielen der erwartbaren sprachlichen Variation zwischen Freundesgespräch und Interview überprüfen, ob die unterschiedliche Dialektalität in einem systematischen Zusammenhang mit der Variation auf der Nähe/Distanz-Dimension steht, wie ja die Varietätenkette suggeriert.

4 Regionalsprachliche Variation und Nähe/Distanz-Kommunikation

4.1 Die Modellierung(en) sprachlicher Nähe und Distanz

Einen Ausgangspunkt für die Modellierung sprachlicher Nähe und sprachlicher Distanz bildete Sölls Plädoyer für eine Differenzierung der Ebene des Mediums und der Ebene der Konzeption in der sich etablierenden Trennung von Schriftlichkeits- und Mündlichkeitsforschung. „Mit *code phonique* und *code graphique* [werden] jene Grundmanifestationen menschlicher Sprache bezeichne[t], die

---

[17] Schmidt/Herrgen (2011: 78) fassen dies unter dem Komplex der „affektiv-evaluativen Spracheinstellungen".

strikt an das Medium, an den Kommunikationsweg gebunden sind" (Söll 1974: 11).[18] Das Begriffspaar „Gesprochene Sprache'/‚geschriebene Sprache'" (Söll 1974: 13) werde außer für den phonischen und graphischen Kode auch mit Bezug „auf die Konzeption, nicht auf den sekundären oder mittelbaren, sondern auf den primären oder unmittelbaren Kommunikationsweg [verwendet ...]" (Söll 1974: 13f.). Die Pole dieser konzeptionellen Ebene bezeichnet Söll als *code écrit* und *code parlé* und zwischen ihnen seien – anders als im Fall des Mediums – Überschneidungen die Regel. Die Konzeption von Sprech- und Schreibakten auf dem Kontinuum zwischen *code écrit* und *code parlé* werde durch vier Faktoren differenziert (vgl. Söll 1974: 14–16):

- die Beteiligung (oder Nicht-Beteiligung) der Kommunikationspartner an derselben Situation, vor allem zeitlich und räumlich, und die damit zusammenhängende enge Einbindung (oder nicht mögliche Einbindung) der Kommunikationsakte in die außersprachlichen Gegebenheiten,
- die Ergänzung der verbalsprachlichen Information einer Äußerung durch Mimik und Gestik im *code parlé*,
- die fehlende Möglichkeit im *code parlé*, Kommunikationsakte zu revidieren, zu korrigieren usw.,
- die unterschiedliche Planung(sphase) von Äußerungen im *code écrit* und im *code parlé* mit Auswirkungen auf den Komplexitäts- und Organisationsgrad der Texte.

Der erste der hier genannten Faktoren ist sicherlich als der wichtigste anzusehen, was sich auch in Sölls weiteren Ausführungen zeigt, denn die räumliche und zeitliche Nähe – also die Situationsverschränkung – ist grundlegende Bedingung für zusätzliche Charakteristika des *code parlé*. Dazu gehören z.B. die Dialogizität, die besondere Rolle der Ausdrucksfunktion (nach Bühler 1934), aber auch die phatische Funktion von Sprache und die damit zusammenhängenden sprachlichen Gestaltungsmöglichkeiten wie etwa der Gebrauch von Partikeln, Deiktika oder Interjektionen.

Ausführlich setzt sich Söll auch mit dem Verhältnis von *code écrit*/*code parlé* und den diasystematischen Variationsdimensionen von Sprache auseinander. „Code parlé und code écrit sind Abstraktionen genauso wie Soziolekte, Dialekte, Sprachstile und selbst Idiolekte. Sie sind in reiner Form nicht oder kaum zu beobachten, in der Praxis meist mit diastratischen, diatopischen und diaphasischen Variationen vermischt" (Söll 1974: 28). Dennoch sei eine Diffe-

---

[18] Ein gestischer Kode im Falle von Gebärdensprache wird nicht berücksichtigt, müsste aber auch als Alternative zum graphischen Kode zu betrachten sein.

renzierung möglich, sogar sinnvoll und notwendig, was durch eine Reihe von Beispielen aus dem Französischen belegt wird (diese werden in späteren Texten von anderen Autoren gern wieder aufgegriffen). Trotz einer ausführlichen Darstellung von Ansätzen zur Modellierung aller vier Variationsdimensionen erfolgt bei Söll kein überzeugender Vorschlag zu ihrer Differenzierung.

Koch/Oesterreicher legen in ihrem 1985 publizierten Beitrag zur „Sprache der Nähe – Sprache der Distanz" das in diesem Band im Zentrum des Interesses stehende Modell (vgl. Oesterreicher/Koch i.d.B.). Zentral steht in diesem Modell die Ebene der Konzeption zwischen extremer Nähe (Sölls *code parlé*), repräsentiert durch die Kommunikationsform *a = vertrautes Gespräch*, und extremer Distanz (Sölls *code écrit*), repräsentiert durch die Kommunikationsform *k = Verwaltungsvorschrift*. Auf dem dazwischenliegenden Kontinuum werden von Koch/Oesterreicher weitere Kommunikationsformen angeordnet, die jeweils zusätzlich nach ihrer primären medialen Realisierungsform dem graphischen Kode und dem phonischen Kode zugeordnet sind. Grundsätzlich seien mediale Transpositionen möglich, z.B. *k' = verlesene Verwaltungsvorschrift*. Sölls Faktoren, die zur Differenzierung von sprech- und schreibsprachlicher Konzeption beitragen, finden sich – in Anlehnung an Steger et al. (1974: 78–84), aber um weitere Faktoren ergänzt – unter den „Kommunikationsbedingungen" wieder. In späteren Publikationen wird diese Aufzählung der Kommunikationsbedingungen noch modifiziert, bei der folgenden Aufzählung scheint es sich aber um eine stabile Zusammenstellung zu handeln (wobei stets darauf hingewiesen wird, dass kein Anspruch auf Vollständigkeit erhoben wird):

Tab. 1: Für nähe- und distanzsprachliche Kommunikationsformen/Diskurstraditionen konstitutive Kommunikationsbedingungen. (vgl. Koch/Oesterreicher 2007: 351; Oesterreicher 2010: 31)

Sprache der Nähe	Sprache der Distanz
Privatheit	Öffentlichkeit
Vertrautheit der Kommunikationspartner	Fremdheit der Kommunikationspartner
starke emotionale Beteiligung	geringe emotionale Beteiligung
Situations- und Handlungseinbindung	Situations- und Handlungsentbindung
referenzielle Nähe	referenzielle Distanz
raum-zeitliche Nähe (*Face-to-Face*)	raum-zeitliche Distanz
kommunikative Kooperation	keine kommunikative Kooperation
Dialogizität	Monologizität
Spontaneität	Reflektiertheit
freie Themenentwicklung	Themenfixierung
...	...

Im Vergleich mit Sölls Aufzählung der Faktoren, die für eine stärkere konzeptionelle Mündlichkeit oder Schriftlichkeit verantwortlich sind, fällt auf, dass außer der zentralen Bedingung der Situationsverschränkung bzw. -entbindung und damit zusammenhängenden Faktoren auch eher soziale Faktoren wie Privatheit vs. Öffentlichkeit, Vertrautheit vs. Fremdheit der Partner sowie der Grad der emotionalen Beteiligung ergänzt werden.

Die in Tab. 1 jeweils gegenübergestellten Bedingungen werden als Skalen aufgefasst, anhand derer die unterschiedlichen nähe- und distanzsprachlichen Kommunikationsformen im Sinne von Diskurstraditionen auf der historischen Ebene der Sprachbeschreibung charakterisiert werden können. Diskurstraditionen werden definiert als „Sprachgemeinschaften auch übergreifend, [...] konzeptionell unterschiedlich geprägte gesellschaftlich-kulturelle Kommunikationspraxen" (Oesterreicher 2010: 31). Oesterreicher gibt die folgende Skala zwischen Nähe- und Distanz-Kommunikation an, die auf dem in Tab. 1 präsentierten konzeptionellen Profil beruht:

Spontanes Gespräch unter Freunden/familiäres Telefongespräch/Privatbrief unter Freunden/Wegauskunft/Verkaufsgespräch/*small talk*/Vorstellungsgespräch/Politiker-Interview/ in der Zeitung abgedrucktes Politiker-Interview/Geschäftsbrief/Predigt/Grabrede/wissenschaftlicher Vortrag/Leitartikel/Gesetzestext. (Oesterreicher 2010: 31)

In der „Zentralsetzung" der Situation bei der Modellierung und der empirischen Untersuchung des sprachlichen Variationsraums (hier: des Deutschen) liegt ein Überschneidungspunkt zwischen dem Nähe/Distanz-Modell und der Variationslinguistik. Wie sich in Kapitel 3 gezeigt hat, handelt es sich bei den genannten Kommunikationsbedingungen in den meisten Fällen um Eigenschaften, nach denen auch Gesprächssituationen in variationslinguistischen Studien definiert werden. Entsprechend finden sich ja auch die berücksichtigten Kommunikationssituationen „Gespräch unter Freunden" und „Interview" in der Skala von Oesterreicher wieder.

Für sprachwissenschaftliche Forschung ist nun von besonderem Interesse, welchen Einfluss die Bedingungen, die nähe- und distanzsprachliche Kommunikationsformen prägen, auf die sprachliche Gestaltung von Äußerungen und Texten haben. Folgende Unterschiede hinsichtlich der „Versprachlichungsstrategien" werden angegeben:

Tab. 2: Versprachlichungsstrategien in der Nähe/Distanz-Kommunikation (vgl. Koch/Oesterreicher 1985: 23).

Sprache der Nähe jeweils geringere:	Sprache der Distanz jeweils größere:
	Informationsdichte
	Kompaktheit
	Integration
	Komplexität
	Elaboriertheit
	Planung
	...

Dass die Beschreibung der Situationen durch die von Koch/Oesterreicher bestimmten Kommunikationsbedingungen und die davon abhängigen Versprachlichungsstrategien „in theoretischer und praktischer Hinsicht [...] revisionsbedürftig" (Ágel/Hennig 2007: 182) seien, ist der Ausgangspunkt der „Theorie und Praxis des Nähe- und Distanzsprechens" von Vilmos Ágel und Mathilde Hennig. Konkret nennen sie folgende „Probleme" (vgl. Ágel/Hennig 2007: 182f.):

Die einzelnen Kommunikationsbedingungen und Versprachlichungsstrategien seien logisch nicht einheitlich hergeleitet worden (vgl. auch Zeman i.d.B.) und bezögen sich auf unterschiedliche Einheiten: „Dialogisch ist die Kommunikation und nicht deren Bedingungen; vertraut sind sich ja die Partner und nicht die Kommunikation [...]" (Ágel/Hennig 2007: 182). Für Themenentwicklung, Öffentlichkeit, Spontaneität, Expressivität und Affektivität werden ähnliche theoretische Probleme aufgeführt. Auch die von Koch/Oesterreicher genannten Versprachlichungsstrategien ließen sich nicht auf homogene Bezüge zurückführen und stellten keine Strategien im eigentlichen Sinne dar, sondern eher „Merkmale und Dispositionen des Sprechens" (Ágel/Hennig 2007: 183). Grundsätzlich kritisieren Ágel/Hennig damit die theoretische Modellierung der Sprache der Nähe vs. Sprache der Distanz, da offen bleibe, in welchem Verhältnis Kommunikationsbedingungen und Versprachlichungsstrategien stehen. Es würde im Modell von Koch/Oesterreicher „eine Gleichrangigkeit der einzelnen Kommunikationsbedingungen und Versprachlichungsstrategien suggeriert [...]: Abhängigkeiten werden nicht dargestellt, Gewichtungen werden nicht vorgenommen" (Ágel/Hennig 2007: 183). Klarheit vermissen Ágel/Hennig daher vor allem bei der Frage, welche Kommunikationsbedingungen welche Versprachlichungsstrategien bedingen können. In praktischer Hinsicht fehle schließlich die Möglichkeit einer „verlässlichen Einordnung einzelner Diskursarten in das Nähe-Distanz-Kontinuum anhand der Identifizierung der jeweiligen Kommunikationsbedingungen und Versprachlichungsstrategien" (Ágel/Hennig 2007: 183).

Aus den Defiziten des Modells von Koch/Oesterreicher ergibt sich für Ágel/Hennig die Zielsetzung für eine eigene Modellierung der Nähe/Distanz-Variationsdimension. Diese soll die „hierarchische[n] Beziehungen zwischen empirisch nachweislichen einzelsprachlichen Merkmalen und den Kommunikationsbedingungen, die zu diesen Merkmalen führen", offenlegen und die komplexen Abhängigkeiten verdeutlichen. Gleichzeitig soll aus der theoretischen Grundlage ein praktisches, empirisches Analysewerkzeug entwickelt werden, das eine „kommunikationstheoretische Verortung von einzelnen Diskursarten" erlaubt (Ágel/Hennig 2007: 184). Das Ergebnis ist ein Modell des Nähe- und Distanzsprechens,[19] das von der zentralen Grundvoraussetzung der Nähekommunikation ausgeht, die auch schon Söll (1974) in das Zentrum seiner Konzeption des *code écrit* und *code parlé* stellt: Die Kommunikationspartner nehmen an derselben Kommunikationssituation zur gleichen Zeit im gleichen Raum teil (oder eben nicht). Diese Raum-Zeit-Gleichheit bildet die erste Hierarchieebene (das ‚Universale Axiom') im Modell von Ágel/Hennig, in dem über drei weitere Hierarchieebenen (,Universale Parameter der Kommunikation', ‚Universale Parameter der Diskursgestaltung' und ‚Universale Verfahren der Diskursgestaltung') schließlich die ‚Universalen Diskursmerkmale' abgeleitet werden. Dies geschieht jeweils für fünf Parameter (Rolle, Zeit, Situation, Code und Medium), welche die Hauptelemente jeder Kommunikationssituation darstellen und nach denen sich die verschiedenen Verfahren und Merkmale anordnen lassen. Insgesamt haben Ágel/Hennig mit ihrer Weiterentwicklung eine sehr komplexe und vielschichtige, gleichzeitig aber auch eine theoretisch fundierte Modellierung vorgelegt, auf die an dieser Stelle nicht ausführlicher eingegangen werden kann.[20]

Anders als Koch/Oesterreicher, die anhand der jeweilgen Kommunikationsbedingungen verschiedene Diskurstraditionen auf der Dimension zwischen Nähe und Distanz einordnen, entwickeln Ágel/Hennig ein Verfahren, mit dem konkrete Texte auf dieser Dimension verortet und auf diese Weise verglichen werden können. Die ‚Theorie des Nähesprechens' findet somit in der ‚Praxis des

---

19 Die Bezeichnung „Nähe- und Distanz*sprechen*" verweist darauf, dass diese Modellierung auf der universalen Ebene stattfindet (vgl. die Differenzierung Coserius, der „Sprechen" als allgemein menschliche Fähigkeit auf der universalen Ebene der Sprachbeschreibung einordnet).

20 Eine ausführliche und beispielreiche Darstellung findet sich u.a. in Ágel/Hennig (2006, 2007: 184–203).

Nähesprechens' ihre praktische Anwendung. Mit dem Analysewerkzeug, dem ‚Nähecheck', werden Nähemerkmale eines vorliegenden Textes auf zwei Ebenen, einer Mikro- und einer Makroebene,[21] quantitativ erfasst und ins Verhältnis zu den Werten von prototypischen Nähe- und Distanztexten gesetzt. Dadurch lassen sich konkrete Nähe-Werte errechnen und vorliegende Texte auf einer Werteskala anordnen.[22] Mit dieser Methode können erstmals Nähesprachlichkeitsniveaus von Einzeltexten quantitativ verglichen und hinsichtlich der verwendeten Verfahren und der wirkenden Situationsparameter empirisch beschrieben werden.

Betrachtet man die Modellierung von Ágel/Hennig im Einzelnen, so bleibt das Verhältnis der Nähe/Distanz-Dimension zu den anderen Variationsdimensionen, insbesondere zur vertikalen Dimension (= Dialektalität), ungeklärt. Für vier der fünf Parameter der Mikroanalyse des Nähechecks ist kein Zusammenhang mit der Varietäten- und Sprechlagenwahl feststellbar: Der Rollenparameter erfasst die durch Rollendynamik, der Zeitparameter die durch Zeitgebundenheit verursachten sprachlichen Verfahren. Der Situationsparameter beschreibt die Situationsgebundenheit und damit die deiktische Diskursgestaltung. Der Parameter des Codes erfasst die Möglichkeit, neben dem verbalen Code auch auf andere, non-verbale Codes zurückzugreifen. Hinsichtlich der sprachlichen Ausgestaltung von Äußerungen, die durch diese Parameter gesteuert wird, ist weder ein Zusammenhang mit der Sprechlagenwahl in den analysierten Gesprächen (= Dialektalität) noch ein Zusammenhang mit der regionalen Herkunft der Sprecher (= Regionalität) nachweisbar. Nähe/Distanzsprachlichkeit und Regionalsprachlichkeit sind für diese vier Parameter also unabhängig. Dagegen stehen bestimmte sprachliche Verfahren, die dem Parameter des Mediums zugeordnet werden, potenziell in direktem Zusammenhang mit der Dialektalität, teilweise auch mit der Regionalität, da hier u.a. auch Merkmale wie ‚phonische Wörter' (Beispiel: *kannst du > kannste*, Ágel/Hennig 2006: 394) gezählt werden. Diese entstehen dadurch, dass im phonischen Medium im Zuge der Spracheinheitenbildung graphisch getrennte syntaktische Wörter als phonische Einheit erscheinen. Aber auch andere Bildungen rechnet Hennig (2006) zu den phonischen Wörtern. Dazu zählen sowohl Klitisierungen und Ad-hoc-Verschmelzungsformen (z.B. *war's, fürn, ins, meinst*), der Ausfall von finalem *t* (z.B. *jetz, is*), Schwa-Apokopen bei finiten Verben (z.B. *hab, sag,*

---

21 Auf der Mikroebene werden die einzelnen (vor allem grammatischen) Nähemerkmale eines Textes erfasst. Die Analyse der Makroebene wertet Texte hinsichtlich ihrer Satzstruktur und -länge aus.
22 Vgl. die detaillierte Beschreibung der Methode in Ágel/Hennig (2006, 2007: 203–210).

benutz, find, versuch, versteh, wollt), Reduktionsformen (z.B. *nem, nen, ne, em, en, was, mal, raus, drüber*) und Vokalabschwächungen (z.B. *se* ‚sie', *wer* ‚wir') als auch primär regional bedingte Abweichungen von der Standardlautung (z.B. *sach, nit*). Diese Formen sind jedoch nicht nur Merkmale der gesprochenen Sprache, sondern häufig gleichzeitig reguläres Inventar von Regiolekten und Dialekten, die selbstverständlich vorrangig gesprochene Varietäten sind. Daher erfasst der Parameter des Mediums im Nähecheck einen Teil der durch die diatopische Variationsdimension bedingten sprachlichen Ausdrücke als Merkmale der Nähesprachlichkeit – abhängig von der Qualität und der Regelung der Texte bzw. Transkriptionen. Theoretisch bleibt die Bedeutung von regionalsprachlichen Formen für die „Theorie und Praxis des Nähe- und Distanzsprechens" und die Abgrenzung der Nähe/Distanz-Dimension von den anderen Variationsdimensionen weiterhin ungeklärt. Im Anschluss an den Ansatz von Ágel/Hennig wurde in mehreren, im folgenden Kapitel behandelten Einzelstudien (Kappel 2007; Denkler/Elspaß 2007; Elspaß 2008, 2010; Fischer 2011) versucht, diese Lücke zu schließen.

4.2 Zum Verhältnis von Nähecheck-Werten und Dialektalität

Die Theorie und Praxis des Nähesprechens liefert mit dem Nähecheck ein Analysewerkzeug, mit dem quantifizierte Nähesprachlichkeitsniveaus von Texten bzw. Diskursen ermittelt werden können. Im Folgenden werden Arbeiten vorgestellt, die diese Nähesprachlichkeitswerte mit der Dialektalität (Standard/Dialekt-Variation) von Texten bzw. Diskursen vergleichen. Diese lassen sich in zwei Gruppen einteilen: Kappel (2007), Denkler/Elspaß (2007) und Elspaß (2008, 2010) sehen aufgrund ihrer Analysen einen einfachen Zusammenhang von Dialektalität und Nähesprachlichkeit („je regionalsprachlicher [...], desto nähesprachlicher [...]" Denkler/Elspaß 2007: 81) bestätigt, die Ergebnisse von Fischer (2011) lassen jedoch auf einen komplexeren Zusammenhang der beiden Variationsdimensionen (und nicht auf eine einfache Parallelität) schließen.

Péter Kappel (2007) wendet als Erster den Nähecheck auf regional markierte gesprochene Sprache an. Er untersucht zwei Gespräche der Textsorte „autobiographisches Erzählen" mit unterschiedlich starker Differenz zur Standardsprache. Das eine, standardnahe Gespräch entstammt einem Transkriptband zum Israeldeutschen. Das zweite, standardferne Gespräch ist Teil eines selbst erhobenen ungarndeutschen Korpus (vgl. Kappel 2007: 223). Damit richtet Kappel seinen Fokus auf die Vertikale, auf das Spektrum zwischen Standard und Dialekt. Seine Hypothese, dass „[d]iatopisch (und somit im Allgemeinen diasystematisch) stark markierte Varietäten [...] enger mit der konzeptionellen Mündlichkeit verbunden [sind] als schwach markierte" (Kappel 2007: 222), sieht er durch die von ihm ermittelten Nähecheck-Werte der beiden Gespräche bestätigt. Demnach erhält das israeldeutsche, standardnähere Gespräch einen Nähecheck-Wert von 76 % und das ungarndeutsche, dialektalere Gespräch einen Nähecheck-Wert von 102 % (der Nähepol liegt bei 100 %).[23] Eine genauere Betrachtung der Nähemerkmale zeigt, dass das ungarndeutsche Gespräch, das große Anteile gemeinsamen Erzählens aufweist, eine viel dialogischere Struktur hat als das israeldeutsche Gespräch, das stark durch Passagen monologischen Erzählens geprägt ist. Diese unterschiedliche Gesprächsstruktur beeinflusst besonders durch zahlreiche Nähemerkmale im Bereich der Parameter der Rolle und der Situation unmittelbar die Nähecheck-Werte (vgl. Kappel 2007: 224–226.) Des Weiteren diskutiert Kappel das Nähemerkmal „phonisches Wort", das im ungarndeutschen Korpus stark vertreten ist. Hier unterscheidet er im Dialekt distanzsprachliche Vollformen von nähesprachlichen Kurzformen, weist aber darauf hin, dass für eine befriedigende Modellierung dieses Nähemerkmals weitere und vor allem auch dialektraumvergleichende Forschung erforderlich sei. Nur wenn sich im Dialekt Voll- und Kurzformen systematisch gegenüberstünden, könnten die Kurzformen als von der Sprecheinheitenbildung bedingte, nähesprachliche phonische Wörter gewertet werden (vgl. Kappel 2007: 230f.). Würde man die rein lautliche Abweichung von der Standardsprache als phonische Wörter und damit als Nähemerkmale zählen, würde sich dadurch automatisch eine Parallelität von Dialektalität und Nähecheck-Werten ergeben.

Kappels Ergebnisse lassen zunächst auf eine Parallelität der Nähe/Distanz-Variationsdimension und der Standard/Dialekt-Variation schließen. Allerdings muss für die Diskussion berücksichtigt werden, dass unabhängig von der Frage der Vergleichbarkeit der Aufnahmesituationen (unterschiedliche Gesprächsstruktur, s.o.) auch die Vergleichbarkeit der beiden untersuchten Varietäten geprüft werden muss. Durch die Auswahl der Korpora hat Kappel unabsichtlich auch die Regionalität, verstanden als unterschiedliche Diatopik (d.h. im Coseriu'schen Sinn bezogen auf unterschiedliche Dialekträume), in den Fokus genommen: Er vergleicht zwei Varietäten, eine „ungarndeutsche [...] Basismundart" (Kappel 2007: 223) und eine israeldeutsche, „diatopisch kaum markierte

---

[23] Bei der Berechnung des Nähecheck-Werts werden die nähesprachlichen Merkmale in Beziehung zu zwei Vergleichstexten gesetzt. Der Proto-Nähetext, der den Nähepol etabliert, hat einen Nähecheck-Wert von 100 %. Erreicht ein analysierter Text einen höheren Wert, so trägt dieser mehr Nähemerkmale als der Proto-Nähetext. Als Proto-Nähetext verwenden Ägel/Hennig (2006) ein Phone-In einer Radiosendung („DomianDaniel"); als Proto-Distanztext wurde ein Text von Immanuel Kant („Prolegomena") gewählt.

Varietät" (ebd.). Keine der Varietäten ist in ein Standard-Dialekt-Spektrum eingebunden, wie es für die Varietäten des geschlossenen deutschen Sprachraums der Fall ist. Sie stehen singulär (als Minderheitensprache oder Auswanderersprache) und werden von je anderen Sprachen überdacht (Ungarisch bzw. modernes Hebräisch ‚Ivrit'). Da die Sprecher nicht über ein vertikales Spektrum verfügen und daher den Grad ihrer Dialektalität nicht variieren können, stellt sich hier die Frage, inwieweit sich das Korpus anbietet, um Aussagen über den Zusammenhang von Nähesprachlichkeit und Dialektalität (diatopisch schwache/starke Markiertheit) zu treffen. Interessant wäre z.B., zu untersuchen, wie sich die Sprecher in anderen, eher distanzsprachlichen Kommunikationssituationen verhalten.

Die Studien von Denkler/Elspaß (2007) und Elspaß (2008, 2010) nehmen neben der Standard/Dialekt-Variation und der Nähe/Distanz-Variation zusätzlich die historische Dimension in den Blick. Sie wollen das Verhältnis von Nähesprachlichkeit und Dialektalität in historischen Texten überprüfen. Dazu führen sie in zwei Studien Nähechecks für Auswandererbriefe des 19. Jahrhunderts durch (es handelt sich immer um private Briefe an die Familien in der Heimat). Verglichen werden jeweils Briefe von zwei verschiedenen Schreibern. Denkler/Elspaß (2007) untersuchen die Briefe zweier norddeutscher Schreiber, wohingegen Elspaß (2008, 2010) die Texte von zwei Schreibern aus dem Rheinland vergleicht. Die Schreiberpaare unterscheiden sich in beiden Fällen durch ihren Bildungsgrad und ihre berufliche Tätigkeit, wobei sich jeweils ein Schreiber durch Ungeübtheit und Unvertrautheit mit der „Schriftsprache" (Denkler/Elspaß 2007: 83 und Elspaß 2010: 69) auszeichnet und der jeweils andere durch ein hohes Maß an Vertrautheit und Beherrschung selbiger (vgl. Elspaß 2010: 69). Für alle Texte wurden sowohl Nähechecks als auch Quantifizierungen von standarddivergenten Merkmalen, für die eine regionalsprachliche Motivation angenommen wird, durchgeführt. Als Ergebnis halten die Autoren fest, dass die Briefe der schriftungeübten Schreiber jeweils auch die Texte mit mehr regionalsprachlichen Merkmalen und den höheren Nähecheck-Werten sind (34,41 % und 33,80 % [bei 56 und 75 regionalen Merkmalen] gegenüber 21,26 % und 22,08 % [bei 0 und 1 regionalen Merkmalen]). Daraus schließen sie eine Bestätigung der schon von Kappel formulierten Annahme:

> Die regional markierteren (aber nicht dialektalen!) Texte erweisen sich als die konzeptionell mündlicheren. Zwischen Mündlichkeit und regionaler Markierung scheint also ein Zusammenhang zu bestehen, der nicht nur von der Gesprochenen-Sprache-Forschung für die Gegenwart (Kappel 2007: 240), sondern auch von der Forschung zur jüngeren Sprachgeschichte bisher vernachlässigt wurde. (Elspaß 2010: 78)

Mit ihrer Informantenauswahl vergleichen Denkler/Elspaß und Elspaß die Texte von Schreibern mit unterschiedlich ausgereifter Schriftsprachkompetenz, die sich in den Nähecheck-Werten, aber auch in den als „regionalsprachliche Merkmale" gewerteten schriftlichen Dialektformen und Hyperkorrekturen spiegelt. Dies weist auf die Wichtigkeit der individuellen System- und Registerkompetenz für die Möglichkeit des normgerechten Ausdrucks hin (= Ausdruck von standardsprachlichen Varianten und Verwendung von distanzsprachlichen grammatischen Strukturen).[24] Die Struktur der System- und Registerkompetenz bedingt, ob und wie ein Sprecher oder Schreiber seine Äußerungsweise entsprechend den Bedingungen und Umständen einer konkreten Kommunikationssituation variieren kann. Wie oben dargestellt wurde, kommen Hyperformen immer dann zustande, wenn Sprecher/Schreiber bewusst (!) eine Varietät verwenden wollen, die nicht vollständig Teil ihrer System- und Registerkompetenz ist. Hyperformen sind Indizien für kognitive Grenzen: Kompetenzgrenzen. Im Fall der jeweils ungeübten Schreiber bei Denkler/Elspaß (2007) und Elspaß (2008, 2010) bedeutet dies Folgendes: Erstens, sie bedienen sich bei der Briefkommunikation des schriftlichen Mediums. Zweitens geht für die Schreiber – den in Kapitel 3.1 geschilderten zu der Zeit überwiegenden Spracherwerbsverlauf vorausgesetzt – mit diesem Medium vor allem die Verwendung der in der Region vorhandenen Form der Standardsprache, wie sie sie vermutlich in der Schule gelernt haben, einher. Das bedeutet, dass die Hyperkorrekturen, die in ihren Texten zu finden sind, aus dem bewussten (!) Versuch heraus resultieren, sich der für die medial schriftliche, raum-zeit-entbundene Briefkommunikation angemessenen Varietät zu bedienen. Ihre Kompetenz in dieser Varietät ist aber nur unvollständig ausgebildet und aus diesem Grund verwenden sie normwidrige[25] Formen. Die konkret gebildeten Hyperkorrekturen lassen sich möglicherweise jeweils auf den dafür verantwortlichen Systemunterschied zwischen Dialekt und Standardsprache zurückverfolgen. Dieser indirekte Zusammenhang darf aber nicht dazu führen, dass die Hyperkorrekturen selbst als Merkmale bewertet werden, welche die Dialektalität des betreffenden Textes erhöhen. Diese werden von den Schreibern vielmehr in dem Glauben verwendet, es handele sich um die normgerechten schriftsprachlichen Formen.[26] Sie sind somit

---

24 Zum Zusammenhang von Nähe, Distanz und literaler Kompetenz vgl. auch Feilke i.d.B.
25 Wie Denkler/Elspaß (2007: 94) gehen auch wir davon aus, dass es im 19. Jahrhundert bereits Normierungen der Schriftsprache gab, auch wenn deren Stellenwert damals mit dem der heutigen Normierung nicht vergleichbar ist.
26 Evidenz für diese Interpretation solcher Merkmale als schriftinduzierte Hyperformen ergibt sich aus den in Kapitel 3.1 genannten Projekten zu den deutschen Regionalsprachen. Dort

starke Indizien für eine nicht vollständig ausgeprägte Schriftsprachkompetenz, was möglicherweise auch für Konstruktionen gilt, die als nähesprachliche Merkmale bewertet wurden, von den Schreibern aber ebenfalls nicht bewusst eingesetzt wurden, um „nähesprachlich zu kommunizieren". Das müsste aber bei der Bewertung von Hyperkorrekturen als regionalsprachliche Merkmale der Fall sein, wenn tatsächlich das oben zitierte kausale Verhältnis „je regionalsprachlicher, desto nähesprachlicher" gelten würde.

Mit Fischer (2011) liegt schließlich eine Arbeit vor, in der die Methoden und Ergebnisse der modernen Regionalsprachenforschung in eine Untersuchung des Verhältnisses von Dialektalität und Nähesprachlichkeit einfließen. Fischer führt Nähechecks mit insgesamt neun Gesprächen aus drei Orten durch. Mit der Auswahl der Erhebungsorte (Rendsburg, Wittlich und Waldshut-Tiengen) werden Gespräche aus den drei großen Dialekträumen des Deutschen (Nieder-, Mittel- und Oberdeutsch) untersucht. Pro Ort wurden mindestens zwei Gespräche in den oben skizzierten Erhebungssituationen – Interview und Freundesgespräch – für die Untersuchung ausgewählt. Für Wittlich wurden darüber hinaus Aufnahmen berücksichtigt, in denen zusätzliche Sprecher aus Wittlich in der Interviewsituation andere Sprechlagen verwenden. In Waldshut-Tiengen wurde für den Sprecher ein zweites Freundesgespräch ausgewertet, in dem er sich mit einer befreundeten Person unterhält, die nicht aus der Region stammt. Dieses Gespräch ist auch deutlich standardnäher als das Freundesgespräch mit dem dialektfesten Vereinskollegen (vgl. Kehrein 2008a, 2012; in Abb. 4 handelt es sich bei diesem Gespräch um das Gespräch (8) „Hochal.-Freundesg.-Unt. Regiolekt"). In Rendsburg und Waldshut-Tiengen stammen die verschiedenen Sprachaufnahmen von jeweils denselben Sprechern, die ihre Sprechweise im Rahmen ihrer Möglichkeiten und Situationsbewertungen anpassen. Für Wittlich wurden vier Aufnahmen von vier verschiedenen Sprechern gewählt, deren Sprechweise jeweils typisch für einzelne Sprechlagen der vertikalen Struktur der moselfränkischen Regionalsprache ist. Abb. 4 gibt einen Überblick über die Gespräche und ihre Dialektalität.

---

kommen solche Formen ausschließlich in den Erhebungssituationen vor, in denen die Standardkompetenz der Informanten erhoben wird (Vorleseaussprache und Übertragung der Wenkersätze in das individuell beste Hochdeutsch). (Es lässt sich eigentlich kaum ein besserer Beleg für die angestrebte Zielvarietät von Sprechern/Schreibern vorstellen als solche Formen!)

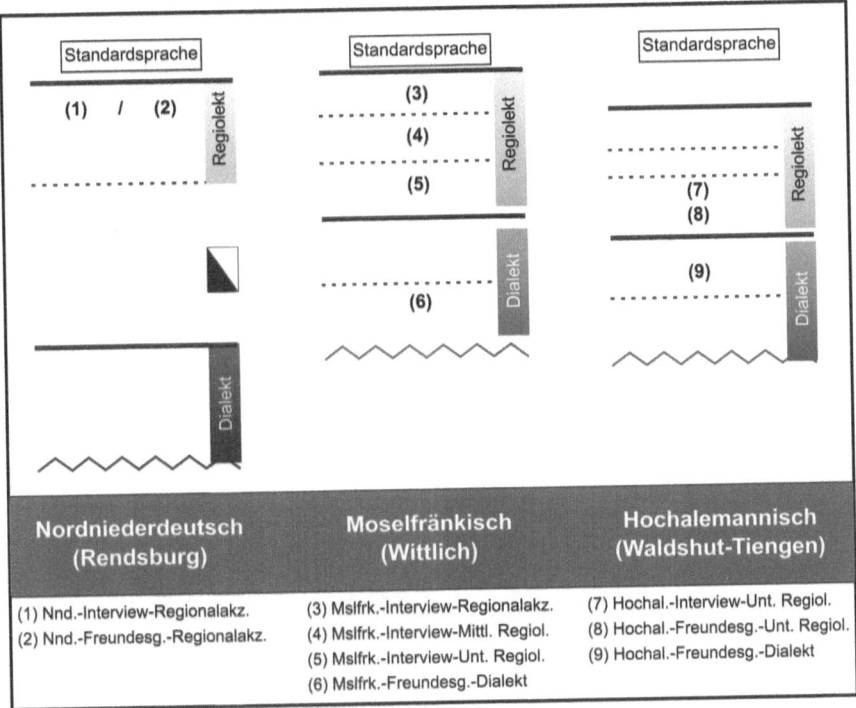

Abb. 4: Überblick über die untersuchten Gespräche in Fischer (2011) und ihre Einordnung in die jeweiligen regionalsprachlichen Spektren nach Lenz (2003; Wittlich) und Kehrein (2012; Rendsburg und Waldshut-Tiengen).

Für alle Gespräche wurden unabhängig von der Dialektalitätsbestimmung[27] auch Nähechecks nach dem Verfahren von Ágel/Hennig (2007) durchgeführt. Dabei wurden einige Anpassungen vorgenommen (vgl. Fischer 2008: 58–66 sowie Fischer 2011): Da der Parameter des Codes für die Nähecheck-Werte eine zu vernachlässigende Rolle spielt und der Parameter des Mediums in Anwendung auf gesprochene Sprache (bzw. deren Transkripte) zu verzerrenden Ergebnissen führen kann, wurden in der Diskussion der Nähecheck-Ergebnisse im Wesentlichen nur die ersten drei Parameter (Rolle, Zeit und Situation) behandelt. Die Ergebnisse des Nähechecks führen zu folgender Anordnung der Gespräche auf dem Nähe/Distanz-Kontinuum von Ágel/Hennig.

---

[27] Die Dialektalitätsmessungen bzw. Variablenanalysen stammen von Kehrein (2008a, 2008b, 2012), Lenz (2003) und Purschke (2011).

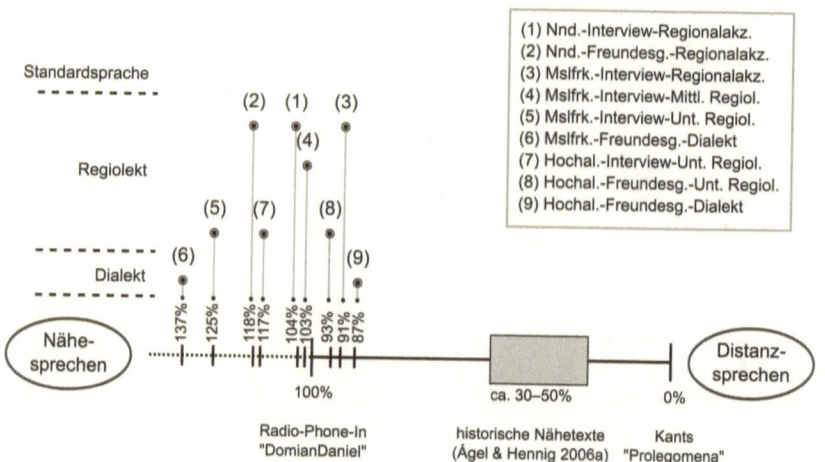

Abb. 5: Einordnung der Gespräche auf der Nähe/Distanz-Skala.[28]

Das für die übergeordnete Fragestellung zentrale Ergebnis ist, dass es bei den untersuchten Gesprächen keinen grundsätzlichen Zusammenhang von Dialektalität und Nähecheck-Werten gibt. Die Gespräche befinden sich erwartungsgemäß alle nahe dem Nähepol oder überschreiten ihn.[29] Ihre Anordnung auf der Nähe/Distanz-Skala folgt jedoch weder den Aufnahmeorten (= Regionalität, Diatopik) noch den Erhebungssituationen (Interview, Freundesgespräch) und lediglich in Wittlich den Dialektalitätsniveaus der Sprechlagen. Das steht im Widerspruch zu den Ergebnissen der Studien von Kappel (2007), Denkler/Elspaß (2007) und Elspaß (2008, 2010), die durch die oben referierten Fallstudien den Zusammenhang von Dialektalität und Nähecheck-Werten begründet sehen.

Im Fall der Wittlicher Sprecher wäre – wie auch bei den Sprechern/Schreibern der bisher präsentierten Studien – zu überprüfen, wie sich die Nähecheck-Werte und die Dialektalität in den jeweils anderen Gesprächssituationen derselben Sprecher verändern. Wir wollen daher nur auf die Gespräche aus den anderen Regionen eingehen, bei denen intraindividuelle Vergleiche angestellt

---

28 Vgl. auch Fischer (2011: 134).
29 Hinsichtlich der Theorie und Praxis des Nähe- und Distanzsprechens können damit alle Gespräche als nähesprachlich gewertet werden. Der Nähepol definiert sich durch den Vergleichstext „Phone-In DomianDaniel" von Ágel/Hennig (2006).

wurden und die Nähecheck-Werte und die Dialektalität der Sprachproben nicht parallel variieren:
- Rendsburg: Dieser Sprecher verwendet in beiden analysierten Gesprächen den Regionalakzent, obwohl sein individueller Möglichkeitsraum von der Standardvarietät bis zum Dialekt reicht. Sein Wissen um die nicht vorhandene Dialektkompetenz bei seinen Freunden lässt ihn aber in dem betreffenden Gespräch eine standardorientierte Sprechweise verwenden. Im Gegensatz zur Dialektalität, die in beiden Gesprächen identisch ist, unterscheiden sich seine Gespräche aber hinsichtlich ihrer Nähe/Distanz-sprachlichkeit: Seine Sprache im Interview erzielt niedrigere Nähecheck-Werte als im Freundesgespräch. Diese Differenz kann durch die unterschiedliche Anzahl der Gesprächspartner im Interview (zwei Personen) und im Freundesgespräch (mehrere Personen) und die dadurch unterschiedlich starke Rollendynamik erklärt werden (Rollenparameter).
- Waldshut-Tiengen: Beide Freundesgespräche des Sprechers aus Waldshut-Tiengen sind thematisch durch Berichterstattung geprägt. Dadurch enthalten sie zahlreiche längere monologische Passagen, die dann eine relativ „ungestörte Planung und Umsetzung der Gesprächsbeiträge" (Fischer 2011: 136) ermöglichen (Zeit- und Rollenparameter).[30] Die dialogische Frage-Antwort-Struktur in der Situation Interview kann demgegenüber zu einer Erhöhung der Nähemerkmale in der Mikroanalyse und zu erhöhten Makrowerten führen, wie dies in dem Interview mit dem Waldshut-Tiengener Sprecher der Fall ist (wiederum Zeit- und Rollenparameter).

In den Analysen von Kappel einerseits und Denkler/Elspaß sowie Elspaß andererseits wird eine Parallelität von starker bzw. schwacher diatopischer Markierung und den Nähecheck-Werten empirisch belegt. Eine ähnliche Beobachtung macht auch Fischer (2011) für die Gespräche von vier verschiedenen Sprechern aus Wittlich. Die Schwachstelle bei diesen Untersuchungen bzw. Untersuchungsteilen ist, dass die Diskursgestaltung verschiedener Sprecher als repräsentativ für verschiedene Sprechlagen bzw. Dialektalitätsgrade in geschriebenen bzw. gesprochenen Texten miteinander verglichen werden, ohne dass der variative Möglichkeitsraum der Sprecher/Schreiber berücksichtigt wird. Im Falle der Auswandererbriefe ist, da es sich um ein historisches Korpus handelt,

---

[30] Ganz anders ist das Freundesgespräch in Wittlich durch eine andere, äußerst eigenwillige Struktur geprägt: Die gleichförmige Bestandsaufnahme von musealen Objekten und ihren früheren Funktionen führt hier zu extrem hohen Nähecheck-Werten in beiden Teilanalysen (vgl. Fischer 2011: 138).

die System- und Registerkompetenz unbekannt. Bei den von Kappel berücksichtigten Korpora ist festzuhalten, dass sowohl der ungarndeutsche Dialekt als auch die israeldeutsche Varietät nicht in Standard/Dialekt-Spektren eingebunden sind, die Sprecher also keine Möglichkeit haben, standardfernere bzw. -nähere Sprechlagen des Deutschen zu verwenden. Ein intraindividueller Vergleich, der dann auch wieder einem Nähecheck unterzogen werden könnte, ist also nicht möglich. Im Falle der Wittlicher Sprecher schließlich sind die individuellen Möglichkeitsräume aus Lenz (2003) bekannt und hier wären Vergleichsanalysen zu ergänzen. In allen Fällen konnten aber die verschiedenen Nähecheck-Werte aus der Kommunikationssituation heraus, und zwar unter Heranziehung der Parameter des Modells von Ágel/Hennig erklärt werden. Besonders relevant waren dabei Rollen-, Zeit- und Situationsparameter. Das bedeutet, dass die Parallelität von Nähecheck-Werten und der Dialektalität der analysierten Texte nicht zwangsläufig in einem kausalen Zusammenhang (in welcher Richtung auch immer) steht.

Dieser Einwand wird durch die intraindividuellen Vergleiche verschiedener Gespräche aus Rendsburg und Waldshut-Tiengen bestätigt. Hier findet sich kein direkter Zusammenhang zwischen der Dialektalität der Gesprächsbeiträge (also der vom Sprecher gewählten Sprechlage) und den ermittelten Nähecheck-Werten mehr. Während sich in den berücksichtigten Orten die Interviews und Freundesgespräche klar und in der erwarteten Weise hinsichtlich der Dialektalität unterscheiden (vgl. Kehrein 2012), entspricht die Anordnung der Gespräche nicht der von Koch/Oesterreicher für die Diskurstypen „Interview" und „Gespräch unter Freunden" getroffenen Vorhersage (s.o., Kapitel 4.1).

5 Nähe/Distanz und der sprachliche Variationsraum – neu modelliert

Woran liegt es, dass die Differenzierung der beiden Gesprächstypen, die Koch/Oesterreicher vornehmen und die sehr plausibel ist (Freundesgespräch nähesprachlicher, Interview distanzsprachlicher), bei einem ausgebauten regionalsprachlichen Spektrum meist (aber nicht immer!) durch die Dialektalität der jeweils verwendeten Sprechweisen (Freundesgespräch dialektaler, Interview standardnäher), nicht aber durch die Nähecheck-Werte bestätigt wird? Wir werden im Folgenden zeigen, dass diese Diskrepanz an der jeweils unterschiedlichen Definition der Begriffe *Nähe* und *Distanz* liegt, und wir werden einen

Vorschlag zur Restrukturierung des Begriffsfeldes sowie zur Modellierung der damit in Beziehung stehenden sprachlichen Variationsräume machen.

Bei der eindimensionalen Nähe/Distanz-Skala, die von Koch/Oesterreicher mit der Varietätenkette ebenso eindimensional auf die Ebenen des Diasystems bezogen wurde (vgl. oben, Abb. 2), handelt es sich keineswegs um eine einfache, sondern vielmehr um einen Komplex unterschiedlich definierter Nähe/Distanz-Dimensionen (vgl. auch Zeman i.d.B.). Diese sind in den Modellen von Koch/Oesterreicher zwar durch die „Kommunikationsbedingungen" und den Verweis auf das Diasystem angedeutet, sie werden aber nicht theoretisch differenziert. Mit den Termini *Nähe* und *Distanz* wird unseres Erachtens auf drei unterschiedliche Aspekte referiert, die jeweils einen Einfluss auf die Diskursgestaltung, d.h. auf die Nutzung des sprachlichen Variationsraums haben:

– *raum-zeitliche Nähe/Distanz*: Bei diesem Aspekt von Nähe und Distanz geht es um die Frage, ob die Produktion und die Rezeption sprachlicher Diskursbeiträge gleichzeitig erfolgt oder nicht, worauf in dem Modell von Koch/Oesterreicher mit den Kommunikationsbedingungen „Situations- und Handlungseinbindung vs. -entbindung", „referenzielle Nähe vs. Distanz", „raum-zeitliche Nähe vs. Distanz", „kommunikative Kooperation vs. keine Kooperation", „Dialogizität vs. Monologizität" sowie „Spontaneität vs. Reflektiertheit" referiert wird. Den Aspekt der raum-zeitlichen Nähe/Distanz hat bereits Söll ins Zentrum seiner Überlegungen gestellt, während alle weiteren Faktoren, welche die konzeptionelle Ebene beeinflussen, davon abgeleitet werden können. Ebenso verfahren Ágel/Hennig, die bei ihrer Modellierung des Nähe- und Distanzsprechens von dem folgenden Universalen Axiom ausgehen: „Nähesprechen findet dann statt, wenn sich Produzent und Rezipient zur gleichen Zeit im gleichen Raum befinden. Beim Distanzsprechen dagegen sind Raumzeit der Produktion und Rezeption nicht identisch" (Ágel/Hennig 2007: 184). Zunächst einmal liegt hier also ein binärer Unterschied von raum-zeitlicher Gleichheit und raum-zeitlicher Ungleichheit von Produktion und Rezeption vor. Durch die Verschiedenheit der unter diesem Einfluss stehenden Ebenen und Parameter der Kommunikation ergibt sich aber hinsichtlich der Diskursgestaltung ein Kontinuum des Nähe- und Distanzsprechens. In Zeiten der multimedialen Telekommunikation hat von den beiden Dimensionen die zeitliche den stärkeren Einfluss auf die sprachliche Ausgestaltung von Texten/Diskursbeiträgen. Zur Überbrückung (raum-)zeitlicher Distanzen, also etwa für die Tradierung von Inhalten und/oder Texten, war für die Epochen vor der Entwicklung von Techniken zur Aufzeichnung des phonischen Kodes der graphische Kode die einzige Möglichkeit zu einer „formulierungsechten" Fixierung. Solche medial schriftlichen Texte sollten unabhängig von der Situation ihrer Produktion oder Rezeption verstehbar sein. Diese maximale Situationsentbindung führt daher neben der medialen auch zu einer konzeptionellen Schriftlichkeit bzw. Distanz, d.h. zu einer spezifischen Nutzung des sprachlichen Variationsraums (vgl. z.B. die von Ágel/Hennig beschriebenen Diskursmerkmale).[31]

- *räumlich-geographische Nähe/Distanz*: Bei dieser Lesart von Nähe und Distanz geht es um die eigentliche Bedeutung der beiden Begriffe, nämlich um die messbare Entfernung zweier oder mehrerer Punkte im geographischen Raum. Wie die Ausführungen zur Genese der deutschen Regionalsprachen gezeigt haben, war vor der Entwicklung einer Einheitsvarietät mit jeder Zunahme von Entfernungen im geographischen Raum eine Zunahme von sprachsystemischen Unterschieden verbunden. Solche sprachsystemischen Unterschiede und Gemeinsamkeiten im geographischen Raum lassen sich strukturell auswerten (vgl. Wiesinger 1983) oder quantifizieren (vgl. Lameli 2013). Beide Verfahren erlauben es, Raumstrukturen als Dialekteinteilungen abzubilden. Zunächst einmal geht es bei dieser Dimension von Nähe/Distanz also um Coserius diatopische Dimension (= Regionalität), um die Dialekte. Die Varietät *Dialekt* hat (teilweise bis heute) einen strikten, mitunter sehr engen geographischen Bezug, denn die Sprecher, die einen Dialekt im Kommunikationsalltag verwenden, siedeln in einer bestimmten Kleinregion oder stammen aus dieser.[32] Wie mit Verweis auf Schmitt (1992) gezeigt werden konnte, endet die Verstehbarkeit eines Dialekts mitunter bereits bei einer Entfernung im geographischen Raum von 50 km (s.o., Kapitel

---

31 Die Tradierung von Inhalten gab es allerdings auch in primär oralen Gesellschaften. Diese Tatsache wird von Koch/Oesterreicher mit Verweis auf Ong (1987) als ein Argument für eine Trennung von medialer und konzeptioneller Ebene angeführt. So entsprächen auch in diesen Sprachgemeinschaften beispielsweise zu überliefernde Texte konzeptioneller Distanz (vgl. Koch/Oesterreicher 1994: 588). Ong, der diese Thematik sehr differenziert behandelt, argumentiert empirisch gestützt dafür, dass sich die Konzeption solcher Texte eher danach richtet, wie eine möglichst gute Memorierbarkeit erzielt werden kann. Man kann also im Sinne Koch/Oesterreichers wohl eine relativ große Planungsphase annehmen (Koch/Oesterreicher 1985 sprechen daher auch von „elaborierter Mündlichkeit"), die Struktur der Texte ist aber „eher additiv als subordinierend" und „eher aggregativ als analytisch" (Ong 1987: 42f.). Nach dem Modell von Ágel/Hennig handelt es sich dabei jeweils um grammatische Merkmale des Nähesprechens.

32 Mit diesen auf Siedlungsgemeinschaften bezogenen sprachlichen Varietäten gehen in der Regel auch weitere Gemeinsamkeiten einher (z.B. Trachten und sonstige Brauchtümer), die dazu beitragen (können), dass Sprecher sich mit solchen Sprechergemeinschaften und damit einem bestimmten „geographischen Raum" identifizieren (dazu unten mehr).

2). Mit der neuhochdeutschen Schriftsprache stand den Sprechern eine Varietät zur Verfügung, welche die Überwindung sprachsystemischer Unterschiede, die durch räumlich-geographische Distanzen bedingt waren, und der damit verbundenen Verständigungsschwierigkeiten erlaubte. Diese Dimension ist von Koch/Oesterreicher in ihrer Varietätenkette als Dimension mit den Polen „diatopisch stark markiert" vs. „diatopisch schwach markiert" berücksichtigt worden. In der Variationslinguistik entspricht dies der Dialektalität auf der vertikalen Variationsdimension. Die sprachliche Variation, die wir als Varietäten- und Sprechlagenwahl bezeichnet haben, ist demnach auf die mit der räumlich-geographischen Nähe/Distanz einhergehenden sprachsystemischen Ähnlichkeiten/Unterschiede zurückzuführen. Sie dient in erster Linie der Verständnissicherung in der Kommunikation mit Sprechern mit anderer dialektaler Primärsozialisation. Die in der Regel in solchen Kommunikationssituationen verwendeten Regiolekte haben zwar immer noch eine mehr oder weniger starke regionalsprachliche Prägung (vgl. die Spektrumsdarstellungen in Abb. 3), die sprachsystemischen diatopischen Unterschiede sind aber nicht mehr so gravierend, dass die Kommunikation mit Sprechern aus anderen Regionen nicht möglich wäre.

- *Nähe/Distanz im Sinne einer interindividuell-sozialen Vertrautheit/Fremdheit*: Diese Verwendungsweise von Nähe/Distanz ist in den Modellierungen von Koch/Oesterreicher durch die Kommunikationsbedingungen „Vertrautheit vs. Fremdheit der Gesprächspartner" und „Privatheit vs. Öffentlichkeit" sowie als diastratische und diaphasische Dimension in der Varietätenkette enthalten. Dass man mit vertrauten Personen anders spricht als mit Fremden, ist jedem unmittelbar einleuchtend. Dass dies aber nicht zwangsläufig zu sprachlicher Variation führt, die auf derselben Dimension wie die raumzeitliche Nähe/Distanz erfasst werden kann, haben die empirischen Analysen von Gesprächen einzelner REDE-Informanten mit unterschiedlichen Gesprächspartnern gezeigt. Um die Dimension der interindividuell-sozialen Vertrautheit/Fremdheit auf sprachliche Variation beziehbar zu machen, greifen wir hier die aus der frühen Soziologie stammenden Simmel'schen Begriffe *Gesellschaft* bzw. *soziale Gruppe*[33] und *Vergesellschaftung(sprozess)* auf. Grob verkürzt dargestellt sind soziale Gruppen („Gesellschaften") defi-

---

33 Simmel (1908) spricht allgemein von „Gesellschaft", bezieht diesen Terminus aber auf alle möglichen Ebenen: „von der ephemeren Vereinigung zu einem Spaziergang bis zur Familie, von allen Verhältnissen »auf Kündigung« bis zu der Zusammengehörigkeit zu einem Staat, von dem flüchtigen Zusammen einer Hotelgesellschaft bis zu der innigen Verbundenheit einer mittelalterlichen Gilde" (Simmel 1908: 6).

niert als eine Mehrzahl von Menschen, die „in Wechselwirkung treten [, die...] immer aus bestimmten Trieben heraus oder um bestimmter Zwecke willen [entsteht ...]. Diese Wechselwirkungen bedeuten, dass aus den individuellen Trägern jener veranlassenden Triebe und Zwecke eine Einheit, eben eine »Gesellschaft« wird" (Simmel 1908: 5). Letzteres wird als „Vergesellschaftung" im Sinne eines Prozesses bezeichnet. Das bedeutet, dass sich Vergesellschaftungsformen, zu denen auch sprachliche Variation gehört (s. dazu weiter unten), gleichzeitig als Qualitäten, welche die Mitglieder sozialer Gruppen teilen und die somit konstitutiv für die betreffende soziale Gruppe sind, beschreiben lassen (vgl. Simmel 1908: 8–12). Die geteilten Vergesellschaftungsformen/Gruppenqualitäten bilden also einerseits die Gruppe (nach innen) und grenzen gleichzeitig die Gruppe als Ganzes sowie die zur Gruppe gehörenden Individuen nach außen gegenüber anderen Individuen und Gruppen ab.[34] Je allgemeiner und unspezifischer diese Vergesellschaftungsformen/Gruppenqualitäten sind, umso größer ist in der Regel die Gruppe, und umso weniger eng ist die Verbindung zwischen ihren Mitgliedern (z.B. die Bevölkerung Deutschlands). Je spezifischer dagegen die Vergesellschaftungsformen/Gruppenqualitäten sind, umso kleiner ist die Gruppe, und umso enger sind die Verbindungen zwischen den Gruppenmitgliedern (z.B. der dörfliche Karnevalsverein). In der Regel gehören Individuen gleichzeitig mehreren sozialen Gruppen unterschiedlicher Größe und „Verbindungsenge" an. Wie lässt sich vor diesem Hintergrund nun die Dimension Vertrautheit/Fremdheit charakterisieren? Fremdheit bezieht sich zunächst einmal nicht auf Nicht-Bekanntsein, sondern auf eine besondere Form des Sich-Kennens. Prinzipiell gilt, dass zwei Individuen einander bekannt sind, sobald sie sich vorgestellt wurden/haben oder in kommunikative Interaktion getreten sind. Dennoch sind sie einander zunächst einmal noch fremd. Diese interindividuell-soziale Fremdheit kann abgebaut und gleichzeitig Vertrautheit folgendermaßen aufgebaut werden: erstens, indem die beiden Individuen feststellen, dass sie Formen von Vergesellschaftungsprozessen (auch mit anderen) bereits teilen und daher Mitglieder

---

[34] Auch in jüngeren kulturwissenschaftlichen Ansätzen werden diese komplexen Zusammenhänge aufgenommen, z.B. aus der Perspektive des Individuums als individueller Lebensstil. Entsprechend wird vom Individuum „durch die über den Lebensstil nach außen projizierten ästhetischen Präferenzen und Antipathien soziale Nähe und Differenz signalisiert, werden persönliche und soziale Identitäten hergestellt und aufrechterhalten und die ästhetischen, stilistischen und soziokulturellen Unterschiede in signifikante, strukturbildende und strukturerhaltende gesellschaftliche Unterscheidungen (rück)überführt" (Raab/Soeffner 2004: 354).

einer bestimmten sozialen Gruppe sind, oder zweitens, indem die Individuen sich im Laufe der Zeit „vergesellschaften" und sie somit (auch mit anderen) Teil einer bestimmten gesellschaftlichen Gruppe werden. Demnach lässt sich interindividuell-soziale Fremdheit definieren als das Teilen von lediglich wenigen und/oder sehr allgemeinen Vergesellschaftungsformen/ Gruppenqualitäten. Unter interindividuell-sozialer Vertrautheit verstehen wir dagegen das Teilen von vielen und/oder sehr spezifischen Vergesellschaftungsformen/Gruppenqualitäten mit anderen Individuen (vgl. zu diesen Zusammenhängen auch Simmel 1908: 688–690). Daran anschließend lässt sich die Öffentlichkeit einer Kommunikationssituation charakterisieren als Situation, an der eine größere Zahl an Individuen teilhat, unter denen keine Beziehung der Vertrautheit besteht, während dies in einer durch Privatheit gekennzeichneten Kommunikationssituation nicht der Fall ist (als extremsten Fall von Privatheit ließe sich daher das Vier-Augen-Gespräch nennen).[35] Da oben bereits *Sprache* als Beispiel für eine mögliche Art von Vergesellschaftungsform/Gruppenqualität genannt wurde, ist offensichtlich, dass Kommunikationspartner den sprachlichen Variationsraum nutzen können, um interindividuell-soziale Vertrautheit, also die Zugehörigkeit zu einer bestimmten sozialen Gruppe zu signalisieren. In welcher Weise das genau geschieht, ist Gegenstand der folgenden Ausführungen.

Bevor wir zu einer Neumodellierung der Nähe/Distanz-Dimensionen kommen, möchten wir zunächst auf die Auswirkungen unterschiedlicher Nähe und Distanz auf den jeweiligen Dimensionen auf die Diskursgestaltung eingehen. Für die raum-zeitliche Nähe/Distanz können wir uns hier kurz fassen, da Ágel/ Hennig neben ihrer theoretischen Ausarbeitung auch eine Methode zur Erfassung und Differenzierung von Nähe- und Distanzsprechen vorgelegt haben. Letztere ist in zahlreichen Studien angewendet worden und diese bestätigen jeweils, dass sich nähe- und distanzsprachliche Texte hinsichtlich bestimmter Diskursmerkmale unterscheiden lassen. Weitere Faktoren, welche über die reine raum-zeitliche (Un-)Gleichheit von Produktion und Rezeption hinausgehend zu einer feineren Differenzierung der Diskursgestaltung im nähesprachlichen Bereich führen, hat Fischer (2011) herausgearbeitet. Ausführlicher möch-

---

[35] *Privat* als ‚nicht öffentlich' bezieht sich somit grundsätzlich *auch* (!) auf Situationen, in denen zwei Individuen kommunizieren, zwischen denen ein interindividuell-soziales Verhältnis der Fremdheit besteht. Die Sprachverwendung in solchen Gesprächen wird daher trotz der Nicht-Öffentlichkeit an der interindividuell-sozialen Fremdheit ausgerichtet sein.

ten wir daher auf die komplexen Zusammenhänge von räumlich-geographischer Nähe/Distanz, interindividuell-sozialer Vertrautheit/Fremdheit und der Diskursgestaltung im Deutschen (insbesondere die Varietäten- und Sprechlagenwahl) eingehen.

Nach Eckert (2012) geht es in der sogenannten „dritten Welle" der internationalen Soziolinguistik darum, dass, wie und welche sprachliche(n) Merkmale sozio-symbolisch/indexikalisch genutzt werden, um – implizit im Sinne von Simmels Vergesellschaftung – soziale Gruppen zu bilden.[36] Bei solcher sprachlicher Variation in der Diskursgestaltung besteht wiederum ein reziprokes Verhältnis zwischen der Verwendung sprachlicher Merkmale durch Individuen als Vergesellschaftungsform und der Funktion dieser sprachlichen Merkmale als Charakteristika der sozialen Gruppe. Diese Prozesse lassen sich nun auch auf die diatopische Sprachvariation übertragen, die somit nicht mehr einfach als sprachsystemische Ähnlichkeit/Differenz in Abhängigkeit von der räumlich-geographischen Nähe/Distanz konzeptualisiert wird, sondern als die Vertrautheit/Fremdheit zwischen sozialen Gruppen, die u.a. auf der jeweils von der Gruppe verwendeten Varietät beruht (als eine spezifische Vergesellschaftungsform; auf den sozialen Aspekt bei der Varietätendefinition ist oben bereits hingewiesen worden). Dies galt (sprach)historisch natürlich insbesondere für die Dialekte als Sprache von Dorfgemeinschaften, die darüber hinaus noch weitere spezifische Vergesellschaftungsformen teilten (vgl. auch oben, Fn. 30), was zu einer starken Identifikation von Individuen mit der betreffenden sozialen Gruppe geführt haben kann. Dass sich auf diese identitätsstiftende Funktion von regionalsprachlichen Varietäten auch heute noch schließen lässt, konnte in zwei jüngeren Studien empirisch belegt werden: In einer groß angelegten Untersuchung hat Lameli (2013) auf Basis der von Georg Wenker Ende des 19. Jahrhunderts gesammelten Daten die Dialekte in Deutschland auf Landkreisebene einem quantitativen Vergleich unterzogen. Eines der Ergebnisse ist ein durch raumstatistische Analysen abgeleitetes Similaritätsmodell der deutschen Dialekte. Zu dieser Dialektähnlichkeit wurden in den beiden angesprochenen weiterführenden Studien andere raumbezogene Daten, die – ähnlich wie

---

[36] Eckert charakterisiert die dritte Welle der Soziolinguistik als „a view of variation as [...] the linguistic practice in which speakers place themselves in the social landscape through stylistic practice" (Eckert 2012: 93f.). Dabei geht es auch um Fragen wie: Welche Eigenschaften haben sprachliche Merkmale, die mit sozio-symbolischer Funktion „aufgeladen" und genutzt werden? Hängt die Stärke der Indexikalität eines sprachlichen Merkmals mit dessen perzeptiver Auffälligkeit zusammen (vgl. zur Salienz und den damit in Beziehung stehenden Begriffen beispielsweise den Überblicksband von Christen/Ziegler [2014])?

sprachliche Kommunikation – ebenfalls Formen sozialen Handelns repräsentieren, in Beziehung gesetzt (zum einen die Binnenmigration in Deutschland von 2000–2006 [Falck et al. 2012], zum anderen die Handelsströme in Deutschland zwischen 1995 und 2004 [Lameli et al. 2013]). Die Studien gelangen zu dem übergeordneten Ergebnis, dass im Vergleich mit zahlreichen anderen ökonomisch relevanten Faktoren (z.b. Bundeslandgrenzen, historische Territorien, Reisezeiten, Bodengüte) die Dialekträume und -grenzen, die auf den sprachsystemischen Ähnlichkeiten der Dialekte um 1900 beruhen, den stärksten Effekt sowohl auf den Binnenhandel als auch auf die Binnenmigration haben. Erklärt wird dies damit, dass die einander ähnlichen regionalsprachlichen Varietäten eines Raums als eine kulturelle Erfahrung neben anderen angesehen werden können (= Simmels Vergesellschaftungsformen), welche die Sprecher dieser Varietäten mit den anderen Sprechern dieser Varietäten teilen, was insgesamt zur Herstellung von soziokultureller Identität beiträgt, die wiederum auf die Richtung sozialen – und offensichtlich auch ökonomischen – Handelns zurückwirkt (= zusätzliche Vergesellschaftungsformen). Daraus, dass es sich nun bei den von Lameli berücksichtigten Sprachdaten um die Dialekte des ausgehenden 19. Jahrhunderts gehandelt hat, bei den Daten zur Binnenmigration und zum Binnenhandel aber um jüngere Daten, lässt sich schließlich folgern, dass den „sprachlichen Anteil" der soziokulturellen Identität nicht (allein) die Dialekte tragen, sondern auch die Regiolekte als Varietäten, die auf der vertikalen Dimension zwischen den Dialekten und der Standardvarietät liegen (vgl. dazu auch Schmidt 2014). Beim Sprachraum als Handlungsraum (vgl. Lameli 2015) handelt es sich folglich um die Regionen, über die sich nach der oben wiedergegebenen Definition (s. Kapitel 2) die modernen Regionalsprachen erstrecken.

Die Diskursgestaltung durch sprachliche Variation auf der Vertikale, die Varietäten- und Sprechlagenwahl, kann also zwei Funktionen erfüllen: Erstens lassen sich Kommunikationshindernisse, die durch die sprachsystemischen Unterschiede zwischen Dialekten bestehen, überwinden (Verständigungssicherung). Grundsätzlich ist auch das bewusste Aufbauen von Kommunikationshindernissen möglich, wenn z.B. Dialektsprecher Zugezogene ausgrenzen wollen. Dieses führt zur zweiten Funktion: das Anzeigen/Herstellen von interindividuell-sozialer Vertrautheit/Fremdheit (soziokulturelle Identität). Wie oben mit Verweis auf die aktuelle soziolinguistische Forschung schon angedeutet wurde, kann die letztere Funktion nicht nur durch die Wahl der Sprechlage erfüllt werden, sondern auch durch die Verwendung eines oder mehrerer (auffälliger) sprachlicher Merkmale. Zwei Beispiele dafür: (1) Mit der zuletzt genannten Funktion, „als Identität sichernde Handlung", erklärt Lameli (2015: 66–72) das Auftreten des außergewöhnlichen Phänomens des Lambdazismus (Realisierung des /d/-Phonems als [l]) beim Versuch von Sprechergruppen den Rhotazismus benachbarter, als prestigereicher angesehener Sprechergruppen, zu übernehmen, was zu Formen wie *bruler* und *klaler* für ‚Bruder' und ‚Kleider' führt. (2) In einer Longitudinalstudie haben Barden/Großkopf (1998) unter anderem die sprachliche Anpassung sächsischer Übersiedler nach Konstanz im Alemannischen untersucht. Eine solche Anpassung zur Integration (zur „Vergesellschaftung") beginnt dabei bereits im ersten halben Jahr nach dem Umzug und bezieht sich v.a. auf bestimmte, sehr auffällige regionalsprachliche Varianten der Aufnahmeregion (v.a. die *s*-Palatalisierung vor /t/, z.B. in [kɔnʃtans] für ‚Konstanz', und die Tilgung von *-ch* in *auch* sowie einige lexikalische Phänomene; vgl. Barden/Großkopf 1998: 122f.). Der Grad der sprachlichen Integration hängt dabei eng mit anderen Integrationsmerkmalen zusammen, wie z.B. der subjektiven „Ortsbezogenheit" zur Aufnahmeregion oder auch der sozialen Haltung gegenüber den Menschen in der Aufnahmeregion (vgl. zusammenfassend Barden/Großkopf 1998: 347–350).

Unabhängig von der regionalsprachlichen Variation kann die Diskursgestaltung in Abhängigkeit von der interindividuell-sozialen Vertrautheit/Fremdheit auch hinsichtlich fachsprachlicher oder stilistischer Phänomene (z.B. die Verwendung derberer Ausdrücke mit vertrauten Personen) variieren. Bei Fragen zur Sprachverwendung im Alltag sprechen die REDE-Informanten in den Interviews häufig davon, dass sie sich Fremden und/oder Personen mit höherem sozialem Prestige gegenüber „gewählter" ausdrücken als gegenüber Freunden.

Insgesamt können also die mit der räumlich-geographischen Nähe/Distanz zusammenhängenden sprachsystemischen Gemeinsamkeiten/Unterschiede als Teil der interindividuell-sozialen Vertrautheit/Fremdheit konzeptualisiert werden. Somit sind in unserem Modell nur noch zwei Dimensionen von Nähe/Distanz zueinander ins Verhältnis zu setzen: die raum-zeitliche Nähe/Distanz und die interindividuell-soziale Vertrautheit/Fremdheit. Diese Dimensionen und die damit jeweils einhergehende Diskursgestaltung stehen aber nicht in einem parallelen Verhältnis, wie es durch die Varietätenkette nahegelegt wird, sondern orthogonal zueinander. In situationsentbundener Kommunikation ist es ebenso möglich, einen Text/Diskursbeitrag in Abhängigkeit von der interindividuell-sozialen Vertrautheit/Fremdheit zu variieren wie in situationsverschränkter Kommunikation.

Im Einzelnen: Zentral steht in dem Modell zunächst einmal die außersprachliche Dimension der raum-zeitlichen Nähe/Distanz. Auf dieser Dimension lässt sich Sprachvariation beobachten – und mit dem Nähecheck auch quantifizieren –, die in Abhängigkeit davon erfolgt, ob Kommunikationspartner an derselben Situation teilhaben (Produktionsraumzeit = Rezeptionsraumzeit) oder ob ein Text/Diskursbeitrag raum-zeit-entbunden produziert und rezipiert wird. Die entsprechenden Merkmale der Diskursgestaltung sind – bis auf bestimmte Diskursmerkmale des Parameters des Mediums – völlig unabhängig von diasystematischer Sprachvariation. Die Dimension der raum-zeitlichen Nähe/Distanz und die davon abhängige Diskursgestaltung, die Ágel/Hennig als Nähe- und Distanzsprechen bezeichnen, entspricht Sölls konzeptioneller Ebene mit den Polen *code parlé* und *code écrit* und wird in unserem Modell analog zu Koch/Oesterreicher als „Sprache der Nähe" und „Sprache der Distanz" bezeichnet. Auch Sölls Ebene des Mediums ist in unserem Modell enthalten, indem die Bereiche „phonisch" (hintere dunkle Hälfte des Quaders) und „graphisch" (vordere helle Hälfte des Quaders) unterschieden werden. Diese Zweiteilung des Modells ist insofern wichtig, als – wie Ágel/Hennig zu Recht hervorheben – das Medium von grundlegender Relevanz für die Diskursgestaltung ist:

> Es besteht nicht nur eine Affinität des Nähepols zu medialer Mündlichkeit bzw. des Distanzpols zu medialer Schriftlichkeit, sondern mediale Schriftlichkeit und hundertprozentige Nähesprachlichkeit bzw. umgekehrt, mediale Mündlichkeit und hundertprozentige Distanzsprachlichkeit schließen einander aus. Dies lässt sich an der Analyse des Chat, der zweifelsohne weitaus nähesprachlicher ist als alle anderen medial schriftlichen Diskursformen, ablesen: Trotz aller Nähesprachlichkeit beeinflusst das Medium Schrift in nicht unerheblichem Maße die Diskursgestaltung. (Ágel/Hennig 2007: 202)[37]

Der Einfluss des Mediums auf die Diskursgestaltung (in Abhängigkeit von raumzeitlicher Nähe/Distanz) zeigt sich auch darin, dass im Nähecheck medial schriftliche Texte zwischen 0 % und maximal 50 % Nähesprachlichkeit aufweisen, während medial mündliche Texte Nähecheck-Werte zwischen 76 % (vgl. Kappel 2007) und 137 % (vgl. Fischer 2011) erreichen. Um diese Affinität auszudrücken, ist der Quader nicht längs, sondern quer geteilt. Eine Ausnahme bildet der in dem Zitat von Ágel/Hennig erwähnte Chat, für den als medial schriftliche, aber prinzipiell in relativer Raum-Zeit-Gleichheit stattfindende Kommunikationsform ein Nähecheck-Wert von 67 % ermittelt wurde (vgl. Ágel/Hennig 2007: 209).

Orthogonal zur raum-zeitlichen Nähe/Distanz liegt die Dimension der interindividuell-sozialen Vertrautheit/Fremdheit als „Sprache der Fremdheit" vs.

---

[37] Diese Einschätzung wird durch die Erfahrungen aktueller Projekte zur Dialektsyntax empirisch bestätigt. Bei der Datenerhebung werden schriftlich dargebotene dialektale Konstruktionen von Informanten mitunter strikt abgelehnt, obwohl sie sie in derselben Erhebungssituation – sogar im Gespräch mit den nicht dialektsprechenden Exploratoren – selbst verwenden (persönliche Mitteilungen von Stefanie Leser für das Projekt „Syntax hessischer Dialekte" und von Claudia Bucheli Berger für das Projekt „Syntaktischer Atlas der deutschen Schweiz").

„Sprache der Vertrautheit". Texte und Diskursbeiträge können in Abhängigkeit von den Faktoren dieser Dimension sowohl im phonischen wie auch im graphischen Kode variieren.

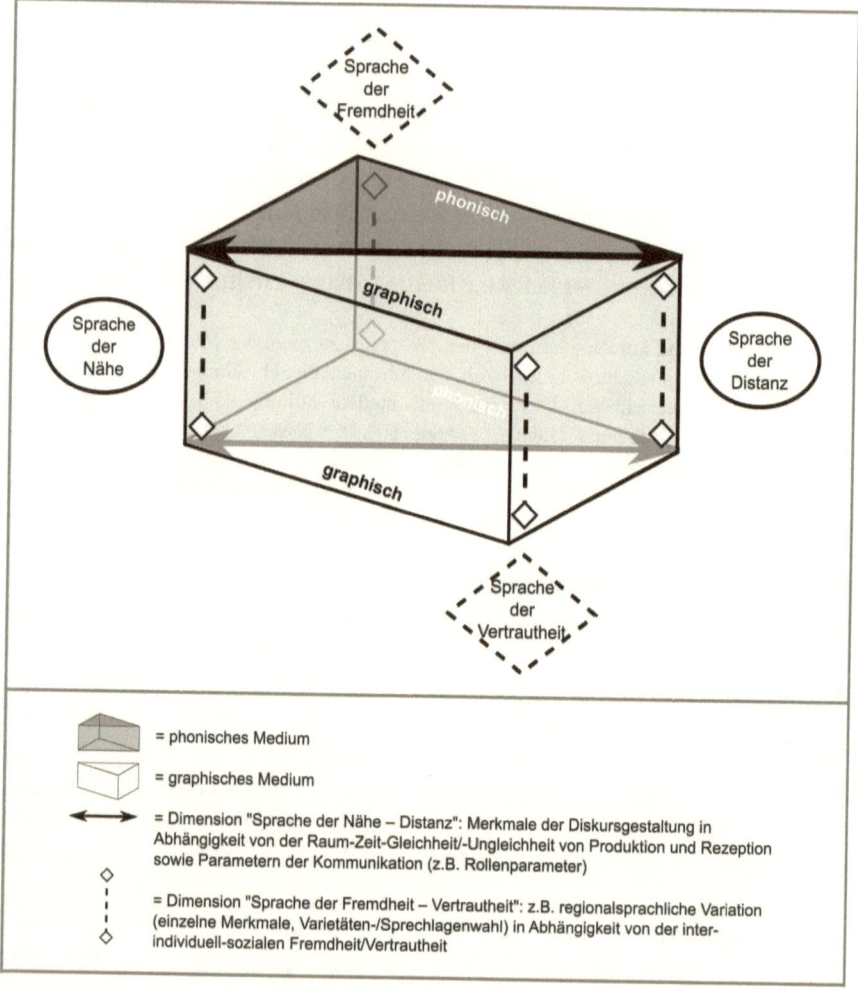

Abb. 6: Sprachliche Dimensionen von Nähe und Distanz.

Die sprachliche Variation in Abhängigkeit von der interindividuell-sozialen Vertrautheit/Fremdheit, beispielsweise die Varietäten- und Sprechlagenwahl, kann sowohl der Verständigungssicherung dienen als auch dem Ausdruck sozio-kultureller Identität. Welche der beiden Funktionen bei der Varietäten- und Sprechlagenwahl dabei im Vordergrund steht, hängt, wie in Kapitel 3.2 dargestellt, von verschiedenen Faktoren ab, die sich auf die folgenden zwei Fragen verdichten lassen: 1. Welche Möglichkeiten hat der Sprecher? 2. Wie kann er seine Möglichkeiten in einer konkreten Situation nutzen? Die Faktoren sind:

- Systemkompetenz der Kommunikationspartner: In welchem Verhältnis steht der Dialekt einer Region zur Standardschriftsprache? In welcher Varietät erfolgte jeweils die sprachliche Primärsozialisation? Wie ausgeprägt ist die Standardsprachkompetenz (geschrieben und gesprochen)?
- Registerkompetenz der Kommunikationspartner: Welche privaten und beruflichen Kommunikationsanforderungen stellen sich den Sprechern? Wurde entsprechend ein individuelles regionalsprachliches Register ausgeprägt? Sind die Sprecher überhaupt in der Lage, ihr Sprachverhalten systematisch zu variieren? Zur Registerkompetenz gehört auch das Wissen darum, mit welchen Kommunikationspartnern (also deren soziale Rolle und/oder Gesprächsrolle) bzw. in welchen Situationen (z.B. öffentlich oder privat) welche Sprechlage angemessen ist.
- Wissen/Vermutung der Kommunikationspartner über die System- und Registerkompetenz der/des anderen Kommunikationspartner/s: Insbesondere bei diesem Faktor ist die Fremdheit/Vertrautheit der Kommunikationspartner relevant, indem man bei vertrauten Gesprächspartnern die individuelle Kompetenz besser kennt als bei fremden Personen und entsprechend die eigene Sprechlagen- und Varietätenwahl anpassen kann.

Grundsätzlich ist zu betonen, dass außer diesen Faktoren zusätzlich die individuelle Einstellung von Sprechern gegenüber Sprachvariation insgesamt, gegenüber einzelnen Varietäten und Sprechlagen der eigenen oder anderer Regionen, gegenüber Kommunikationspartnern usw. die konkrete Varietäten- und Sprechlagenwahl in Kommunikationssituationen mitbestimmt. Das bedeutet, dass sich das variative Sprachverhalten in bestimmten Situationen zwar relativ zuverlässig vorhersagen lässt, es aber immer auch Abweichungen davon geben kann (vgl. die Beispiele in Kapitel 3.2).

Die Anordnung der Gesprächstypen bei Koch/Oesterreicher (vgl. oben, Kapitel 4.1) entspricht eher der in unserem Modell vertikalen Dimension (interindividuell-sozialen Vertrautheit/Fremdheit) als der raum-zeitlichen Nähe/Distanz, insbesondere die medial mündlichen Typen. Wie oben gezeigt werden konnte, variieren die Gesprächstypen Freundesgespräch und Interview systematisch hinsichtlich ihrer Dialektalität, nicht aber hinsichtlich ihrer Nähesprachlichkeit.

Die Variation der Diskursgestaltung in Abhängigkeit von der interindividuell-sozialen Vertrautheit/Fremdheit ist prinzipiell auch in medial schriftlichen Texten möglich. Dabei erfolgt die sprachliche Variation allerdings selten in Form konsequenter Varietäten- und Sprechlagenwahl, sondern eher durch die Verwendung dialektaler Formen überhaupt. Beispielsweise verwenden Kommunikationsteilnehmer in medial schriftlichen Kommunikationsformen, die keine vollständige Situationsentbindung aufweisen (z.B. Chat, SMS, Weblogs, aber auch E-Mail), sowohl Standarddeutsch als auch häufig dialektale Formen (vgl. z.B. Tophinke 2008; Wyss/Ziegler 2008; Morel et al. 2012). In anderen schriftlichen Texten (z.B. private vs. offizielle Briefe) kann die Diskursgestaltung hinsichtlich der lexikalischen Füllung variieren.

6 Zusammenfassung und Ausblick

Auf Basis empirischer Studien, in denen die Dialektalität von Texten/Diskursbeiträgen mit deren Nähecheck-Werten (= Nähe- bzw. Distanzsprachlichkeit) verglichen wurde, konnte in diesem Beitrag belegt werden, dass die sprachliche Variation auf der Dimension raum-zeitlicher Nähe/Distanz und die Variation in Abhängigkeit von der interindividuell-sozialen Vertrautheit/Fremdheit, die sich u.a. als Variation der Dialektalität zeigen kann, von Faktoren beeinflusst werden, die weitgehend unabhängig voneinander sind. Daher wurden die raumzeitliche Nähe/Distanz und die interindividuell-soziale Vertrautheit/Fremdheit in dem zusammenfassenden Modell orthogonal zueinander angeordnet.

Offen bleibt die Frage, wie mit der Varietäten- und Sprechlagenwahl auch die grammatischen Verfahren und/oder Merkmale variieren, mit denen nähesprachliche und distanzsprachliche Konzeptionen ausgedrückt werden. Wie unterscheiden sich die sprachlichen Ausprägungen der universalen Nähemerkmale[38] von Situation zu Situation, von Varietät zu Varietät und im regionalen Vergleich? Fleischer (2010) zeigt, dass es dialektraumübergreifende syntaktische Ausdrücke gibt, die im gesprochenen und geschriebenen Standard geächtet sind, jedoch ebenso wenig Teil der dialektalen Syntax sind. In welchem Verhältnis solche wahrscheinlich durch mediale Mündlichkeit oder auch durch den Selektionsprozess im Zuge der Standardisierung der Schriftsprache erklärbaren

---

[38] Universal ist an den Merkmalen, dass sie letztlich auf die gleichen, universalen Parameter der Kommunikation zurückzuführen sind (vgl. Ágel/Hennig 2006).

syntaktischen Ausdrücke zu den verschiedenen Regiolekten und Dialekten und der standardsprachlichen Syntax stehen, ist noch zu klären.

Zweitens eröffnen sich mit den rezenten Umwertungsprozessen von Varietäten neue Fragestellungen. Wie bereits dargestellt, variieren viele oberdeutsche Sprecher der mittleren und älteren Generation ihre Sprache im Interview im Vergleich zu dem, was ihnen ihre Systemkompetenz ermöglichen würde, erstaunlich wenig. In der jüngeren Generation können wir beobachten, dass sich die Bewertungen von Situationen und Varietäten bereits verändert haben: Diese Sprecher orientieren sich im Interview viel stärker an der Standardsprache und geben auch nicht mehr an, sich dabei unwohl zu fühlen. Von welchen Faktoren solche Umwertungsprozesse genau gesteuert werden, wird aktuell in den genannten Großprojekten der modernen Regionalsprachenforschung untersucht. Die hier gewonnenen Erkenntnisse werden auch für die Nähe/Distanz-Forschung – für das Verständnis des Zusammenhangs von Nähe, Distanz und Regionalsprache – von Gewinn sein.

7 Literatur

Ágel, Vilmos/Hennig, Mathilde (Hrsg.) (2006): Grammatik aus Nähe und Distanz. Theorie und Praxis am Beispiel von Nähetexten 1650–2000. Tübingen: Niemeyer.

Ágel, Vilmos/Hennig, Mathilde (2007): Überlegungen zur Theorie und Praxis des Nähe- und Distanzsprechens. In: Ágel, Vilmos/Hennig, Mathilde (Hrsg.): Zugänge zur Grammatik der gesprochenen Sprache. Tübingen: Niemeyer (Reihe Germanistische Linguistik 269), 179–214.

Barden, Birgit/Großkopf, Beate (1998): Sprachliche Akkomodation und soziale Integration. Sächsische Übersiedler und Übersiedlerinnen im rhein-/moselfränkischen und alemannischen Sprachraum. Tübingen: Niemeyer.

Bellmann, Günter (1983): Probleme des Substandards im Deutschen. In: Mattheier, Klaus J. (Hrsg.): Aspekte der Dialekttheorie. Tübingen: Niemeyer, 105–130.

Besch, Werner (2003): Die Entstehung und Ausformung der neuhochdeutschen Schriftsprache/Standardsprache. In: Besch, Werner et al. (Hrsg.): Sprachgeschichte. Ein Handbuch zur Geschichte der deutschen Sprache und ihrer Erfoschung. 2., vollständig neu bearbeitete und erweiterte Auflage. Berlin/New York: de Gruyter (Handbücher zur Sprach- und Kommunikationswissenschaft. 2.3), 2252–2296.

Brinckmann, Caren et al. (2008): German Today: an areally extensive corpus on spoken Standard German. In: Proceedings 6th International Conference on Language Resources and Evaluation (LREC 2008), Marrakech, Morocco, 3185–3191.

Bühler, Karl (1934): Sprachtheorie. Die Darstellungsfunktion der Sprache. Stuttgart et al.: Fischer [Nachdruck 1982].

Christen, Helen/Ziegler, Evelyn (Hrsg.) (2014): Die Vermessung der Salienz(forschung)/Measuring (the Research on) Salience. Linguistik online 66.

Coseriu, Eugenio (1992): Einführung in die Allgemeine Sprachwissenschaft. 2. Auflage. Tübingen: Francke.

Denkler, Markus/Elspaß, Stephan (2007): Nähesprachlichkeit und Regionalsprachlichkeit in historischer Perspektive. In: Niederdeutsches Jahrbuch 130, 79–108.

Eckert, Penelope (2012): Three Waves of Variation Study: The Emergence of Meaning in the Study of Sociolinguistic Variation. In: Annual Review of Anthropology 41, 87–100.

Ehrismann, Gustav (Hrsg.) (1970): Der Renner von Hugo von Trimberg. Mit einem Nachwort und Ergänzungen von Günther Schweikle. Band III. Berlin/New York: de Gruyter.

Elmentaler, Michael, et al. (2006): Sprachvariation in Norddeutschland. Ein Projekt zur Analyse des sprachlichen Wandels in Norddeutschland. In: Voeste, Anja/Gessinger, Joachim (Hrsg.): Dialekt im Wandel. Perspektiven einer neuen Dialektologie. Duisburg: Gilles & Francke, 159–178.

Elmentaler, Michael et al. (2015): Sprachvariation in Norddeutschland (SiN). In: Kehrein, Roland/Lameli, Alfred/Rabanus, Stefan (Hrsg.). Regionale Variation des Deutschen. Projekte und Perspektiven. Berlin/New York: de Gruyter, 397–424.

Elspaß, Stephan (2008): Briefe rheinischer Auswanderer als Quellen einer Regionalsprachgeschichte. In: Rheinische Vierteljahrsblätter 72, 1–20.

Elspaß, Stephan (2010): Zum Verhältnis von ‚Nähegrammatik' und Regionalsprachlichkeit in historischen Texten. In: Ágel, Vilmos/Hennig, Mathilde (Hrsg.): Nähe und Distanz im Kontext variationslinguistischer Forschung. Berlin/New York: de Gruyter (Linguistik – Impulse und Tendenzen 35), 65–83.

Enderlin, Fritz (o.J.): Die Mundart von Kesswil im Oberthurgau. Mit einem Beitrage zur Frage des Sprachlebens. Frauenfeld: Huber (Beiträge zur Schweizerdeutschen Grammatik V).

Falck, Oliver et al. (2012): Dialects, Cultural Identity, and Economic Exchange. In: Journal of Urban Economics 72, 225–239.

Feilke, Helmuth i.d.B.: Nähe, Distanz und literale Kompetenz. Versuch einer erklärenden Rezeptionsgeschichte.

Fischer, Hanna (2008): Nähe und Distanz als Teil komplexer Variationsdimensionen. Magisterarbeit, Philipps-Universität Marburg. Unveröffentlichtes Manuskript.

Fischer, Hanna (2011): Dialektalität und Nähesprachlichkeit. Eine Anwendung des Nähechecks auf regional markiertes Sprechen. In: Ganswindt, Brigitte/Purschke, Christoph (Hrsg.): Perspektiven der Variationslinguistik. Beiträge aus dem „Forum Sprachvariation". Hildesheim et al.: Olms (Germanistische Linguistik 216–217), 121–148.

Fleischer, Jürg (2010): Zum Verhältnis von Dialektsyntax und Syntax der Nähekommunikation. In: Ágel, Vilmos/ Hennig, Mathilde (Hrsg.): Nähe und Distanz im Kontext variationslinguistischer Forschung. Berlin/New York: de Gruyter (Linguistik – Impulse und Tendenzen 35), 85–108.

Ganswindt, Brigitte/Kehrein, Roland/Lameli, Alfred (2015): Regionalsprache.de (REDE). In: Kehrein, Roland/Lameli, Alfred/Rabanus, Stefan (Hrsg.). Regionale Variation des Deutschen. Projekte und Perspektiven. Berlin/New York: de Gruyter, 425–457.

Grice, Paul H. (1975): Logic and conversation. In: Cole, Peter/Morgan, Jerry L. (Hrsg.): Syntax and Semantics, vol. 3. New York: Academic Press, 41–58.

Hennig, Mathilde (2006): Grammatik der gesprochenen Sprache in Theorie und Praxis. Kassel: University Press.

Herrgen, Joachim/Schmidt, Jürgen Erich (1989): Dialektalitätsareale und Dialektabbau. In: Putschke, Wolfgang/Veith, Werner/Wiesinger, Peter (Hrsg.): Dialektgeographie und

Dialektologie. Günter Bellmann zum 60. Geburtstag von seinen Schülern und Freunden. Marburg: Elwert (Deutsche Dialektgeographie 90), 304–346.

Herrgen, Joachim et al. (2001): Dialektalität als phonetische Distanz. Ein Verfahren zur Messung standarddivergenter Sprechformen. Marburg (Manuskript). http://archiv.ub.uni-marburg.de/es/2008/0007/pdf/dialektalitaetsmessung.pdf (27.10.2014).

Kappel, Péter (2007): Überlegungen zur diatopischen Variation in der gesprochenen Sprache. In: Ágel, Vilmos/Hennig, Mathilde (Hrsg.): Zugänge zur Grammatik der gesprochenen Sprache. Tübingen: Niemeyer (Reihe Germanistische Linguistik 269), 215–244.

Kehrein, Roland (2008a): Regionalsprachliches Spektrum in der Kleinregion Waldshut-Tiengen. Marburg: Forschungszentrum Deutscher Sprachatlas. http://archiv.ub.uni-marburg.de/es/2015/0001/pdf/2008_Kehrein_Spektrum_WT.pdf (15.01.2016).

Kehrein, Roland (2008b): Regionalakzent und linguistische Variationsspektren im Deutschen. In: Ernst, Peter/Patocka, Franz (Hrsg.): Dialektgeographie der Zukunft. Akten des 2. Kongresses der Internationalen Gesellschaft für Dialektologie des Deutschen (IGDD) am Institut für Germanistik der Universität Wien, 20. bis 23. September 2006. Stuttgart: Steiner (Zeitschrift für Dialektologie und Linguistik. Beihefte 135), 131–156.

Kehrein, Roland (2012): Regionalsprachliche Spektren im Raum – Zur linguistischen Struktur der Vertikale. Stuttgart: Steiner (Zeitschrift für Dialektologie und Linguistik. Beihefte 152).

Kehrein, Roland (2015): Deutsche Regionalakzente – Ihre Entstehung, Form und mögliche Weiterentwicklung. In: Elmentaler, Michael/Hundt, Markus/Schmidt, Jürgen Erich (Hrsg.): Deutsche Dialekte. Konzepte, Probleme, Handlungsfelder. Akten des 4. Kongresses der Internationalen Gesellschaft für Dialektologie des Deutschen (IGDD) Stuttgart: Steiner, 453–477.

Kleiner, Stefan (2015): „Deutsch heute" und der „Atlas zur Aussprache des deutschen Gebrauchsstandards". In: Kehrein, Roland/Lameli, Alfred/Rabanus, Stefan (Hrsg.): Regionale Variation des Deutschen. Projekte und Perspektiven. Berlin/New York: de Gruyter, 489–518.

Koch, Peter (2010): Sprachgeschichte zwischen Nähe und Distanz: Latein – Französisch – Deutsch. In: Ágel, Vilmos/Hennig, Mathilde (Hrsg.): Nähe und Distanz im Kontext variationslinguistischer Forschung. Berlin/New York: de Gruyter (Linguistik – Impulse und Tendenzen 35), 155–206.

Koch, Peter/Oesterreicher, Wulf (1985): Sprache der Nähe – Sprache der Distanz. Mündlichkeit und Schriftlichkeit im Spannungsfeld von Sprachtheorie und Sprachgeschichte. In: Romanistisches Jahrbuch 36, 15–43.

Koch, Peter/Oesterreicher, Wulf (1990): Gesprochene Sprache in der Romania: Französisch, Italienisch, Spanisch. Tübingen: Niemeyer (Romanistische Arbeitshefte 31).

Koch, Peter/Oesterreicher, Wulf (1994): Schriftlichkeit und Sprache. In: Günther, Hartmut/Ludwig, Otto (Hrsg.): Schrift und Schriftlichkeit/Writing and Its Use. Ein interdisziplinäres Handbuch internationaler Forschung. 1. Halbband, Berlin/New York: de Gruyter (Handbücher zur Sprach- und Kommunikationswissenschaft 10.1), 587–604.

Koch, Peter/Oesterreicher, Wulf (2007): Schriftlichkeit und kommunikative Distanz. In: Zeitschrift für germanistische Linguistik 35, 346–375.

Lameli, Alfred (2004): Standard und Substandard. Regionalismen im diachronen Längsschnitt. Stuttgart: Steiner (Zeitschrift für Dialektologie und Linguistik. Beihefte 128).

Lameli, Alfred (2013): Strukturen im Sprachraum. Analysen zur arealtypologischen Komplexität der Dialekte in Deutschland. Berlin/Boston: de Gruyter (Linguistik – Impulse & Tendenzen 54).

Lameli, Alfred (2015): Zur Konzeptualisierung des Sprachraums als Handlungsraum. In: Elmentaler, Michael/Hundt, Markus/Schmidt, Jürgen Erich (Hrsg.): Deutsche Dialekte. Konzepte, Probleme, Handlungsfelder. Akten des 4. Kongresses der Internationalen Gesellschaft für Dialektologie des Deutschen (IGDD) Stuttgart: Steiner, 59–83.

Lameli, Alfred et al. (2013): Same Same But Different: Dialects and Trade. IZA Discussion Paper Series. No. 7397. http://ftp.iza.org/dp7397.pdf (31. Januar 2015).

Lenz, Alexandra N. (2003): Struktur und Dynamik des Substandards. Eine Studie zum Westmitteldeutschen (Wittlich/Eifel). Stuttgart: Steiner (Zeitschrift für Dialektologie und Linguistik. Beihefte 125).

Löffler, Heinrich (2010): Germanistische Soziolinguistik. 4., neu bearbeitete Auflage. Berlin: Erich Schmidt.

Macha, Jürgen (1991): Der flexible Sprecher. Untersuchungen zu Sprache und Sprachbewußtsein rheinischer Handwerksmeister. Köln et al.: Böhlau (Veröffentlichung des Instituts für Geschichtliche Landeskunde der Rheinlande der Universität Bonn).

Mattheier, Klaus J. (1980): Pragmatik und Soziologie der Dialekte. Einführung in die kommunikative Dialektologie des Deutschen. Heidelberg: Quelle & Meyer (Uni-Taschenbücher 994).

Mattheier, Klaus J. (2000): Die Durchsetzung der deutschen Hochsprache im 19. und beginnenden 20. Jahrhundert: sprachgeographisch, sprachsoziologisch. In: Besch, Werner et al. (Hrsg.): Sprachgeschichte. Ein Handbuch zur Geschichte der deutschen Sprache und ihrer Erfoschung. 2., vollständig neu bearbeitete und erweiterte Auflage. Berlin/New York: de Gruyter (Handbücher zur Sprach- und Kommunikationswissenschaft. 2.2), 1951–1966.

Morel, Etienne et al. (2012): SMS communication as plurilingual communication: challenging code-switching definitions. In: Linguisticae Investigationes 35/2, 260–288.

Oesterreicher, Wulf (2010): Sprachliche Daten und linguistische Fakten – Variation und Varietäten. Bemerkungen zu Status und Konstruktion von Varietäten, Varietätenräumen und Varietätendimensionen. In: Ágel, Vilmos/Hennig, Mathilde (Hrsg.): Nähe und Distanz im Kontext variationslinguistischer Forschung. Berlin/New York: de Gruyter (Linguistik – Impulse und Tendenzen 35), 23–62.

Oesterreicher, Wulf/Koch, Peter i.d.B.: 30 Jahre ‚Sprache der Nähe – Sprache der Dis-tanz'. Zu Anfängen und Entwicklung von Konzepten im Feld von Mündlichkeit und Schriftlichkeit.

Ong, Walter J. (1987): Oralität und Literalität. Die Technologisierung des Wortes. Opladen: Westdeutscher Verlag. [engl. Orig. 1982: Orality and Literacy. The technologizing of the word. London/New York: Methuen.]

Purschke, Christoph (2011): Regionalsprache und Hörerurteil. Grundzüge einer perzeptiven Variationslinguistik. Stuttgart: Steiner (Zeitschrift für Dialektologie und Linguistik. Beihefte 149).

Raab, Jürgen/Soeffner, Hans-Georg (2004): Lebensführung und Lebensstile – Individualisierung, Vergemeinschaftung und Vergesellschaftung im Prozess der Modernisierung. In: Jaeger, Friedrich/Rüsen, Jörn (Hrsg.): Handbuch der Kulturwissenschaften. Band 3: Themen und Tendenzen. Stuttgart/Weimar: Metzler, 341–355.

Richey, Michael (1755): Idioticon Hamburgense oder Wörterbuch zur Erklärung der eigenen, in und um Hamburg gebräuchlichen, Nieder-Sächsischen Mund-Art. Jetzo vielfältig vermehret, und mit Anmerckungen und Zusätzen Zweener berühmten Männer, nebst einem Vierfachen Anhange, ausgefertiget. Hamburg: König.

Schmidt, Jürgen Erich (2010): Die modernen Regionalsprachen als Varietätenverbände. In: Gilles, Peter/Scharloth, Joachim/Ziegler, Evelyn (Hrsg.): „Variatio delectat". Heidelberger Kolloquium zu Ehren von Klaus Jürgen Mattheier (2006). Frankfurt am Main et al.: Lang (VarioLingua 37), 125–144.

Schmidt, Jürgen Erich (2014): Sprachliche Identität und die Dynamik der deutschen Regionalsprachen. In: Plewnia, Albrecht/Witt, Andreas (Hrsg.): Sprachverfall? Dynamik – Wandel – Variation. Berlin/Boston: de Gruyter, 127–147.

Schmidt, Jürgen Erich/Herrgen, Joachim (2011): Sprachdynamik. Eine Einführung in die moderne Regionalsprachenforschung. Berlin: Erich Schmidt.

Schmitt, Ernst Herbert (1992): Interdialektale Verstehbarkeit. Eine Untersuchung im Rhein- und Moselfränkischen. Stuttgart: Steiner (Mainzer Studien zur Sprach- und Volksforschung 18).

Simmel, Georg (1908): Soziologie. Untersuchungen über die Formen der Vergesellschaftung. Leipzig: Duncker & Humblot.

Söll, Ludwig (1974): Gesprochenes und geschriebenes Französisch. Berlin: Erich Schmidt (Grundlagen der Romanistik 6).

Steger, Hugo et al. (1974): Redekonstellation, Redekonstellationstyp, Textexemplar, Textsorte im Rahmen eines Sprachverhaltensmodells. Begründung einer Forschungshypothese. In: Gesprochene Sprache. Jahrbuch 1972 des Instituts für deutsche Sprache. Düsseldorf: Schwann, 39–97.

Tophinke, Doris (2008): Regional schreiben: Weblogs zwischen Orthographie und Phonographie. In: Christen, Helen/Ziegler, Evelyn (Hrsg.): Sprechen, Schreiben, Hören – Zur Produktion und Perzeption von Dialekt und Standardsprache zu Beginn des 21. Jahrhunderts. Wien: Edition Präsens, 155–182.

Wiesinger, Peter (1983): Die Einteilung der deutschen Dialekte. In: Besch, Werner et al. (Hrsg.): Dialektologie. Ein Handbuch zur deutschen und allgemeinen Dialektforschung. 2. Halbband. Berlin/New York (Handbücher zur Sprach- und Kommunikationswissenschaft 1.2), 807–900.

Wiesinger, Peter (2000): Die Diagliederung des Neuhochdeutschen bis zur Mitte des 20. Jahrhunderts. In: Besch, Werner et al. (Hrsg.) Sprachgeschichte. Ein Handbuch zur Geschichte der deutschen Sprache und ihrer Erforschung. 2., vollständig neu bearbeitete und erweiterte Auflage. Berlin/New York: de Gruyter (Handbücher zur Sprach- und Kommunikationswissenschaft. 2.2), 1932–1951.

Wyss, Eva/Ziegler, Evelyn (2008): Dialekt in der privaten Schriftlichkeit von Zürcher Jugendlichen. In: Christen, Helen/Ziegler, Evelyn (Hrsg.): Sprechen, Schreiben, Hören – Zur Produktion und Perzeption von Dialekt und Standardsprache zu Beginn des 21. Jahrhunderts. Wien: Edition Präsens, 131–151.

Zeman, Sonja i.d.B: Nähe, Distanz und (Historische) Pragmatik. Oder: Wie „nah" ist ‚Nähesprache'?

Sonja Zeman
Nähe, Distanz und (historische) Pragmatik

Oder: Wie „nah" ist ‚Nähesprache'?*

1 Das Erfolgsrezept wissenschaftlicher Theoriebildung

Koch/Oesterreichers Vorschlag der ‚Sprache der Nähe' und ‚Sprache der Distanz' ist zweifelsohne der am meisten rezipierte und angewendete Ansatz zur Beschreibung von gesprochener und geschriebener Sprache. (Ágel/Hennig 2006: 11)

Was macht eigentlich den „Erfolg" wissenschaftlicher Theoriebildung aus? Betrachtet man aus der Perspektive dieser Frage klassische Dichotomien, denen innerhalb der Linguistik ein Grundlagenstatus zukommt – man denke etwa an de Saussures komplementäre Begriffspaare ‚langue'/‚parole' und ‚image acoustique'/‚concept' oder Chomskys basale Unterscheidung zwischen ‚Kompetenz' und ‚Performanz' –, teilen diese Modellierungen insbesondere drei grundlegende Eigenschaften: Die Differenzierungen sind (i) intuitiv einsichtig und (ii) erfassen einen Sachverhalt von grundlegender Relevanz in (iii) einer möglichst klaren Unterteilung. Die Klarheit der Klassifikation bringt dabei eine begriffliche Offenheit mit sich, die zum einen den Ausgangspunkt für Diskussionen um den eigentlichen Inhalt der Grundkategorien evoziert und andererseits eine Übertragbarkeit der Grundunterscheidung auf unterschiedliche Abstraktionsebenen ermöglicht.

Die Begriffspaare innerhalb des Nähe-Distanz-Modells von Koch/Oesterreicher (1985) (im Folgenden: KOE-Modell) scheinen diesem Erfolgsrezept nun sehr nahe zu kommen. Die grundlegende – ursprünglich auf Söll (1974) zurückführende – Unterscheidung zwischen der medial mündlichen (i.e. ‚phonischen') und der medial schriftlichen (i.e. ‚graphischen') Realisierung einer Sprachäußerung gegenüber deren Konzeption ist zunächst intuitiv einsichtig. Die Unabhängigkeit der beiden Dimensionen wird etwa an Textsorten deutlich, die eine Kombination ‚medialer Mündlichkeit' und ‚konzeptioneller Schriftlichkeit' bzw. ‚medialer Schriftlichkeit' und ‚konzeptioneller Mündlichkeit' zulassen. Koch/

---

* Ich bedanke mich bei den Herausgebern des Bandes für ihre wertvollen Kommentare, durch die der Beitrag in relevanten Aspekten an Klarheit gewonnen hat.

Oesterreicher (2007) zufolge ist es insofern „evident, daß der wissenschaftliche Vortrag [...] trotz seiner phonischen Realisierung eine deutlich ‚geschriebene' Konzeption aufweist" (Koch/Oesterreicher 2007: 349).

Die grundsätzliche Relevanz einer solchen Differenzierung wird insbesondere dann offensichtlich, wenn Aussagen über „Mündlichkeit"[1] getroffen werden sollen, ohne dass ein Rückgriff auf die mediale Dimension ‚phonisch' vs. ‚graphisch' möglich ist. Das gilt zum einen für die Untersuchung von „Mündlichkeit" in historischen Sprachstufen, in denen sich die ‚medial mündliche' Ebene methodisch einer Untersuchung entzieht. Aussagen über historische Mündlichkeit basieren damit immer auf ‚medial schriftlichem' Datenmaterial, sodass die Untersuchung historischer Mündlichkeit damit per definitionem auf den Bereich der ‚konzeptionellen Mündlichkeit' beschränkt ist. Ähnliches gilt für die Untersuchung schriftbasierter Nähe-Kommunikation in den Neuen Medien, wie in der Diskussion um die Frage nach einer möglichen Anwendbarkeit des KOE-Modells auf Kommunikationsformen wie Chat, Instant Messaging, SMS etc. deutlich wird (vgl. zur Diskussion u.a. Hennig 2001; Beißwenger 2002, 2010; Androutsopoulos 2007; Dürscheid 2003, i.d.B.; Spitzmüller 2005; Thaler 2003, 2007; Albert 2013). So bildet auch in Untersuchungen, in denen das KOE-Modell kritisiert und letztlich als inadäquat zurückgewiesen wird (e.g. Fehrmann/Linz 2009; Albert 2013), die Unterscheidung zwischen ‚medialer' und ‚konzeptioneller Mündlichkeit' dennoch Ausgangspunkt und Grundlage für eine Diskussion um eine adäquate Beschreibung digitaler Kommunikationsformen.

Vergleichbares trifft auch auf das komplementäre Begriffspaar ‚Sprache der Nähe' vs. ‚Sprache der Distanz' zu, das im KOE-Modell die Pole des konzeptionellen Kontinuums erfasst. Auch diese Unterscheidung erscheint insbesondere mit Blick auf die raum-zeitliche Nähe der Kommunikationspartner in der von Koch/Oesterreicher (1985) als prototypisch angesehenen Face-to-Face-Interaktion intuitiv einsichtig. Dass die Unterscheidung ‚Nähe'/‚Distanz' zudem eine Grundunterscheidung trifft, die sich auf mehreren sprachlichen Ebenen wiederfindet und damit eine Übertragbarkeit der Unterscheidung auf unterschiedliche Bereiche zulässt, bezeugen nicht zuletzt die einzelnen Beiträge in diesem Band in eindrücklicher Weise.

---

[1] „Mündlichkeit" (in doppelten Anführungszeichen) bezeichnet im Folgenden in Abgrenzung zu den spezifischen Termini ‚medialer' bzw. ‚konzeptioneller Mündlichkeit' und ‚Nähesprache' die Gesamtheit derjenigen heterogenen Faktoren und Phänomene, die mit diesem Konzept in Verbindung gebracht werden. Eine Klärung der einzelnen Aspekte von „Mündlichkeit" und ihres Verhältnisses zu den Differenzierungen im KOE-Modell stellt dabei eines der Hauptziele der folgenden Ausführungen dar.

Vor diesem Hintergrund ist es vielleicht wenig überraschend, dass dem KOE-Modell inzwischen der „Status einer Grundlage" zukommt, „auf die man sich unbesorgt berufen kann" (Hennig 2001: 219). Wie Hennig (2001: 219ff.) und Spitzmüller (2005: 17) aufgezeigt haben, birgt dieser Status aber Gefahren, da er zu einem unbesorgten und damit allzu freien Umgang mit den Termini ‚Nähesprache' und ‚konzeptionelle Mündlichkeit' führt. Gerade die intuitive Plausibilität der Unterscheidung scheint hier zu verantworten, dass häufig offenbleibt, was genau unter ‚Nähesprache' im Vergleich zur ‚Distanzsprache' zu verstehen ist, und wie das Verhältnis zwischen ‚Nähesprache', ‚medialer' bzw. ‚konzeptioneller Mündlichkeit' zu modellieren sei. In der Konsequenz brechen Analysen häufig nach der Bestimmung von Phänomenen als ‚Nähe'- bzw. ‚Distanzsprache' ab, unter der Annahme, die Identifizierung eines sprachlichen Elements als ‚Nähe-Merkmal' würde dessen Gebrauch bereits erklären.

Wie im Folgenden deutlich gemacht werden soll, geraten bei einem solchen Umgang mit dem Modell Aspekte theoretischer wie empirischer Relevanz aus dem Blickfeld. Der Beitrag verpflichtet sich daher einer grundlegenden Analyse der Basiskategorien ‚Nähesprache', ‚medialer' und ‚konzeptioneller Mündlichkeit' sowie deren Verhältnis zueinander. Dabei wird sich zeigen, dass ‚Nähesprache' ein Konzept ist, das unterschiedliche heterogene Dimensionen der Sprachbetrachtung bündelt. ‚Nähesprache' selbst ist insofern keine Dimension eines Konzepts von (‚medialer' oder ‚konzeptioneller') „Mündlichkeit", sondern ein allgemein pragmatisches Konzept, das jedoch einige Merkmale mit (‚medialer' und ‚konzeptioneller') „Mündlichkeit" teilt. Dieser Befund hat entscheidende Konsequenzen sowohl für die theoretische Fassung eines Konzepts von „Mündlichkeit" als auch mit Blick auf die empirischen Analysen: In Bezug auf die theoretische Modellierung von „Mündlichkeit" wird deutlich, dass erst die Differenzierung zwischen ‚Nähesprache' und ‚konzeptioneller Mündlichkeit' eine Bezugsetzung der unterschiedlichen Ebenen von „Mündlichkeit" erlaubt, wie sie innerhalb des KOE-Modells aus dem Blick gerät. In Bezug auf die Empirie wird die Relevanz der Berücksichtigung des Verhältnisses der unterschiedlichen Ebenen exemplarisch anhand eines Blicks auf Merkmale von Mündlichkeit in historischen Texten sowie auf die Kommunikationsformen in den Neuen Medien deutlich, die sich, wie zu zeigen sein wird, gleichermaßen durch eine komplexe Verschränkung der unterschiedlichen Ebenen von „Mündlichkeit" auszeichnen.

Insgesamt wird sich damit zeigen, dass gerade die intuitive Plausibilität und Eleganz der vierteiligen Matrix den Blick auf die Komplexität der Fragen um ‚konzeptionelle Mündlichkeit' verstellt. Paradoxerweise dürfte es jedoch gerade die damit einhergehende Nivellierung der notwendigen Subdifferenzierungen unter dem metaphorischen Gebrauch der Termini ‚Nähe' vs. ‚Distanz' sein, die nicht unentscheidend zum Erfolg des KOE-Modells beigetragen hat.

2 ‚Sprache der Nähe' – ‚Sprache der Distanz'

> Ob Sprache demnach konzeptionell mündlich oder schriftlich ist, hängt nicht von deren medialer Realisierung ab. (Metten 2014: 120)

2.1 Wie „mündlich" ist ‚Nähesprache'?

Was bedeutet ‚Nähesprache' – und in welchem Verhältnis steht ‚Nähesprache' zu „Mündlichkeit"? Bekanntermaßen basiert das Konzept der ‚Sprache der Nähe' vs. ‚Sprache der Distanz' auf der bereits angesprochenen Unterteilung zwischen ‚medialer' und ‚konzeptioneller Mündlichkeit'. Die ‚mediale Mündlichkeit' ist im KOE-Modell dabei als binäre Dichotomie zwischen graphischem und phonischem Kode modelliert,[2] während die ‚konzeptionelle Mündlichkeit' ein Kontinuum bildet, das durch die Pole ‚Sprache der Nähe' vs. ‚Sprache der Distanz' konstituiert ist. ‚Nähesprache' vs. ‚Distanzsprache' bezieht sich damit nicht auf die *Medialität*[3] einer sprachlichen Äußerung, sondern auf deren *Konzeption*. Doch was ist damit gemeint? Mit anderen Worten: Was bleibt übrig, wenn Mündlichkeit „ihrer medialen Komponenten entkleidet" (Koch/Oesterreicher 2007: 350) wird? Im KOE-Modell sind es „allgemeinste Kommunikationsbedingungen", „die jeder menschlichen Kommunikation zugrunde liegen"

---

[2] Die binäre Dichotomie ist insbesondere mit Blick auf multimodale Kommunikationsformen in den Neuen Medien kritisiert worden (vgl. Thaler 2007). Mit Fokus auf dem Konzept der ‚Nähesprache' bzw. der ‚konzeptionellen Mündlichkeit' wird dieser zweifellos relevante Aspekt im Folgenden jedoch vernachlässigt.

[3] Der Begriff „medial" bezieht sich im KOE-Modell nicht auf einen Medienbegriff im Sinn eines physischen Trägers, sondern auf die mediale Repräsentationsform eines Zeichensystems (vgl. hierzu ausführlich Dürscheid 2003). Die damit verbundene „Medienindifferenz" (Spitzmüller 2005: 17) des Modells ist gerade mit Blick auf die Frage nach seiner Beschreibungsadäquatheit im Bereich der Neuen Medien wiederholt kritisiert worden, vgl. u.a. den entsprechenden Titel des Artikels von Fehrmann/Linz (2009): „Eine Medientheorie ohne Medien?" Ähnlich auch Metten (2014), demzufolge die Unterscheidung zwischen phonischer und graphischer Medialität innerhalb des Modells „weitgehend belanglos" bleibt: „Ob Sprache demnach konzeptionell mündlich oder schriftlich ist, hängt nicht von deren medialer Realisierung ab. In letzter Konsequenz wird Sprache somit nicht an deren mediale Erscheinungsform gebunden, sondern als abstrakte und strukturelle Entität betrachtet." (Metten 2014: 120)

(Koch/Oesterreicher 2007: 350) und die in der bekannten Liste von 10 Parametern gefasst sind (Koch/Oesterreicher 2007: 351, i.d.B.: 24)⁴:

① Privatheit	Öffentlichkeit ❶
② Vertrautheit der Kommunikationspartner	Fremdheit der Kommunikationspartner ❷
③ starke emotionale Beteiligung	geringe emotionale Beteiligung ❸
④ Situations- und Handlungseinbindung	Situations- und Handlungsentbindung ❹
⑤ referenzielle Nähe	referenzielle Distanz ❺
⑥ raum-zeitliche Nähe (*face-to-face*)	raum-zeitliche Distanz ❻
⑦ kommunikative Kooperation	keine kommunikative Kooperation ❼
⑧ Dialogizität	Monologizität ❽
⑨ Spontaneität	Reflektiertheit ❾
⑩ freie Themenentwicklung	Themenfixierung ❿
usw.	

Das konzeptionelle Kontinuum, aufgespannt zwischen den Polen der ‚Sprache der Nähe' und der ‚Sprache der Distanz', ist nun „definiert" als ein mehrdimensionaler Raum, der durch das Mischungsverhältnis der einzelnen Parameter konstituiert ist:

> Nun können wir das konzeptionelle Kontinuum definieren als den Raum, in dem nähe- und distanzsprachliche Komponenten im Rahmen der einzelnen Parameter sich mischen und damit bestimmte Äußerungsformen konstituieren. (Koch/Oesterreicher 1985: 21)

Koch/Oesterreicher illustrieren die „bunte Mischung" (Koch/Oesterreicher 2007: 351) der einzelnen Parameter anhand der Verortung der Textsorten, vgl. hierzu exemplarisch das konzeptionelle Relief des Vorstellungsgesprächs (Koch/Oesterreicher 2007: 352, 2011: 9, i.d.B.: 30):

---

4 Die Liste der Parameter (wie sie sich nahezu identisch auch in der aktuellen Fassung des KOE-Modells in Koch/Oesterreicher 2011: 13 findet) unterscheidet sich in einigen Punkten von der ursprünglichen Übersicht der Kommunikationsbedingungen in Koch/Oesterreicher (1985: 23). Da es sich nach Koch/Oesterreicher selbst (2007: 351, i.d.B.: 24) jedoch nicht um ein exhaustives Set handelt, sind derartige Unterschiede im Folgenden zu vernachlässigen. Die Notwendigkeit der im Folgenden durchgeführten Differenzierung würde sich natürlich ebenso anhand der Liste in Koch/Oesterreicher 1985 aufzeigen lassen.

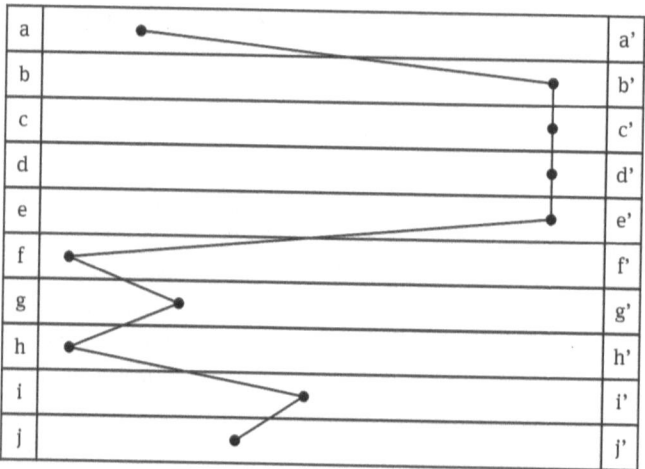

Abb. 1: Konzeptionelles Relief des Vorstellungsgesprächs (Koch/Oesterreicher 2007: 352).

Die Verortung einer Textsorte wie des „Vorstellungsgesprächs" im Kontinuum ist hier konstituiert durch das Mischungsverhältnis der einzelnen Parameter. Vernachlässigen wir an dieser Stelle für einen Moment die Problematik der Reliefdarstellung per se[5] und nehmen das Relief einmal als gegeben an, wird mit Blick auf die Frage nach dem Wesen von ‚Nähesprache' zunächst augenscheinlich, dass das Mischungsverhältnis in Abb. 1 eine deutliche Divergenz der einzelnen Parameterwerte widerspiegelt. So zeigt der Parameterwert ⑥ „physische Distanz" einen starken Ausschlag zum Nähepol. Auch die Parameter ① „Privatheit", ⑦ „Kooperationsmöglichkeit" und ⑧ „Dialogizität" weisen eine größere Affinität zum Nähe- als zum Distanzpol auf. In Bezug auf die „Vertrautheit der Partner" (②), die „emotionale Beteiligung" (③), die „Situationseinbindung" (④) sowie die „referenzielle Distanz" (⑤) (i.e. die Nähe zur Sprecher-Origo) wird der Parameterwert dagegen als distanzsprachlich eingeordnet.

Unabhängig von jeder inhaltsbezogenen Diskussion der einzelnen Parameter an sich würde dieser Befund zunächst einmal zur These führen, dass es sich bei den einzelnen Werten um voneinander unabhängige Parameter handelt – unter einer ähnlichen Beweisführung argumentieren Koch/Oesterreicher 1985 ja

---

[5] Die Beschreibungsadäquatheit der einzelnen Parameter, ihr Stellenwert innerhalb des Modells sowie die Setzung der Parameterwerte auf der Basis von Introspektion ist in der Literatur wiederholt kritisiert worden (vgl. insbesondere Ágel/Hennig 2006 und Albert 2013 für einen differenzierten Überblick).

selbst für eine Trennung ‚medialer' vs. ‚konzeptioneller Mündlichkeit'. Für eine solche Annahme würde ebenfalls sprechen, dass etwa die Vertrautheit der Partner (②) in keinerlei direkter kausaler Abhängigkeitsbeziehung zu Parametern wie der raum-zeitlichen Nähe (⑥) oder der freien Themenentwicklung (⑩) steht: Weder bedingt die Vertrautheit der Partner raum-zeitliche Nähe, noch bedingt raum-zeitliche Nähe die Vertrautheit der Partner.[6] Aus dem Relief lässt sich zunächst also nur ableiten, dass sich die jeweilige Textsorte in Bezug auf unterschiedliche Parameter unterschiedlich verhält.

In Bezug auf die Verortung des Vorstellungsgesprächs im Kontinuum von ‚Nähe'- und ‚Distanzsprache' könnte man nun versucht sein, einen Durchschnittswert der einzelnen Parameter zu errechnen. Ein solches Vorgehen wäre aber nur zulässig, wenn sich ein gemeinsamer Faktor eruieren lässt, unter dem sich die einzelnen Parameter zu einem Konzept von ‚Nähesprache' bündeln lassen. Die Frage ist daher, ob und in welchem Verhältnis die unterschiedlichen Parameter zu „Mündlichkeit" gesetzt werden können. Dies wäre ja die Voraussetzung, die einzelnen Kommunikationsbedingungen innerhalb eines Modells von „Mündlichkeit und Schriftlichkeit" zusammenzuführen – eine Annahme, die der Darstellung des Nähe-Distanz-Kontinuums implizit (vgl. Koch/Oesterreicher 1985: 18; Koch/Oesterreicher 2007: 349; Koch/Oesterreicher 2011: 13) zugrunde liegt und auch die Grundlage für die Errechnung eines nähesprachlichen Durchschnittswerts im operativen Modell von Ágel/Hennig (2006, 2007) bildet.

Die Frage nach der „Mündlichkeit" der Kommunikationsbedingungen ist nun aber nicht leicht zu beantworten, denn das konzeptionelle Kontinuum ist ja gerade dadurch definiert, dass es seiner medialen Dimension entledigt ist, wobei das Konzept der ‚konzeptionellen Mündlichkeit' als Definiens zunächst weitgehend offenbleibt. Betrachtet man die einzelnen Kommunikationsbedingungen der ‚Nähesprache' hinsichtlich ihrer Nähe zu „Mündlichkeit" genauer, ist insofern zunächst zu konstatieren, dass einige Parameter (①, ②, ③ und ⑦) in keiner Relation zur ‚medialen Mündlichkeit' stehen. So lässt sich beispielsweise die Vertrautheit der Partner (②) oder die emotionale Beteiligung (③) eben

---

[6] Hier ist anzumerken, dass trotz der kategorialen Unabhängigkeit der beiden Parameter auf der kommunikativ-pragmatischen Ebene dagegen Abhängigkeiten insofern bestehen, als mit der Vertrautheit der Kommunikationspartner in der Face-to-Face-Kommunikation in der Regel auch eine größere raum-zeitliche Nähe einhergeht (vgl. Tannen 2005 [1984]). Ich verdanke Helmuth Feilke in diesem Zusammenhang den Hinweis auf das Konzept der „Körpergebundenen Kommunikation" („Somatic Communication") von Scollon/Scollon 2007 [1995], das in dieser Hinsicht den Körper selbst als die Grundlage der (multimodalen) Kommunikation sieht (Scollon/Scollon 2007 [1995]: 27).

gerade nicht auf den Umstand zurückführen, dass eine Äußerung gesprochensprachlich realisiert wird. Vielmehr beschreiben die beiden Parameter das soziale bzw. emotionale Verhältnis zwischen den beiden Kommunikationspartnern (KP) bzw. die Einstellung des Sprechers zum jeweiligen Aussageinhalt. Insofern stehen die beiden Kommunikationsbedingungen in keinerlei direkter Abhängigkeit zu einer medialen Dimension von „Mündlichkeit", was zunächst die grundsätzliche Trennung von ‚medialer' und ‚konzeptioneller Mündlichkeit' bestätigt – gleichzeitig aber auch fraglich macht, was es berechtigt, die beiden Parameter in ein Konzept von „Mündlichkeit" zu integrieren.

Einige der anderen angeführten Kommunikationsbedingungen sind dagegen nicht so klar von der Ebene ‚medialer Mündlichkeit' abzugrenzen. Die Situationseinbindung (④) und die Spontaneität der Kommunikation (⑨) etwa ist in Zusammenhang mit der raum-zeitlichen Synchronizität zu sehen, die unter dem Konzept der „Online-Zeitlichkeit" (vgl. e.g. Auer 2000; Schneider 2011) als relevantes Merkmal für gesprochene Sprache angesehen wird. In dieser Hinsicht ist die Ebene der ‚Nähesprache' also nicht komplett von ‚medialer Mündlichkeit' entkoppelt, sondern teilt einige Parameter, die auch bei der Beschreibung gesprochener Sprache als Merkmale angeführt werden, vgl. Tabelle 1:

Tab. 1: Parameter im Schnittbereich von ‚Nähesprache' und ‚medialer Mündlichkeit'.

Parameter von ‚Nähesprache'	Parameter ‚medialer Mündlichkeit'
① Privatheit	-
② Vertrautheit der Kommunikationspartner (KP)	-
③ emotionale Beteiligung	-
④ **Situationseinbindung**	+
⑤ **referenzielle Nähe**	+
⑥ **raum-zeitliche Nähe**	+
⑦ kommunikative Kooperation	-
⑧ **Dialogizität**	+
⑨ **Spontaneität**	+
⑩ freie Themenentwicklung	-

Auch innerhalb dieses Schnittbereichs besteht jedoch keine direkte Abhängigkeit der Kommunikationsparameter zu „Mündlichkeit", sondern lediglich eine indirekte Affinität. Das zeigt sich insbesondere für den Parameter der physischen Nähe der Kommunikationspartner (⑥), der häufig als bindendes Glied zwischen ‚Nähesprache' und „Mündlichkeit" verstanden wird. Dabei ist die raum-zeitliche Nähe der Kommunikationspartner zwar ein Merkmal, das die von Koch/Oesterreicher als prototypisch angesetzte ‚medial mündliche' Face-to-Face-Interaktion und ‚Nähesprache' teilen. Sie ist aber nicht notwendigerweise an Letztere gekoppelt. So erlaubt beispielsweise das Telefon eine ‚medial mündliche' Kommunikation bei räumlicher Distanz; komplementär dazu sind Zettelbotschaften zwischen Banknachbarn im Schulunterricht eine ‚medial schriftlich' realisierte Kommunikationsform zwischen vertrauten Kommunikationspartnern. „Mündlichkeit" und räumliche Nähe sind daher zwei Faktoren, die in der realen Welt häufig zusammenfallen, aber durchaus nicht in einem notwendigen Kausalverhältnis stehen. Ein solcher Befund hat nun aber entscheidende Konsequenzen hinsichtlich der Bewertung des KOE-Modells, das in der Regel als Ansatz zur Modellierung des Verhältnisses von „Mündlichkeit" und „Schriftlichkeit" gesehen wird. Wenn „Mündlichkeit" (sei sie ‚medial' oder ‚konzeptionell') nicht notwendigerweise räumliche Nähe bedingt und räumliche Nähe nicht notwendigerweise „Mündlichkeit", ist ‚Nähesprache' auch streng genommen keine Dimension eines wie auch immer definierten Konzepts von „Mündlichkeit", sondern weist lediglich einen Schnittbereich gemeinsam geteilter Merkmale auf. Als Fazit ist also festzuhalten: ‚Nähesprache' ist keine Dimension von „Mündlichkeit", da sich ein gemeinsamer Nenner der einzelnen Parameter nicht auf ein Merkmal von „Mündlichkeit" zurückführen lässt. Was ist dann aber ‚Nähesprache'?

2.2 Wie „nah" ist ‚Nähesprache'?

Wenn ‚Nähesprache' also nicht auf einen Parameter von „Mündlichkeit" zurückführbar ist und damit primär keine Kategorie von „Mündlichkeit" darstellt, ist zu fragen, inwieweit die Kommunikationsbedingungen der ‚Nähesprache' sich aus der Dichotomie ‚Nähe'/‚Distanz' ableiten lassen. In dieser Hinsicht wird in Ágel/Hennig (2006, 2007), die das KOE-Modell in ein konkretes Beschreibungsinstrumentarium überführen, die Dichotomie ‚Nähesprache'/‚Distanzsprache' auf die Grundunterscheidung der raum-zeitlichen Nähe bzw. Distanz der Kommunikationspartner zurückgeführt.[7]

---

[7] Eine große Leistung der Modellierung von Ágel/Hennig (2006, 2007) liegt neben der Operationalisierung des KOE-Modells insbesondere in der Systematisierung der Parameter von ‚Nähesprache', die, wie im Folgenden noch deutlich werden wird, implizit ebenfalls die notwendige Trennung der unterschiedlichen Ebenen von „Mündlichkeit" nahelegen.

Nähesprechen findet dann statt, wenn sich Produzent und Rezipient zur gleichen Zeit im gleichen Raum befinden. Beim Distanzsprechen dagegen sind Raumzeit der Produktion und Rezeption nicht identisch. (Ágel/Hennig 2007: 184)

In Koch/Oesterreicher (1985) ist die physische Nähe zwischen den Kommunikationspartnern dagegen nur eine der Kommunikationsbedingungen neben anderen, die in keinem direkten Abhängigkeitsverhältnis zu den anderen Parametern des mehrdimensionalen Kontinuums steht. So wird die Vertrautheit (②) und damit die sozial-emotionale Nähe zwischen den Kommunikationspartnern etwa nicht notwendigerweise durch die räumliche Nähe der Kommunikationspartner bedingt, und auch Parameter ⑩ der freien Themenentfaltung ist unabhängig von der physisch-lokalen Konstellation der Gesprächspartner (vgl. etwa das Beispiel des Behördengesprächs) zu sehen. Die Kommunikationsbedingungen sind damit nicht auf die räumlich-physische ‚Nähe' bzw. ‚Distanz' zwischen den Kommunikationspartnern bezogen, sondern sind unter der „metaphorische[n] Potenz der Wörter ‚Nähe' und ‚Distanz'" (Koch/Oesterreicher 2007: 351) zusammengeführt und beziehen sich damit auf unterschiedliche Dimensionen von räumlich-temporaler, sozialer, emotionaler sowie referentieller Nähe (vgl. hierzu auch Fehrmann/Linz 2009: 125). Zudem zeigt der Blick auf die Parameter, dass ‚Nähe' als Relation zwischen zwei Bezugspunkten auch auf unterschiedliche Arten von Relationen bezogen wird. Während Parameter ② und ⑥ etwa das Verhältnis der beteiligten Kommunikationspartner erfassen, ist die emotionale Beteiligung dagegen auch auf die Relation zwischen dem Sprecher und dem Aussageinhalt zu beziehen. Die Situationseinbindung referiert andererseits auf die „Nähe" der Kommunikationspartner zum situativen Kontext. Davon zu trennen ist Parameter ⑤ der referentiellen Nähe, der den Referenzbezug der Sprecher-Origo und den bezeichneten Gegenständen und Personen erfasst. Die Nähe-Dimension bezieht sich demnach auf einen sachlich-thematischen Referenzrahmen.

Die Parameter ⑦–⑩ (i.e. „Kommunikative Kooperation", „Dialogizität", „Spontaneität" und „Freie Themenentfaltung") bezeichnen dagegen gerade keine Nähe- resp. Distanz-Relation an sich, sondern lassen sich nur sekundär mit der Kommunikationssituation der Face-to-Face-Kommunikation in Verbindung bringen. Das Verhältnis der einzelnen Kommunikationsbedingungen zum Faktor „Nähe" zeigt sich damit in doppelter Hinsicht als heterogen, vgl. Tabelle 2:

Tab. 2: ‚Nähe'-Relationen und -Dimensionen von ‚Nähesprache' (KP für ‚Kommunikationspartner').

Parameter	Nähe-Relation	Nähe-Dimension
① Privatheit	KP – 3. Personen	sozial, räumlich
② Vertrautheit der Kommunikationspartner (KP)	KP – KP	sozial, emotional
③ emotionale Beteiligung	KP – KP (affektiv) KP – Inhalt (expressiv)	emotional
④ Situationseinbindung	KP – Kontext	räumlich, zeitlich
⑤ referenzielle Nähe	Origo – sachlich-thematischer Referenzrahmen	sachlich-thematisch
⑥ raum-zeitliche Nähe	KP – KP	räumlich, zeitlich (physisch)
⑦ kommunikative Kooperation	keine ‚Nähe'-Relation	
⑧ Dialogizität		
⑨ Spontaneität		
⑩ freie Themenentwicklung		

Die Frage, was „nah" an ‚Nähesprache' bzw. „distal" an ‚Distanzsprache' ist, führt somit sowohl zu unterschiedlichen Nähe-Relationen als auch zu unterschiedlichen Dimensionen von „Nähe". ‚Nähesprache' lässt sich damit nicht direkt auf ein gemeinsames Merkmal der räumlichen Nähe der Kommunikationspartner zurückführen. Nicht nur bezieht sich „Nähe" auf unterschiedliche Relationen, sondern auch auf unterschiedliche Dimensionen (räumlich, zeitlich, thematisch etc.). Die Aspekte von „Nähe", die im KOE-Modell integriert sind, lassen sich damit in Tabelle 3 zusammenfassen (in Klammern ist jeweils angegeben, welcher der Parameter sich auf die jeweilige Relation bzw. Dimension bezieht):

Tab. 3: Nähe-Relation vs. Nähe-Dimension.

Nähe-RELATION	Nähe-DIMENSION
KP – KP (②③⑥)	räumlich (①④⑥)
KP – 3. Personen (①)	zeitlich (④⑥)
Sprecher – Inhalt (③⑤)	sozial (①②)
Sprecher – Kontext (④⑥)	emotional (②③)
	sachlich-thematisch (⑤)

Da sich ‚Nähesprache' zudem als indifferent hinsichtlich der medialen Ebene zeigt, können die Parameter von ‚Nähesprache' innerhalb des KOE-Modells sowohl auf eine ontologisch gegebene Konstellation (bspw. die reale raumzeitliche Nähe zwischen den Kommunikationspartnern) als auch auf deren sprachliche Konzeptionalisierung im Sinn einer „sekundären Semiotisierung" (Fritz 2010) (bspw. der fiktive Bezug auf eine gemeinsame Kommunikationssituation im Sinne von Bühlers Deixis am Phantasma) bezogen sein.[8] Während innerhalb des KOE-Modells Parameter wie Privatheit und Vertrautheit vor allem an den realen Wahrnehmungsraum gebunden sind, wird die Notwendigkeit dieser Unterscheidung insbesondere mit Blick auf den Parameter ⑤ der referenziellen Nähe deutlich. Nach Koch/Oesterreicher (2011: 7) erfasst dieser Parameter den Referenzbezug, „bei dem entscheidend ist, wie nahe die bezeichneten Gegenstände und Personen der Sprecher-*origo* (*ego-hic-nunc*) sind". Relevant ist dabei „die ‚Anwesenheit' bzw. ‚Abwesenheit' des Referenzgegenstandes" (Koch/Oesterreicher 2011: 7, Fn. 6). Da nun die physische Nähe bereits durch den Parameter ④ abgedeckt ist, liegt es nahe anzunehmen, dass der Parameter ⑥ auf eine konzeptionelle Nähe zwischen der Sprecher-Origo und den bezeichneten Gegenständen sowie Personen bezogen ist. Während in Bezug auf alle Parameter grundsätzlich eine sekundäre Semiotisierung der Nähe-Relation relevant ist, sind Parameter der Privatheit, der Vertrautheit sowie der raumzeitlichen Nähe im KOE-Modell primär auf den realen Wahrnehmungsraum bezogen.

---

[8] In diesem Punkt zeigt sich eine wesentliche Abgrenzung zum Konzept der ‚konzeptionellen Mündlichkeit': Während ‚Nähesprache' medialitätsneutral ist, exkludiert ‚konzeptionelle Mündlichkeit' per definitionem die ontologische Dimension. Vgl. auch Abschnitt 3.1.

Tab. 4: Sekundäre Semiotisierung.

Parameter von ‚Nähesprache'	Realer Wahrnehmungsraum	Sekundäre Semiotisierung
① Privatheit	+	
② Vertrautheit der KP	+	
③ emotionale Beteiligung	+	+
④ Situationseinbindung	+	+
⑤ referenzielle Nähe	-	+
⑥ raum-zeitliche Nähe	+	

‚Nähesprache' ist damit nicht nur in Bezug auf „Mündlichkeit", sondern auch in Bezug auf den Aspekt der „Nähe" ein theoretisches Konstrukt, das sich aus qualitativ unterschiedlichen Parametern zusammensetzt. Die unter dem Konzept der ‚Nähesprache' gebündelten Kommunikationsbedingungen bilden damit mehr ein Netzwerk im Sinn einer Wittgenstein'schen Familienähnlichkeit, als dass sie von einem einzelnen Merkmal abgeleitet werden könnten. Wenn wir über ‚Nähesprache' im Koch/Oesterreicher'schen Sinn sprechen, sprechen wir also weder über „Mündlichkeit" noch über „Nähe", sondern über das „kommunikative Handeln der Gesprächspartner zueinander und im Blick auf die sozialen, situativen und kontextuellen Gegebenheiten" (Koch/Oesterreicher 2007: 350). Angesichts der Tatsache, dass dieser Umstand von Koch/Oesterreicher selbst wiederholt herausgestellt worden ist, scheint dieses Ergebnis zunächst nicht weiter überraschend. Angesichts der Tatsache aber, dass dieser Umstand – worauf auch Fehrmann/Linz (2009: 124) verweisen – häufig übersehen wird, erscheint es dennoch notwendig, die mit der Heterogenität der einzelnen Komponenten von „Nähe" und „Mündlichkeit" verbundenen Konsequenzen herauszustellen, da – wie im Folgenden deutlich wird – eine Differenzierung der unterschiedlichen Aspekte zu relevanten Implikationen mit Blick auf die theoretische Fassung der Grundkategorien ‚Nähesprache', ‚mediale' und ‚konzeptionelle Mündlichkeit' führt.

2.3 Zwischenfazit: ‚Nähesprache' zwischen ‚Medialität' und ‚Nähe-Kommunikation'

Bislang können wir aus den bisherigen Betrachtungen also folgende Schlussfolgerungen zusammenfassen:

- ‚Nähesprache' ≠ „Mündlichkeit"
  ‚Nähesprache' ist keine Dimension von „Mündlichkeit", sondern eine allgemein pragmatische Kategorie, die das Verhältnis des Sprechers zum Kommunikationspartner, Aussageinhalt und Kommunikationssituation in Bezug auf verschiedene Ebenen (physisch-räumlich, zeitlich, emotional, sozial, sachlich-thematisch) erfasst.
- ‚Nähesprache' ≠ „Nähe"
  ‚Nähesprache' ist auch in Bezug auf den Faktor „Nähe" ein heterogenes Konzept, das sich nicht auf einen gemeinsamen Nenner zurückführen lässt, sondern sich auf – ontologisch gegebene wie sprachlich konzeptionalisierte – unterschiedliche Relationen und auf unterschiedliche Dimensionen von „Nähe" bezieht.
- ‚Nähesprache' als pragmatische Kategorie
  ‚Nähesprache' ist damit weder „nah" noch „mündlich", sondern integriert als allgemein pragmatische Kategorie sowohl Merkmale von Nähe-Kommunikation als auch Merkmale von „Mündlichkeit".

Diese Differenzierung ist nun nicht lediglich eine theoretische Feinjustierung, sondern zieht mit Blick auf das Verständnis von „Mündlichkeit" und „Schriftlichkeit" und einem Konzept von ‚Nähesprache' zwei grundlegende Konsequenzen nach sich.

1. Aus der Unabhängigkeit „mündlicher" und ‚nähesprachlicher' Merkmale ist zunächst abzuleiten, dass grundlegend zwischen zwei unterschiedlichen Dimensionen von „Mündlichkeit" zu unterscheiden ist. Das sind zum einen medial bedingte Charakteristika, die sich auf die Produktionsbedingungen der gesprochenen Sprache zurückführen lassen, also auf den inkrementellen Prozess der Sprachproduktion und damit verbundene Parsing-Restriktionen, wie sie unter den Termini der „On line-Syntax" (Auer 2000) bzw. des „Zeit-Parameters" (Ágel/Hennig 2006, 2007) und in der Unterscheidung zwischen primären und sekundären Phänomenen von Mündlichkeit (Hennig 2006; Schneider 2011),[9] sowie als „Mündlichkeit 1" (Zeman 2013a) er-

---

[9] Schneider (2011) differenziert auf der Basis von Hennig (2006) zwischen „primär mündlichen" Phänomenen, die (a) aus den Grundbedingungen der gesprochenen Sprache erklärbar sind (online-Prozessierung), (b) eigenständige grammatische Konstruktionen darstellen sowie (c) in der Grammatik des geschriebenen Standarddeutsch nicht vorkommen (Schneider 2011: 178; 180 Fn. 31), und „sekundär mündlichen" Phänomenen, die zwar für die gesprochene Sprache typisch sind, aber sowohl in der gesprochenen als auch in der geschriebenen Sprache auftreten.

fasst ist. Davon zu unterscheiden ist das kommunikative Verhältnis der Kommunikationspartner zueinander. Die damit verbundenen Phänomene lassen sich nun nicht direkt aus den Grundbedingungen gesprochener Sprache ableiten, sondern beziehen sich auf den – ontologisch gegebenen oder sprachlich konzeptionalisierten – kommunikativen Referenz-Rahmen. Diese Ebene („Mündlichkeit 2" in Zeman 2013a) korreliert in etwa mit dem, was bei Schneider (2011: 168–170, i.d.B.: 348) unter dem Begriff des „Sprachspiels" und bei Ágel/Hennig (2006), Hennig & Jacob (i.d.B.) mit dem Situations- und Rollen-Parameter gefasst ist.[10] Beide Dimensionen, die sich natürlich noch weiter subklassifizieren ließen, werden im Konzept der ‚Nähesprache' gebündelt, da es so scheint, als ob sie sich beide aus dem Parameter „Nähe" ableiten ließen. Wie oben aber herausgestellt wurde, handelt es sich um unterschiedliche Dimensionen von Nähe: Während sich „Medialität" auf das Verhältnis der Synchronizität von Sprachproduktion und -rezeption bezieht, erfassen andere Parameter der ‚Nähesprache' das Verhältnis der Kommunikationspartner, d.h. die raum-zeitliche Synchronizität der Kommunikationsteilnehmer in einem (ontologisch oder konzeptionell) geteilten Kommunikationsraum. Diese unterschiedlichen Formen von Synchronizität korrelieren mit der Unterscheidung von Spitzmüller (2005), der zwischen Synchronizität$_1$ (i.e. die „gleichzeitige Anwesenheit (Kopräsenz) aller an der Kommunikation beteiligten Personen"; Spitzmüller 2005: 8) und Synchronizität$_2$ (i.e. die Produktion und Rezeption „ohne zeitliche Verzögerung (,in Echtzeit', wie es häufig heißt)", Spitzmüller 2005: 9) unterscheidet (vgl. ähnlich auch die Differenzierung bei Storrer (2001) zwischen „Simultaneität" der Kommunikationspartner und „Synchronizität" von Produktion und Rezeption), die sich als notwendige Konsequenz der Ebenen-Unterschiede ergibt, vgl. Tabelle 5:

---

[10] Der sozio-pragmatische Aspekt von ‚Nähesprache' ist zudem affin zum in der anglo-amerikanischen Mündlichkeitsforschung verbreiteten Konzept ‚involvement' (vs. ‚detachment') (Chafe 1982), jedoch nicht völlig mit diesem gleichzusetzen. Tannen (1989) zufolge ist ‚involvement' zu definieren als „an internal, even emotional connection individuals feel which binds them to other people as well as to places, things, activities, ideas, memories and words" (Tannen 1989: 12) und bezieht sich damit auf das emotionale Verhältnis der Kommunikationsteilnehmer. Obgleich nicht konzipiert als Kategorie von „Mündlichkeit", wird auch ‚involvement' in einer diesbezüglichen Affinität gesehen.

Tab. 5: Differenzierung der Ebenen „Medialität" und „Nähe-Kommunikation".

	PARAMETER DER ‚NÄHESPRACHE'	
Ebene der NÄHE-KOMMUNIKATION	Neutral hinsichtlich der medialen Bedingungen	Rückführbar auf das (räumliche, soziale, emotionale ...) Verhältnis zwischen den Kommunikationspartnern bzw. dessen Konzeptionalisierung → Synchronizität$_1$
Ebene der MEDIALITÄT	Rückführbar auf mediale Bedingungen der Sprachproduktion und -rezeption → Synchronizität$_2$	Neutral hinsichtlich der nähekommunikativen Bedingungen

2. Wenn ‚Nähesprache' keine Dimension von „Mündlichkeit" konstituiert, folgt daraus zudem, dass ‚Nähesprache' nicht mit ‚konzeptioneller Mündlichkeit' gleichgesetzt werden kann (vgl. auch Hennig 2009: 30f. und Lötscher 2009: 112). Vielmehr handelt es sich um zwei unterschiedliche Konzepte, wenngleich diese auf den gleichen Phänomenbereich referieren können. Wenn ‚Nähesprache' nun aber nicht mit ‚konzeptioneller Mündlichkeit' gleichzusetzen ist, bleibt unsere Ausgangsfrage, was genau unter ‚konzeptioneller Mündlichkeit' zu verstehen ist, letztlich unbeantwortet.

Damit verbunden stellt sich zudem die Frage, in welchem Verhältnis ‚Nähesprache', ‚mediale' und ‚konzeptionelle Mündlichkeit' zu modellieren sind – eine Frage, wie sie innerhalb des KOE-Modells erst gar nicht in den Blick gerät. Wie wir gesehen hatten, liegt die Pointe des KOE-Modells ja gerade in der Entkopplung der beiden Dimensionen ‚medialer' und ‚konzeptioneller Mündlichkeit', auch wenn diese Trennung implizit wieder aufgehoben wird, wenn für das Konzept der ‚Nähesprache' zum Teil Merkmale angesetzt werden, die auch als charakteristisch für gesprochene Sprache bzw. ‚mediale Mündlichkeit' angesehen werden (vgl. hierzu auch Fehrmann/Linz 2009: 124). Wie im Folgenden deutlich werden wird, kann das Verhältnis der zwei Ebenen aber gerade nicht implizit vorausgesetzt werden, sondern ist erst auf der Basis einer Bezugsetzung der unterschiedlichen Ebenen herauszuarbeiten. Gleiches gilt auch in Bezug auf die Frage nach dem Verhältnis von ‚Nähesprache' und ‚konzeptioneller Mündlichkeit', wie im Folgenden für den Bereich der historischen Mündlichkeit und der Neuen Medien zu zeigen ist.

3 ‚Konzeptionelle Mündlichkeit' im historischen Kontext

> Erforschung historischer Mündlichkeit kann also immer nur Erforschung historischer konzeptioneller Mündlichkeit bzw. historischer Nähesprache bedeuten. (Hennig 2009: 24f.)

3.1 Was ist ‚konzeptionelle Mündlichkeit'?

Wenn es sich bei ‚Nähesprache' und ‚konzeptioneller Mündlichkeit' nun um zwei verschiedene theoretische Konzepte handelt, was ist dann unter ‚konzeptioneller Mündlichkeit' zu verstehen? Aus der Matrix des KOE-Modells lässt sich ableiten, dass ‚konzeptionelle Mündlichkeit' insbesondere dann relevant wird, wenn es sich um eine Verschränkung der beiden Dimensionen handelt, also um „graphische nah am Pol der Nähe oder phonische nah am Pol der Distanz stehende Kommunikationsformen" (Hennig 2001: 221).[11] Es sollten insofern gerade diese Kontexte sein, die durch einen Blick auf die von Medialität „entkleidete" Ebene von „Mündlichkeit" Aufschluss hinsichtlich des Konzepts ‚konzeptioneller Mündlichkeit' zulassen sollten.

Es überrascht insofern nicht, dass das Koch/Oesterreicher'sche Konzept ‚konzeptioneller Mündlichkeit' gerade bei der Erforschung historischer Mündlichkeit Anwendung erfahren hat. Da im historischen Kontext ‚mediale Mündlichkeit' in Form gesprochensprachlicher Äußerungen grundsätzlich nicht als Datengrundlage zur Verfügung steht, ist historische Mündlichkeit immer „Mündlichkeit", die bereits von ihrer medialen Dimension entkleidet ist. Da historische Mündlichkeit damit per definitionem immer ‚konzeptionelle Mündlichkeit' ist (vgl. auch Hennig 2009: 12, 24), bildet die Unterscheidung zwischen ‚medialer' und ‚konzeptioneller Mündlichkeit' die Voraussetzung, um überhaupt über historische Mündlichkeit sprechen zu können.

---

[11] Hennig (2001) zufolge ist ‚konzeptionelle Mündlichkeit' *nur* dann relevant, wenn es sich um eine Verschränkung der beiden Dimensionen handelt, also im Fall von „sekundärer Kommunikation" (vorgelesene Texte oder transkribierte gesprochene Sprache) oder fingierter Mündlichkeit, d.h. „wenn in primärer Kommunikation die jeweils andere Kommunikationsform nachgeahmt wird" und der Sprecher das andere Medium bewusst imitiert (vgl. Hennig 2001: 221). Im Folgenden wird dagegen dafür argumentiert, dass in diesen beiden Konstellationen die Notwendigkeit eines Konzepts ‚konzeptioneller Mündlichkeit' zwar besonders deutlich hervortritt, der Phänomenbereich, der unter ‚konzeptioneller Mündlichkeit' zu fassen ist, aber nicht auf diese beiden Konstellationen beschränkt ist.

Während das Grundproblem historischer Mündlichkeit damit terminologisch erfasst zu sein scheint, bleibt das Konzept der ‚konzeptionellen Mündlichkeit' damit aber noch weitgehend ungeklärt (vgl. u.a. die kritische Diskussion in Hegedűs 2007: 248; Hennig 2001: 220, 2009: 31; Fehrmann/Linz 2009). Koch/Oesterreicher (2007) zufolge bezieht sich ‚konzeptionelle Mündlichkeit' auf die „Modalität der Äußerungen" (Koch/Oesterreicher 1990: 5), die als „varietätenbezogene und diskurspragmatisch relevante Optionen im sprachlichen Ausdruck (einschließlich der entsprechenden rezipientenseitigen Erwartungen)" (Koch/Oesterreicher 2007: 348) gesehen werden, d.h. auf einen „Duktus von Mündlichkeit". Doch was macht diesen „Duktus" aus? Zunächst ist festzuhalten, dass der „Duktus von Mündlichkeit" als Reaktion auf die zugrunde liegenden Kommunikationsbedingungen gesehen wird (Koch/Oesterreicher 2007: 352), nicht aber als Ergebnis einer bewussten Sprecher-Intention. ‚Konzeptionelle Mündlichkeit' ist damit nicht mit konzeption*alisierter* Mündlichkeit (im Sinn von „nachgeahmter" bzw. „fingierter Mündlichkeit", vgl. Goetsch 1985; Hennig/Jakob i.d.B.; Schneider i.d.B.) gleichzusetzen. ‚Konzeptionelle Mündlichkeit' als „mündlicher Stil", der graphische (oder phonische) Texte „in ganz bestimmter Weise" (Koch/Oesterreicher 2007: 352) prägt, ist insofern vergleichbar mit Fleischmans (1990a) Konzept der „kognitiven Mündlichkeit". Der mündliche Duktus geschriebener Texte wird dabei als Resultat von „oral mental habits" (Fleischman 1990b: 22) gesehen, die sich in den Text einschreiben und dabei notwendigerweise Spuren – „clear traces of the oral infrastructure" (Fleischman 1990b: 24) – in der Textstruktur hinterlassen.

Als charakteristisch für derartige Spuren, die wiederum als Indizien für die Rekonstruktion von „Mündlichkeit" in historischen Texten gelten, werden in der Literatur unterschiedliche Merkmale diskutiert, wie beispielsweise inkonsistente Orthographie, scheinbar regelloser Gebrauch grammatischer Kategorien, Ellipsen, parataktische Strukturen und die unterdeterminierte Junktion von Sätzen, Formelhaftigkeit, Häufung von Diskurspartikeln, Wiederholungen etc. (vgl. u.a. Fleischman 1990b: 21; Brinton 2003). Bei der Betrachtung dieser unterschiedlichen „Reflexe von Mündlichkeit" zeigt sich nun, dass auch hier heterogene Merkmale angeführt werden, die auf unterschiedlichen Ebenen von „Mündlichkeit" liegen. So sind Ellipsen und Apokoinu-Strukturen Merkmale, die in Bezug auf die gesprochene Sprache mit den Produktionsbedingungen inkrementeller Sprachverarbeitung in Verbindung gebracht werden. Im Gegensatz dazu sind etwa Interjektionen nicht direkt aus den mechanischen Verarbeitungsprozessen der Sprachproduktion abzuleiten, sondern indizieren als Aufmerksamkeits- bzw. kohäsionsstiftende Diskurselemente die Relation zum Rezipienten sowie innertextuelle Kohäsionszusammenhänge.

Auch in Bezug auf ‚konzeptionelle Mündlichkeit' finden sich demnach Merkmale beider in Abschnitt 2 differenzierten Formen von „Mündlichkeit" wieder. Zusätzlich dazu ist der Duktus aber nun nicht nur von den – medialen wie nähe-kommunikativen – Bedingungen der jeweiligen spezifischen Kommunikationssituation geprägt, sondern auch durch seine Einbettung in den jeweiligen historisch-kulturellen Kontext, da sich das Verhältnis von „Mündlichkeit" und „Schriftlichkeit" als variables Bedingungsgefüge in jeder historischen Konstellation anders konstituiert. Den historischen Sprachstufen wird in dieser Hinsicht aufgrund ihrer „oralen Prägung" prinzipiell eine größere Nähe zu „Mündlichkeit" bzw. „Nähesprachlichkeit" zugesprochen (vgl. u.v. Brinton 2003; Ágel/Hennig 2006; Fleischman 1990a, 1990b: 20ff.; Taavitsainen/Fitzmaurice 2007: 19; Hennig 2009: 15). Obgleich nur in Textform erhalten, betrachtet Fleischman (1990b: 21f.) den historischen Text als „spoken language", die als das kommunikative Mittel einer grundlegend oralen Kultur – „sometimes better, sometimes worse" – an die Schriftlichkeit adaptiert wird. Wie genau sich dabei die Differenz zwischen der medialen Anpassung an den Text und den Grundbedingungen gesprochener Sprache konstituiert, bleibt jedoch eine weitgehend offene Frage, sodass das „Wechselspiel historischer und universaler Bedingtheit gesprochensprachlicher Muster" (Hennig 2009: 23) als grundsätzliches Desiderat der gegenwärtigen Forschung anzusehen ist.

Um sich diesem Desiderat zu nähern, ist also das Verhältnis der unterschiedlichen Ebenen von „Mündlichkeit" – i.e. Medialität, Nähe-Kommunikation und Oralität – in den Blick zu nehmen, da die ‚konzeptionelle Mündlichkeit' von allen drei Ebenen geprägt wird. Die Notwendigkeit einer Differenzierung ‚konzeptioneller Mündlichkeit' in Bezug auf die Unterscheidung von Medialität und Nähe-Kommunikation könnte angesichts der Entkopplung der beiden Ebenen im KOE-Modell dabei zunächst paradox erscheinen: Wenn ‚konzeptionelle Mündlichkeit' eine Form nicht „medial ‚kontaminierte[r]'" (Koch/Oesterreicher 2007: 350) „Mündlichkeit" sein soll, scheint eine Trennung zwischen medialitätsbedingten und nähe-kommunikativen Merkmalen für die Ebene der ‚konzeptionellen Mündlichkeit' ja gerade ausgeschlossen. Ein Blick auf prototypische Merkmale historischer (und damit: ‚konzeptioneller') Mündlichkeit im Folgenden wird dagegen zeigen, dass ‚konzeptionelle Mündlichkeit' gerade durch das Verhältnis der verschiedenen Ebenen von „Mündlichkeit" zueinander konstituiert ist.

„Historische Mündlichkeit" wird dabei im Folgenden – wie in der Überschrift zu Abschnitt 3 indiziert – als „Konzeptionelle Mündlichkeit im historischen Kontext" angesehen, i.e. als komplexes Phänomen, das alle drei Ebenen von „Mündlichkeit" (Medialität, Nähe-Kommunikation und Oralität) in einem noch zu spezifizierenden Abhängigkeitsverhältnis umfasst. Im Fokus steht dabei die Frage nach „mündlichen" Residuen in schriftlich fixierten Texten. Dies ist insbesondere in Abgrenzung zum engeren Konzept „historischer Nähesprachlichkeit" in Hennig (2009) zu explizieren, das auf der Opposition historischer vs. universaler Nähemerkmale basiert (und nicht auf einer Opposition historisch – synchron, wie sie hier zugrunde gelegt wird).[12] Im Fokus steht im Folgenden insofern nicht die Frage nach spezifischen Merkmalen historischer Nähesprachlichkeit, sondern das Wesen ‚konzeptioneller' Mündlichkeit in schriftlich fixierten, historischen Texten. Vor dem Hintergrund der bisherigen Betrachtungen ist, um dem Wesen von ‚konzeptioneller' Mündlichkeit näherzukommen, dabei insbesondere das Verhältnis der Ebenen von Mündlichkeit zueinander in den Blick zu nehmen. Exemplarisch wird dabei das mittelhochdeutsche Versepos und zwei seiner Merkmale betrachtet, die in der Literatur im Zusammenhang mit konzeptioneller Mündlichkeit diskutiert werden.

3.2 Das Historische Präsens als „Mündlichkeitsmerkmal"

Um mit Blick auf die Frage nach dem Wesen von ‚konzeptioneller Mündlichkeit' also nun das Verhältnis der unterschiedlichen Ebenen von „Mündlichkeit" in den Blick zu nehmen, soll im Folgenden exemplarisch ein Merkmal genauer betrachtet werden, das als Mündlichkeitsmerkmal par excellence gilt und von Koch/Oesterreicher (2011: 170) als universales Nähe-Phänomen angesehen wird: Das Präsens als Erzähltempus.[13] Die Nähe des Präsens zur „Mündlichkeit" scheint dabei auf den ersten Blick zunächst intuitiv plausibel. Der gängigen Auffassung zufolge hebt das Präsens die temporale Distanz zwischen der Vergangenheit und der Gegenwart des Sprechers auf und kann damit als „Verfahren der **Vergegenwärtigung** und **Verlebendigung** des Diskurses" genutzt

---

[12] Als historische Nähemerkmale werden in Hennig (2009) Merkmale verstanden, die a) durch das Modell des Nähe- und Distanzsprechens erklärbar sind und b) historisch diskontinuierlich sind, wobei relevant ist, dass diese Diskontinuität durch die historische Bedingung der Verschriftlichung bedingt ist (vgl. Hennig 2009: 36f.). Wie im Folgenden noch deutlich werden wird, ist das Historische Präsens in dieser engen Definition nicht als Merkmal historischer Nähesprachlichkeit anzusehen.

[13] Angesichts der umfangreichen Literatur zum Präsens als Erzähltempus ist es evident, dass im Folgenden nicht alle Aspekte, die hinsichtlich des Verhältnisses zwischen der Verwendung des Präsens und „Mündlichkeit" diskutiert werden, berücksichtigt werden können. Der Fokus liegt im Folgenden vornehmlich auf der Frage, welche Implikationen sich aus der Betrachtung des Präsens für die Konzepte ‚konzeptionelle Mündlichkeit' und ‚Nähesprache' ergeben.

werden (Koch/Oesterreicher 2011: 74; Hervorhebung im Original). Damit scheint es als narratives Mittel geeignet, die Ausdruckskraft der erzählten Ereignisse zu erhöhen (vgl. u.a. Wolfson 1978, 1979, 1982; Quasthoff 1980; Fleischman 1990a; Fludernik 1991, 1992), was gleichzeitig als Begründung für seine Nähe zur „Mündlichkeit" angesehen wird. Die Klassifikation als Phänomen der Mündlichkeit erscheint insofern so selbst-evident, dass eine weitere Spezifizierung des Verhältnisses zwischen dem Präsens als Erzähltempus und „Mündlichkeit" in der Regel unterbleibt.

In dieser Hinsicht ist jedoch zunächst zu spezifizieren, was genau unter dem „Präsens als Erzähltempus" zu verstehen ist. Während Koch/Oesterreicher (2011) keine weitere Differenzierung vornehmen, sind insbesondere drei Präsens-Varianten voneinander zu unterscheiden (vgl. ausführlich Zeman 2013b):[14]

(EP) Das „Autorpräsens" (Hempel 1966) bzw. „Erzählerpräsens" (EP), das sich auf Erzählerkommentare in der Rahmenerzählung bezieht (‚off-plot'): *Schaut, da kam ein Ritter in den Saal und sprach.*
(HP) Das Historische Präsens (HP), das (vergangene) Ereignisse der Erzählfolge (‚on-plot') im Wechsel mit dem Präteritum bezeichnet: *Da kam ein Ritter in den Saal und **spricht**.*
(NP) Das Narrative Präsens (NP), das als kontinuierliches Erzähltempus in einem ganzen Erzähltext bzw. ganzen Erzähltext-Passagen verwendet wird: *Schließlich **kommt** ein Ritter in den Saal und **spricht** ...*

Eine solche Differenzierung zwischen den Präsens-Varianten ist relevant, da mit den unterschiedlichen Verwendungen sowohl unterschiedliche Funktionsbereiche als auch unterschiedliche Kontexte verknüpft sind. Mit Blick auf das Deutsche zeigt sich das etwa daran, dass sich das HP diachron bis ins Mittelhochdeutsche zurückverfolgen lässt, während es sich beim NP um ein relativ neues Phänomen handelt, das insbesondere in den Romanen ab der Jahrhundertwende zu beobachten ist (vgl. Fleischman 1990a). Das EP findet sich dagegen kontinuierlich in Erzähltexten aller Sprachstufen.

Bereits ein oberflächlicher Blick auf die Diachronie des Präsensgebrauchs zeigt also, dass eine pauschale Klassifikation des HP als „universales Mündlichkeitsmerkmal" zu undifferenziert bleibt. In Bezug auf die Frage, was genau

---

[14] Die Terminologie in Bezug auf die Präsens-Varianten ist nicht einheitlich (vgl. hierzu detailliert Zeman 2013b: 240f.). In Fleischman (1990a) wird – im Gegensatz zu Wolfson (1978, 1979), Fludernik (1991, 1992) und Zeman (2013b) – unter dem Begriff des Historischen Präsens (HP) etwa gerade der kontinuierliche narrative Präsensgebrauch gefasst.

am Präsens ‚nähesprachlich' bzw. ‚konzeptionell mündlich' ist, ist demnach genauer zu spezifizieren, mit welchen medialen Gegebenheiten das Präsens in Verbindung steht (Ebene der Medialität), welche Art von Nähe es evoziert (Ebene der Nähe-Kommunikation) und in welcher Relation es zum kultur-historischen Bedingungsgefüge von „Mündlichkeit" und „Schriftlichkeit" in der jeweiligen sprachlichen Epoche zu setzen ist (Ebene der Oralität).

3.2.1 Wie „medial" ist das Präsens als Erzähltempus?

Mit Blick auf die Medialität des Präsens als Erzähltempus ist zunächst zu konstatieren, dass alle drei Präsens-Varianten grundsätzlich nicht auf gesprochensprachliche Erzählungen restringiert sind, sondern durchaus auch in geschriebenen Erzähltexten Verwendung finden. In dieser Hinsicht erweist sich die Tempusverwendung als „medialitätsneutral" (vgl. Schneider 2011: 166 in Bezug auf das synchrone Verhältnis der Tempora zu „Mündlichkeit"). Zudem ist die Verwendung des Präsens nicht primär aus der Zeitlichkeit der inkrementellen online-Prozessierung in der gesprochensprachlichen Kommunikationssituation abzuleiten. Weder das kontinuierliche Erzählen im Präsens noch der Tempuswechsel zwischen Präteritum und Präsens lässt sich damit auf einen Parsing-Vorteil zurückführen, wie das etwa für das Perfekt diskutiert worden ist (vgl. Abraham/Conradie 2001; zur Diskussion auch Zeman 2013c). Das HP kann insofern nicht als medialitätsbedingte grammatische Konstruktion angesehen werden. Mit anderen Worten: Es ist kein „Mündlichkeits"-Merkmal im medialen Sinn.

3.2.2 Wie „nah" ist das Präsens als Erzähltempus?

Während das HP sowohl in geschriebenen wie gesprochenen Kontexten vorkommt und sich damit medialitätsneutral verhält, ist es ein Phänomen, das sich ausschließlich für Erzählkontexte als charakteristisch zeigt. Es handelt sich damit nicht um ein Merkmal von „Mündlichkeit", sondern um ein Merkmal mündlichen Erzählens. Dieser Umstand ist insofern relevant, als mündliches Erzählen immer schon durch eine paradoxe Verschränkung in Bezug auf die Dimensionen von Nähe gekennzeichnet ist. Während mündliches Erzählen prototypischerweise in einer (real) gemeinsamen Kommunikationssituation zwischen Sprecher und Hörer stattfindet, eröffnet die Erzählung zusätzlich zum realen Referenzrahmen der Kommunikationsteilnehmer einen neuen Diskursraum der erzählten Welt als virtuellen Referenzraum. Prototypische „space builder" wie das Präteritum und Deiktika wie *damals* markieren dabei die Distanz zwischen den beiden Referenzräumen des Erzählers und der erzählten Welt.[15] Der narrative Modus widerspricht damit gerade in Bezug auf die Parameter der Situationseinbindung (④) und der referentiellen Nähe zur Sprecher-Origo (⑤) „prinzipiell wichtigen Definitionsstücken kommunikativer Nähe" (vgl. Koch/Oesterreicher 2011: 74).

Die Distanz zwischen Erzähler und erzählter Welt wird nun durch die Verwendung des Präsens jedoch teilweise wieder aufgehoben, indem eine Gleichzeitigkeit zwischen Erzählzeit und erzählter Zeit simuliert wird. Der Nähe-Effekt, der durch das Präsens evoziert wird, bezieht sich damit nicht auf eine real gegebene Nähe der Kommunikationspartner, sondern entsteht erst auf der Text-Ebene. Fritz (2010: 242) spricht in dieser Hinsicht von einer „sekundäre[n] Semiotisierung von primären Systemelementen".

Obgleich das Präsens in dieser Hinsicht allgemein als „Nähe-Tempus" gelten kann, ist der dabei entstehende Nähe-Effekt nun aber nicht bei allen Präsens-Varianten der gleiche. Im mittelhochdeutschen Versepos, wo das HP fehlt, findet das Präsens vor allem in der Rahmenerzählung Verwendung und indiziert dort die Ebene des Erzählers (EP), wobei die Distanz zwischen Erzählraum und erzähltem Raum aber durchaus vorhanden bleibt, vgl. (1):

(1) wie **gevâhe** ich nû mîn sprechen an,
    daz ich den werden houbetman
    Tristanden sô **bereite**
    ze sîner swertleite,
    daz man ez gerne **verneme**?
    ‚Wie fange ich nun meine Rede an, dass ich den werten Protagonisten Tristan so bereit mache für seinen Ritterschlag, dass man es gern vernehmen mag?'
    [Tristan 4589; zitiert nach Herchenbach 1911: 86f.]

Der Erzähler kommentiert in (1) seinen eigenen Erzählvorgang und spricht damit *über* die in der Geschichte folgenden Ereignisse, ohne diese wirklich zu *erzählen*. Das Erzähler-Präsens ist in dieser Hinsicht kein Erzähltempus im eigentlichen Sinn, da es nicht referentiell auf die erzählten Ereignisse verweist, sondern diese lediglich kommentiert. Dass es sich um eine Darstellung ‚off-plot'

---

15 Vgl. zu den strukturellen Eigenschaften des narrativen Diskursmodus ausführlich Zeman (im Ersch. a).

(Fludernik 1992) handelt, wird auch daran deutlich, dass die zeitliche Situierung der erzählten Ereignisse – in (1) der Ritterschlag – keine Rolle spielt. Die Nähe, die durch das Präsens evoziert wird, bezieht sich damit nicht auf eine zeitliche Nähe zwischen dem Ereignis und dem Sprechzeitpunkt, sondern entsteht durch den simulierten Effekt, dass sich Erzähler und Zuhörer in einem gemeinsamen Referenzraum befinden (Synchronizität$_1$). Diese Nähe-Relation wird jedoch erst durch das Präsens etabliert, sodass es sich um eine sprachliche Konzeptionalisierung bzw. sekundäre Semiotisierung temporal-spatialer Nähe handelt.

Ähnlich ist auch Beispiel (2) zu lesen. Auch hier führt die Präsens-Verwendung zu einer fingierten Synchronisierung von Sprecher- und Hörerebene und damit zu einem von Sprecher und Hörer geteilten Referenzrahmen eines kommunikativen *common grounds*. Zusätzlich wird dabei nun auch noch das Verbalereignis als in den gemeinsamen Referenzrahmen inkludiert betrachtet, sodass die Nähe-Relation das Verhältnis von Sprecher-, Hörer- und Ereignisebene umfasst:

(2) **nu rennt** *der künig Valerîn und Lanzelet ein ander an.*
 ‚Nun kommen der König Valerin und Lanzelot aufeinander zu.'
 [Lancelet 6264 (um 1200); zitiert nach Herchenbach 1911: 96]

Ein ähnlicher Effekt ergibt sich auch in Bezug auf das NP, bei dem ebenfalls eine Synchronizität von Sprecher- und Figuren-Ebene fingiert wird. Der „Nähe-Effekt" der beiden Präsens-Varianten EP und NP lässt sich damit weder aus den medialen Kommunikationsbedingungen der prototypischen Face-to-Face-Interaktion ableiten noch aus der räumlich-physischen Distanz der Kommunikationspartner, sondern entsteht aus der Etablierung eines gemeinsamen deiktischen Referenzraumes.

Schwieriger ist dagegen die Nähe-Relation des HP in Alternation zu den Vergangenheits-Tempora zu bewerten, vgl. (3):

(3) *und do er also* **lag, so kumpt** *ein tierly,*
 ‚Und als er so lag, so kommt ein Tierlein,'
 [Das Volksbuch vom Hl. Karl 94,14; 15. Jh.; Beispiel aus Herchenbach 1911: 125]

Die Wirkung des raschen Wechsels zwischen Präsens und Präteritum wie in (3) ist weniger auf eine konzeptionalisierte Nähe-Relation zwischen den Kommunikationsteilnehmern zurückzuführen. Vielmehr ist der Effekt des HP vor allem darin gesehen worden, dass das Präsens in einem Past-Kontext eine markierte

Verwendung darstellt und damit einen vordergrundierenden Effekt in Bezug auf die Verbalereignisse auslöst (vgl. u.a. Schiffrin 1981; Fleischman 1990a; Leiss 2000; Abraham 2008; Cotrozzi 2010: 142). Wollten wir diesen textuellen Effekt in Termini von „Nähe" und „Distanz" beschreiben, so könnte man von einer evaluativen Nähe des Sprechers zu den vordergrundierten Ereignissen sprechen. Nichtsdestotrotz bliebe eine Beschreibung des Phänomens als Nähe-Merkmal aber fraglich, da sich diese Funktion weder universal für jede HP-Verwendung nachweisen noch primär auf die raum-zeitliche Nähe der Kommunikationspartner zurückführen lässt. Insgesamt wird damit deutlich, dass sich die Affinität der Präsens-Varianten zur „Mündlichkeit" nicht trivialerweise sowie nicht auf gleiche Weise aus einem „Verlebendigungs"-Effekt oder einer Nähe „in erlebnismäßiger Hinsicht" (Koch/Oesterreicher 2011: 77) ableiten lässt.

3.2.3 Wie „oral" ist das Präsens als Erzähltempus?

Auch in Bezug auf die Ebene der Oralität, d.h. in Abhängigkeit des kulturhistorischen Bedingungsgefüges von Mündlichkeit und Schriftlichkeit in Bezug auf den Literalisierungsgrad einer Sprachgemeinschaft, bleibt die Bewertung des Präsens als Mündlichkeitsmerkmal nicht ohne Widersprüche. Das Verhältnis zwischen der oralen Prägung des Versepos und dem Gebrauch des Historischen Präsens ist ohne eine weitere Differenzierung der Ebenen von Mündlichkeit nicht einfach zu klären. Koch/Oesterreicher (2011) sprechen dem Historischen Präsens einen universalen Status als Mündlichkeitsmerkmal zu. Universal bedeutet dabei, dass es aus den universalen Bedingungen der Nähe- und Distanzsprache abgeleitet werden kann. In dieser Hinsicht wird das Historische Präsens auch in der Modellierung von Ágel/Hennig (2006) der universalen Ebene der Nähe- und Distanz-Kommunikation zugesprochen. Es ist dort im Parameter der „freieren Tempuswahl" (Ágel/Hennig 2006: 60) erfasst, das aus dem universalen Parameter der kommunikativen Situationsbedingung abgeleitet wird: Im Nähesprechen können die Tempora demnach freier gewählt werden, „weil die zeitliche Einordnung sehr stark durch die Situationseinbindung begünstigt wird" (Ágel/Hennig 2006: 60).

Andererseits ist es jedoch gerade der Gebrauch des HP in Alternation zu den Vergangenheitstempora – das, wie wir gerade gesehen haben, nur schwerlich durch die Begriffe ‚Nähe/Distanz' erfasst werden kann –, der als „oral pattern" als charakteristisch für die historischen Sprachstufen angesehen wird (vgl. u.a. Fleischman 1990a; Fludernik 1991, 1992). Als Reflex von „Mündlichkeit" in den schriftlich fixierten Epen ist Tristram (1983) zufolge allein das Vorkommen des

HP bereits ein Indikator für den Oralitäts-Grad eines Textes. Ähnlich sieht Fleischman (1990a) die häufigen Tempuswechsel innerhalb der altfranzösischen Versepen als schriftliche Reflexe der oralen Prägung der Sprechergemeinschaft an. Die „freiere Tempuswahl" als orales Residuum in schriftlich fixierten Texten wäre demnach als ein Mündlichkeitsmerkmal anzusehen, das in Abhängigkeit zum historischen Bedingungsgefüge von Mündlichkeit und Schriftlichkeit zu sehen ist.

Nun findet sich das „orale Muster" des HP weder in jedem Erzähltext oraler Tradition noch in jeder historischen Sprachstufe, noch können ihm immer die gleichen Funktionen zugeschrieben werden (vgl. etwa Viti 2010 für einen differenzierten Blick auf das HP im Lateinischen). Obgleich das HP in vielen Sprachen (semi-)oraler Tradition wie im Bibelhebräischen (Cotrozzi 2010), Altgriechischen (Sicking/Stork 1997), Lateinischen (Viti 2010), Altfranzösischen (Fleischman 1990a), Altisländischen (Sprenger 1951) und Mittelirischen (Tristram 1983) vorkommt, fehlt es beispielsweise in den Homerischen Epen (Sicking/Stork 1997: 133), im Altenglischen (Steadman 1917: 12) sowie im Althochdeutschen und Mittelhochdeutschen (Herchenbach 1911). Gerade die Diachronie des HP in der deutschen Sprachgeschichte widerspricht damit einer eindeutigen Bewertung des HP hinsichtlich seiner „Mündlichkeit". Der Gebrauch des HP ist hier für die älteren Sprachstufen nicht vor dem 13. Jh. dokumentiert. Zu einem signifikanten Anstieg der Verwendung kommt es erst im 16. Jh. (vgl. Boezinger 1912: 12). Während für das semi-orale Versepos des Mittelhochdeutschen damit von einer weitgehend regelmäßigen Tempussetzung ausgegangen werden kann, erweisen sich die Tempuswechsel demnach gerade für das Frühneuhochdeutsche als charakteristisch – und damit für eine Sprachstufe, die durch starke Literalisierungstendenzen geprägt ist. Wenn wir nicht annehmen wollen, dass die altfranzösischen und althochdeutschen bzw. mittelhochdeutschen Versepen in einem grundsätzlich unterschiedlichen Bedingungsgefüge von „Mündlichkeit" und „Schriftlichkeit" situiert sind, ist demnach zu bezweifeln, inwieweit das HP wirklich als zuverlässiger „Oralitäts-Indikator" zu gelten hat.

Was sich in den altfranzösischen und mittelhochdeutschen Texten dagegen gleichermaßen einschreibt, ist die historisch-spezifische Präsupposition einer von Erzähler und Zuhörerschaft geteilten Performanzsituation (Synchronizität$_1$), die durch die Etablierung eines konzeptionell gemeinsamen Erzählraums als kommunikativer *common ground* fingiert wird, und damit in Bezug auf die Verwendung des EP bzw. NP eine direkte, in Bezug auf das HP dagegen eine indirekte Affinität der Präsensverwendung zur „Mündlichkeit" nach sich zieht (vgl. detailliert Zeman im Ersch. b).

3.3 Die Formelhaftigkeit der Versepen als „Mündlichkeitsmerkmal"

Als ein weiteres Merkmal von Mündlichkeit des Versepos par excellence gilt zudem seine Formelhaftigkeit. Diese Auffassung führt auf die Anfänge der Oralitätsforschung in der Tradition der „Oral Formulaic Theory" zurück, die die Formelhaftigkeit der Versepen in Kulturen primärer Oralität zu ihrem Untersuchungsgegenstand gemacht hat. Die Grundthesen der Oral Formulaic Theory gehen auf Parry/Lord (1953/54) zurück, die anhand des Vergleichs der Homerischen Epen mit den Volksepen in den ländlichen Regionen des damaligen Jugoslawien aufzeigten, dass beide orale Kompositionsstile bezüglich Versstruktur und Formelhaftigkeit eine vergleichbare Textstruktur aufweisen, und diese Textstruktur auf die Produktionsbedingungen der mündlichen Vortragssituationen zurückführten. Formelgebrauch und Reimstruktur gelten dabei als mnemotechnische Hilfsmittel bei der inkrementellen Komposition der Versepen. Formelhaftigkeit, Vers- und Reimstruktur der Versepen sind demnach, so die Grundthese der Oral Formulaic Theory, als Reflex des Oralitätsgrades einer Gesellschaft zu sehen.

Gleichzeitig ist der Konstruktionscharakter der Versepen jedoch auch als Argument angeführt worden, die Versepen seien gerade nicht als mündlichkeitsaffin zu bewerten, da ihre Reimstruktur und Formelhaftigkeit sie von den gesprochenen Äußerungen der Alltagssprache unterscheide. Die widersprüchliche Bewertung widersetzt sich damit einer eindeutigen Beantwortung der Frage nach der Nähesprachlichkeit des Versepos und seiner Verortung im Nähe-Distanz-Kontinuum: Aufgrund seiner Elaboriertheit müsste das Versepos der Logik des KOE-Modells zufolge in die Nähe des Distanzpols situiert werden, da „Elaboriertheit" eine distanzsprachliche Versprachlichungsstrategie darstellt (vgl. Koch/Oesterreicher 1985: 23). Eine Zuordnung zur Distanzsprache würde nun aber die Produktionsbedingungen der Verskomposition in einer schriftlosen Kultur außer Acht lassen. Um dieses Dilemma zu lösen, führen Koch/Oesterreicher (1985) den Terminus der „elaborierten Mündlichkeit" ein, der die ‚Sprache der Distanz' in primär oralen Kulturen erfasst. Die Charakteristika der Versepen können damit als „distanzsprachliche, elaborierte Mündlichkeit" deklariert werden:

> Die genannten Techniken [i.e. Formelhaftigkeit, Wiederholungen, Reimtechniken etc., SZ] führen zu sprachlichen Gestaltungen, die oft pauschal als Spuren der Mündlichkeit in literarischen Werken (Texten) deklariert werden, aber sehr viel präziser gefaßt werden können, nämlich als Spuren distanzsprachlicher, elaborierter Mündlichkeit. (Koch/Oesterreicher 1985: 31)

Diese „sehr viel präziser[e]" Beschreibung ist jedoch nun ihrerseits nicht unproblematisch: Einerseits ist sie im Rahmen des KOE-Modells nicht ganz konsequent, da die Differenzierung zwischen ‚medialer' und ‚konzeptioneller Mündlichkeit', wie sie ja die Basis des KOE-Modells bildet, wieder aufgehoben wird, indem die ‚Distanzsprache' implizit mit „Schriftlichkeit" gleichgesetzt wird. Das wird daran deutlich, dass sich Koch/Oesterreicher (1985) bewusst für die Bezeichnung „elaborierte Mündlichkeit" entscheiden, um den Begriff der „Schriftlichkeit" zu vermeiden. Eine solche Vermeidung ist aber nur im Fall einer impliziten Bezugsetzung von ‚Distanzsprache' und „Schriftlichkeit" notwendig, denn der Begriff der „Schriftlichkeit" taucht innerhalb des KOE-Modells ja gar nicht auf.

Was bei der Deklaration der Charakteristika der Versepen als ‚distanzsprachliche Sprache der Distanz in primär oralen Kulturen' (wenn wir die Bezeichnung „elaborierte Mündlichkeit" durch die von Koch/Oesterreicher vorgeschlagene Paraphrase ersetzen) zudem unberücksichtigt bleibt, ist der Umstand, dass sich die zwei Aspekte der Bewertung auf unterschiedliche Beschreibungsebenen beziehen, die in einem Teil-Ganzes-Verhältnis zueinander stehen: In Bezug auf die Produktion eines Versepos innerhalb einer Vortragssituation lässt sich die Formelhaftigkeit mit dem Faktor der spezifischen Produktionsbedingungen des Versepos in Verbindung bringen, wobei die Formeln als metrische Sprech- und Sinneinheiten Bakker (2005) zufolge die basalen Einheiten oraler Poetik („the basic units of special speech", Bakker 2005: 47) konstituieren. Die Rhythmisierung und die Verarbeitung der Formeln als vorgefertigte, aber dennoch flexible Konstruktions-Bauteile ökonomisieren damit die Komposition der Epen. Die Formeln sind damit in Abhängigkeit der gesprochensprachlichen Realisierung innerhalb der Vortragssituation zu sehen (vgl. Scheerer 1993: 154–156). Dennoch unterscheiden sie sich von Phänomenen reiner online-Prozessierung wie Anakoluthe oder Satzrandstrukturen darin, dass die Formeln grundlegend an die spezifische Performanz-Situation des Epos gebunden sind. Die Formelhaftigkeit ist damit zum einen in Abhängigkeit von der gesprochensprachlichen Vortragssituation zu sehen – und damit mündlich geprägt im Sinn von Mündlichkeit als Medialität. Zum anderen sind diese Produktionsbedingungen dabei gleichzeitig eingebettet in einen spezifischen Kontext des Oralitätsgrades einer Sprechergemeinschaft, die die Textstruktur prägt.[16]

Was die Klassifikation der Charakteristika des Versepos innerhalb des KOE-Modells zusätzlich erschwert, ist, dass sich die Formelhaftigkeit eben nicht aus

---

[16] Vgl. zur Ebene der Oralität ausführlicher den Vergleich zwischen Homerischen Epen und dem mittelhochdeutschen Versepos in Zeman (im Ersch. b).

den Kommunikationsbedingungen ableiten lässt, die für ‚Nähesprache' als prototypisch angesehen werden. Parameter wie die Vertrautheit der Partner, Emotionalität, Situationseinbindung etc. können zwar die Struktur des Versepos prägen; für die Reimstruktur und die Formelhaftigkeit des Versepos sind sie aber nicht in direkter Weise verantwortlich zu machen. Dennoch ist die Formelhaftigkeit nicht losgelöst von der Ebene der Nähe-Kommunikation zu sehen. Die Formeln als verdichtete Sinneinheiten basieren auf einem gemeinsam geteilten kulturellen Wissen (Parry 1956: 3), das durch den Gebrauch der Formeln aktiviert und bestärkt wird und somit eine Nähe der Kommunikationsteilnehmer präsupponiert wie evoziert. Durch die Aktualisierung des in einer Sprechergemeinschaft geteilten Wissens tragen die Formeln damit zur Bestätigung des *common ground* im Sinn einer ‚Engführung der Orientierungen' (Feilke 1994: 365) bei.

Was die Konstellation des Versepos damit zeigt, ist, dass sich ‚Nähesprache' und Elaboriertheit nicht kategorisch ausschließen, sondern zwei unterschiedliche Faktoren konstituieren. Insgesamt macht der Blick auf die komplexe Konstellation des Versepos damit deutlich, dass einer Klassifikation als ‚nähesprachlich' bzw. ‚distanzsprachlich' nur wenig Aussagekraft zukommen würde. Gleiches gilt für die Bewertung als ‚konzeptionelle Mündlichkeit': Als Residuen von Mündlichkeit, die sich in den historischen Texten widerspiegeln, können die „mündlichen" Charakteristika des Versepos innerhalb der Logik des KOE-Modells ja per definitionem nichts anderes sein als ‚konzeptionelle Mündlichkeit'. Vor dem Hintergrund der komplexen Konstellation, wie sie gerade aufgezeigt worden ist, wird allerdings deutlich, dass eine solche Bewertung nicht sehr aussagekräftig ist. ‚Konzeptionelle Mündlichkeit' ist insofern keine beschreibende (oder gar erklärende) Beschreibungskategorie, sondern bezeichnet lediglich den jeweiligen Duktus, der – in Abhängigkeit der verschiedenen Ebenen von „Mündlichkeit" – erst noch weiter zu spezifizieren ist.

3.4 Zwischenfazit: Historische Mündlichkeit als ‚konzeptionelle Mündlichkeit'

Führen wir abschließend die Ergebnisse der Betrachtungen zur Formelhaftigkeit des Versepos und dem Präsens als Erzähltempus zusammen, zeigt sich, dass beide „Mündlichkeitsmerkmale" in einem komplett unterschiedlichen Verhältnis zu den Dimensionen von Medialität, Nähe und Oralität stehen. Während die Nähe des Präsens zur „Mündlichkeit" auf die Etablierung eines konzeptionell geteilten Referenzrahmens von Sprecher und Hörer als *common ground* zurückgeht (Simultaneität bzw. Synchronizität$_1$), sich aber nicht direkt in Verbindung mit den Produktionsbedingungen gesprochener Sprache setzen lässt, steht die Formelhaftigkeit in einem Abhängigkeitsverhältnis zu den Produktionsbedingungen der inkrementellen Prozessierung in der mündlichen Vortragssituation (Synchronizität$_2$), verhält sich in Bezug auf die Herstellung von Nähe zwischen den Kommunikationspartnern aber weitgehend neutral, vgl. Tab. 6:

Tab. 6: Vergleich der „Mündlichkeitsmerkmale" ‚Formelhaftigkeit' und ‚Präsens als Erzähltempus' im Versepos.

	Formelhaftigkeit	Präsens als Erzähltempus
MEDIALITÄT	Formeln als rhythmisierte Spracheinheiten in Abhängigkeit zur medial mündlichen Performanzsituation des Versepos (Synchronizität$_2$)	neutral
NÄHE-KOMMUNIKATION	Formelhaftigkeit als diskursive Bestätigung und Aktualisierung des in einer Sprechergemeinschaft geteilten Wissens im Sinn einer Engführung der Orientierung (Parry 1956: 3)	**Bezug auf die Etablierung eines konzeptionell geteilten Referenzrahmens von Sprecher und Hörer als kommunikativer *common ground* (konzeptionelle Nähe; Synchronizität$_1$)**
ORALITÄT	**Formelhaftigkeit und Versstruktur als mnemotechnische Mittel im Kontext primärer Oralität**	sekundäre Semiotisierung der physisch-räumlichen Kopräsenz von Erzähler und Rezipient in einem geteilten Referenzraum

Die Tabelle zeigt damit deutlich, dass die Affinität der „Mündlichkeitsmerkmale" des Versepos auf unterschiedlichen Kriterien basiert. Anhand der Betrachtung der komplexen ‚Nähe/Distanz'-Konstellationen in Bezug auf die Verwendung des Präsens als Erzähltempus und die Formelhaftigkeit des Versepos wird damit deutlich, dass einer Klassifikation als Merkmal von ‚Nähesprachlichkeit' wenig Aussagekraft zukommt, da eine solche Klassifikation weder beinhaltet, ob und auf welche Weise das Merkmal in Verbindung mit Aspekten der MEDIALITÄT in Verbindung zu bringen ist, noch deutlich macht, auf welche Dimension bzw. Relation von NÄHE Bezug genommen wird. Weiter ist deutlich geworden, dass eine klare Zuordnung von Nähe und Distanz durch den Faktor der narrativen Konstitution der Texte zuwiderläuft, die inhärent bereits durch eine paradoxe Verschränkung von „Nähe" und „Distanz" geprägt ist (vgl. Bakker 2005: 72; Koch/Oesterreicher 2011: 74).

Zudem zeigt sich mit Blick auf historische Mündlichkeit – und damit auf ‚konzeptionelle Mündlichkeit' –, dass der konzeptionell-mündliche Duktus von Texten sowohl von medialitätsbedingten als auch nähe-kommunikativen Aspekten geprägt werden kann. Diese Differenzierung ist nun auch in Bezug auf die Frage nach dem Verhältnis zum historischen Bedingungsgefüge von „Mündlichkeit" relevant, als sich medialitätsbedingte und nähe-kommunikative Merkmale hinsichtlich ihrer historischen Kontinuität unterscheiden. So geht Fleischman (1990a) davon aus, dass die deiktische Referenz auf die kommunikativ geteilte Vortragssituation mit Beginn der Literalisierung in semi-oralen Texten weitgehend erhalten bleibt, während die medialitätsbedingten Merkmale, die sich auf die Synchronizität der Komposition zurückführen lassen, ihre Motivation im Text verlieren:

> In written texts that were still read aloud (e.g., chronicles and prose romances), the mechanical features relating to performance were still functionally motivated, whereas those relating to oral composition had lost their mechanical raison d'être. (Fleischman 1990a: 88)

Ähnlich zeigt auch Hennig (2009) auf, dass in Bezug auf den Situations- und Rollenparameter (d.h. in Bezug auf das Verhältnis Sprecher – Situation/Sprecher – Kommunikationspartner) eine „starke historische Kontinuität" (Hennig 2009: 99) erkennbar ist. Die in historischen Nähetexten zu findenden Merkmale unterscheiden sich ihr zufolge nicht von gegenwartssprachlichen Merkmalen dieser Parameter, während sich der Zeitparameter dagegen offener für Markierungsveränderungen zeigt. Auch das spricht für die Notwendigkeit der Differenzierung der einzelnen Mündlichkeits-Aspekte, durch deren qualitatives Verhältnis zueinander erst die Ebene ‚konzeptioneller Mündlichkeit' konstituiert wird, vgl. Abb. 2:

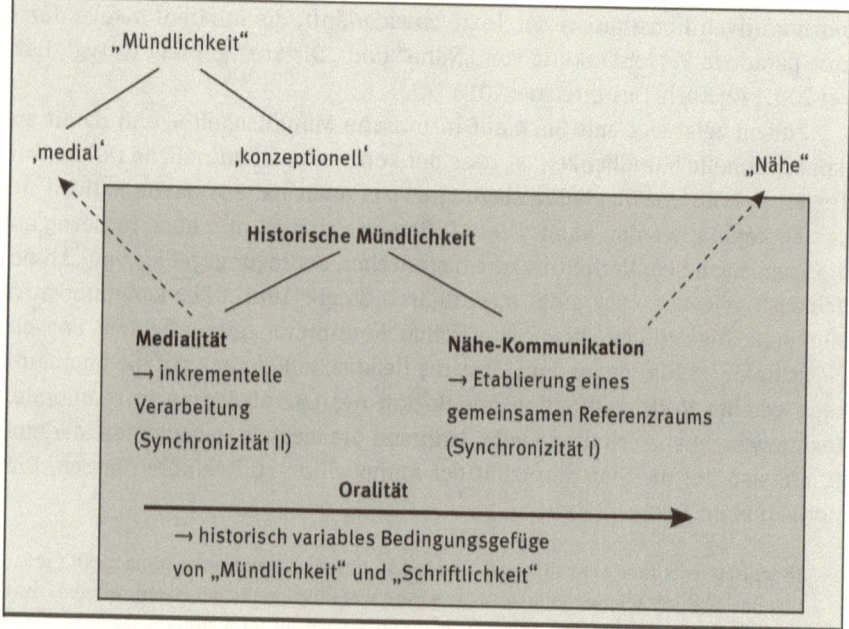

Abb. 2: Verschränkung der Dimensionen von ‚konzeptioneller Mündlichkeit'.

Damit ist die Aussage, dass historische Mündlichkeit per definitionem nichts anderes sein kann als ‚konzeptionelle Mündlichkeit', durchaus richtig. Sie bleibt jedoch eine weitgehend triviale Aussage, die zudem den Blick auf das Beziehungsgeflecht der unterschiedlichen Dimensionen von „Mündlichkeit" bzw. ‚Nähesprache' verstellt, die, wie wir gesehen haben, in unterschiedlicher Weise ihre Spuren im Text hinterlassen und damit seine Modalität konstituieren.

4 ‚Konzeptionelle Mündlichkeit' in den Neuen Medien

> Der Chat wird als konzeptionell mündlich eingeordnet, ohne dass reflektiert wird, was das überhaupt ist. (Hennig 2001: 218)

Wie im Vorausgegangenen deutlich geworden ist, macht der Blick auf historische Mündlichkeit die Notwendigkeit der unterschiedlichen Ebenen besonders deutlich, da historische Mündlichkeit bereits von ihrer medialen Ebene entkleidet ist. Ein vergleichbares Phänomen scheint nun auch für einige Kommunikationsformen in den Neuen Medien vorzuliegen: SMS, Chat und Instant Messaging entbehren ebenfalls einer phonischen Realisierung, während sie zudem in Bezug auf ihren Duktus durch eine „Annäherung an dialogische, spontane Nähesprachlichkeit" (Koch/Oesterreicher 2007: 259) charakterisiert werden. Vor dem Hintergrund der Unterscheidungen des KOE-Modells ist insofern intensiv darüber diskutiert worden, ob sich beispielsweise der Chat als ‚konzeptionelle Mündlichkeit' (Storrer 2001), als eine Entwicklung innerhalb der Schriftlichkeit (Albert 2013), als „konzeptioneller Hybrid" (Beißwenger 2002), der „sowohl konzeptionell mündliche als auch konzeptionell schriftliche Elemente enthält" (Thaler 2003: 32), oder als eine Kommunikationsform, die „weder gesprochen noch konzeptionell mündlich" (Hennig 2001: 236) ist, fassen lässt.

Dieser Frage kommt innerhalb der Literatur zudem ein relativ hoher Stellenwert zu, da sie oft den Kontext für die Diskussion bildet, inwieweit das KOE-Modell überhaupt geeignet ist, die Kommunikationsformen digitaler Medien zu erfassen, oder ob das Modell angesichts der Formen Neuer Medien nicht an seine Grenzen gerät (vgl. e.g. Thaler 2003: 105; Spitzmüller 2005; Androutsopoulos 2007: 92; Dürscheid i.d.B.; Imo i.d.B.). Vor dem Hintergrund der bisherigen Ausführungen zur ‚konzeptionellen Mündlichkeit' ist die Frage selbst nun bereits problematisch, da wir mit Blick auf die Formelhaftigkeit der Versepen gesehen haben, dass eine Klassifikation als ‚konzeptionelle Mündlichkeit' ohne qualitative Bestimmung der unterschiedlichen Ebenen von „Mündlichkeit" insofern ohne Aussagewert bleibt, als letztlich alle möglichen Äußerungen hinsichtlich ihrer ‚konzeptionellen Mündlichkeit' untersucht werden könnten. Das Grundproblem der Klassifikation von Kommunikationsformen wie dem Chat liegt dagegen – ähnlich wie für die betrachteten Merkmale historischer Mündlichkeit – darin, dass es sich bei diesen Kommunikationsformen um komplexe Verschränkungen unterschiedlicher Dimensionen von Medialität, Nähe-Kommunikation und Oralität handelt.

Mit Blick auf die Medialität der Chat-Kommunikation sind etwa graphematische Phänomene wie der „Verzicht auf orthographische Korrektur, die Verwendung von Interpunktionen und Abkürzungen und die partiell gebräuchliche Kleinschreibung" auf die mediale Bedingung der kurzen Produktionszeit (Synchronizität$_2$) zurückzuführen (Spitzmüller 2005: 13). Während diese Quasi-Synchronizität (Dürscheid 2003, i.d.B.) von Produktion und Rezeption ein Merkmal ist, das die Chat-Kommunikation mit der gesprochenen Sprache teilt (was uns, wozu Hennig 2001: 218 zurecht ermahnt, jedoch noch nicht berechtigt, den Chat als ‚nähesprachlich' zu klassifizieren), sind dagegen andere Charakteristika, wie beispielsweise die Emoticons als graphische Elemente, an Bedingungen der

Textualität gebunden. Auf der Ebene der Medialität ist der Chat damit sowohl durch die Quasi-Synchronizität der online-Prozessierung als auch durch den graphischen Darstellungsmodus geprägt. Innerhalb des KOE-Modells widerspricht das zwar einer prototypischen Zuordnung. Die mögliche Verschränkung zeigt im Grunde aber nichts anderes auf, als dass es sich hier um zwei unterschiedliche Faktoren handelt.

In Bezug auf die Nähesprachlichkeit der Äußerungen lässt sich dagegen keine allgemeine Bewertung geben, da diese in Abhängigkeit zum Verhältnis der Produktionspartner zu sehen ist – und damit eben nicht zu „Mündlichkeit" im medialen Sinn. Wie an der unterschiedlichen Modalität einer privaten SMS vs. einer beruflichen SMS deutlich wird, ist die Nähesprachlichkeit der jeweiligen Äußerung nicht primär in Verbindung zum Medium zu setzen, sondern zur Situationsangemessenheit sowie dem Formalitäts- und Normativitätsgrad, wie sie primär an sozio-pragmatische Bedingungen, nicht aber an das Medium selbst gebunden sind. Die mit der Ebene der Nähe-Kommunikation assoziierten Bedingungen (e.g. ‚Privatheit', ‚Vertrautheit') sind damit nicht notwendigerweise immer gegeben (vgl. hierzu auch Dürscheid 2003: 50f.). Die Affinität zwischen Nähesprachlichkeit und den medialen Bedingungen lässt sich dabei als Merkmalsüberschneidung zwei voneinander unabhängiger Kategorien beschreiben.

Eine Verbindung zwischen Nähesprachlichkeit und „Mündlichkeit" wird auch wiederum relevant, wenn die Ebene der Oralität berücksichtigt wird. In dieser Hinsicht wird etwa diskutiert, ob die gegenwärtig zu beobachtenden Tendenzen innerhalb der neuen Kommunikationsformen als Anzeichen für eine grundsätzliche Reorganisation des Nähe- bzw. Distanzbereichs zu sehen sind. Derartige Fragen sind nur zu untersuchen, wenn das historisch variable Verhältnis zu „Mündlichkeit" und damit die Ebene der Oralität berücksichtigt wird, wie sie freilich nicht nur für die historischen Sprachstufen, sondern auch für gegenwartssprachliche Analysen einen relevanten Kontext darstellt.

Insgesamt zeigen sich die Kommunikationsformen in den Neuen Medien damit durch eine komplexe Verschränkung der verschiedenen Faktoren charakterisiert. Eine einheitliche Bewertung von einzelnen Kommunikationsformen wie Chat, Email oder SMS als ‚nähesprachlich' bzw. ‚distanzsprachlich' oder ‚konzeptionell mündlich' bleibt damit genauso unzureichend wie eine diesbezügliche Bewertung des Versepos. Wie in Bezug auf das Versepos wird somit auch anhand komplexer Kommunikationsformen wie dem Chat die Notwendigkeit einer Differenzierung der unterschiedlichen Ebenen und Faktoren deutlich. Die scheinbare Widersprüchlichkeit ergibt sich dabei erst als Resultat innerhalb des KOE-Modells, in dem eine Bezugsetzung von Faktoren impliziert wird, die grundsätzlich als voneinander unabhängige Größen zu betrachten sind. Insofern sind es nicht die Neuen Medien, die das Modell sprengen; vielmehr zeigen die komplexen Konstellationen der neuen Kommunikationsformen die gleichen grundsätzlichen Probleme des Modells auf, wie sie auch bereits zuvor für den Bereich der historischen Mündlichkeit diskutiert worden sind.

5 ‚Nähe' und ‚Distanz' als sprachliches Grundprinzip

> It can be shown that this continuum is not only one dimension of linguistic variation, but the central principle underlying the organisation of variational spaces (within one language) and of communicative spaces (involving more than one language). (Koch/Oesterreicher 2007: 346)

Ausgangspunkt unserer Betrachtungen war die intuitive Einsichtigkeit der im KOE-Modell differenzierten Grundunterscheidungen und die Eleganz der Modellierung innerhalb der vierteiligen Matrix. Wie sich anhand der genaueren Betrachtung komplexer Kommunikationsformen ‚konzeptioneller Mündlichkeit' gezeigt hat, ist sowohl das Konzept ‚konzeptioneller Mündlichkeit' als auch das der ‚Nähesprache' weiter zu spezifizieren, um das Verhältnis der unterschiedlichen Ebenen von Mündlichkeit zueinander adäquat erfassen zu können. Dabei war deutlich geworden, dass ‚Nähesprache' selbst keine Dimension eines Konzepts von (‚medialer' oder ‚konzeptioneller') „Mündlichkeit" ist, sondern ein allgemein pragmatisches Konzept, das lediglich einige Merkmale mit (‚medialer' und ‚konzeptioneller') „Mündlichkeit" teilt. Die Blickrichtung der vorausgegangenen Ausführungen soll dabei natürlich keinesfalls die engen Affinitäten zwischen beiden Konzepten nivellieren (vgl. etwa Tannen 2005 [1984] zur Interdependenz kommunikativ-pragmatischer ‚Distanz' und deren sprachlicher Konzeptionalisierung). Im Gegenteil: Die Definition von Nähesprache als pragmatische Kategorie vordergrundiert die Notwendigkeit des Einbezugs der kommunikativen Ebene in Kontrast zu medialitätsbedingten Aspekten. Die im Vorausgehenden durchgeführte Differenzierung ist vielmehr als eine systematische Voraussetzung dafür zu verstehen, um die Interdependenzen zwischen Nähesprache und Mündlichkeit erst erfassbar zu machen.

In dieser Hinsicht ist mit Blick auf die Konzeptionalisierung von Nähesprache zudem zu berücksichtigen, dass sich, wie dargelegt, „Nähe" innerhalb des KOE-Modells auf unterschiedliche Relationen und unterschiedliche Dimensionen bezieht. Eine Klassifikation von Phänomen oder Texten als ‚nähesprachlich' bzw. ‚distanzsprachlich' bleibt vor diesem Hintergrund damit ähnlich unzureichend wie die Unterscheidung „geschrieben" vs. „gesprochen". Dürscheid (2003: 52) plädiert in dieser Hinsicht für einen Verzicht auf die Bezeichnungen ‚Sprache der Nähe' vs. ‚Sprache der Distanz' als Eckpunkte des Kontinuums und eine Beibehaltung der ursprünglich vorgeschlagenen Termini ‚Mündlichkeitspol' und ‚Schriftlichkeitspol'. Einer solchen terminologischen Lösung würde jedoch entgegenstehen, dass ‚Nähesprache', wie sie im KOE-Modell modelliert wird, nun gerade nicht „mündlich" ist, da das Modell zwar medialitätsbedingte Aspekte integriert, letztlich aber als ein „Modell über universale Varietäten von ‚Kommunikationsformen' oder ‚Redekonstellationstypen'" (Fehrmann/Linz 2009: 124) zu sehen ist. Zudem dürfte nicht zuletzt die Benennung der Pole als ‚Sprache der Nähe' und ‚Sprache der Distanz' die Wahrnehmung einer intuitiven Einsichtigkeit der Modellierung bestärkt haben. Wie anhand der einzelnen sprachlichen Phänomene deutlich geworden ist, zeigt sich die Dichotomie ‚Nähe/Distanz' eben nicht nur in Bezug auf die räumliche Nähe der Kommunikationspartner in der gesprochensprachlichen Kommunikationssituation als relevant, sondern findet sich als sprachliches Grundprinzip auf den unterschiedlichen Ebenen der Sprache wieder. Neben der Eleganz der vierteiligen Matrix dürfte es damit insbesondere die metaphorische Potenz der Begriffe ‚Nähe' und ‚Distanz' sein, die die Bündelung der unterschiedlichen Faktoren unter ein gemeinsames Konzept plausibilisiert und damit den Erfolg des KOE-Modells mitbegründet.

Der grundsätzliche Wert der Koch/Oesterreicher'schen Modellierung bleibt dabei indes unbestritten: Das Potential, das die Begriffspaare von Koch/Oesterreicher (1985) hinsichtlich der Untersuchung des Verhältnisses von „Mündlichkeit", „Schriftlichkeit" und (historischer) Pragmatik entfalten, hat sich ja nicht zuletzt auch mit diesem Artikel wieder bestätigt.

6 Literatur

Abraham, Werner (2008): Tempus- und Aspektkodierung als Textverketter: Vorder- und Hintergrundierung. In: Deutsche Sprache 2008/4, 287–304.

Abraham, Werner/Conradie C., Jac (2001): Präteritumschwund und Diskursgrammatik. Präteritumschwund in gesamteuropäischen Bezügen: areale Ausbreitung, heterogene Entstehung, Parsing sowie diskursgrammatische Grundlagen und Zusammenhänge. Amsterdam/Philadelphia: Benjamins.

Ágel, Vilmos/Hennig, Mathilde (Hrsg.) (2006): Theorie des Nähe- und Distanzsprechens. In: Grammatik aus Nähe und Distanz. Theorie und Praxis am Beispiel von Nähetexten 1650–2000. Tübingen: Niemeyer, 3–31.

Ágel, Vilmos/Hennig, Mathilde (Hrsg.) (2007): Überlegungen zur Theorie und Praxis des Nähe- und Distanzsprechens. In: Zugänge zur Grammatik der gesprochenen Sprache. Tübingen: Niemeyer (Germanistische Linguistik 269), 179–214.

Albert, Georg (2013): Innovative Schriftlichkeit in digitalen Texten. Syntaktische Variation und stilistische Differenzierung in Chat und Forum. Berlin: Akademie.

Androutsopoulos, Jannis (2007): Neue Medien – Neue Schriftlichkeit? In: Mitteilungen des Deutschen Germanistenverbandes 1/07, 72–97.

Auer, Peter (2000): On line-Syntax – oder: was es bedeuten könnte, die Zeitlichkeit der mündlichen Sprache ernst zu nehmen. In: Sprache und Literatur 85, 43–56.

Bakker, Egbert J. (1997): Verbal aspect and mimetic description in Thucydides. In: Bakker, Egbert J. (Hrsg.): Grammar as Interpretation. Greek Literature in its Linguistic Contexts. Leiden/New York: Brill, 7–54.

Bakker, Egbert J. (2005): Pointing at the Past. From Formula to Performance in Homeric Poetics. Cambridge, MA: Harvard University Press.

Beißwenger, Michael (2002): Getippte „Gespräche" und ihre trägermediale Bedingtheit. Zum Einfluß technischer und prozeduraler Faktoren auf die kommunikative Grundhaltung beim Chatten. In: Schröder, Ingo W./Voell, Stéphane (Hrsg.): Moderne Oralität. Ethnologische Perspektiven auf die plurimediale Gegenwart. Marburg: Curupira (Curupira 13), 265–299.

Beißwenger, Michael (2010): Chattern unter die Finger geschaut: Formulieren und Revidieren bei der schriftlichen Verbalisierung in synchroner internetbasierter Kommunikation. In: Ágel, Vilmos/Hennig, Mathilde (Hrsg.): Nähe und Distanz im Kontext variationslinguistischer Forschung. Berlin/New York: de Gruyter (Linguistik – Impulse/Tendenzen 35), 247–294.

Boezinger, Bruno (1912): Das historische Präsens in der älteren deutschen Sprache. Palo Alto, CA: Leland Stanford Junior University Publications.

Brinton, Laurel J. (2003): Historical Discourse Analysis. In: Schiffrin, Deborah et al. (Hrsg.): The handbook of discourse analysis. Malden, Mass.: Blackwell, 138–160.

Chafe, Wallace L. (1982): Integration and involvement in speaking, writing, and oral literature. In: Tannen, Deborah (Hrsg.): Spoken and written language. Norwood, NJ: Ablex, 35–53.

Cotrozzi, Stefano (2010): Expect the unexpected. Aspects of pragmatic foregrounding in Old Testament narratives. New York: Continuum.

Dürscheid, Christa (2003): Medienkommunikation im Kontinuum von Mündlichkeit und Schriftlichkeit. Theoretische und empirische Probleme. In: Zeitschrift für angewandte Linguistik 38, 37–56.

Fehrmann, Gisela/Linz, Erika (2009): Eine Medientheorie ohne Medien? Zur Unterscheidung von konzeptioneller und medialer Mündlichkeit und Schriftlichkeit. In: Birk, Elisabeth/Schneider, Jan Georg (Hrsg.): Philosophie der Schrift. Tübingen: Niemeyer, 123–143.

Feilke, Helmuth (1994): Common sense-Kompetenz. Überlegungen zu einer Theorie des ‚sympathischen' und ‚natürlichen' Meinens und Verstehens. Frankfurt am Main: Suhrkamp.

Fleischman, Suzanne (1990a): Tense and Narrativity. From Medieval Performance to Modern Fiction. London: Routledge.

Fleischman, Suzanne (1990b): The Discourse of the Medieval. In: Speculum 65, 19–37.

Fludernik, Monika (1991): The Historical Present Tense Yet Again. Tense Switching and Narrative Dynamics in Oral and Quasi-Oral Storytelling. In: Text 11, 365–398.

Fludernik, Monika (1992): The historical present tense in English literature: an oral pattern and its literary adaptation. In: Language and Literature 17, 77–107.

Fritz, Thomas A. (2010): Nähe und Distanz im Text. In: Ágel, Vilmos/Hennig, Mathilde (Hrsg.): Nähe und Distanz im Kontext variationslinguistischer Forschung. Berlin/New York: de Gruyter (Linguistik – Impulse/Tendenzen 35), 233–246.

Goetsch, Paul (1985): Fingierte Mündlichkeit in der Erzählkunst entwickelter Schriftkulturen. In: Poetica 17, 202–218.

Hegedűs, Ildikó (2007): Wie kann Nähesprache diachron untersucht werden? Problemanalyse am Beispiel der Korrelate von Subjekt- und Objektsätzen. In: Ágel, Vilmos/Hennig, Mathilde (Hrsg.): Zugänge zur Grammatik der gesprochenen Sprache. Tübingen: Niemeyer (Germanistische Linguistik 269), 245–272.

Hempel, Heinrich ([1937] 1966): Vom „Präsens Historicum" im Deutschen. In: Heinrichs, Heinrich M. (Hrsg.): Kleine Schriften. Zur Vollendung seines 80. Lebensjahres am 27. August 1965. Heidelberg: Winter, 422–429.

Hennig, Mathilde (2001): Das Phänomen des Chat. In: Jahrbuch der Ungarischen Germanistik. Budapest/Bonn: DAAD/GUG (Germanistik), 215–239.

Hennig, Mathilde (2006): Grammatik der gesprochenen Sprache in Theorie und Praxis. Kassel: Kassel University Press.

Hennig, Mathilde (2009): Nähe und Distanzierung. Verschriftlichung und Reorganisation des Nähebereichs im Neuhochdeutschen. Kassel: University Press. URL: http://nbnresolving.de/urn:nbn:de:hebis:34-2010011231675 (21.03.2014).

Herchenbach, Hugo (1911): Das Präsens historicum im Mittelhochdeutschen. Berlin: Mayer/Müller (Palaestra CIV).

Koch, Peter/Oesterreicher, Wulf (1985): Sprache der Nähe – Sprache der Distanz. Mündlichkeit und Schriftlichkeit im Spannungsfeld von Sprachtheorie und Sprachgeschichte. In: Romanistisches Jahrbuch 36, 15–43.

Koch, Peter/Oesterreicher, Wulf (2007): Schriftlichkeit und kommunikative Distanz. In: Zeitschrift für Germanistische Linguistik 35/3, 346–375.

Koch, Peter/Oesterreicher, Wulf (2011): Gesprochene Sprache in der Romania. 2. Auflage. Berlin/New York: de Gruyter.

Leiss, Elisabeth (2000): Artikel und Aspekt. Die grammatischen Muster von Definitheit. Berlin/New York: de Gruyter (Studia Linguistica Germanica 55).

Lord, Albert Bates/Parry, Milman (1953/1954): Serbocroatian heroic songs. Collected by Milman Parry. Edited and translated by Albert Bates Lord. 2 Bände. Cambridge: Harvard University Press.

Lötscher, Andreas (2009): Auf der Suche nach syntaktischen „Nähe-Distanz"-Signalen in frühneuhochdeutschen Texten. In: Ágel, Vilmos/Hennig, Mathilde (Hrsg.): Nähe und Distanz im Kontext variationslinguistischer Forschung. Berlin/New York: de Gruyter (Linguistik – Impulse/Tendenzen 35), 111–134.

Metten, Thomas (2014): Kulturwissenschaftliche Linguistik. Entwurf einer Medientheorie der Verständigung. Berlin/New York: de Gruyter (Linguistik – Impulse/Tendenzen 57).

Parry, Adam (1956): The language of Achilles. In: Transactions and Proceedings of the American Philological Association 87, 1–7.

Quasthoff, Uta M. (1980): Erzählen in Gesprächen. Linguistische Untersuchungen zu Strukturen und Funktionen am Beispiel einer Kommunikationsform des Alltags. Tübingen: Narr.

Scheerer, Eckart (1993): Mündlichkeit und Schriftlichkeit – Implikationen für die Modellierung kognitiver Prozesse. In: Baurmann, Jürgen/Günther, Hartmut/Knoop, Ulrich (Hrsg.): Homo scribens. Perspektiven der Schriftlichkeitsforschung. Tübingen: Niemeyer, 141–176.

Schiffrin, Deborah (1981): Tense variation in narrative. In: Language 57/1, 45–62.

Schneider, Jan Georg (2011): Hat die gesprochene Sprache eine eigene Grammatik? Grundsätzliche Überlegungen zum Status gesprochensprachlicher Konstruktionen und zur Kategorie ‚gesprochenes Standarddeutsch'. In: Zeitschrift für Germanistische Linguistik 39, 165–187.
Scollon, Ron/Scollon, Suzanne (2001 [1995]): Intercultural Communication: A discourse approach. Malden, Mass.: Blackwell.
Sicking, C. M. J./Stork, P. (1997): The grammar of the so-called Historical Present in Ancient Greek. In: Bakker, Egbert J. (Hrsg.): Grammar as interpretation. Greek literature in its linguistic contexts. Leiden/New York: Brill, 131–168.
Söll, Ludwig (1974): Gesprochenes und geschriebenes Französisch. Berlin: Schmidt.
Spitzmüller, Jürgen (2005): Spricht da jemand? Repräsentation und Konzeption in virtuellen Räumen. In: Kramorenko, Galina (Hrsg.): Aktual'nije problemi germanistiki i romanistiki [Aktuelle Probleme der Germanistik und der Romanistik], Bd.9, Teil I: Slovo v jasyke uretschi [Das Wort in Sprache und Rede]. Smolensk: SGPU, 33–56. Zitiert ist die online-Version unter URL: http://www.zora.uzh.ch/25176/ (31.05.2014).
Steadman, J. M. (1917): The Origin of the Historical Present in English. In: Studies in Philology 14, 1–45.
Storrer, Angelika (2001): Sprachliche Besonderheiten getippter Gespräche: Sprecherwechsel und sprachliches Zeigen in der Chat-Kommunikation. In: Beißwenger, Michael (Hrsg.): Chat-Kommunikation. Sprache, Interaktion, Sozialität/Identität in synchroner computervermittelter Kommunikation. Perspektiven auf ein interdisziplinäres Forschungsfeld. Stuttgart: ibidem, 5–24.
Taavitsainen, Irma/Fitzmaurice, Susan (2007): Historical pragmatics: What it is and how to do it. In: Taavitsainen, Irma/Fitzmaurice, Susan M. (Hrsg.): Methods in Historical Pragmatics. Berlin/New York: de Gruyter, 11–36.
Tannen, Deborah (1982): The oral/literate continuum in discourse. In: Tannen, Deborah (Hrsg.): Spoken and written language: Exploring orality and literacy. Norwood, NJ: Ablex, 1–16.
Tannen, Deborah (1989): Talking Voices: Repetition, Dialogue, and Imagery in Conversational Discourse. Cambridge: Cambridge University Press.
Tannen, Deborah (2005 [1984]): Conversational Style. Analyzing talk among friends. Oxford: Oxford University Press.
Thaler, Verena (2003): Chat-Kommunikation im Spannungsfeld zwischen Oralität und Literalität. Berlin: Verlag für Wissenschaft und Forschung.
Thaler, Verena (2007): Mündlichkeit, Schriftlichkeit, Synchronizität. Eine Analyse alter und neuer Konzepte zur Klassifizierung neuer Kommunikationsformen. In: Zeitschrift für Germanistische Linguistik 35, 147–182.
Tristram, Hildegart L. C. (1983): Tense and Time in Early Irish Narrative. In: Innsbrucker Beiträge zur Sprachwissenschaft: Vorträge und kleinere Schriften 32, 5–37.
Wolfson, Nessa (1978): A feature of performed narrative: The Conversational Historical Present. In: Language in Society 7/2, 215–237.
Wolfson, Nessa (1979): The conversational historical present alternation. In: Language 55/1, 168–182.
Wolfson, Nessa (1982): CHP. The conversational historical present in American English narrative. Dordrecht: Foris.
Viti, Carlotta (2010): The non-literal use of tenses in Latin, with particular reference to the praesens historicum. In: Revue de Linguistique Latin, 5. URL: http://www.paris-sorbonne.fr/fr/spip.php?article12922 (13.05.2014).

Zeman, Sonja (2013a): Historische Mündlichkeit. Empirische Erörterung einer theoretischen Problemlage. In: Zeitschrift für Germanistische Linguistik 41/3, 377–412.
Zeman, Sonja (2013b): Vergangenheit als Gegenwart? Zur Diachronie des Historischen Präsens. In: Vogel, Petra Maria (Hrsg.): Sprachwandel und seine Reflexe im Neuhochdeutschen. Berlin/New York: de Gruyter (Jahrbuch der Gesellschaft für Sprachgeschichte 4), 235–255.
Zeman, Sonja (2013c): Mündlichkeit ist nicht gleich Mündlichkeit. Implikationen für eine Theorie der Gesprochenen Sprache. In: Klein, Wolf Peter et al. (Hrsg.): Pragmatischer Standard. Tübingen: Stauffenburg, 191–205.
Zeman, Sonja (im Ersch. a): What is a narration – and why does it matter? In: Steinbach, Markus/Hübl, Annika (Hrsg.): Linguistic foundations of narration in spoken and sign language. Amsterdam/Philadelphia: Benjamins (Linguistics today/Linguistik aktuell).
Zeman, Sonja (im Ersch. b): Orality, visualization, and the Historical Mind. The „visual present" in (semi-)oral epic poems and its implications for a Theory of Cognitive Oral Poetics. In: Antović, Mihailo/Pagán Cánovas, Cristóbal (Hrsg.): Oral Poetics and Cognitive Science. Berlin/New York: de Gruyter (Linguae & Litterae).

Doris Tophinke
Sprachgeschichtsforschung im Horizont von Nähe und Distanz

1 Problemstellung

Das Modell von Koch/Oesterreicher, das 1985 publiziert wird und im Kontext eines wachsenden Interesses an Fragen der Schriftlichkeit in den 80er Jahren steht,[1] rückt Schriftlichkeit in das Zentrum insbesondere auch der sprachhistorischen Forschung. Es macht sie – in ihrem Verhältnis zur Mündlichkeit – zu einer Schlüsselkategorie der sprachhistorischen Forschung, und dies nicht nur als „Medium", sondern – den Schriftlichkeitsbegriff metaphorisierend – als Beschreibungskategorie (historischer) textueller „Konzeption" (Koch/Oesterreicher 2011: 3).

Das Modell ist über die Romanistik hinaus auch in der germanistischen Sprachgeschichtsforschung, insbesondere in der Forschung zur jüngeren und jüngsten Sprachgeschichte, relevant geworden. So werden Reichweite und Grenzen des Modells im Kontext varietätenlinguistischer Forschungen diskutiert (vgl. die Beiträge in Ágel/Hennig 2010) und wird es zur Identifizierung nähesprachlicher Merkmale in Texten der jüngeren Sprachgeschichte genutzt (Ágel/Hennig 2006; Hennig 2009).[2] In der Frage der Standardisierung des Deutschen wird unter Bezug auf das Nähe-Distanz-Modell eine stärkere Berücksichtigung der konzeptionell mündlichen „Schriftlichkeit von unten" des 19. Jahrhunderts (Elspaß 2005) gefordert. Wichtig geworden ist es auch in der Analyse digitaler, dialogischer Schriftlichkeit, um deren Ähnlichkeit mit dialogischer Mündlichkeit zu fassen (vgl. Dürscheid 2003; Beißwenger 2010). Mittlerweile

---

[1] Dies spiegelt sich in der wachsenden Zahl von Arbeiten in den 80er Jahren, die sich – in unterschiedlichen Fachkontexten – dem Thema Schriftlichkeit widmen (vgl. etwa Ong 1982; Chafe 1982; Maas 1985a, 1988; Biber 1986; Tannen 1985). Es spiegelt sich mit Blick auf die deutsche Forschungslandschaft etwa auch in der Einrichtung des Freiburger Sonderforschungsbereichs 321 „Übergänge und Spannungsfelder zwischen Mündlichkeit und Schriftlichkeit", der zwischen 1985 und 1997 bestanden hat und deren Mitglieder Peter Koch und Wulf Oesterreicher waren (vgl. Raible 1998).

[2] Zeman (2013) greift den Ansatz von Ágel/Hennig mit Blick auf die ältere Sprachgeschichte auf, wobei es ihr um Klärung des Konzepts „Historischer Mündlichkeit" geht.

hat das Modell auch Eingang in sprachhistorische Überblicksdarstellungen in der Germanistik gefunden (vgl. Besch/Wolf 2009: 32–37).

Der vorliegende Beitrag skizziert Reichweite und Grenzen des Nähe-Distanz-Modells aus einer sprach- bzw. schriftgeschichtlichen Perspektive. Gezeigt werden soll, dass das Modell der sprach- bzw. schrifthistorischen Analyse wichtige Perspektiven eröffnet hat, es aber die Bindungen der Konzeption an mediale und praktische Kontexte und Bedingungen nicht fassen kann. Es bleibt in dieser Hinsicht einem formalen, medialitätsneutralen Sprachbegriff verbunden. Die Überlegungen werden punktuell am historischen Beispiel des hansischen Rechnungsbuchs verdeutlicht.

2 Schriftlichkeit in der (germanistischen) Sprachgeschichtsforschung

Die Sprachgeschichtsforschung hat es mit der besonderen Ausgangssituation zu tun, dass ihr – für die Zeit vom 8. Jahrhundert bis zum Aufkommen von Aufzeichnungstechniken gesprochener Sprache Ende des 19. Jahrhunderts – ausschließlich geschriebene Texte zur Verfügung stehen. Die historische gesprochene Sprache ist empirisch nicht fassbar. Die (germanistische) Sprachgeschichtsforschung zieht aus dieser Tatsache bis heute ganz unterschiedliche Konsequenzen. In der Art und Weise, wie Schriftlichkeit begriffen und zum Thema wird, spiegeln sich fachgeschichtliche Strömungen, theoretische Provenienz und Erkenntnisinteressen.

2.1 Schriftausblendende Forschungsperspektiven

Der Beginn sprachwissenschaftlicher Thematisierung von Schriftlichkeit ist bekanntlich stark durch ein abwertendes Verständnis von Schrift bestimmt, das sich historisch zurückverfolgen lässt (vgl. Maas 1991: 211). Schriftlichkeit wird als ein künstliches, sekundäres Repräsentationsmedium für Sprache begriffen, das die Lebendigkeit und Natürlichkeit, wie sie die gesprochene Sprache bestimmt, nicht abbilden kann.[3] Dieser Topos scheint – um ein Beispiel für den

---

3 Scollon/Scollon (1995) weisen darauf hin, dass dies nicht nur das Verständnis von Schriftlichkeit geprägt, sondern auch zu einem unstimmigen Oralitätsbegriff geführt hat: „Orality has

abwertenden Diskurs anzuführen – etwa auf bei Paul (1995), nach dem Schrift „nicht nur nicht die Sprache selbst, sondern sie [...] derselben auch in keiner Weise adäquat" (Paul 1995: 374) ist; sie verhält sich zur Sprache „wie eine Skizze zu einem mit der größten Sorgfalt in Farben ausgeführten Gemälde" (Paul 1995: 377).

Wenn es in der Sprachwissenschaft des 19. Jahrhunderts und der ersten Hälfte des 20. Jahrhunderts auch andere, differenzierte Positionen gab (vgl. Dürscheid 2012: 16f.), sind Vorstellungen der Abhängigkeit und des sekundären Status von Schriftlichkeit dennoch bis in die Gegenwart präsent und wirkmächtig, wie etwa Harris (2005: 62) hervorhebt.[4] Dies betrifft vor allem Forschungskontexte, die Sprache – in der Weiterführung strukturalistischer Grundannahmen – als formales, medienneutrales (Relations-)System begreifen.[5] Sie haben dazu beigetragen, dass die Schriftlichkeit von Texten insbesondere auch in ihrer Relevanz für (text-)grammatische Entwicklungen nur ansatzweise reflektiert wurde.[6] Gleichwohl haben sich gerade diese Forschungen, die einem medialitätsneutralen, systemlinguistischen Verständnis von Sprache folgen, oft unreflektiert auf die Grammatikalität schriftlicher Texte bezogen und haben ihre Befunde generalisiert.[7] Dies ist zurecht als „skriptistisch" bzw. „skriptizistisch" problematisiert und kritisiert worden (vgl. Coulmas 1985; Koch 1997: 45; Ágel 2003: 4; Linell 2005 spricht von einem „written language bias").

---

been taken as something like the position of natural law in the more physical sciences." (Scollon/Scollon 1995: 26)

4 Auch die Soziolinguistik hatte diese Vorstellung zunächst zu überwinden, vgl. Blommaert (2013: 441): „It has taken quite a while for literacy to make it to the major league of sociolinguistics. The early discipline displayed remarkably little interest in writing, often dismissing it as a derivative of ‚real' – spoken – speech, as ‚a record of something already existing' [...] rather than as an object of sociolinguistic inquiry in its own right".

5 So stellt Rogers (2006: 2) in seiner Darstellung von Schriftsystemen fest, dass Schrift nicht Sprache sei: „Writing is not language. [...] Writing involves making an utterance visible"; vgl. dazu auch seine Grafik zum Verhältnis von „writing and language" (Rogers 2006: 280). Dass er seine Arbeit dennoch als „linguistic approach" betitelt, ergibt sich für ihn daraus, dass Schriftsysteme durch ihren spezifischen Bezug auf die Semantik, Syntax, Morphologie, Phonologie und Phonetik von Sprachen bestimmt seien (Rogers 2006: 280f.).

6 Dem entspricht, dass mit konstruierten Beispielen gearbeitet wird; vgl. etwa Chafe (1994: 47): „They were neither things people would say nor things people would write, but bizarre and contextless strings of words".

7 Die Dudengrammatik etwa bietet zwar seit 2005 ein eigenes Kapitel zur gesprochenen Sprache, das u.a. auch besondere syntaktische Konstruktionen behandelt, bleibt in den anderen Kapiteln aber einer medialitätsneutralen Perspektive verhaftet (vgl. dazu auch Schneider 2011: 166).

Dieser „written language bias" (Linell 2005) bestimmt auch die sprachhistorische Forschung. Er zeigt sich etwa in älteren Beschreibungen historischer Sprachstufen, die Flexionsparadigmen und kurze Ausführungen zur Syntax bieten, ohne zu berücksichtigen, dass die Beobachtungen ausschließlich auf schriftlichen Quellen basieren. Dies ist teilweise auch in grammatikhistorischen Darstellungen jüngeren Datums, die einem formalen Verständnis von Sprache folgen, der Fall. Härd (2000) etwa skizziert die Syntax des Mittelniederdeutschen, ohne die Schriftlichkeit der angeführten Beispiele ansatzweise zu thematisieren. Ähnlich bietet Rauch (2000) eine formale Beschreibung der altniederdeutschen Syntax, die Fragen der Medialität gänzlich ausblendet.[8]

Ein „written language bias" zeigt sich ferner darin, dass historische Konstruktionen ausgehend von Grammatikalitätsvorstellungen bewertet werden, die erst für spätere Schrifttexte gelten. Dies betrifft u.a. Fälle nicht eingelöster syntaktischer Projektion, wie sie in mittelalterlichen Texten häufig vorkommen.[9] Anstatt die Grammatikalität dieser Konstruktionen zu bestimmen, werden sie als ungrammatisch gefasst. Härd (2000: 1462) spricht in seiner Darstellung von „Konstruktionsstörungen", die er auf die gesprochene Sprache zurückführt; Schulze (1975) vermutet mit Blick auf die Syntax in mittelhochdeutschen Urkunden eine „Andersartigkeit der Denkvorgänge" und einen „Mangel an logischer Explizitheit" (Schulze 1975: 198).[10]

Auch die Normalisierung von historischen Schrifttexten im Rahmen der Edition lässt sich teilweise auf den „written language bias" zurückführen. Sie betrifft die Wortschreibungen, Zeichensetzung, aber auch die Syntax, wobei je nach Fachkontext und Zielstellung editorisch unterschiedlich stark eingegriffen

---

8 Wolf (2000: 1352) weist demgegenüber explizit auf die Medialität hin: „Die Quellenlage des Mhd. erlaubt nur eine Syntax geschriebener Sprache".
9 Als Beispiel kann ein Statut aus dem Werler Statuarrecht dienen, das mit einer Konstruktion beginnt, die formal als Komplementsatz zu fassen ist, aber syntaktisch nicht integriert wird: *Wilich man wyn nyder lyght Jn vnser stat , wan dey wyn reyde is , so sal dey stat* [...] (Werl 1326, Übersetzung: Welcher Mann Wein niederlegt in unserer Stadt, wenn der Wein fertig ist, so soll die Stadt [...]). Das Archival befindet sich im Stadtarchiv Werl unter der Signatur Archivabteilung C III 1. Die Abschrift folgt dem Archival.
10 Im Rahmen aktueller korpuslinguistischer Projekte, die historische Korpora in den Blick nehmen, werden solche Phänomene verstärkt zum Thema. Barteld et al. (2014) sprechen im Zusammenhang des Aufbaus eines Referenzkorpus „Mittelniederdeutsch" (ReN) von „descriptively incomplete language phenomena" (2014: 102) und skizzieren die Probleme, die diese im Rahmen der morpho-syntaktischen Annotation mittelniederdeutscher Texte bereiten. Konsens ist, dass es einer Annotation bedarf, die diese Phänomene nicht (mehr) einfach als ungrammatisch fasst. Eine befriedigende Lösung der Beschreibungsprobleme steht aber noch aus.

wird.¹¹ Im Ergebnis entstehen Texte, die den normativ geprägten Schriftlichkeitsvorstellungen der Gegenwart stärker entsprechen, die aber für sprachhistorische Untersuchungen weitgehend unbrauchbar sind.¹²

Weiter lässt sich ein Fortwirken der Vorstellung, dass es eigentlich um die „Sprache" geht, dort erkennen, wo große Textkorpora für die quantitative Analyse so zusammengestellt werden, dass die historische Variabilität „ausgemittelt" wird. Die Ergebnisse zur Frequenz von Konstruktionen sind aber nur dann instruktiv, wenn die Bindung der Konstruktionen bzw. Texte an die ganz unterschiedlichen historischen Domänen des Schreibens weiterhin berücksichtigt wird und im Rahmen der Erklärung herangezogen werden kann.¹³

Ebenfalls kann ein „written language bias" darin gesehen werden, dass die Vorstellung einer zunehmenden Standardisierung der Schrift vom 16. bis 19. Jahrhundert den Blick auf Bereiche anhaltender Variabilität, wie sie nicht nur an den Rändern der Schriftlichkeit existieren (vgl. Schuster/Tophinke 2012), verstellt. Variabilität ist entsprechend stärker als Normalität zu sehen und kann nicht allein auf den Einfluss der Mündlichkeit oder auf mangelnde Kompetenzen zurückgeführt werden.¹⁴

Schließlich ist es auf den „written language bias" zurückzuführen, dass einfache, nicht satzförmige und ortsgebundene Schriftlichkeit, wie sie historisch in Form von Inschriften, Beschriftungen, Marginalien usw. existiert, bis in die jüngste Gegenwart kaum Beachtung gefunden hat. Erst seit jüngerer Zeit kommen diese Formen in einer gegenwartsbezogenen Perspektive verstärkt in den Blick (vgl. u.a. Hennig 2010; Auer 2010).

---

[11] Vgl. etwa Fleischer (2011: 64), der Beispiele für editorische Eingriffe in die Syntax mittelhochdeutscher Texte gibt.
[12] Wegera (2000: 1306) fordert deshalb das „Prinzip der Handschriftentreue".
[13] Wegera weist explizit darauf hin, dass auch bei sorgfältiger, wohlüberlegter Zusammenstellung eines Korpus die Ergebnisse nicht generalisiert werden dürften: „Die Quellengrundlage einer deskriptiven Mhd. Grammatik ist zunächst einmal nicht d a s Mhd., sondern ausschließlich die Menge (oder Teilmenge) des Überlieferten (das naturgemäß nur die schriftliche Seite der Sprache erfaßt)." (Wegera 2000: 1306)
[14] Variabilität bestimmt keineswegs nur die Texte von Schreibern mit geringer Schreibkompetenz. Sie findet sich gerade auch bei geübten Schreibern. Vgl. hierzu für das 18. Jahrhundert die Briefe von Wolfgang Amadeus Mozart (Reiffenstein 2009: 68).

2.2 Schriftbewusste Forschungsperspektiven

Betrachtet man die germanistische sprachhistorische Forschung insgesamt, so ist sie sich der Schriftlichkeit ihres empirischen Gegenstands bewusst. Dies gilt insbesondere für solche Forschungen, die direkt mit den Archivalien arbeiten und die mithin auch mit deren Medialität, Variabilität und „Schriftbildlichkeit" (Krämer 2003) konfrontiert sind. Gleichzeitig sensibilisiert die Variabilität der Wortschreibungen und der Textualität für Fragen der Medialität und Medialitätsspezifik. Dies zeigt sich etwa in Bezeichnungen mit explizitem Bezug auf die Schrift, so in der Forschung zum (Spät-)Mittelalter etwa „Schriftsprache" (Peters 1995), „Schriftdialekte" (Schmidt 2004: 109), „Schreibsprache(n)" (Goossens 1994; Peters 1997; Fischer 2000), „Schreibsprachenlandschaft" (Peters 2012). Hier sind es vor allem graphematische Befunde, die darauf hindeuten, dass die historische Schriftlichkeit, die sich in den Archivalien dokumentiert, nicht (allein) vor dem Hintergrund der historischen dialektalen Verhältnisse erklärbar ist. Denn die historischen Wortschreibungen und die historische dialektale Aussprache der betreffenden Wörter, soweit sie überhaupt rekonstruierbar sind, entsprechen einander vielfach nicht. Fischer (2000) beschreibt dies für Texte der südwestfälischen Stadt Soest des 16. Jahrhunderts. Die räumliche Verteilung der Schreibvarianten in den Schrifttexten lässt „Schreiblandschaft(en)" (Peters 2012: 262) erkennen, die sich nur teilweise mit den anzunehmenden historischen Dialektgebieten decken. Historische Wortschreibungen zeigen als Kontextualisierungsmarker auch kulturelle, etwa konfessionelle[15] Orientierungen an. Maas (1988: 123), der sich dabei auf den Schreibsprachenwechsel in Osnabrück Ende des 16./Anfang des 17. Jahrhunderts bezieht, bezeichnet Schreibungen in ihrem Verweis auf „kulturelle Praxen" als „konnotiert".

2.2.1 Historische Textlinguistik und Soziolinguistik

Medialitätssensitiv sind historische Forschungen in der Regel dann, wenn es nicht um die Untersuchung des historischen Sprachsystems geht, sondern sie die historische Textualität und deren Variabilität im historischen Kontext betrachten und damit unter Bezug auf – in einem weiten Sinne – soziale, situative, funktionale und/oder praktische Bedingungen und Anforderungen der historischen Sprach- bzw. Schriftpraxis zu erklären versuchen.

---

15 Vgl. Macha (2013: 128ff.) zu den „graphematischen Konfessionalismen".

Dies gilt für die Text- und Textsortenlinguistik der 80er und 90er Jahre, die sich der Sprachgeschichte zuwendet und die Entwicklung historischer Textsorten als Hinweise auf sich ausdifferenzierende Schreibdomänen und Funktionalisierungen des Schreibens deutet. Die Schriftlichkeit steht dabei nicht im Fokus, sondern – übergeordnet – die historische gesellschaftliche Kommunikation, die – so die Annahme – ausschnitthaft in den erhaltenen Schrifttexten greifbar wird. Leitend sind Vorstellungen eines kommunikativ-intentionalen Sprachgebrauchs,[16] der von unterschiedlichen sozialen, situativen und medialen Bedingungen bestimmt ist, die in ihrem typischen Zusammenwirken – vereinfacht gesprochen – zur Ausprägung von Textsorten führen. Diese Modellierung führt zu Schnittflächen mit der Soziolinguistik, die sich in den 1980er Jahren auch sprachgeschichtlichen Fragen öffnet und damit ebenfalls historische Texte in den Blick nimmt, diese in ihrer Abhängigkeit von sozialen Faktoren (Alter, Geschlecht, soziale Gruppe, Berufsrollen usw.) zu beschreiben versucht.

Die schriftliche Medialität ist dabei berücksichtigt, aber eine tendenziell nachrangige Bedingung, d.h. den sozial-situativen Bedingungen nachgeordnet. Folgendes Zitat aus Steger kann diese Forschungsperspektive exemplarisch verdeutlichen:

> Denn die Kommunikation wird ausschließlich im Rahmen von sozialen Situationen vollzogen, in denen Personen mit wirklichen oder fiktiven Umgebungen in Beziehung treten und dabei über Daten Informationen erheben sowie Bedürfnisse äußern und/oder austauschen. Dieses intentionale Sprechen und Schreiben in verschiedenen Situationen mit/an Personen über Personen, Sachen, Ereignisse, Zustände usw. führt dabei zu unterschiedlichen dialogischen oder monologischen, mündlichen oder schriftlichen Textexemplaren, z.B. zu Befragungs-, Beratungstexten, Erzählungen, Briefen, Kommentaren, Versuchsbeschreibungen, wissenschaftlichen Vorträgen und Abhandlungen. (Steger 1998: 285)

Diese Modellierung erlaubt es, historische Texte und Textsorten mit Blick auf angenommene historische Kommunikationsbereiche zu sortieren. Sie ist in ihrem Bemühen um die Berücksichtigung der gesellschaftlichen Situierung und Funktionalität ein Gewinn gegenüber Zugängen, die diese Aspekte ausblenden. Dennoch ist die Modellierung vereinfachend und problematisch. Dies betrifft u.a. den Kommunikationsbegriff, die starke Betonung der Funktionalität sowie auch das Verständnis sozialer Situationen als vorgegebene, statische Kontexte

---

16 Vgl. zur Texttheorie Tophinke (2001).

für den Austausch kommunikativer Anliegen.[17] Es ist von interpretativen Ansätzen – etwa aus der Ethnomethodologie und der Wissenssoziologie, die Ende der 1970er/Anfang der 1980er Jahre in der Linguistik rezipiert werden (vgl. Schlieben-Lange 1979: 55ff.; Maas 1979: 157ff.) und auf ein anderes, dynamisch-konstruktives Verständnis sozialer Situationen verweisen – (noch) unbeeinflusst. Interpretative Ansätze machen deutlich, dass soziale Situationen sich nicht als vorgegeben fassen lassen, sondern sie dynamische Kontexte sind, die von den Akteuren in der (historischen) Sprachpraxis fortlaufend hergestellt und bestätigt werden müssen. Soziale Faktoren – Alter, Geschlecht, Beruf usw. – sind in diesem Sinne nicht per se relevant, sondern müssen in der Sprach- bzw. Schriftpraxis relevant gesetzt werden. Dies gilt auch für historische Texte, die anzeigen müssen, wie sie verstanden werden wollen, und die LeserInnen in einer bestimmten sozialen Rolle adressieren. Auch sind die historischen Textfunktionen, die sich mit der Nutzung von Schriftlichkeit verbinden, den Texten nicht vorgeschaltet, sondern werden in der Auseinandersetzung mit Schriftlichkeit entdeckt und sprachlich in den Texten markiert. Sie sind in ihrem Entstehen selbst erklärungsbedürftig.[18]

Interpretative Zugänge, die in diesem Sinne die Schriftpraxis bzw. die Praktik des Schreibens stärker in den Blick nehmen, finden in der sprachhistorischen Forschung allerdings in den 1980er Jahren nur vereinzelt Berücksichtigung. Dies gilt etwa für Maas (1988), der die Unterscheidung „literater" und „orater" Strukturierung, die der Unterscheidung von Nähe- und Distanzsprache ähnelt, auch auf sprachhistorische Verhältnisse bezieht. Im Zusammenhang von Forschungen zum sog. Schriftsprachenwechsel im 16./17. Jahrhundert hebt er aus historisch-sprachsoziologischer Perspektive hervor, dass es u.a. auch die praktische, sozial-situative Spezifik des Schreibens ist, die Einfluss auf die Textstruktur nehmen kann. Das Schreiben ist „praktisch" kommunikativ „entlastet" (Maas 1988: 99) und unterscheidet sich darin vom Sprechen in einer Face-to-Face-Situation. Wo diese Entlastung zur Arbeit am Text genutzt wird, kann sich – dies ist nicht zwingend der Fall – ein „literater Stil" (Maas 1988: 100) erge-

---

[17] Diese spezifische, von historischen Kommunikationsbedürfnissen ausgehende Modellierung sprachgeschichtlicher Entwicklungen bestimmt manche sprachgeschichtlichen Darstellungen bis heute; vgl. dazu etwa die 9. Auflage der „Geschichte der deutschen Sprache" von Schmidt (2004), in der schriftgeschichtliche Entwicklungen unter Bezug auf „Kommunikationsgruppen und Funktiolekte" (Schmidt 2004: 104) beschrieben werden. Die Medialität ist hier nachgeordnet.
[18] Vgl. dazu Tophinke (1999a) am Beispiel städtisch-amtlicher Schriftlichkeit im mittelniederdeutschen Sprachraum des 14./15. Jahrhunderts.

ben.[19] Dennoch bleiben Sprechen und Schreiben aufeinander bezogen, da die gesprochensprachlichen Strukturen eine transmediale Gestaltungsressource sind und sie auch historisch den Zugang zur Schriftlichkeit mitbestimmen.[20] Ist das Modell in der Annahme „orater" und „literater" (Text-)Strukturen mit dem Nähe-Distanz-Modell von Koch/Oesterreicher vergleichbar, setzt es dadurch, dass es von den Bedingungen des Schreibens als Praktik ausgeht, theoretisch anders an.

Dass Schriftlichkeit nicht eine von zwei medialen Optionen ist, gilt überdies auch mit Blick auf die gesellschaftliche Verfügbarkeit der Schriftlichkeit (vgl. Maas 1984). Schriftlichkeit ist sprachgeschichtlich gesehen – und dies gilt in mancherlei Hinsicht auch noch gegenwärtig – keine allgemein zugängliche Ressource, sondern ein exklusives Medium, zu dem nur bestimmte gesellschaftliche Gruppierungen Zugang haben bzw. erhalten.[21]

2.2.2 (Technische) Mediengeschichte

Man kann die genannten Forschungsrichtungen von mediengeschichtlichen Perspektiven abgrenzen, die deutlicher – auch in einem technischen Sinne – die Medialität fokussieren und deren Einfluss auf den Sprachwandel und auf historische Textualität untersuchen. Dass etwa der Buchdruck zentralen Einfluss auf die Sprachentwicklung hatte, ist weitgehend Konsens der Sprachgeschichtsforschung (vgl. Giesecke 1992; von Polenz 2000: 114; Koch 2010: 179). Giesecke (1979, 1992, 2007) rückt den Buchdruck als medientechnische Innovation in das Zentrum seiner sprachgeschichtlichen Überlegungen. Ausgehend von einer Kritik an der Marginalisierung medialer und medientechnischer Fragen in der historischen Forschung zeigt Giesecke (1992: 290ff.) am Beispiel von medizinisch-pharmazeutischen Texten des 15. und frühen 16. Jahrhunderts, wie der Buchdruck Konzeption und Lexikogrammatik dieser Texte beeinflusst. So unterscheiden sich die Texte, die gezielt für den Buchdruck geschrieben werden, von solchen, die ursprünglich nicht für den Druck gedacht waren. Bieten letzte-

---

[19] Zur Weiterentwicklung des Modells und terminologischen Änderungen vgl. Maas (2010).
[20] Maas verweist in sprachhistorischer Perspektive auf die Relevanz gesprochensprachlicher Strukturen für die Schriftsprache: „Die Strukturen bzw. die Kategorien zum Strukturieren der schriftsprachlichen Form sind aber zunächst die, die in der oralen Praxis ausgebildet worden sind, die bei der Aneignung der Schriftsprache modifiziert werden." (Maas 1988: 105)
[21] Maas (1984: 565) nennt bespielhaft die „Verkünstlichung der Schriftsprachnormen, die ihre Aneignung für die Mehrheit erschweren".

re heterogene Darstellungen von praktischen Erfahrungen im Umgang mit den Pflanzen (Giesecke 1992: 292), stellen die späteren Texte, die gezielt für den Buchdruck verfasst werden, textlich organisierte Pflanzenbeschreibungen dar, die – in Kombination mit Abbildungen – das Wiedererkennen der Arzneipflanzen ermöglichen sollen. Dies entspricht einer Schärfung der Funktionalität der Texte, die einhergeht mit einer auf Verständlichkeit zielenden lexikogrammatischen Optimierung.

Ähnlich lässt sich auch für Texte, die in handschriftlichen Schreibpraxen entstehen, zeigen, dass sie sich vom 13. bis zum 16. Jahrhundert syntaktisch verändern, was sich u.a. auf ihre Optimierung für das Lesen zurückführen lässt. Im Bereich der mittelniederdeutschen Statuarrechte etwa entwickeln sich stärker dekontextualisierte und zunehmend verdichtete Konstruktionen (vgl. Tophinke/Wallmeier 2011; Tophinke 2012).

3 Das Nähe-Distanz-Modell im Lichte schrifthistorischer Beobachtungen

Wie Koch/Oesterreicher (1985) bereits im Titel[22] anzeigen, wollen sie mit ihrem Modell sowohl einen sprachtheoretischen als auch einen sprachhistorischen Beitrag leisten. In der Relevantsetzung von „Text" und „Diskurs"[23] und dem Bezug auf Kommunikationsbedingungen ist ihr Ansatz den text- und soziolinguistischen Forschungen zuzuordnen, stellen sie selbst aber auch Bezüge zu gesprächsanalytischen Fragestellungen her (Koch/Oesterreicher 2011: 28). Auch knüpfen sie mit ihren diasystematischen Annahmen an varietätenlinguistische Überlegungen an und zeigen deren sprachhistorische Relevanz (Koch/Oesterreicher 2011: 16ff.).

Das Nähe-Distanz-Modell bietet terminologische Unterscheidungen, die dabei helfen, (sprachhistorische) beobachtete Phänomene – auch in ihrer Entwicklung – präziser und angemessener zu beschreiben. Koch/Oesterreicher kommt das Verdienst zu, dass Bezeichnungen wie „geschrieben", „gesprochen", „schriftlich", „mündlich" reflektiert(er) verwendet werden, sie jeweils in ihrem Bezug auf konzeptionelle, mediale und/oder kulturelle Phänomene, Tex-

---

22 „Sprache der Nähe – Sprache der Distanz. Mündlichkeit und Schriftlichkeit im Spannungsfeld von Sprachtheorie und Sprachgeschichte"
23 Koch/Oesterreicher (2011: 27) merken an, dass sie den Terminus „Text", anders als dies in der Textlinguistik der Fall ist, ausschließlich für „Distanzdiskurse" verwenden.

te und Praktiken geklärt werden. Das Nähe-Distanz-Modell erlaubt es nicht nur, Unterschiede zwischen Texten und Textsorten bzw. Diskursen und Diskurssorten innerhalb eines Mediums zu fassen, sondern bietet auch die Möglichkeit, konzeptionelle Ähnlichkeiten zwischen Texten bzw. Diskursen unterschiedlicher Medialität zu fassen.[24] Nicht zufällig ist das Nähe-Distanz-Modell häufig in der Analyse digitaler, dialogischer Schriftlichkeit herangezogen worden, deren konzeptionelle Ähnlichkeit mit der medialen Mündlichkeit in Face-to-Face-Interaktionen es auf einfache Weise darstellt. Gleichzeitig bietet das Modell einen Theorierahmen, der einzelsprachübergreifend anwendbar ist. Koch macht diese übereinzelsprachliche Zielstellung in einer historischen Perspektive explizit:

> Die externe Sprachgeschichte gilt als derjenige Bereich menschlicher Sprache, in dem die völlige Kontingenz und Idiosynkrasie herrscht. Im Hinblick auf die politischen, sozialen, wirtschaftlichen und kulturellen Entwicklungen, die hier wirken, scheinen die einzelnen Gesellschaften und historischen Epochen untereinander völlig inkommensurabel zu sein. Es soll nun im Folgenden gezeigt werden, dass uns das Nähe-Distanz-Modell durchaus einen Maßstab bietet, um das scheinbar Unvergleichbare vergleichbar zu machen. (Koch 2010: 156)

Gleichwohl wirft das Modell Fragen auf. Sie betreffen die medialitätsneutrale Konzeption sowie den universalen Anspruch des Modells und sollen im Folgenden in einer sprach-/schrifthistorischen Perspektive diskutiert werden.

3.1 Medialitätsneutralität?

3.1.1 Medienwechsel

Konstruktionen lassen sich von der Mündlichkeit in die Schriftlichkeit übertragen und umgekehrt gilt dies auch. So können mündliche Konstruktionen – wie in 2.2.1 beschrieben – Gestaltungsressource für schriftliche Texte sein.[25] Dies gilt

---

[24] Vgl. dazu Elspaß (2012: 157), der das Modell ausdrücklich würdigt: „The traditional distinction between ‚spoken language' and ‚written language' is simplistic and even misleading. To arrive at an adequate understanding of the nature of ‚speech', ‚spoken language', and/or ‚orality', it is essential to place these notions into an integral model. Such a model is provided by Koch and Oesterreicher (1985: 1994) and their notion of ‚language of immediacy' (Sprache der Nähe) vs. ‚language of distance' (Sprache der Distanz)".
[25] Vgl. hierzu auch Maas (1984: 564): „Ein schriftsprachlicher Stil kann auch die mündliche Rede prägen, ebenso wie man gewissermaßen spontane Rede schriftlich darstellen kann".

insbesondere auch in sprachgeschichtlicher Hinsicht. Die Möglichkeit des „Medien-Wechsels" (Koch/Oesterreicher 2007: 349) ist zentral für das Nähe-Distanz-Modell. Wie Koch/Oesterreicher (2007: 359) schreiben, zeige sie sich etwa im Chat; dieser sei „eines der schönsten Beispiele dafür, daß im graphischen Medium eine relative, natürlich immer limitierte Annäherung an dialogische, spontane Nähesprachlichkeit möglich ist" (Koch/Oesterreicher 2007: 359).

In der theoretischen Fundierung ihres Modells greifen Koch/Oesterreicher (1994, 2007) dabei das Konzept der „medium transferability" (Lyons 1981: 11) auf. Die „Verschriftung" wird als „medium transfer" gefasst und terminologisch von der „Verschriftlichung", der Verschiebung innerhalb eines Mediums in Richtung Distanz-Pol, unterschieden (Koch/Oesterreicher 1994: 585). Konzeption und Medium sind in dieser theoretischen Fundierung systematisch entkoppelt.

Folgt man dieser Modellierung und nimmt man die theoretische Anknüpfung an das Konzept von Lyons (1981: 11) ernst, so ergibt sich eine im Kern medialitätsneutrale Modellierung. Denn es wird nur ein Nähe-Distanz-Kontinuum angenommen, das für beide Medien gilt und das mithin nur solche Eigenschaften enthalten kann, die transferierbar sind und in beiden Medien vorkommen (können).[26] Was unter „Konzeption" zu verstehen ist, ist in diesem Sinne negativ bestimmt. Es sind medienneutrale formale Eigenschaften, die „den sprachlichen Duktus" (Koch/Oesterreicher 2011: 3) betreffen: „z.B. syntaktische Planung, Textkohärenz, verwendete Varietäten etc." (ebd.).

Medienspezifische Eigenschaften und Entwicklungen bleiben ausgeblendet, wie etwa die Herausbildung orthografischer Regelungen, die nach Koch/Oesterreicher ein „rein mediales Problem" (2011: 14) darstellt. Die Herausbildung orthografischer Regelungen wird zwar als Teilprozess der historischen Verschriftlichung von Sprachen erwähnt, aber als konzeptionell nicht relevant angesehen (Koch/Oesterreicher 2011: 137). Entsprechend bleiben etwa Abkürzungen oder Emoticons in den digitalen Medien, die als rein graphische Phänomene betrachtet werden, unberücksichtigt:

> Was die durchaus innovativen, rein graphischen Verfahren, also Abkürzungen und Emoticons, wie etwa (deutsch) *hdl* oder :-) angeht, so sind diese varietätenlinguistisch völlig irrelevant, aber immerhin im Blick auf die spontaneitätsfördernde Schreibgeschwindigkeit von Belang. (Koch/Oesterreicher 2011: 14)

---

26 Dies ist ähnlich bei Maas (1988), der sich dabei gegen die Annahme getrennter „Kompetenzen" im Sinne mehrerer Grammatiken wendet: „Dieser Überlegung liegt das Postulat von der letztlichen Einheit der kognitiven Verarbeitung der Sprachpraxis zugrunde (also die Annahme von „Übersetzungsregeln" für die Varianten innerhalb *einer* Kompetenz – gegen das Postulat mehrerer Kompetenzen entsprechend den verschiedenen Varianten)." (Maas 1988: 105)

Auch die „Kommunikationsbedingungen" werden medialitätsneutral begriffen. Annahme ist, dass es sich um „universale, quasi anthropologische Merkmale der Kommunikation" (Koch/Oesterreicher 2007: 352) jenseits der mediengebundenen medialen Konkretisierung handelt. Das Medium – die Mündlichkeit bzw. die Schriftlichkeit – ist dabei nicht selbst Kommunikationsbedingung. Die Medien bündeln vielmehr die Bedingungen (in variierender Ausprägung) und gehören zur „historisch-einzelsprachlichen Konkretisierung" (Koch/Oesterreicher 2011: 10). Um ihre medienneutrale Perspektive zum Ausdruck zu bringen, sprechen Koch/Oesterreicher (1994) auch von der „Sprache der Nähe" bzw. der „Sprache der Distanz" (1994: 588).

Koch/Oesterreicher (2011: 10) fassen die Kommunikationsbedingungen auch als Dimensionen eines „vieldimensionalen Raum[s]", innerhalb dessen sich alle konkreten Ausprägungen konzeptioneller Gestaltung verorten lassen.[27] Die Medialität – insbesondere die Schriftlichkeit – ist dabei keine Dimension dieses Raums, da Mündlichkeit und Schriftlichkeit als Medien kein Kontinuum bilden können. Sie kommt erst als kontingente Eigenschaft der historisch und einzelsprachspezifisch variierenden Konkretisierung ins Spiel. Koch argumentiert, dass Medialität nicht als universal begriffen werden könne, da es auch Gesellschaften ohne Schrift gebe:

> Hinzu tritt freilich gemäß Abbildung 1 noch der Aspekt des Mediums (phonisches/graphisches Medium), der im strengen Sinne selbstverständlich nicht universal ist, da ja grundsätzlich auch schriftlose Gesellschaften in die Betrachtung mit einzubeziehen sind. Aus Sicht des Modells ist dies jedoch gerade kein Problem, da das obere Dreieck (= graphisches Medium) jederzeit „weggedacht" werden kann, womit sich – aus einem universalen Blickwinkel – einfach eine zusätzliche Differenzierungsmöglichkeit ergibt, wo sich dies als notwendig erweist: Beschränkung auf das untere Dreieck in rein oralen Kulturen vs. Einbeziehung des gesamten Parallelogramms in literalen Kulturen. (Koch 2010: 159)

Hier lässt sich einwenden, dass schriftlose Gesellschaften zwar nicht über Schriftlichkeit verfügen, es aber dennoch Medialität, nämlich Mündlichkeit gibt.

Koch/Oesterreicher (2011: 136f.) nehmen in einer sprachhistorischen Perspektive weiter an, dass Sprachen in Prozesse der Verschriftlichung eintreten, in denen Distanzsprachen entwickelt und stabilisiert werden. Das Nähe-Distanz-Kontinuum wird ausgebaut und erweitert. Hierzu rechnen sie Prozesse wie die Standardisierung, d.h. die Etablierung eines Standards für die Distanz-

---

[27] Vgl. auch Koch (2010: 158): „Jede menschliche Sprechtätigkeit muss sich eo ipso an den betreffenden Parametern orientieren".

sprache und deren Kodifizierung, sowie den extensiven und intensiven Ausbau. Extensive Ausbauprozesse bestehen darin, dass Schriftlichkeit in immer mehr gesellschaftliche Bereiche eindringt, intensiver Ausbau dokumentiert sich darin, dass Sprachen distanzsprachliche „Sprachmittel" entwickeln (Koch/Oesterreicher 2011: 136).[28] Ein weiterer Aspekt ist die „Regularisierung der Orthographie", die sie – wie erwähnt – als konzeptionell nicht relevant beschreiben. Die Existenz einer überdachenden Distanzsprache wird im Nähe-Distanz-Modell zum Definiens für eine historische Einzelsprache: „Eigentlich ist es erst die Überdachung durch eine bestimmte Distanzsprache, die die Einheit einer historischen Einzelsprache konstituiert." (Koch/Oesterreicher 2011: 137)

3.1.2 Argumente für die Medialitätsbindung (historischer) schriftlicher Textualität

Die medienneutrale Konzeption ist von philosophischer (Krämer 1996; Waldenfels 1999) und auch von linguistischer Seite (Jäger 2010; Holly 2011: 145) kritisiert worden. Zentraler Kritikpunkt ist, dass medialitätsspezifische Eigenschaften wie die „Schriftbildlichkeit" (Krämer 2010: 18) sowie medialitätsspezifische Eigenschaften theoretisch ausgeblendet werden, aber relevant sind:

> Vielmehr wird überall da, wo Schrift in Gestalt von Texten vorkommt, von der Zweidimensionalität der Fläche Gebrauch gemacht, indem unaussprechliche Anordnungsrelationen Unterschiede in simultaner Präsentation auszudrücken ermöglichen, welche in der flüchtigen Sukzession der gesprochenen Sprache kein Vorbild finden. (Krämer 2010: 18)

Schriftlichkeit sei bei Reduzierung auf konzeptionelle Aspekte, die sich medial transferieren lassen, nicht angemessen verstanden. Die Besonderheit von Schrift bestehe „in der Verschränkung von diskursiven und visuellen, von linguistischen und graphischen Aspekten" (Krämer 2010: 13). Waldenfels kritisiert die Annahme einer medialen Dichotomie, die „Übergangsphänomene" in der Praxis verkennt:

> Einer solchen Dichotomie entgehen offenkundige Übergangsphänomene wie die Beteiligung der Motorik am Lesen, auch am leisen Lesen, oder der vergewissernde Blick, mit dem wir dem Redenden „aufs Maul schauen" und ihm die Worte vom Munde ablesen. In diesem Sinne hat das Gesprochene stets einen bimedialen Charakter. (Waldenfels 1999: 22)

---

[28] Koch (2011: 180) weist explizit darauf hin, dass das Modell nicht teleologisch gedacht sei, etwa auch ein „Rückbau", d.h. der Verlust distanzsprachlicher Formen, berücksichtigt sei.

Ähnlich kritisiert aus linguistischer Sicht Holly (2011: 146), dass die „bipolare Profilierung doch der medialen Vielfalt tatsächlicher Kommunikationen nicht gerecht" werde. Schmitz (2010: 409) weist darauf hin, dass man über „konzeptionelle Bi- und Multimodalität" nachdenken müsse.

Als schwierig erweist sich vor allem, dass – nimmt man die theoretische Trennung von Konzeption und Medium ernst – die Verschränkung von Grammatikalität und Medialität in dem Modell nicht (angemessen) abbildbar ist. Geschriebene Sprache macht in ihrer Gliederung grammatische Eigenschaften sichtbar, markiert durch Spatia, Satzzeichen und andere Auszeichnungsmöglichkeiten Wörter und Sätze.[29] Gesprochene Sprache ist – in ihrer auditiven Präsenz – anders, und zwar rhythmisch-intonatorisch gegliedert. Geschriebene Sprache nutzt – weiter – auf Textebene Absätze und andere Markierungen zur visuellen Textgliederung, die keine direkte Entsprechung in der Mündlichkeit haben. „Klangbild und Schriftbild sind nicht einfach homolog", wie Waldenfels (1999: 44) betont. Auch Deppermann/Linke betonen die Medialitätsbindung:

> Mit „Stimme" und „Schrift" sind prototypisch vollkommen verschiedene Konstitutionsbedingungen sprachlicher Praxis angesprochen. [...] Diese Faktoren liefern Explananda für die Funktionen, Formen, Regeln und Realisierungs- und Verwendungspotenziale der verschiedenen Erscheinungsformen von Sprache. (Deppermann/Linke 2010: VIII)

Auch aus konstruktionsgrammatischer Sicht ist die Annahme der medialen Übertragbarkeit schwierig, denn sie bezieht sich nur auf die Formseite. Fasst man Konstruktionen als Einheiten mit einer formalen und einer semantisch-pragmatischen Seite (vgl. Croft/Cruse 2004: 247; Langacker 2008: 15ff.), handelte es sich nur dann um dieselbe Konstruktion, wenn formale und semantisch-pragmatische Eigenschaften unverändert blieben. Dies dürfte aber wohl kaum der Fall sein. Tendenziell leichter übertragbar dürften stark schematische Konstruktionen sein,[30] die auch eine stärker schematische Semantik besitzen und stärker dekontextualisiert sind, d.h. weniger textuell und praktisch-medial gebunden sind. Stärker spezifische Konstruktionen, „idiomatische Prägungen" (Feilke 1996: 216f.), bringen – auf der semantisch-pragmatischen Seite – ihre

---

[29] Vgl. auch Raible: „One of the great advantages of written texts is the two-dimensional nature of the page. Layout makes use of the respective possibilities in marking chapters, paragraphs, and so on." (Raible 1998: 10)
[30] Konstruktionen mit hohem Schematisierungsgrad lassen sich von stärker spezifischen und etwa auch lexikalisch (teil-)spezifizierten Konstruktionen unterscheiden, die als solche – tendenziell – auch eine stärkere semantische, pragmatische, textuelle oder situative Kontextbindung aufweisen (vgl. Croft/Cruse 2004: 255).

Bedeutung in den neuen Kontext ein, sodass sich Kontextualisierungseffekte ergeben.[31] Gleichzeitig werden sie in semantisch-pragmatischer Hinsicht im neuen Kontext aber auch verändert. Konstruktionen bilden in diesem Sinne eine Gestaltungsressource und können auch transferiert werden. Dies ist aber niemals eine rein formale Übernahme, sondern geht mit gewollten oder unbeabsichtigten semantisch-pragmatischen Veränderungen und Effekten einher.

Auch in historischer Perspektive ist die medialitätsneutrale Anlage des Modells problematisch, sind doch Ausbauprozesse gerade an die Schriftlichkeit gebunden, wie Koch (2010: 166) auch selbst herausarbeitet. Anzunehmen ist, dass die Entlastung aus kommunikativen Zusammenhängen, die für die Praxis des Schreibens, d.h. die Produktion des Textes konstitutiv ist, sowie – damit verbunden – die Möglichkeit der Fokussierung auf die schriftsprachliche Aufgabe Ausbauprozesse begünstigt und befördert. Vgl. hierzu Krämer, die auf diese besonderen Bedingungen des Schreibens und deren kulturelle Konsequenzen hinweist:

> Und doch ist es gerade die Außerkraftsetzung von Interaktion, die innerhalb der europäischen Kulturgeschichte neuartige und zugleich basale kognitive und ästhetische Potenziale freisetzte. (Krämer 2000: 104)

Schreiben erlaubt die Konzentration auf die sprachliche Aufgabe der Herstellung eines Textes. Die Fixiertheit des schriftlichen Textes macht ihn zum Reflexionsgegenstand und hält ihn für Korrekturen und Bearbeitungen zugänglich. Schreiber – und auch Leser – können lokale Textstrukturen, etwa auch Satzstrukturen, fokussieren, ohne Gefahr zu laufen, die globale Textstruktur aus dem Blick zu verlieren. Unter entsprechenden Bedingungen können sich dann – sofern dies in der Schriftpraxis attraktiv oder relevant ist – Darstellungstechniken entwickeln, die die empraktischen Bindungen an Produktions- und Verwendungskontexte stärker lösen, die Inhalte stärker schematisiert und verdichtet präsentieren. Dies vergrößert den strukturellen Spielraum, und es wird eine „literate" Konzeption des Textes möglich (vgl. Maas 2010). Entsprechend ist anzunehmen, dass bestimmte Sprachentwicklungen ohne die Schriftlichkeit nicht eingetreten wären;[32] vgl. in kritischem Bezug auf Koch/Oesterreicher Kabatek:

---

31 Lötscher (2010: 112) weist auf den „semiotischen Wert" von „Sprachmustern" hin.
32 Auch Behaghel (1927: 221) hat darauf hingewiesen, dass die geschriebene Sprache teilweise ganz eigene Formen entwickelt habe, die es in der gesprochenen Sprache gar nicht gebe: „[...] sondern sie hat Erscheinungen ausgebildet, die nicht früher gewesen sind und außerhalb der Schriftsprache nirgends angetroffen werden".

Außerdem gerät bei der Ersetzung medial geprägter Begrifflichkeiten (wie etwa „konzeptionelle Mündlichkeit und Schriftlichkeit") durch *Nähe* und *Distanz* der tatsächlich mediale Aspekt der Unterscheidung aus dem Blickfeld. Denn in Schriftkulturen wären zahlreiche Sprachentwicklungen ohne die Existenz einer Schriftsprache undenkbar – und dies obwohl selbstverständlich auch eine „Distanzsprache" in schriftlosen Gesellschaften existiert. (Kabatek 2003: 203)

Auch Koch/Oesterreicher heben deutlich hervor, dass Schriftlichkeit innere Ausbauprozesse begünstigt (Koch/Oesterreicher 2011: 136ff.), es also einen Zusammenhang von Grammatikalität und Medialität gibt. Das Problem ist, dass sich dies im Rahmen des Modells, nimmt man dessen Architektur ernst, nicht angemessen darstellen lässt. Es ist die Kehrseite der systematischen Trennung von Konzeption und Medium, dass medial-praktische Bindungen und Bedingtheiten der Konzeption kaum zu fassen sind.

3.1.3 Exemplarisch: Zur Medialitätsbindung der Genese der kaufmännischen Buchführung im Hanseraum des 13. bis 16. Jahrhunderts

Goody hat in seiner anthropologischen Perspektive darauf hingewiesen, dass die frühen Formen der Schriftlichkeit, bei denen es sich um Verwaltungs- und Wirtschaftsschriftlichkeit handelt, der Mündlichkeit sehr fern stehen. Sie werden – in diesem Sinne – autonom im Medium der Schriftlichkeit entwickelt:[33]

> Besonders in den frühen Phasen von Schreibkulturen, das heißt in den ersten eineinhalbtausend Jahren der dokumentierten Menschheitsgeschichte, hat man es mit Materialien zu tun, die der gewöhnlichen Rede, ja dem Modus mündlicher Rede überhaupt ganz und gar fern stehen. Die charakteristische Form, die sich in diesen Materialien abzeichnet, nämlich die Liste, kommt in der mündlichen Kommunikation überhaupt kaum vor (es sei denn manchmal im Zusammenhang von Ritualen). (Goody 2012: 346)

Dies gilt auch für solche Listen, die sich aus nicht-listenartigen Texten entwickeln, wie dies etwa im Kontext der Buchführung des Hansekaufmanns der Fall war, die Ende des 13. Jahrhundert einsetzt (Tophinke 1999b: 187ff.). Es entsteht das Rechnungsbuch („rekensboek"), das Schriftlichkeit mnemotechnisch als externen Speicher zur Kontrolle und zum Ausbau des Handels nutzt. Für die

---

[33] Koch (1997: 51) geht davon aus, dass sich die frühesten Listen aus Praktiken des Notierens in einem „körperexternen Medium" (Knoten, Einkerbungen, ...) entwickelt haben, wobei er darauf hinweist, dass sie „in ein Umfeld relativer kommunikativer Nähe" (Koch 1997: 53) eingebunden waren, das das Verstehen der Liste sicherte.

Buchführung ist ein Umfeld mündlicher Praktiken anzunehmen, in denen die verbuchten Sachverhalte (Warenverkauf, Wareneinkauf, Geldverleih, Kreditierungen usw.) verhandelt wurden. Sie entsteht aber nicht als Verschriftung von Mündlichem. Die Verbuchungsmuster, die das Rechnungsbuch verwendet und entwickelt, haben kein Modell in der Mündlichkeit, sondern dokumentieren die Orientierung an der städtisch-amtlichen Schriftlichkeit. Modell ist die Beurkundung von Privatgeschäften in den Schuldbuchabteilungen der Stadtbücher, wie dies im Hanseraum des 13. und 14. Jahrhunderts zur Absicherung von größeren Geschäften üblich ist. Diese Praxis ermöglicht es dem Kaufmann, ggf. unter Verweis auf den Stadtbucheintrag ausstehende Schulden gerichtlich einzuklagen. Die Kaufleute sind mit dieser Praxis vertraut und kennen auch das Beurkundungsmuster. Die Aneignung des Musters und seine Nutzung im Rahmen der funktional verwandten privaten Geschäftsführung liegen nahe. Allerdings übernimmt das Rechnungsbuch – vereinfacht gesprochen – mit dem Muster der amtlichen Schuldbuchung auch deren Anspruch auf Beweiskraft. Dieser Anspruch, der an das Formulierungsmuster bindet, konkurriert mit den Anforderungen der Geschäftskontrolle und verhindert – tendenziell – die rasche Durchsetzung einer stärker listenförmigen Verbuchung.

Das Rechnungsbuch ist in seiner Entwicklung an die Medialität gebunden. Syntaktisch-textuelle Veränderungen und mediale Veränderungen, die das Layout, die Nutzung der Beschreibfläche und des Zeilenraums betreffen, hängen zusammen. Dies ist zunächst der Übergang vom Einzelblatt des 13. Jahrhunderts, das als Rotulus aufbewahrt wird, zu einem als Heft verwendeten Blattstapel, der dann geheftet wird. Es entsteht ein Buch, das „rekensboek", das als Sammelmedium für Buchungen auch textorganisierend eingesetzt wird (Tophinke 1999b: 187ff.). Dies zeigt etwa die gemeinsame Nutzung eines Buchs vom Anfang und vom Ende her, wie sie im 14. Jahrhundert die Lübecker Kaufleute Hermann Warendorp und Johann Clingenberg praktizieren. Dies dokumentiert sich aber auch in der Nutzung der gegenüberliegenden Seiten des aufgeschlagenen Buches zur getrennten Notierung von Geschäft und Resultat, wie sie das Rechnungsbuch des Danziger Kaufmanns Johann Pyre[34] aus der ersten Hälfte des 15. Jahrhunderts aufweist.[35] Ein wichtiger Schritt besteht in der graphischen Externalisierung der entstehenden listenartigen Textstruktur. Bilden die Buchungen des Lübecker Rotulus aus dem 13. Jahrhundert noch einen

---

34 Zu Johann Pyre, der in der Forschung lange Zeit fälschlich als Johann Pisz bezeichnet wurde, aus historischer Sicht ausführlich Orlowska 2012.

35 Vgl. dazu Raible (1994: 7), der auf die Relevanz des Layouts hinweist: „The advantage of these aids is enormous: the reader is not lost in an amorphous text."

fortlaufenden, blockartigen Text, beginnt nun jede Buchung in einer neuen Zeile. Dies deutet sich bereits in den „Kieler Bruchstücken" an und ist dann zunehmend systematisch der Fall. Der Zeilenwechsel zu Beginn jeder neuen Buchung wird zusätzlich mit einem Absatz verbunden, der die Buchungsgrenzen stärker hervorhebt. Gleichzeitig entsteht eine Beschreibfläche, die für spätere ergänzende Notierungen, z.B. über die erfolgte Schuldentilgung, genutzt werden kann. Sind die Buchungsgrenzen aufgrund solcher Nachträge nicht mehr erkennbar, werden Trennungslinien zwischen den Buchungen gezogen.

Betreffen diese Techniken die Abgrenzung der einzelnen Buchungen voneinander, kommt es dann an der Wende zum 15. Jahrhundert zu Veränderungen, die den einzelnen Buchungstext teilweise syntaktisch so verändern, dass eine Herausstellung der Warenwerte bzw. Schuldsummen am rechten Blattrand möglich wird, die die Entnahme der rechnerischen Informationen aus dem Text erleichtert. Dies findet sich in den Rechnungsbüchern des in Brügge tätigen Lübecker Kaufmanns Hildebrand Veckinchusen (geführt von 1399 bis 1420), im gemeinsamen Rechnungsbuch von Johann van Nuyss und Dietmar Bungert (geführt von 1427 bis 1434) und auch im Einkaufsbuch von Paul Mulich von 1495. Zusätzlich verbinden Linien den Buchungstext mit dem herausgestellten Wert in der Kolumne und stellen sicher, dass Warenwerte und Buchungstext richtig aufeinander bezogen werden (vgl. Tophinke 1999b: 193).

Hinzu kommen verschiedene Formen graphischer Markierung. So zeichnet Hildebrand Veckinchusen die Handelsmarken, die beim Transport oder im Lager den Besitzer der Waren markieren,[36] zum leichteren Wiederauffinden der einzelnen Notierungen über die jeweilige Buchung bzw. bei Personen- oder Gesellschaftskonten über den Buchungskomplex. Andere Kaufleute verwenden graphische Zeichen wie etwa kleine Kreise oder Kreuze als Markierungen, deren genaue Funktion allerdings nicht immer erschließbar ist. In den Aufzeichnungen der Kölner Kaufleute Nuyss und Bungert sowie in den Rechnungsbüchern von Hildebrand Veckinchusen zeigen klammernde Linien am Blattrand die Zusammengehörigkeit von Buchungsposten an.

Deutlich ist, dass solche Formen und Praktiken der graphischen Markierung in der sprach- bzw. texthistorischen Analyse zu berücksichtigen sind. Sie prägen im Falle der Rechnungsbücher nicht nur deren charakteristische „Schriftbildlichkeit", sondern unterstützen deren „Lesbarkeit" und Funktionalität.

---

36 „... de dede he my unde de hebbe ic Spyritus gedan demer loper, de sal se ju bryngen und de synt gemerket met dyssen merke" [Handelsmarken sind in den Text gezeichnet] (Stieda 1921: 23).

3.2 Universaler Erklärungsrahmen?

3.2.1 Universale Kommunikationsbedingungen und Versprachlichungsstrategien?

Das Nähe-Distanz-Modell zielt auf die Beschreibung der Konzeption als formaler Struktur. Das Nähe-Distanz-Kontinuum wird aufgespannt durch all die Formen einer Sprache, die – ungeachtet ihrer semantisch-pragmatischen Eigenschaften – potenziell transferierbar sind. Es wird als abhängig von universalen Kommunikationsparametern und universalen Versprachlichungsstrategien gedacht:[37] „Auf diese universal variierenden Bedingungen ‚reagiert' das sprechende Subjekt mit bestimmten ebenfalls universalen Versprachlichungsstrategien." (Koch/Oesterreicher 2011: 10)

Kommunikationsparameter und Versprachlichungsstrategien stecken in diesem Sinne den Spielraum ab, innerhalb dessen sich Konzeptionen „historisch-kontingent" (Koch/Oesterreicher 2007: 353) realisieren. Der Variabilität sprachlicher Situationen wird dabei einmal dadurch Rechnung getragen, dass variierende Parameterwerte auf einer bipolaren Skala angenommen werden, sodass sich das „konzeptionelle Relief" von Text- bzw. Diskurssorten darstellen lässt. Zum anderen ist sie dadurch berücksichtigt, dass angenommen wird, dass die Versprachlichungsstrategien durch „historisch-traditionale[r] Vorgaben" (Koch/Oesterreicher 2007: 353) bestimmt sind, und zwar durch „Diskurstraditionen" sowie durch die jeweiligen „Einzelsprachen und ihre Varietäten" (ebd.).

Diese Modellierung ist attraktiv, weil sie eine systematisierende Folie bietet, auf der sich (historische) Text- und Diskurssorten leicht abbilden und vergleichen lassen. Der universale Anspruch ist gleichwohl nicht unproblematisch. Ein erstes Problem besteht darin, dass die Parameter[38] sich nicht in gleicher Weise auf die Schriftlichkeit und die Mündlichkeit beziehen lassen. Dies gilt etwa für „Spontaneität" und „Reflektiertheit", die einander als Endpunkte einer Parameterskala zugeordnet sind (Koch/Oesterreicher 2011: 13). Fraglich ist, ob Spontaneität überhaupt für irgendeine Form (historischer) medialer Schriftlichkeit bestimmend sein kann. Was wäre spontanes Schreiben? Verlangt das Schreiben als Praktik nicht immer schon Reflektiertheit?

Auch erweist sich die universale Modellierung als problematisch, wenn man eine stärker interpretative Perspektive einnimmt. Denn diese Modellierung

---

[37] Zu den Kommunikationsbedingungen und Versprachlichungsstrategien vgl. im Einzelnen Koch/Oesterreicher (2011: 6ff.).
[38] Zur Kritik an den Parametern siehe Ágel/Hennig (2006) sowie Zeman i.d.B.

hält an einem Situationsbegriff fest, der deterministische und statische Züge hat. Dies steht den erwähnten interpretativen Ansätzen entgegen, die darauf verweisen, dass soziale Situationen einen dynamischen Charakter haben, sie im Zuge des Interaktionsgeschehens hergestellt und auch modifiziert werden.[39] Den Akteuren kommt damit eine aktive, konstruktive Rolle zu, sie „reagieren" nicht nur. Auch wird in einer interpretativen Perspektive der sozial-situative Kontext als stärker dynamisch begriffen. Er wird im offenen Prozess des sprachlich-interaktiven Geschehens hergestellt, bestätigt oder auch modifiziert. Weiter gilt in einer interpretativen Perspektive, dass „Versprachlichungsstrategien" nicht Reaktionen auf sozial-situative Bedingungen sind, sondern dass sie selbst dazu beitragen, den sozial-situativen Kontext herzustellen. Sie tragen – in verschiedener Hinsicht – zur Kontextualisierung bei und sind auch selbst durch ihre spezifische Funktionalität in dem betreffenden Kontext bestimmt. Gerade der Chat, den auch Koch/Oesterreicher (2007: 359) thematisieren und den sie als Beleg für die Möglichkeit der Übertragung von Konstruktionen anführen, ist hierfür ein Beispiel. Denn es handelt sich keinesfalls nur um einen Transfer von Konstruktionen. Was die gesprochensprachlichen Konstruktionen attraktiv macht und was ihre Adaptation motiviert, ist vor allem deren Kontextualisierungspotenzial im Rahmen der Definition digitaler, sozial-situativer Kontexte. Es geht u.a. um die Informalität, die an gesprochensprachliche Konstruktionen gebunden ist und die sie auf der Bedeutungsseite situationsdefinierend in den digitalen Kontext einbringen (vgl. Tophinke 2008: 154). Was aus einer formalen Perspektive wie eine „limitierte Annäherung" (Koch/Oesterreicher 2007: 359) erscheint, ist tatsächlich in der Sprachpraxis die Nutzung einer Kontextualisierungsressource. Dies verweist darauf, dass die semantisch-pragmatische Seite einer Konstruktion, der „semiotische Wert" (Lötscher 2010: 112), den sie besitzt, eine zentrale Rolle spielt.

---

39 Vgl. hierzu etwa das Konzept der „Kontextualisierung" (Gumperz 1982; Gumperz 1992), auch die ethnomethodologischen Forschungen, hier insbesondere die ethnomethodologische Konversationsanalyse; zu den interpretativen Ansätzen in einer weiten Perspektive auch Keller (2012).

3.2.2 Argumente für eine stärker auf Praxis und Praktiken bezogene Perspektive

Fox macht eine praktische Perspektive stark, bei der Sprache – in ihrer Grammatikalität – radikal von ihrer Fundierung in Praktiken aus gedacht wird.[40]

> In an everyday interaction, participants are not ‚using grammar', or ‚saying words' or ‚making phonemes', or any such linguistic-based notion; rather, they are telling jokes, insulting each other, marking arrangements to get together again, comforting each other, and so on. (Fox 2002: 95)

In der Perspektive auf Praktiken,[41] wie sie Fox hier einnimmt, verbinden sich Medialität und sozialer Handlungsbezug. Medialität ist dabei nicht einfach äußerliche Materialität, sondern Medium sinnstiftender und sinnsuchender Handlungen. Fox hat, wie die Beispiele zeigen, die Face-to-Face-Interaktion im Blick, doch gilt dies für schriftliche Praktiken in gleicher Weise. Grammatikalität entspricht dabei den sprachlichen Mustern (Konstruktionen), die Praxen und Praktiken wiederholbar machen und – dies gilt für die spezifischeren Konstruktionen – diese auch (wieder-)erkennen und unterscheiden lassen, wobei sie fortlaufend Prozessen der Restrukturierung und Resemantisierung unterworfen sind.

Stellt man in der Analyse auf schriftliche und mündliche Praxis bzw. Praktiken um, schließt dies eine bipolare Modellierung aus.[42] Text- und Diskurssorten sind aus einer auf Praktiken bzw. Praxis bezogenen Perspektive auch nicht unbedingt vergleichbar. Während das Nähe-Distanz-Kontinuum so Unterschiedliches wie ein Verkaufsgespräch und einen Gesetzestext in einen Zusammen-

---

[40] Ähnlich – allerdings in Bezug auf die gesprochene Sprache – nimmt Hopper eine praktische Fundierung von Grammatik an: „This is to say that what adults know, and what children learn, is not an abstract system of units with meanings and rules for combining them, but are integrated normative modes of interactive behavior and the accompanying social use of corporeal signs such as words and gestures." (Hopper 1998: 172)

[41] Zur aktuellen Diskussion über das Konzept der Praktik, das hier mit den Bezeichnungen „Praktik" und „praktisch" aufgerufen werden soll, aber nicht entfaltet werden kann, vgl. Reckwitz (2008, 2010); Vogel (2007); in linguistischer Perspektive auch Linke (2010). Street (2009: 336f.) fasst „literacy" als „social practise": „Literacy is a social practise, not simply a technical and neutral skill: that it is always embedded in socially constructed epistemological principles. The ways in which people adress reading and writing are themselves rooted in conceptions of knowledge, identity and being."

[42] Ähnlich stellt Linell fest: „All communication, cognition and action are situated and part of different genres or communicative activity types with their discrepant relevance conditions." (Linell 2009: 426)

hang bringt, lässt sich in praktischer Hinsicht hier aber kaum ein Zusammenhang erkennen. Das Führen eines Verkaufsgesprächs ist eine mündlich-dialogische Praktik; „Verkaufsgespräch" oder „Gespräch" sind Bezeichnungen, die es erlauben, auf das prozessual-ephemere Geschehen[43] als Sache, d.h. als Ganzes, zu referieren. Das Führen eines Verkaufsgesprächs ist Teil der sozialen Praktik des Kaufens in einem Geschäft und ist darin auch von nichtsprachlichen Praktiken begleitet. Ein Gesetzestext ist demgegenüber ein schriftlicher Text, der in einer professionellen Schreibpraxis verfasst wird. In seiner praktischen Verankerungen gibt es weder Überschneidungen noch Berührungen mit der sozialen Praktik des Kaufens in einem Geschäft.

Text- und Diskurssorten in Beziehung zu setzen, ist vor allem dann instruktiv und analytisch interessant, wenn diese selbst eine Bezugnahme erkennen lassen oder sie „praktisch" verbunden sind. Dies ist überall dort der Fall, wo sprachlich-textuelle Muster zur transmedialen sprachlichen Ressource werden, wie dies vielfältig geschieht, und auch dort, wo Text- und Diskurssorten bzw. die Praktiken, die sie hervorbringen, verflochten sind, d.h. voneinander abhängig sind, aufeinander folgen oder einander ergänzen.[44]

Folgt man diesen Überlegungen im Rahmen sprachhistorischer Forschungen, so geht es darum, textuelle und grammatische Entwicklungen ausgehend von ihrer praktisch-medialen Situierung in ihren konzeptionellen, graphematischen, schriftbildlichen und – natürlich – inhaltlichen Eigenschaften zu verstehen, sowie auch – andersherum – anhand der erhaltenen Texte historische Schriftpraxen und -praktiken zu rekonstruieren:

- Zu untersuchen sind die text- und schriftkulturellen Orientierungen, die sich in der Übernahme von Formulierungsmustern oder anderer schrifttextueller Eigenschaften zeigen, sowie auch deren Semantik und praktische Funktionalität.
- Zu rekonstruieren ist die Verflechtung und Abhängigkeit schriftlicher, mündlicher und nichtsprachlicher Praktiken in den verschiedenen Handlungsdomänen historischer Gesellschaften. Textsorten, etwa Kochbücher, sind auf nichtsprachliche Praktiken bezogen, deren Ausführung sie be-

---

[43] Tonaufnahmen ermöglichen zwar eine Verdauerung und eröffnen die Option, das Gespräch in Gänze erneut zu hören, jedoch bleibt das Gespräch phänomenal ein Prozess in der Zeit.
[44] Mit Reckwitz (2010: 191) ließe sich in diesem Fall von einem „Ensemble von Praktiken" sprechen.

schreiben. Die Genese schriftlicher Textsorten kann von der Entstehung mündlicher Praktiken begleitet sein.[45]
- Zu berücksichtigen ist schrifthistorisch auch die Unterscheidung zwischen konzeptioneller Arbeit am Text und schreibtechnischer Ausführung.[46]
- Zu beschreiben und zu verstehen ist die Grammatikalität der historischen Texte, und zwar ausgehend von ihrer spezifischen praktisch-medialen, situativen Fundierung. Syntaktischer Ausbau, d.h. die Entwicklung integrativer, distanzsprachlicher Darstellungsmöglichkeiten, ist vor allem im Bereich des Rechts wahrscheinlich, wo ein Bedarf an dekontextualisierten, verdichteten und expliziten Darstellungsmöglichkeiten von Rechtssachverhalten besteht (vgl. Tophinke 2012).
- Zu untersuchen ist auch die politische Dimension historischer Schriftlichkeit.

In der Perspektive auf Praktiken ist, wie eingangs erwähnt, die Medialität immer mitgedacht, kann aber in der Analyse stärker relevant gemacht werden. So kann die Bedeutung von historischen Beschreibmaterialien oder Schrifttypen und Schriftgestaltungen stärker untersucht werden. In schriftlinguistischen und schrifthistorischen Darstellungen geschieht dies erst seit jüngerer Zeit (Spitzmüller 2012). Ludwig (2005) etwa argumentiert in seiner „Geschichte des Schreibens", dass nicht die wechselnden Materialien bzw. Schreibtechniken Schriftlichkeit ausmachen, sondern vielmehr Eigenschaften, die Schrifttexte bzw. das Schreiben unabhängig von den Materialien bestimmen: „Beständigkeit", „Räumlichkeit", „Anschaulichkeit", „Bearbeitbarkeit" (Ludwig 2005: 20). Richtig ist, dass diese Eigenschaften für Schriftlichkeit konstitutiv sind. Dennoch ist es für das Verständnis von Schrift wichtig, die materiale Dimension nicht auszublenden. Denn Materialität und Technik können die Bedeutung und die Wirkung des Schreibprodukts mitbestimmen. So drückt sich etwa im Graffiti – um ein aktuelles Beispiel heranzuziehen – die Aggressivität auch darin aus, dass Techniken des Ritzens, Kratzens, Ätzens und Besprühens gewählt werden,

---

45 Dies gilt etwa für die mündlichen Praktiken des öffentlichen Verlesens von städtischen Rechtssatzungen (vgl. Maas 1985a: 59; Mihm 1999: 45; Tophinke 2009: 177ff.).
46 Maas (1985a: 57) weist darauf hin, dass zwischen dem Konzipieren schriftlicher Texte und dem Schreiben als Technik in der Antike und im Mittelalter zu trennen ist: „Die literate Kultur der Antike und des Mittelalters war in merkwürdiger Weise mündlich: Schreiben kam in der Karriere der Gebildeten allenfalls im Anfangsunterricht (auf Wachstafeln) vor [...]; und schließlich verlief die konzeptionelle Arbeit bei denen, die kreativ tätig waren, nicht weniger mündlich – *konzipieren* war synonym mit *dictare*."

die in die Oberfläche der Beschreibfläche eindringen und diese angreifen (vgl. Papenbrock/Tophinke 2012).

3.2.3 Exemplarisch: Zur praktischen Fundierung des kaufmännischen Rechnungsbuchs im Hanseraum des 13. bis 16. Jahrhunderts

Ein kurzer Blick auf das hansische Rechnungsbuch kann die theoretischen Überlegungen zur praktischen Fundierung exemplarisch veranschaulichen.[47]

Die Entwicklung des Rechnungsbuchs setzt – wie erwähnt – Ende des 13. Jahrhunderts ein. Sie ist Teil einer umfassenden Verschriftlichung der Handelspraxis. Ihre Voraussetzungen sind das Sesshaftwerden des Kaufmanns in den Städten sowie die Einrichtung von Kontoren, in denen Detailhandel betrieben, von denen aus aber auch der Fernhandel organisiert wird.[48] Neben dem Rechnungsbuch, das bis zum 15. Jahrhundert zum unentbehrlichen Kontrollinstrument für die expandierenden Handelsgeschäfte wird, ist die Schriftpraxis durch eine Reihe kleinerer Formen bestimmt (Briefe, Notizzettel, Quittungen usw).[49] Diese dokumentieren eine komplexe Schriftpraxis mit differenzierten Schriftpraktiken im Dienste der Geschäftskontrolle. Dies findet seinen äußerlichen Ausdruck etwa in der Einrichtung einer Schreibkammer („scrivekamer[en]"), die hauptsächlich dem Schreiben dient. Auch gibt die zeitgenössische Portraitmalerei dem Kaufmann Bücher und Schriftstücke als Attribute bei.[50]

Die Entwicklung des Rechnungsbuchs erhält wesentlichen Anstoß dadurch, dass die Kaufleute die Beurkundung von Geschäften in das Stadtbuch als Modell für die private Buchführung entdecken und sich in der ersten Phasen stark an dem Modell orientieren (Tophinke 1999b: 230ff.). In der frühen Phase ergibt sich die Entwicklung des Rechnungsbuchs weniger aus den Erfordernissen und Anforderungen der Handelspraxis, sondern ist sie maßgeblich durch das textkulturelle Modell beeinflusst, das die Kaufleute übernehmen. Mit dem Modell übernimmt das Rechnungsbuch einerseits das Buchungsmuster und damit auch eine spezifische Kodierungsperspektive. Dem Modell entsprechend wird das aus einem Geschäft resultierende Schuldverhältnis verbucht. Zum anderen übernimmt das Rechungsbuch mit dem Buchungsmuster zumindest teilweise auch

---

[47] Zu diesen Entwicklungen ausführlich Tophinke (1999b: 113ff., 1999a).
[48] Vgl. ausführlich Rörig Irsigler (1985), Afflerbach (1993: 29ff.).
[49] Zu den Anforderungen einer von dem städtischen Kontor aus geführten Kaufmannspraxis an die Schriftlichkeit vgl. auch Tophinke (1999b: 77ff.).
[50] Vgl. in Weimer (1992: 86) die Abbildung eines Werkes von Quentin Massys um 1500.

dessen Anspruch einer beweiskräftigen Fixierung. Dadurch ist der Weg zu einer weitergehenden listenartigen Optimierung des Rechnungsbuches, wie sie später eintritt, zunächst verstellt. Denn der Anspruch auf beweiskräftige Fixierung von Geschäftsaktivitäten führt dazu, dass sich das private Rechnungsbuch an textuellen Vorgaben orientiert, wie sie für Beurkundungen gelten. Erst allmählich ändert sich dies. Dazu trägt auch bei, dass nicht mehr nur Schuldgeschäfte verbucht werden, sondern auch andere Geschäftsaktivitäten, aus denen kein Schuldverhältnis resultiert und für deren Verbuchung die Schuldbuchung ungeeignet ist.

Diese spezifische Entwicklung lässt sich im Horizont von Nähe und Distanz nicht fassen.[51] Weder kann die allmählich listenartige Organisation des Rechnungsbuch als Annäherung an den Nähepol begriffen werden, noch handelt es sich um einen Rückbau. Sie wird vielmehr nur unter Bezug auf die historische Praxis bzw. die Buchführung als Schriftpraktik verständlich, wobei – wie skizziert – textkulturelle Orientierungen, praktische Erfordernisse und semantisch-pragmatische Aspekte zu berücksichtigen sind.

4 Fazit

Das Nähe-Distanz-Modell ist in seinem Beitrag zur Klärung des Verhältnisses von Schriftlichkeit und Mündlichkeit ausdrücklich zu würdigen. Es hat wesentlich zur Schärfung schriftlinguistischer Fragestellungen beigetragen. Es hat in einer sprachhistorischen Perspektive ordnenden Wert, bietet die Möglichkeit einer systematisierenden Verortung der ganz unterschiedlichen Formen von sprachhistorischer Schriftlichkeit.

Die theoretische Anlage bereitet gleichwohl Schwierigkeiten. Dies betrifft vor allem die Annahme eines gemeinsamen Kontinuums für beide Medien. Damit werden nur solche Eigenschaften als konzeptionell relevant gesetzt, die – theoretisch – transferierbar sind. Medialitätsspezifische und -abhängige Eigenschaften bleiben ausgeblendet. Dies führt dazu, dass die Medialität, um die es eigentlich geht, in konzeptioneller, d.h. grammatisch-textueller Hinsicht wieder ausgeblendet ist. Dies entspricht wohl nicht der Absicht des Modells, geht es doch darum, aufzuzeigen, dass syntaktische Ausbauprozesse zunächst in Kontexten medialer Schriftlichkeit stattfinden (vgl. Koch 2010).

---

51 In ganz anderer Hinsicht, und zwar in Bezug auf das Argumentieren, zeigt Feilke (2010) auf, dass sich Phänomene auf dem Nähe-Distanz-Kontinuum nicht stimmig verorten lassen.

Dieser Schwierigkeit ließe sich durch eine Erweiterung des Modells relativ leicht begegnen, und zwar indem medialitätsspezifische, gleichwohl assoziierte Nähe-Distanz-Kontinua angenommen werden. So ließen sich einerseits medialitätsspezifische bzw. -abhängige Phänomene besser darstellen, andererseits aber auch medienübergreifende bzw. transmediale grammatisch-textuelle Ähnlichkeiten und Adaptationen fassen.

Die Annahme von zwei medialitätsspezifischen Kontinua erlaubt es, darzustellen, dass Konstruktionen übertragbar sind, sie aber mit ihrer medialen Übertragung stets in ein anderes praktisch-mediales sowie auch syntaktisch-textuelles „Feld" gestellt sind und sie damit nicht mehr dieselben sind. Gleichzeitig lässt sich unter der Annahme verschiedener Arten der Assoziation die Vielfalt der transmedialen Adaptationen und Bezugnahmen im Spektrum lexikogrammatischer und textueller Phänomene fassen, was deren semantisch-pragmatische Funktionen und Effekte notwendig mit einschließen muss.

5 Literatur

Afflerbach, Thorsten (1993): Der berufliche Alltag eines spätmittelalterlichen Hansekaufmanns. Betrachtungen zur Abwicklung von Handelsgeschäften. Frankfurt am Main et al.: Lang (Kieler Werkstücke Reihe A 7).

Ágel, Vilmos (2003): Prinzipien der Grammatik. In: Lobenstein-Reichmann, Anja/Reichmann, Oskar (Hrsg.): Neue historische Grammatiken. Zum Stand der Grammatikschreibung historischer Sprachstufen des Deutschen und anderer Sprachen. Tübingen: Niemeyer, 1–46.

Ágel, Vilmos/Hennig, Mathilde (Hrsg.) (2006): Grammatik aus Nähe und Distanz: Theorie und Praxis am Beispiel von Nähetexten 1650–2000. Tübingen: Niemeyer.

Ágel, Vilmos/Hennig, Mathilde (Hrsg.) (2010): Nähe und Distanz im Kontext variationslinguistischer Forschung. Berlin/New York: de Gruyter.

Auer, Peter (2010): Sprachliche Landschaften. Die Strukturierung des öffentlichen Raums durch die geschriebene Sprache. In: Linke, Angelika/Deppermann, Arnulf (Hrsg.): Sprache intermedial. Berlin: de Gruyter, 271–300.

Barteld, Fabian et al. (2014): Annotating descriptively incomplete language phenomena. In: Proceedings of LAW VIII – The 8th Linguistic Annotation Workshop, 99–104.

Behaghel, Otto (1927): Geschriebenes Deutsch und gesprochenes Deutsch. Festvortrag, gehalten auf der Hauptversammlung des Deutschen Sprachvereins zu Zittau am 1. Oktober 1899. In: Behaghel, Otto (Hrsg.): Von deutscher Sprache. Aufsätze, Vorträge und Plaudereien. Lahr: Schauenburg, 11–34.

Beißwenger, Michael (2010): Chattern unter die Finger geschaut: Formulieren und Revidieren bei der schriftlichen Verbalisierung in synchroner internetbasierter Kommunikation. In: Ágel, Vilmos/Hennig, Mathilde (Hrsg.): Nähe und Distanz im Kontext variationslinguistischer Forschung. Berlin/New York: de Gruyter (Linguistik – Impulse/Tendenzen 35), 247–294.

Besch, Werner/Wolf, Norbert Richard (2009): Geschichte der deutschen Sprache. Längsschnitte – Zeitstufen – Linguistische Studien. Berlin: Erich Schmidt.
Biber, Douglas (1986): Spoken and written textual dimensions in English. Resolving the contradictory findings. In: Language: Journal of the Linguistic Society of America 62, 384–414.
Blommaert, Jan (2013): Writing as a sociolinguistic object. In: Journal of Sociolinguistics 17 (4), 440–459.
Chafe, Wallace L. (1982): Integration and involvement in speaking, writing, and oral literature. In: Tannen, Deborah (Hrsg.): Spoken and written language. Norwood, NJ: Ablex, 35–53.
Chafe, Wallace L. (1994): Discourse, consciousness, and time. The flow and displacement of conscious experience in speaking and writing. Chicago: Chicago University Press.
Coulmas, Florian (1985): Reden ist Silber, Schreiben ist Gold. In: Zeitschrift für Literaturwissenschaft und Linguistik 15 (59), 94–112.
Croft, William/Cruse, Alan D. (2004): Cognitive linguistics. Cambridge: Cambridge University Press (Cambridge Textbooks in Linguistics).
Deppermann, Arnulf/Linke, Angelika (2010): Einleitung: Warum „Sprache intermedial"? In: Deppermann, Arnulf/Linke, Angelika (Hrsg.): Stimme und Schrift, Bild und Ton. Berlin/New York: de Gruyter, VII–XIV.
Dudenredaktion (Hrsg.) (2005). Die Grammatik. Mannheim: Dudenverlag.
Dürscheid, Christa (2003): Medienkommunikation im Kontinuum von Mündlichkeit und Schriftlichkeit. Theoretische und empirische Probleme. In: Zeitschrift für Angewandte Linguistik 38, 37–56.
Dürscheid, Christa (2012): Einführung in die Schriftlinguistik. Göttingen: Vandenhoeck & Ruprecht.
Elspaß, Stephan (2005): Standardisierung des Deutschen. Ansichten aus der neueren Sprachgeschichte „von unten". In: Eichinger, Ludwig M./Kallmeyer, Werner (Hrsg.): Standardvariation. Wie viel Variation verträgt die deutsche Sprache? Berlin/New York: de Gruyter, 63–99.
Elspaß, Stephan (2012): The use of private letters and diaries in sociolinguistic investigation. In: Hernández Campoy, Juan Manuel/Conde Silvestre, Juan Camilo (Hrsg.): The handbook of historical sociolinguistics. Wiley-Blackwell, 156–169.
Feilke, Helmuth (1996): Sprache als soziale Gestalt. Ausdruck, Prägung und die Ordnung der sprachlichen Typik. Frankfurt am Main: Suhrkamp.
Feilke, Helmuth (2010): Schriftliches Argumentieren zwischen Nähe und Distanz am Beispiel wissenschaftlichen Schreibens. In: Ágel, Vilmos/Hennig, Mathilde (Hrsg.): Nähe und Distanz im Kontext variationslinguistischer Forschung. Berlin/New York: de Gruyter, 209–231.
Fischer, Christian (2000): Mundartreflexe in der frühneuzeitlichen Schreibsprache der Stadt Soest. In: Elmentaler, Michael (Hrsg.): Regionalsprachen, Stadtsprachen und Institutionensprachen im historischen Prozess. Wien: Edition Präsens, 99–113.
Fleischer, Jürg (2011): Historische Syntax des Deutschen. Eine Einführung. In Zusammenarbeit mit Oliver Schallert. Tübingen: Narr.
Fox, Barbara A. (2002): On the embodied nature of grammar. Embodied being-in-the-world. In: Bybee, Joan/Noonan, Michael (Hrsg.): Complex sentences in grammar and discourse. Amsterdam/Philadelphia: Benjamins, 79–99.
Giesecke, Michael (1979): Schriftsprache als Entwicklungsfaktor in Sprach- und Begriffsgeschichte. Zusammenhänge zwischen kommunikativen und kognitiven geschichtlichen

Veränderungen. In: Koselleck, Reinhart (Hrsg.): Historische Semantik und Begriffsgeschichte. Stuttgart: Klett-Cotta, 262–302.

Giesecke, Michael (1992): Sinnenwandel. Sprachwandel. Kulturwandel. Studien zur Vorgeschichte der Informationsgesellschaft. Frankfurt am Main: Suhrkamp (Suhrkamp-Taschenbuch Wissenschaft 997).

Giesecke, Michael (2007): Die Entdeckung der kommunikativen Welt. Studien zur kulturvergleichenden Mediengeschichte. Frankfurt am Main: Suhrkamp (Suhrkamp-Taschenbuch Wissenschaft 1788).

Goody, Jack (2012): Woraus besteht eine Liste? In: Zanetti, Sandro (Hrsg.): Schreiben als Kulturtechnik. Grundlagentexte. Frankfurt am Main: Suhrkamp, 338–396.

Goossens, Jan (1994): Normierung in spätmittelalterlichen Schreibsprachen. In: Niederdeutsches Wort 34, 77–102.

Gumperz, John Joseph (1982): Discourse strategies. Cambridge: Cambridge University Press (Studies in interactional sociolinguistics 1).

Gumperz, John Joseph (1992): Contextualization revisited. In: Auer, Peter/Di Luzio, Aldo (Hrsg.): The contextualization of language. Amsterdam/Philadelphia: Benjamins, 39–53.

Härd, John Evert (2000): Syntax des Mittelniederdeutschen. In: Besch, Werner et al. (Hrsg.): Sprachgeschichte. Ein Handbuch zur Geschichte der deutschen Sprache und ihrer Erforschung. 2., vollständig neu bearbeitete und erweiterte Auflage. 2. Teilband. Berlin/New York: de Gruyter, 1456–1463.

Harris, Roy (2005): Schrift und linguistische Theorie. In: Grube, Gernot et al. (Hrsg.): Schrift. Kulturtechnik zwischen Auge, Hand und Maschine. München: Fink, 61–80

Hennig, Mathilde (2009): Nähe und Distanzierung: Verschriftlichung und Reorganisation des Nähebereichs im Neuhochdeutschen. Kassel: Kassel University Press.

Hennig, Mathilde (2010): Grammatik multicodal: Ein Vorschlag am Beispiel ortsgebundener Schriftlichkeit. In: Kodikas/Code. Ars Semeiotica. An international journal of semiotics 33, 73–88.

Holly, Werner (2011): Medien, Kommunikationsformen, Textsortenfamilien. In: Habscheid, Stephan (Hrsg.): Textsorten, Handlungsmuster, Oberflächen. Linguistische Typologien der Kommunikation. Berlin/New York: de Gruyter, 144–163.

Hopper, Paul J. (1998): Emergent grammar. In: Tomasello, Michael (Hrsg.): The new psychology of language. Cognitive and functional approaches to language structure. Mahwah/NJ: Erlbaum, 155–175.

Irsigler, Franz (1985): Der Alltag einer hansischen Kaufmannsfamilie im Spiegel der Veckinchusen-Briefe. In: Hansische Geschichtsblätter 103, 75–99.

Jäger, Ludwig (2010): Intermedialität – Intramedialität – Transkriptivität. In: Deppermann, Arnulf /Linke, Angelika (Hrsg.): Stimme und Schrift, Bild und Ton. Berlin/New York: de Gruyter, 301–324.

Kabatek, Johannes (2003): Oralität, Prozess und Struktur. In: Linguistik online 1.

Keller, Reiner (2012): Das interpretative Paradigma. Eine Einführung. Wiesbaden: Verlag für Sozialwissenschaften.

Koch, Peter (1997): Graphé. Ihre Entwicklung zur Schrift, zum Kalkül und zur Liste. In: Koch, Peter/Krämer, Sybille (Hrsg.): Schrift, Medien, Kognition. Über die Exteriorität des Geistes. Tübingen: Stauffenburg, 43–81.

Koch, Peter (2010): Sprachgeschichte zwischen Nähe und Distanz: Latein – Französisch – Deutsch. In: Ágel, Vilmos/Hennig, Mathilde (Hrsg.): Nähe und Distanz im Kontext variationslinguistischer Forschung. Berlin/New York: de Gruyter, 155–206.

Koch, Peter/Oesterreicher, Wulf (1994): Schriftlichkeit und Sprache. In: Günther, Hartmut/Ludwig, Otto (Hrsg.): Schrift und Schriftlichkeit. Ein interdisziplinäres Handbuch internationaler Forschung. 1. Halbband. Berlin/New York: de Gruyter, 587–604.

Koch, Peter/Oesterreicher, Wulf (2007): Schriftlichkeit und kommunikative Distanz. In: Zeitschrift für germanistische Linguistik 35, 346–375.

Koch, Peter,/Oesterreicher, Wulf (2011): Gesprochene Sprache in der Romania. 2. Auflage. Berlin/New York: de Gruyter.

Krämer, Sybille (1996): Sprache und Schrift oder: Ist Schrift verschriftete Sprache? In: Zeitschrift für Sprachwissenschaft 15, 92–112.

Krämer, Sybille (2000): Subjektivität und Neue Medien. Ein Kommentar zur „Interaktivität". In: Sandbothe, Mike/Marotzki, Winfried (Hrsg.): Subjektivität und Öffentlichkeit. Kulturwissenschaftliche Grundlagenprobleme virtueller Welten. Wiesbaden: Verlag für Sozialwissenschaften, 102–116.

Krämer, Sybille (2003): Schriftbildlichkeit. In: Krämer, Sybille/Bredekamp, Horst (Hrsg.): Bild, Schrift, Zahl. München: Fink, 157–176.

Krämer, Sybille (2010): Sprache, Stimme, Schrift: Zur impliziten Bildlichkeit sprachlicher Medien. In: Deppermann, Arnulf/Linke, Angelika (Hrsg.): Sprache intermedial. Stimme und Schrift, Bild und Ton. Berlin/New York: de Gruyter, 11–28.

Langacker, Ronald W. (2008): Cognitive grammar. A basic introduction. Oxford: Oxford University Press.

Linell, Per (2005): The written language bias in linguistics: Its nature, origin and transformations. Oxford: Routledge.

Linell, Per (2009): Rethinking Language, Mind, and World Dialogically. Interactional and contextual Theories of human Sense-Making. Charlotte, NC: IAP (Advances in cultural psychology).

Linke, Angelika (2010): Textsorten als Elemente kultureller Praktiken. Zur Funktion und zur Geschichte des Poesiealbumeintrags als Kernelemente einer kulturellen Praktik. In: Klotz, Peter et al. (Hrsg.): Kontexte und Texte. Soziokulturelle Konstellationen literalen Handelns. Tübingen: Narr, 129–146.

Lötscher, Andreas (2010): Auf der Suche nach syntaktischen „Nähe-Distanz"-Signalen in frühneuhochdeutschen Texten. In: Ágel, Vilmos/Hennig, Mathilde (Hrsg.): Nähe und Distanz im Kontext variationslinguistischer Forschung. Berlin/New York: de Gruyter, 111–134.

Ludwig, Otto (2005): Von der Antike bis zum Buchdruck. Geschichte des Schreibens, 1. Band. Berlin/New York: de Gruyter.

Lyons, John (1981): Language and Linguistics. An Introduction. Cambridge: Cambridge University Press.

Maas, Utz (1979): Kann man Sprache lehren? Für eine andere Sprachwissenschaft. Frankfurt am Main: Syndikat.

Maas, Utz (1984): Sprachsoziologie. In: Kerber, Harald/Schmieder, Arnold (Hrsg.): Handbuch Soziologie. Zur Theorie und Praxis sozialer Beziehungen. Frankfurt am Main: Rowohlt, 563–567.

Maas, Utz (1985a): Lesen – Schreiben – Schrift. Die Demotisierung eines professionellen Arkanums im Spätmittelalter und in der frühen Neuzeit. In: Zeitschrift für Literaturwissenschaft und Linguistik 59, 55–81.

Maas, Utz (1985b): Sprachliche Verhältnisse in den spätmittelalterlichen und frühneuzeitlichen Städten in Norddeutschland. In: Meckseper, Cord (Hrsg.): Stadt im Wandel. Kunst und Kultur des Bürgertums in Norddeutschland 1150–1650. Landesausstellung Niedersachsen

1985 in Braunschweig, 24. August bis 24. November. Band 3: Aufsätze 1985. Stuttgart: Cantz, 607–626.

Maas, Utz (1988): Die sprachlichen Verhältnisse in Osnabrück zu Beginn des 17. Jahrhunderts. Zu den methodischen Problemen der historischen Sprachsoziologie. In: Garber, Klaus/Kürschner, Wilfried (Hrsg.): Zwischen Renaissance und Aufklärung. Beiträge einer interdisziplinären Arbeitsgruppe Frühe Neuzeit der Universität Osnabrück. Amsterdam: Rodopi, 93–123.

Maas, Utz (1991): Schriftlichkeit und das ganz Andere: Mündlichkeit als verkehrte Welt der Intellektuellen – Schriftlichkeit als Zuflucht der Nichtintellektuellen. In: Assmann, Aleida/ Harth, Dietrich (Hrsg.): Kultur als Lebenswelt und Monument. Frankfurt am Main: Fischer, 211–232.

Maas, Utz (Hrsg.) (2010): Orat und Literat. Grundbegriffe der Analyse geschriebener und gesprochener Sprache. Graz: Institut für Sprachwissenschaft der Universität Graz (Grazer Linguistische Studien 73).

Macha, Jürgen (2013): Der konfessionelle Faktor in der deutschen Sprachgeschichte der Frühen Neuzeit. Würzburg: Ergon.

Mihm, Arend (1999): Vom Dingprotokoll zum Zwölftafelgesetz. Verschriftlichungsstufen städtischer Rechtstraditionen. In: Keller, Hagen et al. (Hrsg.): Schriftlichkeit und Lebenspraxis im Mittelalter. Erfassen, Bewahren, Verändern. Akten des internationalen Kolloquiums 8.–10. Juni 1995. München: Fink, 43–67.

Ong, Walter Jackson (1982): Orality and literacy. The Technologizing of the Word. London et al.: Methuen (New accents).

Orlowska, Anna (2012): Handel in einem Kaufmannsnetz: Der Danziger Johann Pyre. In: Mähnert, Joachim/Selzer, Stephan (Hrsg.): Vertraute Ferne: Kommunikation und Mobilität im Hanseraum. Husum: Husum, 32–39.

Papenbrock, Martin/Tophinke, Doris (2012): Wild style. Graffiti-Writing zwischen Schrift und Bild. In: Schuster, Britt-Marie/Tophinke, Doris (Hrsg.): Andersschreiben. Formen, Funktionen, Traditionen. Berlin: Erich Schmidt, 179–197.

Paul, Hermann (1995): Prinzipien der Sprachgeschichte. Nachdruck der Originalausgabe von 1886. London: Routledge.

Peters, Robert (1995): Die angebliche Geltung der sog. mittelniederdeutschen Schriftsprache in Westfalen. Zur Geschichte eines Mythos. In: Lingua theodisca. Beiträge zur Sprach- und Literaturwissenschaft 1. Jan Goossens zum 65. Geburtstag. Münster/Hamburg, 199–213.

Peters, Robert (1997): Atlas frühmittelniederdeutscher Schreibsprachen. Beschreibung eines Projekts. In: Niederdeutsches Wort. Beiträge zur niederdeutschen Philologie 37, 45–53.

Peters, Robert (2012): Variation und Ausgleich in den mittelniederdeutschen Schreibsprachen. In: Langhanke, Robert (Hrsg.): Robert Peters. Mittelniederdeutsche Studien. Gesammelte Schriften 1974–2003. Bielefeld: Verlag für Regionalgeschichte, 253–266.

Polenz, Peter von (2000): Deutsche Sprachgeschichte vom Spätmittelalter bis zur Gegenwart. Band 1. Einführung, Grundbegriffe. 14. bis 16. Jahrhundert. 2., überarbeitete und ergänzte Auflage. Berlin/New York: de Gruyter.

Raible, Wolfgang (1994): Orality and literacy. In: Günther, Hartmut/Ludwig, Otto (Hrsg.): Schrift und Schriftlichkeit. Ein interdisziplinäres Handbuch internationaler Forschung. An Interdisciplinary Handbook of International Research. 1. Halbband. Berlin/New York: de Gruyter, 1–17.

Raible, Wolfgang (Hrsg.) (1998): Medienwechsel. Erträge aus zwölf Jahren Forschung zum Thema „Mündlichkeit und Schriftlichkeit". Tübingen: Narr.

Rauch, Irmengard (2000): Syntax des Altniederdeutschen (Altsächsischen). In: Besch, Werner et al. (Hrsg.): Sprachgeschichte. Ein Handbuch zur Geschichte der deutschen Sprache und ihrer Erforschung. 2., vollständig neu bearbeitete und erweiterte Auflage. 2. Teilband. Berlin/New York: de Gruyter, 1263–1269.

Reckwitz, Andreas (2008): Praktiken und Diskurse. In: Kalthoff, Herbert/Hirschauer, Stefan/Lindemann, Gesa (Hrsg.): Theoretische Empirie. Frankfurt am Main: Suhrkamp, 188–209.

Reckwitz, Andreas (2010): Auf dem Weg zu einer kultursoziologischen Analytik zwischen Praxeologie und Poststrukturalismus. In: Wohlrab-Sahr, Monika (Hrsg.): Kultursoziologie. Paradigmen – Methoden – Fragestellungen. Wiesbaden: Verlag für Sozialwissenschaften, 179–205.

Reiffenstein, Ingo (2009): Sprachvariation im 18. Jahrhundert. Die Briefe der Familie Mozart Teil I. In: Zeitschrift für Germanistische Linguistik 37 (1), 47–80.

Rogers, Henry (2006): Writing systems. A linguistic approach. Oxford et al.: Blackwell (Blackwell Textbooks in Linguistics 18).

Schlieben-Lange, Brigitte (1979): Linguistische Pragmatik. 2., überarbeitete Auflage. Stuttgart et al.: Kohlhammer (Urban-Taschenbücher 198).

Schmidt, Wilhelm (Hrsg.) (2004): Geschichte der deutschen Sprache. Ein Lehrbuch für das germanistische Studium. 9. Auflage. Stuttgart: Hirzel.

Schmitz, Ulrich (2010): Schrift an Bild im World Wide Web. Articulirte Pixel und die schweifende Unbestimmtheit des Vorstellens. In: Deppermann, Arnulf/Linke, Angelika (Hrsg.): Sprache intermedial. Stimme und Schrift, Bild und Ton. Berlin/New York: de Gruyter, 383–418.

Schneider, Jan Georg (2011): Hat die gesprochene Sprache eine eigene Grammatik? Grundsätzliche Überlegungen zum Status gesprochensprachlicher Konstruktionen und zur Kategorie ‚gesprochenes Standarddeutsch'. In: Zeitschrift für germanistische Linguistik 39, 165–187.

Schulze, Ursula (1975): Lateinisch-deutsche Parallelurkunden des 13. Jahrhunderts. Ein Beitrag zur Syntax der mittelhochdeutschen Urkundensprache. München: Fink (Philologische Studien 30).

Schuster, Britt-Marie/Tophinke, Doris (2012): Andersschreiben als Gegenstand der linguistischen Forschung. In: Schuster, Britt-Marie/Tophinke, Doris (Hrsg.): Andersschreiben. Formen, Funktionen, Traditionen. Berlin: Erich Schmidt, 13–22.

Stieda, Wilhelm (Hrsg.) (1921): Hildebrand Veckinchusen. Briefwechsel eines deutschen Kaufmanns im 15. Jahrhundert. Leipzig: Hirzel.

Scollon, Ron/Scollon, Suzanne (1995): Somatic communication. How useful is orality for the characterization of speech events and cultures? In: Quasthoff, Uta (Hrsg.): Aspects of oral communication. Berlin/New York: de Gruyter, 19–29.

Spitzmüller, Jürgen (2012): Vom „everyday speech" zum „everyday writing". (Anders-)Schreiben als Gegenstand der interpretativen Soziolinguistik. In: Schuster, Britt-Marie/Tophinke, Doris (Hrsg.): Andersschreiben. Formen, Funktionen, Traditionen. Berlin: Erich Schmidt, 115–134.

Steger, Hugo (1998): Sprachgeschichte als Geschichte der Textsorten, Kommunikationsbereiche und Semantiktypen. In: Besch, Werner et al. (Hrsg.): Sprachgeschichte. Ein Handbuch zur Geschichte der deutschen Sprache und ihrer Erforschung. 2., vollständig neu bearbeitete und erweiterte Auflage. 1. Teilband. Berlin/New York: de Gruyter, 284–299.

Street, Brian V. (2009): Ethnography of Writing and Reading. In: Olson, David R./Torrance, Nancy (Hrsg.): The Cambridge Handbook of Literacy. Cambridge: Cambridge University Press, 329–345.

Tannen, Deborah (1985): Relative focus on involvement in oral and written discourse. In: Olson, David R. et al. (Hrsg.): Literacy, language and learning. The nature and consequences of reading and writing. Cambridge: Cambridge University Press, 124–147.

Tophinke, Doris (1999a): Das kaufmännische Rechnungsbuch im Kontext städtisch-amtlicher Schriftlichkeit. In: Niederdeutsches Jahrbuch 122, 25–43.

Tophinke, Doris (1999b) Handelstexte. Zur Textualität kaufmännischer Buchführung im Hanseraum des 14. und 15. Jahrhunderts. Tübingen: Narr.

Tophinke, Doris (2001): Texttheorie. In: Holtus, Günther et al. (Hrsg.): Lexikon der Romanistischen Linguistik (LRL). Band 1, Teil 1. Berlin/New York: de Gruyter, 1033–1053.

Tophinke, Doris (2008): Regional schreiben: Weblogs zwischen Orthographie und Phonographie. In: Christen, Helen/Ziegler, Evelyn (Hrsg.): Sprechen, Schreiben, Hören. Zur Produktion und Perzeption von Dialekt und Standardsprache zu Beginn des 21. Jahrhunderts. Wien: Praesens, 155–182.

Tophinke, Doris (2009): Vom Vorlesetext zum Lesetext: Zur Syntax mittelniederdeutscher Rechtsverordnungen im Spätmittelalter. In: Linke, Angelika/Feilke, Helmuth (Hrsg.): Oberfläche und Performanz. Untersuchungen zur Sprache als dynamischer Gestalt. Tübingen: Niemeyer, 161–183.

Tophinke, Doris (2012): Syntaktischer Ausbau im Mittelniederdeutschen. Theoretisch-methodische Überlegungen und kursorische Analysen. In: Niederdeutsches Wort. Beiträge zur niederdeutschen Philologie 52, 19–46.

Tophinke, Doris/Wallmeier, Nadine (2011): Textverdichtungsprozesse im Spätmittelalter: Syntaktischer Wandel in mittelniederdeutschen Rechtstexten des 13. bis 16. Jahrhunderts. In: Elspaß, Stephan/Negele, Michaela (Hrsg.): Sprachvariation und Sprachwandel in der Stadt der Frühen Neuzeit. Heidelberg: Winter, 97–116.

Vogel, Matthias (2007): Geist, Kultur, Medien – Überlegungen zu einem nichtessentialistischen Kulturbegriff. In: Dietz, Simone/Skrandies, Timo (Hrsg.): Mediale Markierungen. Studie zur Anatomie medienkultureller Praktiken. Bielefeld: Transcript, 45–82.

Waldenfels, Bernhard (1999): Vielstimmigkeit der Rede. 4. Teil: Studien zur Phänomenologie des Fremden. Frankfurt am Main: Suhrkamp (Suhrkamp-Taschenbuch Wissenschaft 442).

Wegera, Klaus-Peter (2000): Grundlagenprobleme einer mittelhochdeutschen Grammatik. In: Besch, Werner et al. (Hrsg.): Sprachgeschichte. Ein Handbuch zur Geschichte der deutschen Sprache und ihrer Erforschung. 2., vollständig neu bearbeitete und erweiterte Auflage. 2. Teilband. Berlin/New York: de Gruyter, 1304–1320.

Weimer, Wolfram (1992): Geschichte des Geldes. Eine Chronik mit Texten und Bildern. Frankfurt am Main: Insel.

Wolf, Norbert Richard (2000): Syntax des Mittelhochdeutschen. In: Besch, Werner et al. (Hrsg.): Sprachgeschichte. Ein Handbuch zur Geschichte der deutschen Sprache und ihrer Erforschung. 2., vollständig neu bearbeitete und erweiterte Auflage. 2. Teilband. Berlin/New York: de Gruyter, 1351–1358.

Jan Georg Schneider
Nähe, Distanz und Medientheorie

1 Einleitung

Das Nähe-Distanz-Modell von Koch/Oesterreicher kann in der deutschsprachigen Linguistik – wie Mathilde Hennig und Helmuth Feilke es im Exposé zu diesem Sammelband formulieren – auf eine „Erfolgsgeschichte" zurückschauen, die „ihresgleichen sucht". Egal wie man zu dem Modell stehen mag: Insbesondere beim Thema ‚Mündlichkeit und Schriftlichkeit' sowie in der linguistischen Forschung zur computervermittelten Kommunikation kommt man nicht umhin, sich damit auseinanderzusetzen. Und dies heißt in der Wissenschaft in der Tat, dass es sich um ein erfolgreiches Modell handelt. Dieser Erfolg hat sicherlich eine Reihe von Ursachen. Eine besteht darin, dass Koch/Oesterreicher bereits in ihrem Aufsatz von 1985, gewissermaßen der ‚Gründungsurkunde' des Modells, aus einer berechtigten Motivation heraus argumentierten. Sie kritisierten die Abwertung gesprochener Sprache im Vergleich zur geschriebenen, die sowohl in der Linguistik als auch in der Öffentlichkeit verbreitet sei:

> Nicht nur bei gebildeten Laien hält sich hartnäckig die Ansicht, die gesprochene Sprache sei als defizienter Modus der ‚eigentlichen' Sprache, sprich: der geschriebenen Sprache, zu betrachten. So sah man denn auch in der Sprachbetrachtung lange Zeit die geschriebene Sprache als alleiniges Forschungsobjekt an. (Koch/Oesterreicher 1985: 25)

Aus ähnlichen Gründen kritisieren Koch/Oesterreicher (1985: 16), ebenfalls zu Recht, die fortdauernde Tendenz, die gesprochene Sprache mit der sogenannten Umgangssprache, die geschriebene mit der sogenannten Hochsprache gleichzusetzen. Ein Paradebeispiel für diese Tendenz findet sich im Vorwort der ersten Auflage von Duden 9 („Hauptschwierigkeiten der deutschen Sprache"), wo es heißt:

> An Hand der umfangreichen Belegsammlungen aus dem Schrifttum der letzten Jahre konnte die Dudenredaktion feststellen, in welchem Maße sprachliche Erscheinungen aus der Umgangssprache in die Hochsprache gedrungen sind, und konnte so das Verhältnis von gesprochener zu geschriebener Sprache bestimmen. (Duden 1965, Vorwort)[1]

---

1 Für den Hinweis auf dieses Vorwort danke ich Franziska Münzberg.

Obwohl diese Gleichsetzung von gesprochener Sprache und ‚Umgangssprache' in neueren Auflagen des Duden 9 weitgehend korrigiert und durch eine differenziertere Sichtweise ersetzt wurde, herrscht sie auch heute noch, insbesondere in der populären Sprachkritik, vor.

Um einem solch einseitigen Bild gesprochener Sprache entgegenzuwirken und stattdessen eine Differenzierung vorzunehmen, entwickelten Koch/Oesterreicher im Anschluss an Ludwig Söll ihr Begriffspaar ‚Sprache der Nähe' und ‚Sprache der Distanz' sowie die damit verbundene Unterscheidung zwischen Medium und Konzeption. Die Motivation, die hinter der Einführung des Modells steckt, ist also eine, die auch performanz- und medialitätsorientierte Sprachwissenschaftlerinnen und Sprachwissenschaftler würdigen können.

Eine weitere Ursache für den Erfolg des Modells ist sicherlich seine Einfachheit und seine – im wahrsten Sinne des Wortes – augenscheinliche Plausibilität. Wie Christa Dürscheid (i.d.B.: 363) zutreffend feststellt, wird in der Rezeption oft gar nicht aus den Fließtexten zitiert, sondern ausschließlich eine der Varianten der graphischen Darstellung des Modells abgedruckt und kommentiert: Das Kontinuum von nähesprachlichen und distanzsprachlichen Äußerungsformen lädt dazu ein, sich eigene Gedanken zu machen und darüber zu diskutieren, wo welche kommunikative Gattung oder Praktik jeweils auf der Skala einzuordnen sei.

Mit der Unterscheidung zwischen Medium und Konzeption wird ein wichtiger Aspekt von Mündlichkeit und Schriftlichkeit auf leicht nachvollziehbare und schematisch darstellbare Weise angesprochen; jedoch liegt in dieser Einfachheit auch eines der systematischen Probleme des Modells. Dieses ist Gegenstand der ersten Hauptthese, die im vorliegenden Aufsatz entfaltet werden soll:

(1) Die Grenze zwischen Medium und Konzeption wird von Koch/Oesterreicher so gezogen, dass der komplexe Zusammenhang zwischen kommunikativen Praktiken und Medialität nicht zur Geltung kommen kann.

In ihrem eingangs bereits erwähnten Exposé zu diesem Sammelband stellen Hennig/Feilke weiterhin fest, dass sich das Nähe-Distanz-Modell „offenbar besser als konkurrierende Konzeptionen" dafür eigne, „zum Ausgangs- und Bezugspunkt eines kontroversen Forschungs- und Diskussionsprozesses zu werden und damit Perspektiven für eine Integration heterogener Diskursaspekte zu bieten." – Auch wenn man diese Auffassung in Bezug auf einige Diskursaspekte sicherlich gut belegen kann, möchte ich hier eine andere Perspektive einnehmen, indem ich nämlich umgekehrt frage: Warum fehlt es in der Medienlinguistik und der Gesprächsforschung bis heute an starken „konkurriende[n] Konzeptionen", an Alternativen zum Modell von Koch/Oesterreicher, zumal sich zeigen lässt, dass es sich hierbei gar nicht primär um ein medientheoretisches Modell handelt und es zu einer Zeit entwickelt wurde, als von den ‚neuen Medien' noch lange nicht die Rede sein konnte?[2] Als Antwort auf diese Frage lässt sich die zweite These des vorliegenden Aufsatzes verstehen:

(2) In der Linguistik hat sich bislang kein Medienbegriff etabliert, der den Herausforderungen sich medial immer weiter ausdifferenzierender kommunikativer Praktiken genügt.

Der Aufsatz gliedert sich dementsprechend in zwei Hauptteile (Kapitel 2 und 3). In Kapitel 2 wird das Nähe-Distanz-Modell im Sinne der ersten These aus medien- und medialitätstheoretischer Sicht einer Kritik unterzogen. In Kapitel 3 wird ausgehend von der zweiten These ein alternativer, prozessorientierter Medienbegriff eingeführt und zur Diskussion gestellt.

Die zentrale Fragestellung des gesamten Aufsatzes lautet: Welche Anforderungen muss ein Modell sprachlicher Medialität erfüllen, das Mündlichkeit und Schriftlichkeit ebenso erfasst wie die Kommunikation in technischen Interaktions- und Verbreitungsmedien?

2 Das Nähe-Distanz-Modell aus medialitätstheoretischer Perspektive

2.1 Zur Mehrdeutigkeit des Ausdrucks *konzeptionell*

Die Notwendigkeit einer begrifflichen Unterscheidung zwischen Medium und Konzeption ergibt sich für Koch/Oesterreicher (1994: 587) daraus, dass die Ausdrücke *mündlich* und *schriftlich* „in doppeltem Sinne" verwendet würden. Zum einen bezögen sie sich „auf das Medium der Realisierung sprachlicher Äußerungen, wo mündlich = phonisch und schriftlich = graphisch" sei; zum anderen auf den „Duktus" der Äußerungen. Die mediale Dimension wird als Dichotomie aufgefasst – eine Äußerung ist entweder medial mündlich oder medial schriftlich –, die konzeptionelle Ebene als Kontinuum: Unterschiedliche „Äußerungs-

---

[2] Christa Dürscheid (i.d.B.) bringt dies mit der Kapitelüberschrift „Altes Modell und neue Medien" auf den Punkt.

formen" (Koch/Oesterreicher 1985: 18) lassen sich auf einer Skala zwischen den Polen ‚konzeptionell mündlich' (= nähesprachlich = ‚gesprochen') und ‚konzeptionell schriftlich' (= distanzsprachlich = ‚geschrieben') anordnen. Es ist also nach diesem Modell möglich, dass eine im Medium der Schrift realisierte Äußerung als konzeptionell mündlich und eine im Medium der Lautsprache realisierte Äußerung als konzeptionell schriftlich einzuordnen ist. Ein „privater Brief unter Freunden" ist medial schriftlich (‚graphischer Kode'), konzeptionell eher mündlich bzw. ‚gesprochen'; ein wissenschaftlicher Vortrag und eine Predigt sind dagegen medial mündlich (‚phonischer Kode'), konzeptionell eher schriftlich bzw. ‚geschrieben' (vgl. Koch/Oesterreicher 2007: 349).

Hier stellt sich bereits die grundsätzliche Frage, ob es nicht irreführend ist, etwas medial Schriftliches als ‚gesprochen' zu bezeichnen, etwas medial Mündliches als ‚geschrieben'. Koch/Oesterreicher scheinen diesen Einwand zu antizipieren, indem sie *gesprochen* und *geschrieben* hier in Anführungszeichen setzen. Wie sie zudem selbstkritisch anmerken, wird diese Terminologie dann „ausgesprochen mißlich", wenn es sich um orale Kulturen handelt, die nicht über ein Schriftsystem verfügen und daher als Kulturen „primärer Mündlichkeit" bezeichnet werden könnten, in denen es aber ebenfalls verschiedene Grade von kommunikativer Nähe und Distanz gebe (1985: 29; vgl. auch 1994: 588). Hier ließe sich auch über die Termini *informell* und *formell* als Alternative nachdenken, die von Koch/Oesterreicher aber ohne weitere Begründung als „unscharf" verworfen werden (1994: 587).

Zu Recht weisen Fehrmann/Linz (2009) zudem darauf hin, dass sowohl mit der medialen Dichotomie ‚phonisch/graphisch' als auch mit der Unterscheidung von ‚konzeptionell mündlich und schriftlich' die Gebärdensprache als ein drittes sprachliches Medium ausgeblendet wird. Gebärdensprachen lassen sich weder medial noch konzeptionell als ‚mündlich' oder ‚schriftlich' einordnen, und dennoch verfügen auch sie über verschiedene Grade an Nähe und Distanz, an Informalität und Formalität.

Der entscheidende Punkt, warum die Unterscheidung konzeptioneller Mündlichkeit und Schriftlichkeit m.E. irreführend ist, liegt jedoch darin, dass dem Begriff der Konzeption, so wie Koch/Oesterreicher ihn verwenden, eine strukturelle Doppeldeutigkeit innewohnt (vgl. hierzu auch Hennig 2001: 220ff.). Einerseits bezeichnet er tatsächlich den Duktus, den Stil einer Äußerung und dient dementsprechend auch dazu, „Äußerungsformen" bestimmten kommunikativen Gattungen (bzw. Praktiken) und Textsorten zuzuordnen. Andererseits fließen hier aber zum Teil auch Aspekte ein, die mit dem Medium zusammenhängen. Diese Doppeldeutigkeit lässt sich auch an der alltagssprachlichen Verwendung der Wörter *Konzeption* und *konzipieren* festmachen. Man kann einen

Vortrag schriftlich konzipieren, also vorher aufschreiben, und später vor dem Auditorium verlesen bzw. das Auswendiggelernte vortragen.³ Dann haben wir es mit einer kommunikativen Praktik zu tun, die durch die verwendeten Medien und die spezifische Art ihrer Verwendung geprägt ist. Otto Behaghel, den Koch/Oesterreicher (2007: 347) auch zitieren, hatte wahrscheinlich Ähnliches im Sinn, als er schrieb, dass z.B. ein Festvortrag oder eine politische Rede nichts anderes sei „als ein Sprechen des *geschriebenen Wortes*" (Behaghel 1927: 27; Hervorhebung im Original).

Vergleichen wir hierzu folgende Fälle: (a) Ein wissenschaftlicher Vortrag wird lange vor der Tagung in aller Ruhe schriftlich konzipiert, und zwar im distanzsprachlichen Duktus: Dann ist er ‚konzeptionell schriftlich'. Was aber nun, wenn (b) ein wissenschaftlicher Vortrag vorher im nähesprachlichen Duktus konzipiert wurde, z.B. um lebendiger zu wirken? Dann wird die ‚Mündlichkeit' inszeniert (vgl. hierzu auch Feilke 2010). Ist der Vortrag dann konzeptionell mündlich oder schriftlich? Für beides gäbe es Argumente, denn die „Kommunikationsbedingungen" der Nähesprachlichkeit (z.B. „Spontaneität") sind ja in diesem Fall zum großen Teil nicht gegeben, eher die der Distanzsprachlichkeit (z.B. „Planung"; vgl. Koch/Oesterreicher 1985: 23). Vom Duktus her könnte man den Vortrag dagegen als ‚konzeptionell mündlich' einordnen.

Die Verwirrung wird noch deutlich größer, wenn in der Koch/Oesterreicher-Rezeption der Terminus *konzeptionell* immer wieder durch *konzeptuell* – manchmal kommen sogar in ein und demselben Aufsatz beide Ausdrücke vor – ersetzt wird. Bei der Bezeichnung *konzeptuell* wird der Zusammenhang vollkommen unklar: Wenn wir *konzeptuell* etwa mit *begrifflich* oder mit *auf die Bedeutung bezogen* paraphrasieren, dann stünde hier eine mediale Dimension einer begrifflichen gegenüber. Was sollte hiermit ausgedrückt werden? Wahrscheinlich handelt es sich schlicht um eine falsche Übernahme, die in der Rezeption perpetuiert wird (vgl. hierzu auch Dürscheid i.d.B.: 369).

Die Alternativtermini *nähesprachlich* und *distanzsprachlich* erlauben es prinzipiell, die inhärente Doppeldeutigkeit des Konzeptionsbegriffs zu vermeiden, denn sie wecken gar „keine medialen Assoziationen mehr" (Koch/Oesterreicher 1994: 588). Hiermit könnte man das Problem lösen, allerdings wäre dann keinerlei Bezug zur Medientheorie mehr gegeben, und wir hätten es ausschließlich mit einem Modell zu tun, in welchem „Äußerungsformen" nach dem Kriterium ‚Nähe/Distanz' in einem Kontinuum angeordnet würden. Damit verlö-

---

3 Auf diesen Bedeutungsaspekt des Ausdrucks *konzeptionell* macht auch Johannes Schwitalla (2006: 20f.) in seiner kurzen Darstellung des Begriffspaars ‚gesprochen/geschrieben' von Ludwig Söll (1985) aufmerksam.

re das Modell jedoch deutlich an Attraktivität. Die *Medien*linguistik etwa könnte sich mit einer solchen Auffassung nicht zufriedengeben, wenn sie beispielsweise Chat-Kommunikation mit dem Koch/Oesterreicher-Modell *medientheoretisch* fundiert beschreiben will. Zudem würde es sich auch gar nicht mehr um ein Modell für Mündlichkeit und Schriftlichkeit handeln. Zu Recht hält Christa Dürscheid der a-medialen Lesart des Nähe-Distanz-Modells entgegen, dass „die Medialität der Äußerung [...] einen Einfluss auf die Konzeption der Äußerung" habe (2003: 50 und Dürscheid i.d.B.: 371).

Wenn man diesen Einfluss der Medialität auf den Duktus konstatiert, dann ist es notwendig, die „Kommunikationsbedingungen", die Koch/Oesterreicher (1985: 19–23) auflisten, genauer unter die Lupe zu nehmen und sich die Frage zu stellen, ob diese zu Recht auf der Ebene der Konzeption verortet werden oder doch eher zum Medium gehören. Genau hier rächt sich nämlich die Doppeldeutigkeit des Konzeptionsbegriffs: Das Problem der Medialität wird durch die unterkomplexe Dichotomie ‚phonisch/graphisch' zunächst eliminiert, kommt dann aber – wie im Folgenden gezeigt werden soll – durch die Hintertür, nämlich auf der Seite der Konzeption, in den „Kommunikationsbedingungen" und „Versprachlichungsstrategien" wieder ins Spiel.

2.2 Zur Trennung von Medialität und Kommunikationsbedingungen

In der ausführlichen Beschreibung der „Kommunikationsbedingungen" heißt es u.a., in der gesprochenen Sprache seien „Produktion und Rezeption direkt miteinander verzahnt", da Produzent und Rezipient „miteinander Fortgang und auch Inhalt der Kommunikation" aushandelten. Der Rezipient zeige „begleitende sprachliche und nichtsprachliche Reaktionen" und könne im Sinne einer „Rückkopplung" jederzeit „eingreifen". In der geschriebenen Sprache dagegen seien Produktion und Rezeption „voneinander ‚abgekoppelt'", was bedeute, dass „der Produzent die Belange der Rezeption von vornherein berücksichtigen" müsse (Koch/Oesterreicher 1985: 20). Die Autoren identifizieren die gesprochene Sprache mit „*Face-to-Face*-Interaktion" und halten fest, dass die „Unmittelbarkeit der ‚gesprochenen' Interaktion" eine größere „Spontaneität" ermögliche; die „Planung" könne „weniger aufwendig", „sozusagen während des Äußerungsaktes selber" in Form von „Eigen- und Fremdkorrekturen, Verzögerungen, etc." erfolgen. In der geschriebenen Sprache, die „stärker ‚vermittelt'" sei, werde ein erhöhter „Planungsaufwand", d.h. eine stärkere „Reflektiertheit" aufgrund der „Situationsferne" notwendig und aufgrund der „Entkopplung von Produktion und Rezeption" auch möglich (Koch/Oesterreicher 1985: 20).

Was hier beschrieben wird, deckt sich weitgehend mit dem, was Peter Auer unter dem Begriff der „Online-Syntax" als Charakteristika der gesprochenen Sprache gekennzeichnet hat. Die „zeitliche Struktur mündlicher Handlungen" ist, wie Auer (2000: 43) es sehr treffend formuliert, „anders als die des Schreibens, von Anfang an Teil eines Interaktionsprozesses, des Dialogs zwischen Sprecher und Hörer". Die Online-Syntax sei durch eine spezifische „Flüchtigkeit", „Irreversibilität" und „Synchronisierung" gekennzeichnet (vgl. Auer 2000: 44–47). Allerdings handelt es sich hierbei – anders als Koch/Oesterreicher es darstellen – um Eigenschaften, die m.E. auf das Engste mit der Medialität zusammenhängen[4] und nicht nur auf einer konzeptionellen Ebene im Sinne eines Duktus verortet werden können.

Die von Koch/Oesterreicher angesprochene permanente „Rückkopplung", die strukturell angelegte Möglichkeit, jederzeit zu intervenieren, die Ad-hoc-Projektion – allesamt Aspekte der Interaktionalität – sind mit der Mündlichkeit von Anfang an intrinsisch verbunden. Wie sollte es möglich sein, die Lautlichkeit, „den phonischen Kode", von der Interaktionalität abzukoppeln, die sich im audiovisuellen Medium gesprochene Sprache auf spezifische Weise entfaltet? Hierbei spielt auch die von Koch/Oesterreicher ebenfalls angesprochene visuelle Rückkopplung in der Face-to-Face-Interaktion eine wichtige Rolle. Die spezifische Art der Selbst- und Fremdkorrekturen und der Verzögerungen, von denen Koch/Oesterreicher sprechen, hängen ebenfalls auf das Engste mit dem Medium gesprochene Sprache zusammen. Auch in der Gebärdensprache und im interaktionalen Gebrauch der Schrift (etwa in WhatsApp) zeigen sich Eigenschaften, die mit dem Begriff der Online-Prozessierung gefasst werden können; allerdings erfahren sie hier aufgrund der andersartigen medialen (!) Kommunikationsbedingungen eine jeweils andere Ausprägung: Selbstkorrekturen werden in der Gebärdensprache (vgl. Fehrmann/Linz 2009) und im Chat (vgl. Albert 2013) anders prozessiert als in der Face-to-Face-Kommunikation (vgl. Pfeiffer 2015) und wiederum anders als etwa bei einem Handy-Telefonat.[5]

So wie Koch/Oesterreicher die Kommunikationsbedingungen einführen, die sie als „sprachtheoretisch notwendig" und „universal" betrachten (1985: 25, 27), zeigen sie implizit – und im Widerspruch zu ihrem eigenen Modell –, dass sich die strukturellen Bedingungen der Kommunikation zum größten Teil nicht vom Medium abtrennen lassen, dass also die von den beiden Autoren konstatierte

---

4 Zum Zusammenhang von Medialität und Interaktionalität vgl. auch unten Kapitel 3.2.
5 Auf solche medialen Besonderheiten komme ich in Kapitel 3 zurück.

„prinzipielle Unabhängigkeit von Medium und Konzeption" (1994: 587) gerade nicht gegeben ist. Sie scheinen dies selbst zum Teil zuzugestehen, etwa wenn sie schreiben, der Chat sei „sogar eines der schönsten Beispiele dafür, dass im graphischen Medium eine relative, natürlich immer limitierte Annäherung an dialogische, spontane Nähesprachlichkeit möglich" sei, dass „das graphische Medium" dabei aber „eine nicht zu unterschätzende ‚bremsende' Wirkung bezüglich der Nähesprachlichkeit" habe (Koch/Oesterreicher 2007: 359).

In diesen Formulierungen wird also ein Einfluss des Mediums auf die Kommunikationsbedingungen der Nähesprachlichkeit klar anerkannt. Gleichzeitig deutet sich hier an, welche systematischen Auswirkungen der enge Medienbegriff, der dem Nähe-Distanz-Modell zugrunde liegt, hat: Implizit wird vorausgesetzt, es gäbe eine gewissermaßen medienlose, „unmittelbare" Form der „spontanen Nähesprachlichkeit", die dann in den Chat mit seiner ‚bremsenden Wirkung' transferiert werde. Nach Albert (2013: 62) erscheint die Schrift in Koch/Oesterreichers Ausführungen zum Chat als eine defizitäre Realisierungsform, in der gegenüber „dialogisch-mündlicher Kommunikation" etwas kompensiert werden müsse. Vor dem Hintergrund seiner Untersuchung zu „innovativer Schriftlichkeit in digitalen Texten" konstatiert Albert (2013: 63), dass die Trennung des ‚graphischen Kodes' von den Kommunikationsbedingungen nicht funktioniere und dass stattdessen die spezifische Medialität der Chat-Kommunikation anzuerkennen sei (vgl. auch Ágel/Hennig 2007: 209).

Die Reduzierung auf den phonischen und den graphischen ‚Kode' führt zu einer verengten Sicht auf Medialität. Die Sinnlichkeit der Stimme etwa, die Mimik und Gestik, die Interaktion im gemeinsamen Wahrnehmungsraum, der Augenkontakt werden vom phonischen ‚Kode' isoliert. Die Beschränktheit eines solch engen Medienbegriffs bringen Fehrmann/Linz auf den Punkt, indem sie ihm die Idee „mehrdimensionaler medialer Bezugnahmen" entgegenstellen:

> Insofern es auf der Ebene der vermeintlich unmittelbaren Face-to-Face-Kommunikation keine neutrale Stimme, Geste, Blickausrichtung oder Körperhaltung geben kann – ebensowenig wie es eine neutrale, von ikonischen, typographischen und paratextuellen Dimensionen befreite Schrift gibt –, nutzt jede Kommunikationsform den Raum mehrdimensionaler medialer Bezugnahmen. Wir bewegen uns nicht erst mit technisch vermittelter Kommunikation, sondern mit jeder sprachlichen Äußerung in und zwischen Medien. (Fehrmann/Linz 2009: 138)

In diesen Formulierungen wird dafür argumentiert, dass sich Medialität und Performanz nicht voneinander abtrennen lassen und dass es sich auch bei der gesprochenen und der geschriebenen Sprache um „mehrdimensionale" Medien handelt. Dahinter steht eine Frage, an der sich die Geister in der Mediendiskussion immer wieder scheiden, die Frage nämlich, ob nichtmediale Kommunikation möglich sei (vgl. hierzu auch Schneider 2006), ob es also so etwas wie eine unverkörperte, medienneutrale Sprache, eine Sprache hinter der Performanz gibt (vgl. hierzu Krämer/König 2002). Koch/Oesterreicher (1994: 587) bejahen diese Frage implizit, da sie unter Berufung auf Lyons (1981: 11) von einer „medium transferability" ausgehen. Die *medium transferability* besagt in ihrem Kern, dass sich ein und derselbe kommunikative Gehalt ohne Informationsverlust von einem Medium in das andere transferieren lasse. Dies wäre aber nur dann garantiert, wenn es medienneutrale Inhalte gäbe, die für sich existierten und durch das jeweilige Medium lediglich transportiert würden.[6]

Diese Transportidee, die von Michael Reddy (1993) treffend mit dem Begriff der „conduit metaphor" charakterisiert und kritisiert wurde, liegt dem Medienbegriff von Koch/Oesterreicher implizit zugrunde. Besonders deutlich zeigt sich dies bei ihrer Darstellung der „Versprachlichungsstrategien" (vgl. 1985: 21–23), die in der Nähesprache durch eine geringere Informationsdichte, Kompaktheit, Integration, Komplexität, Elaboriertheit und Planung, in der Distanzsprache durch eine stärkere Ausprägung dieser Eigenschaften gekennzeichnet seien. Schon mit dem Ausdruck *Versprachlichungsstrategien* wird der Eindruck geweckt, die jeweils vermittelten Inhalte existierten auch unabhängig von jeglicher Medialität und müssten dann nachträglich im phonischen oder graphischen Medium versprachlicht werden. Als ob es sich – wie Albert (2013: 57f.) es formuliert – um ein „Verpacken" medienneutraler, vorgängiger Ideen handelte. In diesem Sinne haben Fehrmann/Linz (2009) recht, wenn sie den Ansatz von Koch/Oesterreicher als eine „Medientheorie ohne Medien" charakterisieren.

---

[6] Eine Relativierung und damit auch eine gewisse Rehabilitierung dieser *medium transferability* formuliert Feilke (i.d.B.: 143f.) und verwendet dabei den – auch für die Fachdidaktik relevanten – Begriff der „Transponierung" (144) im Unterschied zum einfachen ‚Transport' von Inhalten. Sehr treffend schreibt Feilke, man könne den Deutschunterricht „geradezu als eine institutionalisierte Transponierungswerkstatt" (144) betrachten, da die Übertragung vom Mündlichen in das Schriftliche und umgekehrt, Schwierigkeiten bereiten könne und als eine besondere Leistung, nicht als ein bloßer Transport, zu betrachten sei. Mit dieser Auffassung bewegt sich Feilke m.E. eher in der Nähe dessen, was man nach Ludwig Jäger (2002) auch ‚intermediale Transkriptivität' nennen kann: Wir bewegen uns in der Kommunikation häufig zwischen Medien (vgl. hierzu auch Kap. 3 des vorliegenden Beitrags), müssen lernen von einem Medium in ein anders zu wechseln und dabei das, was wir sagen wollen, dem Adressaten und dem Medium angemessen auszudrücken. Ein solcher Ansatz ist m.E. mit der Vorstellung einer Medienneutralität, die – wie Feilke selbst feststellt (143) – „die Grundlage für die gesamte Anlage des Modells" von Koch und Oesterreicher bildet, nicht vereinbar.

3 Medien als Verfahren der Zeichenprozessierung

3.1 Medium, Kommunikationsform und kommunikative Praktik

Warum tut sich die Linguistik – und nicht nur sie – mit dem Medienbegriff so schwer? Eine historische Ursache dafür liegt darin, dass wir daran gewöhnt sind, über Medien wie über Dinge zu reden. Den Fernseher betrachten wir als ein Medium, den Computer, die Schallplatte, das Blatt Papier usw. Damit wird ein Aspekt des Medienbegriffs, der von alters her eine Rolle spielt, in den Vordergrund gestellt: Das Medium erscheint als Hilfsmittel bzw. Werkzeug und damit als materielles Ding. Schon in der Antike hatte der Medienbegriff aber auch andere zentrale Bedeutungen: neben ‚Mittel' und ‚Werkzeug' nämlich auch (topologische) ‚Mitte' und ‚Vermittlung' (vgl. etwa Margreiter 2003: 152; Lagaay/Lauer 2004: 9f.). Der zuletzt genannte, dynamische Aspekt der Vermittlung verdient es, in Erinnerung gerufen zu werden, was sich an folgendem Beispiel zeigt: Der Fernseher ist nicht schon durch seine bloße Materialität, durch seine Dinglichkeit ein Medium, sondern wird es erst dann, wenn er eingeschaltet ist, also als Fernseher gebraucht wird, d.h.: wenn ein Prozess bzw. ein Verfahren in Gang gesetzt wird. Er ist auch nicht für sich genommen ein Medium, sondern nur, weil es Sendeanstalten, Programmdirektionen, Nachrichtensprecher, Reporter, Filmemacher, Schauspieler, Kameraleute, Fernsehtürme, Kabelnetze, Satelliten und vieles andere gibt, die es ermöglichen fernzusehen. Ähnliches lässt sich für den Computer, das Internet usw. sagen.

Es führt also gar nicht so sehr weiter, sich immer wieder zu fragen, welche *Objekte* zu den Medien gezählt werden sollten; eher ließe sich die Frage so stellen: Welche medialen *Verfahren* liegen jeweils vor, wenn wir von einem Medium sprechen? Um die Blickrichtung in diesem Sinne zu ändern, schlage ich vor, Medien als „Verfahren der Zeichenprozessierung" (vgl. Schneider 2011: 168)[7] zu

---

7 Vgl. hierzu ausführlich Schneider (2008: 89–107); vgl. außerdem Schneider (2006). Dieser Medienbegriff knüpft vor allem an Stetter (2005: 69–74, 215) an, der Medien als „symbolisierende Verfahren" charakterisiert. Ähnlich beschreibt Jäger (2004: 15) Medien als „Verfahrensformen", um zu verdeutlichen, dass es sich nicht um bloße „Übermittlungstechniken" handelt, sondern um „Operatoren, die die Inhalte, die sie speichern, generalisieren und distribuieren, zugleich konstitutiv mit hervorbringen"; vgl. auch Jäger (2007). Anders als in der Linguistik hat sich ein solcher nicht-instrumenteller, ‚dynamischer' Medienbegriff in der Medienphilosophie weitgehend durchgesetzt; vgl. etwa Vogel (2001), Seel (1998, 2003), Sandbothe (2001), Münker/Roesler/Sandbothe (2003), Münker (2013).

begreifen: Der Begriff ‚Medium' betrifft die jeweilige Art und Weise, wie Zeichen konstituiert, produziert, in Umlauf gebracht und rezipiert werden. *Prozessierung* bedeutet hier also nicht nur Vermittlung, sondern auch Konstitution. Das Zeichen mitsamt seinen medial-materiellen Eigenschaften ist von seiner Prozessierung gar nicht abtrennbar.[8]

Der Vorteil dieser Betrachtungsweise des Mediums als Verfahren besteht darin, dass wir nicht länger fragen müssen: Ist nun die gesprochene Sprache das Medium oder die Mündlichkeit oder die Lautlichkeit oder die Face-to-Face-Kommunikation oder die Stimme oder keines davon, sondern nur die Schallwellen? Stattdessen lautet die Frage z.B.: Welche medialen Bedingungen liegen in der Face-to-Face-Kommunikation vor? Wie wirkt sich die Medialität, d.h. die medialen Eigenschaften des jeweiligen medialen Verfahrens, auf die Kommunikation aus? Insofern ist ‚Medium' ein typischer „Zoombegriff" (Hermanns 2012: 269), bei dem man den „Skopus" je nach Erkenntnisinteresse unterschiedlich einstellen kann: Wenn das Medium ‚gesprochene Sprache' mit dem Medium ‚geschriebene Sprache' verglichen werden soll, ist der Skopus relativ weit und grob, wenn es um einen Vergleich zwischen Face-to-Face- und Telefon-Kommunikation geht, schon feiner, und wenn die Festnetz- mit der Handy-Telefonie verglichen werden soll, noch enger.

Dem hier vertretenen Medienbegriff liegt ganz im Sinne des Zitats von Fehrmann/Linz (vgl. oben Kap. 2.2) die Auffassung zugrunde, dass es keine nichtmediale Kommunikation gibt. Es ist notwendig, die jeweiligen Verfahren der Zeichenprozessierung genau zu beschreiben, denn das Medium gibt dem jeweils Mediatisierten seine spezifische Gestalt und kann von diesem nicht abgetrennt werden (vgl. Stetter 2005: 68–74). Genau darin unterscheidet sich ein Medium von einem bloßen Mittel und einem Werkzeug. Ein Mittel wird zu einem bestimmten Zweck eingesetzt; es ist dabei hinreichende, nicht aber notwendige Bedingung für diesen Zweck: Ich kann den Nagel mit dem Hammer in die Wand schlagen,[9] um das Bild aufzuhängen, hätte aber auch ein anderes Mittel wählen können: z.B. hätte ich ein Loch in die Wand bohren und dann Dübel und Haken verwenden können (vgl. Stetter 2005: 28f.; Schneider 2008: 36f.; Krämer 1998: 83). In diesem Sinne betrachten die Anhänger der *medium transferability* (vgl. oben Kap. 2.2) Medien als Mittel, da sie ja der Auffassung sind, ein und derselbe kommunikative Gehalt lasse sich von einem Medium in das andere transferieren. Nach der hier vertretenen Idee ist das Medium dagegen notwendige Bedingung für das Mediatisierte, denn dieses hat gar keine

---

[8] Für eine anregende Diskussion über diesen zentralen Punkt danke ich Helmuth Feilke.
[9] Das Mittel ist dann das Den-Nagel-in-die-Wand-schlagen, das Werkzeug ist der Hammer.

medienunabhängige Existenz: Schreiben kann ich nur, indem ich mich im Medium der Schrift bewege. Medium und Mediatisiertes bilden somit eine untrennbare Einheit. „Jenseits der Rede, der Schrift, [...] der gestischen Artikulation" und der Gebärden gibt es keine Sprache (vgl. Krämer 1998: 83f.).

Dieser Medienauffassung liegt also eine enge Verbindung von Zeichen und Medium zugrunde. Wenn man Zeichensysteme unter dem Aspekt ihrer Materialität sowie der Art der Zeichen*prozessierung* betrachtet, dann betrachtet man sie als Medien. In der Face-to-Face-Kommunikation werden die Zeichen anders prozessiert, d.h. in der Semiose[10] konstituiert, erzeugt, verbreitet und rezipiert als in der Telefon-Kommunikation: Im zweiten Fall sehen sich die Interagierenden nicht, sie sind an verschiedenen Orten. In beiden Fällen jedoch ermöglichen es die strukturellen Kommunikationsbedingungen, bi-direktional und nicht nur unidirektional zu kommunizieren. Dies unterscheidet beide strukturell z.B. von der Rundfunk-Kommunikation, auch wenn es in manchen Sendungen die Möglichkeit von Höreranrufen und Ähnliches gibt. Solche strukturellen Bedingungen der Kommunikation gehören aus dieser Perspektive zur Medialität der jeweiligen Verfahren und damit zum jeweiligen Medium.

In der deutschsprachigen Medienlinguistik werden diese strukturellen Bedingungen heute üblicherweise unter dem Begriff der ‚Kommunikationsformen' behandelt, der bereits in den Siebzigerjahren von Ermert (1979) eingeführt und dann insbesondere von Brinker (2005) weiterentwickelt wurde. Er dient insbesondere dazu, einen enggefassten Medienbegriff beibehalten und dennoch die vielgestaltige Ausdifferenzierung des Mediengebrauchs erfassen zu können. Ulrich Schmitz z. B. beschreibt das Verhältnis von ‚Medien' und ‚Kommunikationsformen' wie folgt:

> Medien (z.B. Rundfunk) sind Kommunikationsmittel. Ihre technischen Bedingungen ziehen jeweils bestimmte Kommunikationsformen (z. B. Rundfunksendung) nach sich [...].
> (Schmitz 2004: 57).

In der Konzeption der Kommunikationsformen werden die „im technischen Medium [...] begründeten, strukturellen Bedingungen der Kommunikation" (Habscheid 2005: 48) wie folgt erfasst:

---

[10] Zum Begriff der Semiose vgl. Morris (1972: 92–94); Peirce (2000: 255, 259 et passim); vgl. hierzu auch Bücker (2012: 60). Es ist interessant, wie eng verwandt die Begriffe ‚Zeichen' und ‚Medium' für Peirce sind: „Meine Begriffe sind alle zu eng. Sollte ich, anstatt ‚Zeichen', vielleicht *Medium* sagen?" (Peirce 2000: 221).

- Kommunikationsrichtung: uni- versus bidirektional
- Kontakt (zeitlich): annähernd synchron oder zeitlich ‚zerdehnt'
- Kontakt (räumlich): unmittelbar oder getrennt
- Sprache: mündlich oder schriftlich
- ...[11]

Die von Schmitz angeführte Rundfunksendung wäre demnach eine unidirektionale Kommunikationsform (abgesehen von Höreranrufen), bei der der Kontakt zeitlich synchron (bei Live-Sendungen) oder asynchron (bei Aufzeichnungen) und räumlich getrennt ist und die mündlich realisiert wird.

Obwohl der Konzeption der Kommunikationsformen das Verdienst zukommt, Medialität differenziert in den Blick zu nehmen, beinhaltet sie eine Schwierigkeit, die der Trennung von Medium und Konzeption in gewisser Weise ähnelt: Durch das Begriffspaar ‚Medium/Kommunikationsform' wird die materielle Seite der Kommunikation von der prozessualen Seite abgetrennt: Das Medium erscheint auch hier als bloßes „Hilfsmittel" (vgl. Dürscheid 2005: 2; Habscheid 2000: 139); somit wird ein verdinglichendes Medienkonzept, wie es oben kritisiert wurde, zumindest nahegelegt.

Zudem erscheint die Zuordnung zum Teil problematisch: Bei Schmitz wird – wie oben zitiert – der Rundfunk als Medium, die Rundfunksendung als Kommunikationsform kategorisiert. Das unidirektionale Senden gehört aus der Perspektive eines prozessorientierten Medienbegriffs aber von Anfang an zur Medialität des Mediums Rundfunk, denn ein nicht sendender Rundfunk ist kein Medium. Wenn nun die Rundfunksendung als Kommunikationsform betrachtet wird, dann wird damit ja nicht auf bestimmte Rundfunksendungen referiert, sondern – wie gesagt – auf die „strukturellen Bedingungen der Kommunikation". Was aber soll das Medium Rundfunk noch sein, wenn man diese strukturellen Bedingungen ganz auf der Seite der Kommunikationsform verortet? Hier zeigt sich, dass es im konkreten Einzelfall nicht möglich ist, eine definitorische Grenze zwischen Kommunikationsform und Medium zu ziehen.

Die Notwendigkeit, einen Terminus wie *Kommunikationsform* einzuführen, ergibt sich ja überhaupt erst dadurch, dass ein dinglicher Medienbegriff zugrunde gelegt wird, der Spezifika der Zeichenprozessierung, wie sie in den strukturellen Kommunikationsbedingungen beschrieben werden, nicht erfassen kann. Obwohl das Konzept der Kommunikationsformen also wichtige mediale Aspekte beschreibbar macht, führt die Beibehaltung des dinglichen Medienbeg-

---

11 Nach Brinker (2005: 147).

riffs dazu, dass die Gemeinsamkeiten zwischen technischen Verbreitungs- und Interaktionsmedien (Fernsehen, Chat-Kommunikation etc.) einerseits und Zeichenmedien (gesprochene Sprache, geschriebene Sprache, Gebärdensprache etc.) andererseits aus dem Blick geraten. Betrachtet man Medien dagegen als Verfahren der Zeichenprozessierung, dann ergibt sich die Möglichkeit, die Vielgestaltigkeit sich ausdifferenzierender medialer Bezugnahmen zu beschreiben, ohne dabei die technische Seite von der semiotischen abtrennen zu müssen. Bei einer Rundfunksendung werden die auditiven Sprachzeichen, anders als bei der Face-to-Face-Kommunikation, vermittels technischer Apparaturen prozessiert. Durch die Betonung des Verfahrensaspekts wird die künstliche Trennung von Zeichenmedien und technischen Medien aufgehoben.

Christa Dürscheid (i.d.B.: 372) führt in ihrer Auseinandersetzung mit dem Nähe-Distanz-Modell Argumente an, die m.E. ebenfalls für eine solche Aufhebung sprechen – etwa wenn sie schreibt, die „Nutzung einer Kommunikationsform [sei] nicht unabhängig von der Technologie". Androutsopoulos kritisiert die „Medienvergessenheit des Ansatzes" von Koch/Oesterreicher, deren Medienbegriff sich „nur auf die grafische Realisierungsform des Zeichensystems Sprache" beziehe, die Rolle technischer Medien werde „kaum reflektiert" (Androutsopoulos 2007: 80; vgl. hierzu auch Albert 2013: 57). Dürscheid (i.d.B.: 373f.) hält der Kritik von Androutsopoulos und auch von Fehrmann/Linz hier entgegen, dass es sich hier ja um eine *absichtliche* ‚Medienvergessenheit' handele, da Koch/Oesterreicher ja gar nicht intendiert hätten, ein Medienmodell zu entwickeln, sondern „auf der medialen Ebene nur die Phonie und Graphie als Faktoren ansetzen" wollten. Dem ist aber wiederum entgegenzuhalten, dass das Modell – wie oben ausführlich erläutert – medientheoretisch keineswegs ‚unschuldig' ist: Durch die Behauptung einer generellen *medium transferability* wird ein Medienbegriff kolportiert, der Medien als reine Transportmittel erscheinen lässt und die materielle Seite von der prozessualen separiert. Genau dies ist ja der Grund dafür, dass – wie Dürscheid (i.d.B.: 363) selbst feststellt – technische Medien nicht überzeugend in das Modell integrierbar sind; vielmehr wird der Bezug zur computervermittelten Kommunikation nur über die Konzeption (im Sinne des Duktus) hergestellt.

Androutsopoulos (2007: 81) stellt hierzu fest, in der Internetforschung sei Sprache „in der Polarität zwischen Mündlichkeit und Schriftlichkeit fest gefangen"; der ‚normalen' geschriebenen Standardsprache werde die angeblich ‚konzeptionell mündliche' geschriebene Sprache der Neuen Medien starr gegenübergestellt. Das Potenzial des Mediums ‚geschriebene Sprache' werde damit nicht annähernd ausgeschöpft. Eine ähnliche Position vertritt Holly (2011: 146), wenn er darauf hinweist, dass die Bipolarität von Mündlichkeit und Schriftlichkeit „der medialen Vielfalt tatsächlicher Kommunikationen nicht gerecht" werde. Dazu wäre es nämlich nötig, die Spezifika des jeweiligen medialen Verfahrens jenseits der bloßen Unterscheidung von Mündlichkeit und Schriftlichkeit medientheoretisch differenzierter zu beschreiben. Dies kann m.E. gelingen, wenn man Medien nicht als reine technische Hilfsmittel, sondern als (mehrdimensionale) Verfahren der Zeichenprozessierung begreift.

Der Begriff der Kommunikationsform erweist sich also als weitgehend verzichtbar. Man könnte ihn natürlich, eher unterminologisch, etwa zur Beschreibung besonderer Medienkonstellationen, in denen verschiedene Medien auf spezifische Weise zusammenwirken, beibehalten. Jedoch wohnt dem Ausdruck eine Mehrdeutigkeit inne, die immer wieder dazu führt, dass sich auch bei seiner Verwendung mediale Aspekte mit eher stilistischen vermischen, die den kommunikativen Gattungen bzw. Praktiken zuzuordnen sind. Koch/Oesterreicher selbst verwenden den Ausdruck synonym mit *Äußerungsform* und somit im Sinne der kommunikativen Gattungen bzw. Praktiken, indem sie etwa einen Vortrag und ein Vorstellungsgespräch als Kommunikationsformen klassifizieren (vgl. 2007: 349, 351). Dies ist m.E. ein Symptom dafür, dass der Ausdruck als Ersatz für *Medium* nur eine Notlösung ist, da er andere, auch inhaltliche Assoziationen weckt. Die Vermischung mit den kommunikativen Praktiken einerseits und mit den Medien andererseits ist im Begriff der Kommunikationsform angelegt.[12] Die Konzeption der Kommunikationsformen lässt sich – bildlich gesprochen – als eine Leiter betrachten, die nicht mehr nötig ist, wenn man den rein instrumentellen Medienbegriff hinter sich gelassen hat.[13]

Die Unterscheidung zwischen medialen Verfahren und kommunikativen Praktiken (vgl. Fiehler 2000: 38f.) genügt also, wenn man das erfassen will, was bei Koch/Oesterreicher in Medium und Konzeption geschieden ist, wobei die

---

[12] Diese Mehrdeutigkeit findet sich auch in Holly (2011: 155), wo Kommunikationsformen einerseits in dem oben erläuterten Sinne, andererseits als „kommunikative Praktiken und Textsortenfamilien" beschrieben werden.

[13] Ähnlich ambig wie *Kommunikationsform* ist der Ausdruck *Modalität*, der m.E. als Ersatz für *Medium* oder *Medialität* ebenfalls nicht optimal ist, da er in der Sprachwissenschaft auch etwas ganz anderes, nämlich den Status einer Aussage bezeichnet, indem etwa zwischen ‚deontischer' und ‚epistemischer Modalität' unterschieden wird. Im weiteren Sinne bezieht sich *Modalität* generell auf das ‚Wie', die ‚Art und Weise' einer Sache, was sich auch an verwandten linguistischen Termini wie *Modus* und *Modalverb* zeigt. Koch/Oesterreicher (1994: 587) setzen Modalität zudem mit dem Duktus gleich. Medialität ist aber mehr als die ‚Art und Weise' oder der Duktus. Sie bezieht sich ja neben den prozessualen auch auf die materiellen Eigenschaften eines Mediums. Vor allem Letztere werden durch das Bedeutungsspektrum von *Modalität* kaum abgedeckt.

Konzeption zum Teil in ersterem, zum Teil im zweiten aufgeht: als Kommunikationsbedingungen im medialen Verfahren, als Duktus in den kommunikativen Praktiken.[14] Zu den kommunikativen Praktiken gehört all jenes, was wir im Laufe unserer Sozialisation als kulturelle, konventionalisierte Handlungsmuster erwerben. Es handelt sich um unterschiedlichste Formen sozialer Praxis mit verbalen und nicht-verbalen Anteilen, die bestimmte Regeln und Gepflogenheiten aufweisen und die man mit Wittgenstein (1984: § 23 et passim) auch „Sprachspiele" nennen kann. Etwa ‚beim Bäcker einkaufen', ‚mit Freundinnen und Freunden auf dem Schulhof reden', ‚Activity spielen', ‚einen Vortrag mit Powerpoint-Präsentation halten', ‚ein Sprechstundengespräch führen', ‚sich an einer Unterrichtsdiskussion beteiligen', ‚eine E-Mail an einen Dozenten/eine Dozentin verfassen', ‚eine Geschichte vorlesen', ‚einen Liebesbrief schreiben'. Bei der Beschreibung und Analyse stellt sich dann immer die Frage: Was geht auf das Konto des Mediums, was auf das Konto der jeweiligen Praktik und was auf das Konto des einzelnen (Sprach-)Spielers und seiner individuellen Kompetenz? Diese zeigt sich darin, wie er sich im jeweiligen Medium bewegt, um sozial geteilte Sprachspiele zu spielen.

So gesehen gehört es zur Medienkompetenz, die interaktionalen Spielräume eines Mediums nutzen zu können. Die Interaktionalität lässt sich – wie im folgenden Abschnitt mit Blick auf die Interaktionale Linguistik genauer herausgearbeitet werden soll – als Teil der strukturellen Kommunikationsbedingungen und damit als Aspekt der Medialität des jeweiligen Mediums beschreiben.

3.2 Medialität und Interaktionalität

Der Begriff der Kommunikationsformen, der im letzten Abschnitt erörtert wurde, ist nicht nur für die Medienlinguistik leitend, sondern spielt auch für die Gesprächsforschung/Interaktionale Linguistik im deutschsprachigen Raum eine wichtige Rolle. Wolfgang Imo (2013: 249) z.B. betrachtet die Festnetz-Telefonie und die Face-to-Face-Interaktion als verschiedene Kommunikationsformen. Er legt dabei einerseits – ähnlich wie Schmitz (Zitat oben) und Dürscheid (2011) – einen eher engen Medienbegriff zugrunde, kritisiert aber andererseits die Vorstellung der *medium transferability*, indem er Kieserlings (1999: 151) „Ausklammerung der Materialität der Kommunikation" zurückweist. Kieserling vertritt die Auffassung, dass z.B. die Unterbrechung eines Telefonats „als physikali-

---

14 In Schneider (2011: 168–170) wird in diesem Sinne zwischen „Medialitätsaspekt" und „Sprachspielaspekt" unterschieden.

sches Ereignis" keine „Operation zum System [der Kommunikation]" beitrage. Man könne – so Kieserling (ebd.) – „nachher nicht einfach unter Berufung auf die technisch bedingte Unterbrechung anders kommunizieren als zuvor". Dieser Behauptung hält Imo folgendes Argument entgegen:

> Wer jemals mit der Bahn unterwegs war, weiß, dass dies nicht der Fall ist: Die Unterbrechung des Handyempfangs hat auf vielen Ebenen einen Einfluss auf die Kommunikation. Nach Wiederherstellung der Verbindung werden häufig unter Bezug auf die schlechte Verbindung telegrammartig die wichtigsten Informationen weitergegeben und das Gespräch beendet – und umgekehrt kann die Ausrede eines schlechten Empfangs auch dazu genutzt werden, ein unliebsames Gespräch abzubrechen, ebenso wie es auch die Strategie gibt, solche Gespräche mit Hinweis auf den leeren Akku abzukürzen. Die materialen Bedingungen der Kommunikation gehen also nicht nur via Stimme und Körper in die Interaktion ein, sondern genauso auch über die technischen Kommunikationsmittel. (Imo 2013: 49)

Dieser Argumentation ist in allen Punkten zuzustimmen. Sie impliziert m.E. auch, dass die Trennung zwischen angeblich ‚unmittelbarer' mündlicher Kommunikation und technischer, ‚medial' vermittelter Kommunikation aufgehoben werden sollte, da schon die nicht via ‚technisches Medium' übertragene Sprache via Stimme vermittelt ist. Was Imo hier beschreibt, ist genau das, was ich unter einem Verfahren der Zeichenprozessierung verstehe: Die Handy-Telefonie bietet aufgrund ihrer Materialität und ihrer strukturellen Kommunikationsbedingungen die Möglichkeit, Gespräche mit Tricks wie den oben beschriebenen abzukürzen: Man sieht sich nicht, man ist unterwegs, das Handy hat einen Akku, der leer sein *könnte*, der Empfang *könnte* gestört sein. Hier zeigt sich, dass sich Verhaltensweisen und Konventionen nur deshalb einbürgern können, weil die medialen Bedingungen dafür gegeben sind: Medialität ist in diesem Sinne notwendige Bedingung für Intentionen und Kommunikationsstrategien (vgl. Seel 1998: 249). Beispielsweise würde man jemanden für verrückt halten, der einen guten Freund in einer Face-to-Face-Situation mit den Worten ‚Hallo, hier ist Thomas' begrüßt. Erst durch die Erfindung des Telefons ist es überhaupt eine sinnvolle Option geworden, sich in der vertrauten Mündlichkeit mit dem Namen zu melden. Diese Verhaltensweise wird heutzutage jedoch zunehmend überflüssig, wenn der Name des Anrufers oder die Telefonnummer auf dem Display erscheint.

Auch die Medialität und Interaktionalität der Chat-Kommunikation wird von Imo – hier in Auseinandersetzung mit Beißwenger (2007) – thematisiert. Im Chat ist das Turn-Taking aufgrund der medialen Bedingungen anders organisiert als in der Face-to-Face-Interaktion. Besonderheiten lägen etwa „in der Verwendung der Schrift statt des Lautes, was z.B. prosodische Signale" ausschließe. Diese Besonderheiten nennt Imo „medial" und grenzt diese von „technischen" Besonderheiten ab, die „im Bereich der Verteilung der Chat-Beiträge" liegen, die durch den Server nach dem „Mühlen-Prinzip" (Beißwenger 2007: 56) verteilt werden, d.h. „strikt geordnet nach ihrem Eintreffen und nicht nach ihrem sequenziellen Bezug zu Vorgängeräußerungen" (Imo 2013: 277). Er greift Beißwengers Gedanken auf, dass das sogenannte ‚Splitting', d.h. die Strategie, die Beiträge in kleinere ‚Chunks' verteilt abzuschicken, beim Chatten dazu genutzt werde, den Turn über längere Zeit zu behalten (vgl. ebd.).[15] Auch dies ist ein Beispiel dafür, wie das Medium die Kommunikation beeinflusst, wie die Akteure die Spielräume eines Mediums nutzen. Imo kritisiert Beißwengers Ansicht, dass es sich hierbei dennoch nicht um ein ‚echtes' Turn-Taking handele, vielmehr werde das Schema des Turn-Taking hier nur im Sinne eines „strategischen Vorbilds" (Beißwenger 2007: 264) gespeichert und dann auf die ‚medial geschriebene' interaktionale Sprache des Chats übertragen. Zu Recht wendet Imo dagegen ein, dass ein solcher Übertragungsvorgang gar nicht nötig sei, da auch das Chatten von vornherein interaktional angelegt sei (vgl. Imo 2013: 278). Beißwengers Vorstellung, dass hier ein Transfer erfolge, ist vermutlich darauf zurückzuführen, dass er das Nähe-Distanz-Modell und die *medium transferability* seinen empirischen Untersuchungen zum Chat als theoretische Basis explizit zugrunde legt.

Imos Argumentation macht deutlich, dass Interaktionalität und Medialität intrinsisch zusammengehören. Jedoch erfährt – so möchte ich hinzufügen – die Interaktionalität je nach medialem Verfahren eine spezifische Ausprägung. Imo dagegen vertritt die Auffassung, der einzige strukturelle Unterschied zwischen gesprochener interaktionaler Sprache und Chat bestünde darin, dass bei ersterer „die Reaktionszeit entsprechend schneller [sei] und daher Überlappungen sichtbar" und „medial durch die Abwesenheit eines Verteilsystems wie im Chat überhaupt erst möglich" würden. „Jenseits dieses medial bzw. technisch bedingten Unterschieds [sei] die Grundstruktur jedoch die gleiche" (Imo 2013: 279). Hier stellt sich die Frage, ob Imo hier nicht selber der von ihm kritisierten Idee der *medium transferability* das Wort redet, denn die unterschiedliche Reak-

---

15 Vgl. hierzu auch Imo (2015) mit Bezug auf WhatsApp-Kommunikation. Dort sei – im Vergleich zur früheren SMS-Kommunikation – zunehmend die Tendenz zu verzeichnen, ‚häppchenweise' sehr kurze Nachrichten, die jeweils nur aus einem Sprechakt bestünden, zu verschicken (15), z.B. um das ‚Rederecht' zu behalten und ein „Überkreuzen von Nachrichten" (22) zu verhindern. Zu vermuten ist, dass dies insbesondere für *Gruppen*-Kommunikation in WhatsApp gilt, da auf diese Weise verhindert werden kann, dass sich die Diskussion während des eigenen Schreibprozesses thematisch bereits in eine andere Richtung entwickelt haben und der eigene Beitrag daher überholt sein könnte.

tionszeit ist nur *eine* der Differenzen zwischen Face-to-Face- und Chat-Kommunikation. Was hier zu wenig berücksichtigt wird, sind weitere mediale Unterschiede wie (möglicher) Blickkontakt, Gestik, Mimik, Stimme und die damit zusammenhängenden Möglichkeiten der Rückkopplung in der Interaktion. Selbst bei einem Vergleich zwischen Chat und Festnetz-Telefonie, die Imo in einem ausführlichen Beispiel analysiert, bleiben stimmliche Qualitäten und *permanente* Interventionsmöglichkeit als Spezifika der mündlichen Zeichenprozessierung bestehen. Die interaktionalen Möglichkeiten und Beschränkungen beim Chat gehen auch weit über eine „langsamere Reaktionszeit" hinaus; sie bieten einen eigenen medialen Spielraum, der die Interaktion auf spezifische Weise prägt und in Beißwenger (2007) detailliert beschrieben wird: Zum Beispiel wird die Praxis des Löschens von bereits eingegebenem Text dadurch beeinflusst, dass man jederzeit auf dem Bildschirm sehen kann, was andere gerade verschickt haben, während man selbst den eigenen nächsten Beitrag verfasst (vgl. Beißwenger 2007: 367–465). Ebenso wie das bereits erwähnte Splitting hängt auch diese Praxis damit zusammen, dass bei der hier untersuchten Art des Chattens die „Verschickungshandlung" (2007: 367) von der Schreibhandlung zeitlich getrennt ist. In diesem Sinne zeigen Beißwengers empirische Untersuchungen, dass die strukturellen Kommunikationsbedingungen hier eine spezifische Art von Interaktionalität ermöglichen, die sich als Teil der Medialität des Chattens beschreiben lässt.

Imos weitgehende Annäherung von Chat und interaktionaler gesprochener Sprache ist im größeren Rahmen seines programmatischen Vorschlags zu verstehen, in der Grammatikschreibung, „konsequent zwischen prototypisch monologischer und prototypisch interaktionaler Sprachverwendung zu unterscheiden" (Imo 2013: 290). Er stellt die Idee zur Diskussion, das Kapitel „Gesprochene Sprache" der Duden-Grammatik in einem erweiterten Kapitel über interaktionale Sprachverwendung aufgehen zu lassen und um eine Darstellung interaktionaler Schriftlichkeit zu ergänzen (vgl. ebd.). Für Imo liegen die Hauptunterschiede nicht in der Medialität, sondern im Grad der Interaktionalität. Dieser Vorschlag hat einiges für sich, denn es gibt ja auch weniger interaktionale mündliche Praktiken wie z.B. den wissenschaftlichen Vortrag, die Predigt und das Verlesen einer Nachricht im Fernsehen oder Radio. Auf der anderen Seite sind – wie gerade der Chat zeigt – auch schriftliche Praktiken keineswegs immer monologisch, sondern können einen sehr hohen Grad an Interaktionalität aufweisen. Will man Imos plausiblen Vorschlag für die Grammatikschreibung weiterverfolgen, so wäre – wie oben exemplifiziert – darauf zu achten, nun nicht vorschnell verschiedene Arten von interaktionaler Kommunikation fast gleichzusetzen, obwohl sie über eine jeweils unterschiedliche Medialität verfügen. Ähnliches gilt für verschiedene Arten eher monologischer Sprachverwendung. Eine Alternative zu Imos Vorschlag bestünde darin, konsequent nach Medialität zu differenzieren und in einem Kapitel über geschriebene Sprache verschiedene Grade von Monologizität und Interaktionalität in der Schriftlichkeit zu beschreiben und in einem Kapitel „Gesprochene Sprache" analog für das Spektrum im Bereich der Mündlichkeit zu verfahren.

Medialität und Interaktionalität sind nicht gesondert voneinander zu betrachten: Medialität ist ein Aspekt von Interaktionalität und umgekehrt. Je stärker sich unsere medialen Verfahren und auch die empirische Erforschung derselben ausdifferenzieren, desto wichtiger wird es, die komplexen Zusammenhänge zwischen Medialität und Interaktionalität (auch in der Grammatikschreibung) in den Blick zu nehmen.

4 Zusammenfassung der Ergebnisse

Der vorliegende Beitrag ging von der Feststellung aus, dass die Motivation für die Entwicklung des Nähe-Distanz-Modells zu würdigen ist, da es Koch/Oesterreicher darum ging, der Abwertung gesprochener Sprache eine differenzierte Darstellung entgegenzuhalten. Mit ihrer Entwicklung des Begriffspaars ‚Sprache der Nähe' und ‚Sprache der Distanz' sowie mit ihrer Unterscheidung zwischen Medium und Konzeption berühren die beiden Autoren wichtige Aspekte sprachlicher Kommunikation. Das Modell regt dazu an, darüber nachzudenken, ob und wie einzelne kommunikative Praktiken in einem Kontinuum von Nähe und Distanz anzuordnen sind. Für die Medienlinguistik ist es jedoch m.E. als Grundlage ungeeignet,[16] da es durch die Annahme einer generellen *medium transferability* hinter wesentlichen Erkenntnissen des rezenten Medialitätsdiskurses in der Medienphilosophie und der kulturwissenschaftlich orientierten Sprachtheorie zurückbleibt: Medien sind – wie in Kapitel 2 ausführlich erläutert

---

16 Obwohl Christa Dürscheid das Nähe-Distanz-Modell sehr wohlwollend würdigt, gelangt auch sie im Grunde zu einem ähnlichen Ergebnis, wenn sie schreibt: „So aussagekräftig das Modell ist und so griffig Bezeichnungen wie ‚konzeptionell mündlich' und ‚konzeptionell schriftlich' auch sind: In der Medienlinguistik ist dazu aus meiner Sicht alles gesagt; man sollte nicht wieder und wieder die Arbeiten von Koch/Oesterreicher referieren, kritisch diskutieren oder ihre Grafik modifizieren, um neuere und neueste technologische Entwicklungen darauf beziehen zu können. Das ist nicht möglich – und zu diesem Zweck wurde das Modell auch nie konzipiert." (Dürscheid i.d.B.: 382)

wurde – keine bloßen Transport- oder Hilfsmittel, sondern sie geben dem jeweils Mediatisierten seine spezifische Form.

Im Einzelnen lassen sich die Ergebnisse und Thesen des vorliegenden Beitrags wie folgt zusammenfassen:

- Die Trennung von Medium und Konzeption, so wie Koch/Oesterreicher sie vornehmen, verhindert eine adäquate Berücksichtigung sprachlicher Medialität, da hier wesentliche Aspekte der Medialität vom Medium abgetrennt und unter dem Stichwort ‚Kommunikationsbedingungen' auf der Ebene der Konzeption behandelt werden.
- Der Begriff der konzeptionellen Mündlichkeit und Schriftlichkeit ist doppeldeutig. *Konzeption* bezieht sich einerseits auf den Sprachduktus bzw. Stil, andererseits auf die strukturellen Kommunikationsbedingungen, die größtenteils untrennbar mit der medialen Prozessierung verbunden sind. Die Alternativtermini *Sprache der Nähe* und *Sprache der Distanz* vermeiden diese Doppeldeutigkeit, wecken aber gar „keine medialen Assoziationen mehr" (Koch/Oesterreicher 1994: 588) und können schon von daher ebenfalls keine Grundlage für die *medien*linguistische Forschung bilden.
- Das Modell konnte im linguistischen Mainstream nur deshalb alternativlos bleiben, weil in der Linguistik bis heute ein dinglicher Medienbegriff vorherrscht. An seine Stelle sollte ein prozessorientierter Medienbegriff treten, in dem Medien als Verfahren der Zeichenprozessierung aufgefasst werden.
- Die Zweiteilung ‚Medium/kommunikative Praktik' genügt als Grundunterscheidung. Der in der Medienlinguistik heute übliche Ausdruck *Kommunikationsformen* ist zwar heuristisch hilfreich, als *terminus technicus* jedoch verzichtbar, wenn ein prozessorientierter Medienbegriff zugrunde gelegt wird.
- Medialität und Interaktionalität gehören zusammen. Ihre Interdependenzen im Einzelnen zu beschreiben, ist ein lohnendes Forschungsfeld für gebrauchsbasierte Ansätze in der Interaktionalen Linguistik und der Medialitätsforschung.

5 Literatur

Ágel, Vilmos/Hennig, Mathilde (2007): Überlegungen zur Theorie und Praxis des Nähe- und Distanzsprechens. In: Ágel, Vilmos/Hennig, Mathilde (Hrsg.): Zugänge zur Grammatik der gesprochenen Sprache. Tübingen: Niemeyer, 179–214.

Albert, Georg (2013): Innovative Schriftlichkeit in digitalen Texten. Syntaktische Variation und stilistische Differenzierung in Chat und Forum. Berlin: Akademie.

Androutsopoulos, Jannis (2007): Neue Medien – neue Schriftlichkeit? In: Mitteilungen des Deutschen Germanistenverbandes 1/07, 72–97.

Auer, Peter (2000): On line-Syntax – Oder: Was es bedeuten könnte, die Zeitlichkeit der mündlichen Sprache ernst zu nehmen. In: Sprache und Literatur 85, 43–56.

Behaghel, Otto (1927): Geschriebenes Deutsch und gesprochenes Deutsch. Festvortrag, gehalten auf der Hauptversammlung des Deutschen Sprachvereins zu Zittau am 1. Oktober 1899. In: Behaghel, Otto (Hrsg.): Von deutscher Sprache. Aufsätze, Vorträge und Plaudereien. Lahr: Schauenburg, 11–34.

Beißwenger, Michael (2007): Sprachhandlungskoordination in der Chat-Kommunikation. Berlin/New York: de Gruyter.

Brinker, Klaus (2005): Linguistische Textanalyse. Eine Einführung in Grundbegriffe und Methoden. 6., überarbeitete und erweiterte Auflage. Berlin: Erich Schmidt.

Bücker, Jörg (2012): Sprachhandeln und Sprachwissen. Grammatische Konstruktionen im Spannungsfeld von Interaktion und Kognition. Berlin/New York: de Gruyter.

Duden (1965): Hauptschwierigkeiten der deutschen Sprache. Bearbeitet von Günther Drosdowski et al. Mannheim: Bibliographisches Institut (Duden 9).

Dürscheid, Christa (2003): Medienkommunikation im Kontinuum von Mündlichkeit und Schriftlichkeit. Theoretische und empirische Probleme. In: Zeitschrift für Angewandte Linguistik 38, 37–56.

Dürscheid, Christa (2005): Medien, Kommunikationsformen, kommunikative Gattungen. Linguistik Online 22. Online unter: http://www.linguistik-online.de/22_05/duerscheid.html (20.05.2014).

Dürscheid, Christa (2011): Medien in den Medien, Szenen im Bild. Eine pragmatische Kommunikat-Analyse. In: Schneider, Jan Georg/Stöckl, Hartmut (Hrsg.): Medientheorien und Multimodalität. Ein TV-Werbespot – Sieben methodische Beschreibungsansätze. Köln: Halem, 88–108.

Dürscheid, Christa (i.d.B.): Nähe, Distanz und neue Medien, 357–385.

Ermert, Karl (1979): Briefsorten. Untersuchungen zu Theorie und Empirie der Textklassifikation. Tübingen: Niemeyer.

Fehrmann, Gisela/Linz, Erika (2009): Eine Medientheorie ohne Medien? Zur Unterscheidung von konzeptioneller und medialer Mündlichkeit und Schriftlichkeit. In: Birk, Elisabeth/Schneider, Jan Georg (Hrsg.): Philosophie der Schrift. Tübingen: Niemeyer, 123–143.

Feilke, Helmuth (2010): Schriftliches Argumentieren zwischen Nähe und Distanz am Beispiel wissenschaftlichen Schreibens. In: Ágel, Vilmos/Hennig, Mathilde (Hrsg.): Nähe und Distanz im Kontext variationslinguistischer Forschung. Berlin/New York: de Gruyter, 209–231.

Fiehler, Reinhard (2000): Über zwei Probleme bei der Untersuchung gesprochener Sprache. In: Sprache und Literatur 85, 23–42.

Habscheid, Stephan (2000): ‚Medium' in der Pragmatik. Eine kritische Bestandsaufnahme. In: Deutsche Sprache 28/1, 126–143.

Habscheid, Stephan (2005): Das Internet – ein Massenmedium? In: Runkehl, Jens/Schlobinski, Peter/Siever, Thorsten (Hrsg.): Websprache.net – Sprache und Kommunikation im Internet. Berlin/New York: de Gruyter, 46–66.

Hennig, Mathilde (2001): Das Phänomen des Chat. In: Jahrbuch der Ungarischen Germanistik, 215–239.

Hermanns, Fritz (2012): Sprache, Kultur und Identität. In: Kämper, Heidrun et al. (Hrsg.): Der Sitz der Sprache im Leben. Beiträge zu einer kulturanalytischen Linguistik. Berlin/New York: de Gruyter, 235–276.
Holly, Werner (2011): Medien, Kommunikationsformen, Textsortenfamilien. In: Habscheid, Stephan (Hrsg.): Textsorten, Handlungsmuster, Oberflächen. Linguistische Typologien der Kommunikation. Berlin/New York: de Gruyter, 144–163.
Imo, Wolfgang (2013): Sprache in Interaktion. Analysemethoden und Untersuchungsfelder. Berlin/New York: de Gruyter.
Imo, Wolfgang (2015): Vom Happen zum Häppchen. Die Präferenz für inkrementelle Äußerungsproduktion in internetbasierten Messengerdiensten. http://www.mediensprache.net/networx/networx-69.pdf. In: Networks 69.
Jäger, Ludwig (2002): Transkriptivität. Zur medialen Logik der kulturellen Semantik. In: Jäger, Ludwig/Stanitzek, Georg (Hrsg.): Transkribieren. Medien/Lektüre, 19–41. München: Fink.
Jäger, Ludwig (2004): Der Schriftmythos. Zu den Grenzen der Literalitätshypothese. In: Jäger, Ludwig/Linz, Erika (Hrsg.): Medialität und Mentalität. Theoretische und empirische Studien zum Verhältnis von Sprache, Subjektivität und Kognition. München: Fink, 327–345.
Jäger, Ludwig (2007): Medium Sprache. Anmerkungen zum theoretischen Status der Sprachmedialität. In: Mitteilungen des Deutschen Germanistenverbandes 54, 8–24.
Kieserling, André (1999): Kommunikation unter Anwesenden. Studien über Interaktionssysteme. Frankfurt am Main: Suhrkamp.
Koch, Peter/Oesterreicher, Wulf (1985): Sprache der Nähe – Sprache der Distanz. Mündlichkeit und Schriftlichkeit im Spannungsfeld von Sprachtheorie und Sprachgeschichte. In: Romanistisches Jahrbuch 36, 15–43.
Koch, Peter/Oesterreicher, Wulf (1994): Schriftlichkeit und Sprache. In: Günther, Hartmut/Ludwig, Otto (Hrsg.): Schrift und Schriftlichkeit. Ein interdisziplinäres Handbuch internationaler Forschung. An Interdisciplinary Handbook of International Research. 1. Halbband. Berlin/New York: de Gruyter, 587–604.
Koch, Peter/Oesterreicher, Wulf (2007): Schriftlichkeit und kommunikative Distanz. In: Zeitschrift für germanistische Linguistik 35, 346–375.
Krämer, Sybille (1998): Das Medium als Spur und als Apparat. In: Krämer, Sybille (Hrsg.): Medien, Computer, Realität. Wirklichkeitsvorstellungen und Neue Medien. Frankfurt am Main: Suhrkamp, 73–94.
Krämer, Sybille/König, Ekkehard (Hrsg.) (2002): Gibt es eine Sprache hinter dem Sprechen? Frankfurt am Main: Suhrkamp.
Lagaay, Alice/Lauer, David (2004): Einleitung – Medientheorien aus philosophischer Sicht. In: Lagaay, Alice/Lauer, David (Hrsg.): Medientheorien. Eine philosophische Einführung. Frankfurt am Main/New York: Campus, 7–29.
Lyons, John (1981): Language and Linguistics. An Introduction. Cambridge: Cambridge University Press.
Margreiter, Reinhard (2003): Medien/Philosophie: Ein Kippbild. In: Münker, Stefan/Roesler, Alexander/Sandbothe, Mike (Hrsg.): Medienphilosophie. Beiträge zur Klärung eines Begriffs. Frankfurt am Main: Fischer, 150–171.
Morris, Charles William (1972): Grundlagen der Zeichentheorie. Ästhetik und Zeichentheorie. Übersetzt von Roland Posner, mit einem Nachwort von Friedrich Knilli. München: Hanser.
Münker, Stefan/Roesler, Alexander/Sandbothe, Mike (Hrsg.) (2003): Medienphilosophie. Beiträge zur Klärung eines Begriffs. Frankfurt am Main: Fischer.

Münker, Stefan (2013): Media in use. How the practise shapes the mediality of media. In: Distinktion. Scandinavian Journal of Social Theory 14/3, 246–253.

Peirce, Charles Sanders (2000): Semiotische Schriften. Band 3. Herausgegeben von Christian J. W. Kloesel und Helmut Pape. Frankfurt am Main: Suhrkamp.

Pfeiffer, Martin (2015): Selbstreparaturen im Deutschen. Syntaktische und interaktionale Analysen. Berlin/Boston: de Gruyter).

Reddy, Michael J. (1993): The conduit metaphor: A case of frame conflict in our language about language. In: Ortony, Andrew (Hrsg.): Metaphor and Thought. 2. Auflage. Cambridge: Cambridge University Press, 164–201.

Sandbothe, Mike (2001): Pragmatische Medienphilosophie. Grundlegung einer neuen Disziplin im Zeitalter des Internet. Weilerswist: Velbrück Wissenschaft.

Schmitz, Ulrich (2004): Sprache in modernen Medien. Einführung in Tatsachen und Theorien, Themen und Thesen. Berlin: Erich Schmidt.

Schneider, Jan Georg (2006): Gibt es nichtmediale Kommunikation? In: Zeitschrift für Angewandte Linguistik 44, 71–90.

Schneider, Jan Georg (2008): Spielräume der Medialität. Linguistische Gegenstandskonstitution aus medientheoretischer und pragmatischer Perspektive. Berlin/New York: de Gruyter.

Schneider, Jan Georg (2011): Hat die gesprochene Sprache eine eigene Grammatik? Grundsätzliche Überlegungen zum Status gesprochensprachlicher Konstruktionen und zur Kategorie ‚gesprochenes Standarddeutsch'. In: Zeitschrift für germanistische Linguistik 39, 165–187.

Schwitalla, Johannes (2006): Gesprochenes Deutsch. Eine Einführung. 3., neu bearbeitete Auflage. Berlin: Erich Schmidt.

Seel, Martin (1998): Medien der Realität und Realität der Medien. In: Krämer, Sybille (Hrsg.): Medien, Computer, Realität. Wirklichkeitsvorstellungen und Neue Medien. Frankfurt am Main: Suhrkamp, 244–268.

Seel, Martin (2003): Eine vorübergehende Sache. In: Münker, Stefan/Roesler, Alexander/ Sandbothe, Mike (Hrsg.): Medienphilosophie. Beiträge zur Klärung eines Begriffs. Frankfurt am Main: Fischer, 10–15.

Söll, Ludwig (1985): Gesprochenes und geschriebenes Französisch. 3., überarbeitete Auflage, bearbeitet von Franz Josef Hausmann. Berlin: Schmidt.

Stetter, Christian (2005): System und Performanz. Symboltheoretische Grundlagen von Medientheorie und Sprachwissenschaft. Weilerswist: Velbrück Wissenschaft.

Vogel, Matthias (2001): Medien der Vernunft. Eine Theorie des Geistes und der Rationalität auf Grundlage einer Theorie der Medien. Frankfurt am Main: Suhrkamp.

Wittgenstein, Ludwig (1984): Philosophische Untersuchungen. In: Werkausgabe in 8 Bänden. Band 1: Tractatus logico-philosophicus. Neu durchgesehen von Joachim Schulte. Frankfurt am Main: Suhrkamp.

Christa Dürscheid
Nähe, Distanz und neue Medien

1 Altes Modell und neue Medien

Wer das Nähe-Distanz-Modell von Peter Koch und Wulf Oesterreicher einzig aus der Lektüre ihres grundlegenden Aufsatzes von 1985 kennt, der mag sich fragen, warum das Modell überhaupt in Verbindung zu Neuen Medien gebracht werden sollte. Die Neuen Medien gab es seinerzeit ja noch nicht; wie also kann man dieses alte Modell daran messen, was es für die linguistische Forschung zum Sprachgebrauch in den Neuen Medien zu leisten vermag? Und wie konnte es dazu kommen, dass dieses Modell bis heute so häufig in medienlinguistisch ausgerichteten Arbeiten dargestellt wird? Denn dass dies der Fall ist, ist unbestritten; man werfe dazu nur einen Blick auf die Titel im Literaturverzeichnis des vorliegenden Beitrags.

In den folgenden Abschnitten kann zwar nur auf eine Auswahl der vielen Arbeiten rund um das Nähe-Distanz-Modell Bezug genommen werden, doch auch daran lässt sich deutlich machen, wie die Verbindung von altem Modell und Neuen Medien zustande kommen konnte und dass es sich dabei keineswegs um eine Mesalliance handelt. Um diese Rezeptionsgeschichte nachzeichnen zu können, wird zunächst das Modell selbst, d.h. die Unterscheidung von Nähe und Distanz, Medium und Konzeption, Mündlichkeit und Schriftlichkeit vorgestellt (Abschn. 2). Da dies aber nahezu inflationär in vielen Arbeiten getan wird, die sich auf das Nähe-Distanz-Modell beziehen, fallen die Erläuterungen hier nur knapp aus. Wichtiger scheint mir in diesem Zusammenhang, die Aspekte zu benennen, die zur Attraktivität des Modells in der Medienlinguistik beigetragen haben, also eine Erklärung dafür sein können, warum es, wie Jannis Androutsopoulos (2007: 80) treffend schreibt, eine solche „Sogwirkung [...] in der (deutschsprachigen) linguistischen Internetforschung" ausüben konnte. In Abschn. 3 steht diese „Sogwirkung" denn auch im Zentrum der Diskussion; hier wird die Rezeption des Nähe-Distanz-Modells von den 1990er-Jahren bis heute skizziert. Dabei wird deutlich, dass es zwar auch viele kritische Stimmen zu dem Ansatz von Koch/Oesterreicher[1] gibt, dass aber auch diese dazu beige-

---

[1] Diese Kurzform sei hier und im Folgenden gestattet. Im Gesprochenen ist es sogar meist so, dass beide Namen sprichwörtlich in einem Atemzug genannt werden – als würde es sich um den Doppelnamen einer Person handeln.

tragen haben, das Modell weiter bekannt zu machen und in der Internetforschung zu etablieren. In Abschn. 4 gehe ich der Frage nach, wie Koch/Oesterreicher selbst in ihren neueren Publikationen (z.B. in den gemeinsamen Arbeiten von 2007 und 2011) auf diese Kritik Bezug nehmen, wie sie also ihrerseits die Rezeption ihres Modells rezipieren. Dieser Teil fällt aber nur kurz aus, da sich von ihrer Seite diesbezüglich nur wenige Äußerungen finden und sie das Modell im Wesentlichen unverändert lassen. Abschließend wird überlegt, in welche Richtung die weitere Diskussion um den Ansatz von Koch/Oesterreicher in der linguistischen Internetforschung gehen wird (Abschn. 5). Wird auf das Nähe-Distanz-Modell auch noch in zehn Jahren Bezug genommen werden, wenn eine Publikation zu den (dann) Neuen Medien erscheint?[2]

Bevor nun aber das Nähe-Distanz-Modell in Abschn. 2 kurz vorgestellt wird, erscheint mir an dieser Stelle noch eine Bemerkung zur Terminologie erforderlich. Bislang wurde hier durchgängig der Ausdruck „Modell" verwendet, und ich werde dies auch weiterhin tun, denn das entspricht dem Usus in den meisten linguistischen Arbeiten, die sich auf Koch/Oesterreicher beziehen. So sprechen einige Autoren von dem „Koch/Oesterreicher-Modell" (vgl. Albert 2013: 169);[3] häufiger aber noch stößt man auf Formulierungen wie „Nähe-Distanz-Modell" (vgl. Ágel/Hennig 2006: 14) oder „Mündlichkeits-Schriftlichkeits-Modell" (vgl. Kailuweit 2009: 3). Allerdings stellt Jannis Androutsopoulos (2007) hier eine Ausnahme dar. In seinem Beitrag zum Thema „Neue Medien – neue Schriftlichkeit?", in dem er mehrfach auf Koch/Oesterreicher Bezug nimmt, ist immer nur von einem „Ansatz" die Rede, nie aber von einem „Modell" (siehe dazu weiter unten). Damit wird er Koch/Oesterreicher am ehesten gerecht, denn sie selbst sprechen auch nicht von einem „Modell", sondern nur von einem „Nähe-Distanz-Kontinuum" (vgl. Koch/Oesterreicher 1990: 12; Koch/Oesterreicher 2011: 13, so auch Oesterreicher/Koch i.d.B.) oder von einem „Feld medialer und konzeptioneller Mündlichkeit und Schriftlichkeit" (vgl. Koch/Oesterreicher 1994: 588). Erwähnt sei auch, dass es eine Arbeit gibt, die in diesem Punkt konsequent dem Sprachgebrauch von Koch/Oesterreicher folgt und die Bezeichnung „Nähe-Distanz-Kontinuum" verwendet. Das ist der Fall in der

---

[2] Wie bereits in der Überschrift zu diesem Abschnitt, wird auch hier der Ausdruck *Neue Medien* in einem allgemeinsprachlichen Sinne verwendet. Gemeint sind damit neue interaktive Kommunikationstechnologien. Dazu gehören die SMS-, Chat- und E-Mail-Technologie, die aus damaliger Sicht in den 1990er-Jahren neu waren, aber auch die Technologien, die im Jahr 2025 neu sein werden.

[3] Albert (2013) verwendet daneben auch den Ausdruck „Nähe-Distanz-Modell", bezieht diesen Terminus aber nur auf die Weiterführung des Koch/Oesterreicher-Modells durch Vilmos Ágel und Mathilde Hennig.

Dissertation von Esther Strätz zur „Sprachverwendung in der Chat-Kommunikation", in der zwei Unterkapitel dem „Nähe-Distanz-Kontinuum von Koch/Oesterreicher (1985)" (so die Formulierung in der Überschrift) gewidmet sind (vgl. Strätz 2011: 87–102). Dabei handelt es sich um eine der wenigen romanistischen Arbeiten, in denen das Modell von Koch/Oesterreicher nicht in einem größeren varietätenlinguistischen Kontext, sondern ausschließlich aus medienlinguistischer Sicht rezipiert wird (so aber auch bei Kattenbusch 2002; Kailuweit 2009; Stark 2011).[4]

Dass sich die Bezeichnung ‚Modell' in der Sekundärliteratur zu Koch/Oesterreicher durchsetzen konnte, hängt möglicherweise mit der Grafik zusammen, die Koch/Oesterreicher zur Veranschaulichung des Nähe-Distanz-Kontinuums, wenn auch jeweils leicht modifiziert, in verschiedenen Publikationen verwenden. Diese Grafik, die sie als „Schema" bzw. als „schematische Anordnung" (z.B. Koch/Oesterreicher 1994: 588; Koch/Oesterreicher 2008: 201) bezeichnen, findet sich in vielen Aufsätzen, in Lehrbüchern und in einschlägigen (PowerPoint-)Materialien zum Thema. Man kann m.E. sogar so weit gehen zu behaupten, dass es diese Grafik ist, die maßgeblich zur Karriere des Modells beigetragen hat.[5] Die Gründe liegen auf der Hand: Die Anordnung von Äußerungsformen in diesem Schaubild ist anschaulich, die Grafik bildet alle wichtigen Aspekte der im Text vorgetragenen Überlegungen ab und sie bietet – im eigentlichen Sinne des Wortes – Platz für mögliche Erweiterungen des Kontinuums. Insofern überrascht es nicht, dass es diese Grafik ist, die in der Literatur eine solche Verbreitung gefunden hat, und dass sie auch im vorliegenden Beitrag zur Illustration des Modells von Koch/Oesterreicher abgedruckt wird (vgl. Abschn. 2).

---

4 In den Arbeiten aus der Romanistik stehen meist die gesamten Ausführungen von Koch/Oesterreicher zu den Varietätendimensionen (diaphasisch, diatopisch, diastratisch; Nähe und Distanz) im Zentrum (siehe z.B. Kabatek 2003; Dufter/Stark 2002), nicht nur die Unterscheidung von Sprache der Nähe und Sprache der Distanz. Im Kontext dieser Überlegungen stellt das Nähe-Distanz-Kontinuum eine Varietätendimension dar, die gewissermaßen über allen anderen steht (vgl. dazu die Grafik in Koch/Oesterreicher 1994: 595).
5 Wie wichtig Abbildungen für den Impact-Faktor einer wissenschaftlichen Arbeit sind, zeigt eine Studie, über die in der Zeitschrift „Technology Review" unter der Überschrift „Die Macht der Abbildung" berichtet wird (siehe unter http://www.heise.de/tr/artikel/Die-Macht-der-Abbildung-3228471.html <09.06.2016>).

2 Der Medienbegriff und das Nähe-Distanz-Kontinuum

Im Folgenden lege ich den Schwerpunkt auf die Arbeiten von Koch/Oesterreicher aus den 1980er- und 1990er-Jahren, genauer: auf ihre Ausführungen im *Romanistischen Jahrbuch* von 1985, im Studienbuch „Gesprochene Sprache in der Romania" von 1990 und in einem Überblicksartikel von 1994, den sie im Handbuch „Schrift und Schriftlichkeit" publizierten. Auf ihre neueren Arbeiten (z.B. von 2007 und 2011) gehe ich erst an späterer Stelle ein, wenn es um die Modifikationen geht, die Koch/Oesterreicher aufgrund der Diskussionen um ihr Modell vorgenommen und wiederum in Ko-Autorschaft vorgetragen haben (siehe dazu Abschn. 4). Wie bereits erwähnt, werden hier auch nur diejenigen Komponenten in den Blick genommen, von denen man annehmen kann, dass sie die Attraktivität des Modells für die Medienlinguistik ausmachen. Beginnen wir zunächst mit der Unterscheidung von Medium und Konzeption, wie sie von Koch/Oesterreicher in Anlehnung an die Arbeiten von Ludwig Söll (vgl. Söll 1985 [1974]) vorgenommen wurde.

Auf den ersten Blick möchte man zunächst meinen, dass hier eine Parallele zur Medienlinguistik vorliegt. Immerhin wird der Terminus ‚Medien' in den Arbeiten von Koch/Oesterreicher häufig verwendet – wenn auch meist im Singular und ohne Bezugnahme auf Neue Medien. Allerdings erscheint der Terminus hier in einem anderen Sinne, als dies in medienlinguistischen Arbeiten der Fall ist. Unter ‚Medium' verstehen Koch/Oesterreicher die Realisierungsform einer Äußerung, genauer: die Dichotomie *phonisch/graphisch*[6] – nicht mehr und nicht weniger. So sprechen sie von der „mediale[n] Umsetzung vom phonischen ins graphische Medium" (Koch/Oesterreicher 1994: 587) oder vom „Medium der Realisierung (phonisch/graphisch)" (Koch/Oesterreicher 1990: 5) oder davon, dass „sprachliche Äußerungen bestimmte Präferenzen für unterschiedliche kommunikative Strategien und Medien" (vgl. Koch/Oesterreicher 1985: 21) aufweisen. Der Medienbegriff wird hier auf die Modalität der Äußerung bezogen, auf den jeweiligen Kode (gesprochen oder geschrieben), nicht aber auf den Umstand, ob und wie dieser Kode technisch übermittelt wird (z.B. via Computer

---

[6] Davon unterscheiden sie – ebenfalls in Anlehnung an Söll (1985) – die Konzeption einer Äußerung. Diese resultiert aus verschiedenen außersprachlichen Bedingungen (wie z.B. dem sozialen Verhältnis zwischen den Kommunikationspartnern), die in ihrem Zusammenwirken zu einem „Kontinuum von Konzeptionsmöglichkeiten mit zahlreichen Abstufungen" (Koch/Oesterreicher 1985: 17) führen.

oder via Telefon). Insofern wäre es falsch, anzunehmen, dass es in den Arbeiten von Koch/Oesterreicher allein schon deshalb eine Verbindung zur Medienlinguistik gibt, weil auch sie den Terminus Medium verwenden. Es handelt sich hier schlicht um einen anderen Medienbegriff – und darauf weisen die Autoren, wie wir in Abschn. 4 noch sehen werden, in ihren neueren Publikationen ja auch hin (vgl. Koch/Oesterreicher 2011: 14).[7]

Allerdings soll hier nicht unerwähnt bleiben, dass der Medienbegriff an einer Stelle auch bei Koch/Oesterreicher in einem weiteren, einem technologischen Sinne verwendet wird. Das ist in ihrem Überblicksartikel von 1994 der Fall, in dem sie darauf hinweisen, dass sprachexterne Faktoren den Nähebereich „direkt und massiv" beeinflussen können. In diesem Zusammenhang führen sie auch die „Massenmedien (Presse, Radio, TV)" an (Koch/Oesterreicher 1994: 600). Doch bedeutet das nicht, dass diese in das Nähe-Distanz-Modell eingehen würden. Denn sie sind weder für die Unterscheidung phonisch/graphisch relevant, noch spielen sie für die Charakterisierung der Äußerungsformen, die exemplarisch in das Kontinuum eingeordnet werden, eine Rolle. Das zeigt sich auch daran, dass die Frage, in welchem Medium eine Äußerungsform übermittelt wird, nicht zu den Kommunikationsbedingungen zählt, die aus ihrer Sicht relevant sind (vgl. zu einer detaillierten Auflistung dieser Kommunikationsbedingungen z.B. Koch/Oesterreicher 1985: 8–9). Und selbst wenn unter den Beispielen, die in der schematischen Anordnung von Äußerungsformen im Kontinuum von Nähe und Distanz aufgelistet werden, auch das Telefonat erscheint (genauer: das „Telephonat [sic] mit einem Freund"), dann liegt der Fokus nicht auf dem Medium Telefon (im technologischen Sinne), sondern auf dem Umstand, dass es sich um ein Gespräch mit einem Freund handelt, das aber – anders als das Face-to-Face-Gespräch – in räumlicher Distanz stattfindet.

Damit sind wir an dem Punkt angelangt, wo auch hier, wie in vielen anderen Arbeiten zu Koch/Oesterreicher, die schematische Darstellung des Nähe-Distanz-Kontinuums abgedruckt wird – und damit die Grafik, die aus meiner Sicht so sehr zur Attraktivität des Modells beigetragen hat. Ich wähle dazu die Abbildung aus dem Artikel von 1994, weil es diese ist, auf die in medien-

---

[7] Wie vieldeutig der Medienbegriff ist, zeigt ein Zitat von Wolfgang Raible, auf den sich Koch/Oesterreicher in diesem Zusammenhang beziehen: „Der Begriff ‚Medium' ist [...] polysem. Doch damit nicht genug. Die weitere Veränderung der Bedeutung des Lexems ‚Medium' verläuft in der Regel nach dem Prinzip der Metonymie [...] und der gleichzeitigen Bedeutungs-Verengung. Hier gibt es z.B. einerseits einen Gebrauch vor allem der Pluralform ‚die Medien' [...]. Zugleich kann man diese spezifischen Medien einschränken durch Zusätze wie in ‚Printmedien', ‚Massenmedien', ‚elektronische Medien', ‚Online-Medien', ‚neue Medien'" (Raible 2006: 13f.).

linguistischen Arbeiten besonders häufig Bezug genommen wird.[8] Allerdings fehlt in dieser Grafik die Auflistung der für die verschiedenen Äußerungsformen charakteristischen Kommunikationsbedingungen, die im Text über Parameter wie Privatheit bzw. Öffentlichkeit, Vertrautheit bzw. Fremdheit, Dialogizität bzw. Monologizität beschrieben werden. Ebenso fehlen die „Versprachlichungsstrategien", zu denen Koch/Oesterreicher (1990: 11) „die konzeptionell relevanten Eigenschaften der sprachlichen Äußerungen selbst" rechnen (z.B. geringer vs. hoher Planungsaufwand; geringere vs. größere Informationsdichte). Diese Strategien werden im Text zwar erläutert, sie sind aber in die 1994er-Grafik, anders als z.B. in die Abbildung aus dem Studienbuch von 1990, nicht integriert. Die hier gewählte Grafik präsentiert also, im Vergleich zu Abbildungen in anderen Publikationen von Koch/Oesterreicher, nur das Grundgerüst des Nähe-Distanz-Kontinuums. Worauf es in dieser Darstellung primär ankommt, ist die Zuordnung verschiedener Äußerungsformen (wie z.B. Privatbrief und Gesetzestext) in Relation zum Nähepol (= konzeptionell mündlich) bzw. Distanzpol (= konzeptionell schriftlich). Dies sei im Folgenden an einem Beispiel, am Privatbrief, erläutert.

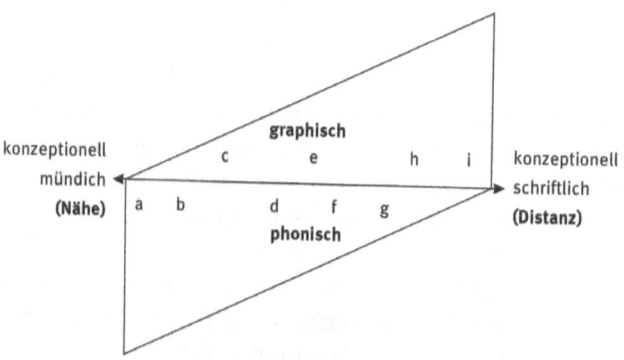

Abb.1: Nähe-Distanz-Kontinuum (Koch/Oesterreicher 1994: 588): a = familiäres Gespräch, b = Telefongespräch, c = Privatbrief, d = Vorstellungsgespräch, e = Zeitungsinterview, f = Predigt, g = wissenschaftlicher Vortrag, h = Leitartikel, i = Gesetzestext.

---

8 Das mag damit zusammenhängen, dass die Abbildung aus dem Handbuch „Schrift und Schriftlichkeit" stammt – und damit aus einer Publikation, die bis heute breit rezipiert wird und in vielen Fachbibliotheken verfügbar ist. Das gilt für die Arbeiten von Koch/Oesterreicher (1985) und (1990) nicht, sie werden in der Regel nur von einem romanistischen Fachpublikum gelesen.

Wie man sieht, ist hier der Privatbrief (Buchstabe c), der oberhalb der horizontalen Linie, d.h. im graphischen Bereich steht, links vom Gesetzestext (Buchstabe i) platziert. Tatsächlich leuchtet es unmittelbar ein, dass sich ein Privatbrief näher am Mündlichkeitspol (= Nähepol) als ein Gesetzestext befindet; diese von Koch/Oesterreicher lediglich aus der Introspektion gewonnene Zuordnung ist sicher unstrittig. Doch situiert sich nach Einschätzung von Koch/Oesterreicher der Privatbrief auch näher am Nähepol als das Vorstellungsgespräch (Buchstabe d), das unterhalb der horizontalen Line, d.h. im phonischen Bereich in der Mitte zwischen Nähe und Distanz situiert ist. Solche Zuordnungen kann man kritisch hinterfragen (vgl. dazu insbesondere Ágel/Hennig 2006), das ändert aber nichts an dem Umstand, dass die Grafik eine sehr gute Grundlage darstellt, um über die Situierung verschiedener Äußerungsformen im Nähe-Distanz-Kontinuum nachzudenken und sie kritisch zu diskutieren. Zudem ist die Grafik – in Kombination mit den ausführlichen Erläuterungen in der Legende – intuitiv verständlich; es verwundert also nicht, dass sie in der Sekundärliteratur zu Koch/Oesterreicher immer wieder als Referenzpunkt gewählt wird.

Allerdings fällt eines der in das Nähe-Distanz-Kontinuum eingeordneten Beispiele in obiger Grafik aus dem Rahmen – und dieses Beispiel ist es, bei dem man auf den ersten Blick meinen könnte, die Medien (im technologischen Sinne) hielten doch Einzug in das Kontinuum von Nähe und Distanz. Unterhalb der horizontalen Linie ist hier das „Telefongespräch" (b) situiert – und zwar in unmittelbarer Nähe zum familiären Gespräch (a). Das erstaunt, denn ein Telefongespräch lässt sich nicht pauschal einordnen; dies ist allenfalls dann möglich, wenn bestimmte Vorannahmen gemacht werden, welche die Kommunikationsbedingungen betreffen (z.B. Vertrautheit der Kommunikationspartner). Tatsächlich findet sich in einer früheren Grafik, die aus der Arbeit von 1985 stammt, die Spezifizierung „Telephonat mit einem Freund" (Koch/Oesterreicher 1985: 18). Vermutlich wurde dieser Zusatz „mit einem Freund" in der Darstellung von 1994 nur vergessen (vgl. zu dieser Vermutung auch Knopp 2013: 84). Dafür spricht auch, dass sich in neueren Arbeiten wiederum eine solche Spezifizierung findet, die auf für Nähesprachlichkeit charakteristische Kommunikationsbedingungen hinweisen soll. So heißt es in dem Artikel von Koch/Oesterreicher (2007: 349) „familiäres, spontanes Telefongespräch" und in dem Studienbuch von 2011, das eine zweite, überarbeitete Auflage ihres Buches von 1990 darstellt, „das private Telefongespräch" (Koch/Oesterreicher 2011: 12).

Auch hieran sieht man, dass es bei der Zuordnung um einen spezifischen Typus von Telefonat gehen sollte.[9]

Aus diesem Versehen in der 1994er-Grafik könnte der Leser nun aber den Eindruck gewinnen, dass man eine Kommunikationsform als Ganzes in das Kontinuum einordnen kann. Doch das ist selbstverständlich nicht der Fall – und wurde von den Autoren auch nie so intendiert.[10] Zu diesem Missverständnis könnte noch ein zweiter Umstand beitragen, der nicht nur den Artikel von 1994 betrifft: Koch/Oesterreicher sprechen in ihren Arbeiten unterschiedslos von Äußerungsformen und Kommunikationsformen. So verwenden sie 1985 in ihren Erläuterungen zur Grafik die Bezeichnung „Äußerungsformen", an anderer Stelle, wenn auch nur am Rande, schreiben sie hierfür „Kommunikationsform" (vgl. Koch/Oesterreicher 1985: 30, Fn. 35). In ihren neueren Arbeiten taucht diese Bezeichnung sogar recht häufig auf (so in dem Aufsatz von 2007, siehe dazu Abschn. 4). Damit ist aber keine Anlehnung an den Terminus intendiert, wie er in der Medienlinguistik verwendet wird (vgl. Dürscheid 2007): Hier ist eine Kommunikationsform nicht an eine bestimmte Textsorte (z.B. Gesetzestext) oder an eine bestimmte Diskursart (z.B. Vorstellungsgespräch) gebunden. Verstanden wird darunter vielmehr eine bestimmte kommunikative Konstellation (z.B. eine Eins-zu-Viele-Kommunikation), die durch ein Speicher- bzw. Übertragungsmedium möglich gemacht wird (z.B. das Telefon) oder die ganz ohne Medium (im technologischen Sinne) auskommen kann (wie dies z.B. im Face-to-Face-Gespräch der Fall ist).

Legt man eine solche Verwendungsweise des Wortes *Kommunikationsform* zugrunde, dann kann man, wie dies bereits Ermert (1979) getan hat, zwischen der Kommunikationsform Brief und den verschiedenen, in dieser Kommunikationsform möglichen Typen von Brief (= Briefsorten) unterscheiden (z.B. den Privatbrief oder den Geschäftsbrief). Tatsächlich zeigt ja auch das Beispiel Privatbrief im obigen Schema, dass Koch/Oesterreicher nur einen bestimmten Typus von Brief im Blick haben. Dasselbe gilt auf der phonischen Ebene: Nicht

---

9 Natürlich kann man zu bedenken geben, dass auch die Formulierung ‚privates Telefongespräch' bzw. ‚Telefonat mit einem Freund' offenlässt, in welchem Duktus das Gespräch letztlich geführt wird; doch kann durch eine solche Spezifizierung angezeigt werden, dass es tendenziell nähesprachlich zu verorten ist.

10 Wünschenswert wäre allerdings gewesen, wenn sie an späterer Stelle auf diesen Umstand hingewiesen und dargelegt hätten, dass sie keineswegs behaupten wollten, man könne ein Telefongespräch als solches einordnen. In ihrem Beitrag für den vorliegenden Band holen sie dies, wenn auch nur zum Teil, nach. Hier heißt es, das Telefonat bilde, wie auch die E-Mail oder der Brief, „einen rein medial definierten Raum, in dem größte konzeptionelle Varianz in unterschiedlichen Text- und Diskurstraditionen möglich ist" (Oesterreicher/Koch i.d.B., S. 32).

das Gespräch ordnen sie in das Nähe-Distanz-Kontinuum ein, sondern ein Gespräch, das beispielsweise im Kontext einer Bewerbung steht (Vorstellungsgespräch). So verwundert es nicht, dass in dem Studienbuch von 1990, in dem jedes Kapitel mit Arbeitsaufgaben abschließt, in einer dieser Aufgaben das „Beratungsgespräch eines Versicherungsvertreters" oder das „Prüfungsgespräch" in das Kontinuum eingeordnet werden sollen (vgl. Koch/Oesterreicher 1990: 17). Auch daran sieht man, dass die Autoren immer nur bestimmte Diskursarten im Blick haben und keineswegs davon ausgehen, man könne ein Gespräch unabhängig von den jeweils geltenden Kommunikationsbedingungen einordnen.

Halten wir also fest: Die von Koch/Oesterreicher verwendeten Termini ‚Medium' und ‚Kommunikationsform' legen eine Verbindung zur Medienlinguistik nahe, doch trifft dies nur bei oberflächlicher Betrachtung zu. Schaut man sich die Terminologie genauer an, dann stellt man fest, dass diese Bezeichnungen – von den beiden Autoren unbeabsichtigt – zwar in Richtung Medienlinguistik weisen, dass es aber falsch wäre, hier eine Parallele zu ziehen.

Welche Komponenten sind es nun aber, die das Modell so interessant für Untersuchungen zum Sprachgebrauch in den Neuen Medien machen? Warum wird es in so vielen Arbeiten zur Chat- oder zur E-Mail-Kommunikation immer wieder bemüht (vgl. dazu ausführlich Abschn. 3), und warum hat es bis heute eine solche Sogwirkung? Hier ist zum einen die Tatsache zu nennen, dass das Nähe-Distanz-Modell durch eine „prinzipielle Unabhängigkeit von Medium und Konzeption" (Koch/Oesterreicher 1994: 587) gekennzeichnet ist, zum anderen, dass die schematische Darstellung des Kontinuums die Möglichkeit bietet, Ergänzungen vorzunehmen, selbst Äußerungsformen einzuordnen und den Bereich auf diese Weise immer weiter zu füllen. Was den zweiten Punkt betrifft, werden wir im nächsten Abschnitt sehen, welche Vorschläge gemacht wurden, um die neuen Formen der schriftlichen Kommunikation mit dem Modell von Koch/Oesterreicher zu erfassen.

Kommen wir an dieser Stelle daher nur zum ersten Punkt, zur prinzipiellen Unabhängigkeit von Medium und Konzeption. Koch/Oesterreicher (1994: 587) betonen, dass es eine Affinität zwischen Medium und Konzeption gebe (also z.B. konzeptionell schriftliche Äußerungsformen eher im Graphischen, konzeptionell mündliche eher im Phonischen zu erwarten seien), dass aber auch „gegenläufige Kombinationen" (z.B. medial graphisch, konzeptionell mündlich) vorkommen – und gerade diese seien von besonderem Interesse für „kulturgeschichtliche, pragmatische und sprachgeschichtliche Umbrüche" (1994: 587). Beziehen wir dies auf die schriftliche Alltagskommunikation via Computer und Handy, dann sehen wir, dass auch hier eine gegenläufige Kombination vorliegen kann. Es ist also diese von Koch/Oesterreicher postulierte Unabhängigkeit von Medium und Konzeption, die eine Verbindung zu den neuen Kommunikationsformen herstellt. Denn auch für diese gilt, dass in ihnen Texte vorkommen können, die zwar medial schriftlich, aber konzeptionell mündlich sind (vgl. dazu z.B. Stark 2011).[11]

Zwei weitere Faktoren seien noch erwähnt, die das Modell für die Medienlinguistik attraktiv machen. So lassen sich einige der von Koch/Oesterreicher (1994) genannten sprachlichen Merkmale konzeptioneller Mündlichkeit auf die Beschreibung von Chattexten beziehen. Auch diese sind auf syntaktischer Ebene häufig durch „nicht-satzförmige Äußerungen" gekennzeichnet oder weisen auf lexikalischer Ebene „sogenannte *passe-partout-Wörter*" auf (vgl. Koch/Oesterreicher 1994: 590f.). Zudem lässt sich mit Bezug auf das Nähe-Distanz-Kontinuum eine interessante Entwicklung beschreiben, die sich in der Kommunikationspraxis der letzten 20 Jahre vollzogen hat: Der Nähepol wurde von Koch/Oesterreicher von Beginn an über Parameter wie „Vertrautheit" oder „raum-zeitliche Nähe [...] der Kommunikationspartner" charakterisiert (Koch/Oesterreicher 1994: 588) – doch gerade das trifft auf die Chatkommunikation nicht zu (zumindest nicht in den früher einzig genutzten anonymen Chaträumen). Die Kommunikationspartner sind hier nicht miteinander vertraut und sie befinden sich nicht in räumlicher Nähe. Es zeigt sich also eine merkwürdige Divergenz: Die Bedingungen für Nähekommunikation liegen im prototypischen Chat gerade nicht vor (vgl. Hennig 2001), und doch kommt es im Chat zur Verwendung einer „Sprache der Nähe". In der Forschung zur Chatkommunikation (vgl. z.B. Thaler 2003, 2007; Beißwenger 2007; Strätz 2013) wurde dieser Umstand vielfach beschrieben, und es ist unmittelbar einsichtig, dass die von Koch/Oesterreicher angegebenen Parameter zur Charakterisierung der Kommunikationsbedingungen am Nähepol eine gute Basis bilden, um das Neue und Abweichende neuer Äußerungsformen (wie z.B. den Plauder-Chat) im graphischen Bereich zu erfassen.

Interessanterweise weisen Koch/Oesterreicher ja auch selbst darauf hin, dass es in der medialen Schriftlichkeit Äußerungsformen gebe, für die Faktoren wie „ ‚Spontaneität', ‚Vertrautheit', ‚Expressivität', ‚affektive Teilnahme' kennzeichnend" seien. Dabei würde es sich aber „immer nur um eine mit Hilfe einzelner nähesprachlicher Kennzeichen **hergestellte** [Hervorhebung im Original, C.D.] Nähe" handeln (Koch/Oesterreicher 1985: 24). Die Frage stellt sich, ob das

---

[11] Dabei stellt der Umstand, dass in den Untersuchungen zum Sprachgebrauch in den Neuen Medien das Medium (z.B. der Computer, das Handy) eine entscheidende Rolle spielt, auf den ersten Blick eine Paradoxie dar. Hier ist aber wieder daran zu erinnern, dass verschiedene Medienbegriffe zugrunde liegen.

im prototypischen Chat anders ist: Wird hier die Nähe nicht auch über sprachliche Mittel aktiv hergestellt (wie z.B. über die Dialektschreibung)?[12] Oder resultieren die nähesprachlichen Merkmale erst aus dem Umstand, dass im Chat eine quasi-synchrone Kommunikation im Geschriebenen vorliegt (vgl. dazu auch Androutsopoulos 2007: 80)? Diese Frage führt zum nächsten Punkt, zur Rezeption des Nähe-Distanz-Modells in der Medienlinguistik.

3 Zur Rezeption des Modells

Wie bereits erwähnt, stammt die erste Publikation von Koch/Oesterreicher zum Nähe-Distanz-Kontinuum aus dem Jahr 1985. Die erste medienlinguistische Arbeit, die auf diesen Ansatz Bezug nimmt, datiert meines Wissens aus dem Jahr 1997 (s.u.), legt aber nicht den Aufsatz von 1985 zugrunde, sondern den Handbucharartikel von 1994. Zwar erschienen im deutschsprachigen Raum – und nur für diesen sei hier gesprochen – schon früher Arbeiten zum Sprachgebrauch in den Neuen Medien (die damals tatsächlich neu waren), doch wurde in diesen die Arbeiten von Koch/Oesterreicher noch nicht rezipiert. So stammt eine der ersten deutschsprachigen Publikationen zum Thema „Neue Medien" aus dem Jahr 1995. Dabei handelt es sich um ein Themenheft der Zeitschrift „Osnabrücker Beiträge zur Sprachtheorie" (OBST). Ein Beitrag in diesem Heft trägt den Titel „Geschwätz im ‚Globalen Dorf' – Kommunikation im Internet" und stellt verschiedene Internetdienste vor (z.B. E-Mail, Usenet, Internet Relay Chat). An den einleitenden Worten lässt sich hier der Fremdheitscharakter des Themas ‚Neue Medien' zu damaliger Zeit deutlich erkennen:

> In diesem Aufsatz soll es um einen kleinen Ausschnitt aus dieser neuen, faszinierenden Welt gehen, um computergestützte Kommunikation (engl.: Computer-Mediated Communication, kurz CMC). Beispielhaft soll diese anhand eines Computernetzes vorgestellt werden. Dabei handelt es sich um das erwähnte ‚Internet', einem Verbund aus mehreren kleinen Vorläufernetzen. (Lenke/Schmitz 1995: 117)

---

12 Feilke (2010: 211) bezeichnet dieses Verfahren treffend als „konzeptionelle[n] Evozierung kommunikativer Nähe". Auch weist er auf eine interessante Wechselbeziehung hin, die sich wie folgt beschreiben lässt: Die Kommunikationsbedingungen (wie z.B. Quasi-Synchronizität) motivieren bestimmte Ausdrucksformen, determinieren sie aber nicht. Die derart motivieren Ausdrucksformen wiederum „konnotieren die Bedingungen, durch die sie motiviert sind und können sie deshalb auch dann evozieren, wenn die objektiven Bedingungen andere sind" (Helmuth Feilke, persönliche Mitteilung).

Ein weiterer Titel sei hier eigens erwähnt, denn in dieser Publikation wird das Modell von Koch/Oesterreicher erstmals in Verbindung zum Sprachgebrauch in den Neuen Medien gebracht. Es ist der 1997 von Rüdiger Weingarten herausgegebene Sammelband „Sprachwandel durch Computer", der schnell zu einem Grundlagentext in der Medienlinguistik avancierte.[13] In diesem Band wird die Kommunikation in E-Mails, im Chat und in Newsgroups behandelt, es werden aber auch Aspekte der Mensch-Computer-Interaktion und der Struktur von Webseiten und Hypertexten thematisiert und es wird, wie der Titel es nahe legt, postuliert, dass es durch die Computernutzung einen Sprachwandel gebe.

Ein Beitrag aus diesem Sammelband, in dem auf die Unterscheidung von Nähe und Distanz Bezug genommen wird, stammt von Haase et al. (1997). Die vier Autoren führen in diesem Zusammenhang auch die Begriffe mediale und konzeptionelle Mündlichkeit resp. Schriftlichkeit ein und beschreiben die „Computerkommunikation" (so ihr Oberbegriff für den Internet Relay Chat, die E-Mail- und die Newsgroup-Kommunikation) in diesem Rahmen. Aus heutiger Sicht ist es sicher berechtigt zu sagen, dass es dieser Beitrag war, der das Nähe-Distanz-Modell einer breiten, an medienlinguistischen Fragen interessierten Leserschaft zugänglich machte. So habe auch ich in meiner ersten Publikation zur Internetkommunikation, in der ich eine modifizierte Version des Modells von Koch/Oesterreicher präsentiere (vgl. Dürscheid 1999: 27), Haase et al. (1997) als Referenztext zugrunde gelegt. Und auch in der ersten deutschsprachigen Monographie zum Sprachgebrauch in den Neuen Medien, die 1998 unter dem Titel „Sprache und Kommunikation im Internet" erschien (vgl. Runkehl/Schlobinski/Siever 1997), stellt der Beitrag von Haase et al. (1997) eine Bezugsgröße dar. Das Modell von Koch/Oesterreicher wird in dieser Arbeit zwar nicht ausführlich dargestellt, die Unterscheidung von medialer und konzeptioneller Mündlichkeit spielt aber eine wichtige Rolle für die Analyse neuer Kommunikationsformen (vgl. Runkehl/Schlobinski/Siever 1997: 29).

Abschließend sei noch ein weiteres wichtiges Jahr in dieser kleinen Chronologie zu Nähe, Distanz und Neuen Medien erwähnt: das Jahr 1999. In diesem Jahr führte das Institut für Deutsche Sprache in Mannheim seine Jahrestagung unter dem Titel „Sprache und neue Medien" durch. In der Ankündigung zur Jahrestagung, die heute noch im Internet nachlesebar ist,[14] hieß es damals:

---

13 Dagegen stellt der ein Jahr zuvor erschienene Beitrag von Günther/Wyss (1996) noch keinen Bezug zu Koch/Oesterreicher her, obwohl der Titel dies nahelegen würde: „E-Mail-Briefe – eine neue Textsorte zwischen Mündlichkeit und Schriftlichkeit".
14 Siehe unter http://www.ids-mannheim.de/org/tagungen/tagung99.html (19.07.2016).

Nach dem ersten großen Medienwandel durch die Einführung der Schrift findet gegenwärtig eine weitere tiefgreifende Veränderung durch die Einführung elektronischer Medien statt. [...] Die Thematik soll sowohl in allgemeiner medientheoretischer, medientypologischer und kommunikationstheoretischer Hinsicht verfolgt werden als auch in den konkreten Auswirkungen von Computertechnik und Internet auf Sprache und Kommunikationsformen.

Im Jahrbuch, das zur Tagung erschien, sind die damaligen Vorträge (u.a. von Werner Holly, Stephan Habscheid, Wilfried Schütte, Ulrich Schmitz und Sybille Krämer) nachzulesen. Der Band endet mit einem Schlusswort des Herausgebers, Werner Kallmeyer, in dem der damalige Diskussionsstand zum „Wandel von Sprache und Kommunikationsformen unter dem Einfluss neuer Medien" (Kallmeyer 2000: 293) skizziert wird. In diesem Zusammenhang wird auch die Koch/Oesterreicher'sche „Trennung von konzeptueller [sic] Mündlichkeit/Schriftlichkeit und medialer Realisierung" erwähnt (Kallmeyer 2000: 294). Interessant ist, dass Werner Kallmeyer hier – wie andere Autoren später auch – das Adjektiv „konzeptuell" verwendet. Das entspricht nicht dem Terminus von Koch/Oesterreicher; in ihren Arbeiten ist konsequent von „konzeptionell" die Rede (z.B. „konzeptionell mündlich").[15]

Diese Aspekte seien aber nur am Rande erwähnt; worauf es mir hier ankommt, ist, dass Untersuchungen zum Sprachgebrauch in den Neuen Medien mit der Jahrestagung des IDS von 1999 einer breiten linguistischen Öffentlichkeit zugänglich wurden und dabei auch ein Bezug zum Modell von Koch/Oesterreicher hergestellt wurde. In der Folgezeit machte das Modell in der Medienlinguistik dann rasch Furore, und insbesondere in den Arbeiten, die den Schwerpunkt auf die Chatkommunikation legen (vgl. Hennig 2001; Thaler 2003), wird es für die Analyse herangezogen. So ist in der Monographie von Thaler (2003) die Grafik zum Nähe-Distanz-Kontinuum aus Koch/Oesterreicher (1990: 31) abgebildet (inkl. den Kommunikationsbedingungen und den Versprachlichungsstrategien), und das Modell wird ausführlich erläutert (vgl. Thaler 2003: 29-32). Das ermöglicht der Autorin, an späterer Stelle den Terminus ‚konzeptionell mündlich' zu gebrauchen, ohne diesen eigens erklären zu müssen (so z.B. wenn sie vom konzeptionell mündlichen Charakter der Chatkommunikation spricht, vgl. Thaler 2003: 74).

Halten wir an dieser Stelle fest: In der Mitte der 1990er-Jahre erschienen im deutschsprachigen Raum die ersten Arbeiten zur E-Mail- und Chatkommunika-

---

15 Nur nebenbei sei auch angemerkt, dass in Kallmeyers Beitrag der Name *Oesterreicher* als *Österreicher* erscheint. Das ist eine Variante, die man gelegentlich in der Literatur findet, sie entspricht aber nicht der von den Autoren selbst verwendeten Schreibweise.

tion, und schon bald darauf (nämlich 1997) wurde in diesen Arbeiten auch eine Verbindung zum Modell von Koch/Oesterreicher hergestellt. Das hat sich bis heute nicht geändert; immer noch werden Studien zur Internetkommunikation publiziert, in denen das Modell vorgestellt oder aber auf Arbeiten Bezug genommen wird, die ihrerseits das Modell von Koch/Oesterreicher als Referenzpunkt haben (so Fröhlich 2015). Das ist z.B. der Fall, wenn die Modifikationen diskutiert werden, die in der Literatur in Bezug auf das Modell vorgeschlagen wurden.[16] Grundsätzlich lässt sich zwischen Arbeiten unterscheiden, die dem Modell kritisch gegenüberstehen (z.B. Bittner 2003: 63–66), und solchen, die es in die eigenen Untersuchungen zu neuen Kommunikationsformen übernehmen (z.B. Thaler 2003; Frehner 2008). Wieder andere erwähnen das Modell lediglich kurz und setzen es als bekannt voraus (z.B. Frick 2014). Eine neue und höchst lesenswerte Arbeit, die in diesem Zusammenhang genannt werden soll, ist die Dissertation von Knopp (2013) mit dem Titel „Mediale Räume zwischen Mündlichkeit und Schriftlichkeit" aus dem Jahr 2013, in der das Modell von Koch/Oesterreicher auf über 40 Seiten kritisch diskutiert wird (vgl. dazu auch Knopp i.d.B.). Auch hieran sehen wir, dass das Modell bis heute nicht an Attraktivität verloren hat.

Von Seiten der Medienlinguistik wird die Verbindung zum Nähe-Distanz-Modell von Koch/Oesterreicher also immer wieder gesucht, auf das Modell wird vielfach (wenn auch oft nur noch aus zweiter Hand) referiert – und insofern ist es durchaus berechtigt, dass dem Thema „Nähe, Distanz und Neue Medien" im vorliegenden Sammelband ebenfalls ein eigenes Kapitel gewidmet wird. Das geschah bislang nur von außen, im Rahmen eines Überblicks zu medienlinguistischen Arbeiten, die sich mit Koch/Oesterreicher auseinandersetzen. Interessant ist aber auch die Frage, welche inhaltlichen Aspekte in diesen Untersuchungen thematisiert werden. Abschließend sollen daher vier Arbeiten – exemplarisch für viele andere – referiert werden. Ich wähle dazu die folgenden vier Publikationen aus, die alle mit neuen Kommunikationsformen und den dadurch bedingten Veränderungen befasst sind: Dürscheid (2003), Androutsopoulos (2007), Landert/Jucker (2011) und Albert (2013). Auch auf den Beitrag von Fehrmann/Linz (2009) aus dem Sammelband „Philosophie der Schrift" gehe ich hier kurz ein. Dieser Beitrag steht zwar nicht im Kontext von Untersuchungen zu neuen Kommunikationsformen resp. Neuen Medien, hat aber, wie der Titel „Eine Medientheorie ohne Medien? Zur Unterscheidung von konzeptioneller

---

16 So setzen sich Kailuweit (2009) und Androutsopoulos (2007) kritisch mit meinen Vorschlägen zur Erweiterung des Modells von Koch/Oesterreicher auseinander (siehe dazu weiter unten).

und medialer Mündlichkeit und Schriftlichkeit" zeigt, das Koch/Oesterreicher-Modell als Ganzes zum Thema.

Kommen wir zur ersten Arbeit, zu Dürscheid (2003): In diesem Beitrag werden die Bezeichnungen „Sprache der Nähe" und „Sprache der Distanz" kritisch hinterfragt. Diese haben nach Koch/Oesterreicher den Vorteil, dass damit „keinerlei mediale Assoziationen mehr" (1994: 588) verbunden sind. Genau das aber scheint problematisch: „Die Bezeichnungen sind ungeeignet, gerade weil sie keine medialen Assoziationen mehr wecken. Die Medialität der Äußerung (gesprochen/geschrieben) hat einen Einfluss auf die Konzeption der Äußerung" (Dürscheid 2003: 50). In den weiteren Ausführungen wird dies begründet, und es wird dafür argumentiert, die Eckpunkte des Kontinuums nicht mit Nähe und Distanz, sondern als Mündlichkeits- und Schriftlichkeitspol zu bezeichnen. Außerdem wird auf der medialen Ebene (im Sinne von Koch/Oesterreicher) eine Unterscheidung zwischen synchroner, quasi-synchroner und asynchroner Kommunikation vorgenommen, da, so die Begründung, die (A-)Synchronie der Kommunikationsform die Art und Weise der Versprachlichung wesentlich beeinflusse.[17] Auch auf der konzeptionellen Ebene erfährt das Modell (bzw. die Grafik) von Koch/Oesterreicher hier eine Modifikation. Das veranschaulicht die folgende Darstellung, die von Dürscheid (2003) übernommen wurde:

		konzeptionell mündlich $\longleftrightarrow$				konzeptionell schriftlich	
medial mündlich	synchron	D_1	D_2	D_3	D_4	[...]	D_x
	asynchron	T_1	T_2	T_3	T_4	[...]	T_x
medial schriftlich	quasi-synchron	D_1	D_2	D_3	D_4	[...]	D_x
	asynchron		T_1	T_2	T_3	T_4 [...]	T_x

Abb. 2: Erweiterung des Modells unter Berücksichtigung von synchroner, quasi-synchroner und asynchroner Kommunikation (Dürscheid 2003: 49).

Wie die Grafik zeigt, werden hier im medial mündlichen Bereich Äußerungsformen, die synchron sind (z.B. das Vorstellungsgespräch), von solchen unter-

---

[17] Vgl. dazu folgendes Zitat aus Dürscheid (2003: 47): „In der synchronen Kommunikation sind die Äußerungen meist spontaner, sprachlich weniger reflektiert, weniger geplant. In der asynchronen Kommunikation ist dies nicht der Fall; hier haben wir die Möglichkeit, unsere Äußerungen vorab zu planen, sie sprachlich zu elaborieren, sie zu korrigieren."

schieden, die asynchron sind, bei denen also keine wechselseitige Bezugnahme erfolgt (z.B. beim Sprechen auf einen Anrufbeantworter). Dasselbe geschieht im medial schriftlichen Bereich, wo es Diskursarten (so meine Terminologie) gibt, die quasi-synchron sind, da der Kommunikationskanal von beiden Seiten aus geöffnet ist (z.B. im Beratungschat).[18] Die relative Anordnung der jeweiligen Diskursarten (D) und Textsorten (T) sei an dieser Stelle nicht erläutert (vgl. dazu ausführlich Dürscheid 2003: 49); worauf es hier ankommt, ist, dass der Grad an Synchronizität bei der Wahl der sprachlichen Mittel eine wesentliche Rolle spielt – und eben dies in die Darstellung des Modells Eingang gefunden hat. Außerdem wird durch die Variablen D_1 bis D_x resp. T_1 bis T_x umgesetzt, auf was in der Medienlinguistik immer wieder hingewiesen wurde: Es lassen sich nicht Kommunikationsformen, sondern nur spezifische Textsorten (bzw. Diskursarten) einordnen.[19]

Zwar war das immer auch die Meinung von Koch/Oesterreicher, es wurde von ihnen aber nie eigens betont; zudem haben sie, wie oben erläutert, in ihrer 1994er-Grafik fälschlich das Telefonat (d.h. eine Kommunikationsform) in das Kontinuum eingeordnet. Insofern handelt es sich in diesem Punkt bei Dürscheid (2003) nur um eine Präzisierung des Modells von Koch/Oesterreicher. Doch liegt auch eine Erweiterung ihres Ansatzes vor, da der Faktor der Synchronizität in das Modell integriert wurde – und dies nicht zuletzt deshalb, um den neuen Möglichkeiten des (quasi-synchronen) Schreibens Rechnung zu tragen (z.B. im Chat). Genau darin besteht aber die Kritik von Androutsopoulos (2007: 89). Er hält fest, dass „Dürscheids Vorschlag" daran leide, „dass Synchronität [sic] ausschließlich als technologische Größe verstanden wird und dass zwischen Interaktivität im technischen Sinn und Interaktivität als menschliche Aktivität nicht hinreichend unterschieden wird." Androutsopoulos zielt hier darauf ab, dass die Kommunikationspartner letztlich selbst den Interaktionsrhythmus bestimmen. Das ist natürlich zutreffend, doch ist die Nutzung einer Kommunikationsform nicht unabhängig von der Technologie. So können die Kommunikationspartner in einem Chat nur deshalb quasi-synchron interagieren, weil die

---

[18] Eine synchrone Kommunikation im Geschriebenen liegt nur dann vor, wenn Produktion und Rezeption zusammenfallen (z.B. bei einem Tafelanschrieb); ansonsten handelt es sich um eine quasi-synchrone, minimal zeitversetzte Kommunikation (z.B. im Chat) oder um eine asynchrone Kommunikation (z.B. in der herkömmlichen Briefkorrespondenz).
[19] Streng genommen ist selbst das nicht möglich, da es auch innerhalb einer Textsorte (z.B. dem Geschäftsbrief) eine große Variationsbreite im sprachlichen Ausdruck geben kann. Insofern kann eine genaue Verortung nur für einzelne Textexemplare vorgenommen werden (vgl. dazu ausführlich Ágel/Hennig 2006).

Kommunikationsform diese Möglichkeit bereitstellt. In der herkömmlichen Briefkommunikation können sie dies nicht, selbst wenn sie es wollten.

Jannis Androutsopoulos setzt sich in seinem Beitrag „Neue Medien – neue Schriftlichkeit?" aber nicht nur mit meinem Ansatz auseinander, er kommentiert einleitend auch den Ansatz von Koch/Oesterreicher mit kritischen Worten. So verweist er auf deren „einseitige Auffassung des Verhältnisses von Text und Kontext" (Androutsopoulos 2007: 80). Es sei eben nicht nur so, dass die vorgegebene Situation (der Kontext) die Wahl der sprachlichen Mittel bestimme; die Sprache forme ihrerseits den Kontext mit und könne diesen verändern. Als Beispiel führt Androutsopoulos an, dass „Situationen der Distanz durch strategische Sprachgestaltung symbolisch als Situationen der Nähe umdefiniert werden können" (Androutsopoulos 2007: 80). Führt man diese Überlegungen weiter, so könnte man argumentieren, dass im Chat absichtlich Ausdrucksmittel verwendet werden, die den Chat als Situation der Nähe erscheinen lassen. Darauf wurde weiter oben schon hingewiesen, als die Frage angesprochen wurde, ob die Verwendung nähesprachlicher Merkmale im Chat nur die Folge quasi-synchroner Kommunikation ist oder ob eine solche Ausdrucksweise auch dazu dient, kommunikative Nähe mit sprachlichen Mitteln herzustellen, und möglicherweise eine Wechselbeziehung vorliegt (vgl. dazu Fußnote 12).

Androutsopoulos nennt in seinem Beitrag noch zwei weitere Kritikpunkte am Modell von Koch/Oesterreicher: Zum einen verweist er darauf, dass es „auf der situativen Ebene" keine genaue „Operationalisierung" gebe (Androutsopoulos 2007: 80). Diesen Punkt führt er aber nicht weiter aus; gemeint ist vermutlich, dass nicht nachvollziehbar ist, in welcher Relation die verschiedenen, als Beispiel angeführten Äußerungsformen (z.B. die Predigt) zu den außersprachlichen Kommunikationsbedingungen stehen (z.B. Privatheit vs. Öffentlichkeit). Der zweite Kritikpunkt zielt auf die, wie Androutsopoulos (2007: 80) es nennt, „Medienvergessenheit des Ansatzes" ab: Der Medienbegriff von Koch/Oesterreicher beziehe sich „nur auf die grafische Realisierungsform des Zeichensystems Sprache", die Rolle technischer Medien werde „kaum reflektiert" (Androutsopoulos 2007: 80). Tatsächlich ist das eine Kritik, die in der Medienlinguistik immer wieder vorgetragen wird. Doch muss man auch immer wieder betonen, dass Koch/Oesterreicher genau das nicht beabsichtigen (vgl. dazu Abschn. 4): Sie wollen auf der medialen Ebene nur die Phonie und die Graphie als Faktoren ansetzen, die verschiedenen Kommunikationstechnologien sind dem nachgeordnet und spielen in ihrem Ansatz deshalb keine Rolle (vgl. dazu auch Schneider i.d.B.).

Diese (absichtliche) „Medienvergessenheit" steht auch im Zentrum des Beitrags von Fehrmann/Linz (2009) in dem Sammelband „Philosophie der Schrift".

Sie kritisieren aber nicht nur die „amediale Definition der konzeptionellen Ebene" und die „Verkürzung der medialen Ebene auf Schriftzeichen und Laut" (Fehrmann/Linz 2009: 125, Fn. 4), den beiden Autorinnen geht es noch um einen anderen Aspekt: Sie monieren, dass die „Differenzen zwischen phonischen und graphischen Realisationen, etwa Fragen nach dem Einfluss stimmlicher bzw. räumlich-visueller Qualitäten" im Modell von Koch/Oesterreicher „kaum eine Rolle" spielen würden (Fehrmann/Linz 2009: 125). Dass dies aus ihrer Sicht eine verkürzte Darstellung ist, da die Multimodalität von Äußerungen nicht berücksichtigt wird, zeigen sie u.a. an der Face-to-Face-Kommunikation auf, die in der Forschung als Normalfall von Mündlichkeit gelte. Dabei würde aber oft übersehen, dass „einige der von Koch/Oesterreicher angeführten Parameter wie Affektivität und Expressivität sich weniger dem phonischen Code [sic] als vielmehr gestisch-mimischen oder körperlich-stimmlichen Aspekten verdanken" (Fehrmann/Linz 2009: 128).

Die Autorinnen konstatieren hier also eine ‚Medienvergessenheit', die nochmals in eine andere Richtung als die Kritik von Jannis Androutsopoulos geht. Ihnen geht es darum, dass es eine verkürzte, „monomediale" Sicht auf Mündlichkeit und Schriftlichkeit sei, wenn man sich hierbei nur „auf die Entgegensetzung von phonischem und graphischen Code" beschränke (Fehrmann/Linz 2009: 129). In der Linguistik müsse man die unterschiedlichen medialen Faktoren, die sich auf Sprache auswirken, berücksichtigen, denn: „Wir bewegen uns nicht erst mit technisch vermittelter Kommunikation, sondern mit jeder sprachlichen Äußerung in und zwischen Medien" (Fehrmann/Linz 2009: 138). Wie dieses Zitat zeigt, liegt hier wiederum ein anderer Medienbegriff zugrunde, der auf die Multimedialität sprachlicher Äußerungen abzielt (vgl. dazu Schneider i.d.B.) und das Modell von Koch/Oesterreicher daran misst, inwieweit diesem Konzept Rechnung getragen wird.

In diesem Punkt zeigt sich eine interessante Parallele zur Arbeit von Albert (2013), die den Titel „Innovative Schriftlichkeit in digitalen Texten: syntaktische Variation und stilistische Differenzierung in Chat und Forum" trägt. Albert bezieht sich an mehreren Stellen auf den Beitrag von Fehrmann/Linz (2009) und bezeichnet den Medienbegriff von Koch/Oesterreicher – mit denselben Argumenten – als „völlig unangemessen" (Albert 2013: 56). Weiter sieht er die Trennung von medialer und konzeptioneller Ebene als unzulässig an, da damit unterstellt würde, „es gäbe neutrale Inhalte, die dann je nach Wahl des Mediums mit mehr oder weniger starken Einschränkungen kommuniziert werden könnten" (Albert 2013: 57). Auch mit der Verwendung des Terminus „Versprachlichungsstrategien" geht er hart ins Gericht. Dieser Terminus verweise auf eine „Affinität des Modells zu naiven Kommunikationstheorien, in denen Kommunikation wesentlich im Verpacken, Verschicken und Auspacken vorgängiger Ideen besteht" (Albert 2013: 58). Doch nicht nur das Modell von Koch/Oesterreicher wird sehr kritisch betrachtet, auch Sprachwissenschaftler, die Chattexte im Rahmen dieses Modells beschreiben und in Relation zu (medialer) Mündlichkeit setzen, werden scharf kritisiert, denn sie sehen „sich offenbar dazu veranlasst, sprachliche Handlungen im Rahmen computervermittelter Kommunikation überwiegend als Kompensationsstrategien zu beschreiben" (Albert 2013: 59). Als Beispiel führt Albert u.a. an, dass Emoticons in diesen Arbeiten lediglich als Behelfsmittel zur Kompensation der im Chat nicht vorkommenden Mimik oder Prosodie angesehen und sprachliche Besonderheiten im Chat fälschlich auf Zeitmangel zurückgeführt würden.

Albert ist in dem Punkt zuzustimmen, dass der Chat keineswegs eine – im Vergleich zu einem Gespräch – defizitäre Kommunikation darstellt, sondern über eigene Ressourcen verfügt, die unabhängig von der gesprochenen Sprache zu beschreiben und zu erklären sind. Er hat auch recht, wenn er anmerkt, dass es falsch sei, „Zeichen, die mündlich keine Entsprechung haben bzw. schlicht unaussprechlich sind, um der Konsistenz willen als Merkmale ‚konzeptioneller Mündlichkeit' zu werten" (Albert 2013: 60). Dabei denkt er vermutlich an die von ihm an anderer Stelle erwähnten Emoticons, vielleicht aber auch an Abkürzungen, wie sie im Chat verwendet werden (z.B. *gg* für breites Grinsen), oder an orthographische Besonderheiten (z.B. die Kleinschreibung von Substantiven). Tatsächlich werden solche Merkmale häufig im selben Kontext wie morphologisch-syntaktische Merkmale (wie z.B. Ellipsen) genannt (vgl. Thaler 2003: 50–78) und als Beispiele für konzeptionelle Mündlichkeit angeführt. Doch liegen diese Schreibweisen auf einer anderen Ebene: Sie betreffen nur den graphischen Bereich (und damit im Sinne von Koch/Oesterreicher die mediale Schriftlichkeit), nicht aber die Konzeption der Äußerung. Insofern ist es falsch, sie als Merkmale konzeptioneller Mündlichkeit zu bezeichnen.

Ein weiterer Kritikpunkt, den Albert anführt, betrifft die Einordnung von Äußerungsformen innerhalb des Nähe-Distanz-Kontinuums: Es bleibe „intransparent, wie und warum einzelne Texte so auf dem ‚Nähe-Distanz-Kontinuum' eingeordnet werden, wie es bei Koch und Oesterreicher geschieht" (Albert 2013: 60). In diese Richtung geht auch die oben referierte Kritik von Androutsopoulos (2007), und dieser Aspekt ist es denn auch, den Vilmos Ágel und Mathilde Hennig dazu veranlasst hat, ein Verfahren auszuarbeiten, in dem die Nähesprachlichkeit eines Textes auf der Basis von vorgegebenen Kriterien bestimmt werden kann (vgl. Ágel/Hennig 2006). Dieser Vorschlag steht hier nicht zur Diskussion (siehe zu einer Kritik daran Dürscheid/Wagner/Brommer 2010: 42–47); festzuhalten bleibt, dass das intuitiv so plausible Modell von Koch/Oesterreicher auch deshalb immer wieder in die Kritik gerät, weil die von ihnen im Nähe-Distanz-Kontinuum vorgenommenen Zuordnungen nicht überprüfbar sind.

Damit komme ich zum letzten Text, der hier knapp vorgestellt werden soll. Es ist der Beitrag von Landert/Jucker (2011), der den Titel „Private and public in mass media communication: From letters to the editor to online commentaries" trägt. Dabei handelt es sich um eine der wenigen anglistischen Arbeiten, in denen das Modell von Koch/Oesterreicher thematisiert wird.[20] Die Autoren stellen den Ansatz von Koch/Oesterreicher zunächst vor, dann kündigen sie an, dass sie auf dieser Basis ein eigenes Modell konzipieren werden:

> We believe that in order to analyze current trends in mass media communication, Koch and Oesterreicher's model needs to be enriched. In this paper we propose that their scale of communicative immediacy needs to be separated into three different scales. We, therefore, distinguish systematically between the communicative situation (the scale of accessibility), the content (the scale of privacy) and the linguistic realization (the scale of linguistic immediacy). (Landert/Jucker 2011: 1426)

Wie das Zitat zeigt, soll das Modell um zwei Dimensionen erweitert werden, die beide auf der Ebene der Privatheit bzw. Öffentlichkeit anzusiedeln sind. Denn *privat* vs. *öffentlich* kann zum einen die Zugänglichkeit meinen (ein Chat z.B. kann öffentlich sein, ein E-Mail-Wechsel ist es in der Regel nicht), zum anderen die Themen, die verhandelt werden. In diesem Sinne hat ein Gespräch über familiäre Probleme privateren Charakter als ein Gespräch über das wechselhafte Wetter im Monat April.

Landert/Jucker plädieren dafür, alle drei Dimensionen bei der Situierung von Textsorten zu berücksichtigen, also nicht nur, wie Koch/Oesterreicher es tun, ein Kontinuum anzunehmen, sondern drei. Sie veranschaulichen dies am Beispiel von Leserbriefen im Print- und Online-Medium, die sie entlang von drei Achsen einordnen: a) zwischen „Language of distance" und „Language of immediacy"; b) zwischen „Non public-context (inaccessible)" und „Public context (accessible)"; c) zwischen „Non-private topics" und „Private topics". Wie ihr Vergleich von „Letters to the editor" aus dem Jahr 1985 in der Printausgabe der *Times* mit Online-Kommentaren von 2008 zeigt, unterscheiden sich diese Leser-

---

[20] Tatsächlich wird das Modell in der Anglistik – anders als in der Germanistik – kaum rezipiert (vgl. aber, neben Landert/Jucker [2011], die Monographie von Frehner [2008]). Auch in Publikationen zur Internetlinguistik aus dem anglo-amerikanischen Raum (vgl. z.B. die Arbeiten von Susan Hering, Naomi Baron und David Crystal) findet es keine Resonanz. Der Grund hierfür kann nicht allein die Publikationssprache sein (Deutsch/Französisch/Portugiesisch), denn mit Koch (1999) liegt ein Beitrag zum Nähe-Distanz-Modell auf Englisch vor, der in einer bekannten Reihe erschienen ist, also durchaus hätte rezipiert werden können.

briefe nicht nur auf sprachlicher Ebene, sondern auch hinsichtlich der darin behandelten Themen.[21] Dem wird dadurch Rechnung getragen, dass sie in dem dreidimensionalen Modell von Landert/Jucker an verschiedenen Positionen eingeordnet sind:

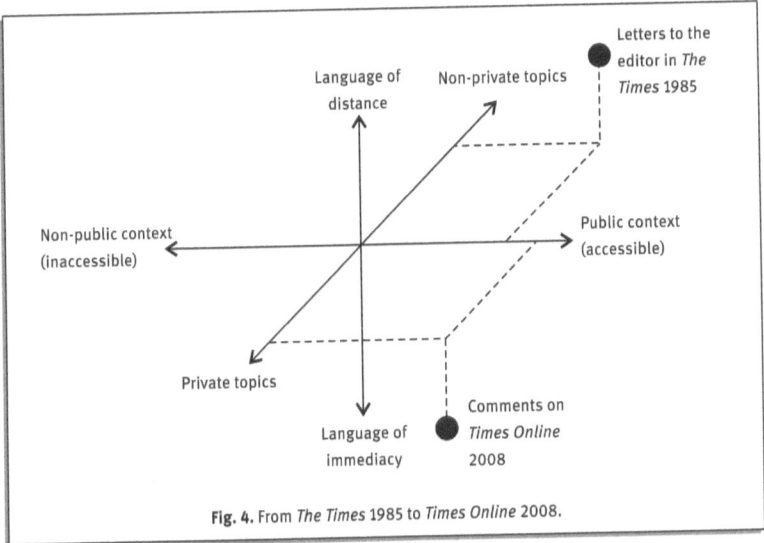

Abb. 3: Verortung von Leserbriefen im dreidimensionalen Modell (Landert/Jucker 2011: 1432).

Die Grafik zeigt, dass die Online-Kommentare von 2008 näher am Nähepol („Language of immediacy") positioniert sind als die Print-Leserbriefe von 1985; und sie stehen auch näher an dem Eckpunkt, der als „Private topics" bezeichnet wird. Inwieweit diese Zuordnung plausibel ist, steht hier nicht zur Debatte; interessant ist, dass den Autoren die Grafik von Koch/Oesterreicher als Ausgangspunkt dient, sie diese Grafik um zwei Dimensionen erweitern und dies wiederum in einer Grafik dargestellt ist, die ihre Überlegungen sehr anschaulich macht. Möglicherweise wird es also auch in diesem Fall eine Grafik sein, die zum Erfolg des Modells beiträgt. Das freilich lässt sich nur aus der Retrospektive sagen; die Rezeption des Beitrags von Landert/Jucker steht noch am Anfang

---

21 Vgl. das folgende Zitat: „While the accessibility of the texts remained relatively stable – we suggest that there was only a relatively small increase due to the online publication in 2008 – there were clear shifts both on the level of topics and on the level of the language in which these texts were written" (Landert/Jucker 2011: 1432).

(vgl. dazu aber Frick 2014: 14). Abschließend sei allerdings noch kritisch angemerkt, dass Landert/Jucker nicht nur Textsorten (wie z.B. den Leserbrief oder den wissenschaftlichen Artikel) in ihr Modell einordnen, sondern auch eine Kommunikationsform, die SMS (vgl. Landert/Jucker 2011: 1427). Das freilich ist nicht zutreffend, denn auch in der SMS-Kommunikation gibt es mittlerweile verschiedene Textsorten (vgl. Pizzabestellungen vs. private Verabredungen), die nicht einheitlich zu klassifizieren sind.

4 Zur Rezeption der Rezeption

In Abschn. 2 war der Ansatz von Koch/Oesterreicher dargestellt worden, wie er sich in den Arbeiten aus den 1980er- und 1990er-Jahren präsentierte. Hier nun soll es um zwei ihrer neueren Arbeiten gehen, um ihren Beitrag in der *Zeitschrift für Germanistische Linguistik*, der unter dem Titel „Schriftlichkeit und kommunikative Distanz" (2007) erschien, und um die zweite, überarbeitete Fassung ihres Studienbuches von 1990 zu „Gesprochene Sprache in der Romania" aus dem Jahr 2011. Hinzu nehme ich eine weitere Arbeit, die von Wulf Oesterreicher in Allein-Autorenschaft verfasst wurde und Konrad Ehlich zum 65. Geburtstag gewidmet ist. Der Beitrag trägt den Titel „Revisited: Die ‚zerdehnte Sprechsituation'". Diese drei Texte werden hier ausgewählt, weil sie, wenn auch nur knapp und teilweise auch nur implizit, auf die Rezeption in der Medienlinguistik eingehen.[22] Dazu werde ich im Folgenden drei Passagen aus Koch/

---

[22] Dass dies auch nur implizit geschieht und den Autoren vielleicht selbst nicht bewusst ist, zeigt sich m.E. darin, dass sie in ihren neueren Arbeiten nur noch den Ausdruck „Kommunikationsformen" (anstelle von „Äußerungsformen") verwenden. So steht in der Legende zur Grafik, die in dem Beitrag von 2007 abgedruckt ist, „Kommunikationsformen auf dem konzeptionellen Kontinuum", und auch im weiteren Text ist nur von „Kommunikationsformen" die Rede. Das mag daraus resultieren, dass sich der Terminus immer weiter zu etablieren scheint und deshalb auch von Koch/Oesterreicher zunehmend gebraucht wird (so auch in ihrem Beitrag für den vorliegenden Sammelband). Das ist hier aber irreführend, denn es geht ihnen gerade nicht um Kommunikationsformen (im medienlinguistischen Sinne). Dass sie die beiden Termini nicht genau zu unterscheiden wissen, zeigt auch ihre Anmerkung zu „den rein medial definierten" Räumen, zu denen sie die *E-Mail*, den *Brief* und das *Telefonat* zählen (vgl. Oesterreicher/Koch i.d.B., S. 32). Sie stellen fest: „Hier ist das Konzept der *Kommunikationsformen* [Kursivdruck jeweils i.O.] sinnvoll, das oben schon verwendet wurde". Weiter oben wurde dieses Konzept zwar verwendet, aber immer mit Blick auf Äußerungsformen (wie z.B. Gesetzestexte) und gerade nicht mit Bezug auf rein medial definierte Räume.

Oesterreicher (2007) zitieren.²³ Im ersten Zitat nehmen die Autoren generell auf die neuen Kommunikationsformen Bezug:

> In den letzten Jahren werden verstärkt computergestützte Kommunikationsformen diskutiert: *E-Mail, SMS, Chat* usw. [...]. Man könnte auf den Gedanken kommen, daß das Schema in Fig. 3, das sich allein auf die Medien Phonie und Graphie bezieht, nicht ausreicht, um neueste, elektronisch gestützte mediale Entwicklungen zu erfassen. Hier muß man jedoch unterscheiden zwischen ‚Medien' als physikalische Manifestationen, die bestimmte sensorische Modalitäten ansprechen (Phonie = akustisch und Graphie = visuell), und ‚technischen' Speicher- und Übertragungsmedien (Telefon, Internet usw.; vgl. auch Raible 2006, 11–22). Selbst die neuesten elektronischen Entwicklungen bei Speicherung und Übertragung bauen im sensorischen Bereich letztlich immer nur auf dem akustischen Prinzip der Phonie oder auf dem visuellen Prinzip der Graphie auf. (Koch/Oesterreicher 2007: 358–359)

Wie das Zitat zeigt, verweisen Koch/Oesterreicher hier auf Wolfgang Raible, der in seinem Buch „Medien-Kulturgeschichte" die verschiedenen Bedeutungen des Medienbegriffs in einer Tabelle auflistet und ausführlich kommentiert (vgl. Raible 2006: 12–13). Dieser Verweis dient ihnen dazu, den eigenen Medienbegriff in diesem Bedeutungsspektrum einzuordnen („physikalische Manifestationen, die bestimmte sensorische Modalitäten ansprechen") und dafür zu argumentieren, dass es letztlich diese ‚sensorischen Modalitäten' sind (d.h. die Phonie und die Graphie), auf denen aus ihrer Sicht auch die neuesten technologischen Entwicklungen aufbauen.

Wie wir weiter oben in der Rezeption zu den Arbeiten von Koch/Oesterreicher gesehen haben (vgl. Abschn. 3), kann man durchaus der Meinung sein, dass es sich dabei um eine unzulässige Einschränkung des Medienbegriffs handelt und die Unterscheidung in Phonie und Graphie nicht ausreicht, um die Komplexität im medialen Bereich des Nähe-Distanz-Kontinuums zu erfassen. Diese Frage soll hier nicht diskutiert werden; halten wir lediglich fest: Wer auch heute noch in der Medienlinguistik mit dem Modell von Koch/Oesterreicher arbeitet, der sollte wissen, dass sie aus den oben genannten Gründen an dieser Reduktion festhalten.

Damit komme ich zur zweiten Textpassage, die hier zitiert werden soll. Zum Chat schreiben Koch/Oesterreicher Folgendes:

---

23 Die ersten beiden Zitate finden sich nahezu wortgleich in Koch/Oesterreicher (2011: 13–14). Das gilt auch für die diesbezüglichen Ausführungen von Oesterreicher/Koch in diesem Band.

> Der *Chat* ist sogar eines der schönsten Beispiele dafür, daß im graphischen Medium eine relative, natürlich immer limitierte Annäherung an dialogische, spontane Nähesprachlichkeit möglich ist. Was die innovativen, rein graphischen Verfahren, also Abkürzungen und Emoticons wie z.B. *hdl* oder :-) angeht, so sind diese konzeptionell allenfalls im Blick auf die spontaneitätsfördernde Schreibgeschwindigkeit von Belang. (Koch/Oesterreicher 2007: 390)

Wie sich in diesen Worten bereits andeutet, gehen Koch/Oesterreicher davon aus, dass sich der Chat auf jeden Fall im Nähe-Distanz-Kontinuum verorten lässt. Deutlicher noch machen sie dies in der Neuauflage ihres Studienbuches, in dem sie den Leser im Aufgabenteil dazu auffordern, neben dem „Streit zwischen Autofahrern", dem „Beratungsgespräch eines Versicherungsvertreters", dem „Nachruf auf einen berühmten Künstler" usw. den Chat in das Nähe-Distanz-Kontinuum einzuordnen (vgl. Koch/Oesterreicher 2011: 19).[24] Und auch der Beitrag von Oesterreicher (2008) weist in diese Richtung. Hier wurde der Chat bereits in das Schema integriert: Er steht auf der graphischen Ebene links vom Tagebucheintrag (und dieser wiederum links vom Privatbrief), d.h. relativ nah am Nähepol (vgl. Oesterreicher 2008: 7). Offensichtlich hat also die in der Medienlinguistik vielfach diskutierte Frage, wie der Chat in das Nähe-Distanz-Kontinuum eingeordnet werden kann, Koch/Oesterreicher dazu veranlasst, ihr Modell (bzw. ihre Grafik) entsprechend zu erweitern. Dass sie auf diese Frage überhaupt eingehen, ist positiv; allerdings irritiert es, dass sie den Chat pauschal als nähesprachlich verorten. Denn auch im Chat gibt es verschiedene Diskursarten (z.B. den Plauder-Chat, den Beratungschat), sodass sich die Frage stellt, ob es berechtigt ist, den Chat einheitlich zu klassifizieren.[25] Wie wir weiter oben gesehen haben, wurde diese Frage schon vor über zehn Jahren diskutiert (vgl. Dürscheid 2003), und es wurde betont, dass sich in das Modell von Koch/Oesterreicher nur Textsorten und Diskursarten, nicht aber Kommunikationsformen (wie z.B. der Chat) einordnen lassen. Genau das aber tun Koch/Oesterreicher, wenn sie nun ihrerseits *den* Chat in ihr Kontinuum aufnehmen (und nicht z.B. den „Chat mit einem Freund"). Im Vergleich dazu gehen sie in der Einordnung der E-Mail-Kommunikation aber wesentlich differenzierter vor (vgl. dazu auch ihre diesbezüglichen Anmerkungen i.d.B.). Hier sehen sie durchaus,

---

[24] Diese Aufgabe findet sich annähernd im selben Wortlaut auch in der Erstauflage von 1990. Inhaltlich gibt es nur einen Unterschied: Der Chat fehlte damals in der Auflistung der Beispiele, die in das Kontinuum eingeordnet werden sollten (vgl. Koch/Oesterreicher 1990: 17).
[25] Und selbst wenn die meisten Chatkonversationen nähesprachlich sein mögen: Kategorial liegt der Chat auf einer anderen Ebene; eine Kommunikationsform kann nicht in eine Reihe mit einem Tagebucheintrag oder einem Privatbrief gestellt werden.

dass die E-Mail, wie auch der herkömmliche Brief, nicht einheitlich klassifizierbar ist und die Einordnung innerhalb des Kontinuums von der jeweiligen Textsorte (in Koch/Oesterreichers Terminologie von der jeweiligen Diskurstradition) abhängt. Das zeigt das folgende Zitat:

> Was das *E-Mail* (Kursivdruck im Original, C.D.) betrifft, so gilt zunächst einmal das, was schon den traditionellen Brief charakterisiert: es handelt sich nicht um eine festgelegte Diskurstradition, sondern um einen ganzen medialen Raum, in dem größte Varianz möglich ist [...]. Nicht bestritten zu werden braucht, daß sich der konzeptionelle Schwerpunkt beim *E-Mail* tendenziell durchaus in Richtung Nähepol verlagert; davon unberührt bleiben jedoch amtliche, formelle *E-Mails*. (Koch/Oesterreicher 2007: 359)

Halten wir also fest, dass Koch/Oesterreicher in ihren neueren Arbeiten – und so auch im vorliegenden Band – sich nun ihrerseits zur Frage der Einordnung der neuen Kommunikationsformen in ihr Modell äußern. Interessanterweise gibt es in der Medienlinguistik bislang aber nur wenige Arbeiten, die dies zur Kenntnis nehmen; meist wird auf die älteren Titel von Koch/Oesterreicher von 1985 oder 1994 Bezug genommen (vgl. Frick 2014). Eine Ausnahme ist die Dissertation von Matthias Knopp (2013), der kritisch feststellt, dass in dem Beitrag von 2007 „[z]entrale Eigenschaften von Medien und Kommunikationsformen [...] weitgehend unberücksichtigt" bleiben, und dazu weiter anmerkt: „Koch/Oesterreicher betonen in ihrem Beitrag aus dem Jahr 2007 zwar ausdrücklich, dass neue Kommunikationsformen im Modell verortet werden können, bleiben dabei aber allgemein" (Knopp 2013: 113). Auch Albert (2013) geht in seiner Dissertation auf den Beitrag von Koch/Oesterreicher (2007) ein. Wie bereits weiter oben erwähnt, hält er fest, dass typische Merkmale des Chats fälschlich auf Zeitmangel bei der Produktion zurückgeführt würden (vgl. Albert 2013: 59–60) und „dezidiert an Schriftsprachlichkeit gebundene Zeichenverwendungen sogar explizit als bloße Zugeständnisse an die technischen Bedingungen und den mutmaßlich geltenden Zwang zum schnellen Tippen abgetan" würden (Albert 2013: 62).[26] Das mag tatsächlich eine verkürzte Sicht auf die Chatkommunikation sein, es muss aber auch betont werden, dass Koch/Oesterreicher nie auf diesem Gebiet gearbeitet haben und sich vermutlich nur durch die breite Rezeption ihres Modells dazu bemüßigt sahen, sich nun ihrerseits zur Chatkommunikation zu äußern.

---

26 Albert folgert dies aus der Aussage von Koch/Oesterreicher (2007: 62), dass Abkürzungen und Emoticons „konzeptionell allenfalls im Blick auf die spontaneitätsfördernde Schreibgeschwindigkeit von Belang" sind (vgl. das obige Zitat).

5 Ausblick

Zum Schluss dieses Beitrags sei nun die Frage gestellt, wie die Entwicklung weiter gehen mag: Wird das Modell in der Medienlinguistik auch in Zukunft noch rezipiert? Selbstverständlich ist es nicht möglich, dazu Vorhersagen zu machen, zumal wir nicht wissen, wie die Internetnutzung weitergehen wird. Bereits jetzt werden die hier diskutierten neuen Kommunikationsformen (insbesondere der Chat) meist nicht mehr separat genutzt, sondern sind in komplexe Kommunikationsszenarien (z.B. in Facebook oder in Skype) eingebunden. So wenig, wie es möglich ist, *den* Chat innerhalb des Kontinuums von Nähe und Distanz einzubinden, so wenig (oder weniger noch) ist dies für solche Internetanwendungen möglich. Es bleibt also zu hoffen, dass niemand den Versuch unternehmen wird, Facebook, Skype, Twitter oder WhatsApp im Nähe-Distanz-Kontinuum zu verorten.

Nun mag man einwenden, dass dies ohnehin niemand in Erwägung zieht. Doch möglicherweise geht die von Jannis Androutsopoulos (2007: 80) so treffend benannte „Sogwirkung [...]" in der (deutschsprachigen) linguistischen Internetforschung" auch in den kommenden Jahren noch weiter. Davor möchte ich ausdrücklich warnen. So aussagekräftig das Modell ist und so griffig Bezeichnungen wie „konzeptionell mündlich" und „konzeptionell schriftlich" auch sind: In der Medienlinguistik ist dazu aus meiner Sicht alles gesagt; man sollte nicht wieder und wieder die Arbeiten von Koch/Oesterreicher referieren, kritisch diskutieren oder ihre Grafik modifizieren, um neuere und neueste technologische Entwicklungen darauf beziehen zu können. Das ist nicht möglich – und zu diesem Zweck wurde das Modell auch nie konzipiert.

6 Literatur

Ágel, Vilmos/Hennig, Mathilde (2006): Grammatik aus Nähe und Distanz: Theorie und Praxis am Beispiel von Nähetexten 1650–2000. Tübingen: Niemeyer.

Albert, Georg (2013): Innovative Schriftlichkeit in digitalen Texten: syntaktische Variation und stilistische Differenzierung in Chat und Forum. Berlin: Akademie Verlag.

Androutsopoulos, Jannis (2007): Neue Medien – neue Schriftlichkeit? In: Mitteilungen des Deutschen Germanistenverbandes 1/07, 72–97.

Beißwenger, Michael (2007): Sprachhandlungskoordination in der Chat-Kommunikation. Berlin/New York: de Gruyter.

Bittner, Johannes (2003): Digitalität, Sprache, Kommunikation : eine Untersuchung zur Medialität von digitalen Kommunikationsformen und Textsorten und deren varietätenlinguistischer Modellierung. Berlin: Schmidt.

Dürscheid, Christa (1999): Zwischen Mündlichkeit und Schriftlichkeit: die Kommunikation im Internet. In: Papiere zur Linguistik 60 (1), 17–30.

Dürscheid, Christa (2003): Medienkommunikation im Kontinuum von Mündlichkeit und Schriftlichkeit. Theoretische und empirische Probleme. In: Zeitschrift für Angewandte Linguistik 38, 37–56.

Dürscheid, Christa (2005): Medien, Kommunikationsformen, kommunikative Gattungen. Linguistik Online 22/2005. http://www.linguistik-online.de/22_05/duerscheid.html (30.06.2016).

Dürscheid, Christa (2007): Private, nicht öffentliche und öffentliche Kommunikation im Internet. In: Neue Beiträge zur Germanistik 6, 22–41.

Dürscheid, Christa/Wagner, Franc/Brommer, Sarah (2010): Wie Jugendliche schreiben. Schreibkompetenz und neue Medien. Mit einem Beitrag von Saskia Waibel. Berlin/New York: de Gruyter.

Dürscheid, Christa/Frick, Karina (2014): Keyboard-to-Screen-Kommunikation gestern und heute: SMS und WhatsApp im Vergleich. In: Mathias, Alexa/Runkehl, Jens/Siever, Torsten (Hrsg.): Sprachen? Vielfalt! Sprache und Kommunikation in der Gesellschaft und den Medien. Eine Online-Festschrift zum Jubiläum für Peter Schlobinski (= Networx 64), 149–181. http://www.mediensprache.net/de/networx/networx-64.aspx (30.06.2016).

Dufter, Andreas/Stark, Elisabeth (2002): La variété des variétés: combien de dimensions pour la description? Quelques réflexions à partir du français. In: Romanistisches Jahrbuch 53, 81–108.

Ermert, Karl (1979): Briefsorten. Untersuchungen zur Theorie und Empirie der Textklassifikation. Tübingen: Niemeyer.

Feilke, Helmuth (2010): Schriftliches Argumentieren zwischen Nähe und Distanz am Beispiel wissenschaftlichen Schreibens. In: Ágel, Vilmos/Hennig, Mathilde (Hrsg.): Nähe und Distanz im Kontext variationslinguistischer Forschung. Berlin/New York: de Gruyter, 209–231.

Fehrmann, Gisela/Linz, Erika (2009): Eine Medientheorie ohne Medien? Zur Unterscheidung von konzeptioneller und medialer Mündlichkeit und Schriftlichkeit. In: Birk, Elisabeth/ Schneider, Jan Georg (Hrsg.): Philosophie der Schrift. Tübingen: Niemeyer, 123–143.

Frehner, Carmen (2008): Email – SMS – MMS: The Linguistic Creativity of Asynchronous Discourse in the New Media Age. Bern: Peter Lang.

Frick, Karina (2014): Liebeskommunikation über Facebook. Eine korpusbasierte Untersuchung kommunikationstheoretischer und sprachlicher Merkmale der Paar-Kommunikation auf Facebook. Networx 65. http://www.mediensprache.net/de/networx/docs/networx-65.aspx (30.06.2016).

Fröhlich, Uta (2015): Facework in multicodaler spanischer Foren-Kommunikation. Berlin/ Boston: de Gruyter.

Günther, Ulla/Wyss, Eva L. (1996): E-Mail-Briefe – Eine neue Textsorte zwischen Mündlichkeit und Schriftlichkeit. In: Hess-Lüttich, Ernest W.B./Holly, Werner/Püschel, Ulrich (Hrsg.): Textstrukturen im Medienwandel. Frankfurt am Main: Peter Lang, 61–86.

Haase, Martin et al. (1997): Internetkommunikation und Sprachwandel. In: Weingarten, Rüdiger (Hrsg.): Sprachwandel durch Computer. Opladen: Westdeutscher Verlag, 51–85.

Hennig, Mathilde (2001): Das Phänomen des Chat. Jahrbuch der Ungarischen Germanistik, 215–239.

Kabatek, Johannes (2003): Oralität, Prozess und Struktur. In: Linguistik Online 13 (1), 193–213. http://www.linguistik-online.de/13_01/kabatek.html (30.06.2016).

Kailuweit, Rolf (2009): Konzeptionelle Mündlichkeit!? Überlegungen zur Chat-Kommunikation anhand französischer, italienischer und spanischer Materialien. Philologie im Netz 48. http://web.fu-berlin.de/phin/phin48/p48t1.htm (30.06.2016).

Kallmeyer, Werner (Hrsg.) (2000): Sprache und neue Medien – Zum Diskussionsstand und zu einigen Schlussfolgerungen. In: Sprache und neue Medien. Institut für Deutsche Sprache. Jahrbuch 1999. Berlin/New York: de Gruyter, 292–315.

Kattenbusch, Dieter (2002): Computervermittelte Kommunikation in der Romania im Spannungsfeld zwischen Mündlichkeit und Schriftlichkeit. In: Heinemann, Sabine/ Bernhard, Gerald/Kattenbusch, Dieter (Hrsg.): Roma et Romania: Festschrift für Gerhard Ernst zum 65. Geburtstag. Tübingen: Niemeyer, 183–199.

Knopp, Matthias (2013): Mediale Räume zwischen Mündlichkeit und Schriftlichkeit. Zur Theorie und Empirie sprachlicher Handlungsformen. Dissertation Universität zu Köln. http://kups.ub.uni-koeln.de/5150/ (30.06.2016).

Koch, Peter (1999): Court records and cartoons: reflections of spontaneous dialogue in Early Romance texts. In: Jucker, Andreas H./Fritz, Gerd/Lebsanft, Franz (Hrsg.): Historical Dialogue Analysis. Amsterdam/Philadelphia: Benjamins, 399–429.

Koch, Peter/Oesterreicher, Wulf (1985): Sprache der Nähe – Sprache der Distanz. Mündlichkeit und Schriftlichkeit im Spannungsfeld von Sprachtheorie und Sprachgeschichte. In: Romanistisches Jahrbuch 36, 15–43.

Koch, Peter/Oesterreicher, Wulf (1990): Gesprochene Sprache in der Romania: Französisch, Italienisch, Spanisch. Tübingen: Niemeyer.

Koch, Peter/Oesterreicher, Wulf (1994): Schriftlichkeit und Sprache. In: Günther, Hartmut/Ludwig, Otto (Hrsg.): Schrift und Schriftlichkeit. Ein interdisziplinäres Handbuch internationaler Forschung. An Interdisciplinary Handbook of International Research. 1. Halbband. Berlin/New York: de Gruyter, 587–604.

Koch, Peter/Oesterreicher, Wulf (2007): Schriftlichkeit und kommunikative Distanz. In: Zeitschrift für germanistische Linguistik 35, 346–375.

Koch, Peter/Oesterreicher, Wulf (2011): Gesprochene Sprache in der Romania: Französisch, Italienisch, Spanisch. 2., aktualisierte und erweiterte Auflage. Berlin/New York: de Gruyter.

Landert, Daniela/Jucker, Andreas H. (2011): Private and public in mass media communication: From letters to the editor to online commentaries. In: Journal of Pragmatics 43, 1422–1434.

Lenke, Nils/Schmitz, Peter (1995): Geschwätz im ‚Globalen Dorf' – Kommunikation im Internet. In: OBST (Osnabrücker Beiträge zur Sprachtheorie). Thema des Heftes: Neue Medien, 117–141.

Oesterreicher, Wulf (2008): Revisited: Die ›zerdehnte Sprechsituation‹. In: Beiträge zur Geschichte der deutschen Sprache und Literatur (PBB) 1 (130), 1–21.

Raible, Wolfgang (2006): Medien-Kulturgeschichte. Mediatisierung als Grundlage unserer kulturellen Entwicklung. Heidelberg: Winter.

Runkehl, Jens/Schlobinski, Peter/Siever, Thorsten (1998): Sprache und Kommunikation im Internet. Überblick und Analysen. Opladen: Westdeutscher Verlag.

Söll, Ludwig (1985): Gesprochenes und geschriebenes Französisch. 3., überarbeitete Auflage, bearbeitet von Franz Josef Hausmann. Berlin: Schmidt.

Stark, Elisabeth (2011): La morphosyntaxe dans les SMS suisses francophones: Le marquage de l'accord sujet – verbe conjugué. In: Linguistik Online, 48 (4), 35–47. http://www.linguistik-online.de/48_11/stark.html (20.06.2016).

Strätz, Esther (2011): Sprachverwendung in der Chat-Kommunikation. Eine diachrone Untersuchung französischsprachiger Logfiles aus dem Internet Relay Chat. Tübingen: Narr.
Thaler, Verena (2003): Chat-Kommunikation im Spannungsfeld zwischen Oralität und Literalität. Berlin: Verlag für Wissenschaft und Forschung (VWF).
Thaler, Verena (2007): Mündlichkeit, Schriftlichkeit, Synchronizität. Eine Analyse alter und neuer Konzepte zur Klassifikation neuer Kommunikationsformen. In: Zeitschrift für germanistische Linguistik 35, 146–181.

Matthias Knopp
Zur empirischen Spezifizierung des Nähe-Distanz-Kontinuums

Im Zentrum des Beitrags steht die zweifelsohne zeitlose Frage nach der ‚Spur des Apparats' (Krämer 2000): Inwiefern und auf welche Art und Weise beeinflusst das Medium, in dem und mithilfe dessen eine Äußerung getätigt wird, die Äußerung selbst? Als besonders aufschlussreichen Kandidaten zur Beantwortung dieser Frage bewerte ich Chat-Kommunikation. Sie wird oftmals mit Rückgriff auf das Schema von Koch/Oesterreicher (1985, 1994) als ‚hybride Form', als ein exzeptionell im Spannungsfeld von Mündlichkeit und Schriftlichkeit Stehendes beschrieben (vgl. etwa Schlobinski 2005). Im Folgenden soll ausgehend von der Modelltheorie Stachowiaks geprüft werden, inwiefern Koch/Oesterreichers Konzeption geeignet ist, die Medialität von Äußerungen zu erfassen und zu beschreiben. Ein Schritt ‚vor alle Konzeption' – in Form eines validen empirischen Vergleichs von Kommunikationsformen unterschiedlicher Zerdehnung – mündet in die Skizzierung eines alternativen Modellvorschlags, der die Dimension ‚Medium' stärker berücksichtigt.[1]

1 Modell und Original

Das Phänomen der Spannung zwischen *code parlé* und *code graphique* – so Söll (1985) in seiner Arbeit zu gesprochenem und geschriebenem Französisch – ist sicherlich einer der zentralen Gesichtspunkte, die Peter Koch und Wulf Oesterreicher mit ihrer Modellierung des Nähe-Distanz-Kontinuums im Blick hatten. Bekanntermaßen kritisieren sie in ihrer Ur-Darlegung mit Bezug zu Söll die Termini ‚gesprochene/geschriebene Sprache' grundsätzlich (Koch/Oesterreicher

---

1 Im Folgenden beziehe ich mich auf meine im Juli 2013 erschienene Dissertationsschrift, insbesondere auf die darin erörterten anwendungsbezogenen Aspekte (Knopp 2013, darin besonders § 4 und 5). Die dort erfolgte ausführliche Konzeptualisierung von Raum (vom nicht-zerdehnten Raum der elementaren Sprechsituation (Ehlich 1983) über den (leicht) zerdehnten Raum in der Chat-Kommunikation bis hin zum stärker zerdehnten Raum in der Forenkommunikation), Medium und Kommunikationsform sowie die ausführliche theoretische Auseinandersetzung mit dem Modell von Koch/Oesterreicher und die entsprechende theoretisch begründete Modifikation resp. Re-Modellierung (§ 2) muss hier aufgrund der Fokussierung auf die Anwendung der Konzeption von Koch/Oesterreicher außen vor bleiben.

1985, 1994). Diese seien ambig, da sie sich einerseits auf das Medium als Raum resp. ‚Sphäre', in der eine Äußerung getätigt wird, beziehen, andererseits auf die Konzeption einer Äußerung, d.h. auf den Duktus, den eine Äußerung aufweist.

Damit ist eine für die Linguistik fundamentale Problematik benannt, die sich auf unterschiedlichen Sprachbetrachtungsebenen zeigt: das Verhältnis von Mündlichkeit und Schriftlichkeit (vgl. dazu etwa Bredel 2008: 2–11). Das Modell von Koch/Oesterreicher hat nun scheinbar besonders integrative Kraft, was diese beiden Realisierungs- und Konzeptionsformen von Sprache[2] angeht: Seine, wenn man so will, ‚Aufgeschlossenheit' – was sein Potenzial zur Modifikation und Anschlussfähigkeit sowie seine disziplinenweite Rezeption betrifft – wird mit dem vorliegenden Band eindrucksvoll belegt. Hier soll zur Herleitung meiner Fragestellung ein Aspekt herausgestellt werden, der auf den elementaren Eigenschaften von Modellen gründet:

A) Modelle sind stets Modelle *von etwas*, nämlich Abbildungen und damit Repräsentationen gewisser natürlicher oder künstlicher ‚Originale' [...].

B) Modelle erfassen *nicht alle* Eigenschaften des durch sie repräsentierten Originalsystems, sondern nur solche, die den jeweiligen Modellerschaffern und -benutzern relevant scheinen. [...]

C) Modelle sind ihren Originalen *nicht per se eindeutig* zugeordnet. Sie erfüllen ihre Repräsentations- und Ersetzungsfunktion vielmehr immer nur für *bestimmte Subjekte* unter Einschränkung auf *bestimmte gedankliche* oder ‚tatsächliche' Operationen und innerhalb *bestimmter Zeitspannen*. (Stachowiak 1965: 438, Hervorhebungen im Original)

Diese von Stachowiak auch als *Abbildungsmerkmal*, *Verkürzungsmerkmal* und *Subjektivierungsmerkmal* bezeichneten Merkmale stellen das Extrakt des Modellbegriffs dar. Hier ist insbesondere von Belang, dass erstens das durch Koch/Oesterreicher abgebildete Original letztlich das System menschlicher Kommunikation ist, dass zweitens durch die Reduzierung der Medialität auf die Modalität sprachlicher Äußerungen graphisch/phonisch das Mediale (vgl. Wrobel 2010; Habscheid 2005: 49f.) als Eigenschaft in den Hintergrund tritt, und dass drittens in der Rezeption des Modells dessen Funktionalität über eine Zeitspanne konstatiert wird, die insbesondere mit Blick auf die sich fortlaufend eindrucksvoll weiterentwickelnden technologischen Rahmenbedingungen zuweilen als ‚exorbitiert' betrachtet werden könnte.

---

2 Eine dritte wäre die Gebärdensprache, sie bleibt hier gezwungenermaßen außen vor.

Daraus folgt: Das repräsentierte/abgebildete Original besitzt eine außerordentliche Komplexität; die vergleichsweise einleuchtende und intuitiv eingängige graphische Darstellung (vgl. Koch/Oesterreicher 1985: 17, 1994: 588) bedingt vermutlich die anhaltende Attraktivität des Modells (Androutsopoulos 2007).[3] Allerdings erfolgt mit der notwendigen Verkürzung und Subjektivität (s.o.) nachgerade eine Ausklammerung von Medialität, womit eine zentrale Eigenschaft resp. Rahmenbedingung heutiger menschlicher Kommunikationspraxen aus dem Blick gerät (Wrobel 2010): Ein nicht unerheblicher Anteil personaler Kommunikation erfolgt medial vermittelt, d.h. mithilfe ‚technischer' Medien (vgl. Habscheid 2000: 138). Die Einordnung des technologisch mittlerweile hochkomplexen Originals – i.S.v. verschiedenen Formen der Kommunikation, ermöglicht durch Kommunikationstechnologien (Beißwenger 2007: 27ff.) – erscheint fragwürdig (vgl. Hennig 2001: 218f.). Dabei zeigt sich eine deutliche Verbindung von Verkürzung um Eigenschaften und (zeitlicher) Subjektivierung (s.o.).

1.1 Lokalisierung und Spur (Fragestellung)

Meine auf diesen Aspekten fußende Fragestellung (s.u.) resultiert aus zwei zentral wirksamen Momenten; sie gerinnen gewissermaßen in zwei Hypothesen:

a) Insbesondere mit Blick auf heutige Kommunikationspraxen und die fortschreitende technologische Entwicklung erscheint die Nutzung des Modells von Koch/Oesterreicher diskutabel, dann nämlich, wenn damit Äußerungen/moderne Kommunikationsformen/Medien[4] umfassend in ihrer Spezifik beschrieben werden sollen; m.a.W.: Wenn damit sprachliche Äußerungen charakterisiert werden sollen, die in Medien und Kommunikationsformen realisiert werden, die 1985 noch gar nicht existent waren. Derart eingesetzt stößt das Modell an seine Grenzen (vgl. Androutsopoulos 2007: 87). Dem entgegen steht die faktische Nutzung des Modells zur Beschreibung moderner Kommunikationsformen,

---

3 Letztlich stellt auch das graphische Schema von Koch/Oesterreicher (z.B. 1994: 588) ein Modell dar (vgl. Stachowiak 1965: 439).

4 a) Dass in der Explikation von Koch/Oesterreicher (1985, 1994, 2007, 2008) gar nicht genau klar wird, was eigentlich im Kontinuum zu verorten ist – mündliche oder schriftliche Sprache, Äußerungen, Äußerungsformen, (prototypische) Textsorten und/oder Diskursformen –, ist einer der Kritikpunkte am Modell (vgl. Günther 2010a: 128f.; Dürscheid et al. 2010: 41; Knopp 2013: 86). b) Eine *Kommunikationsform* ist eine virtuelle Konstellation, die ein technisches Medium (s.u.) schafft durch die bereitgestellten technischen Rahmenbedingungen, z.B. Rundfunk (vgl. Schmitz 2004: 57; Holly 1997: 69).

sie ist in der deutschsprachigen linguistischen Internetforschung gängige Praxis (vgl. Knopp 2013: 83f., 108–111), wenn nicht gar „Modethema" (Hennig 2001: 215f.).

Unbestritten ist die ‚kommunikationstechnologische Landschaft' heute eine andere als 1985: Wir posten, twittern, chatten, bloggen, lurken und kommentieren (Videos, Nachrichten, Forenbeiträge etc.) täglich massenhaft im WWW, wir schreiben Kurznachrichten per SMS und WhatsApp, wir kommunizieren beharrlich per E-Mail, gruscheln, stupsen an, liken, frienden usw. usf. (vgl. etwa Siever et al. 2005).[5] Dennoch konstatieren Koch/Oesterreicher mit Blick auf ihr Modell:

> Selbst die neuesten elektronischen Entwicklungen bei Speicherung und Übertragung bauen im sensorischen Bereich letztlich immer nur auf dem akustischen Prinzip der Phonie oder auf dem visuellen Prinzip der Graphie auf. Es können daher selbstverständlich auch neueste Kommunikationsformen und Diskurstraditionen wie *Chat* oder *E-Mail* mit den anthropologisch fundierten Kategorien [...] erfaßt werden. Der *Chat* ist sogar eines der schönsten Beispiele dafür, daß im graphischen Medium eine relative, natürlich immer limitierte Annäherung an dialogische, spontane Nähesprachlichkeit möglich ist. (Koch/Oesterreicher 2007: 359, Hervorhebungen im Original)

Wrobel (2010) kritisiert hier die ‚Liquidierung des Medialen': Indem *Medium* auf die beiden Kanäle *graphisch/phonisch* reduziert und zugleich die Ebene der Konzeption vergleichsweise feingliedrig differenziert werde, gerate die ‚eigentliche' mediale Dimension in den Hintergrund.[6]

Damit wird fraglich, ob neue Kommunikationsformen generell mit dem Modell erfasst – d.h. im Sinne Stachowiaks (1965) abgebildet, verkürzt, ersetzt (s.o.) – werden können. Die These lautet hier, dass konkrete Realisierungen im Modell zwar durchaus zwischen den Polen Nähe und Distanz verortet werden können, dass sie dabei aber nur vage anhand prototypischer sprachlicher Merkmale charakterisiert werden können. Das Ziel, mit dem Modell neue Kommunikationsformen detailliert in ihrer Spezifik zu beschreiben (und gerade mit Blick auf moderne Kommunikationsmedien ist dies das technologisch Spezifische),

---

[5] Bzw. tun dies die heute Heranwachsenden (s. etwa die Studie JIM 2013 des mpfs), die als mehr oder minder medienkompetent gelten (vgl. Bos et al. 2014).

[6] Der Begriff des *Mediums* ist komplex (vgl. Knopp 2013: 36–46), ich definiere Medium nach Habscheid als „materiale, vom Menschen hergestellte Apparate zur Herstellung/Modifikation, Speicherung, Übertragung oder Verteilung von sprachlichen (und nichtsprachlichen) Zeichen (im Sinne musterhafter Äußerungen), die bestimmte, im Vergleich zur sog. ‚direkten' Kommunikation erweiterte und/oder beschränkte Kommunikationsformen ermöglichen" (Habscheid 2000: 138).

ließe somit eine deutliche Modifikation des Modells resp. ein eigenständiges Modell notwendig werden (= Hypothese 1).

b) Die gewissermaßen (und aktuell) ‚maximal exotische' Kommunikationsform, die mit dem Modell mutmaßlich zu erfassen ist, ist die Kommunikation im Chat-Raum.[7] Dies aus dem Grund, da hier „zum ersten Mal im großen Stil die Schrift zur dialogischen, synchronen Kommunikation im Distanzbereich verwendet wird" (Storrer 2001: 439). M.a.W.: Wir finden bei der Chat-Kommunikation eine bemerkenswerte gegenläufige Medium-Konzeption-Kombination vor, eine „untypische Paarung" (Beißwenger 2010: 48) von medialer Schriftlichkeit (= qua Technologie durch die Kommunikationstechnologie festgelegt) und – wenn man den Terminus bemühen mag – konzeptioneller Mündlichkeit[8] (= ‚Gesprächshaftigkeit von Chat-Kommunikation', bedingt durch die kommunikative Grundhaltung der Chat-Teilnehmer). Diese bedingt vermutlich die umfangreiche linguistische ‚Beforschung' der Kommunikationsform (vgl. dazu insbesondere Knopp 2013: 71–81). Die von Koch/Oesterreicher (2007: 349) angenommene Affinität von *medial graphisch* und *konzeptionell geschrieben* wird im Chat gewissermaßen konterkariert. Chat ist – so wird von zahlreichen Autoren konstatiert – ein kommunikationstheoretisch auffälliges Gefüge, welches deutlich von prototypischer geschriebener oder gesprochener Sprache abweicht[9] (etwa Lenke/Schmitz 1995; Runkehl et al. 1998: 84; Thaler 2007; s. dazu aber auch Ágel/Hennig 2010: 1ff.), woraus vermutlich auch die Kategorisierungsschwierigkeiten der Kommunikationsform *Chat* resultieren:

> In der linguistischen Chat-Forschung ist die Frage, ob Chat eher *Gespräch* oder eher *Text* ist, eigentlich unstrittig; zur Frage, ob Chat folglich unter der Kategorie *Gespräch* eingeordnet werden kann oder lediglich in ihrer ‚Nähe' angesiedelt werden sollte, gibt es hingegen durchaus unterschiedliche Auffassungen. (Beißwenger 2007: 4, Hervorhebungen im Original)

---

[7] Ich setze den Begriff des *Chats/Chattens* als weitgehend bekannt voraus. Ein Chat-Raum ist ein digitaler virtueller Raum, der von zwei lokal verteilten Aktanten zum Zweck der medial schriftlichen Kommunikation geteilt wird. Technische Voraussetzung für Kommunikation zwischen diesen beiden Aktanten sind auf Produzenten- und Rezipientenseite jeweils ein Online-Computer und Zugang zum entsprechenden Chat-System (vgl. dazu detailliert Beißwenger 2007: 39–112; Knopp 2013: 57–70).
[8] Das Chat ‚nicht einfach' als konzeptionell mündlich zu klassifizieren ist, zeigen sowohl die Ergebnisse vorliegender Untersuchungen (s.u.) als auch meine Ergebnisse im Detail (Knopp 2013: § 4, 5).
[9] Auch hier wird die Kommunikationsform *Chat* als besonders aufschlussreich betrachtet, was das komplexe Beziehungsgefüge von Mündlichkeit und Schriftlichkeit angeht.

Eine Synopse der (überaus diversen) Ansätze belegt, dass die Auffassung von Chat als Diskurs in der Linguistik überwiegt (vgl. dazu ausführlich Knopp 2013: 108–111). Zudem entbehrt

> die Gleichsetzung von konzeptioneller Mündlichkeit und Sprache der Nähe, wie sie Koch/Oesterreicher in ihrer Graphik (1994: 588) vornehmen und die dazu geführt hat, dass der Chat durch die Zuordnung von Merkmalen der Nähekommunikation als konzeptionell mündlich eingeordnet wurde, [...] einer genauen Begründung und steht im Widerspruch mit der Erklärung des Begriffs ‚Konzeption' durch ‚Äußerungsduktus'. (Hennig 2001: 222)

Folgen wir Hennig (2001), so lässt sich, für den Moment, subsumieren, dass das Modell von Koch/Oesterreicher insbesondere in seinem Konzeptionskonzept deutliche Schwächen aufweist (vgl. dazu auch Fiehler et al. 2004: 52), aber dennoch vielfach zur Einordnung neuer Kommunikationsformen herangezogen wird (vgl. zusammenfassend Dürscheid 2003: 37). Dies ist besonders interessant, wenn man bedenkt, dass das Modell die vehementeste Kritik nachgerade angesichts seiner Medienvergessenheit erfährt: Die Konzeption Koch/Oesterreichers sei letztlich eine „Medientheorie ohne Medien" (Fehrmann/Linz 2009: 123), das Mediale werde marginalisiert (vgl. Wrobel 2010: 32; Günther 2010b), die Rolle technischer Medien werde darin kaum reflektiert und der Medienbegriff sei zu eng konturiert (vgl. Dürscheid 2003: 38f.; Dürscheid/Brommer 2009: 15). Indes ist Chat eine Kommunikationsform, die auf der Nutzung komplexer technischer Ressourcen in einem technischen Medium basiert (Knopp 2013: 57–70), Beißwenger bezeichnet diese treffend als *trägermediale Rahmenbedingungen* (2002).

Die zweite Frage, die damit aufgeworfen ist, ist die, ob es in erster Linie die medialen Bedingungen oder die konzeptuellen Möglichkeiten sind, die Äußerungen in ihrer Realisierung und Form beeinflussen (vgl. Wrobel 2010: 28). Die These lautet hier, dass Medien als Apparate ihre Spuren im sprachlichen Kommunikat hinterlassen (Krämer 2000), sprich die medialen Bedingungen von Kommunikation nicht derart ohne Einfluss sind, wie Koch/Oesterreicher dies mit der Reduktion der Medialität auf das Sensorische nahelegen (= Hypothese 2).

1.2 Medialität und Kommunikationsform (Theoretischer Rahmen)

Damit ist in aller Kürze das Dilemma beschrieben, in dem wir uns befinden: Einerseits wird in zahlreichen Arbeiten ein Modell von 1985 zur Charakterisierung und Einordnung von Diskursen bzw. Texten in ‚neuen' Kommunikationsformen genutzt (Knopp 2013: 109f.), andererseits wirkt die spezifische Kommunikationsform *Chat* aus der beschriebenen Mündlichkeits-/Schriftlichkeitsperspektive, die das Modell besonders intuitiv ermöglicht, außerordentlich exotisch und attraktiv, was die wissenschaftliche Beschäftigung damit angeht. Diese Nutzung des Modells verstellt aber gerade den Blick auf die Medialität, die in diesem Fall m.E. besonders relevant ist.

Dass das Modell zur Charakterisierung neuer Kommunikationsformen keine in allen Belangen überzeugende Lösung bietet, eben weil es die Medialität nicht fokussiert, zeigt sich etwa auch darin, dass die grundlegende Einordnung einzelner ‚Kommunikate' häufig ausschließlich theoriegeleitet erfolgt, indem einzelnen skalaren Parametern Werte nach Mutmaßung zugeteilt werden, z.B. für *Kommunikative Kooperation* in einem Vorstellungsgespräch[10] (vgl. Koch/Oesterreicher 2007: 351) ein vergleichsweise niedriger Wert (s. Abb. 1). Die Zuteilung ist in den meisten Fällen nicht gänzlich nachvollziehbar.

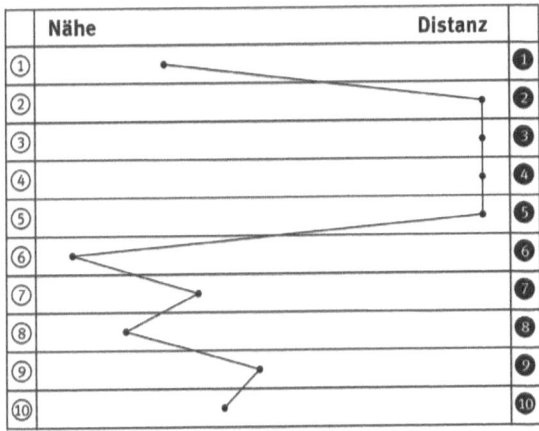

Abb. 1: Die Charakterisierung eines prototypischen Vorstellungsgesprächs anhand seiner kommunikativen Parameterwerte.[11] (Koch/Oesterreicher 2007: 351f.)

---

10 Welches Koch/Oesterreicher als ‚Kommunikationsform' bezeichnen (2007: 351). Dies entspricht nicht der gängigen Auffassung von Kommunikationsform in der Medienlinguistik (s. meine knappe Definition von Kommunikationsform oben), treffender wäre nach Dürscheid et al. (2010: 40f.) der Terminus ‚Äußerungsform'.

11 1 = Privatheit <-> Öffentlichkeit, 2 = Vertrautheit der Kommunikationspartner <-> Fremdheit der Kommunikationspartner [...] 7 = kommunikative Kooperation <-> keine kommunikative Kooperation.

Problematisch ist darüber hinaus, dass, erstens, jeweils unterschiedliche Anzahlen an Parametern zur Bestimmung der „konzeptionellen Abstufungen zwischen unterschiedlichen Kommunikationsformen" (Koch/Oesterreicher 2008: 201) herangezogen werden – je nach Lokalisierung eines Textes (i.w.S.) zwischen den beiden Polen sind mehr oder weniger der einzelnen Kommunikationsbedingungen erwartbar (vgl. Schlobinski 2006: 33) – und sich, zweitens, aus den Parametern nicht ableiten lässt, wie weitere Diskurs- oder Textsorten eingeordnet werden können/sollen. Zweck der solchermaßen vorgenommenen Einordnungen ist letzten Endes die Typisierung von Kommunikationssituationen. Der Anspruch, Typisches vorzufinden, verleitet zu einer Fokussierung auf prototypische Kommunikationssituationen, z.B. auf *die* Predigt oder *das* Vorstellungsgespräch. Laut Fiehler et al. (2004: 21) entsteht so ein verzerrtes Bild von Mündlichkeit, das besonders ‚gute Exemplare/Vertreter' ins Zentrum der Aufmerksamkeit stellt. Chat-Kommunikation als konzeptionell mündlich einzuordnen, erscheint mit Blick auf diese Monita strittig.

Eine Lösung des beschriebenen Dilemmas kann in der repräsentativen empirischen Fundierung der Einordnungen bestehen: I.S. von Ratings könnte eine möglichst große Zahl von Sprachbenutzern Parameterwerte vergeben, bei hinreichend großer Zahl der Urteile und akzeptabler Streuung würde die Mittelung dieser Werte die Validität der Lokalisierung steigern. Eine andere Lösung kann in der grundlegenden Modifikation des Modells und in einer Schärfung der Kategorien liegen. Wichtigstes Ziel wäre hier m.E. insbesondere die Reintegration des Medialen. Dieser Lösungsweg wird hier verfolgt.

Im Folgenden versuche ich zunächst, diese Modifikation empirisch zu fundieren, indem drei Kommunikationsformen unterschiedlicher Zerdehnung einem quantitativen und qualitativen Vergleich unterzogen werden. Die Auswahl der drei Kommunikationsformen erfolgt entsprechend des Grades ihrer Zerdehntheit, damit vermeide ich eine Typisierung der Formen qua Rückgriff auf das Modell von Koch/Oesterreicher. Nicht nur die Vermischung von Versprachlichungsstrategien und Kommunikationsbedingungen (resp. deren unklares Verhältnis; Ågel/Hennig 2007: 182f.) ist dafür ausschlaggebend; ebenso führt die grundlegende Unklarheit über den einzuordnenden Gegenstand bei Koch/Oesterreicher (s.o.) zu diesem Entschluss: In Anlehnung an Dürscheid (2003) gehe ich davon aus, dass nicht Kommunikationsformen oder Äußerungen im Modell eingeordnet und (damit) verglichen werden können, sondern lediglich konkrete Exemplare von Diskursarten bzw. Textsorten (vgl. ebenso Thaler 2007; Dürscheid et al. 2010). Um deren mediale Geprägtheit ‚freizulegen', wird die Diskurs- oder Texthaftigkeit eines Exemplars (d.h. die Klärung der Frage, ob es sich um Text oder Diskurs handelt) nicht über eine mediale Unterscheidung, sondern über den Grad der Wechselseitigkeit der Kommunikation indiziert, d.h. es erfolgt eine kommunikativ-funktionale Bestimmung. Diskursen liegt (hochgradig interaktive) wechselseitige Kommunikation zugrunde, Texten nicht „– unabhängig davon, ob gesprochen oder geschrieben wird" (Dürscheid 2003: 41).[12] Die Art der Realisierung (phonisch oder graphisch) ist ausschließlich über den Kanal, d.h. die Modalität des Kontaktes, die Kontaktmaterie sowie das Zeichensystem bestimmt (vgl. Habscheid 2005: 49f.). Soll, wie hier, die mediale Prägung von kommunikativen Praktiken untersucht werden, hat die Eingrenzung einer Einheitengröße ‚konkretes Diskurs-/Textexemplar' zur Folge, dass lediglich funktional identische Exemplare einem Vergleich unterzogen werden können. Andernfalls verzerren nicht-kontrollierte Variablen die Aussagen über das Verhältnis (s.u.).

Ausgehend von der elementaren Sprechsituation (= Kommunikation im direkten, nicht-vermittelten Wahrnehmungsraum, s. die ‚kommunikative Dyade' nach Bühler, 1982) lassen sich entlang der Raummetapher weitere Diskursarten und Textformen von dieser durch Reduktion ableiten: Hoffmann beschreibt Chat-Kommunikation als „paradiskursive Form" (2004: 105), bei maximaler Nähe zum Diskurs und seinem Verständigungspotential sind die Konsequenzen der im Chat stattfindenden ‚Vertextung' u.a.: Entkoppelung von Produktion und Rezeption, zeitliche Überlieferung, räumliche Trennung und Überwindung dieser Grenze, Verlust von nonverbalen und intonatorischen Mitteln (vgl. Hoffmann 2004: 101ff.). Um das Spektrum der zu vergleichenden Exemplare hinlänglich groß zu gestalten, wird hier eine dritte Form als *Tertium Comparationis* hinzugezogen und betrachtet: Kommunikation im Internet-Forum.[13] In diachroner Hinsicht ist es das am stärksten zerdehnte der drei untersuchten Exemplare, es weist – vereinfacht gesagt – die geringste Nähe zum mündlichen Diskurs auf. Wir wollen diese drei Formen im Folgenden mit den Indizes d (für ‚direkt'),[14] c (für Chat) und f (für Forum) kennzeichnen.

---

12 Dies entspricht dem Textbegriff von Ehlich (1983).
13 Unter *Forum* verstehe ich eine Kommunikationsform, die durch das Medium Online-Computer ermöglicht wird. Im Forum können in sogenannten *Threads* (= thematische Stränge) beliebig lange Beiträge von beliebig vielen Nutzern veröffentlicht werden. Foren sind multifunktional, d.h. sie decken eine Vielzahl von Themen (z.B. Politik, Technik) ab und dienen unterschiedlichsten Zwecken (z.B. Diskussion, Hilfestellung) (vgl. dazu ausführlich Knopp 2013: 53–57).
14 In Knopp 2013 mit *o* (für ‚oral') bezeichnet, was in der vorliegenden Auseinandersetzung mit dem Modell von Koch/Oesterreicher nicht beibehalten wird, da der Terminus *oral* hier in ungünstiger Weise auf Mündlichkeit verweist.

Zur (vorerst allgemeinen) Charakterisierung der drei Bedingungen d, c und f nutze ich das u.a. von Hoffmann dargelegte Schema für kommunikative Gattungen (2004: 106) und modifiziere es nach Dürscheid (2003, 2005). Statt ein diffuses Kontinuum zur Beschreibung heranzuziehen, elaborieren hier ausschließlich eindeutig distinkte Parameter die Bedingungen (= dichotome Beurteilung *vorhanden/ja (+)* vs. *nicht vorhanden/nein (-)*). Wo Werte lediglich den üblichen Fall beschreiben, von dem aber Abweichungen möglich sind, etwa die zeitgleiche Präsenz/Kommunikationsfähigkeit von Aktanten (s. Zeile 4 in Tab. 1) im Forum, sind diese mit * gekennzeichnet.

Tab. 1: Zentrale Merkmale der Bedingungen elementare Sprechsituation (d), Chat (c) und Forum (f).

	d	c	f
Kommunikationsmedium (i.S.v. ‚technischem Medium') vorhanden	-	+	+
Kopräsenz: Produzent und Rezipient sind im gemeinsamen Wahrnehmungsraum anwesend	+	-	-
Kopräsenz: Die jeweilige Verbalisierung wird umgehend, d.h. in Echtzeit rezipiert	+	-	-
Aktanten sind zeitgleich präsent/kommunikationsfähig	+	+	-*
kompensatorisch eingesetzter Vorstellungsraum vorhanden	-	+	+
analoger visueller Wahrnehmungsraum vorhanden (z.B. Bildschirm mit Chat-Fenster)	-	+	+
Origo auf der visuellen Fläche (hier, dort ...)[15]	-	+	+
Transfer erfolgt direkt akustisch	+	-	-
Transfer erfolgt durch Reproduktion der Schriftzeichen	-	+	+
Aktanten kennen einander	+*	+/-	+/-
Mehrfachrezeption ist möglich	-	+	+
Kommunikation erfolgt wechselseitig interaktiv	+	quasi	-
Kommunikation erfolgt synchron	+	quasi	-
Kommunikation erfolgt simultan	+	-	-
Ziel der Kommunikation: aktuale Verständigung	+	+	-*

---

15 Im Chat z.B. *seh ich auch so.wollen wir oben rechts erstmal sammeln, was wir im endeffekt nehmen als endgültige formulierung* (c-D-39, jl). Alle Beispiele aus dem Korpus sind durch Kursivdruck hervorgehoben und mit einem Identifier gekennzeichnet: Hier handelt es sich um einen Beitrag aus Bedingung c, Gruppe D, fortlaufende Beitragsnummer 39, Proband jl.

Vergleiche von Teilkorpora, die Daten aus funktional identischen Kommunikationen enthalten, liegen bis dato kaum vor (sicherlich auch aufgrund der Heterogenität der sprachlichen Daten, die sich auf verschiedensten Ebenen zeigt und auswirkt, z.B. bei der Kategorienbildung und der Wahl der Analyseinstrumente). Dabei sind besonders Kommunikationsformen wie z.B. Chat von Interesse für die Linguistik, da darin, wie gesagt, die beiden zentralen Praktiken sprachlichen Handelns – Schreiben/Lesen sowie Sprechen/Hören – mit den entsprechenden Konzeptionen in einer unüblichen Weise ‚fusionieren'. So stellt auch Storrer fest:

> Der Chat ist also keine neue kommunikative Gattung oder Gesprächsart, sondern eine Kommunikationstechnologie, mit der sich einerseits viele „traditionelle" Gesprächsarten in getippter Form organisieren lassen, in der aber auch neue Gesprächsarten entstehen, die kein Pendant in der Mündlichkeit mehr haben. [...] Aus linguistischer Perspektive sind [...] insbesondere die sprachlichen Besonderheiten interessant, durch die sich getippte Gespräche [= Chat in der Terminologie von A. Storrer, M.K.] von funktional entsprechenden mündlichen Gesprächen unterscheiden (also z.B. der Vergleich von Chat-Interviews mit face-to-face bzw. telefonisch geführten Interviews; oder von Seminardiskussionen im Chat mit Diskussionen in Präsenzseminaren). (Storrer 2002: 5)

Die bislang solcherart angestellten Vergleiche, d.h. solche, die auch ‚neuere Kommunikationsformen' berücksichtigen, erweisen sich bei genauerer Betrachtung als unscharf. Häufig werden Schlüsse aus Differenzen gezogen, die genuin vielmehr aus der Unterschiedlichkeit der Teilkorpora [Herkunft der Daten, Entstehungsprozess, Rahmenbedingungen] als aus der zu variierenden unabhängigen Variable (je nach Forschungsfrage), z.B. der genutzten Kommunikationsform, resultieren:[16]

Ko (1996) vergleicht mit quantitativen Verfahren natürliche Daten aus drei Teilkorpora: computervermittelter Diskurs (Chat-ähnliche Umgebung *Interchange*), Face-to-Face-Konversationen (London-Lund Corpus of Spoken English) und schriftliche Texte (LOB – Lancaster-Oslo-Bergen Corpus of Written British English). Er kommt anhand des Vergleichs dieser Daten – etwa über die Quantifizierung von Merkmalen, die sich für gewöhnlich (Biber 1988) in größerer Anzahl in mündlichen Diskursen denn in schriftlichen Texten finden, z.B. „type/token ratio, nouns, prepositions, attributive adjectives, hedges, sentence relatives" (Ko 1996)[17] – zu dem Ergebnis,[18] dass der elektronische Diskurs

---

16 Vgl. für einen umfangreichen detaillierten Forschungsüberblick, der auch ‚thematisch weitere' Arbeiten berücksichtig, Knopp (2013: 128–151).
17 Der Beitrag ist nicht paginiert.
18 Das von Thaler bestätigt wird (2003: 38ff.).

wesentlich mehr Ähnlichkeiten mit gesprochener Sprache aufweise als mit geschriebener.

Yates (1996) vergleicht ebenfalls mit quantitativen Verfahren elektronische Daten aus drei Computerkonferenzen, die teils themengebunden, teils „wide-range-multi-topic" (Yates 1996: 32) sind, mit Daten aus dem London-Lund- und dem LOB-Korpus (s.o.). Auch hier zeigt das Ergebnis, dass sich computervermittelte Kommunikation (cvK) nicht einfach als gesprächshaft oder texthaft etikettieren lässt:

> Finally, the *mode* of CMC [computer mediated communication, M.K.], as a communications medium, is neither simply speech-like nor simply written-like. Though CMC bears similarities in its textual aspects (e.g., type/token ratio and lexical density) to written discourse, it differs greatly in others, namely pronoun and modal auxiliary use. (Yates 1996: 46)

In beiden Untersuchungen fällt die große Diversität der Teilkorpora ins Auge: Das London-Lund Corpus of Spoken English enthält 87 Texte mit jeweils ca. 5000 Wörtern aus Face-to-Face-Konversationen. Diese seien repräsentativ für sechs zentrale Sprechsituationen: „private conversations, public conversations (including interviews and panel discussions), telephone conversations, radio broadcasts, spontaneous speeches, and prepared speeches" (Biber 1988: 66). Das LOB-Korpus besteht aus ca. 500 veröffentlichten Texten aus dem Jahr 1961 mit jeweils ca. 2000 Wörtern, sie verteilen sich auf 15 Genres: „press reportage, editorials, press reviews, religion, popular lore, skills and hobbies, biographies and essays, official documents, learned writings, fiction [...], and humor" (ebd.).

Abweichend davon nutzen Condon/Čech (1996a, 1996b, 2010) in zwei experimentellen Studien größtenteils vergleichbare Kommunikationsanlässe (z.B. Planung eines Picknicks oder einer MTV-Music-Awards-Zeremonie) zur Evozierung der Vergleichsdaten (Face-to-Face, synchrone und asynchrone cvK), zudem werden hier Einheiten größerer Ordnung, d.h. über der Wortebene betrachtet (z.B. Diskursfunktionen und Diskursmanagement-Strategien). Im Ergebnis zeigt sich in allen Bedingungen ein vergleichbares Schema der Diskursstrukturierung (Durchlaufen von Routinen), unabhängig von der Kommunikationsform (vgl. Condon/Čech 1996a: 76). Einzuschränken ist die Gültigkeit der Ergebnisse aufgrund der diffizil zu bedienenden technischen Umgebung für die Bedingung ‚synchron computervermittelt', der letztlich doch sehr heterogenen Rahmenbedingungen pro Bedingung, etwa unterschiedliche zur Verfügung stehende Zeiträume zur Aufgabenlösung, und der Vorstrukturierung der Problemlösung durch gegebene Planungsformulare.

Im deutschsprachigen Forschungsraum ist die Arbeit von Grabowski/Harras (1988) anzuführen. Sie ist m.w. die einzige, die unter hochkontrollierten Bedingungen evozierte Teilkorpora vergleicht und dazu eine durchwegs identische Aufgabenstellung – eine komplexe Terminabsprache zwischen zwei Aktanten – nutzt. Hier werden ganze Sprechhandlungen und Sprechhandlungssequenzen einem kontrastiven Vergleich in fünf ‚Kommunikationskanälen' – Face-to-Face, Telefon, Bildtelefon, Bildschirmschreiber, Brief – unterzogen. Die Analyse legt ein charakteristisches Muster von Sprechhandlungen frei, das weitgehend kanalunabhängig von allen Aktanten eingesetzt wird: Einer Begrüßung folgt in den meisten Fällen eine Aufforderung, dieser eine Vereinbarung bzw. Aufforderung zu einer Vereinbarung sowie ein Schluss (vgl. ebd.). Grabowski/ Harras folgern aus ihren Daten, dass

> für alltägliche Kommunikationsinhalte [...] jedes On-line-Medium als Kommunikationskanal prinzipiell gleich gut geeignet [ist], sofern das Turn-Taking geregelt ist und die Kanalstrecke für die Teilnehmer vertraut und/oder nachvollziehbar ist. Im Vergleich zur Face-to-face-Kommunikation konnten keine Unterschiede beobachtet werden, die, direkt durch die Mediatisierung bedingt, eine Veränderung oder Verarmung der Beiträge signalisieren. (Grabowski/Harras 1988: 37)

Insgesamt weisen die wenigen Forschungsbeiträge, die die Frage nach der medialen Prägung von Äußerungen tatsächlich empirisch und in der beschriebenen Weise bearbeiten, ein uneinheitliches Bild auf: Einerseits werden oftmals äußerst heterogene Korpora, die auf sehr unterschiedliche Weise zustande gekommen sind, mit unterschiedlichen Verfahren und Methoden auf unterschiedlichen sprachlichen Ebenen verglichen. Andererseits unterscheiden sie sich in den kontrastierten Bedingungen, insbesondere die Bedingungen ‚synchron computervermittelt' sind divers (und größtenteils überholt). Alle Beiträge zeichnet gleichermaßen die Orientierung des Vergleichs an einer Folie ‚prototypische Mündlichkeit' – im Sinne der elementaren Sprechsituation – aus. M.a.W.: Die grundlegende Frage nach dem Verhältnis von Mündlichkeit/ Schriftlichkeit ist allen Beiträgen inhärent. Zur empirisch fundierten Beantwortung der Frage, wie sich die mediale Vermittlung kommunikativer Episoden heute auswirkt und in welcher Relation diese sich zu vergleichbaren mündlichen Sprechsituationen befinden, werden im Folgenden sich funktional entsprechende Diskurse, evoziert durch identische Problemstellungen, verglichen.

2 Untersuchung[19]

Zur Untersuchung der Fragestellung werden sprachliche Interaktionen, initiiert durch einen identischen Stimulus (Aufgabenstellung), in den drei Bedingungen d, c und f verglichen. Es handelt sich um themenzentrierte Interaktionen von Studierenden in Kleingruppen. Die Bedingung (d, c, f) fungiert als einzige unabhängige Variable. Bedingung d entspricht der elementaren Sprechsituation ohne räumliche oder zeitliche Zerdehnung (s.o.). Für Bedingung c wurde statt eines Standard-Chats die Chat-Umgebung *factchat* genutzt; sie ermöglicht das räumliche Positionieren von Beiträgen auf einem Chat-Board. Der Übersichtlichkeit halber verblassen ältere Beiträge, sie bleiben aber permanent zugänglich über eine ‚History-Funktion' (vgl. Harnoncourt et al.: 2005).[20] Für Bedingung f wurde ein Standard-Forum, integriert in das E-Learning-System *Ilias*, genutzt.

3 Stichprobe

Die Stichprobe (n = 35, 5 m, 30 w) konstituiert sich aus Lehramtsstudierenden des Faches Deutsch. Die Zuweisung zu einer der drei Bedingungen erfolgte per Zufallsverteilung. So resultierten insgesamt zehn Gruppen mit jeweils drei resp. vier Probanden: je zwei Gruppen in den Bedingungen d und f, sowie sechs in Bedingung c, da auf Kommunikation im Chat-Raum fokussiert wurde.[21] Demographische Daten wurden vor dem Experiment per Fragebogen und bei erwartbar niedriger Varianz (z.B. Erstsprache) coram publico erhoben: Die Probanden waren zum Zeitpunkt der Durchführung durchschnittlich 24.17 Jahre alt (Standardabweichung[22] = 4.34) und studierten bis zu diesem Zeitpunkt im Mittel 3.8 Semester (SD = 1.43), 34 der Probanden sprechen Deutsch als Erstsprache, eine Probandin Russisch. Darüber hinaus enthielt der Fragebogen Items zum ‚Medienverhalten' der Probanden, u.a. zur Selbstbeurteilung der Medienkompetenz oder zur Mediennutzung, etwa ‚Wie oft chatten Sie?' (Knopp 2013: 272). Die Ergebnisse zeigen, dass die Stichprobe aus einer vergleichsweise homogenen

---

19 Die Hauptuntersuchung, deren Daten hier genutzt werden, ist eine nicht-repräsentative Explorationsstudie.
20 Eine Testversion ist unter www.factchat.com verfügbar.
21 Die (minimal differierenden) Gruppengrößen sind insbesondere technischen Einschränkungen geschuldet.
22 Im Folgenden mit *SD* abgekürzt.

Gruppe (bezüglich Alter, Studienfach, Studiendauer, Medienkompetenz, Mediennutzung) von Pb besteht. So schätzen sich z.B. 78 % der Pb laut Selbstauskunft[23] als mittelmäßig bis ziemlich medienkompetent ein und zeigt sich eine weitgehend ausgeglichene Mediennutzung pro Bedingung bei geringer Streuung (d = .82 *(.34)*; c = .85 *(.25)*; f = .77 *(.35)*) (Knopp 2013: 233–235). Ein zweiter Fragebogen, der nach der Durchführung des Experiments von den Probanden bearbeitet wurde, enthielt ein Item zur Selbstbeurteilung des Problemlöseprozesses sowie offene Items zur genutzten Kommunikationsform (Knopp 2013: 273).

3.1 Setting

Im Rahmen eines universitären Proseminars wurde eine laborähnliche Situation erzeugt, sodass im Folgenden von *Experiment*, *Versuchsleiter* (VL) und *Proband* (Pb) die Rede ist. Die Zugehörigkeit zu einer der drei Bedingungen wird im Folgenden jeweils über entsprechende Indizes angezeigt, etwa Pb_c für einen Pb in Bedingung c; einzelne Pb sind durch Kürzel indiziert, z.B. *hr*, *cb*. Im Experiment wurde allen Pb gleichermaßen durch den VL dieselbe Aufgabenstellung präsentiert (als Text auf dem Aufgabenblatt, der zudem durch den VL vorgelesen wurde, um Verständnisschwierigkeiten zu vermeiden). Die Aufgabe musste kooperativ innerhalb der Gruppe und ausschließlich mithilfe des gegebenen ‚Kommunikationskanals' innerhalb von 60 Minuten bearbeitet werden. D.h. die Pb_f durften dazu ausschließlich via Forum kommunizieren, Pb_c ausschließlich via Chat und Pb_o ausschließlich oral. Sichergestellt wurde dies, indem die beiden Gruppen der Bedingung d die Aufgabe jeweils in einem separaten Seminarraum bearbeiteten, während eine Kamera das dortige Geschehen aufzeichnete (was insbesondere der Konservierung der ansonsten ‚liquiden' Daten diente) und die $Pb_{f/c}$ gemeinsam in einem großen Computerraum die Aufgabe bearbeiteten.[24] Vor Bearbeitung der Aufgabe (s. zu den Details des experimentellen Settings Knopp 2013: 172–183) wurden alle Pb kurz in die Bedienung der technisierten Kommunikationsformen (Bedingung f und c) eingewiesen, darüber hinaus gab es für die Pb eine zehnminütige autonome Erprobungsphase, um die Kommu-

---

[23] Welche naturbedingt nur bedingt aussagekräftig sind.
[24] Die Randomisierung stellte zudem sicher, dass im Computerraum nicht Pb gleicher Gruppen nebeneinander saßen; die Gruppenzuweisung erfolgte nicht-öffentlich über entsprechende Angabe auf den Aufgabenblättern. Dies hatte zur Folge, dass die Pb a) nicht wussten, mit wem sie genau in einer Gruppe sind und dass b) außerdem unklar war, vor welchen Rechnern im Raum sich die anderen Mitglieder der Gruppe befanden.

nikationsverfahren einzuüben. Die insgesamt niedrige Anzahl metakommunikativer Äußerungen zur Technik oder Bedienung (keine in Bedingung f, 6 in c) im Verlauf der Problemlösung, z.B. *sorry dass ich deinen beitrag überschrieben habe* (c-B-136, hr) oder *Ups, Enter-Button zu früh...* (c-F-73, cb), lässt darauf schließen, dass alle Pb hinreichend mit der Bedienung von Forum und Chat vertraut waren bzw. gemacht werden konnten.

Die Aufgabe bestand in der kooperativen Produktion einer schriftlichen Stellungnahme zu einem spezifischen ethischen Zwiespalt (s.u.), pro Gruppe sollte ein Text mit mindestens sieben Sätzen produziert werden. Die Aufgabe folgt dem Setting der ‚Gewissensfrage' im Magazin der Süddeutschen Zeitung (s. http://sz-magazin.sueddeutsche.de/texte/liste/1/10): Leser reichen einzelne Fragen zu einem ‚Gewissensproblem' ein, welche dann in aller Öffentlichkeit, d.h. schriftlich im SZ-Magazin durch Dr. Dr. Erlinger beantwortet werden. Zur Veranschaulichung der ‚Zielgröße' wurde im Vorfeld eine vergleichbare Gewissensfrage samt Antwort im Plenum präsentiert (vgl. Knopp 2013: 274).

Die dem SZ-Magazin entnommene Gewissensfrage für die Aufgabenstellung lautet:

> Sommerzeit ist Straßencafézeit. Leider vermiesen mir jedoch Straßenmusiker, die plötzlich auf dem Gehsteig auftauchen, immer wieder den Besuch in meinen Lieblingslokalen. Sie spielen nie das, was ich gerne hören würde, sind oft so laut, dass keine Unterhaltung mehr möglich ist, und wollen dann auch noch Geld – das ich niemals gebe. Es bleibt deshalb der schale Beigeschmack, einen Menschen, der gearbeitet hat, nicht bezahlt zu haben. Andererseits habe ich die Arbeit nicht in Auftrag gegeben und sie gefällt mir nicht. Für mich ist das Betteln in abgewandelter Form.
> PAOLO K., BERLIN (<http://sz-magazin.sueddeutsche.de/texte/anzeigen/1439/Die-Gewissensfrage> 2014-07-16)

Die komprimierte Aufgabenstellung zu dieser Gewissensfrage lautet:

> Diskutieren Sie in Ihrer Gruppe mithilfe des entsprechenden Kommunikationsmittels (gesprochene Sprache, Forum oder Chat) die Gewissensfrage von Paolo K. [s.u.]. Kommunizieren Sie ausschließlich mithilfe des entsprechenden Kommunikationsmittels. Einigen Sie sich auf eine begründete Stellungnahme zur Gewissensfrage von Paolo K. und fixieren Sie diese Stellungnahme einmal schriftlich mit dem jeweiligen Kommunikationsmittel.[25] Ihre Stellungnahme wird anschließend kurz im Plenum präsentiert und besprochen werden. (Knopp 2013: 177f.)

Die ursprüngliche Form der Problemlösung stellt ein prototypisches schriftliches Setting zum Zwecke der Textproduktion dar, dieses wird hier gewisserma-

---

[25] In Bedingung d fixiert mit Folienstift auf Tageslichtprojektor-Folie.

ßen in einen anderen Kontext implantiert. Die grundsätzliche Eignung der Aufgabe wurde im Vorhinein über mehrere Pilotierungen sichergestellt. Die abschließende Selbstbeurteilung der Pb lässt zudem darauf schließen, dass die Aufgabe in dieser Form generell funktionabel ist: Alle Pb gaben auf dem abschließenden Fragebogen an, die Aufgabe erfolgreich gelöst zu haben (Knopp 2013: 273).

Solchermaßen wurden zwei zentrale Typen von Daten generiert, einerseits vergleichsweise finale Textentwürfe (= Stellungnahmen, Produkte) – in Form von handschriftlichen Aufzeichnungen (Bedingung d), Beitragssequenzen (Bedingung c), Einzelbeiträgen (Bedingung f), andererseits angefallene Daten auf dem Weg zu diesen Produkten (= Interaktionen der Pb, Prozessdaten) – u.a. in Form von Transkriptionen der Interaktionen (Bedingung d), automatisch generierten Logdateien in einer Datentabelle (Bedingung c), manuell gespeicherten HTML-Dateien mitsamt aller Beiträge (Bedingung f). Die Diversität der Daten ist bei der Analyse, d.h. auch bei der Methoden- und Kategorienwahl zu berücksichtigen:

3.2 Methode

Ein wesentlicher, vor aller Analyse zu tätigender Schritt besteht hier in der Herstellung vergleichbarer Teilkorpora. Diese Anforderung fußt auf der o.g. Feststellung, dass zahlreiche Konstatierungen von ,medialem Einfluss' oftmals zu nicht unerheblichen Teilen lediglich auf der Diversität der Korpora beruhen. Sichergestellt wird die Vergleichbarkeit zum einen über die Kontrolliertheit von Stichprobe, Setting und Aufgabenstellung (s.o.). Zum anderen werden die Urdaten aufbereitet, um sie weitgehend uniform in einer Gesamtmatrix zu akkumulieren (diese dient zuvorderst der Durchführung textstatistischer Verfahren). Für die Prozessdaten sind teils umfangreiche Transponierungen notwendig, insbesondere die mündlichen Daten aus Bedingung d bedürfen der größten Umformung, z.B. qua Transkription.

Die Produktdaten dagegen liegen gleichermaßen für alle Bedingungen schriftlich fixiert vor. Die Unterschiedlichkeit der Daten macht eine Spezifizierung der Kategorien notwendig, ich skizziere hier einige wenige, sie sind im Detail in Knopp (2013: 188–197) dargelegt: In die Analyse gehen alle getätigten Äußerungen der Pb zwischen dem ersten thematischen Beitrag und dem letzten formulierten Satz der Stellungnahme ein. Unter einem *Beitrag* verstehe ich für die Bedingungen f und c eine textuelle Einheit, die durch eine Verschickungshandlung, zumeist durch das Drücken der Enter-Taste realisiert, konstituiert wird. Für d wird ein Beitrag analog zu *Gesprächsschritt* definiert, d.h. er umfasst all das, was ein Sprecher äußert, während er das Rederecht besitzt (vgl. Henne/Rehbock 1982: 22f.). Höreräußerungen ohne Beanspruchung des nächsten Gesprächsschrittes werden nicht als Beitrag gewertet. Hier zeigt sich bereits deutlich die Limitierung derartiger Vergleiche.

Analysiert werden die Daten mit quantitativen und qualitativen Verfahren, welche hier als Komplement verstanden werden, d.h. sie ergänzen sich gegenseitig (vgl. Schlobinski 1996). Mit ersterem sind insbesondere textstatistische gemeint, sie untersuchen quantifizierbare Eigenschaften der Prozess- und Produktdaten (Schmitz 2000); mit ihnen erfolgt ein deskriptiv-statistischer Zugriff auf das Korpus. Unter qualitativen Verfahren – die letzten Endes ebenso zumeist quantifiziert werden können – fasse ich hier die globale Analyse der Prozessdaten, sowohl auf interaktionaler als auch sprachlicher Ebene, sowie eine illokutive Analyse (Sprechhandlungsanalyse, vgl. Ehlich 2007). So werden z.B. zentrale Positionen im Problemlöseprozess identifiziert und hinsichtlich ihres ersten Auftretens verortet, etwa die Bestimmung eines Pb, der federführend die Stellungnahme schriftlich fixiert. Die Textqualität der Produkte wurde mithilfe der deutschen Version der NAEP-Ratings (National Assessment Governing Board 2011) durch drei unabhängige und eigens geschulte Rater ermittelt.

4 Ergebnisse

Im Folgenden gebe ich einige wenige zentrale Ergebnisse der Untersuchung wieder, das Gesamt der Ergebnisse wird dadurch gezwungenermaßen selektiert und verdichtet. Ich folge der Einteilung in Prozess- und Produktdaten, nutze aber jeweils Ergebnisse aus beiden Verfahren (quantitativ/qualitativ):

4.1 Prozess

Der Prozess der Problemlösung lässt sich nach Ehlich/Rehbein (1979: 248) als eine Überführung einer Defizienz- in eine Suffizienzkonstellation beschreiben. Dazu ist das kooperative sprachliche Handeln mehrerer Aktanten notwendig, welches innerhalb der vorbestimmten Kommunikationsform erfolgt. Die gewählte Aufgabe erzeugt dazu ausreichend Dissens, wie die Daten zeigen; so bringen z.B. alle Pb mindestens ein eigenes Argument für oder wider die Auffassung von Straßenmusik = Betteln ein, z.B.

> *Hey, also ich denke wir könnten vielleicht den letzten Satz aufgreifen und damit unsere Stellungnahme beginnen. Diesen Satz finde ich recht provokant, da es meiner Meinung nach*

besser ist Musik zu spielen anstatt zu betteln. Außerdem ist die Person ja nicht gezwungen Geld zu geben, er gibt ja auch nicht jedem Bettler Geld (wenn er das schon mit Betteln vergleicht). (f-A-1, cp).

Den größten Zeitraum für die Bearbeitung der Problemstellung benötigen die Gruppen in Bedingung d (M = 49:24, SD = 09:43),[26] den kleinsten die in f (M = 46:23, SD = 06:20); die Gruppen in c benötigen im Mittel 45:17 (SD = 10:51). Es lässt sich kein relevanter Zusammenhang erkennen zwischen benötigter Zeit und Bedingung. Die relativ große Streuung (s. SD) zeigt aber die stark differierenden Bearbeitungszeiten der einzelnen Gruppen: Sie reichen z.B. in c von 25:40 bis 54:32.[27] Ebenso zeigt eine Rangfolge der Gruppen keine relevanten Zusammenhänge; über dem arithmetischen Mittel von 46:19 (alle Gruppen aller Bedingungen) liegen d-A, f-B, c-B, c-D, c-E, darunter d-B, f-A, c-A, c-C, c-F.

Die ‚kommunikativen Episoden' lassen sich als Problemlöseprozess klassifizieren (s.o.), dementsprechend wurden zentrale Positionen in diesem Prozess identifiziert und die Intervalle bis zu ihrer Realisierung gemessen. Die Positionen wurden anhand der Gesamtdatenbasis bestimmt und kategorisiert. So wurde etwa registriert, wann die erste konkrete Meinungsäußerung erfolgt – z.B. *Stimme dem Autor voll und ganz zu!* (c-B-65, jz) gleich zu Beginn der Interaktion in Gruppe c – oder wann ein *Skribent* bestimmt wird resp. sich ein Pb selbst (z.B. in c-A) zur schriftlichen Fixierung der Stellungnahme anbietet/bestimmt: *gut, dann müsste man das alles nur noch zusammenfassen* (c-F-80, ll), woraufhin Pb mw umgehend (ab c-F-82) die Stellungnahme zu schreiben beginnt. Hinsichtlich der Verteilung dieser zentralen Schaltstellen im Problemlöseprozess über die drei Bedingungen hinweg lässt sich kein relevanter Zusammenhang oder ein Muster der Verteilung erkennen. Allenfalls zeigt sich, dass die Pb in Bedingung d die Positionen jeweils vergleichsweise früh realisieren (vgl. Knopp 2013: 208f.).

Zugleich wurde quantifiziert, von wie vielen unterschiedlichen Pb die insgesamt fünf zentralen Positionen realisiert werden (neben den o.g. sind dies: *Thematisierung der Aufgabenstellung, Nennung eines Beispiels, Formulierung des ersten Satzes der Stellungnahme*). Hier zeigt sich in allen Bedingungen ein ähnliches Bild: Es gibt in f 1, in d 2 und in c 3 Gruppen, in denen mehr als 50 % der Positionen von einem einzigen Pb realisiert werden (vgl. Knopp 2013: 210). Dabei zeigt sich ein relevanter Zusammenhang zur Textqualität der Produkte: Die

---

[26] M = Arithmetisches Mittel; *09:43* = MINUTEN:SEKUNDEN
[27] Wobei der Wert von c-F unter Umständen als Ausreißer zu werten ist; ohne diesen ergibt sich für Bedingung c M = 49.12 und SD = 05:39.

Stellungnahmen dieser Gruppen sind tendenziell auch die besseren Texte (s.u. – Ergebnisse der NAEP-Ratings).

Tab. 2 zeigt deutlich, dass das genutzte Medium Effekte auf die Beitragsproduktion hat.

Tab. 2: Umfänge der Episoden, Beitragsanzahl pro Bedingung/Person sowie Beitragslängen, jeweils M und *(SD)*.

	n Beiträge	n Beiträge pro Pb	n Wörter	Beitragslänge (in Wörtern)
d	535.00 *(66.47)*	154.08 *(12.14)*	5922.50 *(969.44)*	11.04 *(.44)*
c	126.83 *(33.46)*	37.60 *(11.78)*	1628.50 *(398.45)*	13.12 *(2.20)*
f	45.50 *(2.12)*	13.33 *(3.30)*	2025.00 *(475.18)*	44.80 *(12.53)*

In Bedingung d werden von jedem Pb vergleichsweise viele kürzere Beiträge produziert (bei sehr geringer Variation in der Beitragslänge), in c ähnlich kurze Beiträge (mit leicht höherer Varianz), aber in deutlich geringerer Zahl. In f werden in größeren Zeiträumen wenige lange Beiträge produziert, wobei hier die Standardabweichung hoch ist, d.h. sehr unterschiedlich lange Beiträge produziert werden. Hier ist also ein relevanter Unterschied zwischen den Bedingungen flagrant.

Die Werte zur Sprachrichtigkeit im Prozess – hier natürlich nur auf die Bedingungen f und c bezogen[28] – weisen die üblichen und extensiv beschriebenen Effekte des Mediums auf: Im Mittel sind die Beiträge in Bedingung c wesentlich seltener orthographisch und grammatikalisch fehlerfrei, wesentlich seltener als in f werden Satzzeichen richtig verwendet, seltener wird richtig groß-/kleingeschrieben, wesentlich häufiger fehlen Satzzeichen in c (vgl. Tab. 3):

---

[28] Zum Vergleich der drei Kommunikationsformen ist diese Maßeinheit nicht gänzlich geeignet. Sie wird hier aber aufgeführt, um die Ergebnisse bis dato vorliegender Untersuchungen zu bestätigen und insbesondere die interessante Differenz zur Sprachrichtigkeit der Produktdaten im vorliegenden Korpus aufzuzeigen. Mit Blick auf vorliegende Untersuchungen (vgl. z.B. Runkehl et al. 1998) wäre eine geringere Sprachrichtigkeit auch in den Produktdaten zu erwarten gewesen.

Tab. 3: Werte zur Sprachrichtigkeit im Prozess.[29]

	n Beiträge	n gramm. Fehler	n orth. Fehler	Satzzeichen *	n fehlende Satzzeichen	Groß-/Kleinschreibung *
M_c	126.83	33.33	218.83	.33	46.83	.35
SD_c	33.46	15.23	96.83	.07	29.47	.17
M_f	45.50	11.00	139.00	.80	15	.69
SD_f	2.12	1.41	114.55	.13	1.41	.02

Hier zeigen sich deutlich relevante Unterschiede zwischen den Bedingungen. Dies trifft ebenso für die Verwendung von Sonderzeichen zu, z.B. :) (c-A-65, sr) oder x*DD* (c-C-100, lh): Die Prozessdaten in f weisen im Mittel 2.50 (SD = 3.54) Sonderzeichen pro Gruppe auf, die in c dagegen 38.17 (22.50) bei hoher Streuung.

Die qualitative Analyse der Prozessdaten auf interaktionaler Ebene – dafür erfolgten detaillierte Analysen der einzelnen Prozessierungen (Globalstruktur) pro Gruppe (vgl. Knopp 2013: 212–223) – weist leicht unterschiedliche Strategien zwischen den Bedingungen auf, wenngleich in allen Episoden gleichermaßen in der ersten Hälfte der Interaktionen Phasen der Meinungs- und Erfahrungsäußerung dominieren. Sie werden später durch eine stringenter verfolgte Textproduktion abgelöst; grundsätzliche Fragen zur Thematik emergieren dennoch durchgehend. Zentrale Positionen im Problemlöseprozess werden in sehr vergleichbarer Weise ‚abgeschritten', die ‚Positionen-Register' der einzelnen Gruppen sind identisch. In d werden insgesamt zahlreiche Propositionen realisiert (Zählung satzwertiger Propositionen,[30] hier M = 943.00, SD = 213.55); hier erfolgt

---

[29] * = Prozent der Beiträge mit überwiegend vorhandenen und richtigen Satzzeichen bzw. überwiegend vorhandener und richtiger Groß-/Kleinschreibung, für M_f z.B. ist in 69 % aller Beiträge die Groß-/Kleinschreibung richtig.
[30] *Proposition* wird hier mit Bezug auf die Sprechakttheorie (Austin 2002; Searle 1969) verstanden als semantische, *satzwertig* als syntaktische Struktureinheit. „Eine oder mehrere Propositionen bilden den propositionalen Gehalt/Aussagegehalt des Satzinhalts" (von Polenz 1988: 92). Ein Satz wie *Das Essen hat geschmeckt.* wird in diesem Sinne als eine satzwertige Proposition gezählt, ein Satz wie *Das Essen hat geschmeckt, aber morgen brauche ich nicht schon wieder Roulade.* enthält nach dieser Auffassung zwei satzwertige Propositionen (vgl. dazu auch Knopp 2013: 190f.). Unvermeidbare Zweifelsfälle bei dieser Art der Bestimmung sind nicht

früh und zielgerichtet die Bestimmung des Skribenten. Einzelne Formulierungen werden in dieser Bedingung intensiv und kleinschrittig überarbeitet, z.B. *Oder wir können schreiben:* • • *was für Ihre Menschlichkeit spricht, ist* • • *oder für Ihre Menschlichkeit* • • *spricht* • *Komma, dass* • *dann haben wirs schon gedreht.* (d-A-433, links). Die Pb in f agieren wesentlich zielgerichteter (bei deutlich weniger Propositionen, 326.50, SD = 82.73), Überarbeitungen von Formulierungen finden sich kaum. In c finden sich ebenso wenige Überarbeitungen, auch wird hier seltener Text ‚geplant' (indiziert über die Kategorisierung und Quantifizierung *textstrukturierender Handlungen*, etwa *dann fehlt uns noch ein fazit* (c-E-148, lt).[31] Die Prozessdaten in c weisen den niedrigsten Wert für Propositionen auf: M = 284.50, SD = 64.85. Die Einigung auf einen Skribenten erfolgt in c am umständlichsten. Während die Pb in f sich durchweg in isolierte Textproduktionssituationen zurückziehen, um Beiträge zu produzieren, erfolgt die Problemlösung in c stärker kooperativ, wobei auch hier in einigen Gruppen teilweise die Lösung verstärkt durch einen einzelnen Pb vorangetrieben wird, so z.B. in c-B.

Es lässt sich festhalten, dass in allen Bedingungen ein bestimmtes Set an Phasen im Problemlöseprozess durchlaufen wird. Die geringen Unterschiede zwischen den Bedingungen sind nicht relevant.

Die Analyse von Sprachhandlungsmustern[32] (vgl. Ehlich 2007), die für diese Art der Problemlösung zentral erscheinen, zeigt ebenfalls kaum relevante Unterschiede zwischen den Bedingungen auf: Das Muster *Zustimmen* etwa (vgl. Knopp 2013: 225–228) wird in d, c und f gleich häufig realisiert (= .12 relative Häufigkeit). Abb. 2 zeigt den typischen Ablauf des Musters (Ausschnitt aus dem annotierten Korpus):[33]

---

dramatisch, einerseits aufgrund der Korpusgröße, anderseits aufgrund des Ziels, die drei Kommunikationsformen zu vergleichen.

31 Durchgeführt mithilfe der QDA-Software *TAMS Analyzer*, s. http://tamsys.sourceforge.net.
32 Ebenfalls mit *TAMS Analyzer* durchgeführt, s.o.
33 Abb. 2 bildet die Annotation einzelner sprachlicher Handlungsmuster wie z.B. *Eigene Meinung äußern, Antworten* oder *Zustimmen* ab. Der Musteranfang ist jeweils mit {MUSTERBEZEICHNUNG} und das Musterende mit {/MUSTERBEZEICHNUNG} indiziert. Jedes Muster hat eine eigene Färbung. Die einzelne Beiträge sind im Kopf jeweils versehen mit den fünf Metadaten *Kommunikationsform* (= Bedingung, d.h. d, c oder f), *Gruppe, Drittel* (bestimmt in Relation zu allen Äußerungen in der jeweiligen Episode), *Aktant* (= Pb, z.B. *vr*), *BeitragsID* (vgl. dazu detailliert Knopp 2013: § 3 sowie 201–205).

```
{Kommunikationsform}o{/Kommunikationsform}
{Gruppe}B{/Gruppe}
{Drittel}1{/Drittel}
{Aktant}vr{/Aktant}
{BeitragsID}o-B-10{/BeitragsID}
{eigene_Meinung_äußern}((3s)) Also mich nerven die (ja) auch
{/eigene_Meinung_äußern}{fragen_I}ich weiß nich ob • • dich
auch.{/fragen_I}

{Kommunikationsform}o{/Kommunikationsform}
{Gruppe}B{/Gruppe}
{Drittel}1{/Drittel}
{Aktant}vl{/Aktant}
{BeitragsID}o-B-11{/BeitragsID}
{antworten}{zustimmen}Ja, mich auch ⌣mhm{/zustimmen}{/antworten}

{Kommunikationsform}o{/Kommunikationsform}
{Gruppe}B{/Gruppe}
{Drittel}1{/Drittel}
{Aktant}hl{/Aktant}
{BeitragsID}o-B-12{/BeitragsID}
{antworten}{zustimmen}un mich auch{/zustimmen}{/antworten}
```

Abb. 2: Ausschnitt aus Annotation des Musters *Zustimmen* in d-B.

Allenfalls ist die Länge der Zustimmung in f und c unwesentlich länger und erfolgt die Zustimmung dort expliziter.

4.2 Produkt

Ergebnisse zu den produzierten Stellungnahmen, die der journalistischen Textsorte *Kommentar* nahekommen, werden in zweierlei Hinsicht analysiert: einerseits hinsichtlich der Sprachrichtigkeit, anderseits mit Blick auf die Textqualität.

> Sehr geehrter Herr K., wir würden sagen, dass Sie kein schlechtes Gewissen haben müssen, wenn sie einem Straßenmusiker kein Geld geben. Zunächst aus dem einfachen Grund, dass Straßenmusiker freiberuflich arbeiten. D.h. sie sind sich bewusst, dass ihre Arbeit nicht mit einem festen Gehalt verbunden ist, sondern nur ertragreich ist, wenn den Menschen die Musik gefällt. Deshalb sollte jeder selbst entscheiden, ob ihm die Musik gefällt. Wenn ja, dann freut der Straßenmusiker sich über die Unterstützung, wenn nicht, dann ist es das Arbeitsrisiko des Musikers. Falls man sich jedoch zu sehr daran stört, sollte man evtl. sogar den Geschäftsführer/Gastronom ansprechen oder einfach ein wenig Geduld üben, da die Straßenmusiker meist nach wenigen Minuten wieder gehen. Als direktes Betteln kann man die Arbeit nicht bezeichnen, da sie ja eine Leistung erbringen. Da sie diese Leistung jedoch weder in Auftrag gegeben haben, noch dass sie Ihnen in diesem Fall gefällt, sind sie selbstverständlich nicht verpflichtet, dem Musiker Geld zu geben. (Stellungnahme aus c-C, händische Zusammenfügung der Beiträge 140, 142–145, 147 von Proband lh; Knopp 2013: 282)

Die textstatistische Aufbereitung der Produkte zeigt keine relevanten Unterschiede zwischen den Bedingungen in Bezug auf die Textlänge (in Sätzen und Wörtern); auch zeigen die Werte zur Sprachrichtigkeit keine relevanten Unterschiede: Die Texte aus c weisen zwar geringfügig höhere Fehlerquoten auf, doch sind diese vermutlich ein Effekt der vergleichsweise komplexen Anforderung, die Stellungnahmen im Chat-Board zu konkretisieren. Gleiches gilt für grammatikalische Fehler und Interpunktionsfehler (vgl. Tab. 4).

Tab. 4: Sprachrichtigkeit Produkt pro Bedingung.

	n Sätze	n Wörter	n gramm. Fehler	n orth. Fehler[34]	Interpunktionsfehler
M_d (SD)	8.00 (2.83)	136.00 (59.40)	.00 (.00)	8.00 (11.31)	.50 (.71)
M_c (SD)	10.17 (2.48)	154.67 (38.79)	.67 (.82)	7.83 (13.86)	2.67 (1.63)
M_f (SD)	12.00 (1.41)	201.50 (4.95)	.00 (.00)	.00 (.00)	4.00 (1.41)

Beim Rating der Textprodukte mithilfe der NAEP-Skalen wird jeder Text einer Stufe auf einer Skala von 0 bis 5 zugeordnet (vgl. National Assessment Governing Board 2011: 201). Die Urteile der drei Rater können bei hinreichender Interrater-Reliabilität gemittelt werden. Diese liegt hier mit .433 vor. Die Texte aus f und c werden im Mittel gleich gut bewertet, die aus d werden im Mittel eine halbe Stufe besser bewertet (vgl. Tab. 5). Eine Rangfolge zeigt, dass die Texte mit der höchsten Bewertung in Bedingung c produziert wurden (Platz 1 = c-C, Platz 2 = c-D sowie d-A, Platz 3 = d-B sowie f-B).[35] Die Varianz innerhalb der Bedingungen und die geringen Unterschiede in der Bewertung/Rangfolge lassen keinen relevanten Zusammenhang zwischen Textqualität und Bedingung vermuten.

---

34 In dieser Kategorie gibt es gewissermaßen zwei Ausreißer, die den Gesamtwert verzerren (vgl. Knopp 2013: 231f.): a) In d-A wurden die Höflichkeitsanrede *Sie* und das entsprechende Possessivpronomen *Ihr* durchweg kleingeschrieben (n = 16 bei insgesamt 16 orth. Fehlern). b) In c-B wurden Satzanfänge und Nomen oftmals klein geschrieben (n = 36 bei insgesamt 36 orth. Fehlern). Ignoriert man diese, so erhält man .00 *(.00)* für Bedingung d sowie 1.84 *(1.60)* für c. Bezüglich orthographischer Fehler sind somit die Unterschiede zwischen den Stellungnahmen der unterschiedlichen Bedingungen sehr gering.
35 Was nicht ausschließt, dass sich trotz der Randomisierung in Bedingung c Pb mit höherer Schreibkompetenz befanden. Werte zur Schreibkompetenz der Pb wurden aufgrund der Komplexität des Konstruktes und der entsprechend schwierigen Messbarkeit nicht erhoben.

Tab. 5: Beurteilungen der Stellungnahmen mithilfe der NAEP-Skalen. (Knopp 2013: 233)

Bedingung/Gruppe		Rater 1	Rater 2	Rater 3	M	SD	M	SD
d	A	5.00	4.00	5.00	4.67	.47	4.50	.24
	B	4.00	5.00	4.00	4.33	.47		
c	A	4.00	3.00	2.00	3.00	.82	3.89	.83
	B	3.00	3.00	3.00	3.00	.00		
	C	5.00	5.00	5.00	5.00	.00		
	D	5.00	4.00	5.00	4.67	.47		
	E	5.00	4.00	3.00	4.00	.82		
	F	4.00	4.00	3.00	3.67	.47		
f	A	4.00	4.00	2.00	3.33	.94	3.83	.71
	B	4.00	5.00	4.00	4.33	.47		

5 Diskussion

In der systematisch-kontrastiven Untersuchung von Prozess- und Produktdaten identischer Evokation konnten sowohl Unterschiede als auch Gemeinsamkeiten zwischen den drei genutzten Kommunikationsformen aufgezeigt werden. In Übereinstimmung mit vorliegenden Forschungsbeiträgen zu Detailfragen der medialen Auswirkungen lässt sich konstatieren, dass an der sprachlichen Oberfläche ähnliche Effekte des Mediums zutage treten (vgl. Hypothese 1): So zeigt sich etwa eine geringere sprachliche Richtigkeit der Beiträge oder eine vergleichsweise hohe Zahl an graphostilistischen Mitteln in der Chat-Kommunikation. In den sprachlichen Tiefenstrukturen zeigen sich dagegen kaum Unterschiede in der Organisation des sprachlichen Handelns (s. Globalstruktur und Illokutionsanalyse). Die Prozessierung der Problemlösung verläuft in allen drei Bedingungen sehr vergleichbar.

Was für Auswirkungen hat dies auf die Konzeption von Koch/Oesterreicher (vgl. Hypothese 2)? Eine Überprüfung des hier genutzten Kategorieninventars legt nahe, den ursprünglich von Koch/Oesterreicher angedachten Raum (1985: 21) zwischen den Polen *Sprache der Nähe – Sprache der Distanz* umzustrukturieren. Dabei plädiere ich aus den o.g. Gründen für eine Vermeidung der Begriffe *Kommunikationsbedingung* und *Versprachlichungsstrategie* und eine Zuspitzung des einzuordnenden Gegenstandes (= einzelne spezifische Text-/Diskursexemplare, z.B. *der* Beratungschat). Ich schlage vor, lediglich Merkmale von Kommunikationssituationen und Merkmale, die den Verlauf der Kommunikation prägen, dezidiert zu erfassen und zu Merkmalsbündeln zusammenzufügen (vgl. Knopp 2013: 114–122). Bezogen auf die hier dargelegten Kategorien wären dies z.B.: *Kanal* (visuell, akustisch), *Zeichensystem/Code, Grad der Technisiertheit, Zweck/Ziel der Kommunikation* oder die *Art des Wahrnehmungsraums*.

Hier (und ausführlich in Knopp 2013) wurde anhand empirischer Daten gezeigt, dass eine kontrastive Analyse bei Konstanthaltung aller Faktoren (abgesehen von der Kommunikationsform als unabhängige Variable) Merkmale identifiziert, die zu großen Teilen einem ‚Merkmalsbündel' *Medium* zuzuordnen sind. Zwei weitere Bündel ergeben sich aus der grundlegenden (funktional-pragmatisch geprägten) Annahme, dass Kommunikation insbesondere durch die sprachlich handelnden Individuen und deren Ziele sowie den sie umgebenden Raum (zerdehnt/nicht-zerdehnt, analog, virtuell usw.) geprägt ist. Damit sind die drei relevanten Achsen (*Medium, Raum, Aktant*) eines dreidimensionalen Raums skizziert, der eine Verortung von Diskurs-/Textexemplaren *einschließlich* der Berücksichtigung der je spezifischen Medialität der Exemplare ermöglichen würde.[36]

6 Literatur

Ágel, Vilmos/Hennig, Mathilde (2007): Überlegungen zur Theorie und Praxis des Nähe-Distanzsprechens. In: Ágel, Vilmos (Hrsg.): Zugänge zur Grammatik der gesprochenen Sprache. Tübingen: Niemeyer, 179–214.

Ágel, Vilmos/Hennig, Mathilde (Hrsg.) (2010): Nähe und Distanz im Kontext variationslinguistischer Forschung. Berlin/New York: de Gruyter (Linguistik – Impulse und Tendenzen 35).

Androutsopoulos, Jannis (2007): Neue Medien – neue Schriftlichkeit? In: Mitteilungen des Deutschen Germanistenverbandes 54, 72–97.

Austin, John Langshaw (2002): Zur Theorie der Sprechakte (How to do things with Words). 2., bibliographisch ergänzte Ausgabe. Deutsche Bearbeitung von Eike Savigny. Stuttgart: Reclam.

Beißwenger, Michael (2002): Getippte „Gespräche" und ihre trägermediale Bedingtheit. Zum Einfluß technischer und prozeduraler Faktoren auf die kommunikative Grundhaltung beim Chatten. In: Schröder, Ingo W./Voell, Stéphane (Hrsg.): Moderne Oralität: Ethnologische Perspektiven auf die plurimediale Gegenwart. Marburg: Förderverein Völkerkunde (Curupira 13), 265–299.

---

36 Was in konkreterer Form in Knopp (2013: 120f.) geschehen ist, hier aber aus Platzgründen unterbleiben muss.

Beißwenger, Michael (2007): Sprachhandlungskoordination in der Chat-Kommunikation. Berlin/New York: de Gruyter.
Beißwenger, Michael (2010): Empirische Untersuchungen zur Produktion von Chat-Beiträgen. In: Sutter, Tilmann/Mehler, Alexander (Hrsg.): Medienwandel als Wandel von Interaktionsformen. Wiesbaden: Verlag für Sozialwissenschaften, 47–82.
Biber, Douglas (1988): Variation Across Speech and Writing. Cambridge et al.: Cambridge University Press.
Bos, Wilfried et al. (Hrsg.) (2014): ICILS 2013: Computer- und informationsbezogene Kompetenzen von Schülerinnen und Schülern in der 8. Jahrgangsstufe im internationalen Vergleich. Münster: Waxmann.
Bredel, Ursula (2008): Die Interpunktion des Deutschen. Ein kompositionelles System zur Online-Steuerung des Lesens. Tübingen: Niemeyer.
Bühler, Karl (1982): Sprachtheorie: die Darstellungsfunktion der Sprache. Ungekürzter Neudruck der Ausgabe von 1934. Stuttgart et al.: Fischer.
Condon, Sherri L./Čech, Claude G. (1996a): Functional Comparison of Face-to-Face and Computer-Mediated Decision Making Interactions. In: Herring, Susan C. (Hrsg.): Computer-Mediated Communication. Linguistic, Social and Cross-Cultural Perspectives. Amsterdam/Philadelphia: Benjamins (Pragmatics & Beyond 39), 65–80.
Condon, Sherri L./Čech, Claude G. (1996b): Discourse Management Strategies in Face-To-Face and Computer-Mediated Decision Making Interactions. In: Electronic Journal of Communication 3 (6). URL: http://www.cios.org/EJCPUBLIC/006/3/006314.HTML (01.07.2016)
Condon, Sherri L./Čech, Claude G. (2010): Discourse Management in Three Modalities. In: Language@Internet (7), Beitrag 6. URL: http://www.languageatinternet.org/articles/2010/2770/Condon_Cech.pdf (01.07.2016)
Dürscheid, Christa (2003): Medienkommunikation im Kontinuum von Mündlichkeit und Schriftlichkeit. Theoretische und empirische Probleme. In: Zeitschrift für Angewandte Linguistik 38, 37–56.
Dürscheid, Christa (2005): Medien, Kommunikationsformen, kommunikative Gattungen. In: Linguistik online 1 (22). URL: www.linguistik-online.de/22_05/duerscheid.html (01.07.2016).
Dürscheid, Christa/Brommer, Sarah (2009): Getippte Dialoge in neuen Medien. Sprachkritische Aspekte und linguistische Analysen. In: Linguistik online 37, 3–20.
Dürscheid, Christa/Wagner, Franc/Brommer, Sarah (2010): Wie Jugendliche schreiben. Schreibkompetenz und neue Medien. Berlin/New York: de Gruyter.
Ehlich, Konrad (1983): Text und sprachliches Handeln. Die Entstehung von Texten aus dem Bedürfnis nach Überlieferung. In: Assmann, Aleida/Assmann, Jan/Hardmeier, Christof (Hrsg.): Schrift und Gedächtnis. Beiträge zur Archäologie der literarischen Kommunikation. München: Fink, 24–43.
Ehlich, Konrad (2007): Sprache und sprachliches Handeln 3. Diskurs, Narration, Text, Schrift. Berlin/New York: de Gruyter.
Ehlich, Konrad/Rehbein, Jochen (1979): Sprachliche Handlungsmuster. In: Soeffner, Hans-Georg (Hrsg.): Interpretative Verfahren in den Sozial- und Textwissenschaften. Stuttgart: Metzler, 243–274.
Ehlich, Konrad/Rehbein, Jochen (1986): Muster und Institution. Untersuchungen zur schulischen Kommunikation. Tübingen: Narr.

Fehrmann, Gisela/Linz, Erika (2009): Eine Medientheorie ohne Medien? Zur Unterscheidung von konzeptioneller und medialer Mündlichkeit und Schriftlichkeit. In: Birk, Elisabeth/ Schneider, Jan Georg (Hrsg.): Philosophie der Schrift. Tübingen: Niemeyer, 123–143.

Fiehler, Reinhard et al. (Hrsg.) (2004): Eigenschaften gesprochener Sprache. Tübingen: Narr (Studien zur deutschen Sprache 30).

Günther, Hartmut (2010a): Konzeptionelle Schriftlichkeit – eine Verteidigung. In: Kölner Beiträge zur Sprachdidaktik 6, 125–136.

Günther, Hartmut (2010b): Erziehung zur Schriftlichkeit. In: Kölner Beiträge zur Sprachdidaktik 6, 9–21.

Habscheid, Stephan (2000): Medium in der Pragmatik: Eine kritische Bestandsaufnahme. In: Deutsche Sprache 28, 126–143.

Habscheid, Stephan (2005): Das Internet – ein Massenmedium? In: Siever, Torsten/Schlobinski, Peter/Runkehl, Jens (Hrsg.): Websprache.net. Sprache und Kommunikation im Internet. Berlin/New York: de Gruyter, 46–66.

Harnoncourt, Max et al. (2005): Referenzierbarkeit als Schlüssel zum effizienten Chat. In: Beißwenger, Michael/Storrer, Angelika (Hrsg.): Chat-Kommunikation in Beruf, Bildung und Medien: Konzepte – Werkzeuge – Anwendungsfelder. Stuttgart: ibidem, 161–179.

Henne, Helmut/Rehbock, Helmut (1982): Einführung in die Gesprächsanalyse. Berlin/New York: de Gruyter.

Hennig, Mathilde (2001): Das Phänomen des Chat. In: Jahrbuch der Ungarischen Germanistik, 215–239.

Herring, Susan C. (Hrsg.): Computer-Mediated Communication. Linguistic, Social and Cross-Cultural Perspectives. Amsterdam/Philadelphia: Benjamins (Pragmatics & Beyond 39).

Hoffmann, Ludger (2004): Chat und Thema. In: Osnabrücker Beiträge zur Sprachtheorie 68, 103–122.

Holly, Werner (1997): Zur Rolle von Sprache in Medien. Semiotische und kommunikationsstrukturelle Grundlagen. In: Muttersprache 107, 64–75.

Knopp, Matthias (2013): Mediale Räume zwischen Mündlichkeit und Schriftlichkeit. Zur Theorie und Empirie sprachlicher Handlungsformen. Dissertation, Universität zu Köln (verfügbar über den Kölner Universitäts Publikations Server: http://kups.ub.uni-koeln.de/5150/).

Koch, Peter/Oesterreicher, Wulf (1985): Sprache der Nähe – Sprache der Distanz. Mündlichkeit und Schriftlichkeit im Spannungsfeld von Sprachtheorie und Sprachgeschichte. In: Romanistisches Jahrbuch 36, 15–43.

Koch, Peter/Oesterreicher, Wulf (1994): Schriftlichkeit und Sprache. In: Günther, Hartmut/ Ludwig, Otto (Hrsg.): Schrift und Schriftlichkeit. Ein interdisziplinäres Handbuch internationaler Forschung. Berlin/New York: de Gruyter (Handbücher zur Sprach- und Kommunikationswissenschaft – HSK 10.1), 587–604.

Koch, Peter/Oesterreicher, Wulf (2007): Schriftlichkeit und kommunikative Distanz. In: Zeitschrift für germanistische Linguistik 35, 346–375.

Koch, Peter/Oesterreicher, Wulf (2008): Mündlichkeit und Schriftlichkeit von Texten. In: Janich, Nina (Hrsg.): Textlinguistik. 15 Einführungen. Tübingen: Narr, 199–215.

Krämer, Sybille (2000): Das Medium als Spur und Apparat. In: Krämer, Sybille (Hrsg.): Medien, Computer, Realität: Wirklichkeitsvorstellungen und Neue Medien. Frankfurt am Main: Suhrkamp, 73–94.

Lenke, Nils/Schmitz, Peter (1995): Geschwätz im ‚Globalen Dorf' – Kommunikation im Internet. In: Osnabrücker Beiträge zur Sprachtheorie 50, 117–141.

mpfs – Medienpädagogischer Forschungsverbund Südwest (Hrsg.) (2013): JIM-Studie 2013. Jugend, Information, (Multi-) Media. Basisuntersuchung zum Medienumgang 12- bis 19-Jähriger. URL: http://www.mpfs.de/fileadmin/JIM-pdf13/JIMStudie2013.pdf (01.07.2016).

Polenz, Peter von (1988): Deutsche Satzsemantik. Grundbegriffe des Zwischen-den-Zeilen-Lesens. 2., durchgesehene Auflage. Berlin/New York: de Gruyter.

Runkehl, Jens/Schlobinski, Peter/Siever, Torsten (1998): Sprache und Kommunikation im Internet. Überblick und Analysen. Opladen: Westdeutscher Verlag.

Schlobinski, Peter (1996): Empirische Sprachwissenschaft. Opladen: Westdeutscher Verlag.

Schlobinski, Peter (2005): Mündlichkeit/Schriftlichkeit in den Neuen Medien. In: Eichinger, Ludwig M./Kallmeyer, Werner (Hrsg.): Standardvariation. Wie viel Variation verträgt die deutsche Sprache? Berlin/New York: de Gruyter, 126–142.

Schmitz, Ulrich (2000): Statistische Methoden in der Textlinguistik. In: Brinker, Klaus et al. (Hrsg.): Text- und Gesprächslinguistik. Ein internationales Handbuch zeitgenössischer Forschung. Berlin/New York: de Gruyter (Handbücher zur Sprach- und Kommunikationswissenschaft – HSK 16.2), 196–201.

Schmitz, Ulrich (2004): Sprache in modernen Medien. Berlin: Schmidt (Grundlagen der Germanistik 41).

Searle, John (1969): Speech Acts: An Essay in the Philosophy of Language. Cambridge: Cambridge University Press.

Siever, Torsten/Schlobinski, Peter/Runkehl, Jens (Hrsg.) (2005): Websprache.net. Sprache und Kommunikation im Internet. Berlin/New York: de Gruyter (Linguistik – Impulse und Tendenzen 10).

Söll, Ludwig (1985): Gesprochenes und geschriebenes Französisch. 3., überarbeitete Auflage. Bearbeitet von Franz Josef Hausmann. Berlin: Schmidt.

Stachowiak, Herbert (1965): Gedanken zu einer allgemeinen Theorie der Modelle. In: Studium Generale 18, 432–463.

Storrer, Angelika (2001): Getippte Gespräche oder dialogische Texte? Zur kommunikationstheoretischen Einordnung der Chat-Kommunikation. In: Lehr, Andrea/Kammerer, Matthias (Hrsg.): Sprache im Alltag. Beiträge zu neuen Perspektiven in der Linguistik. Herbert Ernst Wiegand zum 65. Geburtstag gewidmet. Berlin/New York: de Gruyter, 439–465.

Thaler, Verena (2003): Chat-Kommunikation im Spannungsfeld zwischen Oralität und Literalität. Berlin: VWF.

Thaler, Verena (2007): Mündlichkeit, Schriftlichkeit, Synchronizität. Eine Analyse alter und neuer Konzepte zur Klassifizierung neuer Kommunikationsformen. In: Zeitschrift für germanistische Linguistik 35, 146–181.

National Assessment Governing Board (2010): Writing Framework for the 2011 National Assessment of Educational Progress <http://files.eric.ed.gov/fulltext/ED512552.pdf>

Wrobel, Arne (2010): Raffael ohne Hände? Mediale Bedingungen und Faktoren des Schreibens und Schreibenlernens. In: Kölner Beiträge zur Sprachdidaktik 7, 27–45.

Yates, Simeon J. (1996): Oral and Written Linguistic Aspects of Computer Conferencing. In: Herring, Susan C. (Hrsg.): Computer-Mediated Communication. Linguistic, Social and Cross-Cultural Perspectives. Amsterdam/Philadelphia: Benjamins (Pragmatics & Beyond 39), 29–46.

www.ingramcontent.com/pod-product-compliance
Lightning Source LLC
Chambersburg PA
CBHW051242300426
44114CB00011B/849